同安年鉴

YEARBOOK OF TONGAN

2022

中共厦门市同安区委党史和地方志研究室　编

方志出版社
Publishing House of Local Records

图书在版编目（CIP）数据

同安年鉴. 2022/中共厦门市同安区委党史和地方志研究室编. —北京：方志出版社，2022.12

ISBN 978-7-5144-5528-1

Ⅰ.①同…　Ⅱ.①中…　Ⅲ.①同安区—2022—年鉴
Ⅳ.①Z525.74

中国版本图书馆 CIP 数据核字（2022）第 243017 号

责任编辑：刘方圆
责任校对：刘玉霞
责任印制：梅中英
出 版 者：方志出版社
地　　址：北京市朝阳区潘家园东里 9 号（国家方志馆 4 层）
邮　　编：100021
网　　址：http://www.zgfzcb.cn
发　　行：方志出版社图书营销中心（010-67110500）
印　　刷：福州力人彩印有限公司
开　　本：889 毫米 × 1194 毫米　1/16
印　　张：20　插页印张：2　地图：1 幅
字　　数：680 千字
版　　次：2022 年 12 月第 1 版
印　　次：2022 年 12 月第 1 次印刷
定　　价：258.00 元

同安年鉴编纂委员会

《同安年鉴（2022）》编辑部

编辑说明

一、《同安年鉴》是由中共厦门市同安区委员会、厦门市同安区人民政府主办，中共厦门市同安区委党史和地方志研究室组织编纂的综合性年度资料，一年一鉴，以出版年号为卷次，国内外公开发行。首卷编纂于2015年，2022年卷为第八卷。

二、《同安年鉴（2022）》以马克思列宁主义、毛泽东思想、邓小平理论、“三个代表”重要思想、科学发展观、习近平新时代中国特色社会主义思想为指导，坚持辩证唯物主义和历史唯物主义的立场、观点和方法，记载2021年1月1日至12月31日期间同安区自然、政治、经济、文化、社会、生态等各方面的基本情况。

三、《同安年鉴（2022）》采用分类编辑法，主体内容为类目、分目、条目三个层次，部分分目下设二级分目，以条目为基本的记述单元，全书条目标题统一用黑体加【 】标志，少数包含多方面资料的条目则在文内用楷体标题标明各段资料的主题。条目的文体以记述体为主，兼具说明体。

四、《同安年鉴（2022）》卷首设专记、大事记，主体部分设区情概览、中共厦门市同安区委员会、厦门市同安区人民代表大会、厦门市同安区人民政府、政协厦门市同安区委员会、纪检监察、民主党派与工商联、群众团体、法治、军事、外事·侨务·台港澳事务、应急管理、经济管理与监督、财政·税务·金融、城乡建设与管理、生态环境、农业·农村、工业、商业贸易、旅游业、交通·物流、邮政·通信·信息化、教育、科学技术、文化、卫生健康、体育、社会生活、街镇概貌、人物·荣誉，卷末设附录及索引，共33个类目，184个分目。

五、《同安年鉴（2022）》的序数词使用规范为：一到九十九的序数词使用汉字数字，100（含）以上的序数词使用阿拉伯数字；会议的届次等使用汉字。

六、《同安年鉴（2022）》采用国家有关法定计量单位，农业土地面积保留传统计量单位“亩”。

七、《同安年鉴（2022）》所采用的资料主要来自全区机关、群众团体、企事业单位，部分内容由编辑人员采编于公开出版的报纸杂志。采用的数据以区统计局提供的统计资料为准，不属于区统计局统计范围的数据，以各供稿单位提供的数据为准。

八、为方便查阅，《同安年鉴（2022）》前有目录，后有索引。索引按主题词音序排列。

同安名片

- 国家级生态区
- 国家卫生城市
- 全国义务教育发展基本均衡区
- 全国文化先进区
- 国家外贸转型升级基地（运动健身器材）
- 国家级出口健身器材质量安全示范区
- 国家农产品质量安全县
- 全国基层中医药工作先进单位
- 中国放心食品百佳县市
- 省级出口食品农产品质量安全示范区
- 全省脱贫攻坚帮扶先进集体
- 省级文明城区
- 省级双拥模范城
- 福建省妇幼健康优质服务先进区
- 福建省慢性病非传染性疾病综合防控示范区
- 第四批“四好农村路”省级示范县

基础建设

2021 年，同安区完善水、电、对外路网等综合配套建设，提升同安新城教育、医疗配套项目水平。省重点项目厦门抽水蓄能电站、福厦客专同安段西湖安置房一期工程相继封顶，同安一中滨海校区高中部建成招生，同安新城首个医院项目环东海域医院进入内部装修阶段。

2021 年 4 月 20 日，厦门抽水蓄能电站上水库大坝封顶　　（夏海滨　摄）

2021 年 7 月 26 日，省重点项目福厦客专（同安段）西湖安置房一期工程封顶　　（夏海滨　摄）

2021 年 11 月 10 日，滨海西大道提升改造工程完工通过验收。图为滨海西大道潘涂天桥段　（夏海滨　摄）

2021 年 9 月，位于西柯镇的市属中学同安一中滨海校区高中部建成招生。图为该校区远景
（李文鸿　摄于 2021 年 12 月 29 日）

2021 年 12 月，环东海域医院项目进入内部装修阶段。图为该项目外观全景
（李文鸿　摄于 2021 年 12 月 29 日）

经济发展

2021 年，同安区重点实施产业链招商，引进时代新型锂电池项目并于年内动工，推动辖区新能源产业链发展。加快打造产业载体，推动同安新城三大产业园及同翔高新城（同安片区）建设。京东电子商务产业园等重要物流项目建成投产。同安区三次产业结构为 1.7∶53.2∶45.1。地区生产总值 640.36 亿元，比上年增长 6.8%。

2021 年 6 月 2 日，同安区政府与新华网公司战略合作签约仪式在同安会堂举行　　（夏海滨　摄）

2021 年 9 月 8 日，第二十一届中国国际投资贸易洽谈会同安区招商项目签约仪式在环东海域新城波特曼七星湾酒店举行（夏海滨　摄）

2021 年 10 月 20 日，第二届同安电商直播节在同安新城银城智谷潘德韬科技园开幕

（夏海滨　摄）

2021 年 11 月 2 日，同安区举办企业家日系列活动，发布同安区商贸等六大领域十强企业名单。图为同安区商贸企业 10 强授牌仪式

（夏海滨　摄）

2021 年 12 月 28 日，同安区政府与国家开发银行厦门市分行签署“十四五”开发性金融合作备忘录

（夏海滨　摄）

2021 年 6 月，位于同安区五显镇的现代物流产业链重点项目京东厦门电子商务园投产运营。图为该项目远景

（夏海滨　摄）

2021 年 7 月 1 日，位于同安新城滨海旅游浪漫线旁的特房波特曼七星湾酒店二期项目怡海小镇正式对外营业。该酒店是以五星级标准建造的法式风情滨海度假酒店，建成后成为同安新城旅游度假网红打卡地。图为该酒店全景　　　　（李文鸿　摄）

2021 年 12 月 19 日，重大项目集中开竣工暨时代新型锂电池项目（一期）开工仪式在同翔高新城同安片区举行

（夏海滨　摄）

2021 年 5 月 20 日，位于环东海域同安新城的银城智谷园区正式开园。该园区规划以科技研发、科技服务、信息服务和企业总部等为主导产业　　　　（夏海滨　摄）

2021 年 12 月 28 日，位于同安新城的环东云谷产业园区一期封顶。该园区规划打造以新产业、新业态、新商业为主体的新经济产业　　　　（李文鸿　摄）

2021年12月，同安新城美峰创谷园区主体工程建成，该园区规划以企业总部、物联网、高新技术企业、信息科技企业等为主体，重点打造产业总部基地。图为该园区外景（夏海滨　摄于2021年9月9日）

社会事业

2021 年，同安区相继举办朱子文化节、孔子文化节、苏颂文化节，推动文化事业发展。开展创建全国文明典范城市工作，在社区乡村广泛开展各类公益活动。深化合作办学模式，与 4 家教育机构、院校签署合作办学、办教育协议。推动科技创新工作，科创人才服务站在同安新城揭牌。

2021 年 1 月 6 日，同安区政府与苏州市新教育研究院战略合作签约仪式在同安举行 （夏海滨　摄）

2021 年 9 月，同安区首个合作办学项目厦门市新教育学校开办招生。图为学校外观全景图
（同安区教育局供图　摄于 2021 年 11 月 2 日）

2021 年 7 月 9 日，同安区侨联在五显镇香溪社区举行“侨爱心·进社区”眼健康项目启动仪式　　（同安区侨联供图）

2021 年 11 月 20 日，同安区民政局在大同街道古龙御园小区举行同安区首届公益创投项目成果展示暨颁奖仪式　　（夏海滨　摄）

2021 年 12 月 2 日，同安区创建全国文明典范城市志愿者誓师大会主题活动在环东海域同安新城举行。图为志愿者代表宣誓现场　　（夏海滨　摄）

2021 年 7 月 18 日，厦门（同安）第六届国际朱子文化节在同安旧县衙举行。图为在开幕式上举行的同安朱文公自画像发布仪式　　　　　　（夏海滨　摄）

2021 年 11 月 25 日，厦门（同安）孔子文化节在同安孔庙举行。图为文化节举行的祭孔大典　　　　　　（夏海滨　摄）

2021 年 12 月 10 日，厦门（同安）第十届苏颂国际文化节开幕式在盛之乡温泉酒店举行　　　　　　（夏海滨　摄）

2021 年 12 月 9 日，厦门市科创人才服务工作站在环东海域同安新城银城智谷园区揭牌　　（夏海滨　摄）

2021 年 11 月 19 日，安踏实业有限公司职工书屋被命名为国家级职工书屋。图为职工在书屋内阅读　（区总工会供图）

生态建设

2021 年，同安区新增园林绿地 95 公顷、绿道 11 千米，完成 3 个安全生态水系建设项目，建成安全生态水系总长 6.47 千米。空气质量指数 2.24，空气质量优良率 100%，排名全市第一。汀溪镇获评“福建全域生态旅游小镇”。

2021 年 6 月 5 日，厦门市世界环境日主场活动在同安文体中心广场举行。图为在开幕式上，同安区生态环境局“绿水青山 银城卫士”党建品牌揭牌 （夏海滨 摄）

2021 年 10 月 25 日，汀溪镇获评“福建全域生态旅游小镇”。图为汀溪镇顶村村 （夏海滨 摄）

2021 年 2 月，同安区完成大轮山公园改造。图为公园一角　　（同安区市政园林局供图　摄于 2021 年 2 月 9 日）

2021 年 2 月 8 日，汀溪洪坑水质提升工程完工通过验收。图为工程完工后的汀溪　　（同安区农业农村局供图）

乡村振兴

2021 年，同安区成立乡村振兴局，建设 4 条乡村振兴示范动线，打造 22 个省市级乡村振兴示范村，完成投资 1.5 亿元。在 2021 年“福建省乡村振兴热度指数”评价中，同安区综合排名前十，是厦门市唯一入选的区。

2021 年 10 月 22 日，厦门市同安区乡村振兴局揭牌成立　（夏海滨　摄）

2021 年 2 月 26—27 日，莲花镇白交祠村举办樱花节。图为村庄道路两旁樱花盛开的美景　（夏海滨　摄）

2021 年 5 月 20 日，厦门旅游博主与返乡青年社群运营分享交流会在莲花镇军营村举行　（夏海滨　摄）

2021 年 7 月 10 日，“风尚南洋 山水农耕”2021 竹坝乡村振兴文旅活动季开幕式在同安区五显镇竹坝南洋会馆举行
（五显镇供图）

2021 年，国家电投厦门中电光伏发电有限公司建设莲花镇罗汉山农业大棚光伏电站农光互补项目。图为该项目航拍图
（夏海滨　摄于 2021 年 4 月 27 日）

庆祝中国共产党成立 100 周年

2021 年，同安区以“永远跟党走”为主题，广泛开展形式多样、内容丰富的宣传教育活动庆祝中国共产党成立 100 周年，在全区营造奋进新征程、创造新奇迹、展现新气象的浓厚氛围，激励全区广大党员干部不忘初心、牢记使命。

2021 年 4 月 24 日，同安区庆祝中国共产党成立 100 周年百人同歌・企业职工歌手大赛启动　（夏海滨　摄）

2021 年 5 月 16 日，同安区庆祝中国共产党成立 100 周年五四青年全民健身乡村趣跑活动在莲花镇澳溪村举行　（夏海滨　摄）

2021年6月22日，“春风习 高山摄”摄影大赛作品评奖活动在莲花镇军营村举行　　　　（夏海滨　摄）

2021年6月23日，同安区委教育工委举办“光荣在党50年”纪念章颁发暨新党员宣誓仪式　（夏海滨　摄）

2021年“七一”节前夕，同安区在重要节点和主要路段开展庆祝中国共产党成立100周年氛围营造。图为同安区银湖中路与西桥路交叉路口彩化节点布置（右图）和同安区银湖中路的喜庆氛围布置（下图）
（夏海滨　摄于2021年6月19日）

抗击新冠肺炎疫情

2021年，同安区开展常态化新冠肺炎疫情防控工作，全面推进疫苗接种，开展冷链食品监管，加强高风险地区到同安人员管理等。采取果断措施，及时处置9月突发的新冠肺炎疫情，实现11天阻断本土疫情传播链，保障人民群众生命安全和身体健康。

2021年11月15日，同安区在同安会堂举行向疫情防控专家发放聘书仪式 （夏海滨 摄）

2021年11月16日，莲花镇举办新冠疫情防控演练 （夏海滨 摄）

2021年，同安区广泛开展新冠肺炎疫苗接种工作。图为同安体育馆疫苗接种点 （夏海滨 摄于2021年5月8日）

2021 年 11 月 23 日，同安区举办“三级联防”新冠肺炎疫情处置培训班（第一期）。图为同安区疫情防控专家组组长苏成豪开课主讲

（夏海滨　摄）

2021 年，同安区防疫物资生产企业开足马力保障供应。图为厦门华诚科技集团有限公司口罩生产车间

（夏海滨　摄于 2021 年 2 月 18 日）

2021 年 9 月 30 日，在突发新冠肺炎疫情防控期间，同安区红十字会爱心志愿者将捐赠物资运送到隔离点　　（同安区红十字会供图）

2021 年 10 月 2 日，溪苑社区古庄新城居民按居住梯位举牌列队，有序进场检测核酸　（许建筑　摄）

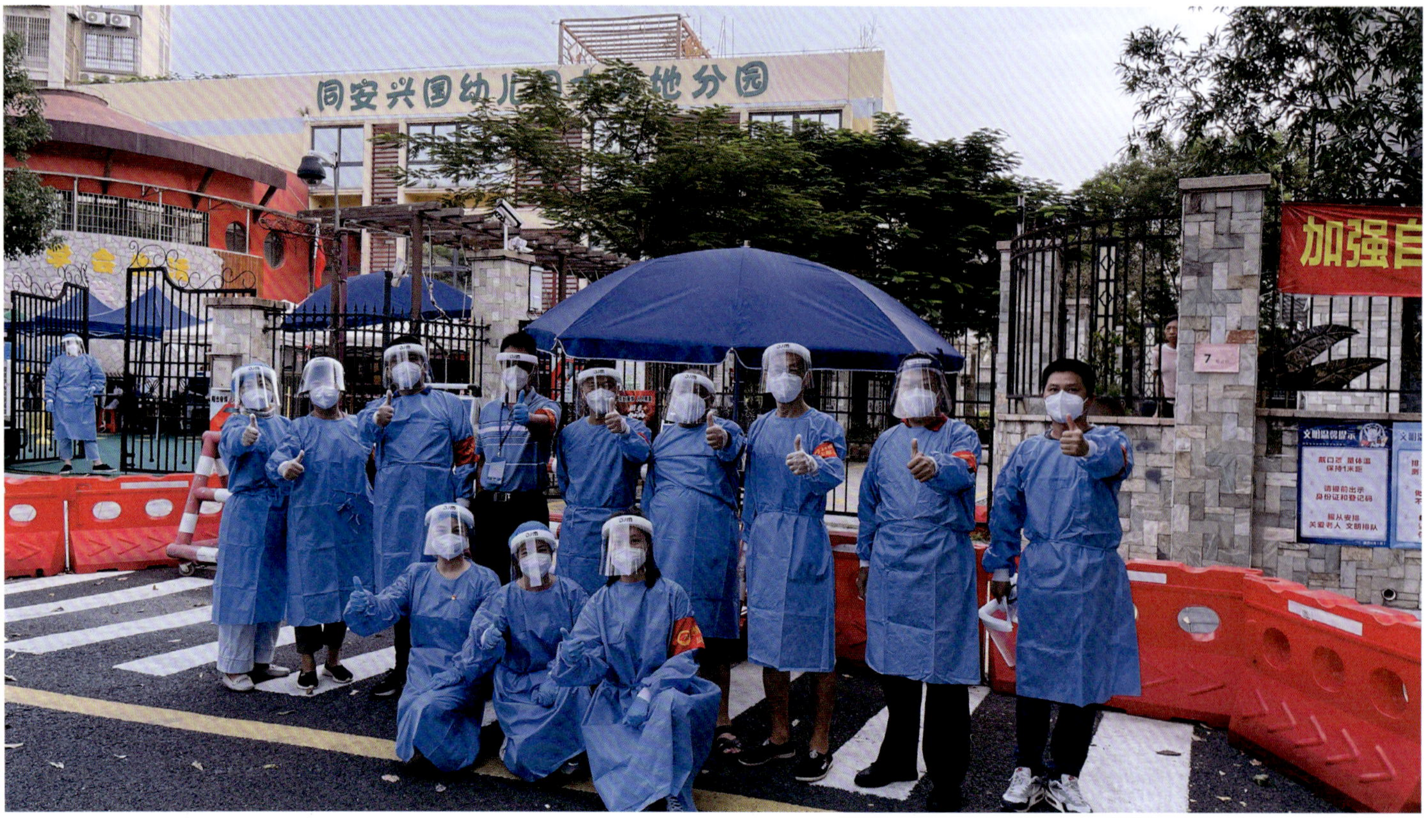

2021 年 10 月 2 日，溪苑社区核酸检测点志愿者在结束志愿服务后合影　（王秀迎　摄）

2021 年 10 月 8 日，“同集血透转运”爱心关怀项目组护送肾病患者到集美医院做血液透析 （同心慈善会供图）

2021 年 10 月 14 日，增援新民镇柑岭村开展疫情防控工作的市直机关干部，集美区民警，同安区机关干部、医务工作者等完成任务后合影 （新民镇供图）

同安数字

2个街道、**6**个镇、**61**个社区居委会、**81**个村委会。

户籍人口**43.25**万人，常住人口**89**万人。

地区生产总值**640.36**亿元，第一产业增加值**11.11**亿元，第二产业增加值**340.62**亿元，第三产业增加值 **288.64**亿元。

规模以上工业企业**891**家，总产值**1175.21**亿元。

财政总收入**112.09**亿元，其中区级财政收入**30.66**亿元。

社会消费品零售总额**394.84**亿元。

城镇居民人均可支配收入**56461**元，人均生活消费支出**33229**元。

农村居民人均可支配收入**27564**元，人均生活消费支出**21749**元。

辖区内普通中学**24**所，在校生**40383**人；小学**86**所，在校生**76170**人；幼儿园**231**所，在校生**40807**人。

全区各类卫生医疗机构**470**个，拥有病床数**1705**张，拥有卫生技术人员**3714**人。

同安区六大领域十强企业

2021 年 11 月 2 日，同安区举办厦门（同安）企业家日系列活动，首次发布 2021 全区工业、商贸、外资、“三高”、民营、建筑业六大领域企业十强名单。

工业企业十强

厦门银祥集团有限公司

厦门中禾实业有限公司

金牌厨柜家居科技股份有限公司

厦门三安光电有限公司

厦门保沣实业有限公司

古琳达姬（厦门）股份有限公司

厦门呼博仕环境工程产业股份有限公司

固克节能科技股份有限公司

厦门康乐佳运动器材有限公司

厦门优尔智能科技股份有限公司

商贸企业十强

厦门京东东和贸易有限公司

厦门同顺供应链管理有限公司

厦门合兴包装印刷股份有限公司

厦门信和达供应链有限公司

厦门鑫同玺供应链管理有限公司

厦门象屿资源有限公司

厦门瑞悦隆供应链管理有限公司

厦门华铸实业有限公司

厦门育哲集团有限公司

厦门象屿同道供应链有限公司

外资企业十强

百路达（厦门）工业有限公司

厦门蒙发利电子有限公司

弓立（厦门）医疗用品有限公司

厦门群鑫机械工业有限公司

厦门通士达照明有限公司

厦门东亚机械工业股份有限公司

厦门力隆氨纶有限公司

厦门宙隆运动器材有限公司

ECCO（厦门）有限公司

厦门高时实业有限公司

“三高”企业十强

厦门新技术集成有限公司

厦门华诚高新纺织有限公司

厦门市三安集成电路有限公司

厦门同恒金属有限公司

厦门太平货柜制造有限公司

高时（厦门）石业有限公司

双桥（厦门）有限公司

厦门古龙食品有限公司

厦门百霖净水科技有限公司

厦门卓越生物质能源有限公司

民营企业十强

厦门趣店科技有限公司

厦门市信德辉贸易有限公司

厦门优友电器有限公司

厦门市东万晟贸易有限公司

厦门美润医疗科技有限公司

厦门科司特电子工业有限公司

厦门新盛洲植物油有限公司

厦门倍杰特科技有限公司

厦门麦丰密封件有限公司

华强方特（厦门）文化科技有限公司

建筑业企业十强

福建筑兆建设有限公司

厦门城健建设有限公司

福建陆度建设有限公司

厦门桓隆圣建设有限公司

厦门市同安区第一建筑工程公司

展文建设有限公司

厦门市华舫建筑工程有限公司

福建惠东南建设工程有限公司

福建泉大建设有限公司

厦门大同建筑工程有限公司

目　录

专　记

大事记

区情概览

中共厦门市同安区委员会

厦门市同安区人民代表大会

厦门市同安区人民政府

政协厦门市同安区委员会

纪检监察

民主党派与工商联

群众团体

法　治

军　事

外事·侨务·台港澳事务

应急管理

经济管理与监督

财政·税务·金融

城乡建设与管理

生态环境

农业·农村

工　业

商业贸易

旅 游 业

交通・物流

邮政·通信·信息化

教　育

科学技术

文　化

卫生健康

体　育

社会生活

街镇概貌

人物·荣誉

附　录

索　引

同安区党史学习教育

2021年，同安区委贯彻落实习近平总书记关于党史学习教育的重要论述和到闽考察重要讲话精神，坚持把党史学习教育作为一项重大政治任务，全面对标中央决策部署和省委、市委工作要求，按照学史明理、学史增信、学史崇德、学史力行要求，聚焦主题主线，强化组织领导，创新实践载体，从严从实推进，取得丰硕成果。

一、基本情况

（一）加强谋划部署。同安区委强化组织领导，第一时间成立以区委书记为组长的党史学习教育领导小组，抽调“一办四组”骨干力量成立办公室，开展动员部署，安排专项经费。先后召开党史学习教育会议5次，领导小组办公室召开周例会20次，围绕中心，统筹工作，协调矛盾，推进党史学习教育各项工作。细化工作方案，及时制定《关于开展党史学习教育的实施方案》，细化出台培训方案、学习方案、宣讲方案、宣传方案等16套实施方案，量化目标要求，明确规定动作，确保党史学习教育各项目标任务按时有序推进。深化督导指导，组建5支区委巡回指导组，向下延伸至8个镇（街）和52家单位深入开展巡回指导，通过督导“点”来指导“面”，以点带面，不断深入，确保中央和省市党委部署要求不折不扣、落实落细。

（二）突出分类施展。同安区委坚持分类指导，创新学习宣传载体，推动学习教育精准覆盖、有效覆盖。突出关键少数，领导干部带头学。发挥领导干部示范带头作用，区委理论学习中心组以上率下开展“现场参观、集中研讨、专题讲座”等学习活动16次，开办党史学习教育专题读书班，举办副处级以上领导干部专题培训、区直机关党组织书记专题培训等4类培训班，开展专题讲座20多期，形成良好的示范效应。拓展学习方式，全体党员积极学。综合采取集中学习、专题辅导、知识竞赛等多样化形式，组织各级党组织开展党课10852场、主题党日活动8804场。及时编印1万余本“党史知识100题”小手册，统一为全区342家非公企业党组织、141个村（社区）征订学习教材，《习近平论中国共产党党史》和《中国共产党简史》等重点教材确保党员人手一册，覆盖率100%。线上线下发力，学生群众跟进学。推进百名书记讲党课、百名讲师进校园、百名教师进社区“三个一百”宣讲活动，为教师、学生讲党史300多场次，组织拍摄15期《“我从哪里来”——银城少年学党史》系列微视频，让党史学习教育更加贴近学生群体。组建理论宣讲轻骑兵、区委宣讲团、讲古仙、“1+8”文艺轻骑兵等特色队伍，以口述历史的方式和文艺“快闪”的形式讲好百年党史。打造党史“云”课堂，在“同安发布”等新媒体上开设“学习园地”板块，受众25万余人，推动党史学习教育走进基层、深入人心。

（三）用活红色资源。同安区深入挖掘红色资源，创新系列举措，讲好党史故事。擦亮红色地标，发挥高山党校优质资源，打造15个现场解说点的“初心之路”现场教学动线，高山党校挂牌成为全市首个教育实践基地，初心使命馆被列入省委、市委党史学习教育首批参观学习点和福建省“习近平新时代中国特色社会主义思想实践示范基地”等，吸引4.5万余名党员群众学习参观。拓展学习阵地，中共闽粤赣边区厦门市委机关旧址等5个红色资源成为全区党史学习教育参观学习点，同安革命烈士事迹馆揭牌启用，五峰村红色革命纪念馆、五峰烈士墓等红色教育基地修缮工作加快推进，苏颂纪念馆被列入第六批福建省爱国主义教育基地，“一心三线”党史学习教育红色路线发布上线等，“同安红色故事”内涵、形式和载体得到深化，党史学习教育阵地不断拓展。创作文艺精品，结合同安特色资源，编制发行《同安革命老区发展史》、《百年风华　红色印记》等党史文化书籍，创新采用“闽南语＋普通话”双语模式，采制6集党史小故事和9件文艺视频，精心创作《同安红》《同安农民画百年·百人·百米长卷》等一批文艺作品，在全城公交、BRT、楼宇等万屏电视展播，受众超百万人次，深受群众欢迎。

（四）营造浓厚氛围。同安区把党史学习教育同建党百年系列活动、“四史”宣传教育、“永远跟党走”群众性主题宣传教育紧密结合起来，开展多形式多样化的宣传报道活动，营造浓厚氛围。主流媒体集中发声，与多家媒体平台深入开展合作，央媒刊发党史学习教育经验做法450余篇、省级媒体平台120余篇、市级媒体平台490余篇。发挥融媒体中心宣传矩阵作用，推出新闻153条和相关文章572篇次，全网阅读量达到3517万次，“学习强国”供稿量和录用量位列全市各区第一。编审办好学习简报，在全市各区率先编写《同安区党史学习教育简报》，宣传党史知识及区内各单位开展党史学习教育情况。累计编辑简报81期，内容多次被上级简报采用，其中被省委采用11条，《福建信息》采用1条，市委采用40条。营造浓厚社会氛围，组织策划社会宣传教育、文化文艺展示、媒体宣传报道等“三大行动”113项庆祝中国共产党成立百年活动，采取群众喜闻乐见的方式，点燃群众学党史热情。在辖区主要路段插挂国旗6000余面，彩化节点、设置主题标识、布置主题海报200余处，多角度全方位开展党史宣传，营造大抓学习教育、庆祝中国共产党成立百年的浓厚氛围。

（五）开展为民办事实践活动。同安区把“我为群众办实事”实践活动作为党史学习教育的重要内容和突出抓手，真心实意为群众办好事、办实事、解难事。加强顶层设计，聚焦辖区教育、医疗、就业、农民增收等九大方面33项重点任务，先后推出3批8类345项“我为群众办实事”重点民生项目，其他惠民利民实事5826项，实行任务项目化、项目清单化、清单具体化管理，完成率100%。健全完善项目动态调整、领导干部领办、项目动态调整、督促指导等工作机制，开设线上线下意见征集渠道7种，推动为民服务常态长效开展。注重以上率下，切实发挥领导干部示范带头作用，处级及以上领导干部挂钩办实事项目60个，区、镇两级领导累计走访挂钩联系企业1136家（次），帮助协调解决问题685条。在领导带头示范下，1.1万余名党员到社区、小区解难题、办实事，村“两委”与困难户“一对一”结亲帮扶448件，用心用情用力把好事实事办到群众的心坎上。构建特色载体，创新开展“银城微心愿”圆梦行动，收集微心愿790个，年度圆梦率100%。举办“好点子·银城百姓身边事”征集活动，100余个好点子被采纳并落实。开展“我为英烈后代办实事”实践活动，率先出台关爱英烈后代方案，《一张爱心卡，融合十大举措》入选市第一批“十佳优秀案例”在全市推广学习。

二、创新做法

创新“线上＋线下”模式，大力营造党史学习教育宣传氛围，依托区融媒体中心、区新时代文明实践中心等平台优势，推动党史学习教育全覆盖。一是早部署早行动，加强党史宣传覆盖。党史学习教育启动后，迅速开展宣传动员，率先各区编写《同安区党史学习教育简报》，第一时间向市委党史学习教育领导小组办公室报送。截至2021年底编辑简报29期，信息报送量、简报采用数量均位居全市各区前列。坚持“细”字为基，细化分解工作任务，制定党史学习教育宣传工作方案，方案结合同安区党史学习教育具体情况，对各阶段宣传进行细化，对各级媒体进行任务详解。坚持“精”字为要，精心筛选精彩内容，常规简报栏题外，创新开设《党员回音壁》《党史小常识》《知识问答》《创新宣讲》等特色专栏，丰富简报内容。定期通报各单位简史投稿情况，激励各单位积极投稿，保质保量完成各类主题征稿。二是媒体联动讲好党史故事，融合发力掀起学习热潮。主流媒体开专栏，3月起在《厦门日报》开设专栏《红色同安：奋斗百年路，推动新富美》，先后发表《奋楫争先　力争交出“百分答卷”同安区召开全区党史学习教育动员大会》《聆听革命光辉事迹　激发实干奋进力量》等多篇新闻报道。多平台立体宣传，通过中央、省、市、区四级媒体同步对同安区党史学习教育特色做法进行报道；与华人头条合作刊发近30条同安区党史学习教育故事，将宣传触角延伸到海外。其中，相关报道在人民网发表18篇，在新华网发表5篇，在“学习强国”学习平台采用33篇。专题报道出成果，推出系列专题报道，在多个平台刊登，如《经济日报》报道同安区《税务系统推动党史学习教育走深走实》，央媒《法治日报》报道《敲警钟、筑防线！厦门市同安区检察院组织干警参观党风廉政教育基地》，累计在各平台发布党史学习教育宣传报道230余篇，其中央级平台超70篇。三是发挥区融媒体中心优势，构建“抬头可见、充耳可闻、驻足可观、低头可点”全覆盖宣传格局。通过融平台，赋能传播，省、市等各级媒体驻站记者入驻区级融媒体中心合署办公，统一策划、集中采访，并依托广播、电视、报纸、网站、微信等实现集中式、多维度、跨领域赋能传播格局。结合党史制作《同安记忆》专题片，获第1期全国县级融媒体中心优秀作品双月赛二等奖，为全市唯一获奖作品。通过融业态，多元传导，联合区新时代文明实践中心，引入讲古、农民画、微课、民俗等形态，创作系列宣传作品12件，开展“线上＋线下”“新闻＋文艺”“传统＋现代”等“融合式”生产业态。例如，在清明传统民俗融入党史，配合央视四套，实现大屏直播5分钟，助推党史学习教育飞入寻常百姓家；对接区灯谜协会，以党史学习教育内容为主题，推出“有奖灯谜竞猜”活动，以新颖形式在广大党员干部中普及党史知识。通过融渠道，立体传达，整合全区传播渠道搭建区级播发中心，每天播发群众喜闻乐见的党史信息，分发区广播电视、16个新媒体和户外LED、村村响广播，并统筹全区976个微信群覆盖6万余人，信息搭桥各系统服务号覆盖32万用户，变信息“单向发布”为“定向分发”的立体、精准传达。

创新宣讲方式，充实成立“党史讲古仙”志愿服务团队，致力于“讲好党史故事，凝聚同安精神”，为富美新同安高质量发展超越提供精神动力和智力支持。一是在原有传统讲古艺人（闽南俗称“讲古仙”）基础上，落实志愿岗位，助推文明实践特色化。吸收同安本土党员干部、乡土文化人才、科技能人、“五老”人员等各领域优秀人才成为党史“讲古仙”，从最初的8位“讲古仙”发展到149名成员。建立“课程库”，制订党史宣讲计划，落实党史宣讲课程，安排“讲古仙”志愿服务队每周在双溪讲古场（新时代文明实践岗）开展宣讲活动4次。采用“双语”模式，通过闽南话讲述、布袋戏表演、南音、答嘴鼓等闽南特色方式，结合普通话，运用“双语”模式开展宣讲。二是深入村（社区）实践站，助力理论传播精准化。利用同安区作为新时代文明实践中心全国试点区的契机，依托全区148个实践所（站），围绕理论宣讲、社会宣传、教育服务等主题，开展接地气、暖人心的“百站千场”宣讲活动，推动党史学习教育全面覆盖。发挥特色优势，结合“920志愿服务联盟”“文艺轻骑兵”等志愿服务队伍，党史“讲古仙”志愿服务队成员深入各村（社区），以亲切朴素的闽南语、普通话进行理论宣传宣讲，真正把科学理论讲到百姓的心坎里，至年底开展活动160多场次。三是挖掘银城红色基因，推动党史学习教育常态化。挖掘特色基地，在高山党校、军营、白交祠及党史学习教育点、革命基点村的基础上开设宣传基地。挖掘特色内涵，由党校老师、本土党史专家共同组成的“党史讲古仙”队伍，围绕党史、新中国史、改革开放史、社会主义发展史“四史”，深入挖掘讲授“书本外的故事”。挖掘同安故事，挖掘同安区红色资源，如同安历史典故、革命先烈事迹，深入各实践所（站）开展党史专题系列讲古活动，截至年底开展党史主题讲古活动50余场。

创新开展学习教育实践活动，紧密结合“爱心厦门”建设，从机关到社会，掀起献爱心热潮。一是持续开展“深化双报到，爱心共筑建”活动。发动全区企事业单位职工开展“爱心屋／爱心驿站＋志愿服务”、“爱心屋＋安心消费”等多种形式志愿服务活动，发动32家爱心企业与“爱心屋”共建，关心关爱残疾人，营造浓厚爱心氛围，全年全区8家“爱心屋”线上线下营业额为629万元。二是从推广“爱心屋”到打造“爱心岗”，促进残疾人就业。在“爱心屋”城乡全覆盖的基础上，探索“爱心屋”“1+N”模式，根据实际增设“爱心柜台”“爱心车”，为有就业能力的残疾人提供就业“爱心岗”，增加困难群众家庭收入，提升幸福感、获得感。三是实施普惠残疾人家庭举措。制定《同安区“爱心屋”运营激励机制暂行规定》，将部分“爱心屋”结余利润用于补助慰问同安区户籍困难及丧失劳动能力的残疾人员，让爱心营收惠及更多困难群体，扩大爱心助残济困覆盖面，构建“近邻有爱”的温馨家园。四是聚焦困难需求，暖心布置环卫工人之家。对同安区困难环卫工人进行摸排并建立工作台账，结合同安城建公司回收大件物品工作，变“废”为宝，将可再利用的大件家具进行消毒清洗，暖心赠送给有需求的困难环卫工，同时开展修缮房屋志愿服务活动，为困难环卫工布置温馨家园。至年底回收可再利用家具20件，修缮困难环卫工房屋1户。五是关注英烈后代，营造崇尚英雄、关心英雄的良好氛围。建立关心台账，对全区英烈后代家庭情况、困难需求进行摸排，建档立卡，梳理困难需求台账，针对英烈后代困难需求开展关心关爱活动。

（同安区委党史学习教育领导小组）

同安区庆祝中国共产党成立100周年

2021年，同安区开展庆祝中国共产党成立100周年系列活动。中共同安区委召开1次常委会、4次专题会，研究确定庆祝活动方案、宣传文化活动方案、群众性主题宣传教育活动方案等5项工作方案，广泛开展形式多样、内容丰富的主题宣传教育活动，激励和动员全区广大党员干部群众更加紧密地团结在以习近平同志为核心的党中央周围，不忘初心、牢记使命，开拓奋进、攻坚克难。庆祝活动以“永远跟党走”为主题，共有113项，其中区级层面活动分为社会宣传教育、文化文艺展示、媒体宣传报道“三大行动”共计15项活动，各镇（街）以及其他部门和单位累计组织开展的活动有98项。3月26日，同安区召开新闻发布会，发布同安区庆祝中国共产党成立100周年宣传文化活动，拉开该次系列活动的帷幕。活动紧扣庆祝中国共产党成立100周年主线，结合党史学习教育，开展形式多样的活动，大力营造奋进新征程、创造新奇迹、展现新气象的浓厚氛围。该次宣传文化活动贯穿全年，分为社会宣传教育、文化文艺展示、媒体宣传报道“三大行动”，在做好常态化疫情防控的前提下，结合同安的传统文化内涵，开展一批富有特色的庆祝活动，营造庆祝中国共产党成立100周年的喜庆氛围。

一、社会宣传教育

同安区开展理论宣讲，组建“讲古仙”“银城教师说党史”等5支特色宣讲队伍，深入基层开展宣讲活动90多场次。针对农村党员，以“闽南话＋普通话”相结合模式，采制6集党史小故事和9件文艺视频开展宣传宣讲，受众超30万次。各部门也结合各自工作特色，广泛开展形式多样的党史学习教育活动。

“奋斗百年路　启航新征程”理论宣讲轻骑兵暨同安区乡村讲师团进基层宣讲活动　同安区委宣传部整合同安区乡村讲师团、青年讲师团、教育系统百名党史教师等队伍，组建庆祝中国共产党成立100周年同安区理论宣讲轻骑兵，紧扣学习贯彻习近平新时代中国特色社会主义思想主线，到基层开展宣讲活动。3月25日，同安区“奋斗百年路　启航新征程”理论宣讲轻骑兵进基层宣讲启动仪式暨首场示范宣讲活动在同安区新时代文明实践中心举行，党史老专家庄水淡以《中共闽粤赣边区厦门市委机关旧址的革命斗争故事》为题，对第一次国内革命战争时期中国共产党在同安及周边地区的地下斗争情况进行全面而深入的解读；区委党校教师沈丽英讲述习近平总书记在厦门任职时两次深入白交祠村和军营村访贫问苦的故事。截至12月，宣讲团总计宣讲百余场次。

“致敬百年”系列活动　3—7月，同安区委组织部开展“致敬百年”系列活动。活动由“致敬百年·初心印记”“致敬百年·党课开讲啦”“致敬百年·带你学同安党史”“致敬百年·学习身边榜样”四大板块组成。面向全区各党委（党工委）开展“致敬百年·初心印记”征文活动，收到“初心印记”征文131篇。面向全区各党委（党工委）开展“致敬百年·党课开讲啦”优秀党课征集活动，制作《致敬百年·党课开讲啦》专题节目，全区各单位共制作报送视频46部，以线上线下相结合的形式为广大党员干部群众上党课，其中《田洋村的乡村振兴：战略地位与路径探索》被市委组织部列为精品微党课，在全市范围展播。开展“致敬百年·带你学同安党史”活动，在“银城党建”微信公众号上开辟“百年党史周周学”专栏，共推送14期；联合区委党史方志室在“银城党建”微信公众号上开设“致敬百年·带你学同安党史”专栏，以文字、图片等形式梳理同安党史，总计推送17期。对于同安区党史的几个关键节点、具有重大历史意义的事件等，会同区融媒体中心，邀请相关党史研究专家、党校教师、展馆讲解员等制作系列（6集）党史微纪录片《初心印记》。在“银城党建”微信公众号上开设“致敬百年·学习身边榜样”专栏，挑选部分2021年受到各级“两优一先”表彰的优秀个人、先进集体以及优秀村（社区）带头人、优秀返乡创业人才等，制作系列人物专题短片，总计制作9部，同时在《厦门日报》“致敬百年·学习身边榜样”报道5篇。

2021年7月30日，同安区委党史和地方志研究室向莲花镇军营村、白交祠村赠送新编写的党史地情书籍《百年风华　红色印记》（同安区委党史方志室供图）

《百年风华　红色印记》编撰　3月，同安区委党史方志室启动《百年风华　红色印记》编撰工作。结合“四史”（中共党史、新中国史、改革开放史和社会主义发展史），以时间为主轴，以历史事件为着墨点，采取配插图形式，整理编写1921—2021年各个阶段在同安发生的典型事件，展现同安曲折的革命斗争历程和解放后获得的辉煌成就。6月底，党史方志室以内部出版形式完成该书印刷，广泛在全区机关、企事业单位、学校、村（社区）等宣传推广。

《同安革命老区（县）区发展史》发行　3月26日，同安区召开庆祝中国共产党成立100周年宣传文化活动新闻发布会，同安区编撰的《同安革命老区（县）区发展史》一书正式对外发行。该书由同安区委党史办、同安区老促会牵头组织编撰，历时近4年时间编成出版。全书共有八章，分为三大板块，通过史料文物、重大历史事件记述同安革命老区（县）区革命历程及艰苦奋斗、改革开放的辉煌成就，是一部教育引导广大党员干部学党史、悟思想，传承红色基因的党史地情教材。

同安区直机关庆祝中国共产党成立100周年　同安区直机关工委开展“两优一先”评选表彰推荐工作，推荐表彰区级以上优秀共产党员9名、优秀党务工作者8名，先进基层党组织11个。举行“光荣在党50年”纪念章颁发暨新党员入党宣誓活动，126名入党50年以上的老党员获得“光荣在党50年”纪念章，18名预备党员面向党旗庄严宣誓。开展先进典型故事，庆祝中国共产党成立100周年“基层党建微故事”征集活动，共征集“机关党建”“离退休干部党建”“发展党员和党员教育管理”等方面典型故事、微故事47篇。组织“爱心结对”帮扶活动，发动各基层党组织开展“我为社区居民办一件实事”“我为残疾人办一件实事”等。开展以“访民情、聚民心”为主题的“七一”主题党日活动，向区直机关6名困难党员发放慰问金10800元。

老干部“十个一”系列庆祝活动　同安区委老干部局开展庆祝中国共产党成立100周年“十个一”系列活动，推送5篇老党员、老干部先进事迹，刊登在《厦门晚报》百版大型珍藏特刊。组织100余名老党员、老干部参加“喜迎建党100周年　向党说句心里话”活动。参与“永远跟党走·奋进新征程”“改革开放在突破”等文艺会演。开展门球、扑克、乒乓球等文体活动，累计参与1000余人次。联合同安区书画研究学会在区老年活动中心举办中国共产党成立百年书画展，展出作品90余幅，累计观展2000余人次。

二、文化文艺展示

同安区举办庆祝中国共产党成立100周年系列演出活动。开展“永远跟党走——同安区庆祝建党百年文艺会演”、“逐梦未来　赓续前行”庆祝中国共产党成立100周年文艺晚会、“百筝齐鸣　红心向党”等文艺演出活动10多场，演出节目融入“莲花褒歌”等同安传统文化元素，引导和激励全区广大干部群众为建设富美新同安贡献力量。创作文艺作品，组织创作《颂歌献给党，奋进新时代》《同安红》《茶园情》《乡愁》《祖国万岁》等一批文艺作品，在全城公交、BRT、楼宇等万屏电视播出，受众超百万人次。各基层单位结合各自“非遗”项目等，同步开展特色活动，其中洪塘镇开展“普天同庆舞‘宋江’·礼赞百年颂党恩”民俗表演活动；莲花镇莲花褒歌演唱团编排《高山幸福歌》，参加“曲颂党恩——庆祝中国共产党成立100周年”第四届福建省曲艺丹桂奖厦门赛区活动获一等奖。

“云上讴歌·百岁党庆”百人同歌企业职工歌手大赛　大赛由同安区委宣传部、同安区总工会和新民镇政府共同主办，厦门鼎映文化传媒有限公司承办，旨在引导广大职工唱响共产党好、社会主义好的时代主旋律，展现新时代爱岗敬业、奋斗追梦、小康幸福的同安职工良好精神面貌，坚定听党话、跟党走的政治自觉。大赛共分为报名—海选—初赛—复赛—决赛及颁奖6个环节，其中报名—海选—初赛—复赛4个环节均为线上网络评比方式，决赛及颁奖环节通过线下场地举行。4月26日，启动首场海选赛，共吸引数百名企业职工选手参赛，5场线上直播，共吸引观众近190万人。经过海选赛与复赛选拔，最终共有普通话组6人、闽南语组6人共计12名选手晋级决赛。6月20日晚，同安区庆祝建党100周年“云上讴歌　百岁党庆”百人同歌企业职工歌手大赛决赛在同安影剧院举行，总决赛分设普通话组、闽南话组，分别评出两组冠亚季军共6名，优秀歌手共6名，最佳人气奖和最佳原创作品奖。

“永远跟党走”——同安区庆祝中国共产党成立100周年文艺会演　6月29日，“永远跟党走”——庆祝中国共产党成立100周年综合文艺会演在同安区影剧院举行。该活动由中共同安区委宣传部、同安区文化和旅游局主办，同安区文化事务中心承办。通过各类文艺节目回顾中国共产党的百年光辉历程，热情讴歌党的伟大成就，充分展现同安区创新进取新成果，增强人民群众的民族自豪感和幸福感。区文联（银之声乐队）演奏管乐合奏《唱支山歌给党听》《中国中国，鲜红的太阳永不落》，厦门小白鹭民间舞艺术中心表演红色经典舞蹈《东方红》，区莲花褒歌演唱团表演莲花褒歌表演唱《乡村振兴同齐来》等8个节目。区委常委、宣传部部长林国财等区领导及区文联、区文旅局、各镇街相关领导和群众约800人到场观看演出。

同安区文联庆祝中国共产党成立100周年系列文艺活动 3月，围绕庆祝中国共产党成立100周年主题，召集区内百名书画艺术家进行百幅书画作品创作大赛，并对作品进行评选和定稿装裱。6月29日至7月8日，举办庆祝中国共产党成立100周年百幅书画作品创作大赛主题展，展出135幅书画作品，重温中国共产党历史，讴歌党的丰功伟绩。3月，召集辖区内百名农民画家进行百米长卷创作，围绕同安党史和红色文化题材，讲述100个同安故事。7月、9月分别在同安区文化馆和厦门市美术馆举办同安农民画100米长卷主题展。6月，联合志愿服务团体金秋艺术团举办三场“颂歌献给党，奋进新时代”主题“快闪”活动。7月、9月分别在同安区文化馆和厦门市美术馆举办“同安农民画百年·百米·百故事长卷创作展”，由100名农民画作者围绕同安党史、红色文化主题创作出百米画作。7月4日，在美峰公园举办庆祝中国共产党成立100周年“百筝齐鸣，红心向党”汇演活动，组织100台古筝同台演出；举办线上“学党史主题灯谜”有奖竞猜活动，反响热烈，参与人数超千人。

三、媒体宣传报道和氛围营造

在组织活动的同时，同安区对相关活动开展广泛宣传报道。率先在全市召开新闻发布会，对外介绍同安区庆祝中国共产党成立100周年宣传文化活动的有关情况，在《厦门日报》开辟《红色同安：奋斗百年路，推动新富美》宣传报道专栏，在各大主流媒体刊发同安区庆祝建党百年活动的报道文章80余篇，其中央级平台采用14篇。通过“同安发布”“银城党建”等微信公众号推出一批系列相关采访报道。

“七一”前夕，同安区开展庆祝中国共产党成立100周年城市氛围营造工作。在辖区主要路段插挂国旗6000余面、彩化重要节点30多处、设置主题标识50多个，在138座公交候车亭、450多处LED显示屏、宣传栏布置庆祝中国共产党成立100周年主题海报和公益广告，多角度全方位开展宣传。同时组建工作专班，建立每天巡查制度，及时更换修复损坏或破旧的宣传标语和宣传设施。在大街小巷营造庆祝中国共产党成立100周年的浓厚喜庆氛围。

（同安区委宣传部　同安区委党史方志室）

同安区筑牢新冠肺炎疫情防控防线

2021年，同安区面对国内新冠肺炎疫情传播链多，人员流动性大，疫情散发外溢与境外输入形势严峻等重大风险挑战，深入贯彻习近平总书记关于疫情防控工作的重要指示精神，落实党中央、国务院以及省、市工作决策部署，全面推进疫苗接种，开展冷链食品监管，加强中高风险地区来同人员管理等，全面筑牢新冠肺炎疫情防线。2021年9月，同安区采取果断措施，实现11天阻断本土疫情传播链，快速夺取疫情歼灭战决定性成果。同时，严格按照“外防输入、内防反弹”要求，紧盯防疫短板，建立三级联防防控体系，在疫情信息发布、人员管控、核酸检测等领域推出多个创新措施，开展疫情防控示范单位创建工作，发放疫情防控宣传海报、折页、传单、口袋卡4600余份，提升全社会一体化疫情防控水平，保障经济社会稳定发展。

一、常态化新冠肺炎疫情防控

开展疫苗接种。同安区通过制订工作计划、组建工作专班、规划设置接种点和移动接种车、严格接种培训、加大宣传发动等措施，高效推进新冠病毒疫苗接种工作，做到符合条件的群众实现应接尽接。至年底，全区先后设立疫苗集中接种点10个，累计接种疫苗189.60万剂次，其中接种第一剂次89.54万人、完成全程接种86.80万人、加强免疫接种13.26万人。18岁以上人群需接种66.81万人，第一剂接种65.54万人，接种覆盖率98.08%；完成全程接种64.51万人，接种覆盖率96.54%。60岁以上人群需接种8.05万人，第一剂接种6.29万人，接种覆盖率78.33%；完成全程接种6.09万人，接种覆盖率75.74%。12～17岁人群需接种4.97万人第一剂接种6.25万人，接种覆盖率125.55%；完成全程接种5.67万人，接种覆盖率113.88%。3～11岁人群需接种11.47万人第一剂接种11.46万人，接种覆盖率99.90%；完成全程接种10.53万人，接种覆盖率91.84%。

开展流调溯源。处置境外、境内协查函，应对突如其来的疫情，对新冠肺炎感染的密接、次密接人群开展调查，有效切断传播链。

做好环境消毒。同安区全年完成92间隔离房间应急环境采样920份、消毒前后环境采样920份、消毒后空调采样221份，开展消毒效果评价18次，采集菌片样432份，采集消毒前后空气培养皿216皿；年同安区完成冷链食品、环境标本新冠病毒核酸检测排查5486份。

开展进口冷链食品监管。同安区市场监督管理局成立工作专班，组建3个督导组，开展专题培训4场、现场观摩会3场，联合多部门进行集体约谈，落实进口冷链食品经营单位主体责任。开展进口冷链食品专项执法行动，依法查处违法案件13件。全年检查辖区冷库2298个次，涉及经营主体1132家次；采集食品样本1501份、环境样本1965份，组织从业人员核酸检测15897人次，结果均为阴性。

加强农贸市场和医药行业监管。同安区市场监管局开展农贸市场监管，督促开办单位落实人员体温检测、口罩佩戴和每日消杀等防控措施。严厉打击活禽和野生动物经营行为，下架索证索票不全白条鸡鸭640羽；联合区农业农村局开展联合执法13次，没收、无害化处理活禽520羽。开展零售药店监管，通过"双随机"抽查、突击检查、飞行检查、集体约谈等方式，督促零售药店严格落实退热、止咳、抗病毒、抗生素等四类药品购药登记和情况报告制度，全年采集报送购药信息43万余条。开展疫苗流通环节质量监管，对区疾控中心、11家新冠疫苗接种单位和临时接种点开展全项目现场检查。联合区卫健局在全市率先举办预防接种人员专业技术培训班，提升接种人员业务水平和服务质量。

二、突发新冠肺炎疫情处置

9月12日，新民镇报告同安区首例新冠肺炎确诊病例。同安区抓住"封、筛、隔"疫情防控策略重点，从快从严落实防控任务，分级分层抓实管控举措，众志成城打赢疫情防控歼灭战。

构建扁平化指挥体系。疫情发生后，同安区第一时间启动应急机制，在新民镇迅速调整疫情防控组织架构，紧急研判疫情态势；启动24小时指挥值班体系，全天候高效运转。在市级工作组指导下，市、区两级联合组建疫情防控前方指挥部及21个工作组，统一领导，紧盯各个工作重点及关键环节，统筹融合市、区、镇（街）、村（社区）工作力量，强化扁平化工作体系，靠前指挥、快速反应，加强工作合力。迅速落实国务院副总理孙春兰，福建省委书记、省长王宁，厦门市委书记赵龙深入同安封控区域指导防控工作的指示精神，细化各项防控措施。实行扁平化专业指导。在国务院联防联控机制增派专家指导下，市、区组成联合流调溯源工作组，成立"三公（工）融合"流调溯源工作专班，创新性建立快速流调机制，第一时间开展现场调查，精准排查追踪感染源，核心信息报告时间由最初平均9小时缩短至4小时，完整流调报告均24小时内完成。依托国土空间信息平台数据，整合市疾控中心、大数据局等多源疫情数据，利用地址匹配、人工筛查等手段，实现全区208例确诊病例和密接者精准落图；对封控区、管控区和中高风险区空间落图，为分级管控划定及跟踪管理等工作提供有力空间数据支撑。实行扁平化组织体系。制定激励干部担当作为八条措施，深入开展"党旗飘扬践初心，疫情防控当先锋"活动，全体党员坚守一线、冲锋在前，时时处处做到"跟我上""我先上"，带头落实防控措施，带动群众参与志愿服务6万余人次；"银城党建"微信公众号累计宣传报道优秀党组织、优秀党员干部经验做法、先进事迹115条。

严格区域封管控切断传播途径。同安区针对聚集性阳性病例多发地，落实管控。管控区严格执行自然村（小区）出入查证、验码、测温、登记，以网格为单位落实监管，实现"非必要不出门，严禁聚集"。细化管控落实。建立重点管控组、核心区域管控组，深入推进家园守护、健康守护与爱心守护三大战"疫"行动；制定并落实管控区出入口防控指南、疫情防控消毒、疫情垃圾转运方案等；针对聚集性病例疫源点（晨明工艺品有限公司、穆玛服饰有限公司）开展终末消毒、过程评价、效果评价。建立实住人员信息、每日健康监测、人员进出、特殊困难群体"四本台账"。推广"核心区守护行动"微信小程序，实施信息登记、去向监控、健康监测"一体化管理"。实施"扫尾清零"行动，制发《同安区新冠肺炎疫情相关人员转运工作指南》《同安区疫情全流程管控图》，搭建"人员转运信息管理平台"，突击完成115台应急保障公交车隔离设施加装，坚决"应隔尽隔、应转尽转、动态清零"。

果断全域管控杜绝病情外溢。为防止疫情外溢，同安区果断采取全域管控，第一时间切断对外交通，所有人员禁止离同，严格采取停工停产停业措施，确保实现疫情零外溢。一是强化对外交通管制。9月14日17时起，全区公交、BRT、长途客运暂停运营。9月16日18时起，所有人员禁止离开同安，人员、车辆只进不出。在324国道与翔安交界处、高速公路后垵出入口、海翔大道官浔立交3个路口设置交通卡口检查点，累计出动3782人次，检查车辆69570辆次，劝返23725辆次。二是强化对内交通限行。自21日17时起，除警车、救护车、消防车、垃圾转运车等特种车辆和保障国计民生以及疫情防控车辆外，全区所有道路（海翔大道除外）禁止机动车通行。三是严格停工停产停业。9月14日起，全区暂停群众性活动；暂停景区景点、公园、棋牌室等公共场所对外开放，商超、农贸市场等基本生活物资供应场所严格落实疫情防控措施；暂停各类群体性聚餐活动；各级各类学校一律实行停课，线上教学。9月19日，非防疫及重要民生的企业、项目一律停工停产。

织密网格实现精准有效防疫。加强社区网格化管理，同安区针对基层防控措施无法落细落实问题，专题破解，迅速重新调整细分网格，充实网格力量，落实网格10项工作职责，夯实网格化防疫基础。确定包保制度。印发《同安区实施社区（村）防控网格化管理工作方案》，实行“市级领导包保镇（街）、市直单位领导包保社区（村）、区镇（街）领导包保网格”工作制，各级各部门下沉一线、联合作战。加大网格包保力度，创新“三包四核、以券定人”方法，形成“下沉干部包片统计到位、小区楼栋长包户落实到人、公安民警厂区边角重点突破”的“三包”工作机制；核对户籍、疫情防控大数据、历次核酸检测人数、物资领取人数等“四项信息”，制作“生活物资发放券”，以券定人。压实网格责任。每个网格负责人员摸排、组织核酸检测、隔离封闭、物资保障、健康检测等任务。制定《新冠肺炎疫情社区防控手册》，落细落实应急处置、社区防控、居家隔离检测、医疗救助等各项职能。居民小区（村）封闭管理，设置检查点768个，发动1.8万余名房东协会成员等志愿者参与，全面落实联防联控。完善《同安疫情防控督导检查方案》，派出社区（村）检查点督导组，指导各检查点做到“四逢”：逢人必查、逢人必劝、逢进必问、逢异必报。打造“无疫小区”。按照“疫情零发生、防控全到位”标准，网格化管理压实属地责任强化闭环管理，推动疫情防控措施末端落实落细。在全区开展近邻党建引领“健康家园·无疫小区”创建活动，围绕“六个好”要求，发挥近邻党建优势，再筑“零疫情”基层防线；推出“三字经”“快板”短视频，制定“无疫小区”考评标准，《同安区近邻党建引领“健康家园·无疫小区”创建一图清》，让小区（自然村）掌握执行标准。经村（社区）申报、镇（街）验收、区级评估，确定区首批26个“无疫小区（村）”示范点名单。

分策管理隔离点确保隔离效果。疫情发展过程中，随着涉阳人员以及密接、次密接人员增多，出现区内隔离场所不足问题。同安区探索“飞地隔离”模式，同时多管齐下，推动隔离场所规范化管理，取得明显成效。借助全市资源。开展隔离资源“挖潜”行动，首创“飞地隔离”模式，统筹全市、全区资源，充分利用酒店、保障房、学校宿舍等，多方筹措27个隔离场所，实现“应隔尽隔”。配强工作力量。全面压实各“点长”、专班、属地镇（街）主体责任，由区领导挂钩联系14处区管隔离点，协助隔离专班解决问题；制定《同安区关于进一步规范和加强隔离场所管理的工作方案》，抽调23名精干力量加强区内外专班管理，实行各隔离点“点长制”。加强科技投入。实施“鹰眼行动”，安装隔离场所组监控中心和电子门磁系统，建立隔离场所组监控中心，协调美亚柏科提供科技支撑，开展隔离点监控视频“回溯回看”，确保全覆盖、无盲区。强化督导检查。安排12名干部逐一对接疫情防控前方指挥部13个工作组，组织6位市、区级院感专家对隔离点指导检查，每日由督导检查组分8路持续深入各隔离场所，消防、建设等多部门联合开展安全隐患大排查。组建核酸检测机动专班，落实隔离场所每日全员核酸检测。

全民发动确保核酸“应检尽检”。在该次突发新冠肺炎疫情处置工作中，同安区密集开展十轮全员、两轮重点区域和两轮重点人群核酸检测，核酸检测经历由慢到快、由乱到治转变，跑出同安速度，为快速阻断疫情传播奠定坚实基础。优化全链条机制。建立“采、送、检、报”四位一体工作机制，完善组织架构，精准测算点位需求1200台，配足配齐采样物资，统筹各类人员组建核酸样本转运专班，加快转

2021年9月12日，同安区突发新冠肺炎疫情，厦门市第三医院全体医务人员迅速集结准备开展全区全员核酸采样工作（厦门市第三医院供图）

运速度，实现核酸检测“大提速”，快速筛查感染者，阻断病毒传播链。开展“敲门行动”，镇（街）扫楼专班和企业排查专班结合大数据甄别信息，以网格为单位开展人员筛查，全面攻坚检测存量。加大宣传与惩戒力度，全区91个“村村响”、47台电信大喇叭及180辆宣传车、公安警车大喇叭等持续播报核酸检测动员令。设置举报奖励1000元/人，宣传通报应检未检被行政拘留行为24起共24人。强化现场组织。坚持核酸采样提前扫码预约，以村小组、小区楼栋为单元组织群众分时段到场，错峰采样；将采样医护人员增加至2700余名，同时抽调3000余名教师担任信息录入员，助力核酸检测提速；在人口密集区域增设采样点位，设置硬隔离设施，划设“一米线”，采用“运动员入场式”式规范现场秩序。加强重点区域检测。开展“扫村（社区）”“扫街”“扫楼”三大行动，着重抓好小工厂、小作坊、小工地等人员摸排，摸清封控区各类基础数据，由“流动采样队”对封控区域隔离人员、医务人员等重点人群实施每日一检，堵塞“应检尽检”漏洞。

全力保障民生需求提升人文关怀。分级管控区域采取管控措施后，民生需求增加，群众反映问题增多，同安区抓好重点区域和隔离场所民生保障和关心关爱，突出个性化服务；加强封管控区域民生保障。畅通一个平台，确立两个保供体系：封控区内所有人员生活物资由政府统一保障派发，执行《封闭式管理社区生活物资保障工作方案》，网格员分送猪肉、蔬菜、大米等物资到家；发送“好周到”礼包，开展中药饮品配送；开通免费无线网络、视频点播服务，动员社会、企业加大对员工关心关爱。制定《管控区民生物资保障工作方案》，全力保障管控区日常生活需要。加强隔离场所人文关怀。推进“无忧驿站”行动，组织开展“‘致敬坚守、曙光在前’我的隔离生活日志”作品征集。由医学专家、心理专家组成心灵关爱队，对区内隔离点开展“心灵关爱巡诊”。健全特殊群体“一人一事一表”，为高龄老人搭建与家人“爱心信息桥”，为400名10岁以下隔离孩童设立“学生空中课堂”；对15名孕产妇开展“点对点”医护帮扶，打造孕产妇“全季酒店月子中心”。积极回应群众需求。做好生活物资保供稳价工作，保障辖区水、电、燃气正常供应，推出“同安区垃圾问题处置平台”，调配39辆医疗垃圾收运车，坚持医疗废弃物24小时倒班处置，网格化推进涉医垃圾“日产日清”。制定《同安区新冠肺炎疫情防控区医疗救治工作方案》，为群众提供分级诊疗，协调医院开通线上接诊开药、复诊续方。组建热线调处组，开通32条24小时心理咨询热线和社会救助热线，累计接听13292通，做到“受理一个诉求、解决一类问题，制定一套解决方案，固化一套解决机制”，全力解民忧办实事。本土疫情期间累计发放困难群众保障金603万元，中秋节、国庆节慰问金208万元。

科学有序推进解封解控复工复产。9月24日，同安区实现社会面病例清零，连续无新增确诊病例，疫情防控取得阶段性成果。同安区逐步推进解封解控和复工复产工作，有序推动规范化解封。在国务院专家组指导下，按照“依法依规、科学有序、适度从严、程序规范、先易后难”原则，印发《关于调整风险等级的工作方案》《关于同安区封控区、管控区解除工作方案》，倒排工作计划，细化“一图一表一说明”病例、密切接触者相关情况，有序推动解封解控。审慎做好隔离解除工作。印发《解封解控　调整风险等级解除集中隔离医学观察工作指导手册》，健全综合电子信息档案。建立解除隔离评估小组、市区联合解除隔离评估专家组，细致开展拟解除隔离人员各项风险评估。10月24日，隔离场所人员全部解除集中医学观察。全面梳理优化转运流程，由腾讯公司等平台抓实数据跟踪，完善村（社区）居家健康监测管理机制，确保隔离解除后续工作有力衔接。坚决落实“解封不解防”。全域降为低风险后，将确诊病例分布较多的区域定9个闭环健康管理区，实施7天过渡期健康管理，实行“人不出区、严禁聚集”管理措施，做好各项物资保障和心理关怀。对解除封控、管控区域，实施解封不解防，做好7天居家健康监测，非必要不外出。各镇（街）严格做好隔离人员期满转运、居家健康监测工作，实行“每人一档、每日一报”。结合爱国卫生运动，开展“疫”无反顾洁净家园行动，持续营造全社会良好防疫氛围。全力稳住经济基本盘。成立经济运行协调组，分区分级研究企业复工复产工作，制定稳岗援企若干政策，支持企业按期发放工资、支持员工稳定就业、房东减免房租等措施。强化政策兑现，制定“一企一策”挂钩帮扶制度，持续跟踪重点企业复工复产、满产达产。筹办“电商节”，着力扩大消费。抓实重点工作，重新启动同翔片区A地块（宁德时代）征拆工作，10月9日起，一周时间完成住宅房屋征拆79栋，涉及面积4.8万平方米。科学推动返校复课。制定“一校一案”，从严从快开展复课前人员腾空、终末消杀、风险评估等各项准备，分期分批恢复线下教学。中学高三年级于10月11日恢复线下教学；中学其他年级、小学于10月18日恢复线下教学；幼儿园、中等职业学校、特殊教育学校于10月25日恢复线下教学；同安区完成突发新冠肺炎疫情处置工作。

三、疫情防控机制创新

在成功抗击9月新冠肺炎本土疫情后，同安区及时总结经验教训，聚焦防控工作漏洞短板，立足常态化防控实际，探索创新“三级联防”“十个率先”“百佳示范”等系列工作举措，夯实疫情防控工作基础。

建立三级联防疫情防控组织体系。同安区构建区、镇（街）、村（社区）及行业主体“三级联防”新格局，相关做法获市委改革办肯定。做到主动防疫，各级主要领导负总责、亲自抓，分6组督查冷链企业、隔离场所、医疗机构等重点单位常态化防控作业；坚持关口前移，靠前掌握全区64家旅馆、246家药店、2万栋出租房日常动态，配好厂医严守826家规模以上企业哨点；坚持平战结合，各级队伍24小时值班备勤，平战转换即刻切换。强化技术支撑，组建10人咨询专家组、162人溯源流调队、340人核酸检测队；强化行政指挥，构建扁平高效的常态化“1+3”、紧急状态“1+8”工作组的作战体系，一抓到底；强化社会动员，优化全区基础网格659个、专属网格60个，958名网格员推进末梢排查，包保干部、政法干警、基层医务、志愿者等2760人统筹调配，全民防控体系纵深覆盖。建立重点工作晾晒调度机制，实行专项考核、综合评议；建立组织定点包干制度，常务副指挥长和专家定点联系部门镇街，定期下沉指导；建立社会宣传动员机制，每日发布部门、镇（街）工作动态，累计制作简报80期，经验交流专刊17期，线下例会、线上视频扩大宣传推广。

创新多项防控机制，以“十个率先”提升工作效能。同安区按照“外防输入、内防反弹”要求，率先全市创新多项防控举措。建立快速会商研判机制，率先坚持每日疫情提醒，第一时间更新发布国内疫情信息动态；研发推广“同安康”防疫政策智慧查询小程序，便利各工作专班实时查询相关疫情防控工作信息，率先成立防控专家组，实行24小时在线进行专业指导；率先实施防控办每日例会会商研判，实行区镇两级视频连线调度制、每周工作专班调度制，及时研究应对举措。全年区防控办累计发出排查管控通知53份，其中38份早于市级。快速指挥调度，率先精细化绘制防疫“一张图”，整合多源数据，做好分级分层智控；率先组建区级常备流调队30人、预备流调队100人、镇级流调队32人，建立专属应急处置群；率先制定应急处置标准化装备清单，配备应急通信设备50部、应急采样包350个。快速处置落实。率先开发“腾讯云”自主申报系统，超过5000人主动上报疫区旅居史，至年底累计排查疫区入同人员5983人，其中通过自主申报平台占30%；率先建设区级核酸检测方舱实验室，加快“采、送、检、报”四同步；率先实施闭环管控“回头看”，不定期抽查隔离与居家对象健康管理情况。截至年底，隔离人员246人，其中中高风险隔离70人，境外人员隔离126人。

推出首批百家疫情防控示范单位。12月，同安启动“同安康”示范创建活动，推出100家单位为首批疫情示范创建单位，带动全区村（社区）、校园、企业开展“同安康”示范创建活动，夯实联防联控社会基础。

推行专业化大学习。同安区分场次为区（镇）干部、村（社区）“两委”、一线防疫人员开展“三级联防”专题培训，总计开展区级培训6期、镇级培训3期，推进持证上岗；加快专业竞赛，统筹策划疫情防控竞赛，“线上+线下”“知识+技能”“专业+行政+社会”三维度扩大全民参与。加快疫情防控一体化平台培训推广，开展7场线下线上培训，10场线上模拟，8个镇（街）平台实操全覆盖。

推行常态化大演练。同安区全面组织应急演练，多频次开展核酸检测、封控管控和全链条模拟演练。10月至年底共演练180场次，全区所有镇村均参与；全力提升实战经验，初筛阳性、本土病例复阳、阳性病例时空伴随等实战演练11次，次次高效处置。

创新防疫综合治理模式。全市率先成立区、镇（街）疫情防控两级综合执法队，联合卫健、工信、文旅、城市管理、市场监管等部门开展联合执法、联合监管，防疫期间全区综合执法2078起，行政处罚619单。强化719个网格工作专班力量，督促落实物业、房东、企业工地负责人的主体责任，成立房东志愿服务队开展疫情防控服务。依托厦门百姓、“同安康”小程序等加强智慧联防，定期召开网格碰头工作会，完善本地居民、外来人员、风险人群三本台账，全年排查涉疫信息20.39万条。

（同安区应对新冠肺炎疫情工作指挥部）

同安区助推新经济产业发展

2021年，同安区抢抓新经济发展重要机遇，加快培育由数字经济引领的智能经济，持续在新材料、物联网、人工智能、云计算、大数据等产业链群招商上发力，谋深谋透产业链、产业集群、产业生态，大力培育新能源等逐渐形成集群效应的新兴产业，优化产业结构，做好“补链、强链、扩链”文章，开展新经济产业理论研讨，推动新经济产业项目建设，助推新经济产业快速发展。

一、新经济产业发展研讨

2021年4月23—24日，同安区政府联合厦门市商务局、一刻talks平台在环东海域同安新城新经济产业园举办2021年“新经济·春季创新峰会”，致力于搭建一个政府、产业园区、企业、投资机构及智库平台多方融合，围绕精准招商和产业落地创新孵化的平台。40位新经济行业精英参会，围绕新经济产业发展开展研讨。在23日的开幕式演讲环节上，海尔集团海创汇合伙人、首席生态官檀林，中银国际控股直接投资部董事总经理王立新，创业酵母创始人张丽俊围绕“新经济、新方向”的主题展开演讲。该次春季创新峰会分为浪潮之巅·新经济思维力、信息技术&大数据、未来版图·新物种、新经济策略发展、生命科学技术&智慧医疗、知识经济6场新经济行业专场研讨会。其间，各个领域的行业嘉宾采用马拉松式的“高手连谈”方式深入探讨新经济在各领域发展应用的可能性，围绕公司跨界经营、机器智能革命的影响、区块链及数字资产、数字技术、数据经济、人工智能、新经济模式等方面发表观点，为不同的行业、不同领域的企业提供新思路，传递新思想，开创新机遇。

二、新经济产业招商

2021年，同安区依托厦门大学百年校庆全球校友招商大会、第四届数字中国峰会、金砖国家华侨华人创新合作对接会、第十一届全省民营企业发展大会、资本市场大会产业项目洽谈会、第二十一届国际投资贸易洽谈会、特区建设40周年等活动开展项目招商，聚力发展食品与都市现代农业、家居智造、旅游文化、科技服务、新材料新能源五大主导产业链（群），引入数字小镇、腾讯云区域总部、美图数字经济平台项目、凯辉基金、梅花创投等项目签约。举办专场对接会，促进新经济产业项目落地。

12月11日，“‘新经济、创未来’资本赋能系列活动之绿色双碳投融资对接会”在特房波特曼财富中心举行。该次活动由厦门市同安区政府指导，由特房集团产业园公司、资产公司主办，全国新材料创投服务联盟、厦门创合鹭翔投资管理有限公司联合主办。活动邀请重量级专家学者、行业大咖进行主题分享，并为到场的众多投资人、厦门新材料新能源企业代表提供项目路演、项目资本“一对一”对接的交流平台，促进新材料、新能源企业与资本的高效对接。厦门市同安区委常委、常务副区长李祖光，中国能源政策研究院院长、厦门大学管理学院特聘教授、国际期刊Energy Economics主编林伯强，国投创合基金管理有限公司执行董事、厦门创合鹭翔投资管理有限公司常务副总经理刘鸣，金圆统一证券有限公司董事总经理王金波，厦门市新材料产业协会秘书长陈静及厦门经济特区房地产开发集团有限公司、环东海域新城指挥部产业招商部、厦门市特房新经济产业园运营有限公司、厦门市特房资产运营有限公司、厦门特房投资有限公司相关部门领导参加会议。

同安区委常委、常务副区长李祖光致辞表示，同安区委、区政府秉持绿色发展理念，充分挖掘空间优势、资源优势，一方面聚焦新材料与新能源等重点项目，积极培育发展战略性新兴行业，全面打造集科技研发、数字产业于一体的“新经济产业城”；另一方面统筹抓好乡村振兴、生态环保等工作，大力推动“绿色双碳示范区”创建。厦门市同安区招商中心向与会企业代表介绍同安区区位交通、产业发展布局，并解读总部经济、人才等市、区两级惠企政策。厦门市特房新经济产业园运营有限公司招商负责人介绍依托“资产运营+资金服务+资本运作”模式，实施“岛内特房波特曼财富中心+岛外环东海域同安新城新经济产业园”的双中心、双落地运营战略。对接会围绕新能源新材料进行主题分享研讨及项目路演、项目对接，12家厦门新材料、新能源企业与33家投资机构展开沟通、交流。

12月19日，厦门经济特区建设40周年签约大会在厦门国际会展中心举行，同安区共7个项目参加集中签约，其中有央企上海宝钢包装股份有限公司的包装智能化制罐项目、上市公司奥瑞金科技股份有限公司的结算中心及生产基地项目、与火炬联动招商、落户同翔高新城的时代电服项目等。厦门市委副书记、同安区委书记张毅恭，同安区区长陈高润参加签约仪式。

三、产业园区建设

同安区依托同翔高新城同安片区及环东海域同安美峰科创园、新城银城智谷、新经济产业园等产业园区招商平台，健全集信息服务、科技研发、新经济和现代服务业“四位一体”的产业体系，为新经济产业项目落地打造良好的环境。

创谷—美峰科创园位于现代服务业基地美峰片区，紧邻环东海域海岸线，背靠以湿地休闲为主题的美峰生态公园。项目总投资约35亿元，用地面积22.9万平方米，总建筑面积62万平方米，主要由8

栋高层研发办公主楼及4栋多层商务配套组成。火炬美峰科创园重点打造以企业总部、物联网、高新技术企业、信息科技企业等为主的产业总部基地。9月，位于美峰创谷7号楼的同安科创中心正式启用。该中心以科技研发、数字产业为主导，通过整合政府、企业、科研机构和投融资平台等资源，搭建起专业、高效的创新创业服务平台，为入驻企业提供“一站式”全流程服务。截至年底，美峰科创园签约入驻美图总部；已入驻美亚柏科、海星成信息科技、汇佳德新材料、联晨讯新材料、欧米投资、超宇环保科技、网易数字产业中心、新松机器人、腾讯云区域总部项目等项目。

银城智谷产业园位于现代服务业基地丙洲片区，地处环东海域新城核心区，东临同安湾，南及丙洲岛，西至滨海西大道，北眺中洲岛。项目总投资约104亿元，总用地面积31.12万平方米，地上建筑面积108万平方米，园区分三期开发建设，是集办公、商业、众创空间、配套公寓等物业于一体的现代服务园区。银城智谷以信息服务、企业总部、研发设计、文化旅游与体育产业、教育培训为产业主导。截至年底，有厦门科学城1号孵化器、上海灏领科技、施能德智能科技、竣众升新材料等新经济产业项目入驻。

云谷—新经济产业园位于现代服务业基地丙洲片区滨水地域，毗邻丙洲岛，坐落滨海西大道与丙洲大桥两主干交通交汇枢纽部位。项目总用地面积17万平方米，地上总计容面积42.6万平方米。新经济产业园以“智慧绿谷，未来创园”为设计理念，发展以互联网、现代信息技术服务、创新创业服务、现代生产性服务、新型生活性服务等为主的“四新”经济，配套发展科技服务业，打造新经济产业链生态圈，是同安打造新经济产业的重要承载地。截至年底，新经济产业园对接企业400余家，累计注册企业126家，其中2020年注册52家，2021年注册74家，主要集中在人工智能、金融科技、新消费、智能制造等新经济领域。其中吸引华彬快消品总部项目、寺库华南区域总部、泓盛佳华健康科技总部、爱睿思隐形眼镜研发生产总部、比财中国总部项目、新西特中国总部项目等重点总部项目落地。

同翔高新城同安片区重点发展新一代信息技术、新能源和新材料、高端装备制造等产业。2021年，同翔高新城同安片区新能源产业已初步形成聚焦态势。引进由宁德时代投资原厦门新能发锂电子电池生产基地项目，12月，项目（一期）开工建设。海辰新材料一期项目进入竣工验收阶段。海辰锂电研发及智能制造项目竣工，一条磷酸铁锂电池生产线实现投产。

四、新经济产业项目选介

（一）“溯源中国·厦门数字经济总平台”

2021年6月2日，同安区人民政府与新华网股份有限公司签署合作协议，“溯源中国·厦门数字经济总平台”项目落地同安。同安区区长陈高润、副区长林郁香，新华网股份有限公司党委常委、副总裁申江婴，新华网物联网运营总监王翔等有关负责人出席签约仪式。该项目将与专门公司共建、运营，发挥新华网“科技+传媒+产业”的优势，把溯源中国·国家物联网标识体系、工业互联网标识体系、区块链加密彩码、5G富媒体和XR数字孪生等先进技术，与地方产业实际需求深度融合，在福建全域的产品追溯、工业物联网、智慧农业、数字城市等领域进行资源盘活、科创升级与产业赋能，打造立足厦门、辐射福建的“数字经济总平台”和数字经济高质量发展新高地。

（二）2021PEN和平精英新势力联赛S1赛季总决赛

2021年6月25—27日，2021PEN和平精英新势力联赛S1赛季总决赛、PEL联盟首届选秀大会在厦门环东海域同安新城举行，通过小组循环赛、小组晋级赛选拔出的15支队伍参加。决赛在厦门市体育运动学校举行，经过两天十轮比赛，STE.Y战队以总分131分的成绩获S1赛季总决赛冠军。同安区文旅局联合和平精英官方播出平台——和平精英电视台、和平精英赛事中心官网开展赛事宣传，定制专属厦门环东海域同安新城赛事主KV，在各大解说直播平台、游戏地图等围绕厦门同安美丽环东海域拍摄PEN精英集结宣传视频。《海西晨报》、《厦门日报》、TV8福建体育电视台、中国网、东南网、今日头条、网易新闻、“同安发布”等超过10个头部传统媒体宣传，同时整合腾讯等10个官方及合作直播平台强势曝光，总决赛直播观赛超过4600万次，整体曝光量超过8000万次。

该次职业赛事落地为同安区大力培育电竞潮玩产业、打造“厦门电竞潮玩时尚赛事之都”同安新名片的重要举措，力图通过该赛事的举办推动同安区数字经济和电竞产业集聚发展，培育信息消费新增长点。

（三）网易厦门数字产业中心

2021年5月21日，网易厦门数字产业中心开园仪式暨网易启航训练营开营仪式在同安新城美峰创谷1号楼举行。该项目是网易互联网平台在全国建成的第一个数字产业中心。厦门市人大常委会副主任

2021 年 5 月 21 日，网易厦门数字产业中心开园仪式在同安新城美峰创谷 1 号楼举行。图为厦门市人大常委会副主任黄强（右一）出席开园仪式

（同安新城片区指挥部同安分部供图）

黄强，同安区政府、环东海域新城指挥部、市发改委、火炬高新区管委会、市工信局、市商务局及火炬集团相关领导出席活动，黄强与网易杭州研究院首席战略官彭劲松共同为“网易厦门数字产业中心”揭牌，正式启动网易厦门数字产业中心项目。

该中心开园后，复制网易杭州研究院“产—学—研”一体化的创新机制，从产品孵化、业务赋能、技术研发、创业实战、职业培养、品牌活动等多个方面完善数字产业的创新生态，主要面向本地大学生、初创型企业和成长型企业，构建集“众创—孵化—加速”于一体的培育链条。通过“人才培养—技术赋能—业务发展”的运营模式，利用网易公司的品牌效应、资源整合能力及产业服务能力，围绕数字科技、数字文娱、在线教育、电子商务等领域，形成包含数字供应链、直播电商、跨境卖家、广告创意等企业产业集群，至 12 月初，该中心共招募 36 家网易生态企业入驻。经过线上一对一专家咨询、专业培训、技术产品资源赋能、解决方案共创、商业实战训练等系列孵化培育，为创新项目提供商业模式优化、团队管理、技术产品优化升级等方面服务。开展各类在职员工培训 34 场次，培训近 1 万人次；通过启航训练营、启航加速营、启航实战营等模式，与厦门大学、集美大学诚毅学院举办 5 场针对大学生创业、求职等多方面的训练营活动，活动覆盖人群近 700 人次，为立志创业的大学生群体提供服务。

（四）时代新型锂电子电池项目

2021 年，厦门时代新型锂电子电池项目落地同翔高新城同安片区。该项目由厦门时代新能源科技有限公司（简称厦门时代）投资，厦门时代为中国新能源产业龙头企业宁德时代新能源科技股份有限公司全资子公司。9 月 8 日，厦门时代签订协议在同安建设该项目；12 月 6 日，厦门时代竞拍获得项目用地；12 月 19 日，该项目正式开工，一期总投资 70 亿元，占地面积约 60 万平方米，建筑面积约 71 万平方米，拟建设新型动力电池总部基地，包括新型三元锂动力电池电芯生产线、配套模组生产线及电池包生产线等，形成年产 12GWh 锂离子电池生产能力，达产后预计产值 140 亿元。该项目与中航锂电、海辰锂电等新能源产业企业形成互补，推动同安区形成动力电池产业集群式发展。

小资料：

新经济产业：2016 年国务院政府工作报告首次出现“新经济”一词，紧随其后相关表述为“推动新技术、新产业、新业态加快发展，以体制机制创新促进分享经济发展，建设共享平台，做大高技术产业、现代服务业等新兴产业集群”。可知将“新经济”的形态表述为“新技术、新产业和新业态”。并提出中国特色的新经济含义：不仅包括三产中的“互联网 +”、物联网、云计算、电子商务等新兴产业和业态，也包括工业制造当中的智能制造、大规模的定制化生产等，还涉及一产当中像有利于推进适度规模经营的家庭农场、股份合作制，农村一、二、三产融合发展等。同时在报告中提出发展新经济，培育新动能，促进经济转型的重要思想。

（同安区招商中心　同安区委党史方志室）

大事记

1月

1月1日，同安区公布首批一般湿地名录，分别为汀溪水库、溪东水库、河溪水库、茂口水库和莲花水库，总面积594.53公顷。

1月6日，同安区政府与苏州市新教育研究院战略合作协议签订仪式在同安会堂举行，双方将在立德树人、教育改革、人才培养等方面开展合作。

1月6日，在北京召开的全国优秀农民工和农民工工作先进集体表彰大会上，同安企业——厦门科司特电子工业有限公司获评“全国农民工工作先进集体”，厦门蒙发利电子有限公司员工张志峰获评“全国优秀农民工”。

1月11日，同安区政府2021年第一次全体会议在同安会堂召开。会议学习贯彻中央、省委、市委和区委经济工作会议、省政府全体会议和区“两会”精神，动员政府系统全体干部抓好项目建设、招商引资、城乡协同、民生发展、安全生产等重点工作。

1月23日，福建省农村人居环境整治领导小组公布全省农村人居环境整治三年行动考核验收结果，同安区获评优秀等次。

1月，同安区出台《2021年鼓励市外务工人员留同安过年八条措施》，倡议市外来同安务工人员留同安过年。

1月，同安区X416（通达军营村）农村公路养护项目被列入全省交通运输系统党建引领“四好农村路”建设十大示范点项目，并被省交通厅通报表扬。

1月，同安区入选福建省农村公共基础设施管护体制改革工作试点县（市、区）名单。同安区从强化资金保障、创新管护机制、落实监督考核三方面入手，启动农村公共基础设施管护体制改革试点工作。

2021年2月5日，同安区委组织部在莲花镇军营村、白交祠村启动“才聚银城”四季行动

（同安区委组织部供图）

2月

2月1日，同安区关心下一代法治教育基地在同安区人民检察院揭牌。

2月2日，同安区2021年文化科技卫生“三下乡”活动在汀溪镇隘头村启动。区委文明办、区社科联、区文联、区文旅局等27家单位组成“三下乡”服务团，为基层群众开展医疗体检、农业科普、法律咨询、文化服务等志愿服务。

2月5日，同安区委组织部联合区财政局、招商银行同安支行在莲花镇军营村、白交祠村举行人才交流活动，同安区“才聚银城”四季行动正式开启。

2月7日，司法部公布第八批“全国民主法治示范村（社区）”名单，莲花镇军营村上榜。

2月8日，福建省委常委、厦门市委书记赵龙到莲花镇白交祠村和军营村调研，了解村民家庭生计、收入情况；走访村电商服务中心和民宿，关心乡村旅游业发展状况。

2月8日，中共同安区纪委十三届六次全体会议在同安会堂召开，审议通过《推动新时代纪检监察工作高质量发展，为奋力建设高素质高颜值现代化国际化富美新同安提供坚强保障》工作报告。

2月9日，同安区“1+8”文艺轻骑兵启动仪式在五显镇垵炉村举行，同安区文联向区文艺轻骑兵队伍和8个镇（街）文艺轻骑兵队伍集中授旗。

2月23日，同安区政府与中国农业发展银行厦门市分行签署乡村振兴战略合作框架协议，双方将在粮食安全、水利建设、农村路网建设、城乡融合发展、生态环境建设等领域开展合作。

2月25日，福建省人大常委会党组书记、副主任雷春美带领调研组到同安区开展养老服务地方立法工作调研。

3月

3月2日，同安区5个省级重大项目集中开工，即厦门现代服务业基地（丙洲片区）统建区Ⅱ-3地块工程及Ⅱ-4地块工程、美峰花园安置房项目、厦门第二外国语学校高中部、同安职业技术学校扩建工程，总投资34.7亿元。

3月4日，同安区委在同安会堂召开党史学习教育动员大会，部署全区党史学习教育工作。

3月5日，同安区委文明办在老县衙旧址举办“3·5”学雷锋志愿服务典型暨第三届“最美新同安人”发布活动，公布10名“最美新同安人”名单，表彰一批“最美志愿者”“最美志愿服务组织”“最美志愿服务项目”“最美志愿服务社区”。

3月7日，厦门市委党史和地方志研究室与同安区委党校在同安高山党校初心使命馆签署共建教育实践基地合作协议并举办授牌仪式。

3月11日，同安区法院对11件涉生态案件集中宣判，惩处破坏生态环境刑事犯罪。

3月12日，同安区总医院康复医学中心在市第三医院康复医学科挂牌成立，对同安区域内失能、失智老人及肢体不同程度残障需要康复的成人开展全程健康康复管理。

3月13日，同安区老城区最大的市场——城西市场完成标准化改造，重新运营。

3月19日，集美大学（同安）乡村振兴研究中心在莲花镇军营村揭牌，该中心将建立一个专家智库团队在乡村文化振兴、农业人才培育、示范村镇打造、科研成果转化、高端智库咨询和学术成果交流等方面与同安区开展合作。

3月19日，同安区祥平中心幼儿园入选第二批全国足球特色幼儿园示范园试点名单，为区内唯一上榜幼儿园。

3月20日，同安中医院肝病医联体与福建医科大学孟超肝胆医院签约合作，该肝胆医院将不定期组织专家团队到同安中医院开展坐诊、查房教学、手术、远程视频及多学科联合会诊等各项工作，提升同安区肝胆疾病诊疗水平。

3月21日，由小康杂志社举办的“2021中国放心食品百佳县市”评选活动结果揭晓，同安区以总评分第一的成绩位列榜首，是全市唯一入选的行政区。

3月24日，同安区委宣传部在同安区新时代文明实践中心举办同安区“奋斗百年路　启航新征程”理论宣讲轻骑兵进基层宣讲启动仪式暨首场示范宣讲活动，启动庆祝中国共产党成立100周年理论宣讲工作。

3月31日，同安区公布党史学习教育第一批参观学习点，高山党校初心使命馆、中共闽粤赣边区厦门市委机关旧址（使命馆）、葫芦山烈士陵园上榜。

4月

4月2日，同安革命烈士事迹馆在葫芦山烈士陵园揭牌。

4月7日，在厦门大学百年校庆全球校友招商大会上，宝龙城、莲花·古厝里、凯辉消费共创基金、云从科技数字城市运营、数字金融总部、厦门中药厂增资等5个项目签约落户同安，总投资74亿元。

4月8日，同安区召开党史学习教育区委宣讲团动员会，启动全区党史学习教育集中宣讲活动。

4月10日，同安区社科联、莲花镇政府在莲花镇军营村联合举办“弘扬传统文化助力高山振兴”暨苏颂文化进高山活动，宣扬同安历史名人苏颂法治、科技精神。

4月19日，中国少年先锋队同安区祥平街道祥文社区工作委员会揭牌，是全市首家社区少工委。

4月20日，厦门抽水蓄能电站上水库大坝封顶。该项目为福建省装机容量最大的抽水蓄能电站。建成后总装机容量140万千瓦。

4月22日，同安区出台《同安区加快推进企业上市若干意见》，对同安区拟上市的企业给予资金扶持。

4月23日，同安区政府联合厦门市商务局、一刻talks平台在同安新城新经济产业园举办2021年“新经济·春季创新峰会”，围绕新经济在各领域的发展应用主题开展6场专题研讨会。

4月23日，同安区市场监督管理局举行“同安小吃”集体商标授权仪式，经授权的商家可在店招悬挂印有“同安小吃”集体商标的灯箱。

4月23日，厦门市第三医院通过中国胸痛中心认证，被授予“中国胸痛中心”牌匾。

4月26日，同安区知识产权维权工作站同安工业园区工作分站在工业园区管委会办公楼挂牌成立。

4月，同安区市场监督管理局被国务院食品安全委员会评为“全国食品安全工作先进集体”。

5月

5月1日，“同安美食信用监管平台”上线运行。该平台提供美食搜索、美食榜单、美食地图、在线下单等服务，设置食安科普宣传、食安信息公示等食品安全宣传栏目。

5月7日，同安区首个商事议理堂在同安区南安商会揭牌成立。同安区法院派驻2名法官定期到议理堂指导商事纠纷调解、协议书拟定等工作。

5月14日，文化和旅游部联合中央宣传部、中央党史和文献研究院、国家发展改革委推出“建党百年红色旅游百条精品线路”，莲花镇军营村入选“清新福建·脱贫攻坚”精品线路参观点。

5月15日，厦门市同安区拳击协会第一次会员大会暨成立大会举行。

5月17日，福建移动红色文化教育基地在位于莲花镇军营村的高山党校初心使命馆揭牌。同日，由中国移动厦门分公司投资建设的莲花镇军营村、白交祠村5G通信基站开通，是厦门市首次在海拔近1000米的高山乡村开通5G通信服务。

5月20日，位于同安新城的银城智谷产业园区开园，该园区以科技研发、科技服务、信息服务和企业总部为招商主导产业，是同安新城首个集办公、商业、众创空间、配套公寓等物业于一体的现代化产业园区。

5月20日，同安区首个小型消防站——官浔小型消防救援站在同安工业园区湖里工业园揭牌成立。该消防站占地面积1000平方米，配备消防车2辆、消防摩托车2辆、消防巡逻车1辆及各类消防救援装备。

5月31日，同安区司法局在同安工业园区举办“法律顾问志愿服务团”国贸大管家站授牌仪式。该服务团由热心公益事业的专业律师组成，为工业园区企业及员工提供法律咨询、法律援助、法治宣传教育等服务。

6月

6月2日，同安区政府与新华网股份有限公司签署合作协议，“溯源中国·厦门数字经济总平台”项目落地同安。该项目将发挥新华网“科技+传媒+产业”优势，在工业互联网、智慧农业、数字城市等领域提供资源整合、产业升级等服务。

6月4日，位于汀溪镇的同安区法院行政与生态庭挂牌同安中小学生生态司法教育基地。

6月5日，2021年厦门市“6·5”环境日主场活动在同安文体中心广场举行。该次活动以“传承党建红·守护生态绿”为主题，举办同安生态环境局党建品牌揭牌、环保主题展览、有奖问答等一系列活动。

6月10日，同安区教育局与厦门市教育学会在同安会堂签订战略合作协议，聘请市教育学会为同安区基础教育科研总顾问单位。

6月11日，厦门首家区级金融业协会——厦门市同安区金融业联合会落户银城智谷园区。同安区中小微企业金融服务中心同步入驻。

同日，同安区在区文化馆举办“文化和自然遗产日”“非遗”宣传展示活动暨第二批同安区非物质文化遗产代表性项目及传承人授牌仪式。第二批“非遗”代表性项目有18个，“非遗”代表性传承人有17人。

6月22日，同安区教育局与上海世外教育集团签约，引入合作办学项目——上海世外教育附属同安学校。

6月22日，同安区首届中学生禁毒知识竞赛决赛在同安职业技术学校举行，全区24所学校参加，决出团队奖6名。

6月26日，中共同安区委十三届十八次全体会议在同安会堂召开，审议通过《中共同安区委关于学习贯彻习近平总书记在福建考察时的重要讲话精神，为谱写全面建设社会主义现代化国家福建篇章作出同安贡献的决定》。

6月，位于五显镇的京东厦门电子商务产业园投产运营。该项目总投资6.2亿元，为集区域物流枢纽中心、智能物流地、现代化采购中心、供应商运营中心于一体的综合物流园区。

7月

7月1日，位于同安新城滨海旅游浪漫线旁的特房波特曼七星湾酒店二期项目怡海小镇正式对外营业，该项目为按五星级标准打造的法式风格酒店，完善环东海域同安新城高端休闲旅游业配套设施。

7月1日，同安公安分局刑侦大队破获1起公安部挂牌督办的1999年特大抢劫、拐卖儿童积案，抓获2名犯罪嫌疑人。

7月10日，“风尚南洋·山水农耕”2021竹坝乡村振兴文旅活动季在竹坝南洋会馆启动，现场发布竹坝十大主题旅游产品。

7月13日，中国（同安）乡村振兴全面战略合作发布仪式在同安会堂举行。同安区政府和腾讯云计算（厦门）有限责任公司、南方光原文化公司等签约确立乡村振兴战略合作伙伴关系。

7月18日，以“熹光永照　与民同安”为主题的2021厦门（同安）第六届国际朱子文化节在同安举行，以“熹光永照　与民同安”为主题举办系列活动，其中朱子首仕同安与城市治理论坛是厦门市第十二届社会科学界学术年会十大论坛之一。

7月20日，位于同安的厦门东亚机械工业股份有限公司在深交所创业板上市。

7月22日，同安区融媒体中心正式成立。该中心系在原同安区广播电视台基础上组建。

7月24日，同安区新的社会阶层人士联谊会第一次会员代表大会暨成立大会在同安会堂召开，审议通过联谊会章程、财务管理制度等，选举产生第一届理事会及监事会成员及会长、副会长、秘书长、监事长。

7月25—28日，2021年全国青少年帆船俱乐部联赛（厦门站）在同安新城海域举行。

8月

8月2日，文化和旅游部公布第一批全国乡村旅游重点镇（乡）名单，同安区莲花镇入选。

8月13日，经福建省广电局批准，同安区广播电视台综合频道开播，FM898同安人民广播电台变更为“同安区综合广播”。

8月23日，同安区全面实施林长制，设区、镇（街道、林场）、村（社区、工区）三级林长，加强森林资源保护工作。

8月28日，第二届厦门高山乡村旅游休闲季暨高山乡村产业振兴系列活动在同安高山党校初心使命馆广场启动，揭牌设立一批乡村旅游基地，发布一批高山特色旅游产品。

8月，同安区建成全市首个封闭式光伏建筑一体化混凝土搅拌站。该搅拌站由同安企业——厦门振银预拌混凝土有限公司投资建设，投用后每生产一立方米混凝土可减少近1千克二氧化碳排放。

9月

9月1日，同安区首个合作办学项目——厦门市新教育学校开办招生。该校由同安区政府与苏州市新教育研究院合作举办，为区属公办九年一贯制学校。

9月2日，同安籍运动员叶超群在第16届东京残奥会乒乓球项目男子团体—TT8比赛中获金牌。

9月8日，第二十一届中国国际投资贸易洽谈会同安区招商项目签约仪式在特房波特曼七星湾酒店举行，共计40个项目上台签约，主要有以福华石墨烯产业生产基地为代表的新材料、新能源产业项目，以梅花创投基金、腾讯云集团生态圈为代表的金融、互联网项目，以抽水蓄能文旅项目、灿星文化为代表的文旅产业项目。

9月9日，位于环东海域同安新城美峰创谷产业园区的同安科创中心启用。该中心总面积5.2万平方米，重点引进互联网、高新技术、信息科技类企业。

9月10日，厦门市第三医院“林江涛名医工作室”签约暨揭牌仪式在市第三医院举行。该工作室由市第三医院联合北京中日友好医院呼吸与危重症医学科设立，是市第三医院引进的第二家市级名医工作室。

9月12日，同安区报告辖区首例本土新冠病毒肺炎病例，同安区应对新冠肺炎疫情工作指挥部启动应急处置预案。

9月13日，福建省省长王宁、厦门市委书记赵龙、厦门市副市长黄燕添到新民中心小学、途客中国酒店同安店检查新冠肺炎疫情防控工作开展情况。

9月13日，同安区应对新冠

肺炎疫情工作指挥部发布2021年第1号通告，决定对新民镇、祥平街道管辖区域内的非生产生活必需场所，暂停开放；发布第2号、3号通告，决定对新民镇部分管辖区域实行管控。

9月14日，国务院专家组到同安指导新冠肺炎疫情防控工作。

9月14日，第一批115名市直机关干部下沉同安开展疫情防控工作。至9月26日，市直机关干部下沉同安开展疫情防控工作总计六批共计1668人。

9月14日，同安区应对新冠肺炎疫情工作指挥部发布2021年第5号通告，决定对同安区全域实行管控。开展大同街道、祥平街道、洪塘镇、新民镇、西柯镇第一轮全员新冠病毒核酸检测。

9月15日，同安疫情防控前方指挥部成立，由厦门市副市长黄燕添担任总指挥，统筹使用市、区防疫人力物力资源。

9月16日，同安区应对新冠肺炎疫情工作指挥部发布2021年第7号通告，除保留3个交通卡口外，其余所有进出同安路口一律实行封闭；发布第8号通告，同日18时起，同安区域内所有人员禁止离开同安区，人员、车辆只进不出；发布2021年第9号公告，全区所有村（社区）、小区实行更严格的出入闭环管控。

9月18日，国务院督导组到同安区指导疫情防控工作。

9月19日，中共中央政治局委员、国务院副总理孙春兰实地考察厦门同安区晨明工艺品有限公司，了解核酸筛查、流调溯源、隔离管控、物资保障及医疗救治等情况，部署疫情防控重点任务。同日，国家疾控局副局长孙阳召开座谈会，指导同安区开展风险区域划分和实施封控管控工作。

9月21日，国务院工作指导组一行在同安召开疫情防控专题会议，对及时转运、环境消杀等工作提出专业性指导意见。

同日，厦门市同安区各级干部视频会议在同安会堂召开，区直机关、各镇（街道）、村（社区）干部参加。会议由厦门市市长黄文辉主持，福建省省长王宁、厦门市委书记赵龙、国家疾病预防控制局副局长孙阳讲话，部署同安区防疫工作。

9月22日，国务院副总理孙春兰一行调研同安区闽夏农副产品批发市场，了解居民生活必需的果蔬等采、运、销及环境消杀等情况，要求同安区继续保障好相关防疫物资的物流通畅、保持物价稳定。

9月22日，国家疾控局副局长王贺胜在同安组织召开座谈会，研究同安区核酸检测、网格化管理、人员转运等事宜，厦门市领导黄文辉、国桂荣、廖华生等参会。

9月22日，同安区划定18个封控区，实行“区域封闭，足不出户，服务上门”疫情防控措施。成立同安区实施社区（村）疫情防控网格化管理工作领导小组，实行“市级领导包保镇（街）、市直单位领导包保社区（村）、区镇（街）领导包保网格”网格化防疫工作制度。

9月23日，福建省委书记尹力到同安区实地察看凤祥社区核酸检测采样点、大同街道朝元社区小西门封控区、汀溪镇集中隔离点酒店等，现场检查指导疫情防控工作，代表省委、省政府看望慰问一线抗疫工作者，并就进一步做好疫情防控工作提出要求。

9月23日，农业农村部公布第二批“全国乡村治理示范乡镇”名单，莲花镇上榜。

9月25日，福建省省长王宁到银祥集团调研，开展调研座谈，听取同安疫情防控前方指挥部工作情况汇报。

9月30日，国务院督导组到新民镇乌涂、梧侣封控区检查封控管理工作。

10月

10月2日，国务院专家组到同安现场检查，召开座谈会对降级、解封工作进行研究，市委副书记、区委书记张毅恭，副市长国桂荣，同安区区长陈高润等参会。

10月3日，国务院专家组一行、厦门市市长黄文辉，厦门市委副书记、同安区委书记张毅恭等到途客中国酒店同安店检查隔离情况。

10月7日，同安区应对新冠肺炎疫情工作指挥部发布2021年第34号通告，对封控区1、2、3、5和管控区1解除封控。全区所有封控区、管控区均完成解封。

10月8日，同安汀溪供销合作社重建揭牌暨融合发展厦门乡情生态农业专业合作社挂牌仪式在汀溪镇古坑村举行。同安汀溪供销合作社是厦门首家恢复重建的基层供销社。

10月11日，福建省重点项目、总投资3亿元的海辰锂电研发及智能制造项目（一期）竣工，投产一条磷酸铁锂电池生产线。

10月14日，同安区结束部分区域闭环健康管理，进入常态化疫情防控管理。

10月14—15日，同安区第十四次党代会在同安会堂召开，会议全面总结同安区过去五年各项工作取得的成绩和经验做法，确立未来五年的发展目标，选举

2021 年 10 月 20 日，在第二届同安电商直播节启幕式上，转吧数字与原点研究院签约，合作举办“电商直播特训营” （夏海滨　摄）

产生新一届区委委员、候补委员、区纪委委员和出席市第十三次党代会代表。

10 月 20 日，第二届同安电商直播节暨“山海银城，活力同安”文化节开幕仪式在厦门环东海域同安新城举行。该届电商直播节由同安区政府主办，为期 2 个月，通过同安本地品牌企业线上电商营销、直播带货的方式，助力产品销售。

10 月 20 日，国家卫健委、全国老龄办公布“2021 年全国示范性老年友好型社区”名单，祥平街道芸溪社区上榜。

10 月 22 日，同安区乡村振兴局在同安区农业农村局挂牌。

10 月 25 日，福建省文旅厅公布福建省“全域生态旅游小镇”及福建省“金牌旅游村”名单，汀溪镇及汀溪镇古坑村分别上榜。

10 月 27 日，厦门市公安局潘涂派出所在西柯镇揭牌。该派出所由潘涂边防派出所转隶而成。

10 月，同安区建成 2 条郊野型慢道，分别为西溪（营边—大岭溪桥段）慢道和 206 省道（同安大道—莲花水库段）慢道。

11 月

11 月 1 日，同安区全面推行湾（滩）长制，设立区、镇二级湾（滩长）、副湾（滩）长，构建以党政领导负责制为核心的海洋生态环境保护长效管理机制。

11 月 3 日，同安区在环东海域同安新城万豪酒店会议厅举行厦门（同安）企业家日系列活动，发布同安区民营、工业、商贸等六大领域十强企业名单。

11 月 4 日，福建省政府发布“福建省乡村振兴热度指数”评价结果，同安区入选综合排名前十榜单。

11 月 4 日，厦门市同安区法律援助中心妇女援助站在同安区妇女儿童活动中心挂牌成立，同安区司法局与同安区妇联签订妇女法律援助服务协议设立该站点。

11 月 10 日，连接同安区与厦门岛的快速通道——滨海西大道提升改造工程完工，改造项目包含拓宽车道、修建人行天桥等。

11 月 11 日，第二届同安消费节在厦门阳光小镇商业综合体启动。该届消费节以“同心同行·助 GO 同安”为主题，联动百余家商超百货、品牌车企等共同参与，采取发放消费券等方式促进消费。

11 月 12 日，厦门市轨道交通 6 号线集美至同安段后吴站至西湖村站区间涉铁工程正式开工，标志同安区首条直达厦门岛的轨道交通线同安段启动建设。

11 月 12 日，农业农村部公布 2010—2017 年中国美丽休闲乡村监测合格名单，汀溪镇顶村村、莲花镇军营村上榜。

11 月 20 日，同安区民政局在大同街道凤山社区古龙御园小区举行同安区首届微型公益创投大赛颁奖仪式，心莲心·爱驻夕阳、红歌唱响志愿服务等 5 个项目获奖。

11 月 23 日，教育部公布第三批“全国中小学中华优秀传统文化传承学校”，西塘小学上榜。

11 月 24 日，厦门科技创新园安置房首批 55 套住宅交付，这是环东海域同安新城首个建成交付使用的安置房项目。

11 月 25 日，以“儒济银同　和宁两岸”为主题的 2021 年厦门（同安）孔子文化节在同安孔庙举行，举办祭孔大典、开笔礼、成人礼、“探寻千年古韵　传承闽南文化”学术研讨会等活动。

11 月，同安区陈光元文化促进会成立。陈光元为闽南及台湾地区重要民间信仰，尊号“开漳圣王”。

12 月

12 月 2 日，以“永远跟党走　谱写新篇章”为主题的 2021 年同安区社会科学普及宣传周活动

2021年12月9日，同安区教育局与厦门五缘第二实验学校深化合作办学签约仪式在同安会堂举行 （夏海滨 摄）

启动仪式在同安县衙旧址举行。同安社科图书《船过城桥不眠桅——同安耕海史迹考》同步首发。

12月6日，以“开闽第一·光泽惠民”为主题的第七届北辰山闽王民俗文化节在五显镇举行。该届文化节首次被纳入同安区社会科学普及周活动。

12月9日，同安区教育局与厦门五缘第二实验学校在同安会堂举行深化合作办学签约仪式，建设五缘第二实验学校同安校区。

12月9日，厦门市“科创人才服务工作站”及科技创新“人才之家”在环东海域同安新城银城智谷园区揭牌，这是厦门市首个科创人才专门服务机构。

12月19日，重点项目时代新型锂离子电池项目（一期）在同翔高新城同安片区开工建设。该项目为新能源产业重大项目，总投资70亿元，建设新型动力电池总部基地。

12月20日，泉州银行同安支行揭牌，为地方性股份银行泉州银行在同安区设立的首个网点。

12月22日，同安区“百企兴百村”启动仪式在莲花镇举行，“百企兴百村”首批示范单位之一，建行厦门市分行与莲花镇政府及其辖下4个示范村签订《乡村振兴战略合作协议》。

12月25—27日，同安区政协十四届一次会议召开，选举产生新一届政协领导班子。

12月26—28日，同安区十八届人大一次会议召开，选举产生新一届人大和政府领导班子。

12月28日，同安区政府与国家开发银行厦门分行签订《“十四五”开发性金融合作备忘录》，双方将围绕同安区“十四五”时期目标任务、重点领域和重大项目加强合作。

12月28日，厦门实验中学新校区开工奠基典礼在祥平街道过溪村举行。该项目总投资约5.8亿元，办学规模为60个班，可提供学位3000个。

12月30日，中共同安区委十四届二次全体会议在同安会堂召开，审议通过《中共同安区委关于深刻认识党的百年奋斗重大成就和历史经验，为谱写全面建设社会主义现代化国家福建篇章作出同安贡献的决定》。

12月31日，第34届金鸡百花电影节同安分会场——“厦门同安方特特效电影沙龙”在方特景区启动，普及电影艺术知识，展现同安区在动漫电影、特种电影制作方面的工作成果。

12月，同翔大道（沈海高速—洪新路）主体通车。该工程全长3.78千米，起点位于沈海高速马巷分离立交处，终点位于洪新互通立交，完善同安区东北部连接翔安区的交通路网。

12月，同安区3个低碳示范区创建试点项目通过验收，其中莲花镇军营村达到一星级低碳社区标准、小坪景区达到一星级低碳景区标准、保洋工业园区达到一星级低碳园区标准。

区情概览

自然地理

【位置和面积】 同安区位于福建省东南沿海、闽南金三角中心地带，厦门市北部，北纬24°32′35″～24°54′46″、东经117°54′46″～118°24′32″。东连厦门市翔安区，西接漳州市长泰区，北邻泉州市安溪县、南安市，西南与厦门市集美区接壤，东南面海。2021年，全区总面积66904.58公顷。

【地　质】 同安区境内断裂构造，主要有永春东平—同安—厦门北东向断裂带，同安境内长23.5千米、宽10～12千米，主要有苻后、中甲、美人山断裂，小规模断裂有军营—尾林断裂，长约8千米、宽约2千米；另一组主干断裂为北西断裂带，自西北向东南延伸，经莲花入翔安内厝、大嶝，宽10千米；另有局部发育的东西向断裂和南北向断裂。地层出露：三叠系上统出露于西北部白格尖、淡溪一带，由上统文宾山组上下段组成，岩层厚度大于646米；侏罗系上统长林组出露于西坑村南部，岩层厚度244米，南园组出露于汀溪、小坪、三秀山一带北部，1～3段厚度分别为244米、405～1618米、337～1667米；第四系地层广泛出露于全区各地，其中未划分时代残坡积层主要出露于五显、竹坝、白沙仑、梧侣、潘涂等地，厚度5～20米，更新统同安组主要出露于泥山、凤岗、古山等地，厚度10米左右；更新统龙海组主要出露于沿海平原台地，厚10米左右；全新统长乐组分布于河溪流域及河流入海口，其中冲洪积层厚4～9米、海积层1～30米。侵入岩：主要有燕山早期四次侵入岩、燕山晚期三次侵入岩及与燕山各侵入活动相伴随的脉岩，岩类多种多样。

【地　貌】 同安地貌大致分为北—西北中低山区、中部中低丘区和平原3个区，细分为中山、低山、高丘、盆谷、低丘、台地、平原、海岸、滩涂、岛礁等类型。有海拔800米以上中山24座，海拔500米以上低山26座，海拔250米以上高丘25座。

【河　流】 同安区溪涧纵横，流向差异大。水系呈树枝状。其发育受东向及西北向两组断裂控制。主要河流作西北往东南流向，其支流呈东北或南，自四周注入东、西溪，在城区双溪口合流，流至团结埭，再分为2股，西股经瑶头、东股经石浔分别注入东咀港。全区干流总长117.28千米，总流域面积531.6平方千米，约占总土地面积的80.8%。多年平均径流深为600～1000毫米，从西北往东南递减，径流发布趋势基本上和降水相似，4—10月，占年径流量的79.1%～88.6%。西溪是同安区的第一大河流，流域面积320.7平方千米，干流长30.44千米，最宽处136米，流域内多年平均降雨量1497毫米，径流深898毫米，径流量4.44亿立方米，十年一遇洪峰流量1188米^3/秒，发源于汀溪支流的云顶上（海拔1175.2米）和莲花溪支流的寨尖尾（海拔1042.8米）2处。西溪主要支流有汀溪、澳溪和莲花溪。汀溪长17.34千米，由造水、茂林、西源3条小溪汇流而成，在大同街道过溪草仔市汇入西溪。澳溪流经澳溪、云埔注入西溪。莲花溪由上陵、河田2条小溪在水吼汇流而成，流经新莲、溪东地、长沙注入西溪。东溪是同安第二大河流，发源于汀溪镇西格山（海拔826米），流经店仔、坡炉、五显宫、五甲，至双溪口与西溪汇合。最宽处85米，流域面积152.8平方千米，流域多年平均降雨量1479毫米，径流深887毫米，径流量1.36亿立方米，十年一遇洪峰流量827米^3/秒。主要支流有古宅溪、曾溪、竹坝溪、西洋溪。另有溪名与地名相同的3条溪：官浔溪，长20千米，流域面积69.7平方千米；龙东溪，长9.3千米，流域面积40.85平方千米；埭头溪，长15.8千米，流域面积37.1平方千米。

【土　壤】同安区土壤类型分为砖红性红壤、红壤、黄壤、潮土、盐土和水稻土6个土类、17个亚类、28个土属、40个土种。砖红壤性红壤（赤红壤），是同安区分布范围广泛的地带性土壤，主要分布于海拔200米以下的丘陵台地。砖红壤性红壤又分为酸性岩赤红壤和侵蚀赤红壤两属。侵蚀赤红壤可种植热带、亚热带果林。砖红壤性红壤系经人工开垦旱作熟化而成的旱作土壤，分布于新民、五显、洪塘等镇。红壤主要分布于海拔200～900米的丘陵山地，其亚类红壤、黄红壤的表层有机质丰富，是发展用材林、水源涵养林和经济林的基地。黄壤主要分布于莲花、汀溪2个镇北部山区700～800米以上的山地。潮土主要分布于五显、汀溪、新民等镇的河流冲积平原中的河浸滩及沙滩地。盐土主要分布于洪塘、西柯的滨海平原中潮间带的滩涂、沙滩。水稻土为同安面积最大、分布最广的耕地土壤，总面积0.95万公顷，占全区耕作土壤总面积的83.1%。广泛分布于河谷冲积平原的洋田、滨海平原的埭田、低丘台地的台田、丘陵坡地的梯田、山间盆谷的畈田、低丘谷地的冲田及山地丘陵窄谷的垄田等处。

【植　被】同安的森林植被为亚热带雨林区次生植被和人工植被。森林覆盖率在50%左右。次生植被常绿阔叶林主要分布于中部海拔300米以下的丘陵台地，约占林业用地的15%；常绿针叶林成片连续分布于海拔800米以下的低山丘陵山地，约占林业用地的60%；针阔混交林呈块状分布于各镇海拔300米以下的部分丘陵山地，占林业用地的5%；灌木草被主要分布于海拔600米左右的山脊、山顶地段的莲花白交祠、军营一带。人工植被毛竹林呈零星状分布于海拔300～500米山坡中下部或洼地，平原地区亦有小面积杂竹分布；经济林有油茶林，多分布于莲花、汀溪镇低山丘陵的缓坡地带；油桐林零星分布于新民镇、莲花镇、汀溪镇；茶叶林分布于莲花镇、汀溪镇等海拔较高、地势较开阔的山地；药材林分布于莲花镇、汀溪镇；果树林块状或散生分布于低丘台地和村镇附近，其中洪塘镇、五显镇、新民镇、西柯镇分布面积较广；橡胶林多种植于莲花镇、新民镇的丘陵坡脚避风地段，为人工引种；农田防护林分布于台地和小平原地带的村镇周围。

【资　源】据全国第三次土地资源调查结果，同安区土地总面积66904.58公顷，占全市比重39.36%。其中，农用地50302.3公顷（耕地6262.59公顷、园地10415.42公顷、林地30476.67公顷、其他农用地3147.62公顷），占土地总面积75.19%；建设用地12971.8公顷，未利用地3630.48公顷。土地利用率94.57%。全区地表水资源量3.52亿立方米，地下水资源量1.15亿立方米，人均水资源量396立方米（以常住人口计算）。同安区水力资源丰富，全区流域面积30平方千米以上的河流有4条，水能理论蕴藏量56750千瓦。全区有水电站36处，总装机容量20899千瓦。同安区植物资源丰富，共167科549属755种。用材树种有杉木、马尾松等；经济树种有油茶、茶叶等。其中，国家重点保护的森林植物有金毛狗、金豆、油杉、刺桫椤、红豆杉、水杉、福建柏、杜仲、台湾杉、闽楠、台湾苏铁等树种。全区果树有龙眼、荔枝等种类50多个。中药材植物有灵芝、金线莲等品种586个。同安海区水生动物种类繁多，对虾、三疣梭子蟹等虾蟹类76种，牡蛎、花蛤等贝类77种，文昌鱼、石斑鱼等海水鱼类420种。农作物害虫的天敌昆虫有寄生性的寄生蜂和寄生蝇、捕食性的蜻蜓、螳螂等两大类。野生动物有毛属类16种、鸟类51种、爬行类和两栖类25种。其中，穿山甲属国家一类珍稀野生动物，虎纹蛙、苏门羚、蟒蛇、水獭及鹰、隼鸮科共18种属国家二类保护动物。铁矿有汀溪镇云顶山、莲花镇内田等10处；黄铁矿莲花石莲1处；非金属矿钾长石5处；耐火黏土5处；砖瓦黏土2处；花岗岩石产地数百处；建筑碎石各镇均有；泥煤4处；建筑砂有河砂、海砂；矿泉水1处；温泉1处。

【气　候】同安属南亚热带海洋性季风气候，气候暖和，雨量充沛，热量充足，冬短夏长，春暖晴雨多变，秋高气爽怡人。随着海拔高度变化，可分为沿海、平原、北部西北部山区3个气候类型。气候季节可划分为：12月至来年2月为冬季；3—4月为春季或春雨季；5—9月为夏季；10—11月为秋季。3—9月为春夏多雨湿润季节，10月至来年2月为秋冬少雨干燥季节。

2021年同安平均气温为22.7℃，比常年高0.8℃，显著偏高，气候变暖趋势明显。年极端最高气温37.8℃，出现在7月25日，较常年偏高0.4℃。极端最低气温为-0.1℃，出现在1月13日，较常年偏低3.4℃。高温日数

（日最高气温≥35℃）37天，为常年平均的2倍多。2021年低温日数（日最低气温≤10℃）32天，较常年偏少3天。

2021年降水量1381.3毫米，比常年（1530.2毫米）偏少148.9毫米，降水量属于正常年景。全年降雨日数（日降水量≥0.1毫米）119天，比常年偏少5天。同安国家气象观测站全年暴雨日数（日降水量≥50毫米）5天，其中1天为大暴雨，日最大降水量105.8毫米，出现在8月2日。6月22日受冷暖空气交汇影响，全区出现大范围暴雨天气过程，其中区域自动气象站最大日降水量194.8毫米，出现在新民镇溪林村。当日新民镇和西柯镇普降大暴雨，强降水时段主要集中在下午1—6时，暴雨过程未出现明显灾情。冬季（2020年12月至2021年2月）降水量53.9毫米，比常年（154.5毫米）偏少100.6毫米。春雨季节（3—4月）降水量110.7毫米，比常年（216.1毫米）偏少105.4毫米。梅雨季节（5—6月）降水量为447.3毫米，比常年（479.3毫米）偏少32.0毫米。台风季（7—9月）降水量为701.5毫米，比常年（598.7毫米）偏多102.8毫米。2021年台风影响个数少，全年有2个台风影响，即2109号台风“卢碧”和2118号台风“圆规”。

2021年日照时数为2247.9小时，比常年（1898.4小时）偏多349.5小时。日照时数最少的月份是4月，总计155.0小时，夏季日照时数偏多。

2021年同安区气温变化情况一览表

表1　　单位:℃

月份	平均温度	极值			
		最高温度	日期	最低气温	日期
全年	22.7	37.8	7月25日	–0.1	1月13日
1月	13.3	28.9	1月22日	–0.1	1月13日
2月	17.0	27.0	2月6日	6.0	2月19日
3月	18.7	31.8	3月28日	10.7	3月25日
4月	21.8	32.2	4月22日	14.0	4月9日
5月	26.2	37.1	5月28日	16.0	5月6日
6月	27.6	37.6	6月19日	20.6	6月7日
7月	29.4	37.8	7月25日	23.1	7月22日
8月	28.4	36.3	8月29日	24.0	8月19日
9月	28.7	36.3	9月13日	20.3	9月27日
10月	25.7	34.3	10月3日	17.2	10月22日
11月	19.7	31.1	11月6日	8.6	11月24日
12月	16.1	28.8	12月16日	6.5	12月3日

2021 年同安区降雨量情况一览表

表 2　　　　单位：毫米

月份	旬降雨量			降雨量合计	一日最大降雨量	
	上旬	中旬	下旬		降雨量	日期
全年	645.4	340.6	395.3	1381.3	105.8	8 月 2 日
1 月	0.0	0.1	0.0	0.1	0.1	1 月 11 日
2 月	9.9	18.1	0.3	28.3	18.0	2 月 11 日
3 月	43.3	0.0	12.6	55.9	26.4	3 月 5 日
4 月	1.7	7.4	45.7	54.8	23.6	4 月 28 日
5 月	65.2	71.8	96.3	233.3	67.4	5 月 18 日
6 月	59.1	7.0	147.9	214.0	89.9	6 月 22 日
7 月	1.6	35.5	35.7	72.8	12.0	7 月 20 日
8 月	337.0	68.1	8.1	413.2	105.8	8 月 2 日
9 月	125.5	76.7	13.3	215.5	51.2	9 月 8 日
10 月	0.0	51.8	4.2	56.0	38.8	10 月 13 日
11 月	2.1	2.2	4.2	8.5	4.2	11 月 22 日
12 月	0.0	1.9	27.0	28.9	26.4	12 月 21 日

2021 年同安区风速变化一览表

表 3　　　　单位：米 / 秒

月份	平均风速	最大风速	最大风向	日期
全年	1.9	14.3	NNE（东北偏北）	10 月 12 日
1 月	1.8	7.9	E（东）	1 月 29 日
2 月	1.9	8.5	E（东）	2 月 8 日、17 日
3 月	2.0	8.1	E（东）	3 月 2 日
4 月	2.0	8.2	E（东）	4 月 21 日
5 月	1.7	9.7	E（东）	5 月 5 日
6 月	1.6	9.5	S（南）	6 月 29 日
7 月	1.9	6.7	E（东）	7 月 20 日
8 月	1.7	7.3	ENE（东北偏东）	8 月 5 日
9 月	1.6	9.2	NNE（东北偏北）	9 月 15 日
10 月	2.5	14.3	NNE（东北偏北）	10 月 12 日
11 月	1.8	6.6	NNW（西北偏北）	11 月 30 日
12 月	1.9	8.1	E（东）	12 月 17 日

2021 年同安区日照时数一览表

表 4

月份	旬日照时数（小时）			日照时数合计（小时）	日照数占可照数百分率（%）
	上旬	中旬	下旬		
全年	724.9	817.3	705.7	2247.9	51
1 月	60.5	82.8	92.9	236.2	71
2 月	72.6	76.4	41.1	190.1	60
3 月	27.5	73.6	67.4	168.5	45
4 月	40.2	57.0	57.8	155.0	41
5 月	57.4	59.7	42.6	159.7	39
6 月	36.5	90.5	16.6	143.6	35
7 月	91.3	68.1	82.5	241.9	58
8 月	39.5	59.3	82.7	181.5	45
9 月	81.9	83.1	94.9	259.9	71
10 月	85.6	44.7	34.5	164.8	46
11 月	41.7	51.6	64.4	157.7	48
12 月	90.2	70.5	28.3	189.0	58

（艾叶生　叶志艳　沈金凯）

人文历史

【建置沿革】 同安区境，商代属扬州地，周代为七闽地，春秋战国时属越地，秦属闽中郡。西汉初属闽越国，元封元年（前 110 年）属会稽郡。东汉属闽侯官县地，三国时属建安郡东安县。晋太康三年（282 年）析东安县置同安县，当年即废，属晋安郡。隋开皇九年（589 年）属南安县。唐贞元十九年（803 年）析南安 4 乡置大同场，为同安县之前身。五代后唐长兴四年（933 年）升场置县，辖 3 乡、11 里，包括今厦门市、金门县及龙海市一部分。元，改里为都，共 3 乡、44 都。明初，恢复里，又增设在坊里（县城区），辖 2 隅，共 3 乡、12 里、2 隅、44 都。成化初，都下设图，共 3 乡、12 里、2 隅、37 都统、53 图。清乾隆四十年（1775 年），析民安、翔风 2 里及同禾里之五、六、七都置马巷厅。光绪间行保甲制，改图为保。清末、民国初年，同安县区划建制层级为县、乡、里、都、保、甲 6 级。民国元年（1912 年，以下民国纪年不再一一括注公元纪年），裁马巷厅复归同安县。民国 2 年 11 月，析大小嶝、金门岛及嘉禾里置思明县，次年再由思明县析大小嶝、大小金门岛置金门县。民国 3 年，同安县辖区 3 乡、11 里、27 都。民国 36 年，辖 13 乡镇、150 保、2325 甲，保持至 1949 年 9 月同安解放。1953 年 11 月，划集美乡归厦门市。1957 年 3 月，析灌口区锦宅、金山 2 个乡划归龙溪县；4 月 18 日，再将灌口区其余 12 个乡划给厦门市，设厦门市郊区。1971 年 3 月，划南安县大嶝公社及石井公社的莲河、霞浯 2 个大队归属同安县。1997 年 5 月撤县设区。2003 年 9 月，东部新圩、内厝、马巷、新店、大嶝 5 个镇和大帽山农场析出设立翔安区。同安县辖域面积由 1949 年初的 1481 平方千米，到 1971 年缩小为 1078.55 平方千米，到 2003 年减为 657.59 平方千米。同安县的上级建制宋至清均属泉州（路、府），民国初废府，改隶于厦门道。民国 17 年，直隶于福建省。民国 24 年，改隶福建省第四专员公署至同安解放。同安解放后先后 2 次隶属于晋江专区，1973 年 9 月起隶属于厦门市至今。

【行政区划】 1949 年年初，同安县划为 7 区、150 保、2325 甲。1950 年底开始，废除保甲制，建立乡政权。至 1951 年 3 月，全县共建立 7 个区、2 个镇，下辖 139 个乡、9 个街道。1952 年 10 月民主建政，扩为 10 个区、138 个乡、2 个镇。1955 年 10 月，重新划为7个区（东孚、后溪、洪坂、后寨、布塘、马巷、洪钟）、1个镇（城关），下辖141个乡、6个街。1956年6月，合并为4个区（策槽、汀溪、马巷、灌口）、2个镇（城关、马巷），下辖49个乡、10个街道。次月，增设灌口镇，镇周围农村设张庄乡。1957年，灌口区的金山、锦宅2个乡划入龙溪县，东孚、鼎美等12个乡改隶厦门市郊区。至此，全县实为3个区、2个镇、36个乡。1958年3月撤区并乡，全县为16个大乡、2个镇。乡下辖高级农业社，镇下设居委会。是年下半年，开始撤销乡建制，建立人民公社。至1959年2月，全县共建立7个公社（莲花、汀溪、策槽、布塘、马巷、新店、城关）和6个农林场（天马、大帽山、白沙仑、竹坝、竹山、汀溪），下辖127个大队、5个居委会。1960年4月，全县合并为4个大公社（策槽、汀溪、马巷、城关），下辖116个大队、5个居委会，增设4个国营农林场（凤南农场、白云飞林场、海滨林场、祥溪林场）。1961年9月，恢复区建制，全县设5个区（莲花、策槽、汀溪、马巷、新店区，下辖18个公社、1个农场）、2个县属公社（城关、渔业）及12个农林场，下辖213个大队、5个居委会。1964年4月，撤销区级建制，全县共划为12个公社（莲花、汀溪、新民、策槽、洪塘、果园、新圩、巷东、马巷、新店、东坑、城关），下辖202个大队、5个居委会，另设8个农林场。此后行政区划相对稳定。1969年2月，撤销东坑公社建制，下辖的大队分别并入马巷或新店公社。1984年4月，恢复马巷镇建制。是年9月，改社为乡。城关镇改名大同镇，马巷公社改名后滨乡，新民公社改名祥桥乡，策槽公社改名西柯乡，巷东公社改名内厝乡，果园公社改名五显乡，以及莲花、汀溪、新圩、新店、洪塘、大嶝6个乡。1987年，撤后滨乡并入马巷镇，新店撤乡建镇。次年12月，新圩撤乡建镇。1991年12月，大嶝、莲花、西柯、汀溪、内厝、祥桥、洪塘、五显全部撤乡建镇。1992年3月，改祥桥镇为新民镇。至1997年4月撤县建区之前，全县共辖12个镇、7个农林场、213个村委会、18个居委会，有2175个村民小组、246个居民小组。2000年12月，由大同镇、新民镇、西柯镇析3个居委会、10个村委会置祥平街道。2003年4月，同安区析东部大嶝、马巷、新圩、新店、内厝5个镇置翔安区。随着村改社区，至2021年12月，同安区下辖2个街道（大同、祥平）、6个镇（洪塘、五显、汀溪、莲花、新民、西柯）、61个社区、81个建制村。

2021年同安区行政区划一览表

表5

行政单位名称（驻地）	街道（镇）（驻地）	社区居民委员会和村民委员会名称（个数）
同安区（银湖中路）2个街道办事处 6个镇 61个社区居委会 81个村委会	大同街道（朝晖路）	同新社区居委会、西安社区居委会、三秀社区居委会、后炉社区居委会、溪边社区居委会、城西社区居委会、凤山社区居委会、北门社区居委会、西池社区居委会、朝元社区居委会、东山社区居委会、碧岳社区居委会、新丰社区居委会、溪苑社区居委会（14个） 田洋村委会、古庄村委会、顶溪头村委会、东宅村委会、下溪头村委会、康浔村委会（6个）
	祥平街道（凤岗）	西溪社区居委会、陆丰社区居委会、祥桥社区居委会、杜桥社区居委会、西洪塘社区居委会、西湖社区居委会、凤岗社区居委会、溪声社区居委会、阳翟社区居委会、祥晖社区居委会、芸溪社区居委会、祥文社区居委会、凤祥社区居委会、祥丰社区居委会、凤岭社区居委会（15个） 过溪村委会、卿朴村委会、瑶头村委会（3个）
	莲花镇（美埔）	白沙仑社区居委会（1个） 莲花村委会、后埔村村委会、蔗内村委会、内田村委会、上陵村委会、军营村委会、淡溪村委会、白交祠村委会、西坑村委会、罗溪村委会、尾林村委会、水洋村委会、小坪村委会、澳溪村委会、云埔村委会、云洋村委会、窑市村委会、溪东村委会、美埔村委会（19个）
	新民镇（乌涂）	四口圳社区居委会、后宅社区居委会、禾山社区居委会、梧侣社区居委会、乌涂社区居委会、西塘社区居委会、湖安社区居委会、兴店社区居委会、凤南社区居委会（9个） 洋厝埔村委会、西山村委会、蔡宅村委会、湖柑村委会、柑岭村委会、溪林村委会、后坂村委会、南山村委会、新塘村委会、土楼村委会（10个）
	洪塘镇（洪塘）	石浔社区居委会、龙东社区居委会、龙西社区居委会（3个） 洪塘村委会、三忠村委会、苏店村委会、新霞村委会、郭山村委会、龙泉村委会、新厝村委会、新学村委会、苏厝村委会、大乡村委会、下墩村委会、塘边村委会、埔后村委会（13个）

续表 5

行政单位名称（驻地）	街道（镇）（驻地）	社区居民委员会和村民委员会名称（个数）
同安区（银湖中路）2 个街道办事处 6 个镇 61 个社区居委会 81 个村委会	西柯镇（西柯）	丙洲社区居委会、潘涂社区居委会、洪塘头社区居委会、后田社区居委会、西柯社区居委会、吕厝社区居委会、浦头社区居委会、下山头社区居委会、埭头社区居委会、官浔社区居委会、美人山社区居委会、滨海社区居委会、怡海社区居委会、金海社区居委会、东海社区居委会（15 个） 西浦村委会、美星村委会（2 个）
	汀溪镇（褒美）	汀溪社区居委会（1 个） 隘头村委会、路下村委会、褒美村委会、古坑村委会、西源村委会、荏畲村委会、顶村村委会、堤内村委会、半岭村委会、前格村委会、五峰村委会、汪前村委会、造水村委会（13 个）
	五显镇（西洋村）	香溪社区居委会、竹坝社区居委会、侨安社区居委会（3 个） 垵炉村委会、下峰村委会、布塘村委会、店仔村委会、溪西村委会、竹山村委会、后垄村委会、军村村委会、后塘村委会、上厝村委会、明溪村委会、宋宅村委会、四林村委会、西洋村委会、三秀山村委会（15 个）

【语　言】 同安区通行普通话和闽南话，党政机关、企事业单位、群众团体公务活动使用普通话，人际交流视对象而定，本地人之间多说闽南话，与外地人则说普通话。民间交流基本用闽南话。同安话是闽南方言泉州次方言的一种。由于同安县在历史上未曾取得过区域性政治、经济、文化中心的地位，与外界交流相对较少，同安话比起泉州话、漳州话、厦门话相对稳定保守，也就保留了更多的古汉语特征。因而，同安话是研究汉语发展史的重要化石之一，近现代作为闽南方言代表的厦门话也是由同安话发展而来的。同安话声母没有翘舌音、唇齿音，泥来同母、知端难分；韵母没有撮口呼，却有相当丰富的鼻化尾和塞音尾；声调则保留有入声。同安话有 15 个声母、87 个韵母、7 个声调。同安话文白异读特点突出，文读音称“读书音、孔子白”，白读音称“解说、土音”。

【民　俗】 同安民风淳朴，刻苦耐劳，崇神敬祖，俭于衣食住行而奢于岁时节事与迎神赛会，注重婚丧祭庆。重视文化教育，有“紫阳过化，海滨邹鲁”之誉。同安人主粮为大米，番薯、芋头次之。一日三餐，两稀一干。稀以大米粥或番薯粥为主，或以大米杂以瓜、芋、菜煮成咸粥。城乡家庭菜肴顿顿不离鱼肉，只有山区农家还自制豆豉腌菜，以素为主。年节食俗，除夕蒸糕炸枣，用鸡鸭鱼肉祀神祭祖，年夜围炉，全家团圆，外人不参与。初九吃甜粿（年糕）。上元吃汤圆。三月初三吃薄饼。端午吃粽子。六月半吃“半年圆”（汤圆）。中秋吃月饼。立冬吃鸡鸭羊肉称“补冬”。冬至吃汤圆“过小年”。旧俗迎宾点心以炒米粉为“大礼”。同安人习惯喝茶，家庭、商店、办公室均以茶待客。村民多聚族而居，部分村落杂姓混居。旧时民居不少为闽南风格的汉式翘脊大厝，有“十间张”“六间张”“大九架”“六路”“棋盘厝”等式。歇山顶，燕尾脊，以“两落六间张”最为普遍。布局为前落两房一厅，中为两厢房（俗称东厅）夹天井，后落为两大房一祖厅，厅后隔有放祖先木主的“堂前后”。前有谷埕，旁有护厝。有钱人家以天井隔开，尚可续建多落，至“九十九间”有之。集镇商铺瓦面向街出檐，沿街均留有五六尺宽的“五脚架”，为行人遮阳避雨。进入 21 世纪后，城乡框架式钢筋水泥综合楼如雨后春笋般地涌现，保护古民居成了当务之急。同安民俗，过年从农历腊月十六日的“尾牙”开始，延续至正月十五日的元宵节结束，长达 1 个月之久。“尾牙”要宴请伙计（员工），一为辞岁放假，二为决定来年去留。席间被老板叫吃鸡头者，来年即被解雇，所谓“鸡头正对，伙计走路”。农历十二月二十三送灶神，汤圆、米糕、甜粿、各种糖的供品又甜又黏，灶君嘴巴又甜又蜜，上天专言好事。农历十二月二十五接玉皇，是日玉皇率众神巡视凡间，以验证灶君所奏善恶；家家设香案供果接玉皇，戒口角，做善事，安分守己，贴“天官赐福”图画，以悦神降福。除夕祭祖、贴春联、围炉吃年饭、守岁，丧家以青联书哀语以示孝思；神案上供插春花的“春饭”（“春”闽南话即“有余”之意）；小孩由长辈分给压岁钱。初一开中门拜“天公”开正，老少新衣新鞋，喜迎新岁，出门拜年，单位团拜盛行，文体娱乐活动纷呈。初二女婿日，女儿偕婿回娘家拜年，当日即回。初三凶日，禁出门访友，传说明嘉靖某年除夕倭寇陷城，掠杀至初二方退，初三全城大出殡，后视初三为忌日，出门不吉，故同学会、同乡会专拣此空闲之日聚会。初四接神，入晚后才摆香案接灶神下凡归位，民间相信“送神早、接神迟”能得吉利。初五撤供，商家开门营业。初九“天公生”，以“三牲”、糕点、果品祭拜天公。

【宗教信仰】 道教、佛教在五代同安建县以前即已传入，基督教（含天主教）在鸦片战争以后才传入。抗日战争爆发后，天主教停止活动，以后亦未恢复。唐中叶，邑治之西北建朝元观，东南部建东岳行宫。宋明又建城隍庙、关帝庙、北镇宫、玄坛宫、大元殿等宫观。明洪武以后，相继设立社稷坛、山川坛、先农坛、邑厉坛和里社乡厉坛。地方民间信仰（主要是民间王爷信仰）逐渐道教化，城乡出现众多道教化的王爷宫庙，如大道公宫、妈祖宫、王爷宫、池王宫、太保爷宫等。古代同安道士有北派全真道与南派正一道两派。清代以后，只余正一派道士，也称符箓派，奉龙虎山张天师为教祖。道教徒与民间信仰紧密联系，且佛道汇流，教徒数量难考，在群众生产生活中有很大影响。同安道教比较常见的礼仪与法术有斋醮、符箓、祝咒、抽签等，社会活动有祈雨法会、医术济世、神诞法会、民间镇宅安宫驱邪引魂法会。佛教于隋代传入同安，隋时有莆田黄姓尼姑在城东九曜山下结庐修行，圆寂后里人为之建“黄佛寺”。隋末唐初，相继建造同山梅山寺和轮山兴教寺（今梵天寺）。唐会昌（841—846年）灭佛时，江西黄檗山希运禅师曾入兴教寺弘法。其法嗣义玄禅师所创的临济宗于唐末五代盛行于同安。宋元轮山72庙合为一区，改称梵天禅寺，元末农民起义军焚寺。明初朱元璋下诏严厉限制正统宗教，同安佛教盛极而衰。明、清两代，正统佛寺为求生存发展，开始与民间信仰融合，在同安出现奉祀普庵祖师、三平祖师及定光菩萨（五代同安僧人郑自严）等佛教化民间俗神的盛况。寺僧多学习风水、符箓、命相、医药、抽签等方术，与民众的生产生活相结合，从而获得相当广泛的群众信仰，至今不衰。同安还有唐陈黯建的白云寺（西山岩）、宋时建的铜钵岩等20多座佛寺。同安基督教有10个堂会，教徒约2000人。清同治五年（1866年）厦门归正教会派郑国梁到同安传教，设立双圳头教堂，此后发展为包括双圳头、后河、杜桥、湖井、埭头、官浔、潘涂、塘边、洪塘头等堂会的西教区；今翔安区的堂会为东教区。清光绪三十二年（1906年），华人牧师郭子颖在城关创立“基督复临安息日同安教会”。民国9年，后河教堂传道士王鼎铭脱离中华基督教会另组“同安基督徒聚会处”于南门，又称“小群派”，后来大部分教徒转入后河教会。

【历代名人】 同安历代名人众多。北宋苏颂为科学家，领导创制当时世界最先进的水运仪象台。吴本为民间医圣，许顺之、吕大奎为朱熹门生，理学传人。宋朝、明朝以后同安科举兴旺，经科举入仕者名人有：明朝蔡复一以文人掌师，官至兵部右侍郎，屡立战功；林希元为理学名家。洪朝选官至刑部左侍郎，以执法不阿、居官清廉著称。探花林钎、会元许獬，以文才留名。陈永华辅郑氏经略台湾，是郑成功得力下属。清代阮旻锡撰《海上见闻录》，详述郑成功史绩。陈伦炯著《海国闻见录》，记载台湾地理风情。吕世宜掌教玉屏书院，以金石名家名闻海峡两岸。林豪著《东瀛纪事》，纂《淡水厅志》《澎湖厅志》以及数十卷诗文传世，为台湾文豪。晚清民国初年，语言大师卢戆章出版汉语拼音文字专著《一目了然初阶》《北京切音教科书》，倡导汉语改革，成为中国语文现代化运动的揭幕人。祖籍同安的辜鸿铭为学贯中西的国内知名学者，曾把“四书”翻译为英文，沟通中西文化。清末举人、名医吴瑞甫投身反帝制斗争，参加同盟会，任“同安青年自治会”会长，赞助共和革命，同时主编《同安县志》，创办厦门国医专门学校。会泉法师重兴开元寺，主持南普陀，创办“闽南佛学院”，为闽南地区一代高僧。同安人民富有爱国主义传统和革命精神。明代有抗倭名将邵应魁、清代抗倭名将陈汶环、抗英名将陈化成，均为著名民族英雄。同安还是闽南地区共产主义运动的发源地之一，产生一批共产党优秀干部。民国14年6月，集美中学学生李觉民、罗明、罗扬才等7人成立闽南地区第一个共青团支部。民国16年1月，彭友圃等人在马巷成立中共同安特支，配合北伐战争，积极开展农民运动。同安中共、共青团地方组织在新民主主义革命时期领导人民浴血战斗，坚持革命斗争到1949年新中国成立，彭友圃、许英宗、彭甘杏、陈先查、洪宗涂、李大华等一批优秀的党团领导骨干先后为革命事业英勇献身。

（区委党史方志室）

人口 民族

【人　口】 2021年，同安区常住人口89万人。户籍人口年末总户数153073户，总人数432539人。户籍人口中，男性214575人，女性217964人。17岁及以下113021人，18～34岁84805人，35～59岁167741人，60岁及以上66972人。

【民　族】 2021年，同安区户籍人口由34个民族组成，以汉族聚居为主。少数民族所占比例低，共3365人。主要有畲族、回族、土家族、壮族、苗族、蒙古族、朝鲜族、满族、维吾尔族、侗族、彝族、瑶族、布依族、白族、藏族、锡伯族、黎族、傣族、高山族等，其中，畲族和土家族人数较多。畲族有513户、956人；土家族有272户、482人。

（区统计局　同安公安分局）

经济社会发展

【概　况】 2021年，同安区实现地区生产总值640.36亿元，比上年增长6.8%。规模以上工业增加值293.20亿元，增长4.7%。一般公共预算总收入112.09亿元，其中地方一般公共预算收入30.66亿元。固定资产投资增长13.1%。社会消费品零售总额394.84亿元，增长0.1%。城镇居民人均可支配收入56461元，增长9.1%；农村居民人均可支配收入27564元，增长12.0%。在全市公布的主要经济指标中，批发业销售额、住宿业营业额、实际使用外资等5项指标增幅位居前列。省市重点项目土地房屋征收完成情况综合考评全市第一。“五个一批”项目正向激励综合考评第五次跻身全省前十。继续保有国家外贸转型升级基地（运动健身器材）、国家级出口健身器材质量安全示范区、国家农业科技园、省级出口食品农产品质量安全示范区等荣誉称号。

【农　业】 2021年，同安区农林牧渔业总产值22.92亿元，比上年增长7%。严格落实粮食安全省长责任制，全年粮食播种面积2180.85公顷，粮食产量13037吨。深入推进科技特派员制度，培育“种子种苗示范基地”“山药产学研示范基地”“智慧乡村旅游示范基地”等创新服务载体。大力发展都市现代农业，建成傲农嘉烨兴、百利垅程仔虾、振坤记生猪养殖场改扩建等项目；都市现代农业产业集群实现营收325亿元，创历史新高。有序推进闽台农业融合发展产业园建设，引入种子种苗企业13家。持续打造“一村一品”，生态茶园建设试点稳步实施，三角梅交易集散中心正式落地。连片发展莲花—汀溪—五显—竹坝都市观光休闲农业，促进“红色教育游”与“绿色生态游”深度融合，莲花镇获评全国首批乡村旅游重点镇，汀溪镇获评省全域生态旅游小镇，军营村入选“建党百年红色旅游百条精品线路”。

【工　业】 2021年，同安区规模以上工业企业891家，完成产值1175.21亿元，比上年增长19.7%；销售产值1147.14亿元，增长11.4%，产销率96.2%；规上工业用电226692万千瓦时，增长8.3%。5条重点产业链实现产值792.5亿元，其中新一代信息技术产业链产值增幅达40%。“三高”企业增至423家，国家级高新技术企业增至364家，省级以上专精特新“小巨人”企业增至37家；高技术产业增加值50.65亿元，增长18.6%。百亿量级重点项目——时代新型锂离子电池项目落地建设，冠烽医疗、泰亘信等11个项目开工，桑雷、鑫中塑等6个项目竣工，海普锐等13个项目投产，全年工业投资增长42.6%。支持企业自主创新研发，投入技改经费3449万元，63项高新技术成果实现转化。完善扶持上市企业若干意见，助力实体企业做大做强，东亚机械在创业板上市。

【第三产业】 2021年，同安区第三产业增加值288.64亿元，比上年增长10.1%。第三产业在三次产业结构中占比达45.1%。全年批发业销售额1634.05亿元，增长66.5%，高于全市平均增幅21.4个百分点；社会消费品零售总额394.84亿元，增长0.1%，低于全市平均增幅12.6个百分点。住宿业营业额增长28.2%，增速全市第一。接待游客612万人次，实现旅游收入82.2亿元。厦门科学城同安核心区启动建设，中关村大学科技园联盟成果转化基地、腾讯云产业基地等首批项目入驻。“三谷”磁场效应持续释放，“银城智谷”正式开园，“美峰创谷”基本建成，“环东云谷”一期投用，美亚培训中心、福华技术等优质项目落地。京东电子商务产业园建成投产。梅花创投等产业基金项目落户运营。华彬快消品等新项目增长迅速。直播经济、夜间经济等新模式发展壮大，“线上超市”“云逛街”等新型消费增长点加速形成，全区限额以上企业通过公共网络实现商品零售183.61亿元。

【招商引资】 2021年，同安区紧抓中国国际投资贸易洽谈会、厦大百年校庆全球校友招商大会等契机，大力实施产业链招商，对接签约华润啤酒小镇、明略科技、绿发抽水蓄能文旅项目等60个优质项目，推动腾讯云区域总部、中交四公局区域结算总部、华润系列、宁德时代等一批世界500强、央企、上市公司投资项目落地。全年引入高能级项目19个，投资总额43.1亿元。新设外资项目61个，合同使用外资24.9亿元。

2021年，同安区完成莲花镇莲花村同字厝文物修缮。图为完成修缮后的同字厝建筑群
（夏海滨 摄）

【生态文明建设】 2021年，同安区争创国家生态文明建设示范区，狠抓中央生态环保督察反馈问题整改，生态环境质量稳中有升，公众环境质量满意度排名全市第二。空气质量累计综合指数2.24，空气质量优良率100%，排名全市第一。水环境功能区达标率71.05%，埭头溪稳定消除黑臭，汀溪水库饮用水水源及国、省控断面水质100%达标。危废管理平台备案率、医废安全处置率、涉疫垃圾安全处置率均为100%，率先建立废蓄电池监管机制。183家风险企业落实预案备案，132家风险源企业完成169个问题整改，63家辐（核）射单位全面落实设施安全使用与管理，全年未发生一般级别以上突发环境事件。正本清源、农村生活污水治理提升等项目高标准推进。耕地保护工作有序开展。地灾防治与生态修复等工作获评全省第一。完成“绿盈乡村”创建11个，建成莲花镇军营村低碳社区、莲花国家森林公园小坪景区近零碳排放景区和同安保洋工业园区低碳园区。

【社会事业】 2021年，同安区实施教育、医疗、卫生、民政、文体、供水设施、住房保障7个领域28个民生补短板项目，投资额21.67亿元。优化教育资源供给，推进同安职业技术学校扩建等45个项目，建成第三实验小学凤祥校区等12所学校，新增学位10710个。上海世外、新教育等教育品牌签约落地。市教科院附属学校、厦门外国语附小同安校区、五缘第二实验学校同安分校等“名校跨岛”项目有序推进。省“两项督导”获评“双优秀”。筑牢卫生健康防线，推进紧密型医共体改革，投入12.9亿元用于公共卫生服务，为历年最高。区属医院厦门市第三医院划归市管。区总医院康复医学中心挂牌成立，环东海域医院、福建中医药大学科教综合楼等项目加快建设。引进北京中日友好医院“林江涛名医工作室”。完成新冠疫苗接种189.6万剂次。加强文化品牌建设，建成历史陈列馆（一期），完成庶安楼、同字厝等文物修缮，新增3名省级“非遗”传承人。

【民生保障】 2021年，同安区投入社会保障及救助资金8.5亿元。“三险合一”惠及全区户籍人口。深化“幸福晚年”计划，被征地人员基本养老参保人数全市第一。新增就业3.8万人，失业人员再就业9920人，同新社区获评全国充分就业社区。新增保障性住房近5000套。开展“爱心厦门，同安在行动”活动，领导干部和党支部帮扶困难户2933户。持续开展东西部扶贫协作和省内对口帮扶工作，落实协作资金2512万元，实施协作项目86个。

（连志炜）

中共厦门市同安区委员会

综　　述

【概　况】2021年，中共厦门市同安区委员会（简称同安区委）健全区委总揽全局、协调各方工作机制，统筹推进疫情防控和经济社会发展，全年召开区委全会7次、常委会会议49次、专题会议36次，研究部署党的建设、新冠肺炎疫情防控、征地拆迁、招商引资、乡村振兴、新城建设、重点项目、社会治理和民生保障等工作，部署学习贯彻习近平总书记在福建考察时的重要讲话、加快乡村振兴、深化近邻党建、落实教育减负、常态化开展扫黑除恶专项斗争等工作，推进富美新同安全方位高质量发展超越，推动同安区“十四五”发展规划实现良好开局。全年同安区地区生产总值比上年增长6.8%；规模以上工业增加值增长4.7%；财政总收入112.09亿元、区级财政收入30.66亿元；全体居民人均可支配收入增长10.2%。省、市重点项目土地房屋征收完成情况综合考评居全市第一。第二季度“五个一批”项目正向激励综合考评位居全市第一、全省第八。继续保有国家外贸转型升级基地（运动健身器材）、国家级出口健身器材质量安全示范区、厦门同安国家农业科技园、省级出口食品农产品质量安全示范区称号。

【思想政治建设】2021年，同安区委把学习贯彻习近平新时代中国特色社会主义思想、中共十九届历次全会精神、习近平总书记在福建考察时的重要讲话和致厦门经济特区建设40周年贺信重要精神作为首要政治任务，组织区委理论学习中心组学习研讨23场，制发《中共同安区委关于认真学习宣传贯彻落实习近平总书记在福建考察时的重要讲话精神的通知》《关于认真学习贯彻〈习近平总书记在庆祝中国共产党成立100周年大会上的讲话〉的通知》《中共同安区委关于学习宣传贯彻党的十九届六中全会精神的通知》，在全区机关、企事业单位开展学习宣传和贯彻落实活动。制定出台《关于巩固深化“不忘初心、牢记使命”主题教育成果实施方案》，推动全区各级党组织和广大党员、干部不忘初心、牢记使命。开展党史学习教育，组建5支特色宣讲队伍，创新打造党史“云”课堂，组织庆祝中国共产党成立100周年活动113个。挖掘红色资源，编纂出版《同安革命老区（县）发展史》，培育高山党校发展，年内高山党校挂牌成立全市首个教育实践基地，初心使命馆被列入省委、市委首批参观学习点。实施“我为群众办实事”项目345个，至年末完成率100%。开展“再学习、再调研、再落实”活动，全区530个单位组织学习研讨2716场次，处级领导干部开展课题调研75个，实施“经济发展再提质”“项目攻坚再提速”等四大落实行动，助推23个重点专项任务实现突破。

【新经济发展培育】2021年，同安区委推动新技术、新产业、新业态发展，培育富美新同安全方位高质量发展超越新动能，全年新增国家级高新技术企业60家、国家专精特新“小巨人”企业10家，全区战略性新兴产业企业增至377家。高技术产业增加值比上年增长18.6%，新一代信息技术、新材料与新能源产业产值分别比上年增长40%和20%。数字经济加快发展，中国移动厦门数据中心、网易数字产业中心建成投用，腾讯云等数字平台注册落地。金融产业加速集聚，全市首家区级金融业协会成立，梅花创投、凯辉基金等产业基金项目落户运营。厦门科学城同安核心区启动建设，中关村大学科技园联盟成果转化基地等首批项目入驻。“银城智谷”开园，“美峰创谷”基本建成，“环东云谷”一期投入使用。华彬快消品等新项目增长迅速。直播经济、夜间经济等新模式发展壮大。全年引入高能级项目19个，投资总额43.08亿元。

【乡村振兴战略实施】 2021年，同安区委实施乡村振兴战略，出台《关于全面推进乡村振兴加快农业农村现代化的实施意见》，推进乡村产业、人才、文化、生态、组织振兴。建设22个省市级试点示范村，提升汀溪、莲花、竹坝等4条示范动线。闽台农业融合发展产业园入驻种苗企业13家，43.33公顷高标准农田、8.4公顷高标准设施农业大棚建成投入使用，都市现代农业营业入收325亿元。启动实施农村人居环境提升五年行动，在全市率先推行排水智能化管理进农村。完善农村公共基础设施建设，完成一批“四好农村路”（建好、管好、护好、运营好）完善工程和山区村饮水安全提升工程。培育新型农业经营主体19个，认定新型农民388人，全年农村居民人均可支配收入比上年增长12%。全区村集体经营性收入均达到20万元以上，其中14个村集体经营性收入突破500万元。莲花镇获评“全国乡村旅游重点镇”，古坑村获评“省金牌旅游村”，同安区位居全省乡村振兴热度指数综合前十。

【法治环境营造】 2021年，同安区委制定出台《区委宣传部、区司法局关于在全区开展法治宣传教育的第八个五年规划（2021—2025年）》，提升公民法治素养，推动全社会尊法学法守法用法。制定出台《法治同安建设规划（2021—2025年）》，统筹谋划五年期间同安法治建设工作，提高法治水平。制定出台《关于常态化开展扫黑除恶斗争的实施意见》，提高扫黑除恶法治化、规范化、专业化水平。在全区设立170个公共法律服务点，普及基层法律服务。

【环境治理与生态保护决策】 2021年，同安区委制定出台《同安区构建现代环境治理体系行动方案》，构建党委领导、政府主导、企业主体、社会组织和公众共同参与的现代环境治理体系。制定出台《厦门市同安区区直有关部门生态环境保护责任清单》，推动落实党政同责、一岗双责，坚决打好污染防治攻坚战。制定出台《厦门市同安区全面推行林长制实施方案》，建立健全保护和发展森林资源的体制机制，提升森林生态系统功能。制定出台《厦门市同安区湾（滩）长制实施方案》，提高近岸海域生态环境质量，构建以党政领导负责制为核心的海洋生态环境保护长效管理机制。全面启动727个自然村农村生活污水提升治理，隘头潭国控点水质上半年连续6个月排名全国前30名。公众环境质量满意度排名全市第二。空气质量优良率保持100%，综合指数排名全市第一。

【党建引领基层治理】 2021年，同安区委持续强化基层党组织战斗堡垒作用，完成142个村（社区）“两委”换届工作，100%实现村（社区）党组织书记和村（社区）委会主任“一肩挑”。推行“邻长制”乡村治理机制，经验做法获中央组织部肯定。制定出台《深化近邻党建推进全区社会治理现代化建设的实施方案》，深化“近邻”党建引领社会治理，古龙御园、厦航高郡等小区入选省级试点。以党建工作促进新冠肺炎疫情防控，新冠肺炎疫情防控期间成立临时党组织232个、组建党员先锋队280余支，近万名党员战斗在疫情防控第一线，推动防疫工作取得成效。在9月同安区突发疫情后，用时12天实现社会面确诊病例清零。

（黄志军）

重要会议

【区第十四次党代会】 2021年10月14日，中国共产党厦门市同安区第十四次代表大会在同安会堂召开。大会选举产生新一届区委委员、候补委员、区纪委委员和出席市第十三次党代会代表，选举产生新一届同安区委领导班子。该次党代会全面总结同安区五年来各项工作取得的成绩和经验做法，提出在未来五年里，要锚定“奋力谱写富美新同安建设新篇章”总目标，实现全区发展高质量、城市高能级、生活高品质、生态高颜值、治理高效能，在更高起点上推动全方位高质量发展超越迈上新台阶。党代表245人参加会议。

【区委十四届二次全体会议】 2021年12月30日，同安区委十四届二次全体会议在同安会堂召开。会议深入学习贯彻党的十九届六中全会精神和省委十一届一次全会、市委十三届二次全会的会议精神，深入学习领会习近平总书记致厦门经济特区建设40周年贺信重要精神，全面落实省第十一次党代会、市第十三次党代会部署要求以及中央、省委、市委经济工作会议的部署要求，审议通过《中共同安区委关于深刻认识党的百年奋斗重大成就和历史经验，为谱写全面建设社会主义现代化国家福建篇章作出同安贡献的决定》，研究部署2022年经济工作。区委委员、候补委员共39人参加会议。

【区委常委会会议】2021年，同安区委召开常委会会议49次，传达学习中央、省、市有关精神，研究部署新冠肺炎疫情防控、经济社会发展、党的建设、文化宣传等工作（主要议题见表6）。

2021年同安区委常委会会议主要议题情况表

表6

次别	会议日期	议题
第一次	1月13日	听取区人大常委会、区政府、区政协、法院、检察院党组工作汇报；传达学习习近平总书记在党外人士座谈会上的重要讲话精神，传达学习贯彻中央全面深化改革委员会第十六次会议、省委全面深化改革委员会第十三次会议精神；听取全区安全生产工作情况汇报，研究部署安全生产工作；研究关于统筹“被征地农民社保补助”专项资金相关事宜；研究泥山溪、梧侣溪箱涵调蓄池相关事宜；听取关于2019年度落实全面从严治党主体责任检查情况的汇报等
第二次	1月29日	传达学习省、市“两会”精神，习近平总书记在12月3日中共中央政治局常务委员会会议上的重要讲话精神和对脱贫攻坚工作做出的重要指示精神；听取2020年第四季度全区项目推进、关于全区市政工程进展的情况汇报；传达学习习近平总书记重要讲话精神，听取党的十九届五中全会关于国防和军队建设内容和省委议军会、市委议军会精神汇报；听取关于国防动员工作情况的汇报；研究镇（街）疫情防控经费补助事宜；研究与深圳市腾讯计算机系统有限公司签订合作协议相关事宜等
第三次	2月6日	传达学习中共中央办公厅《关于认真做好市县乡领导班子换届工作的通知》，中共中央纪委机关、中共中央组织部、国家监察委员会《关于严肃换届纪律加强换届风气监督的通知》精神，研究同安区贯彻意见；传达学习《中共福建省委关于开展“再学习、再调研、再落实”活动的通知》精神及市委常委会会议精神；听取区纪委十三届六次全会筹备情况汇报，审议区纪委十三届六次全会方案和工作报告稿；研究区委常委民主生活会有关事宜；研究“城镇污水处理设施和管网建设滞后”等巡视问题整改工作；研究有关干部工作等
第四次	2月26日	传达学习习近平总书记在1月28日中共中央政治局会议、中共中央政治局第二十七次集体学习时的重要讲话精神；传达学习贯彻习近平总书记在党史学习教育动员大会上的重要讲话精神，部署安排全区党史学习教育工作；传达学习全国、全省、全市宣传部长会议和省委常委会会议、市委常委会会议及全国、全省、全市文明办主任会议精神，研究同安区贯彻意见；研究关于乡村振兴专项巡察整改工作有关事宜等
第五次	3月12日	传达中央有关文件精神，听取同安区贯彻执行中央八项规定精神和为基层减负工作情况以及党内法规制度建设和执行情况汇报；传达学习全国、全省、全市组织部长会议及统战部长会议精神，研究贯彻意见；传达学习全国、全省、全市网信办主任会议和市委常委会会议精神，审议《2020年全区网信工作总结（送审稿）》《2021年同安区网信工作要点（送审稿）》；研究审议《同安区构建现代环境治理体系的行动方案（送审稿）》《同安区促进龙头骨干批发零售企业稳增长措施（送审稿）》等
第六次	3月20日	传达市委2021年1—2月经济运行分析会等有关精神；贯彻落实全市安全生产工作会议精神，部署全区安全大检查工作；听取关于“七一勋章”提名和全国、全省、全市“两优一先”表彰对象推荐工作及相关事项的汇报；审议同安区政协2021年重点协商和民主监督工作计划等
第七次	3月24日	深入学习全国“两会”精神和习近平总书记出席全国“两会”有关会议时的重要讲话精神及省委常委会（扩大）会议、市委常委会（扩大）会议精神，研究同安区贯彻意见；听取关于全国党史和文献部门主要负责人会议、市委常委会会议精神；研究关于增加厦门同安城市建设有限公司资本金投入事宜；研究关于2021年购买补充耕地指标事宜；研究关于统筹“被征地人员和退养渔民社保补助”专项资金事宜等
第八次	3月30日	传达学习习近平总书记在福建考察调研时发表的重要讲话精神和省委常委（扩大）会议、全省领导干部大会、市委常委（扩大）会议精神，研究同安区学习宣传和贯彻落实工作
第九次	4月8日	传达学习贯彻习近平总书记在中央财经委员会第九次会议上的重要讲话精神，研究审议《中共同安区委财经委员会2020年工作总结报告（送审稿）》《中共同安区委财经委员会2021年工作要点（送审稿）》；传达学习贯彻中央深改委第十七次、第十八次会议精神，审议《中共同安区委全面深化改革委员会2020年工作总结（送审稿）》《中共同安区委全面深化改革委员会2021年工作要点（送审稿）》；听取关于2021年度审计项目计划的汇报；研究汀溪污水厂等两座小型污水厂资产划拨事宜；研究巡视整改工作等
第十一次	4月13日	听取区总工会、团区委、区妇联工作情况汇报；听取全区安全生产工作情况汇报，研究部署全区安全生产工作；听取关于中央环保督察整改进展情况汇报；审议《关于全面推进乡村振兴加快农业农村现代化的实施意见（送审稿）》；听取关于区、镇两级党委换届选举有关工作的汇报；听取关于集中整顿软弱涣散村（居）党组织有关情况的汇报；研究2020年度省、市、区重点项目征拆奖励有关事宜等

续表 6

次别	会议日期	议题
第十二次	4月16日	听取关于中央督导组来厦督导情况、全国第一批政法队伍教育整顿工作推进会、全省政法队伍教育整顿领导小组第二次会议、全省第一批政法队伍教育整顿工作推进会、市委常委会和全市政法队伍教育整顿推进暨查纠整改部署会精神及同安区初步贯彻落实意见的汇报
第十四次	4月26日	传达学习中央和国家机关党的工作会议精神、全市机关党建工作要点，研究同安区贯彻意见；听取同安区 2021 年度区域性治安稳定突出问题省级通报整治工作的汇报；审议《关于通报表扬 2020 年度生态文明建设和生态环境保护目标责任制考核工作先进集体和先进个人的决定（送审稿）》；听取关于做好全区优秀共产党员、优秀党务工作者和先进基层党组织评选表彰工作的汇报；研究关于参与投资设立供应链公司的有关事宜；审议《同安区区属国有企业负责人经营业绩考核与薪酬管理办法》等
第十六次	5月21日	传达学习习近平总书记在中共中央政治局会议上和在中共中央政治局第二十九次集体学习时的重要讲话精神及省委常委会会议、市委常委会会议精神；研究审议《中共厦门市同安区委全面依法治区工作会议方案（送审稿）》《中共厦门市同安区委全面依法治区委员会办公室关于深入学习宣传贯彻习近平法治思想和中央全面依法治国工作会议精神的工作方案（送审稿）》；听取同安区庆祝中国共产党成立 100 周年活动有关情况汇报；学习贯彻《中共中央关于加强对“一把手”和领导班子监督的意见》等
第十七次	6月3日	听取 2021 年全国巡视工作会议暨十九届中央第七轮巡视动员部署会精神汇报，研究同安区贯彻意见；审议《关于全面推进乡村振兴加快农业农村现代化的实施意见（送审稿）》；研究关于蔡宅溪灌溉用水及生态基流补充工程的相关事宜；研究关于投资设立厦门铜鱼创业投资有限公司的相关事宜；研究关于投资凯辉消费共创基金的相关事宜；研究与上海世外合作办学有关事宜等
第十八次	6月18日	传达学习习近平总书记在 5 月 31 日中共中央政治局会议上、中共中央政治局第三十次集体学习时的重要讲话精神；研究审议《关于深化近邻党建推进全区社会治理现代化建设的实施方案（送审稿）》；听取全区创建国家食品安全示范城市工作情况，审议《2021 年全区治理“餐桌污染”建设“食品放心工程”工作方案（送审稿）》；研究审议《同安区贯彻落实〈福建省中小学教师减负清单〉实施方案（送审稿）》；研究巡视整改相关工作等
第十九次	6月22日	深入学习贯彻习近平总书记来闽考察重要讲话精神和省委十届十二次全会、市委十二届十三次全会精神，研究审议区委十三届十八次全会方案及有关文件文稿；研究审议《厦门市同安区全面推进城乡生活污水高质量高标准治理提升实施方案（送审稿）》
第二十次	7月3日	传达学习习近平总书记在庆祝中国共产党成立 100 周年大会上的重要讲话精神和省委常委会（扩大）会议、市委常委会（扩大）会议精神，开展集中学习研讨，部署同安区贯彻落实措施传达学习全省推进医改工作视频会议和市委常委会会议精神，研究同安区贯彻落实意见；研究双溪片区道路工程相关事宜；研究第二外国语学校高中部周边市政工程建设事宜等
第二十一次	7月21日	传达学习习近平总书记在中共中央政治局第三十一次集体学习时和在“七一勋章”颁授仪式上的重要讲话精神和市委常委会会议精神，研究同安区贯彻意见；研究关于 2020 年度区本级预算执行和其他财政收支审计情况的相关事宜；研究审议《厦门市同安区人民政府关于厦门市同安区 2020 年财政决算（草案）的报告（送审稿）》等
第二十二次	7月23日	听取关于出席中共厦门市第十三次代表大会代表候选人推荐名额分配及工作进度安排建议的汇报
第二十三次	7月27日	审议《同安区营造高质量发展营商环境建设 2021 年度提升方案（送审稿）；研究关于重新确定各镇人大代表名额有关事项；研究环东海域新经济产业园补充协议事宜；听取关于鑫视界电子项目、厦门福华技术有限公司石墨烯产业基地项目扶持方案的汇报等
第二十四次	8月12日	传达学习习近平总书记在中共中央政治局第三十二次集体学习时和在西藏考察时的重要讲话精神；听取 2021 年上半年全区项目推进情况的汇报；听取区疫情防控工作进展情况汇报，研究部署下一阶段工作；听取全区 2021 年上半年维稳工作汇报；听取市委乡村振兴专项巡察问题整改进展情况的汇报；研究审议《厦门市同安区全面推行林长制的实施方案（送审稿）》；听取关于确定同安区出席中国共产党厦门市第十三次代表大会代表候选人初步人选的汇报等议题 9 项
第二十五次	8月20日	传达学习国务院全面推行河湖长制工作部际联席会议暨加强河湖管理保护电视电话会议精神，研究同安区贯彻意见；研究审议《同安区森林防火基础设施建设三年规划（2021—2023 年）（送审稿）》；听取关于区出席省第十一次党代会代表候选人推荐人选的汇报；研究莲花工业园区初雨转输项目有关事宜；研究新一届两委委员组成原则等事项等议题 8 项

续表 6

次别	会议日期	议题
第二十六次	8 月 27 日	传达学习习近平总书记在中央财经委员会第十次会议上的重要讲话精神和省委财经委员会第十一次会议精神、市委财经委员会第十六次会议精神，研究同安区贯彻意见；研究同安区科教文卫先进集体和先进个人评选表彰情况相关事宜；听取关于村（社区）“两委”换届工作有关事项的汇报；听取关于同安区2021 年市委开展全面从严治党主体责任落实情况检查反馈意见整改任务分工方案的汇报等议题 5 项
第二十八次	9 月 3 日	传达学习习近平总书记在河北承德考察时的重要讲话精神和致中国——上海合作组织数字经济产业论坛、2021 中国国际智能产业博览会贺信、给云南省沧源县边境村的老支书们回信精神及市委常委会会议精神，研究同安区贯彻意见；听取区委全面深化改革委员会 2021 年上半年工作汇报、重点突破改革事项进展情况汇报；审议《关于常态化开展扫黑除恶斗争的实施意见（送审稿）》；审议《中共厦门市同安区委审计委员会成员单位工作协调推进机制（送审稿）》；听取关于同安区出席中国共产党厦门市第十三次代表大会代表候选人初步人选有关事项的汇报等议题 6 项
第二十九次	9 月 10 日	听取关于中国共产党厦门市同安区第十四次代表大会筹备工作情况的汇报；听取关于区第十四次党代会区委报告（草案）、决议（草案）起草说明和主要内容的汇报；听取关于区第十四次党代会区纪委工作报告（草案）的起草说明和主要内容的汇报；听取关于确定同安区出席市第十三次党代会预备人选建议名单的汇报等议题 5 项
第三十三次	10 月 12 日	深入学习贯彻习近平总书记关于疫情防控工作的重要指示批示精神，传达市委常委会会议精神，研究部署同安区下一步疫情防控工作；研究村居网格员招聘方案；研究区第十四次党代会主报告及区纪委报告；传达严肃换届纪律加强换届风气监督有关要求等议题 4 项
第三十四次	10 月 13 日	听取关于确定张毅恭同安区出席省第十一次党代会代表候选人推荐人选的汇报
第三十六次	10 月 18 日	围绕深入学习贯彻习近平总书记对福建、厦门工作的重要讲话重要指示批示精神，学习贯彻中共同安区第十四次代表大会会议精神，研究加强区委常委会自身建设；研究有关干部工作
第三十七次	10 月 20 日	研究审议《厦门市同安区人民政府关于同安区 2021 年 1—7 月份国民经济和社会发展计划执行情况的报告》；听取关于同安区 2021 年 1—7 月份预算执行情况及预算调整方案（草案）的汇报；分析当前同安区意识形态（网络意识形态）领域形势，研究部署下一步工作；研究同安区拟推荐参评 2021 年度厦门市人大工作先进集体、先进个人名单等
第三十八次	10 月 27 日	研究审议《同安区关于进一步加强农村宅基地和村民住宅建设管理的实施办法（送审稿）》《厦门市同安区湾（滩）长制实施方案（送审稿）》《厦门市同安区行政复议体制改革实施方案（送审稿）》；研究《区委常委工作分工方案（送审稿）》；研究区领导兼任职务事宜等
第三十九次	11 月 8 日	传达学习中共厦门市第十三次代表大会会议精神，部署同安区贯彻落实措施
第四十次	11 月 12 日	研究审议《厦门市同安区行政复议体制改革实施方案（送审稿）》；研究审议《2021 年同安区东西部协作工作意见（送审稿）》；研究审议《2021 年同安区与省乡村振兴重点县和欠发达老区苏区对口协作工作意见（送审稿）》；传达学习省委、市委党史学习教育领导小组会议精神，研究同安区贯彻意见；研究同安区推荐参评 2021 年度厦门市精神文明和宣传文化工作先进集体、先进个人名单等议题 7 项
第四十一次	11 月 15 日	传达学习贯彻党的十九届六中全会精神和省委常委会（扩大）会议、市委常委会（扩大）会议精神以及市领导调研同安区工作精神
第四十二次	11 月 17 日	听取关于厦门市同安区第十四届政协委员安排工作有关情况的汇报；传达学习尹力书记、赵龙代省长在全省九市一区党政主要负责同志座谈会上的讲话精神和市委常委会会议精神，研究同安区初步贯彻意见；传达学习中央民族工作会议主要精神，研究同安区贯彻意见；听取关于部分镇（街）行政区划调整方案和工作方案的起草说明；听取关于同安区城乡社区工作者待遇薪酬及相关考核管理机制等情况的汇报；研究区人大代表初步候选人等有关事宜；研究区人大常委会组成有关事宜等
第四十三次	11 月 24 日	传达省委全面依法治省委员会第十次和市委全面依法治市委员会第七次工作会议精神，研究同安区法治规划建设文件；研究区人大代表正式候选人有关事宜；审议《中共同安区委关于学习宣传贯彻党的十九届六中全会精神的通知（送审稿）》；听取关于厦门经济特区建设 40 周年模范人物推荐情况的汇报；研究市人大代表初步建议人选等
第四十四次	11 月 30 日	传达学习省第十一次党代会精神和市委常委会会议精神，研究同安区贯彻意见；传达学习中央统战部、省委统战部和市委常委会关于工商联换届工作会议精神，研究同安区贯彻落实意见；研究区政协换届相关工作等

续表 6

次别	会议日期	议题
第四十五次	12 月 8 日	研究《关于调整同安区重大项目领导小组及其下设机构的通知（送审稿）》；传达学习市委十三届二次全会精神，研究同安区贯彻意见；研究区“两会”事宜，审议相关工作报告；听取关于推荐全省妇联系统先进集体初步对象的汇报；研究政协委员有关工作等
第四十六次	12 月 20 日	传达学习中央经济工作会议精神、市委常委会会议精神，研究同安区初步贯彻意见；审议《中共同安区委关于 2021 年落实意识形态工作责任制情况的报告（送审稿）》；研究区工商联换届人选有关事项；听取《关于同安区新民镇、西柯镇撤镇设街道行政区划调整方案》起草说明和主要内容的汇报；听取召开共青团厦门市同安区第二十二次代表大会有关情况的汇报等
第四十七次	12 月 21 日	研究关于厦门市第三医院划归市级管理工作事宜
第四十八次	12 月 23 日	传达学习习近平总书记贺信重要精神和王岐山同志在厦门经济特区建设 40 周年庆祝大会上的讲话精神及省委常委会会议、市委常委会会议精神，研究同安区贯彻意见
第四十九次	12 月 30 日	传达省委、市委经济工作会议精神，研究区委十四届二次全会、区委经济工作会议方案；听取《同安区“项目落实年”实施方案（送审稿）》《同安区加强村（居）基层组织建设五年行动计划（送审稿）》《同安区“基层组织建设年”实施方案（送审稿）》起草说明和主要内容的汇报；听取第一批村（社区）党组织书记人选的情况汇报；研究关于时代电服项目扶持方案有关事宜等

（黄志军）

体制机制改革

【概　况】 2021 年，同安区全面加强党对深化改革工作的领导，召开区委深改委（专题）会议 3 次，深入学习习近平总书记在中央深改委会议上的重要讲话精神和省委、市委深改委会议精神，研究部署 11 个领域 44 项年度重点改革任务和 45 项重点突破事项。建立重点突破事项工作台账，实行滚动管理机制，推动改革任务落地见效。在全市率先推出农村宅基地 3 个“一”（一窗申报、一网办事、一事联办）试点改革，推广设立“议理堂”驻公安派出所公证调解室，“全馨办”工程审批制度列为典型全省推广，“改革热度指数”前三季度居全市各区首位。

【农村宅基地审批改革试点】 2021 年，同安区开展农村宅基地审批“一窗申报”“一网办事”“一事联办”3 个“一”改革试点，规范农村宅基地使用管理。将宅基地用地建房申请统一到镇（街）便民服务中心窗口申报，确保群众只需跑一趟，实现“一窗申报”。搭建全区宅基地审批系统并延伸至各审批部门、镇（街）、村（社区），做到审批服务信息共享，实现“一网办事”。梳理宅基地用地建房申请“一件事”办事指南及审批流程，推行“一张表格、一份指南、一窗申报、部门联动、全程电子化”审批服务，实现“一事联办”。

【“全馨办”审批服务模式】 2021 年，同安区创新建立全程温馨代办的“全馨办”审批服务模式，推进工程审批提速增效。构建“全周期”帮办服务体系，成立投资项目审批帮代办服务工作小组，建立审批服务联席会议制度，明确帮办原则和范围。打造“轻骑军”帮办服务队伍，选优配强经验丰富的项目代办人员，定期开展项目报建培训、专项技能培训，提升精准、专业、高效的帮办能力。推行政企联动的“3+2”服务模式，做好 3 个“提前对接”（提前与招商、发改部门对接，提前与企业及责任单位对接，提前与审批服务部门对接），落实 2 个联合协作（联合踏勘、联合竣工验收）。全年“全馨办”帮代办项目 933 个，全程代办 8 个镇（街）共 20 个安置地项目农转用手续。

【疫情防控三级联防机制】 2021 年，同安区创新新冠肺炎疫情防控三级联防机制，织密织牢疫情防控网络。成立区防控办，抽调专班集中办公，统筹协调全区疫情防控工作事宜。组建区疫情防控专家组，建立专家组挂钩联系镇（街）和行业主管部门制度，提供 24 小时在线咨询。建立区—镇、镇—村视频调度、晾晒比学评议制度，进一步压紧压实疫情防控责任。开发自主申报系统，完善有奖申报制度。精细化绘制防疫“一张图”，实现“大数据关联分析 + 网格化精细管理”，防控风险分级分层精准智控。组建区级常备流调队伍和预备流调队伍。制定应急处置工作标准化装备清单。建设区级核酸检测方舱实验室。开展疫情防控示范单位创建工作。组织全覆盖、多频次应急演练，全年8个镇（街）完成演练180余场次。

【工业园区枫桥工作机制】 2021年，同安区创新建立“园区枫桥”工作机制，构建工业园区和谐劳动关系。成立全省首个劳动法务工作站，开通“工会管家”24小时劳动法务在线问诊，为企业提供劳动关系风险评估，实现维权服务前置。完善“网格长—工会专干—片区委员—网格点工会主席”四级组织架构，组建9个骨干网格、54个小微网格，涵盖218个规上企业、647家小微企业，确保服务全覆盖。建立“共享职工之家”，打造“10分钟服务圈”，培育安踏、工业社区大学等5个“主体型共享职工之家”，推动多方融合共治。

【邻长制乡村治理机制】 2021年，同安区创新“邻长制”乡村治理机制，完善基层治理体系。构建“村党组织—村干部—邻长—村民”四级联动体系，织密管理网格。建立协商议事、邻里互动、信息公开、情况反馈等规章制度。设立邻长公示牌，颁发邻长证，制作“邻长喊你来登记”红马甲，将“邻长制”纳入基层党组织考核内容体系。搭建邻里议事会、恳谈室等自治平台，制定村规民约、邻里文明公约，实现“民事民议、民事民管”。创新“我爱我邻”服务模式，组建邻区“爱心帮帮团”，成立“邻里爱心基金”，制定邻区需求清单、服务清单。

【食品安全监管机制】 2021年，同安区创新食品安全工作机制，守护百姓舌尖安全。成立全市首个驻区市场监督管理局检察室。实行食品安全集体约谈机制。开展“食安之窗”“双随机”执法曝光活动，对全区1.3万家食品生产经营主体进行全覆盖检查。推行使用网络订餐“食安封签”，提升餐食配送安全。五维共治“小饭桌”监管模式在全省推广，相关案例获第三届市场监管领域社会共治十佳优秀案例。同安区在小康杂志社主办的“2021中国放心食品百佳县市”评选中名列榜首。

【民营和小微企业金融服务综合改革】 2021年，同安区成立金融业联合会，构建政银企合作桥梁与纽带，探索财政资金引导金融服务资源、支持企业发展、促进政策目标实现的形式。推动区中小微企业金融服务中心入驻银城智谷，搭建线上线下一体化金融服务，实现银企互利共赢。探索产业引导基金和国有资本运作模式，引入泉州银行及财信证券营业部，丰富辖区金融业态，德韬资本、华彬集团、中煤集团等投资管理公司和产业基金项目落户环东海域。

【乡村治理集成改革】 2021年，同安区推进“民主法治示范村（社区）”建设，实行亮牌管理；在全区9个派出所和交警大队推广设立“议理堂”驻所（队）公证调解室，在全市率先成立首个“法律顾问志愿服务团”。全面推行网格化管理，将全区城乡社区合理划定719个网格，优化完善网格化管理机制，推动各类人员职责整合；进一步完善基层社区村规民约、居民公约，大同街道东宅村村规民约被确定为“福建省第一批优秀村规民约”；莲花镇军营村列入福建省村级议事协商创新实验试点。创建全国文明典范城市，全国文明村总数居全市第一；田洋村建成市级乡风文明示范点，清风园建成省级思想道德教育场馆。深化移风易俗工作，全年简办、停办婚丧宴席等4000场次，帮助群众节省资金近3亿元。健全村级重要事项、重大问题由村党组织研究讨论机制，规范村级党组织运行；创新“望闻问切”工作法，深入疫情防控一线考察识别村（社区）“两委”班子及成员；完成142个村（社区）巡察全覆盖。探索新型农业经营模式，推进国家科技特派员种子种苗育种和示范基地建设，打造同安网红农业打卡地。

（黄志军）

组织工作

【概　况】 2021年，同安区委组织部推进基层党组织建设、党员干部人才队伍建设以及党建引领乡村振兴、基层治理等工作，为富美新同安建设提供组织保障。紧扣庆祝中国共产党成立100周年主线，开展“致敬百年”系列活动。做好“两优一先”推荐评选表彰工作，128名党员、70个党组织获区级以上表彰。坚持正确选人用人导向，锻造忠诚干净担当的干部队伍，全年提拔晋升处级干部63名、科级干部236名，选派256名干部到一线磨炼。组织举办科级干部进修班、公务员班等主体班次和专题培训班，组织全区干部在线学习培训，累计参训人数3.98万人次。做好人才引进、培育和服务工作，引进和培育高层次人才51名，柔性引才861名、完成率191.3%，接收高校毕业生4805名、完成率

100.1%。至年末，同安区有基层党组织1339个，其中党委85个、党总支99个、党支部1155个；在基层党委中，有乡镇党委6个、机关党委10个、企业党委2个，以及区委派出的党工委5个（机关党工委3个、街道党工委2个）。有党员24003名，其中女党员8477名，占党员总数的35.32%；少数民族党员117名，占党员总数的0.49%；35岁及以下党员7249名、36～45岁5918名、46～55岁4385名、56～60岁1511名、61岁及以上4940名；研究生党员592名，大学本科9162名，大学专科4571名，中专1894名，高中、中技2437名，初中及以下5347名。

【先进典型选树】 2021年，同安区委组织部制作“学习身边榜样”报道9期并在“银城党建”公众号刊登，集中展现同安区广大党员和基层党组织不忘初心、牢记使命，在疫情防控、乡村振兴、城市建设、社区治理、教育民生等方面的先进事迹和精神风貌。做好“两优一先”推荐评选表彰工作，评选出全区优秀共产党员59名、优秀党务工作者50名和先进基层党组织49个；推荐16名个人、17个集体获市级表彰，3名个人、4个集体获省级表彰。做好“两优一先”推荐评选表彰工作。

【基层党建】 2021年，同安区抓好基层党组织建设，创新打造党建典型品牌，以高质量党建推动高质量发展。

农村基层党建 持续深化农村基层组织“1246”工作机制，开展农村基层党建“整镇（街）推进、整区提升”示范创建活动，增强农村基层党组织政治功能和组织力。以党建工作推动实施“邻长制”，召开全区基层党建工作重点任务推进会暨“邻长制”乡村治理机制全面推广工作部署会，细化4项15条工作措施。制定《关于加强党建引领 深化乡村治理 全面推行“邻长制”的实施办法》，选出情况熟、威望高、责任心强的2800余名党员、村民代表为邻长，发动村民配合做好疫情防控、村居换届、防汛抗台等工作，实现“民事民议、民事民管”；《厦门市同安区探索推行“邻长制”壮大乡村治理队伍》刊于《中组组工通讯》，《以“邻长制”优化“微治理”激发振兴“新活力”》入选全国乡村治理典型案例。

城市基层党建 在全市率先出台《关于深化近邻党建推进全区社会治理现代化建设的实施方案》，成立近邻党建引领基层社会治理工作领导小组，区委书记亲自挂帅，将近邻党建推进社会治理作为“一号工程”领航推进。持续推广“街道大党工委—社区大党委—小区党支部—楼栋党小组”城市社区党建模式，成立2个街道大党工委和34个社区大党委，推进87个有物业小区组建52个小区党支部，67个无物业小区合理划分网格建立27个小区党支部，小区党组织覆盖率100%。祥平街道凤祥社区“商居共融·诚信凤祥”工作法和陆丰社区“户联网+”工作法获评省优秀社区工作法。芸溪社区、莲花村、白交祠村入选省级城乡社区近邻服务试点社区，厦航高郡小区、古龙御园小区入选省级近邻党建试点小区，陆丰社区等3篇基层治理案例入选《八闽党旗红》。

机关党建 全面开展“让党中央放心、让人民群众满意”模范机关创建活动，激励广大机关党员干部在服务中心大局中走在前、作表率。精准落实“双报到”，275个部门党组织、5893名在职党员深入34个城市社区154个小区报到，完成实事好事1536件。

国有企业和学校党建 全面加强国有企业党的领导，指导区属国有企业三级公司将党建工作要求写入公司章程，严格执行国有企业党组织议事规则，完善党组织前置研究讨论重大经营事项清单。持续加强学校党的建设，深化教育系统党建工作视导制度，打造新城小学“心诚175”、梧侣学校“七化同心·幸福梧侣”、洗墨池幼儿园“党旗飘扬·洗墨留香”等党建品牌。

非公企业党建 深入实施非公党建工作“个十百千”工程，全年新建非公企业和社会组织党组织50家，达标率100%。加快探索快递物流企业党建工作，全区20家“三有”快递物流企业中，党员人数在3人以上的9家企业均组建党组织。持续深化非公企业党建品牌创建工作，培育百利种苗“百利红、兴新农”、保沣实业“永保先沣”等典型。

【区、镇两级换届】 2021年，同安区完成区、镇两级换届工作。把好代表人选质量关口，由区委组织部牵头，联合区纪委监委、区委统战部等13个部门开展人大代表建议人选、政协委员候选人考察审查工作，考察审查区级人大代表初步建议人选397人、区政协委员初步建议人选215人；在全区新当选的721名镇党代表中，镇、村干部代表占49.51%，各类专业技术人员、先进模范人物、农民和非公有制经济组织职工代表占50.49%，妇女代表占30.37%，少数民族代表占0.55%，充分体现先进性、代表性和广泛性。统筹做好换届人事安排工作，

6个镇按30%配备年轻干部18名（镇长均为80后）、班子平均年龄下降2岁，选配“六方面人员”四类9人、女干部12名（含3名女性党政正职）；新任镇（街）党（工）委书记全部具有基层工作经历，新提拔的53名领导干部（含4名区级班子换届人选）具有镇（街）基层工作经历、长期在重点项目征拆一线的占91%。严肃换届纪律，坚持把谈心谈话贯穿换届全过程，区委书记先后与8个镇（街）16名主官、9名拟新提任人选考察对象以及列入会议推荐参考人选名单未被确定为考察对象同志谈心，纪委书记、组织部部长与镇领导班子成员、重点岗位人员等谈心谈话103人次；实行干部选拔任用全程纪实制度，如实记录换届提名人选选拔任用各个环节，建立健全工作台账，做到全程留痕；组织学史立规明纪培训9场、覆盖处级干部1856人次，召开干部监督联席暨换届风气督导调度会3次，与干部谈心谈话238人次，发送纪律提醒卡496份、警示短信3972条，签订承诺书375份；抽调3名一级调研员深入一线严督实导，换届风气满意度测评达100%。

【村（社区）“两委”换届】 2021年，同安区完成142个村（社区）“两委”换届工作，产生新一届村（社区）“两委”班子成员908名，全面实现党组织书记和村（社区）委会主任“一肩挑”；全区党组织和村委会换届选举一次性成功率均达100%。建立区领导挂钩联系制度，落实周调度、月会商、“八联动”工作机制，分级开展选前业务培训208场，覆盖骨干7000多人次。编印党组织“三推一选”、村（社区）民委员会换届选举《参考指南》等，倒排序时进度，实施精准指导。创新选情三色图、逐村制定“一村一策”，以及“望闻问切”考察工作法、开箱前候选人确认签字制度等，在省、市提出的不能作为候选人“十种情形”的基础上，提出17类56项细化要求，审核初步候选人1998名，将不符合条件人员挡在门外。抓深做实竞职、干事、辞职“三项承诺”，推动换届人选百分百承诺干事；编制发放《反面典型案例选编》2万余册，拍摄《我心目中的带头人》《选举是件大事情》，全面开展宣传引导，助推选举风清气正。抓好换届后续工作，分层分批举办新任村（社区）“两委”培训班，开展新一届村（社区）“两委”班子“迈好履新第一步　办好开门头件事”主题活动，展现“干事不停步、发展不断档”的新形象新作为。

【党支部标准化规范化建设】 2021年，同安区贯彻《中国共产党支部工作条例（试行）》，依托“厦门党建e家”常态化开展基础信息自查、审核工作。坚决抓好省委巡视问题和全面从严治党（省对市、市对区）反馈问题整改，不断规范党组织设置，完成3个党组织升格，撤销“空壳”党支部3个。持续整顿软弱涣散基层党组织，全面整顿提升4个软弱涣散村基层党组织。创新制定“发展党员常见问题清单”，加大对发展党员工作具体经办人员的培训指导力度，全年高质量发展党员380名。推进党费收缴、使用、管理工作专项调研，创新设立党费专门账务软件，提高党费收缴使用管理水平。完善党委（党组、党工委）书记和班子成员挂钩联系党支部工作联系点制度，建立基层党支部工作联系点249个。

【党建引领乡村振兴】 2021年，同安区召开全区基层党建工作重点任务推进会，细化近万名党员战斗在村居疫情防控第一线的工作职责。推出15条“扎实推进抓党建促乡村振兴”工作措施，以党建引领激发乡村振兴强劲动能。创新推行乡村治理“邻长制”，选出情况熟、威望高、责任心强的2800余名党员、村民代表为邻长，带头发动村民整治人居环境，助力疫情防控，相关做法被中组部《组工信息》刊发。管严用好10名第六批市派驻村蹲点干部，推动121家市、区单位挂钩帮扶薄弱村，实现全区108个村（社区）集体经济年经营性收入均超20万元，其中25个村（社区）集体经营性收入超100万元，梧侣社区、石浔社区、官浔社区、下墩村4个村（社区）集体经营性收入突破千万元。

【干部教育培训】 2021年，同安区委组织部联合区委党校开展线下培训5463人次，参加上级组织的各类线下培训班38个班次259人次。依托初心使命馆加强党性教育，培训学员816期2.56万余人次。组织“学习贯彻十九届六中全会精神”等线上专题班12期，举办副处级以上干部党史学习教育系列专题辅导讲座9场，参学超1800人次。

【干部选拔培养】 2021年，同安区强化干部资源配置，调整交流处级干部95名，其中提拔39名、职级晋升24名、平级调整32名；调整交流科级干部277名，其中提拔66名、职级晋升170名。建立健全政治考核看忠诚、专项考核看担当、平时考核看状态、年度考核看实绩的多考融合体系，加强考核结果运用，全年提拔晋升处级干部49名、科级干部148名，优先使用在疫情防控、乡村振兴、征地拆迁等重大斗争中表现突出的干部18名。升格区委新时代新担当新作为工作领导小组，大力挖掘和宣传新时代新担当新作为的先进典型，集中表彰128名先进党员干部，有效营造鼓励担当作为的良好风尚，经验做法《构建正向激励体系推动干部担当作为》被省委组织部专刊报道。优化干部队伍年龄结构，提拔1980年后出生的正处5名、1983年后出生的副处5名。巩固职务职级并行制度成果，制定职级晋升原则，8名干部晋升一级调研员，调动各领域各年龄段干部积极性。推动干部资源向高质量发展一线倾斜，选派256名干部到一线磨炼。

【干部监督管理】 2021年，同安区做好领导干部个人事项报告工作，通过集中学习、谈心谈话、典型通报等，强化一对一提醒、面对面辅导，提高填报质量，如实报告率从上一年度的91%提高至本年度的98%。制定印发《干部监督联席会议制度》和《干部监督信息沟通办法》，完善干部监督工作协调机制。持续做好省委巡视整改下半篇文章，进一步规范干部因私出国（境）管理、社团兼职审批、干部档案专项审核工作。

【关心关爱干部政策落实】 2021年，同安区落实关心关爱干部政策措施，坚持基层导向，为重大项目指挥部等一线干部单列考核优秀指标18个。加强党内关怀、帮扶工作，全年走访慰问困难党员、伤病干部、关心关爱对象1269人次，累计使用资金178.82万元。

【公务员管理】 2021年，同安区机关单位考录公务员（含群团组织工作人员）13人，办理公务员登记26人。完成公务员2020年度考核1298人次，其中评为优秀等次245人，记三等功13人。开展新录用公务员培训工作，培训1期12人。至年末，同安区机关（参公）人员1342人，平均年龄42岁，其中35岁及以下370人、占比27.57%，36～45岁449人、占比33.46%，46～50岁209人、占比15.57%，51岁以上314人、占比23.40%；博士研究生9人，硕士研究生123人，大学本科1032人，大专及以下178人；处级及以上干部355人，科级干部554人，一级科员及以下干部433人。

【人才发展环境建设】 2021年，同安区构建“一盘棋”抓人才工作格局，制订《2021年同安区人才工作目标责任制考核指标工作计划》，细化分解任务六大方面、15小项，实行人才工作“挂图作战”。完善区领导挂钩联系企业、人才制度，全年区领导走访人才企业、“三高”（高技术、高成长、高附加值）企业302家次。打造“科创引才·洞见未来”人才品牌，举办科技创新人才推荐官受聘仪式等5场系列人才活动。启动新一批区级人才选拔工作，构建不唯出身、不唯文凭、不唯学历、不唯职称的人才评价体系，单列农村实用人才和民俗文化人才两个类别，评选出区级特色人才67名。

【人才引进与培育】 2021年，同安区将引才工作纳入区委年度工作总体安排，制定人才优惠政策，打造引才聚才平台，吸引人才关注同安、共建同安。举办人才“春风行动”现场招聘会，提供6636个就业岗位，吸引5000余人进场咨询、求职。组织175家企业参加贵州、云南等线上线下招聘会，达成意向1020人。开展“百名人才联百村”活动，推动“一村一才”全覆盖联系到位。开发乡村人才资源共享平台，接入3家国家级在线培训资源，实现人才“订单式”培训、服务，开展农业技术培训46期、培训2143人次。

【人才服务保障】 2021年，同安区启动新一轮“重点引进人才住房租金补贴系统”，对企业高管、技术骨干、全日制本科生等实行全覆盖，全年审核通过1336人，发放租金补贴779万元。举办“人才服务月”活动，开展人才主题活动17场，加强人才服务宣传，扩大人才政策宣传覆盖面。召开人才政策宣讲会9场，将人才政策带进园区、企业，现场为企业人才答疑解惑。组织企业到南京、南平、龙岩等高校开展校园招聘。做好人才引进培育的资金保障工作，向“双百计划”人才企业下拨创业扶持资金和创业场所支持补贴近1000万元，引导人才把科技成果应用到经济社会发展中。全区人才服务工作相关做法被《人民日报》《中国组织人事报》《福建日报》《厦门日报》等媒体报道。

【“才聚银城”四季行动】 2021年，同安区委组织部举办“才聚银城”四季活动，每季度各举办1次不同主题的人才聚会，搭建人才交流平台，全年举办4次。2月5日，与区财政局、招商银行同安支行在莲花镇军营村、白交祠村举办2021年高层次人才新春思享汇，同安区来自企事业单位的国

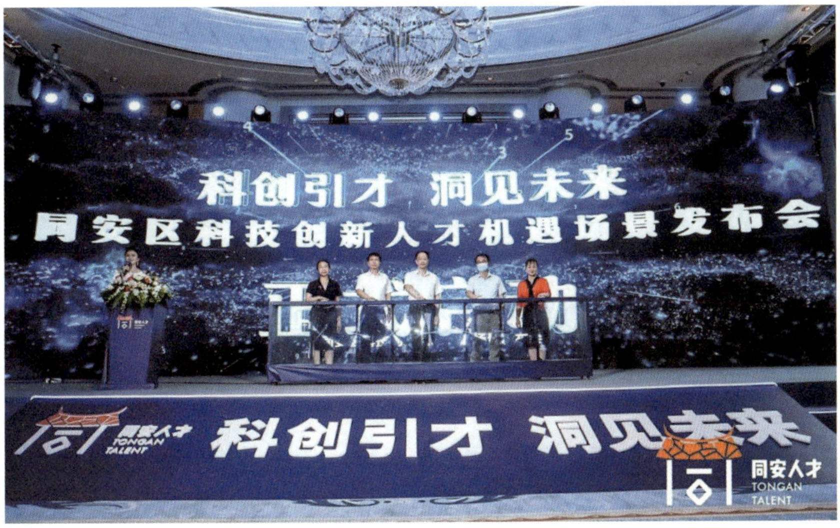

2021年9月10日，同安区委组织部联合区工信局在特房波特曼酒店举办“科创引才，洞见未来”同安区科技创新人才机遇场景发布会

（同安区委组织部供图）

家领军人才、市双百人才、市拔尖人才、区特色人才参加。参会人员就强化人才引进和梯队培养、加强产学研合作、强化企业技术创新、抓好企业疫情防控、提升教育医疗质量、助力乡村振兴等展开讨论。5月26日，在莲花镇举办“人才服务月”暨“百名人才联百村”启动仪式，推动村居所需和人才所能精准对接，鼓励在村居发展中发挥人才价值。9月10日，与区工信局在环东海域同安新城特房波特曼酒店举办“科创引才　洞见未来”同安区科技创新人才机遇场景发布会，围绕同安区三大引才平台、五大产业链（群）等应用场景发布人才机遇。11月22日，在厦门金牌厨柜有限公司设立的金牌大学开展“智汇银城，走进科创”人才交流洽谈会，与企业、教育、医疗等各行业领域专家、骨干座谈，就贯彻落实中央人才工作的新理念新战略新举措，优化人才服务保障，完善人才政策措施等，听取意见建议，查找问题不足，研究对策措施。

【“党旗飘扬践初心，疫情防控当先锋”活动】 2021年，同安区开展“党旗飘扬践初心，疫情防控当先锋”活动，动员各级党组织和党员干部在新冠肺炎疫情防控工作中发挥党员先锋模范作用。在疫情防控第一线，成立临时党委12个、临时党总支7个、临时党支部213个，组建党员先锋队280余支，总计4000余名干部、近万名党员。在“银城党建”公众号开辟“同先锋”专栏，宣传先进典型30余期，相关做法在《中国组织人事报》刊登。组织开展近邻党建引领“健康家园·无疫小区”创建活动，制作一图看懂全要求疫情防控工作图，明确考评标准、工作模式、人员管理纪律等，评选首批“无疫小区（村）示范点”26个。细化设置725个网格，实行“市级领导包保镇（街）、市直单位领导包保社区（村）、区镇（街）领导包保网格”的村居疫情管控体系，下沉包保干部、公安民警、医务工作者、志愿者等各类力量4200余人次；制定《市、区机关干部下沉一线疫情防控工作职责》《市、区机关干部下沉一线疫情防控工作纪律要求》，明确工作职责，细化工作流程，发挥包保干部生力军和主力军作用，构筑群防群治严密防线。下拨专项党费90万元，下发《在坚决打赢疫情防控歼灭战中激励干部担当作为的八条措施》《关心关爱下沉疫情防控一线干部职工的通知》等，激励党员干部在疫情防控中迎难而上，奋勇拼搏。

【“光荣在党50年”纪念章颁发】 2021年，同安区首次开展“光荣在党50年”纪念章颁发活动，颁发对象为截至2021年7月1日，加入中国共产党党龄达50周年、一贯表现良好的老党员。区委组织部通过基层党组织摸排并逐级上报审核，总计向1139名老党员颁发“光荣在党50年”纪念章。6月，各党委（党工委）通过召开会议、上门走访等多种形式向老党员颁发纪念章。

（黄皓怡）

宣传工作

【概　况】 2021年，同安区委宣传系统贯彻全国、全省、全市宣传部长会议精神，开展学习贯彻习近平总书记“七一”重要讲话精神专题宣讲，持续掀起学习宣传贯彻党的十九届六中全会精神热潮，区委宣传部获评“2021年度《党建》杂志宣传工作先进集体”，乡村讲师团获评省“2021年基层特色宣讲团”，为全市唯一获评的宣讲队伍。精心打造“一心三线”党史学习教育红色路线，高山党校挂牌成立全市首个教育实践基地，《特制爱心包　关爱英烈后代》获评市“双十佳”优秀案例。严格落实意识形态工作

“211 制度”，完成 9 家单位专项检查。举行庆祝中国共产党成立 100 周年、厦门经济特区建设 40 周年系列活动 113 项，累计在各级媒体刊发报道 4500 余篇。首创“同安农民画百米长卷”，荷叶说唱《乡村小唱》、芗曲说唱《高山幸福歌》获全省第四届曲艺“丹桂奖”大赛省、市赛区一等奖。志愿服务项目“高山上的阅读”获“2021 年省志愿服务项目银奖”。

【理论学习宣讲】 2021 年，同安区委宣传部坚持把学习贯彻习近平新时代中国特色社会主义思想作为首要政治任务，结合党史学习教育和“再学习、再调研、再落实”活动，组织区委理论学习中心组集中学习 24 次，推动领导干部带头学习。建立健全中心组学习列席旁听机制，突出研讨式、调研式、互动式学习。开展学习贯彻习近平总书记“七一”重要讲话精神专题宣讲，组织线上巡回宣讲活动 3 期，受众人数达 16 万人。持续巩固干部周末学堂、高山党校、乡村讲师团、理论宣讲轻骑兵、文艺轻骑兵等宣讲品牌，推动各镇（街）成立文艺轻骑兵队伍，多种形式掀起学习宣传贯彻党的十九届六中全会精神热潮。

【意识形态工作】 2021 年，同安区将意识形态工作列入 2021 年区委工作要点、党建工作要点、全面从严治党主体责任清单和区级绩效评估内容。严格落实意识形态工作“211 制度”，对 9 家被巡察单位开展意识形态工作责任制专项检查，及时约谈意识形态工作存在问题的部门。坚持和完善意识形态领域分析研判制度，区委主要领导 7 次专题研究部署意识形态工作，区委分管领导定期召开意识形态专题会议，分析意识形态领域存在的风险点，提高预警、预判、预防能力。加强意识形态工作协同联动，建立联络员制度，定期通报意识形态领域情况。规范宣传阵地管理，完成 1468 处公共领域宣传载体督查整改。建立完善新闻信息发布“三审三校”制度，统筹管理全区 63 个党政机关 976 个微信工作群。落实网络意识形态工作责任制，实现全区政务网站和新媒体平台日常巡查和动态监管全覆盖。

【宣传舆论引导】 2021 年，同安区营造庆祝中国共产党成立 100 周年、厦门经济特区建设 40 周年浓厚氛围，在辖区主要路段插挂国旗 7000 余面、彩化重要节点 50 余处、设置主题标识 80 余处，举办“云上讴歌　百岁党庆”百人同歌歌手大赛、“百筝齐鸣　红心向党”等庆祝活动 113 项。推出党史学习教育、庆祝中国共产党成立 100 周年、厦门经济特区建设 40 周年、“再学习、再调研、再落实”、乡村振兴、扫黑除恶、营商环境、文明创建、项目攻坚等多个专题系列报道，累计在各级媒体刊发报道 4500 余篇，其中中央级媒体平台 1300 余篇。开辟“红色同安：奋斗百年路，推动新富美”等专栏，推动中央级媒体两上高山报道同安区乡村振兴经验成果。开展 2021 年文化科技卫生“三下乡”活动。举办全民垃圾分类知识竞赛。全年“学习强国”平台累计 662 件作品被采用推广，供稿量、录用量均居全市第一。

【媒体融合发展】 2021 年，同安区融媒体中心创新桥接技术，推动“同安发布”通联村务通、同安教育等服务号，覆盖人群 30 余万人，年度影响力居全省县域第四；获评“国家广播电视总局 2020 年基层广播电视统计工作优秀集体”“省‘理想铸丰碑　我说新福建’主题活动先进集体”“2020 年度全省融媒体新闻协作先进集体”。打造融媒精品，2 件作品获 2021 年全国县级融媒体中心优秀作品双月赛二等奖；1 件作品获科技部“大美科技特派员”视频赛三等奖，为全省唯一；2 件作品分获福建新闻奖二、三等奖，在全市区级台实现零的突破。扩大宣传矩阵，宣传平台突破 20 个，《贯通同安“九融”概念　深化媒体融合发展》案例入选 2021 年福建省广播电视媒体融合典型案例，为全市唯一。

【疫情防控宣传】 2021 年，同安区加强疫情防控工作宣传，共出动宣传车辆 1.4 万余辆（次），投放户外 LED 电子显示屏 570 余块、“村村响”89 个、播放设备 2300 余个，悬挂横幅 6800 余条，张贴宣传海报 7.8 万张、手写标语 2 万条，发放宣传单 70 余万张。组织创作答嘴鼓、快板、顺口溜等战“疫”主题作品 530 余件，展播同安文艺志愿者抗疫作品 19 期。围绕疫情防控政策、核酸检测、爱心捐款、众志成城抗疫等内容，在主流媒体刊发新闻报道 1400 余篇次，其中中央级平台转载刊发 359 篇次。在“同安发布”微信公众号、视频号、抖音号推文 1025 条，播出广播电视新闻 442 条，累计点击量近 4000 万次，其中《致全体同安市民朋友的一封信》2 个小时点击量超 100 万次、《同安区封控区梧侣社区发出倡议，为外来租户减免一个月租金！》短视频一天内点击量超 500 万次。设立应急求助电话和心理咨询电话，接听电话 1.3 万余通，实现零投诉、零失误。建立分办督促落实机制，先后帮助解决求医购药、生活物资保障、看病返程等五大难问题，工作经验被《中国改革报》刊发。发动36万多名志愿者参与疫情防控志愿服务活动，组建4支应急志愿服务队，为抗疫一线转运各类防疫物资及食品、蔬菜等生活用品2000余吨，提供义务理发服务930人。

【优秀传统文化传承】 2021年，同安区实施历史文化遗产集中保护修缮三年计划，完成同字厝等20处文物修缮。开设农民画、南音、书法等37个公益培训班，惠及学员1200余人。首创“同安农民画百米长卷”，荷叶说唱《乡村小唱》、芗曲说唱《高山幸福歌》获全省第四届曲艺“丹桂奖”大赛省、市赛区一等奖。新增3名省级非遗传承人，新公布18个区级非遗项目、17名区级非遗传承人。举办孔子、朱子、苏颂、开闽王等历史名人文化节庆活动，苏颂文化节入选市“年度区街创意品牌活动”、直播点击量1800万次。拍摄纪录片《仰望星空的人——北宋宰相科学家苏颂》，出版发行《船过城桥不眠桅》《苏颂文脉传承与延展》，《北宋科学巨匠苏颂》被国家广播电视总局评为“2020年优秀国产纪录片”、《苏颂全集》被福建省人民政府授予“2021年度社科优秀成果一等奖”。

（陈曼璐）

2021的7月18日，同安区举办第六届国际朱子文化节。图为在开幕式上举行的朱子家礼文献集成项目启动仪式　（夏海滨　摄）

统战工作

【概　况】 2021年，同安区委统战部围绕区委、区政府的决策部署，开展党外人士队伍建设，推动各民主党派、工商联和无党派人士为同安经济社会发展建言献策出力。全年召开参政议政座谈会4场、民主生活会会前征求意见座谈会1场。协助民进同安总支、台盟同安区支部、农工党同安区基层委员会完成换届工作，推动民建同安总支升格为基层委。加大党外人才的培养与使用，推进人大、政协换届中党外代表人士的政治安排，推动区政府工作部门党外正职的配备工作，建立完善党外科级干部信息库。开展民族团结进步宣传教育活动6场，做好同安一中新疆班师生慰问及上杭庐丰畲族乡挂钩帮扶工作。参与抗击新冠肺炎疫情，报送相关社情民意26篇，组织捐款捐物2688.3万元。

【统一战线思想政治基础巩固】 2021年，同安区委统战部依托高山党校举办同安区2021年统一战线理论学习培训班，各民主党派、工商联、侨联、新联会、知联会负责人，各镇（街）统战委员和新联会负责人，以及各宗教团体、宗教场所、民间信仰联系点负责人参加。结合干部周末学堂、区委理论学习中心组（扩大）学习会等，邀请市委统战系统领导专家授课，300余名处级以上干部参加。组织全区统战系统党史学习教育专场报告会，各民主党派、新联会、宗教团体主要负责人等60余人参加。开展以“百年风华　壮丽航程”为主题的文艺演出，举办“百年风华　同心书画”书画摄影作品展，庆祝中国共产党成立100周年。

【党外人士参政议政】 2021年，同安区委统战部组织召开“统筹推进新冠肺炎疫情防控和经济社会发展情况”“基层组织建设和基层治理能力工作情况”等专题参政议政座谈会4场，召开民主生活会会前征求意见座谈会1场，收集党外人士意见建议55条，汇总形成交办函交由各相关部门办理。引导党外人士围绕区委区政府的中心工作和群众关心的热点难点问题开展调研活动，形成建言稿件104篇，其中4篇获省、市领导批示；整理、收录优秀调研成果46篇，编印《2021年度同安区统一战线调研文选》供党委政府决策参考。

【新的社会阶层人士统战工作】2021年，同安区委统战部推进新的社会阶层人士联谊组织建设，召开第一次新的社会阶层人士代表大会成立新的社会阶层人士联谊会。加强新的社会阶层人士队伍建设，开展培训联系，强化思想引导，推荐2人参加厦门市第十一期新的社会阶层人士理论研修班，完善新的社会阶层人士物色、考察、培养、安排机制，建立动态台账，做好政治安排，共有16名新的社会阶层人士被推荐为新一届人大代表及政协委员，坚持每季度邀请新阶代表人士参与参政议政座谈会，进一步拓宽新的社会阶层人士参政议政渠道。推进新的社会阶层人士统战工作实践创新基地建设，在创业人才中培育典型，厦门百利种苗创新创业基地列入市级“一鹭同心”新的社会阶层人士统战工作实践创新基地。

【统战信息宣传】2021年，同安区委统战部通过区委区政府信息报送平台、《银城快讯》和统战网站等渠道报送统战工作动态信息，宣传统一战线工作，扩大统一战线的社会影响面。全年向市委统战部报送信息61条，其中33条信息被市委统战部网站、《厦门统战信息》刊登；向区委、区政府信息平台报送信息81条，其中22条被采用，信息工作情况被区委通报表扬。

【统一战线“百年风华　壮丽航程”文艺会演】2021年7月10日，同安区统一战线庆祝中国共产党成立100周年文艺会演在大同第二中心小学音乐厅举行。文

2021年7月24日，同安区新的社会阶层人士联谊会成立大会在同安会堂举行　（同安区委统战部供图）

艺会演由同安区委统战部主办，各民主党派、工商联、侨联、海联会、知联会、新联会协办，以“百年风华　壮丽航程”为主题，分为《铸峥嵘·风雨同舟》《换新天·携手奋进》《绘新篇·同心筑梦》三个篇章，演出歌舞《五星红旗》、南音《卜算子·咏梅》、民族舞《哈达》、三句半《话百年》、小组唱《灯火里的中国》等14个节目，以多种艺术形式回顾中国共产党成立100周年以来统一战线各界人士与中国共产党同呼吸、共命运，风雨同舟、肝胆相照的历程。

【新的社会阶层人士联谊会成立】2021年7月24日，同安区新的社会阶层人士联谊会第一次会员代表大会暨成立大会在同安会堂召开。同安区新联会会员代表共80余人参加。厦门市委统战部新阶知工处处长林云青、同安区委统战部副部长陈英械出席大会并致辞。同安区新联会第一次代表大会审议通过《厦门市同安区新的社会阶层人士联谊会章程》《会费收取标准及管理办法》《财务财产管理制度》《同安区新的社会阶层人士联谊会选举办法》，并选举产生第一届理事会成员、第一届监事会成员及会长、副会长、秘书长、监事长。联谊会成立旨在按照坚持“充分尊重、广泛联系、加强团结、热情帮助、积极引导”的方针，加强与全区新的社会阶层人士的联系，广泛团结全区新的社会阶层人士，为建设富美新同安、国家和社会的发展进步服务。

（钟杨燕）

机构编制

【概　况】2021年，同安区委编办深化行政管理体制改革，持续完善机构设置、职能配置、运行机制等，成立厦门市同安区乡村振兴局、厦门市同安区疾病预防控制局。推进镇（街）综合行政执法改革，成立镇（街）综合执法队。统筹推进事业单位改革，组建厦门市同安区融媒体中心，设置厦门市同安区家庭发展事务中心。落实机构编制实名制管理，开展第二次全国机构编制核查工

作，完成全区事业单位法人年度报告公示工作。

【行政管理体制改革】 2021年，同安区贯彻《中共福建省委机构编制委员会办公室关于调整市县扶贫开发工作机构设置的通知》精神，在厦门市同安区农业农村局加挂“厦门市同安区乡村振兴局”牌子，将区工信局承担的东西部扶贫协作、省内帮扶等有关工作职能划入区农业农村局，增设乡村振兴科，增核正科级内设机构正职领导职数1名。顺应健康发展新趋势，在厦门市同安区卫生健康局加挂“厦门市同安区疾病预防控制局”牌子，增核区卫生健康局1名行政编制和2名副职领导职数，增设疾控与公共卫生监督科及内设机构正科级领导职数1名。进一步强化区纪委监委派驻纪检监察机构的统一管理和考核，增核派驻检监察组行政编制，明确派驻区人民检察院纪检监察组、派驻区人民法院纪检监察组行政编制。

【镇（街）综合执法改革】 2021年，同安区推动行政执法权限向基层延伸、执法力量向一线下沉，各镇（街）城管中队加挂“综合执法队”牌子，在镇（街）领导下开展工作，由镇（街）指定1名领导分管，派驻部门进行业务指导，构建权责统一、简约高效的基层综合行政执法体制。

【编制资源管理】 2021年，同安区统筹管理全区中小学教职工编制，依标足额核定教职工编制；统筹分配有限的教职工编制资源，保障辖区内骨干教师招聘用编，引进省级学科带头人、省级特级教师、省拔尖人才20名，提升师资力量。落实区委关于选调生、军转干部及士官、定向委培生等政策性安置人员的入编工作，办理军转干部、转业士官、随军家属等入编工作。

【事业单位改革】 2021年，同安区整合区级媒体资源、推动转型升级，以厦门市同安区广播电视台为主体，组建“厦门市同安区融媒体中心”，系中共厦门市同安区委直属事业单位，归口中共厦门市同安区委宣传部管理。顺应新形势下计划生育基本国策的战略性转变，贯彻落实国家关于养老托育的各项部署任务，将“厦门市同安区卫生健康事务中心”更名为“厦门市同安区家庭发展事务中心”。

【事业单位登记管理】 2021年，同安区事业单位新设立1家，变更登记31家，注销登记1家。完成179家事业单位法人年度报告公示工作。开展事业单位“双随机”检查，推进事业单位法人登记管理信用监管，按比例随机抽取6家核准登记的事业法人单位，检查其登记事项、年度报告等公示信息，未发现异常问题。

【第二次全国机构编制核查】 2021年9月，同安区开展第二次全国机构编制核查工作，对机构编制管理范围内的全区各类机关和事业单位进行机构编制核查，主要内容包括机构批复和实际设置情况、编制核定及实有人员情况、领导职数核定及配备情况、实名制数据等，进一步核实全区机构编制基础数据的真实性、准确性、完整性和规范性。至年底，全面核清机构编制资源的数量、结构、分布等实际配置情况，完成该次核查工作。

（卓玉山）

机关党建

【概　况】 2021年，同安区委区直机关工委贯彻新时代党的建设总要求，坚持围绕中心、建设队伍、服务群众，推动机关党建和中心工作融合发展。制订理论学习计划，开展集中学习、专题辅导、学习研讨等150场。开展党史学习教育，举办区直机关党组织书记党史学习专题培训班，组织党员干部赴“一心三线”开展现场教学；围绕“四个排头兵”开展集中学习研讨365次、撰写心得体会982篇，订购发放学习读本3050本。做好“两优一先”评选表彰推荐工作，区直机关11个基层党组织、9名共产党员，8名党务工作者获区级以上先进表彰。举行“光荣在党50年”纪念章颁发暨新党员入党宣誓活动。开展“让党中央放心、让人民群众满意”模范机关创建活动，总结推广6个基层党组织以党建促业务的有效做法。持续做好常态化新冠肺炎疫情防控工作，组织发动103个基层党组织、663名在职党员深入社区，入户走访4773户家庭和90户商户，开展新冠疫苗接种宣传动员工作。在同安突发疫情后，参与“党旗飘扬践初心，疫情防控当先锋”活动，抽调500余名机关干部下沉一线，组织6667人次党员志愿者深入村（社区），协助开展核酸检测、人员转运、网格管理等工作。全年调整设立7个党组织，对5个党组织进行规范更名，指导34个党组织换届。发展党员40人，培养入党积极分子41人。至年末，区直机关党工委辖机关党委6个，直属党总支9个，直属党支部28个，分设支部100个，共有党员

1870名。

【区直机关理论学习】 2021年，同安区委区直机关工委制订理论学习计划，开展集中学习、专题辅导、学习研讨等150场。落实每月不少于一次的中心组理论学习会、每半年不少于一次的意识形态工作专题学习，学习党的创新理论、党的基本知识、党章党规、时事政治，学习党中央及上级党组织有关文件、重要会议精神等内容。引导党员干部掀起学习贯彻习近平新时代中国特色社会主义思想、习近平总书记“七一”重要讲话和来闽考察重要讲话精神热潮，发放《习近平新时代中国特色社会主义思想学习问答》《习近平在福建》和《论中国共产党历史》《中国共产党简史》等学习材料3000余本。采取理论学习中心组学习会、“三会一课”、理论宣讲轻骑兵等形式，开展集中读书、学习研讨和专题辅导。依托“共产党员网”、“学习强国”、“厦门党建e家”、“银城党建”、福建干部网络学院等平台，开展线上线下学习。全年举办专题报告会、党史宣讲活动150场；区直机关党员领导干部、党支部书记上党课94场次，受众1700余人次。

【机关党组织建设】 2021年，同安区委区直机关工委推进党支部标准化规范化建设，运用“厦门党建e家”平台，做好144个党组织的党员积分管理、组织关系管理、党费收缴管理等工作。对基层党组织换届、党费使用管理、组织生活开展等基础党务工作开展专题调研和专项整改。督促指导基层党组织换届选举，对拟到届的党组织发送督促提醒函15份，指导34个基层党组织完成换届。贯彻落实《中国共产党党员教育管理工作条例》，组织《2019—2023年全国党员教育培训工作规划》落实情况中期评估。常态化开展“厦门党建e家”巡查工作，推进党员积分管理、组织关系管理和党费收缴管理。做好发展党员工作，培养入党积极分子41人，发展党员40人。组织党组织书记、“党建e家”管理员参加“厦门党建e家”平台相关操作实务培训，举办区直机关党组织书记专题研修班。加强机关党组织思想政治建设，组织机关党务工作者参观高山党校初心使命馆、中共闽粤赣厦门市委机关旧址等。

2021年5月26日，同安区委区直机关工委在厦门市委机关旧址举办党员宣誓活动　（蔡凤琴　摄）

【模范机关创建】 2021年，同安区委区直机关工委开展“让党中央放心、让人民群众满意”的模范机关创建活动，组织召开模范机关创建推进会、工作交流座谈会，强化标杆意识和表率意识。建立健全机关党建和业务工作一起谋划、一起部署、一起落实、一起检查的运行机制，树立党建、业务“一盘棋”思想，推动机关党建和业务工作融合发展。提炼总结行政审批管理局“全馨办”帮办服务机制、区检察院党员宣讲团开展青少年普法教育等6个基层党组织以党建促业务的有效做法，在区直机关广泛推广。

【为群众和企业服务实践活动】 2021年，同安区委区直机关工委开展“我为群众办实事”“我为企业解难题”实践活动，主动服务群众和企业，帮助解决生产、生活中的困难和问题。全年为群众办实事417项，帮助企业、群众解决实际问题203个，征集选送优秀案例34个。区城管局在同安车站、安溪路口等11个人流量大的红绿灯路口设置晴雨棚，为市民出行提供方便；区审批管理局“以3个1机制破解农村宅基地难题”被市里列入为群众办实事长效机制汇编；区司法局成立“法律顾问志愿服务团”，为工业园区1000余家企业、近20万名员工提供无偿法律咨询服务；区税务局开展“三到位优化纳税服务”，被市税务局评为“十佳优秀案例”。

【精准“双报到”活动】2021年，同安区委区直机关工委组织机关党组织、在职党员到社区“双报到”，主动参与社区内区域性、公益性活动。区直机关118个党组织与挂钩村（社区）签订共建协议，落实“1+5+N”任务清单，根据报到地单位提供的需求清单，每年认领并完成至少一项“我为群众办实事”工作任务。每年到报到地单位开展一次志愿服务活动，一次关心下一代活动，一次关爱老人活动，一次爱心帮扶活动，联合开展一次主题党日活动；同时报到单位党组织力所能及地帮助解决报到地单位实际问题。年内，在职党员到村（社区）开展洁净家园、常态化疫情防控、文明劝导、老年人服务、文化下乡活动等，参与党员11400余人次。

（曾天娜）

老干部工作

【概　况】2021年，同安区委老干部局开展庆祝中国共产党成立100周年“十个一”系列活动，引导老干部、老党员发挥余热、奉献桑榆力量。摄制4部《永远跟着共产党走》微视频，获“学习强国”平台转载。收集整理红色革命小故事，编印出版《初心如磐——银城银辉风采100微故事集》。做好“两优一先”推荐评选表彰工作，3名离退休老党员分获“八闽银发先锋”、厦门市优秀共产党员、同安区优秀共产党员和同安区优秀党务工作者称号。至年末，同安区有离休干部20人（含异地安置1人），其中抗日战争时期入伍2人；“5·12”退休干部（1949年10月1日至1950年5月12日参加革命工作，享受供给制的退休干部）7人；退休区领导25人，其中副厅级以上退休干部9人。离休干部遗属49人。

【离退休干部党组织建设】2021年，同安区在25个离退休党支部中开展省级离退休干部“示范党支部”创建活动，全年新培育同安区人民检察院第四支部委员会和区建设与交通局机关离退休第二支部委员会2个省级“示范党支部”，全区省级离退休干部“示范党支部”增至6个。同安区建设与交通局机关离退休第二党支部获评“全区先进基层党组织”。同安区军营村高山党校初心使命馆挂牌全省“离退休干部党员传承红色基因学习教育基地”。

【老干部待遇保障】2021年，同安区委老干部局坚持政情通报和老干部座谈制度，组织召开老干部座谈会4次，根据疫情防控要求入户送达、邮寄政情报告材料50余份。坚持重大节日慰问制度，累计走访慰问离退休干部243人次，发放慰问款32.8万元。实施个性化精准服务，发挥公益性服务机构专业特长，为离休老干部提供四大类30余项菜单式服务项目，落实专项经费9万余元，提供服务516人次，回访满意度100%。开展“我为群众办实事”实践活动，协调解决1名已故离休干部的货币化补贴14.95万元；协调医务人员上门为9位行动不便的老干部提供症疗服务、开展核酸检测等。

【离退休干部学习教育】2021年，同安区组织离退休干部学习党的十九届六中全会精神和市、区党代会精神，邀请退休区级老领导作《学习厦门市第十三次党代会精神》的专题报告。举办老干部读书班，组织学员参观考察环东海域同安新城，让老干部畅谈同安发展新变化，感受建设“两高两化”城市的具体实践成效。推进离退休干部党史学习教育，邀请同安区委党校教授作《百年恰似风华正茂——中国共产党百年奋斗历程及经验启示》的专题报告；组织离退休干部党员走进思

2021年4月14日，同安区老干局组织老干部到思明区参观深田社区政治生活馆。图为老干部在观看政治教育专题片

（同安区老干局供图）

明区深田社区，聆听习近平总书记“亲民爱民”的邻里故事；摄制4部《永远跟着共产党走》微视频，讲述老党员艰苦卓绝的革命历程和继续发光发热、老有所为的事迹，获“学习强国”平台转载。开展送书上门活动，组织干部将《论中国共产党历史》等书籍送到离退休干部手中。

【金海社区老干部“四就近”服务站授牌成立】 2021年12月21日，金海社区老干部“四就近”服务站授牌仪式在西柯镇金海社区举行，同安区委老干部局领导为金海社区老干部“四就近”服务站授牌。服务站设立后开展益于老年人身心健康的文体活动，提供社区老干部就近学习、就近活动、就近得到关心照顾、就近发挥作用“四就近”服务，加强离退休干部党支部建设和老干部思想政治工作，充分发挥老干部在社区治理中的作用。

【《初心如磐——银城银辉风采100微故事集》出版】 2021年7月1日，同安区委组织部、区委老干局汇编的《初心如磐——银城银辉风采100微故事集》出版。微故事通过挖掘红色档案史料、让老革命讲亲历事等，记述同安区离退休干部、老党员的先进事迹，展示他们为富美新同安建设作出贡献的责任和担当。

（陈　捷）

保密工作

【概　况】 2021年，同安区机要保密局坚持“党委统揽、上下结合、注重基础、强化责任”的工作思路，着重从教育培训、宣传督导、重点领域入手，加强保密制度建设。不定期开展保密抽查，对关键单位做到常态化抽查与自查相结合，坚持预防在前，夯实保密工作基础。

【保密工作培训】 2021年，同安区机要保密局开展多种开展保密工作培训。组织全区保密干部到市委党校参加保密业务培训。选派保密干部到高校学习培训。到区政府办、汀溪镇政府等单位开展上门式保密业务培训。联合区委党校在处、科级主体班培训课程中设置保密专题课，增强各级干部保密意识。

【保密巡查】 2021年，同安区机要保密局协调相关单位每半月组织1次重要军事目标周边安全环境走访巡查，发现隐患及时整改。向驻军周边居民发放《保守军事秘密人人有责》宣传光盘，提高村民保守军事秘密意识。定期走访驻地部队，开展座谈，共同做好保密工作。发挥网巡平台作用，监管筛查微信、QQ等即时工作，及时预警。不定期抽查销毁企业，严格销毁流程，堵塞失泄密渠道。

【保密宣传】 2021年，同安区机要保密局联合区委政法委、公安分局等单位到驻军较多镇街开展保密法治宣传。组织全区机关干部开展庆祝中国共产党成立100周年保密知识竞赛活动。结合“4·15”全民国家安全教育日开展《中华人民共和国保守国家秘密法》《中华人民共和国密码法》宣传，通过广播电视台、政府门户网站、户外LED大屏幕等，持续宣传保密知识；制作保密宣传袋、宣传册5000余份分发给群众，增强群众保密意识。

（姜梁斌）

关心下一代工作

【概　况】 2021年，同安区关心下一代工作委员会（简称关工委）组织212个，其中区级1个，区直机关和事业单位9个，镇（街、场）10个，农村81个，社区51个，学校32个，企业28个。关工委“五老”志愿者队伍133支，在册人数2284人。开展“传承红色基因、争当时代新人”教育活动，组织“两史三爱”（党史、国史和爱劳动、爱学习、爱祖国）教育，举办主题报告会30场。开展社会实践、心理拓展等活动，举办夏令营48个，参加学生7700余人次。持续推进普法宣传进学校、进社区、进农村活动，开办法律讲座10余场，受众3000余人次。做好乡村创新创业人才培养工作，协同农业科技部门举办农业科技培训18场，参训300余人次。

【青少年法治教育】 2021年，同安区各级关工委加强青少年法治教育，开办法律讲座10余场，受众3000余人次。开展第四届“关爱明天·普法先行”青少年普法教育活动，召开青少年普法教育推进会。推进普法宣传进学校、进社区、进农村活动，走进厦门市同安职业技术学校，举办法治讲座，赠送法治书籍。参与零犯罪校园、零犯罪社区等创建工作。厦门市同安青少年法治教育基地被列入厦门市同安区关心下一代法治教育基地。

【扶困助学】 2021年，同安区关工委联系各部门开展扶贫助学活动，资助贫困学生、奖励优秀学生2300余人，总金额407万元。

其中，由区关工委牵头联系区商会爱心企业家和区爱心人士资助考入大专院校的学生42人，每人6000元，总金额25.2万元；资助贫困高中生257名，每人1500元，总金额38.55万元；对2名考入清华大学的学生各给予奖励5万元，对1名考入复旦大学、2名考入中国人民大学的学生各给予3万元奖励。

【党史专题教育】 2021年，同安区关工委携手馨贝昉幼儿学苑，举行庆祝中国共产党成立100周年“童心向党·礼赞百年”主题系列活动，通过“我向党旗敬个礼”“唱支红歌给党听”“党的光辉照我心”“党的故事我来讲”等专题，对孩子们进行爱党、爱国主义教育；联合同安区老年活动中心，开展老少同乐系列活动，举行乒乓球、象棋等赛事。祥平街道关工委、祥平街道芸溪社区关工委联合开展“亲子学党史、薪火代代传”庆祝中国共产党成立百年党史教育主题活动，让孩子与家长一同了解党史，在亲子陪伴中寓教于乐。同安一中志愿者举办志愿服务节活动，走进社区、农村做宣传、搞共建、服务社会。

【“五好小公民”教育】 2021年，同安区教育局关工委开展以“童心向党”为主题的“五好小公民”教育，获国家教育关工委表彰。组织中小学生参加教育部举办的征文比赛，7所学校被评为全国先进集体，征文比赛获一等奖38人、二等奖87人、三等奖110人。

【关工委“基层建设提升年”活动】 2021年，同安区关工委持续开展“基层建设提升年”活动，提升“五好”创建水平，增强基层工作堡垒战斗力。加强组织建设，各镇（街）、村（社区）结合换届选举，充实调整关工委成员，扩展“五老”志愿者队伍，全区五老志愿者在册人数增至2284人。改革非公企业关工委组建机制，引导非公企业青年员工进入关工委关爱领域，全年新增非公企业关工委组织1个，全区非公企业关工委组织达28个。参与网格化管理，在新冠肺炎疫情防控期间对青少年群体开展心理关怀等工作。

2021年9月12日，同安区东山民俗文化志愿者协会成立关工委揭牌仪式在同安区新时代文明实践中心举行 （同安区关工委供图）

【东山民俗文化志愿者协会关工委成立】 2021年9月12日，同安区东山民俗文化志愿者协会关工委揭牌仪式在同安区新时代文明实践中心举行。这是同安区首支志愿者队伍成立关心下一代工作委员会。活动现场，大手牵小手垃圾分类活动同步启动。同安区关工委向青少年代表赠送垃圾分类宣传指南，东山民俗文化志愿者协会的志愿者们带领小志愿者们开展洁净家园、垃圾分类宣传等多项文明创建活动。

（林惠瑜）

精神文明建设

【概　况】 2021年，同安区深入开展全国文明典范城市、省级文明示范城区创建工作，建立三级创建网络指挥机制，实施六大专项整治提升行动。进一步发挥“同安文明卫士”督查平台效用，全年接收上报事件4万余件，处理率97.1%。建设省级“家风家训乡贤回廊”，开展“文明乡约”“文明逗阵行”宣传教育进乡村活动，弘扬社会主义核心价值观。举办“我们的节日”主题活动，推动公益广告阵地向乡村拓展，培育文明新风。深化移风易俗，全区累计简办白事2366场、缓办喜事2441场、停办各类民俗日活动540场，为群众节省开支3.3亿元。制定《同安区新时代文明实践站建设试点工作专项资金暂行管理办法》，投入855万元保障各实践所（站）活动正常开展。制定志愿激励机制，组织开展“爱心暖城　志愿同行”系列志愿服务行动1300多场，参与12万人次，3个项目获评全省学雷锋志愿服务“五个最美”先进典型；拓展“高山上的阅读”项目，服务学生1000余人次，获“2021年省志愿服务项目银奖”。首创“同安区英烈后代关爱卡”，开展“银城微心愿”爱心活动、“云上爱心屋”周年庆助残消费活动，“爱心屋”营业额超2000万元。《厦门同安：移风易俗落实落细　建章立制首创线上申报制》等7篇被中国文明网宣传报道，创新案例《新时代移风易俗的同安实践》在市委宣传部《求索》上发表。文明实践做法在省市工作会上作交流。

【文明城市（区）创建】 2021年，同安区开展全国文明典范城市、省级文明示范城区创建工作，召开视频点评会、工作推进会和现场观摩会，明确目标任务，细化工作举措。建立区、镇、村三级创建网络指挥机制、“日会商、双日报、周测评”机制、文明单位认领考察点位“责任捆绑”机制，实施六大专项、五类场所整治提升行动，营造全民创建氛围。超标电动车备案登记工作正式启动。4个小区获评“全市最干净小区”。开展“庆祝中国共产党成立100周年”“倡导文明健康生活方式”“礼让斑马线”“诚信”等主题公益广告刊播，实施“清静车厢”、文明餐桌等12项精神文明教育活动。推出16期“不文明行为曝光台”、16期“文明曝光台”专题视频，点击率分别达15万人次和4.6万人次。进一步发挥“同安文明卫士”督查平台效用，全年接收上报事件4万余件，处理率97.1%，保持创建工作常态开展、精细化作业、网格化管理。

【新时代文明实践中心建设】 2021年，同安区推进新时代文明实践中心建设，构建1个实践中心、8个镇（街）实践所、139个实践站和1077个村居（小区）阵地岗、3476个实践岗的五级阵地。打造同安区新时代文明实践中心智慧云平台，建设“百站千场”等宣传云端，全年平台使用量超过700万次、发布服务项目1639个。制定《同安区新时代文明实践中心建设工作联席会议制度》，投入经费855万元，保障实践所、站运行。实施“群众点单”、实践中心（所、站）派单模式，精准对接群众需求，开展线上线下公益讲座37场、文明实践活动1639场次。围绕“疫情防控”“志愿服务礼仪”“志愿服务团建”等主题，组织系列志愿服务培训31场次，实现志愿者骨干培训率100%。扶持培育东山民俗文化志愿服务队、文艺快闪轻骑兵等20余支特色志愿服务队伍，服务学生、家长1000余人次。

2021年11月13日，同安区委文明办在新时代文明实践中心开展文明创建志愿者骨干培训　　（同安区委文明办供图）

【移风易俗】 2021年，同安区推进移风易俗，弘扬文明新风。制定下发移风易俗相关通知8份，发送移风易俗宣传短信20万条。制作移风易俗相关音视频，在同安区广播电台各节目版块轮播。拍摄移风易俗专题片，被福建电视台经济生活频道《福建新风采》栏目刊播。建设省级“家风家训乡贤回廊”，开展“文明乡约”“文明逗阵行”宣传教育进乡村活动，弘扬社会主义核心价值观。举办“我们的节日”主题活动，推动公益广告阵地向乡村拓展，培育文明新风。开展移风易俗宣传劝导专项督导4次。指导142个村（社区）在显著位置张贴村规民约、市民公约，东宅村村规民约被评为福建省第一批优秀村规民约。全年累计简办白事2366场、缓办喜事2441场、停办各类民俗日活动540场，为群众节省开支3.3亿元。

【群众性主题志愿活动】 2021年，同安区有注册志愿服务队1212支、注册志愿者65996人，志愿者人数占常住人口的7.95%。开展“爱心暖城　志愿同行”志愿服务行动，组织活动1300余场，参与人数12万余人次。集中开展“全民参与　人人动手　洁净家园”统一行动，组织活动9场次，参与志愿者5万余名。常态化开展“洁净家园”活动，组织活动14轮次，累计参与志愿者3500余人次。组织“快乐健步走　文明齐动手”清洁家园活动718场，参与18636人次。开展垃圾分类志愿服务活动106场，参与志愿者2251人次。组织259家文明单位（校园）5308人次志愿者开展“疫”无反顾洁净家园活动，解决卫生问题1431个。发动75个单位、35所学校近2万人次参与文明交通劝导活动。

2021年3月5日，同安区委文明办在同安朱子书院开展“3·5”学雷锋暨“四个最美”表彰活动。图为活动现场展示的“最美新同安人”个人事迹栏

（同安区委文明办供图）

【志愿服务品牌培育】 2021年，同安区培育孵化志愿服务品牌项目，引导志愿服务常态化、项目化。宣传推广凤祥社区“商居融合　诚信凤祥”社区工作法，开展信用知识宣讲、咨询等诚信宣教活动，提高群众的信用意识。拓展“高山上的阅读”项目，服务学生1000余人次，获“2021年省志愿服务项目银奖”。组织开展具有女性特色、满足妇女儿童需求的巾帼志愿阳光服务活动，凤祥社区巾帼志愿阳光站获评全国巾帼志愿阳光站。开展学雷锋志愿服务系列活动，滨海实践站、凤祥社区、东山民俗协会分别获评省学雷锋志愿服务最美实践站、最美社区、最佳志愿服务组织；“心莲心”低龄助高龄、大同街道凤山社区、西柯镇金海社区、“池家妈妈”、讲古仙志愿服务队、祥平街道凤祥社区分别获评市级学雷锋志愿服务“四个最美”先进典型。

【文明典型选树】 2021年，同安区举办“3·5”学雷锋志愿服务典型暨第三届“最美新同安人”发布活动，评选出10名“最美新同安人”，推选一批学雷锋志愿服务“四个最美”先进典型。发动30家爱心企业为志愿者提供体检优惠或购药优惠，为参与协助疫苗接种工作的志愿者提供20余万元的慰问物资。推荐评选4名“同安好司机”。推荐4人参评厦门市第二届新乡贤，2人获评四星级志愿者，6人获评三星级志愿者。2人上榜福建助人为乐身边好人，1人上榜福建见义勇为身边好人。开展“寻找最美”活动，14户家庭获评厦门市“最美家庭”，60户和340户庭院分别获评省、市级“美丽庭院”。全年组织各类先进典型事迹宣传展示活动300场次，发放宣传物品2万余份，市民参与8.2万人次，营造出尊重先进典型的良好社会氛围。

【“爱心厦门，同安在行动”活动】 2021年，同安区开展“爱心厦门，同安在行动”活动，深化“四项机制”，实施“五大行动”，拓展爱心工作“五大新领域”。开展“烟头换爱心蛋”活动，并将活动延伸定向到“爱心屋”采购爱心蛋，形成企业和爱心人士献爱心、驿站助力文明创建、“爱心屋”扶持乡村振兴的爱心链特色爱心链；全年累计开展活动3期，拾捡烟头20.78万个，兑换“爱心鸡蛋”1万余枚。开展“我为英烈后代办实事”“我为困难群众办实事”“我为残疾人办实事”系列实践活动，在全市率先出台关爱英烈后代方案，首创“同安区英烈后代关爱卡”；《特制爱心包　关爱英烈后代》在厦门市第一批“我为群众办实事”实践活动优秀案例评选中获评“十佳优秀案例”。开展“银城微心愿”爱心活动、“云上爱心屋”周年庆助残消费活动，“爱心屋”营业额超2000万元。

【未成年人思想道德建设】 2021年，同安区加强未成年人思想道德建设，开展争当“新时代好少年”推荐和学习宣传活动，推选市级、区级“新时代好少年”60名。开展“网上祭英烈”活动，6万余名学生参加。组织“文明祭扫　平安清明”志愿服务活动，6000名志愿者参与。开展“童心向党”教育实践系列活动，同安区第二实验小学获得市“童心向党”歌咏比赛小学组第四名；同安区第三实验小学获“党的故事我来讲”短视频征集活动优秀组织奖，4个视频获市三等奖。组织“银城教师说党史”和“百名书记讲党课、百名讲师进校园、百名教师进社区”活动，推出党员接力口述《中国共产党简史》30期，展播“党课开讲啦”微视频4期，累计讲党课130余场。举办心理课堂6819场次，开展“进校园、进社区、进企业”公益心理讲座45场，完成52所中小学校学生心理状态摸排；区心理辅导站接待心理咨询800余人次。组织“父母学堂”活动43场、“流动家长会”活动29场，服务6000余人次。举办“同安好家风”活动20场，参与学习累计达到18097人次。

（林文足）

党校工作

【概　况】2021年，同安区委党校举办各类培训班次19期，培训学员3520人次，其中主体班1期34人次、专题班16期3335人次、党员发展对象培训班2期151人次。高山党校教学点举办培训班97期，培训学员4141人次，接待参观团队816批次。6篇精品科研文章汇编成册，《以习近平的发展理念和为民情怀　打造高山党校的教学品牌》在庆祝中国共产党成立100周年主题征文、讲稿评选活动中获三等奖。高山党校挂牌市委党史和地方志研究室教育实践基地，初心使命馆被列入省、市首批党史学习教育参观学习点。

【理论宣讲】2021年，同安区委党校选派5名优秀教师参加各类理论宣讲团、理论宣讲轻骑兵队伍，围绕中共十九届五中、六中全会精神和党史学习教育等专题，为机关、企事业单位、学校、村（社区）等开展宣讲活动100余场，受众1万余人次。1名教师获评福建省首批“新时代宣讲师”。

【教育培训】2021年，同安区委党校举办主体班（科级干部进修班）培训1期34人次。举办专题班培训16期3335人次，其中党史学习教育专题培训班6期1950人、公务员职业道德轮训10期1385人次。举办党员发展对象培训班2期151人次。高山党校教学点举办培训班97期，培训学员4141人次，其中省委党校（行政学院）、省社会主义学院培训班次2期65人次。

【教学科研】2021年，同安区委党校召开多场选题会，科学制定重点课题调研计划，组织教师深入基层开展教学调研。围绕学习宣传贯彻习近平新时代中国特色社会主义思想这一主题，挖掘习近平总书记在福建省任职时曾两次到军营村、白交祠村指导扶贫工作的重要实践和宝贵经验。建立教师精品课题库，新增专题课程16门，其中党史学习教育专题课程6门、习近平总书记“七一”重要讲话精神专题课程4门、党的十九届六中全会专题课程6门；课题《不忘初心、牢记使命，做好新时代的答卷人》入选全省党校、行政学院系统优秀师资共享平台第九批优秀讲题。

【高山党校教学基地建设】2021年，同安区委党校持续推进高山党校教学基地建设，围绕习近平总书记在福建省任职时到军营村、白交祠村调研，指导扶贫工作的工作思路，开展两个专题教学。高山党校挂牌市委党史和地方志研究室教育实践基地、厦门市新闻工作者协会马克思主义新闻观国情教育实践基地，初心使命馆被列入省、市、区首批百个党史学习教育参观学习点和厦门经济特区建设40周年大型采访活动采访点。高山党校特色现场教学吸

2021年3月5日，中共厦门市委党史和地方志研究室教育实践基地授牌仪式在高山党校举行。图为市委党史方志室副主任刘世生（左一）向同安区委党校副校长叶碧星（右一）授牌

（夏海滨　摄）

引来自全国各地的党员干部参观学习，全年举办培训班97期，参观团队816批次。

（叶　菁）

信访工作

【概　况】2021年，同安区受理群众来访565批1027人次，分别比上年增长60.1%和77.4%；集体访34批381人次，分别增长47.8%和112.8%；来信979件，增长186%；领导信箱769件，下降24%；网上投诉4298件，增长153%。“12345”政务热线（市长专线）受理52121件，比上年增长68.7%。做好新冠肺炎疫情防控期间信访工作，开通24小时疫情防控服务热线电话，快速受理办理涉疫信访事项。疫情期间受理办理涉疫信访事项15126件，涉及核酸检测、疫情防控、通行、就医、物资、解封等各方面诉求。年内，区信访局被省信访联席办、省信访局授予全省信访系统十佳接访窗口入围奖和涉疫信访事项办理工作成绩突出集体称号。

【矛盾纠纷化解】2021年，同安区开展矛盾纠纷多元化解实践，整合多方资源，吸纳各领域优秀志愿者，完善第三方参与信访工作的组织形式和制度化渠道。发挥复查复核纠偏纠错功能，组织多方会商研究，深入分析问题症结，提升信访事项办理质量。建立健全信访救助制度，用好特殊疑难信访问题专项资金，着力解决特殊疑难信访问题。全年依法分类处理信访诉求262件，复查信访事项259件，使用市、区级专项资金146万元化解特殊疑难信访问题6件。

【初信初访办理】2021年，同安区完善“最多投一次”工作机制，进一步缩短初信初访事项办理时限，提高及时受理率、一次性化解率和群众满意率。打造网上信访主渠道，发挥网络及时快捷优势，做到快速回复告知、动态跟踪进展，高效解决初信初访事项。全年办结化解初投事项4393件，一次性办结率91.6%，依法化解率94.3%；网上信访占比81.7%。

【领导干部下访活动】2021年，同安区深化“四门四访”机制，开展领导干部下访活动。领导干部定期深入基层下访信访群众，面对面倾听群众诉求，回应群众关切，保障群众权益、化解矛盾纠纷。全年各级领导干部811人次接访约访下访1843批次，推动信访事项化解263件，其中重点信访事项35件39人。

【“政务热线”平台建设】2021年，同安区充分利用“12345”便民服务平台大数据功能，推动平台诉求件依法及时就地解决。调整优化月报、不定期热点专报，增强数据分析的针对性、实效性。针对权责不清的信访件，及时组织查看现场，指定兜底单位，确保群众诉求及时处理。全年“12345”平台诉求受理率、及时查阅率（接收率）、按时办结率、反馈回复率均达100%，满意率99.94%，收到群众表扬和感谢55件。

【信访评理工作】2021年，同安区建设完善“信访评理室”，打造“一站式”多元合作化解平台。壮大信访评理员队伍，将“老能贤”（老党员、老教师，致富能人、调解能手，社会贤达）、“两代表一委员”（党代表、人大代表和政协委员）吸纳进评理员队伍，兼顾情理法协调化解矛盾纠纷。坚持关口前移，探索访前评理，及时就地解决群众合法合理诉求，从源头上避免信访问题的产生。全年组织信访评理76件，化解率96.5%。

（赖智峰）

机关效能建设

【概　况】2021年，同安区加强重点工作督查，组织重大项目征拆情况督查9次，开展市督办件督办问题专项督查行动。完善效能投诉机制，受理效能投诉89件，督促整改问题35个，效能问责3人、谈话及通报6人。加强绩效管理，制订年度区级绩效管理方案，抓好公众评议环节，公众评议成绩连续两年排名全市第一。加强全区机关纪律作风建设，提升干部干事创业的精气神。

【重点工作督查】2021年，同安区组织重大项目征拆情况督查9次，开展现场督办135项次，形成督查报告9份，推动项目建设提速增效；全区重大项目土地房屋征收完成情况综合考评和绩效考评两项成绩均居全市第一。加强市督办件督办问题督查，整改、问责区教育局“体外循环”审批管理问题，推进“四口圳学校”项目加快建设，实现如期开学。制定《疫情防控专班督查组工作规程》，组建两个督察组，重点督查疫情防控面上普遍性、倾向性问题，推动落实疫情防控工作，形成督查专报6份。

【效能投诉工作】2021年，同安区效能投诉中心接收群众投诉电话546通，接待来访群众63人次，受理效能投诉89件（含上级效能机构转办16件），诉求内容涉及违章建设、行政审批、征地补偿、拆迁安置、公共服务等。督促整改问题35个，效能问责3人、谈话及通报6人。全年效能投诉办结率100%，群众满意度98%。

【绩效管理考评】 2021年，同安区组织开展2020年度区本级绩效考核工作，评定区级绩效管理单位考核等次。组织制订2021年度区级绩效管理方案和区级效能建设工作要点，修订完善“马上就办”机制。抓好公众评议环节，在市对区绩效考核中，同安区公众评议成绩经连续两年（2019年、2020年）排名全市第一。

【作风纪律督查】 2021年，同安区根据市委办、市政府办《关于重申和明确机关纪律作风建设有关要求的通知》精神，开展全区机关纪律作风建设督查，检查问题4个、着装不规范34人，均责令当场或限期整改。借助效能问责手段提升干部干事创业的精气神，全年实施效能问责25人、其中处级领导3人。

（胡捍东）

档案工作

【概 况】 2021年，同安区档案馆推进档案数字化建设，特色档案征集、档案查询服务等各项工作。推进特色档案征集工作，年内征集各类档案817件。持续推进档案数字化工程，全年完成数字化扫描56万页，累计完成数字化扫描1008万页，馆藏档案查询数据库可提供1291多万件的全文数据查阅量。深入开展“我为群众办实事”实践活动，提供群众查询利用档案3296人次，调阅档案资料5321册次。以“6·9”国际档案日为契机，举办“档案话百年，猜谜知档懂史”系列宣传活动。

【特色档案开发管理】 2021年，同安区档案馆加大各类特色档案征集力度，征集族谱等特色图书2本、疫情防控照片202张，其他各类特色照片124张。开展“建党100周年”档案资料征集活动，征集党史资料127件。持续开展馆藏档案数字化处理工作，到省档案馆、武夷山市档案馆学习考察民国档案数字化工作经验，至2021年末，完成556卷馆藏民国档案的数字化处理。

【档案服务】 2021年，同安区档案馆做好档案区域共享便民服务，管理好政务公开专区，全面保障区征拆征收档案利用6次538卷，为公、检、法机关解决案件纠纷提供辅助资料30多次，提供群众查询利用档案3296人次、调阅档案资料5321册次。为“百年荣光、传承文明”活动和编写《同安党史大事记》等系列主题活动提供档案资料200多件。继续推进“异地查档、跨馆利用”等服务，与翔安区档案馆建立档案合作机制，将原归属大同安县、今翔安区的主要镇（街）的数字化档案资料289GB备份分享给翔安区档案馆。

【猜谜知档懂史活动】 2021年6月9日，同安区档案馆在同安老县衙旧址举办以“档案话百年，猜谜知档懂史”为主题的国际档案日宣传活动。邀请同安灯谜传习中心及灯谜界高手量身打造100条原创党史灯谜和档案灯谜，宣传中国共产党的发展史和奋斗史，普及档案知识。档案馆同时在现场设立咨询台，为群众解答如何查询档案、利用档案。

【新冠肺炎疫情防控档案工作】 2021年，同安区把疫情防控档案工作列为疫情防控工作的重要内容，先后2次召开卫生系统和镇（街）新冠肺炎疫情档案收集、征集会议，3次转发、制发通知，5次向社会和有关单位发布征集公告（函），形成常态化档案依法收集、疫情防控档案向社会普遍征

2021年6月9日，同安区档案馆在老县衙旧址举办“6·9”国际档案日宣传活动。图为群众在活动现场观看灯谜

（杨艺友 摄）

集、重点防控档案点对点征集的工作模式，征集全区党员干部和普通群众参与疫情防控过程中产生的具有保存价值的各种文字、图片、音视频、手稿、艺术作品和实物等档案资料。区档案馆安排3名干部专职负责疫情防控档案的业务指导、收集整理、移交接收等工作，整理2020年度疫情防控档案10254件、接收2020年度常态化疫情防控档案目录10254条，向社会和重点单位征集疫情防控档案564件，收集同安区2021年9月突发疫情防控工作专项档案文件资料5435件，并开展系统整理。

（杨艺友）

党史和地方志工作

【概　况】 2021年，同安区委党史和地方志研究室结合庆祝中国共产党成立100周年活动及党史学习教育，开展学党史专栏推送、党史档案征集等各类党史宣传教育活动。继续编纂《中国共产党厦门市同安区历史》第二卷（1949—1978），全面系统、客观准确地记述中国共产党同安地方组织在解放后至改革开放这一时期的奋斗历程。开展地情资料收集，为省、市年鉴提供相关稿件和资料。启动村志编纂，开展《军营村志》《白交祠村志》编纂。继续实施精品年鉴工程，年内完成《同安年鉴（2021）》出版，总计34类目，687千字。《同安年鉴（2020）》获全国第八届地方志优秀成果评选三等奖。围绕同安区经济和社会发展中心工作，组织编辑《全面建成小康社会同安大事记》《同安区疫情防控大事记》，整理上报《脱贫攻坚口述实录》稿件。

2021年7月30日，《军营村志》《白交祠村志》编纂启动仪式在莲花镇军营村举行　（同安区委党史方志室供图）

【党史宣传教育】 2021年，同安区委党史和地方志研究室以新民主主义革命时期中共同安地方组织的重大事件、重要人物、重要革命遗迹为主线，联合区委组织部制作“致敬百年·带你学同安党史”专栏，于4—6月在“银城党建”公众号上推送。协助区委组织部拍摄“致敬百年·初心印记”系列党史微纪录片。联合同安新四军历史研究会举办2场主题报告会。联合区档案馆，面向社会各界开展“建党100周年”档案资料征集活动。

【《同安年鉴（2021）》出版】 2021年，《同安年鉴（2021）》出版。该书为《同安年鉴》第七卷，由同安区委党史和地方志研究室组织编纂，方志出版社出版，设专记、大事记、区情概览等34个类目，总共687千字，全面记述2020年度同安区自然、政治、经济、文化、社会、生态各方面的基本情况。

【村志编纂工作启动】 2021年7月，同安区启动莲花镇《军营村志》《白交祠村志》编纂工作，由区委党史和地方志研究室组织实施。2部村志编纂上限追溯至两村有记载的村庄历史开始，下限为2021年，将系统记述两个村的基本地情、经济和社会发展情况，重点介绍2个村经济发展和生态保护两不误的脱贫致富历程，以及成为省、市、区三级党校高山教学点、数十家单位共建基地的特色村情，力求突出2个村作为厦门市脱贫致富典型村的示范价值。

【《同安年鉴（2020）》获全国奖项】 2021年，在中国地方志指导小组、中国地方志学会组织第八届全国地方志优秀成果评比中，《同安年鉴（2020）》获年鉴类三等奖。该卷由中共同安区委、同安区人民政府主办，同安区委党史和地方志研究室组织编纂，方志出版社出版，共设32个类目，689千字，全面系统地记述2019年同安区的基本情况、发展变化及年度大事要闻。

（黄慧佶）

厦门市同安区人民代表大会

综　述

【概　况】 2021年，厦门市同安区人民代表大会常务委员会（简称同安区人大常委会）召开区人民代表大会会议1次、区人大常委会会议9次、主任会议11次，作出重大事项决定、决议4项，任免国家机关工作人员32人次。听取和审议区政府、区监委、区法院、区检察院专项工作报告23项。开展执法检查2项，专题询问1次，满意度测评2次。开展对区信访局的专项工作评议。组织专项视察4项、专项调研5项。

【人大代表构成】 截至2021年年底，同安区人大代表有223人。其中妇女代表47人，占21.1%；非中共党员代表147人，占65.9%；工人代表6人，占2.7%；农民代表62人，占27.8%；党政机关干部代表53人，占23.7%；专业技术人员代表8人，占3.5%；国有企事业单位代表3人，占1.3%；非公有制经济人士代表23名，占10.3%；港澳台胞代表3人，占1.3%；大专以上学历代表157人，占70.4%。

【重大事项决定、决议】 2021年，同安区召开第十七届人大常委会第四十七次、第五十次、第五十二次会议，围绕全区经济社会发展，分别作出关于批准厦门市同安区2020年财政决算的决议、关于批准厦门市同安区2021年财政预算调整方案的决议、关于开展第8个五年法治宣传教育的决议、关于召开厦门市同安区第十八届人民代表大会第一次会议的决定等4项决议、决定。

（庄根森）

重要会议

【区十八届人大一次会议】 2021年12月26—28日，厦门市同安区第十八届人民代表大会第一次会议在同安会堂举行。会议实有代表223人，应出席代表223人，实到221人，请假缺席2人。会议听取和审查区长陈高润所作的《厦门市同安区人民政府工作报告》；审查和批准《关于厦门市同安区2021年国民经济和社会发展计划执行情况与2022年国民经济和社会发展计划草案的报告》及厦门市同安区2022年国民经济和社会发展计划；审查和批准《关于厦门市同安区2021年财政预算执行情况和2022年财政预算草案的报告》及2022年区本级财政预算；听取和审查区人大常委会副主任李水龙所作的《厦门市同安区第十七届人大常委会工作报告》、区法院代院长陈穆峰所作的《厦门市同安区人民法院工作报告》、区检察院代检察长戴静所作的《厦门市同安区人民检察院工作报告》，并通过以上6个报告的决议；表决通过关于修改《厦门市同安区人民代表大会议事规则》的决定。大会选举叶晓东为同安区第十八届人民代表大会常务委员会主任，林国财、李水龙、李大出、蔡志宏、陈晓军为副主任，选举常务委员会委员24人；选举陈高润为同安区人民政府区长，李祖光、陈大铭、王旭辉、王永欣、黄祖南、何岚岚（女）、林云青为副区长；选举徐少敏（女）为同安区监察委员会主任；选举陈穆峰为同安区人民法院院长；选举戴静为同安区人民检察院检察长候选人，提请市人民代表大会常务委员会批准；表决通过李雪萍为同安区人大监察和司法委员会主任委员，卜祥伟等6人为委员；表决通过吴良泉为同安区人大社会建设委员会主任委员，叶永祥等6人为委员；选举张毅恭等48人为厦门市第十六届人民代表大会代表。大会收到代表议案77件转为代表建议、批评和意见，其中3件作为重点建议，交由区政府研究办理。

【区十七届人大常委会主任会议】2021年，同安区第十七届人大常委会举行区人大常委会主任会议11次，即区第十七届人大常委会第四十七次主任会议至第五十七次主任会议。讨论提出区人大常委会2021年度工作要点草案，提请常委会会议审议；决定区人大常委会每次会议开会日期、列席人员，提出区人大常委会会议的议程草案，提请区人大常委会会议决定；讨论提出区、镇选举委员会主任，区人大代表及副区长、区法院院长等国家机关工作人员任免等，提请区人大常委会会议审议；处理区人大常委会其他重要日常工作。

【区十七届人大常委会会议】2021年，同安区第十七届人大常委会举行人大常委会会议9次，即区第十七届人大常委会第四十四次至第五十二次会议。听取和审议区政府、区法院、区检察院专项工作报告23项，对区政府开展应急管理工作专题询问1项，任免国家机关工作人员32人次。

第四十四次会议　1月29日召开，审议通过同安区人大常委会2021年工作要点。审议区人大常委会大同街道、祥平街道工作委员会2020年工作报告和2021年工作要点。审议通过对区第十七届人大代表林加荣采取刑事强制措施决定的许可。任免7名国家机关工作人员。审议区政府关于食品安全监管工作情况报告、区检察院关于开展公益诉讼工作情况报告。

第四十五次会议　3月26日召开，审议区政府关于区十七届人大六次会议“加快农村电商发展，促进乡村产业振兴”“进一步加强诉非衔接、推动诉源治理”“进一步加强我区疾病预防控制体系建设”重点建议办理措施、2020年度环境状况和环境保护目标完成情况、行政审批工作情况的报告。审议区政府、区法院、区检察院关于2021年开展依法治区工作安排的报告，人大常委会法工委关于同安区2020年度规范性文件备案审查情况的报告。任免2名区检察院检察人员。

第四十六次会议　5月27日召开，听取和审议区政府关于乡村产业振兴、城乡社会救助体系建设、国有资产管理、实施《中华人民共和国传染病防治法》情况的报告，区人大常委会科教侨台工委关于传染病防治法执法检查情况的报告。通过对区信访局专项工作评议，区信访局被评为专项工作评议满意单位。任免2名区政府组成人员。

第四十七次会议　7月29日召开，通过厦门市同安区人大常委会关于同安区各镇人民代表大会代表名额的决定。听取和审议区政府关于区十七届人大六次会议代表建议、批评和意见办理、《中华人民共和国道路交通安全法》实施情况报告。听取和审议同安区2020年财政决算草案报告、2020年本级预算执行情况和其他财政收支的审计工作报告，审查和批准厦门市同安区2020年财政决算。对区政府关于农村人居环境整治专项资金绩效情况进行满意度测评，测评结果为满意。审议通过2人辞去区第十七届人大代表职务的请求。审议6位市人大代表履职情况的报告。审议区政府对2020年度环境状况和环境保护目标完成情况、行政审批工作情况的报告。

第四十八次会议　8月25日召开，对区政府开展应急管理工作进行专题询问。审议区政府关于同安区乡村产业振兴、城乡社会救助体系建设、国有资产管理、实施《中华人民共和国传染病防治法》情况的报告。

第四十九次会议　9月6日召开，审议通过同安区政府副区长、同安区监察委员会主任、同安区法院院长、同安区检察院检察长等人事任免11人次。

第五十次会议　10月21日召开，审议同安区2021年1—7月份国民经济和社会发展计划执行情况、财政预算执行情况的报告，2021年财政预算调整方案（草案）的议案和区人大常委会财经工委的审查报告，通过同安区2021年财政预算调整方案的决议。审议区政府关于提请审议开展第八个五年法治宣传教育的决议（草案）的议案，通过厦门市同安区人大常委会关于开展第八个五年法治宣传教育的决议；通过区、镇两级人民代表大会代表换届选举时间，选举机构设立的决定及区级人民代表大会换届选举工作方案。通过区人大常委会关于调整厦门市同安区第十七届人大常委会代表资格审查委员会成员的决定。任命2名区政府副区长，接受1人辞去人大代表职务。审议区政府关于农村人居环境整治专项资金绩效情况、实施《中华人民共和国道路交通安全法》情况报告，区信访局关于区人大常委会专项工作评议意见整改情况的报告。

第五十一次会议　11月26日召开，审议区政府关于区十七届人大六次会议“加快农村电商发展，促进乡村产业振兴”“进一步加强诉非衔接，推动诉源治理”“进一步加强我区疾病预防控制体系建设”重点建议办理情况的专项工作报告，并开展满意度测评，测评结果为满意。审议通过区、镇选举委员会主任及部分组成人员任免的决定。审议区政府、区法院、区检察院关于2021

年实施进一步加强依法治区决议情况的报告，审议区政府关于区人大常委会对2020年度财政决算报告、2020年度本级预算执行情况和其他财政收支审计工作报告、应急管理工作报告审议意见研究处理情况的报告。

第五十二次会议　12月9日召开，审议同安区第十八届人民代表大会代表资格的审查报告，对223名区人大代表的代表资格进行审查确认。听取同安区2016年、2021年区级人大代表换届选举工作情况的报告。通过区人大常委会关于提请审议厦门市同安区人民代表大会议事规则（修正草案）的议案。通过召开厦门市同安区第十八届人民代表大会第一次会议的决定和有关事项。通过区人大常委会工作委员会、区人大常委会街道工作委员会、区政府组成人员等有关人事任免事项。

【应急管理工作专题询问会】 2021年8月25日，同安区第十七届人大常委会第四十八次会议在同安会堂4号会议室举行，听取、审议区政府关于同安区应急管理工作情况的报告，对区政府开展应急管理工作进行专题询问。区人大常委会组成人员围绕人民群众关注的焦点，提出“三合一”场所整改、加强施工安全管理、电动车专项整治等问题17个，听取政府9个部门作答，明确加强应急管理工作的思路和举措，进一步压实责任部门主体责任。

（庄根森）

人事任免

【概　况】 2021年，同安区人大常委会严格规范拟任人员任前法律知识考试、任前发言、宪法宣誓等程序，依法任免国家机关工作人员32人次，其中任免区人大常委会机关工作人员7人次、决定任免区人民政府组成人员12人次、任免区监察委员会监察人员6人次、任免区人民法院审判人员4人次、任免区人民检察院检察人员3人次。组织宪法宣誓19人次。对11名拟任命人员进行任前法律知识考试。

【区人大常委会工作人员任免】 2021年，同安区人大常委会任免区人大常委会机关工作人员8人次。1月29日，同安区第十七届人大常委会第四十四次会议任命洪仁伟为厦门市同安区人大常委会祥平街道工作委员会主任，免去吴剑锋的厦门市同安区人大常委会祥平街道工作委员会主任职务。7月29日，同安区第十七届人大常委会第四十七次会议接受王松辞去厦门市同安区十七届人大常委会副主任、区十七届人大代表职务的请求，报厦门市同安区第十八届人民代表大会第一次会议备案。12月19日，同安区第十七届人大常委会第五十二次会议任命邵美华为区人大常委会财政经济工作委员会主任，张福军为区人大常委会城乡建设工作委员会副主任，叶耀南为区人大常委会大同街道工作委员会主任。免去苏玉芬的区人大常委会财政经济工作委员会主任职务，陈艺生的区人大常委会城乡建设工作委员会主任职务，陈开顺的区人大常委会大同街道工作委员会主任职务。

【区监察委员会监察人员任免】 2021年，同安区人大常委会任免区监察委员会监察人员6人次。1月29日，同安区第十七届人大常委会第四十四次会议任命许武威为厦门市同安区监察委员会副主任，免去杨天平的厦门市同安区监察委员会副主任职务。9月6日，同安区第十七届人大常委会第四十九次会议任命徐少敏为厦门市同安区监察委员会副主任。接受许永良辞去厦门市同安区监察委员会主任职务的请求，报厦门市同安区第十八届人民代表大会第一次会议备案。12月9日，同安区第十七届人大常委会第五十二次会议免去张福军、蔡阿芬的厦门市同安区监察委员会委员职务。

【区政府组成人员任免】 2021年，同安区人大常委会任免区人民政府组成人员12人次。1月29日，同安区第十七届人大常委会第四十四次会议决定任命叶熹廷为厦门市同安区市政园林局局长，决定免去卓永强的厦门市同安区市政园林局局长职务。5月27日，同安区第十七届人大常委会第四十六次会议决定任命杨天平为厦门市同安区农业农村局局长，决定免去郑森的厦门市同安区农业农村局局长职务。9月6日，同安区第十七届人大常委会第四十九次会议决定任命黄祖南为厦门市同安区人民政府副区长、林云青为厦门市同安区人民政府副区长，接受曾繁振、张斌娜、林郁香辞去厦门市同安区人民政府副区长职务的请求，报厦门市同安区第十八届人民代表大会第一次会议备案。决定免去叶振宇的厦门市同安区行政审批管理局局长职务。10月21日，同安区第十七届人大常委会第五十次会议决定任命王永欣、何岚岚为厦门市同安区人民政府副区长。12月9日，同安区第十七届人大常委会第五十二次会议决定任命叶跃辉为厦门市同安区行政审批管理局局长，决定免去邵美华的厦门市同安区统计局局长职务、苏九届的厦门市同安区机关事务管理局局长职务。

【区法院审判人员任免】 2021年，同安区人大常委会任免区人民法院审判人员4人次。1月29日，同安区第十七届人大常委会第四十四次会议任命杨文德、张彬峰、康珊良子为厦门市同安区人民法院审判员。9月6日，同安区第十七届人大常委会第四十九次会议接受李桦辞去厦门市同安区人民法院院长、审判委员会委员、审判员职务的请求，报厦门市同安区第十八届人民代表大会第一次会议备案。

【区检察院检察人员任免】 2021年，同安区人大常委会任免区人民检察院检察人员3人次。3月26日，同安区第十七届人大常委会第四十五次会议任命黄妙芳为厦门市同安区人民检察院检察委员会委员，免去吕静婉的厦门市同安区人民检察院检察员职务。9月6日，同安区第十七届人大常委会第四十九次会议接受郑祥发辞去厦门市同安区人民检察院检察长、检察委员会委员、检察员职务的请求，报经厦门市人民检察院检察长提请厦门市人民代表大会常务委员会批准。决定戴静代理厦门市同安区人民检察院检察长职务，报厦门市人民检察院检察长和厦门市人民代表大会常务委员会备案。

（庄根森）

人大监督

【概　况】 2021年，同安区人大常委会围绕发展和民生两大主题开展监督，全年听取和审议专项工作报告23项，开展执法检查2项，开展专题询问1项，开展专项工作评议2项、满意度测评2项。

【经济高质量发展监督】 2021年，同安区人大常委会加强对新常态下经济运行情况的跟踪分析，助力提升全区经济发展的质量和效益。听取审议2021年1—7月国民经济和社会发展计划执行情况的报告，督促区政府聚焦关键领域精准招商，进一步优化产业结构。听取审议同安区行政审批工作情况报告，督促区政府持续优化营商环境。听取审议乡村产业振兴情况的报告，重点督办“加快农村电商发展”建议，督促区政府强化要素保障、加快品牌化建设、推动乡村产业融合发展。组织视察工业集中区正本清源工程、同翔高新城同安片区等省、市区重点项目建设情况，针对存在问题提出视察建议，促进项目建设提速增效。

【预决算审查监督】 2021年，同安区人大常委会围绕全口径预算审查监督，听取审议2020年财政决算和同级审计工作报告及2021年1—7月计划和预算执行情况报告，审查批准2020年区本级财政决算、2021年预算调整方案，督促政府提高预算管理水平，抓好审计查出问题整改。围绕预算绩效管理情况，听取审议农村人居环境整治专项资金绩效情况报告并开展满意度测评，促进提高财政资金使用效益。

【国有资产监督】 2021年，同安区人大常委会围绕全区国有资产管理情况，听取审议国有资产综合报告。督促区政府摸清家底，完成国有企业公司制改革，提高国有资产管理水平，促进国有资产保值增值。

【社会治理监督】 2021年，同安区人大常委会围绕新冠肺炎疫情常态化防控工作，开展《中华人民共和国传染病防治法》执法检查，抓好“进一步加强我区疾病预防控制体系建设”重点建议督办，督促区政府健全传染病防治体系建设，补齐传染病防治基础设施短板，织密织牢全区公共卫生防护网。听取审议应急管理工作情况报告，针对人民群众关注的17个热点问题开展专题询问，督促区政府强化应急管理主体责任，提升应急救援能力。开展道路交通安全法执法检查，督促区政府加大交通安全专项整治力度。专题视察同安区文物保护和利用情况，守护文物安全防线。

【民生问题监督】 2021年，同安区人大常委会推动解决群众反映强烈的急难愁盼问题，听取审议城乡社会救助体系建设情况报告，督促区政府配齐配强社会救助人员力量，完善“协同救助”机制，提升社会救助水平，促进更好地保障困难群众基本生活。专题视察安置房建设与管理情况，促进安置房高标准建设、高质量管理。坚持环境报告“年检”制度，听取审议2020年度环境状况和环境保护目标完成情况的报告，督促政府牢固树立绿色发展理念，加强环保基础设施建设，抓好生态环境问题整改，做好国家生态文明建设示范区创建工作，守护同安生态优势。

【司法工作监督】 2021年，同安区人大常委会开展信访专项工作评议，针对存在问题提出评议意见并督促抓好落实。督办“关于进一步加强诉非衔接、推动诉源治理的建议”重点建议，推动依法信访和矛盾纠纷多元化解，促进依法行政水平提升。审议作出关于开展第八个五年法治宣传教育的决议，协调开展“12·4”国家宪法日活动，推动新一轮法治宣传教育工作，促进营造全民守法的良好氛围。加大信访件跟踪督办力度，全年办理群众来访30批30人次、来信10件，省、市人大常委会转办信访件33件。

【规范性文件备案审查】 2021年，同安区人大常委会接收区政府报备的规范性文件5件，其中财经类3件，分别为《厦门市同安区人民政府办公室关于印发厦门市同安区实施标准化战略奖励办法的通知》《厦门市同安区人民政府关于印发加快推进企业上市若干意见的通知》《厦门市同安区人民政府关于印发推动金融业发展若干措施的通知》；城建类2件，《门市同安区人民政府办公室关于印发厦门市同安区国有土地上危险房屋私人住宅翻修改造建设管理细则的通知》《厦门市同安区人民政府办公室关于印发同安区关于进一步加强农村宅基地和村民住宅建设管理的实施办法的通知》。区人大常委会依照规定进行接收、登记、分类和初步审查，分送有关专委、工委和法工委委员进行审查并汇总审查结果。

【执法检查】 2021年，同安区人大常委会开展对《中华人民共和国传染病防治法》《中华人民共和国道路交通安全法》等法律法规实施情况的执法检查。4月15日，区人大常委会副主任王松带领执法检查组对全区实施《中华人民共和国传染病防治法》的情况进行执法检查，实地察看祥平街道社区卫生服务中心、厦门市第三医院、区疾控中心，并在同安会堂召开座谈会。6月29日，区人大常委会副主任蔡志宏带领执法检查组对全区实施《中华人民共和国道路交通安全法》的情况进行执法检查，实地察看厦门龙鑫翔集团有限公司、同安第二实验小学，并围绕进一步贯彻落实《中华人民共和国道路交通安全法》进行座谈交流。

（庄根森）

代表工作

【概　况】 2021年，同安区人大常委会密切与人大代表的联系，加强人大代表与群众的联系，推动人大代表联系群众活动室、活动站建设，全年人大代表走访、接待选民群众874人次，收集群众意见建议310件，帮助解决实际问题430个。落实代表履职“六个一”（参加一次代表大会、提出一条意见建议、进行一次持证视察、办好一件惠民实事、开展一次代表述职、走访接待一次选民）活动，组织代表参加专题视察、专题调研、执法检查等活动92人次。

【履职平台建设】 2021年，同安区人大常委会落实代表履职登记、履职通报、履职档案等制度，完善代表履职监督管理机制，增强代表履职的责任意识。引导代表落实代表履职“六个一”活动，邀请基层代表列席区人大常委会会议89人次，根据代表的专业背景、职业特点组织参加区人大常委会视察、调研、执法检查等活动92人次，激发代表履职的积极性。继续推广“互联网+”代表履职模式，推进省三级人大代表履职服务平台、人大代表网上联络站等常态化应用，强化代表履职的主动性。

【代表建议督办】 2021年，同安区人大常委会落实《厦门市同安区人大代表议案建议办理和督办办法（试行）》，完善代表建议预交办、区人大常委会领导领衔督办、专（工）委对口跟踪督办等工作机制，实行代表建议逐件督办落实和“面对面”督办测评。建立B类代表建议（所提意见正在解决或已列入计划准备解决）办理台账，实施跨时段跟踪督办，区十七届人大六次会议74件代表建议经过两轮督办，代表满意率100%。

【专题调研】 2021年，同安区人大常委会组成课题调研组，开展专题调研活动5次，形成调查报告5篇。

3月，开展同安区行政审批工作情况专题调研，调研行政审批工作事中事后监管、人员及办事场所配备、行政审批服务质量等方面存在的问题，形成《关于同安区行政审批工作情况的调研报告》，提出积极推动线上线下融合，加快推进审批高频事项前移，推动审批事项集中办理，加强审批事中事后监管，强化审批服务队伍建设，加快推动新同安区行政服务中心的建设等建议。

3—5月，开展乡村产业振兴工作专题调研，先后走访8个镇（街）25个村（社区）、察看46个产业项目、召开8场座谈会，听取政府有关部门领导、相关农业经营主体负责人以及基层干部、人大代表和群众的意见建议。对同安区乡村产业振兴工作情况进行全面调查分析，形成《关于推进我区乡村产业振兴的调研报告》，建议政府不断深化农业供给侧结构性改革，推进乡村三产融合。

3—5 月，开展同安区城乡社会救助体系建设情况调研，听取区民政局和镇（街）部门关于全区城乡社会救助体系建设情况的汇报，实地察看洪塘镇苏厝村、新民镇湖柑村困难群众住房改造补助工作情况和大病医疗救助保险理赔工作情况，形成《关于我区城乡社会救助体系建设情况的调研报告》，提出要加强宣传、增强救助能力、提高救助效率、提升救助水平等建议。

4 月，开展同安区传染病防治法实施情况专题调研，走访厦门市第三医院、区疾控中心、祥平街道社区卫生服务中心等地并进行座谈，形成《关于改革完善我区疾病预防控制体系的情况的思考》，提出加大《中华人民共和国传染病防治法》的宣传力度，健全完善传染病防治体系、推进传染病防治人才队伍建设等建议。

4—9 月，开展“新时代地方人大预算审查监督工作”专题调研，形成《践行习近平法治思想，推进新时代地方人大预算审查监督工作》调研报告，指出现阶段地方人大预算审查监督存在的对支出预算和重大政策关注不够、对审计查出突出问题整改监督不足，以及监督实效性有待增强等问题，提出要关注重大政策和重大投资项目支出、加大预算绩效管理和审计查出问题监督力度、创新监督方式、加强联网和联合审查监督、建立预算审查专家顾问制度等建议。

2021 年 7 月 14 日，同安区人大常委会组织部分区人大代表视察商会安置房建设情况
（同安区人大常委会办公室供图）

【专题视察】 2021 年，同安区人大常委会及市人大同安代表小组围绕发展和民生两大主题，组织区人大常委会组成人员，市、区人大代表开展专题视察 4 次。

7 月 14 日，区人大常委会组成人员、部分区人大代表对同安区安置房建设与管理情况进行视察，现场察看同安区商会安置房、移民造福安置小区、福厦客专（同安段）西湖安置房等项目的建设与管理情况。

8 月 13 日，区人大常委会组成人员、部分区人大代表对同安区部分省、市、区重点项目建设情况开展专题视察，现场察看同安工业集中区正本清源工程、同安区第二外国语学校高中部项目和同翔高新城片区指挥部。

10 月 28 日，区人大常委会组成人员、部分区人大代表对同安区文物保护和利用情况进行视察，现场察看大同街道甘露亭郡马府、五显镇庶安楼和黄海量故居并听取情况介绍。

11 月 18 日、23 日，区人大代表围绕“关于进一步加强诉非衔接、推动诉源治理”和“加快农村电商发展，促进乡村产业振兴”两项内容，分组分批前往大同“议理堂”驻派出所公证调解室、商事议理堂，以及金牌橱柜、青华同创基地开展会前视察活动。

（庄根森）

厦门市同安区人民政府

综　述

【概　况】2021年，厦门市同安区人民政府（简称同安区政府）落实“跨岛发展”战略，牢固树立抓经济促全局理念，统筹推进“五促一保一防一控”（促生产、促消费、促项目建设、促外经贸发展、促旅游，保基本，防风险，控疫情），经济社会保持健康发展，全年地区生产总值比上年增长6.8%，固定资产投资增长13.1%，财政总收入、区级财政收入分别增长7.5%和16.8%，全区居民人均可支配收入增长10.2%。围绕“快、严、实、细”要求，应对突如其来的新冠肺炎疫情，用12天时间实现社会面确诊病例清零，取得“80%以上病例框定在首发镇域”“无外溢他省病例”等成效，得到国务院联防联控机制综合组肯定。

【产业发展】2021年，同安区政府坚持稳增长、调结构，全面提升产业发展质效，三次产业结构优化为1.7：53.2：45.1。826家规上工业企业完成产值1192.6亿元，增长6.7%；实现增加值293.2亿元，增长4.7%。6条重点产业链完成产值960亿元，其中高端机械制造产业产值增长23.8%。京东电子商务产业园建成投产，信达矿业等新项目增长迅速，全年实现批零销售额1921.59亿元、社会消费品零售总额394.84亿元。全区接待游客612万人次，实现旅游收入82.2亿元，住宿业、餐饮业营业额分别增长28.2%、13.4%。莲花古厝里等12个现代农业招商项目签约落地，傲农嘉烨兴生猪养殖场等3个项目竣工投产，和平兴农设施等3个大棚项目建成投用。实现农业总产值22.92亿元，比上年增长7%。

【城乡建设】2021年，同安区加快构建大交通格局，推进轨道4号线建设，启动轨道6号线涉铁段工程，完成同安进出岛通道先导段前期工作。推进国道324复线二期完善工程等项目，同翔大道全线通车。推进古庄中路（古庄路—城北六号路）等11个项目，打通城区“断头路”。优化公交线网，增加4条公交线路，绿色出行系统更加健全。完成16个老旧小区、6个市场改造，处置存量“两违”（违法占地、违法建设行为）226.5万平方米。新增园林绿地95公顷、绿道11千米、公共停车位324个。开展历史文化遗产集中保护修缮工作，启动环东文体公建群建设。推进工地扬尘、占道经营等治理，城市综合管理考评位居全市第二，省级文明城区综合排名跃居全省第九。实施农村人居环境整治提升五年行动，拓展省级村庄清洁行动先进区成果，7个美丽乡村项目通过验收。新建农村公路5.1千米、“四好农村路”完善工程24千米。全面完成23个山区村饮水安全提升工程，解决2.5万名村民饮水安全问题。重点打造4条示范动线和22个省市级试点示范村，初步形成“串点连线成片”乡村振兴格局。汀溪镇获评省全域生态旅游小镇，军营村入选建党百年红色旅游百条精品线路。

【社会治理】2021年，同安区严格落实政府债务限额管理，强化财政收支运行动态监控，聘请第三方开展专业化检查，有效防范金融领域安全风险。深入推进“雪亮工程”，建成启用滨海智慧警务中心，扫黑除恶好评率连续三次居全市第二，刑事警情为十年来最低。积极化解矛盾纠纷，落实“四门四访”“领导包案”等机制，深化“议理堂”公证调解室试点，“治重化积”信访件化解率达98.9%。挂牌成立全省首个劳动法务工作站，“法治同安”地图覆盖170个公共法律服务点。科学划分719个网格，公开招聘560名本科以上学历网格员，建立完善城乡社区工作者“1+N”管理体系，军营村入选全国村级议事协商创新实验试点，莲花镇获评第二批“全国乡村治理示范镇”。全面开展安全生产专项整治行动，探索建立“执法＋专家”服务模式，排查隐患15622条。高标准建成11处地震应急避难场所，完成31个自然灾害避灾点设施配套提升，灾害综合风险普查试点工作获国务院肯定。牢牢守护食品生产与销售安全，倡导并实施食安封签项目，同安区荣登“2021中国放心食品百佳县市”榜首。

【政务督查】 2021年，同安区政府累计办结国务院“互联网＋督查”平台留言16件、市委交办督查事项2件，配合办理省政府工作报告明确任务141项、明确市政府工作报告涉及同安任务70项，督促跟踪落实区委区政府专题会议纪要1521条、领导批示件3103件、明确事项269件。办理区人大建议、政协提案总计169件，满意率100%。

【人大建议、政协提案办理】 2021年，同安区政府承办或分办厦门市人大代表建议44件、厦门市政协委员提案69件，办复率100%。办理区人大代表建议77件、区政协提案92件，办复率100%，满意率100%。

【政府信息公开】 2021年，同安区在政府门户网站主动公开政府信息1071条，其中区政府及各镇（街）主动公开政府信息478条，区直各单位主动公开政府信息593条。全区受理依申请公开政府信息89条，其中当面申请5条，网络申请29条，信函申请55条，全部按时办结，办结率100%。

（连志炜）

重要会议

【区政府第一次全体会议】 2021年1月11日，同安区政府召开2021年第一次全体会议暨廉政工作会，并作为区政府党组意识形态工作会议。区长陈高润主持会议并作强调讲话，区政府领导班子成员和各镇（街）、各区直部门、市垂直管理部门、区属国企主要领导参加。会议学习贯彻中央和省、市、区委经济工作会议、省政府全体会议和区“两会”精神，动员政府系统全体干部聚焦发展要务，全力以赴确保“十四五”高起点开局；牢牢把握“稳中奋进”的工作总基调，在疫情防控和经济运行上“保稳”，在改革开放和创新发展上“求进”，抓好项目建设、招商引资、城乡协同、民生发展、安全生产等重点工作，打造担当服务创新实干廉洁政府，实现疫情防控目标和经济社会平稳发展。

【区政府常务会议】 2021年，同安区政府召开政府常务会议26次，即第七十九次至第一百零四次会议，传达学习国家、省、市城市和农村建设等会议精神和相关文件规定，研究审议政府性投资项目等议题162个（见表7）。

2021年同安区政府常务会议主要议题一览表

表7

时间	会次	主要议题
1月11日	第七十九次	传达学习全省城市和农村建设工作视频会议精神，听取并原则同意区建设与交通局关于《厦门市同安区农村房屋安全隐患排查整治工作方案》《厦门市同安区房屋结构安全专项治理三年行动方案》的汇报、区文旅局关于同安区第二批区级非物质文化遗产项目名录评审结果的汇报、区市场监管局关于《厦门市同安区实施标准化战略奖励办法》的汇报等议题
1月25日	第八十次	传达学习市十五届人大六次会议、市政协十三届五次会议精神，听取区卫健局关于近期新冠肺炎疫情防控工作情况的汇报、区应急局关于同安区岁末年初安全生产重点工作的汇报，听取并原则同意区卫健局关于镇（街）疫情防控经费补助事宜的汇报、区工信局《关于简化我区工业企业用地申请增资扩产提容增效工作规程》的汇报等议题
2月6日	第八十一次	传达学习省政府2021年第一次全体会议、省管干部学习贯彻党的十九届五中全会精神研讨班开班式暨省委开展“再学习、再调研、再落实”活动动员会精神及市委常委会会议、区委常委会会议精神、听取并原则同意区发改局关于《2021年第一批政府投资项目梳理情况》的汇报等议题
2月26日	第八十二次	听取并原则同意区生态环境局关于《同安区构建现代环境治理体系的行动方案（送审稿）》的汇报、区发改局关于《同安区农村公共基础设施管护体制改革试点工作》的汇报、区财政局关于《厦门市同安区支持深化民营和小微企业金融服务综合改革试点实施方案》《厦门市同安区人民政府关于推动金融产业发展的若干措施》《厦门市同安区企业信贷风险补偿金管理办法（试行）》的汇报、区工信局关于《同安区促进龙头骨干批发零售企业稳增长措施（送审稿）》等议题

续表7

时间	会次	主要议题
3月20日	第八十三次	传达学习全国、全省、全市森林防灭火工作视频会议及全市安全生产工作会议精神，听取并原则同意区工信局《关于加快农村电商发展，促进乡村产业振兴重点建议办理措施的报告》的汇报、区发改局关于《厦门市同安区人民政府关于2020年度粮食安全行政首长责任制落实情况总结报告（送审稿）》的汇报、区卫健局《关于进一步加强我区疾病预防控制体系建设重点建议办理措施的报告》的汇报等议题
4月9日	第八十四次	听取并原则同意区应急局关于《同安区突发事件应急处置机制》（送审稿）的汇报、区司法局《关于深入贯彻落实习近平法治思想推进依法行政建设法治政府的若干措施》的汇报、区资源规划分局关于《同安区2021年地质灾害防治方案》（送审稿）的汇报、听取并原则同意区重大办关于《2020年度省、市、区重点项目征拆奖励有关事宜》的汇报、区农业农村局关于《同安大中型水库移民后期扶持“十四五”规划（送审稿）》的汇报等议题
4月24日	第八十五次	传达学习李克强总理关于防汛抗旱工作批示精神及近期中央、省、市安全生产工作会议精神，听取区政府办关于《政府督查工作条例》的法治学习、同安消防救援大队关于《中华人民共和国消防法》《福建省消防安全责任制实施办法》《厦门市深化消防执法改革若干措施》文件精神的汇报，听取区卫健局关于同安区疫苗接种工作汇报，听取并原则同意同安生态环境局关于《厦门市同安区突发环境事件应急预案2021年修订版（报批稿）》的汇报、区工信局关于《厦门市同安区农贸市场改造提升工作三年实施方案（送审稿）》的汇报、区建设与交通局关于《同安区2021年城乡建设品质提升实施方案》的汇报等议题
5月22日	第八十六次	传达学习习近平总书记对打击治理电信网络诈骗犯罪工作的重要指示精神及省委、市委常委会会议精神的法治学习，听取并原则同意区农业农村局杨天平《关于全面推进乡村振兴加快农业农村现代化的实施意见（送审稿）》的汇报、听取区应急局吴水加关于全区安全生产及防台风防汛抗旱等有关工作的汇报，听取并原则同意区发改局关于2021年区级重点项目安排情况的汇报、区效能督查办关于《同安区2021年机关效能建设工作要点（送审稿）》的汇报等议题
6月2日	第八十七次	听取并原则同意区农业农村局关于蔡宅溪灌溉用水及生态基流补充工程相关事宜，同安资产管理公司关于投资设立厦门铜鱼创业投资有限公司（名称以实际商事核准为准）相关事宜、关于投资凯辉消费共创基金相关事宜的汇报等议题
6月18日	第八十八次	听取并原则同意区城市管理局关于《同安区没收违法建筑物处置规定》相关事宜的汇报、听取并原则同意区市政园林局关于《厦门市同安区全面推进城乡生活污水高质量高标准治理提升实施方案》相关事宜的汇报、听取并原则同意区食安办关于《2021年全区治理“餐桌污染”建设“食品放心工程”工作方案（送审稿）》的汇报、听取区委宣传部关于腾讯公司和平精英PEN新势力联赛全国总决赛资金扶持方案相关事宜的汇报等议题
7月2日	第八十九次	听取区应急局传达学习习近平总书记关于安全生产重要论述精神，研究同安区贯彻落实意见，听取并原则同意区农业农村局关于《厦门市同安区“大棚房”问题专项清理整治行动“回头看”方案（送审稿）》《厦门市同安区移民造福工程搬迁工作方案（送审稿）》《关于启动移民造福工程的公告（送审稿）》相关事宜的汇报，区市政园林局关于双溪片区道路工程、第二外国语学校高中部周边市政工程建设相关事宜的汇报等议题
7月17日	第九十次	传达学习市长黄文辉在市政府2021年第一次全体会议上的讲话精神，研究同安区贯彻意见；听取区发改局关于同安区2021年营商环境相关工作方案的汇报；传达学习中央有关统计工作的重要决策部署及文件精神，听取区统计局关于全区统计工作情况的汇报；听取并原则同意区审计局关于2020年度区本级预算执行和其他财政收支审计情况的报告、区财政局关于《厦门市同安区人民政府关于厦门市同安区2020年财政决算（草案）的报告（送审稿）》的汇报等议题
8月9日	第九十一次	传达学习习近平总书记和中央、省、市领导对防汛救灾工作作出的重要指示、批示精神；听取区应急局汇报全区防汛防台风工作，研究同安区贯彻落实意见；听取区市政园林局传达习近平总书记关于农村厕所革命重要讲话精神的学习，研究同安区贯彻落实意见；听取并原则同意区生态环境局关于《同安区区直有关部门生态环境保护责任清单（送审稿）》的汇报、区农业农村局关于《厦门市同安区全面推行林长制的实施方案（送审稿）》的汇报、区工信局关于《第二十一届中国国际投资贸易洽谈会厦门市代表团同安分团工作方案（送审稿）》的汇报等议题

续表 7

时间	会次	主要议题
8 月 14 日	第九十二次	听取区统计局传达学习全国、全省统计法治工作会议精神和统计法律法规相关知识，通报漳州市相关县 2020 年统计违法案件情况，研究同安区贯彻落实意见；听取并原则同意区农业农村局关于《同安区森林防火基础设施建设三年规划（2021—2023 年）(送审稿)》；听取 2021 年全区粮食生产工作情况的汇报、区发改局关于 2021 年上半年粮食安全行政首长责任制落实情况的汇报；听取并原则同意区生态环境局关于《厦门市同安区国家生态文明建设示范区规划（2021—2025）(送审稿)》的汇报等议题
8 月 24 日	第九十三次	听取新民镇关于刘塘里安置地建设资金事宜的汇报，听取并原则同意区农业农村局关于《厦门市同安区关于防止耕地“非粮化”稳定粮食生产实施方案（送审稿）》相关事宜的汇报、莲花镇关于莲花镇蔗内村内庵自然村地质灾害就地搬迁安置项目实施方案的汇报、区教育局关于同安区科教文卫先进集体和先进个人评选表彰事宜的汇报、区卫健局关于提高“老年人幸福安康保险”保费事宜的汇报等议题
9 月 11 日	第九十四次	听取区档案局传达《厦门市档案局关于进一步深入学习贯彻习近平总书记重要批示的通知》的精神、区统计局关于传达《关于更加有效发挥统计监督职能作用的意见》《福建省防范统计造假、弄虚作假责任制规定（试行）》精神的汇报、同安区景区和非景区景点安全管理专项整治工作的汇报；听取并原则同意区工信局关于《2021 年同安区东西部扶贫协作工作意见（送审稿）》相关事宜的汇报、区工信局关于《2021 年同安区与省乡村振兴重点县对口协作工作意见（送审稿）》相关事宜的汇报、区司法局关于《关于开展第八个五年法治宣传教育的决议（送审稿）》相关事宜的汇报、区农业农村局关于《同安区关于进一步加强农村宅基地和村民住宅建设管理的实施方案（送审稿）》相关事宜的汇报等议题
9 月 18 日	第九十五次	传达学习中央领导批示和中央、省、市疫情防控工作会议精神，研究同安区贯彻落实意见，研究近期疫情防控和全区行政管理工作等议题
9 月 20 日、21 日	第九十六次	传达中共中央政治局委员、国务院副总理孙春兰调研指导同安区疫情防控工作时的讲话精神以及省委书记尹力、省长王宁，市委书记赵龙、市长黄文辉工作要求，研究进一步加强各镇（街）、相关部门疫情防控应急处置和工作组织力量有关事宜，研究完善核酸检测方案和网格化管理方案有关事宜等议题
10 月 12 日	第九十七次	听取区民政局关于《2021 年同安区城乡社区工作者（网格员）招聘方案（送审稿）》起草情况及主要内容的汇报
10 月 16 日	第九十八次	听取并原则同意区财政局关于《厦门市同安区 2021 年 1—7 月份预算执行情况及预算调整方案（草案）的报告（送审稿）》的汇报，同安资产管理公司《关于投资美桐贰期基金的方案》的汇报，区委政法委、区工信局、区卫健局、区机关事务局、区财政局关于同安区疫情防控资金保障情况等相关事宜的汇报，人社局《关于疫情防控期间援企稳岗的若干措施（一）(送审稿)》及其实施细则的汇报，区生态环境局关于《厦门市同安区湾（滩）长制实施方案》的汇报等议题
11 月 13 日	第九十九次	听取区卫健局陈再进关于同安区省、市级托育服务试点单位及合作协议事宜的汇报、区委政法委关于继续实施“三险合一”项目运作相关事宜的汇报，听取并原则同意区司法局《关于在全区开展法治宣传教育的第八个五年规划（2021—2025 年）(送审稿)》的汇报、区工信局关于《同安区工业企业、商超及餐饮企业员工开展常态化核酸检测工作方案（试行）》的汇报、同意区财政局关于进一步完善区对镇财政管理体制事宜的汇报、听取并原则同意区财政局关于《厦门市同安区国企改革三年行动实施方案（2020—2022 年）》的汇报、区工信局关于 2021 年第二届同安区消费节有关事宜的汇报、区人社局《关于进一步深化东西部劳务协作相关工作的措施》的汇报等议题
11 月 17 日	第一百次	听取并原则同意区民政局关于《同安区部分镇（街）行政区划调整方案（送审稿）》《同安区部分镇（街）行政区划调整工作方案（送审稿）》的汇报、听取区民政局关于同安区城乡社区工作者待遇薪酬及相关考核管理机制有关情况的汇报等议题
11 月 29 日	第一〇一次	听取区建设与交通局关于同安区同莲路刘营人行天桥工程建设事宜的汇报、同安资源规划分局关于 2021 年同安区规划编制计划（第二批）等相关事宜的汇报，听取并原则同意区人社局《关于原同安机关事业单位工作人员退休养老保险相关问题的处理办法》的汇报等议题

续表 7

时间	会次	主要议题
12 月 7 日	第一〇二次	听取并原则同意区政府办关于《政府工作报告（送审稿）》、区发改局关于《厦门市同安区 2021 年国民经济和社会发展计划执行情况和 2022 年国民经济和社会发展计划草案的报告（送审稿）》及区财政局关于《厦门市同安区 2021 年财政预算执行情况和 2022 年财政预算草案的报告（送审稿）》的汇报，听取区安委办关于安全生产专项整治三年行动推进情况的汇报等议题
12 月 15 日	第一〇三次	传达学习习近平总书记关于粮食安全工作重要讲话和重要指示批示精神，听取并原则同意区发改局关于《中共厦门市同安区委关于涉粮问题专项巡察反馈意见的整改方案（送审稿）》的汇报、区民政局关于《同安区新民镇、西柯镇撤镇设街道行政区划调整方案（送审稿）》的汇报、区财政局关于增加国有企业资本金投入事宜的汇报、区人社局关于《厦门市同安区事业单位管理岗位职员等级晋升制度实施方案（送审稿）》的汇报等议题
12 月 20 日	第一〇四次	听取并原则同意区发改局关于《厦门市第三医院划归市级管理工作方案（送审稿）》的汇报

（徐陆煜）

行政审批

【概　况】 2021 年，同安行政服务中心进驻部门 43 个，其中审批服务部门 36 个（市属 15 个、区级 21 个），中介服务机构 7 个。共设置 79 个窗口。全区 40 个部门 1367 个审批服务事项全部部署至省网上办事大厅，审批服务实行“自助办、网上办、掌上办、邮寄办”等。至年末，同安区行政服务中心（含分中心）受理业务 86.91 万件，其中现场办理 35.43 万件、网上办理 35.98 万件、自助机办理 15.5 万件。8 个镇（街）便民服务中心受理业务 6293 件；“不见面审批”办件量 51.48 万件，占总办件量 59.23%。

【审批服务优化】 2021 年，同安区行政审批管理局持续推行“一窗受理”“一件事、一次办”集成办理审批服务，扩大自助审批事项范围，提升审批效率和服务效能。

拓展一窗受理范围 继续拓展“社会民生事务类综合窗口”业务办理范围，新增区民政局、区残联等 5 个部门进驻，新增办理事项 196 个，累计可办理 295 个审批服务事项，实行“前台综合收件，后台分类审批，统一出口出件”审批流转。

推行集成服务 围绕商事主体登记以及社会民生领域共有 43 项“一件事”集成套餐落地实施，减少群众申报材料 119 份，缩短办事时间 482 天。通过进一步整合窗口集成服务，将社保征收缴税等 14 项业务事项全部集中到区行政服务中心，彻底解决医社保服务两地分离不便民的问题。

增加自助服务事项 梳理商事主体注销、遗失补办等 10 个“秒批秒办”事项实现自助审批，进一步减少群众办事时间，提高审批服务效能。完善提升 24 小时自助区办事服务，提高自助区办事事项数量，区级 386 个事项实现自助服务，比上年增加 82 个；镇（街）181 个事项实现自助服务，比上年增加 21 个。

【便民服务下沉镇（街）】 2021 年，同安区行政审批管理局联合市场监管局率先将行政审批服务“掌上办、就近办”做法推行至各镇（街），实现有限责任公司和个人独资企业的营业执照设立、变更、注销登记、年报申报，食品经营许可证新办、注销，预包装食品销售备案等 10 项业务在镇（街）就近办理，申请人只要凭身份证，即可在线申请办理相关业务。同时，提供“手把手、一对一”帮代办服务。牵头梳理镇（街）便民服务中心和村（社区）代办点便民服务事项清单。进一步落实再生育服务证、老年人优待证等民生领域高频事项入驻镇（街）便民服务大厅实施办理。至年末，共有 48 个事项入驻镇（街）便民服务中心，将营业执照设立、变更等 10 项业务前移至镇（街）办理；共有 50 项代办事项、26 项咨询事项、27 项帮扶事项入驻村（社区）便民代办点。

【农村宅基地网上审批试点】 2021 年，同安区行政审批管理局以莲花镇为试点，推行农村宅基地审批“一窗申报，一网联办，一站式服务”全流程网上审批工作。至年末，受理办件 267 件，相关做法被《福建省机关效能建设工作简报》刊载。

【“办不成事”反映窗口设置】 2021 年，同安区行政审批管理局开设“办不成事”反映窗口。在同安区行政服务中心、婚姻登记分中心、车驾管分中心、法律援助分中心、社保分中心及8个镇街共开设14个“办不成事”反映窗口，并印发《厦门市同安区设立办不成事反映窗口的实施方案》，为群众办事“破难题、疏堵点”提供便利渠道。全年未接到群众投诉。

【异地代办服务】 2021年，同安区行政审批管理局推行“跨省通办”与“异地代收”服务。围绕医疗、社保、公安、商事登记等重点领域，在行政服务中心开设“厦漳泉‘省内通办’”线下服务窗口，开通20项审批服务事项实行“异地代收”，涵盖公安、医保、残联等部门，为外地入厦群众的办事提供便利。

【办事流程规范】 2021年，同安区行政审批管理局全面清理规范办事指南与审批流程。牵头开展“五级十五同”工作，实现省、市、县（区）、镇（街）、村（社区）五级在事项名称、办理依据、基本编码等十五个基本要素实现统一，每月对于办事指南办理时限与承诺时限不一致”“交通指引错误”等问题进行检查通报，清理规范办事指南。至年末，目录发布总数1368项，绑定事项1254项，未绑定114个，绑定率91.66%。牵头各审批服务部门开展权责清单梳理与办事指南绑定工作，财政局、民政局、发改局等33个部门完成权责清单更新。

【工程建设项目审批制度改革】 2021年，同安区印发《厦门市同安区持续深化工程建设项目审批制度改革提升营商环境“办理建筑许可”指标实施方案》，优化完善工程建设项目全流程在线审批，在工作内容、任务来源、牵头单位、责任单位及完成时限等方面开展15个审批服务部门共计62项的改革工作任务。

审批服务制度改革 扩大和推广“告知承诺制”“容缺受理制”“豁免清单制”等审批服务制，梳理公布“告知承诺制”事项清单18项，实现即来即办的快速审批目标；100%工程建设项目审批服务“容缺受理制”，实现凡非必要申请材料皆可容缺办理的目标。调整工程规划许可实行审批制及告知承诺制项目分类，将审批制范围外的政府财政投资类的教育、医疗卫生、文化、体育、社会福利、环卫设施、其他重点工程，以及小型社会投资工业类项目、带方案出让项目、既有建筑物改造项目及新建社会投资简易低风险工程建设项目纳入告知承诺制范围内。进一步扩大施工图审查豁免清单范围，对于规模较小、技术简单、质量安全、风险较小的房建类和市政类工程，免予审查。推行工程建设项目档案验收豁免清单，对符合豁免条件的项目不再进行建设工程档案验收。

审批流程改革 将原涉及的3个审批服务事项压减为一个综合事项，在立项用地规划阶段、施工许可阶段、竣工验收阶段三个阶段均实现“全流程网办”。推行“多批合一”“多验合一”审批服务模式，全区“多批合一”事项办理累计398件；立项用地规划阶段办结量76件，施工许可阶段办结量180件，竣工联合阶段办结量142件。分级分类制定“主题式”“情景式”审批流程，按照工程建设项目类型、投资类别、规模大小、复杂程度、区域位置等情况，重新梳理11类工程建设项目审批事项清单及审批流程图，实现审批服务精细化、差别化管理。

“多测合一”“多验合一”制度建立 推行“多测合一”信息平台与工程建设项目审批系统的互联互通，实现测绘成果在竣工验收时，直接从平台调取和应用的目标；依托工程建设审批管理系统，实现用地、规划、施工、验收、不动产登记等环节测绘成果共享互认的功能；全面推行竣工联合验收模式，实现将“多验合一”时限压缩到7个工作日。

市政公用报装便民措施推出 推行供水、排水、燃气、供电、广电网络、通信等市政公用服务主动服务，将市政公用服务报装提前到工程建设许可阶段办理。实现通过“i厦门”App实现单位用户基建施工用水申报、单位用户用水申报、个人用户用水申报、水表终止等11项业务。

（纪良盛　钟瑜宸）

人事人才工作

【概　况】 2021年，同安区有事业单位工作人员7542人，其中管理人员453人、专业技术人员6934人、工勤人员155人。年内补充事业单位编内人员285人。完成区政府系统事业单位7231人年度考核。落实“三个七”人才计划，年内同安区吸收引进大专及以上毕业生4805名。办理干部调动核准手续925人。开展档案审查工作，配合区委组织部审查全区镇、街道的社区人员党员档案材料1349人；审查新招教育、卫生系统编内人员档案814人。

【工资福利管理】 2021年，同安区人社局审核机关事业单位年度考核“称职”（合格）以上人员正常增加薪级工资6595人。确定并审批事业单位新录用人员工资426人。审批职级变动、岗位工资变动1073人，完成机关事业单位技术工人岗位升级考核6名。办理死亡抚恤及调整补助手续54人。全年为机关事业单位员工发放住房货币化补贴297人，发放金额3142.47万元。

【事业单位人事管理】 2021年，同安区人社局按照按需设岗、竞聘上岗、按岗聘用、合同管理的要求开展事业单位岗位设置，完成49家事业单位、4906个岗位的重新设置工作。全年组织事业单位公开招聘5场，其中市区联合招聘1场，卫健系统专场招聘2场，教育系统专场招聘2场。

【职称评聘】 2021年，同安区人社局办理事业单位聘任及续聘手续6226人次；审核完成教育、卫生、文化、农业、建设、化工、交通等高中级专业职称晋升材料553份，其中高级155人、中级398人。确认及转发确认专业技术职务1257人，其中高级112人、中级329人、初级816人。指导区教师系列、工程技术系列各开展3次初级评审会议，共评审510人，确认通过487人。

【人才引进】 2021年，同安区举办重点高校引才推介会2场、校园专场招聘会8场，分别到龙岩学院、武夷学院、南京理工大学和厦门理工学院，在毕节市七星关区举办高校毕业生专场招聘会，共计500多家企业参与，提供就业岗位3000余个，需求9000余人。组织同安区企业参加市人社局的“百城千校万人云端大招聘”毕业生线上专场招聘活动，共有150家企业参加，提供岗位572个、需求2801人。6月16日，组织区内企业参加由厦门市人才服务中心主办的“厦门人才服务月”活动。

【人才补贴发放】 2021年，同安区鼓励企业吸纳应届毕业生，落实毕业生社保补贴、引进人才生活补贴、引进高校毕业生住房补贴等各项优惠政策，全年审核发放应届毕业生社保补贴295.41万元，涉及企业695家次，涉及应届高校和职校毕业生2728人次；审核发放一次性生活补贴392人次690万元；审核发放人才住房补贴977人465.09万元。

【毕业生就业服务】 2021年，同安区将离校未就业高校毕业生的信息下发至各镇（街），依托基层劳动保障服务平台，组织人员通过入户走访、电话调查等形式逐一联系毕业生，登记就业需求和就业状况等，并建立定期回访制度，至少每月跟踪一次，做好跟踪记录。截至12月30日，全区统计离校未就业毕业生629人，就业617人，登记就业率98.09%，排名居全市第二。在全区机关事业单位征集高校毕业生就业见习岗位，引导离校未就业高校毕业生积累工作经验，提升就业能力。全年发布需求岗位见习287个，接收见习毕业生人员129人。开展毕业生档案管理服务，全年接收档案2007份。

（卢　超）

机关事务管理

【概　况】 2021年，同安区机关事务管理局全面梳理公务用车“一车一档”信息，统一纳入公务用车管理平台系统，提高车辆使用效率，全年累计出车13075次。加强办公用房管理，完成区直单位及6个镇、2个街道办公用房面积统计。全年投入250万元，加强日常维保，提升机关安全保卫、物业维修、餐饮服务、会议服务、绿化保洁等服务保障标准。完成会议后勤服务保障2025场次、8.74万人次。开展常态化新冠疫情防控工作，做好机关大院保洁、消杀、维修等。

【公车管理】 2021年，同安区机关事务管理局全面梳理全区行政单位公务用车保留编制数的188辆车辆信息，核定全局公务用车编制110辆，其中一般公务用车66辆、执法执勤用车44辆，完善“一车一档”信息。印发《厦门市同安区公车改革后保留车辆使用管理暂行办法》，进一步加强和规范车改后保留车辆公务出行活动。公务用车统一纳入平台系统，建立多级管理账户，分配不同管理权限，实现数据自动统计、实时分析，提高车辆使用效率。做好公务用车安全隐患排查工作，全年报废公务车4辆，更新公务车4辆。规范车辆维修保养流程，通过公开招标，指定3家维修厂，全年支出维修保养费59万元。

【办公用房管理】 2021年，同安区机关事务管理局加强办公用房管理，完成区直136个单位及6个镇2个街办公用房建筑面积统计，共计33.2万平方米。投入25万元安装办公用房智能图形管理系统。接收2个单位3处房产，共计1152.81平方米，审批2个单位的租赁申请，共计审批面积2733.8平方米，其中移交给城建公司管理773.21平方米。

（韩玮隽）

政协厦门市同安区委员会

综　　述

【概　况】2021年，政协厦门市同安区委员会（简称同安区政协）围绕新冠肺炎疫情防控、乡村振兴战略实施、推动数字经济发展、优秀文化保护传承、流域治理、食品安全监管等方面进行协商议政。召开常务委员会会议2次，审议通过常委会2021年工作要点等事宜。召开主席会议9次，审议通过《区政协第十三届常委会2021年工作要点和工作任务分解表》等。召开第十四届一次会议，审议通过政协第十四届同安区委员会常务委员会工作报告、提案工作报告、提案初审报告以及大会决议等。组织专题视察活动3次，完成4个重点课题调研，举办1次主席接待委员日活动。编发《社情反映》15期，《专报件》8期，《同安政协》信息7期。编辑出版《同安文物选粹》。《百年古厝"提督衙"》被《人民政协报》刊发。

【政协委员构成】截至2021年年底，区政协有委员214人。其中，男委员156人，占72.9%；女委员58人，占27.1%；少数民族委员3人，占1.4%；中共党员委员84人，占39.2%；非中共党员委员130人，占60.8%。委员由28个界别构成，包括中共界别10人、民主党派界别43人、无党派界别10人、群众团体组织界别44人、文体界别5人、经济界别18人、农业界别8人、教育界别8人、医药卫生界别8人、少数民族界别2人、宗教界别2人、港澳台胞及家属界别13人、特邀界别19人。

【新任委员履职培训会】2021年12月17日，同安区政协举办十四届新任委员培训会，会议由区政协党组成员庄毅主持，党组书记洪国平出席并讲话。区政协文史委四级调研员张海玲围绕政协委员履职提案工作进行专题讲解，全区新任政协委员146人参加。

【政协文史工作】2021年，同安区政协挖掘历史文化资料，开展"图说同安老县城"图文征集活动，以同安老县城街巷为主题，共征集文字6.36万字、实景照片147张、手绘图片73张，收录部分街巷新、旧对比图，充分展示老县城面貌的发展变迁。开展同安历史文化知识普及书籍《同安文史三千问》进校园活动，向区属中、小学赠送4万多册。编辑书籍《同安文物选粹》，由鹭江出版社出版，总字数26.2万字，介绍同安区涉台文物古迹110处。

（叶进挺）

重要会议

【区政协第十四届第一次会议】2021年12月25—27日，同安区政协召开第十四届第一次会议，214名政协委员及政协各界别代表出席，市政协副主席黄国彬、区各套班子成员及公检法主要负责人参加。会议审议同意区政协主席黄小林代表十三届区政协常委会所作的工作报告和区政协副主席叶文雅所作的提案工作情况报告。会议选举产生政协第十四届厦门市同安区委员会领导班子，洪国平当选为主席，叶文雅、庄毅、林涛、吕方当选为副主席，苏九届当选为秘书长。

【区政协主席会议】2021年，同安区第十三届政协召开主席会议9次，审议通过区政协2021年民主协商和民主监督议题、重点提案、重要课题调研，以及2021年政协各委处活动计划等。

2月26日，第三十七次主席会召开，举行党组理论学习中心组学习会，讨论研究有关工作计划。

3月3日，第三十八次主席会议召开，传达学习上级有关会议指示精神；研究讨论《同安区政协十三届常委会2021年工作要点和工作任务分解表》；通报年度相关工作计划方案。

4月7日，第三十九次主席会议召开，传达学习习近平总书记在福建考察调研时重要指示精神；主席、副主席围绕学习宣传贯彻落实习近平总书记在福建考察调研时的重要指示精神，结合本职工作发言；传达学习习近平总书记在党史学习教育动员大会上的讲话精神，围绕“再学习、再调研、再落实”活动第四专题“当好促进共同富裕的排头兵”和第五专题“加快推进‘四区一基地’建设”，组织集中研讨，交流学习心得体会。

7月22日，第四十次主席会议召开，传达学习上级有关文件、会议精神；研究区政协党组《关于认真学习贯彻习近平总书记在庆祝中国共产党成立100周年大会上的重要讲话精神的通知》；研究举办十三届区政协第五期暑期研习班的相关事宜。

8月3日，第四十一次主席会议召开，传达学习区应对新冠肺炎疫情工作指挥部关于疫情防控应急响应期间区领导部分分工安排的通知精神。

10月21日，第四十二次主席会议召开，研究成立同安区政协十四届一次会议筹备工作委员会相关事宜；研究上报区委《关于召开政协第十四届厦门市同安区委员会第一次会议的请示》相关事宜；研究2021年主席会议协商有关建议。

12月13日，第四十三次主席会议召开，研究确定十三届区政协第二十八次常委会会议的议程；审议提交十三届区政协第二十八次常委会会议研究的有关事项。

12月16日，第四十四次主席会议召开，听取并研究讨论区政府关于行政区划调整方案有关情况的说明。

12月22日，第四十五次主席会议召开，研究十四届区政协委员相关事宜。

【区政协常委会会议】 2021年，同安区第十三届政协召开常务委员会会议2次，审议通过2021年区政协工作要点等事宜。

3月31日，第十三届第二十七次常委会会议召开，传达学习上级有关会议精神，审议通过《同安区政协十三届常委会2021年工作要点和工作任务分解表》，通报年度相关工作计划方案。

12月14日，第二十八次常委会会议召开，传达学习党的十九届六中全会精神；审议通过2021年常委会会议协商有关建议案；审议通过政协厦门市同安区委员会第十四届委员会委员名单；审议通过召开区政协十四届一次会议的决定、邀请列席人员名单；审议通过区政协十四届一次会议主席团成员、主席团会议主持人和大会秘书长建议名单；审议通过区政协十四届一次会议大会发言篇目及发言人；审议通过区政协第十三届常委会工作报告（草案）及报告人；审议通过区政协第十三届常委会提案工作报告（草案）及报告人；审议通过区政协十四届一次会议提案审查委员会成员及主持人建议名单；审议通过区政协机关有关人事任免名单；审议通过关于授权主席会议审议区政协第十三届第二十八次常委会会议未尽事宜的决定。

（叶进挺）

政治协商

【专题协商】 2021年，同安区政协委员和民主党派人士开展专题协商2次。围绕“在实施乡村振兴战略中加强农村优秀传统文化保护与传承”议题，召开常委会会议协商议政；围绕“补短板　强管理　提升我区流域治理成效”议题，召开主席会议协商议政。2次协商成果以建议案形式报送区委区政府。

【对口协商】 2021年，同安区政协各专门委员会和各处室发挥界别优势，经常性开展对口协商。经济贸易专门委员会围绕委员企业面临的问题开展对口协商，助力企业高质量发展。农业与城建专门委员会围绕“乡村振兴实施情况”与农业农村局进行座谈协商，助力农村民生改善。工商联联络处围绕“食品安全”与市场监督管理局、农业农村局进行座谈协商，提出加强同安食品安全源头监管的思路与建议。社会法制专门委员会围绕“全面加强文化旅游景点违建乱象整治”与城市管理局、资源规划分局、文化和旅游局进行座谈协商。教育专门委员会围绕“全面推进乡村教育高质量发展”与教育局进行座谈协商。协商后及时形成《建议案》报送区委区政府。

【社情反映】 2021年，同安区政协报送社情反映信息104篇，其中2篇被全国政协和省政协采用。编发《社情反映》15期，涉及改善部分道路交通状况、规范废弃口罩处理、开展有关“学区房”不实宣传专项整治建议、重视教培机构“退费难”、疫情防控工作建议等方面。

【课题调研】 2021年，同安区政协按照区委、区政府高质量发展的要求，确定“关于《中华人民共和国民法典》下如何做好小区

2021 年 2 月 20 日，同安区政协副主席叶文雅（右三）带领政协工作人员及部分政协委员到环东海域同安新城调研　（民建同安区基层委供图）

物业管理的调研”“关于在我区实施乡村振兴战略中加强优秀传统文化保护与传承的调研”“补短板　强管理　提升我区流域治理成效”“推进我区数字经济发展的对策研究”“关于促进后疫情时代的民营企业健康发展的研究”5 个重点调研课题。各专门委员会和各处室围绕古城保护、工业小城镇建设、慢性病综合防控等社会热点问题组织委员深入开展调查研究，撰写《如何促进后疫情时代的民营企业健康发展的思考与建议》《推进慢性病综合防控、努力构建健康同安》《关于加快同安区旅游线路建设布局的建议》《古城保护性建设的几点建议》《关于推动建设工业小城镇的调研》《关于非法占用农用地类案件的有关建议》《我区新的村庄空间布局规划实施后如何破解村民居住难的对策》《调研环卫工作薪酬待遇情况》8 篇课题调研报告。

（叶进挺）

民主监督

【提案监督】 2021 年，同安区政协征集提案 110 件，其中集体提案 38 件、委员提案 72 件。经审查立案 95 件，主席会议确定《关于在山海步道两侧增设同安名人纪念墙、亭及塑像的建议》《关于开放地摊夜市恢复夜间经济活力的建议》《多措并举　精准施策　促进后疫情时代民营企业健康发展》《关于在区图书馆设立同安地方文史资料室的建议》4 件为重点提案。95 件提案均交由各相关单位承办，至 2021 年 11 月 30 日全部办复。提案者对承办单位办理结果满意和基本满意率 100%。

【政协专报】 2021 年，同安区政协组织编发《专报件》8 期，内容涉及鼓励来厦务工人员留厦过年、隔离酒店选址、党史纪念馆部分作品纠错、“两违”整治、流域治理、陈化成纪念活动等。

【专题视察】 2021 年，同安区政协围绕“生态宜居中如何保留传统文化”和“如何利用传统文化引导乡风文明”两项内容，组织部分委员视察莲花镇澳溪村、白交祠村，并与当地文史爱好者座谈交流，深入了解民俗文化的现状及存在问题。围绕“农村古建筑的保护”这一内容，组织部分委员视察五显镇和汀溪镇，与当地村民共同探讨乡村振兴建设过程中如何保护好古建筑、古文物，保护乡村的历史和文脉。

（叶进挺）

纪检监察

综　述

【概　况】2021年，同安区纪委监委围绕“十四五”规划执行、乡村振兴战略实施、全国文明典范城市创建、“五大功能片区”打造等方面强化政治监督，推动各级决策部署落地见效。继续开展派驻机构改革，协助区委开展2021年全面从严治党工作。全年受理初信初访434件，办理检举控告167件。立案71件78人，其中开除党籍20人、移送司法机关4人，给予党纪政务处分74人。区委巡察办开展7个单位和9个村（社区）常规巡察，完成全区141个村（社区）巡察全覆盖任务。年内，同安区纪委监委获得“厦门市扫黑除恶专项斗争先进集体”称号。

【区纪委干部监督室成立】2021年，同安区纪委干部监督室成立。年内，制定《关于进一步加强纪检监察干部监督工作的意见》，明确总体思路、监督对象、主要内容、考核标准，监督纪检干部规范履职；制定《关于进一步加强区纪委监委机关作风建设的意见》，围绕坚持学思践悟、严格对标对表、深入谈心交心和强化工作落实四个方面，落实纪委学习制度，全面自查自纠，强化干部管理。

【区纪委十三届六次全会】2021年2月8日，中共厦门市同安区第十三届纪律检查委员会第六次全体会议在同安会堂召开。区四套班子领导、区法院院长、区检察院检察长、区纪委委员、区监委委员、各镇（街）纪（工）委书记、各镇（街）党委（工）委与区直各单位负责人共130余人参加。区委书记王雪敏出席全会并讲话。全会传达学习十九届中央纪委五次全会和省纪委十届六次、市纪委十二届六次全会精神。区委常委、区纪委书记、区监委主任许永良代表区纪委常委会作工作报告。会议总结2020年纪检监察工作，研究部署2021年党风廉政建设和反腐败斗争工作任务，讨论并审议通过区纪委常委会工作报告和区纪委十三届六次全会决议。

【纪检监察体制改革】2021年，同安区纪委监委完成法院、检察院派驻机构改革，制定《关于强化“室组地”联合工作机制的意见（试行）》，建立定期会商、线索联合摸排、联合监督执纪执法等工作机制，全面深化在政治生态分析、重大专题监督、重要问题线索处置、重大重点案件查办等工作中的协作配合，形成上下贯通、左右衔接、集成联动工作格局。2021年，各派驻纪检监察组开展谈话函询97件，完成自办件5件。

【信访难题积案化解】2021年，同安区纪委监委深化“四访”活动，开展“多年、多层、多头”信访举报专项治理，班子成员带信下访7件次，面对面接待群众来访156批次170人次，办理检控类初信件167件次，开展“化解信访举报难题积案，增强群众监督实效”专题调研，化解“三多”信访积案13件，2019—2021年，重复举报占举报的比例分别为51.8%、46.2%、37.7%，实现占比三连降。

（黄莹雯）

监督执纪

【概　况】2021年，同安区纪委监委印发《学习贯彻〈中共中央关于加强对“一把手”和领导班子监督的意见〉的实施方案》，协助区委开展2020年度落实全面从严治党主体责任情况检查工作，移交问题169个、提出问责建议8条。落实《对区委常委会及其成员进行党内监督的暂行规定（试行）》，对存在违纪苗头等一般性问题的开展同志式谈心谈话，推动监督于问题未发生之时。运用

“四种形态”批评教育帮助和处理428人次，其中，第一、二种形态占比90.6%。推进“1+X”专项监督、重大项目建设、换届选举等专项监督，下发交办通知单5份，督查督办通知单50份。

【疫情防控专项监督】 2021年9月，在同安区突发新冠肺炎疫情后，同安区纪委监委针对核酸检测筛查等重点开展新冠疫情防控专项监督，围绕上级督导组交办的“问题清单”整改情况跟进督导，发现并督促问题整改750余个，涉及村（社区）管理、核酸检测、隔离场所管理、交通卡口、企业商超门店疫情防控等方面，发出《督查工作通报》10期，提出督导建议4份，办理涉疫信访件22件，党纪政务处分2人，组织处理1人，谈话提醒和批评教育18人。在疫情防控工作转入常态化后，坚持一周两督查做好疫情防控专项监督，得到市纪委监委主要领导批示肯定。

【组织换届纪律监督】 2021年，同安区纪委监委围绕区、镇（街）、村（社区）换届开展纪律监督，协同组织、民政等部门开展联合督查，牵头区换届执法信访组工作，建立涉换届信访件联查快办机制，限时办结93件；把好“廉政意见关”审查过筛1980人次，定期向区管干部发送换届纪律提醒短信3.1万余条，营造风清气正换届环境。

【“四风”纠正】 2021年，区纪委监委开展节假日期间落实中央八项规定精神监督检查367批次，发出督查督办通知单12份，查处违反中央八项规定精神问题9起12人、形式主义官僚主义作风问题12起15人。

2021年10月15日，同安区纪委监委干部走访调研汀溪镇古坑村三角梅产业园，了解助农政策资金落实情况 （同安区纪委监委供图）

【重大项目建设专项监督】 2021年，同安区纪委监委围绕洪塘南片区二期征拆等重大项目建设工作，深入一线开展联合督查，重点围绕落实上级有关决策部署不坚决、项目推进不持续、征拆交地不及时、要素保障不到位等问题开展监督检查，下发督查督办通知单5份，推动问题整改7个。

【民生问题专项整治】 2021年，同安区纪委监委针对民生领域开展走访调研，以群众“急难愁盼”问题为切入口，开展“点题整治”专项监督，开展农村乱占耕地建房问题等专项整治，推动农业农村局等相关部门开展宅基地审批流程再造工作。调研助农政策资金落实情况。督促教育、卫健、人社、市场监督管理、生态环境等部门，解决教育医疗、食品药品安全、环境保护等领域问题。查处群众身边腐败和作风问题6起10人，保障城乡生活污水治理提升工程等民生项目建设。

【农村安全专项整治】 2021年，同安区纪委监委开展走访调研，核查217省道祥平街道过溪村路段交通安全隐患问题，推动区道交办等相关部门召开217省道相关安全隐患点整改现场勘查会，形成整改意见并于7月底完成重设斑马线、新增减速带等整改措施，消除交通安全隐患。针对水库、乡道、用电、建房等农村安全领域开展一系列检查，督促镇（街）村（社区）等责任单位开展相关安全隐患风险点自查摸排，及时发现、处理问题并形成长效管理机制。

反腐倡廉

【涉黑涉恶案件查处】 2021年，同安区纪委监委开展扫黑除恶“惩腐打伞”常态化工作，推动政法队伍教育整顿，监督执纪执法，全年查实问题线索29件38人次，运用“第一种形态”处理25件34人次，立案审查调查5人，发出纪律检查建议书1份，推动排查廉政风险点32个、建章立制8项。

【廉政宣传】 2021年，同安区纪委监委利用“学习强国”“同安发布”“银城清风”微信公众号等平台开展廉政宣传教育，发布宣传材料300余篇。深入挖掘同安区廉政文化资源，弘扬正面典型，全年在上级媒体刊物发布新闻宣传稿件280篇，其中中央级媒体发布稿件34篇、省级媒体发布宣传稿件90篇。编印《最后一公里》警示案例宣传册，增强党员领导干部拒腐防变意识。组织拍摄宣传片《我们的名字》，收录纪检监察干部带信下访、执纪问责、为干部澄清失实举报3个纪检工作小故事。开展村（社区）换届纪律宣传，通过“银城清风”公众号播放《换届纪律“十严禁”》《严肃村级组织换届纪律》等动漫宣传片，推出“漫说换届纪律”专栏7期，刊登同安区委组织部制作的《选举是件大事件》闽南答嘴鼓宣传片，广泛宣传换届选举的法规政策、纪律要求等内容，引导干部在换届工作中杜绝结党营私、拉票贿选等行为。

【苏颂法治廉政思想传承】 2021年，同安区纪委监委在“银城清风”微信公众号推出“清廉苏颂”专栏，以故事连环画的形式分别推出2期法制篇及廉政篇，主题为“谨遵规制·心无愧怍”“严于律己·廉洁奉公”，讲述同安人、北宋中期政治家苏颂遵守法制、廉洁奉公的小故事，传承其法治及廉政思想。

（黄莹雯）

巡察工作

【概　况】 2021年，同安区组织开展区委第十轮第三批、第八批村（社区）巡察和巡察“回头看”、新冠肺炎疫情防控工作专项巡察，配合市委专项巡察组做好对同安区涉粮问题专项巡察。围绕贯彻落实市委区委关于争创全国文明典范城市的决策部署情况、部署落实中的工作作风情况、体制机制建立运行情况以及贯彻党的群众路线情况4个方面，对文明城市创建工作相关部门及各镇（街）开展文明城市创建工作专项了解。梳理总结十三届区委巡察工作，谋划十四届区委巡察工作。发出巡察建议3份，完成常规巡察单位和141个村（社区）巡察全覆盖任务。国家和省市媒介刊发同安区巡察工作相关做法成效19篇（次）。

【政治巡察】 2021年，同安区突出被巡察党组织政治责任落实情况，以“一把手”和领导班子为重点开展巡察监督。全年从全区抽调18人（次），组成3个巡察组，聚焦贯彻落实党的路线方针政策和党中央决策部署以及省委市委区委工作要求情况、群众身边腐败问题和不正之风情况、党组织领导班子和干部队伍建设情况等三个方面存在的问题，开展对7个单位和9个村（社区）常规巡察以及对7个单位巡察“回头看”，反馈问题337个，其中立行立改问题11个，督促建立完善制度399项，向各镇（街）和区直有关部门提出意见建议4条。开展新冠肺炎疫情防控工作专项巡察，围绕贯彻落实习近平总书记重要指示批示精神和上级疫情防控决策部署情况、遵守政治纪律和政治规矩情况、部署落实中的工作作风情况、贯彻党的群众路线情况、疫情防控资金和重要医用物资调配使用情况、党组织和党员干部担当作为情况等六个方面，对疫情防控各牵头单位及各镇（街）开展巡察监督。

【巡察整改】 2021年，同安区委巡察办协同区纪委监委等部门组织召开11次巡察整改联审会议，对28个单位和8个镇（街）的115个村（社区）巡察整改情况进行审核把关，会同区纪委监委开展巡察整改督查，推进十三届区委巡察反馈问题完成整改。同时梳理巡察发现的共性问题，进一步建章立制，推动区委老干局完善失能老人、老年福利协会补贴发放审核程序和方式，以及区民政局会同区财政局制定下发《同安区城市社区财务管理暂行办法》，健全社区财务管理制度。

（郑婉妮）

中国国民党革命委员会厦门市同安区总支部

【概　况】 2021年，中国国民党革命委员会厦门市同安区总支部（简称民革同安区总支部）组织党员参政议政，提交市区人大、政协提案建议17件，报送社情民意信息25条。组织党员开展新冠疫情防控工作，为疫情封控区（新民镇西塘村）内产妇送急需物资。常态化开展音乐、教育等特色志愿服务。发展新党员2名。至2021年年底，民革同安总支有2个基层支部，有民革党员74名，其中女党员33名，占党员总数的44.59%。党员中大专以上学历62人，中高级职称49人；教育系统33人，医疗系统14人。党员中人大代表2人，其中区人大常委会委员1人，市人大代表1人；政协委员7人，其中政协常委1人。

【参政议政】 2021年，民革同安总支在同安区人大十八届一次会议中，人大常委陈春兰本届提出的重点建议《加大乡村学校师资投入　补齐乡村教育“短板”》被评为优秀建议，写入区十七届人大总结报告。在区政协十四届一次会议上提交集体提案10件，个人提案6件；党员、政协常委邵真的《关于推动同安区旅游夜经济发展的建议》纳入大会发言。全年开展2个课题研究，撰写2篇调研报告，其中《沿海发达地区乡村振兴实践过程中基层社会治理的有效探索——以厦门市同安区为例》课题成果转化为市级提案建议。

【群众艺术公益服务】 2021年，民革同安区总支充分发挥党员的艺术特长，组建民革同安音教志愿服务队开展公益志愿服务，全年组织公益演出或参与公益演出20余场次。党员张英群、洪春香等11人加入同安区群众合唱团“同安区同声合唱团”，分别担任合唱团艺术总监、声部组长等职务，组织参与排练和公益演出活动。党员张英群、苏美月在老年大学担任艺术教师，长期开展公益教学。7月，民革同安总支参与同安区委统战部《百年风华　壮丽航程》庆祝中国共产党百年华诞文艺专场演出活动，党员陈春兰参与策划并担任艺术指导；民革同安总支编排节目女声二重表演唱《灯火里的中国》等精品节目参与演出。

【送教下乡】 2021年，民革同安区总支部定期组织教育议政小组到山区农村中小学调研，送教下乡。长期联系乡村中小学同安新民镇洋厝铺艺力小学、凤南中学、五显中学等，常态化开展送教送研指导教学工作。11月24日，党员陈春兰策划组织市级送教下乡系列活动，到五显中学开设专题讲座《重视实践　立美育人》。

（邵　真）

中国民主同盟厦门市同安区基层委员会

【概　况】 2021年，中国民主同盟厦门市同安区基层委员会（简称民盟同安区基层委）开展课题调研、反映社情民意信息、社会服务等活动。发展新盟员2名，设有3个支部，共有盟员76名，其中教育文化科技界50人，占65.7%；中高级职称55人，占72.4%。盟员中区人大常委会委员1人；政协委员6人，其中区政协常委2人。1人被评为民盟中央2021年度反映社情民意信息工作先进个人；3人被评为民盟福建省委2020年度社情民意信息先进个人；1人被中共厦门市委统战部评为2021年度全市统战信息工作先进个人。

【参政议政】 2021年，民盟同安区基层委开展5个调研课题，其中《建议尽快制订台胞在陆使用数字人民币实施方案并在厦先行先试》《建议提升“i 厦门”平台功能来服务好台企台胞》《加强党建引领作用，构建社区多元共治管理格局》《区域统筹，促进城乡义务教育均衡发展的研究》入选市政协专题协商议政党派界别口头、书面发言议题；《幼儿园安保能力偏弱亟待加强》课题建议入选政协同安区委员会《同安区政协调研文章汇编（2021）》。全年撰写社情反映信息 110 余篇，其中 54 篇信息被省委办、省政协、省委统战部等部门采用。

【社会服务】 2021 年 9 月，同安突发新冠肺炎疫情期间，民盟基层委动员盟员企业瑞之路（厦门）眼镜科技有限公司、厦门海马化妆品有限公司和爱心企业厦门富远达光学科技有限公司、厦门娜其尔日化股份有限公司等向同安区红十字会捐赠医用防护面罩、医用护目镜、乙醇、消毒水、口罩等抗疫紧缺物资，价值人民币 87.5 万元；组建盟员爱心车队进行转运。联合盟员企业瑞之路（厦门）眼镜科技有限公司为 2021 年度区级优秀教师捐赠一批高科技防雾防蓝光 PC 太空眼镜，价值人民币 105 万元。成立调研组到汀溪镇半岭村调研蜜柚种植户反映因疫情影响严重滞销的情况，通过民主党派社情民意信息渠道向有关部门反映，协助果农渡过难关。

（涂志耿　丘建雄）

中国民主建国会厦门市同安区基层委员会

【概　况】 2021 年，中国民主建国会厦门市同安区基层委员会（简称民建同安基层委）开展组织建设、政治理论学习、参政议政、节日慰问老会员等各项工作。在同安突发新冠肺炎疫情后，组织会员及会员企业捐献款、物折合 300.09 万元，其中捐款计 264.40 万元，蔬菜、大米、矿泉水、医用口罩、乙醇、消毒液等捐物价值 35.69 万元。发展新会员 4 人。至年末，民建同安基层委下设大同、祥平、经发、企业 4 个支部，拥有会员 87 人，其中女会员 23 人，占会员总数的 26%，大专以上学历 53 人，占会员总数的 60.9%；中级及以上职称有 45 人，占会员总数的 51.7%，文教行业 4 人，政府机关事业单位 22 人，企业界（含个体工商业者）61 人。人大代表 5 人，政协委员 12 人，其中区人大常委会委员 1 人，政协常委 4 人。祥平支部获评“民建厦门市先进基层组织”。基层委主委洪汇前当选民建市委常委，会员 2 人当选区工商联副主席，会员 10 人获评“民建厦门市委优秀会员”，1 人获评“民建福建省委 2020—2021 年度反映社情民意信息工作先进工作者”。

2021 年 9 月，民建同安基层委组织企业向新民镇捐赠新冠肺炎疫情防控急需民生物资。图为民建总支及捐赠企业工作人员将蔬菜等物资送到新民镇柑岭村

（民建同安总支供图　摄于 2021 年 9 月 27 日）

【同安新城调研活动】 2021 年 2 月 20 日，民建同安总支课题组一行 6 人在民建市委委员、同安区政协副主席赵建明和联系民建界别的同安区政协副主席叶文雅的带领下，深入同安新城开发建设主战场西柯镇，开展《大力发展数字经济，赋能“富美新同安”高质量发展超越》和《拓宽农民就业增收渠道，支持农民就近就业创业》等课题调研。先后参观潘涂村海蛎集散市场、丙洲社区等，了解西柯镇村庄发展规划和乡村项目建设情况，听取潘涂海蛎产业发展的规划设想，并就拓宽农民就业增收渠道、维护社会安定稳定等民生难点问题深入讨论。

【民建厦门市同安区基层委员会成立】 2021 年 4 月 18 日，民建厦门市同安区基层委员会成立大会在同安会堂召开，中国民主建国会厦门市委员会同安区总支部更名中国民主建国会厦门市委员会同安区基层委员会，新设立经发支部和企业支部 2 个支部，总计 4 个支部。设基层委主委 1 人、支部主委 4 人。

【参政议政】 2021 年，民建同安基层委提交人大议案 4 件、政协提案 14 件，在区政协会议上作《加快我区数字经济发展，培育产业发展新动能》的大会发言。《提升我区课后延时服务质量的建议》《同安区“夜经济”文旅融合的建议》被列入区政协重点提案，《同安古城历史文化街区点线面拓展提升和文化旅游开发利用的建议》被并案列入区人大重点议案。全年共完成调研课题 7 篇次，其中《推进我区数字经济发展的对策研究》被列为 2021 年区政协重点课题，《加强新就业形态从业人员劳动权益的维护》等 6 篇课题入选区委统战部和民建市委会调研课题。全年共向民建市委会、区委统战部和区政协机关编发报送信息 20 余条、反映社情民意 78 篇，其中社情民意《乡村特色风貌界定先行、收储为主、科技赋能》被民建中央等采纳，《有必要在疫苗接种、核酸检测点增设人群流量监测平台》被市委统战部专报并获市委主要领导批示，信息《同心抗疫战一线　同安会员勇担当》《“疫”路同行　有你同“安”——厦门民建爱心捐赠驰援同安》等被民建中央网站采用。

【同安民建成立 40 周年线上庆祝活动】 2021 年 11 月 9 日，民建同安区基层委举办庆祝同安民建成立 40 周年庆祝活动。因新冠肺炎疫情防控需要，活动以“一封信、一首歌、一句话、一美篇”等四个“一”的方式线上开展。发布致全体同安民建会员的一封信，回顾民建同安组织成立四十年的发展历程，激励全体会员自觉增强责任和担当，认真按照民主党派“四新”“三好”要求，在新使命、新任务、新征程中再立新功。由主委洪汇前作词、会员李鹭斌作曲并演唱歌曲《和你在一起》，是同安首支民主党派之歌；会员许梗桐、卓金镇、陈张玮、傅粲镔、黄岩岩分别书写《任重道远》书法作品、创作《岁寒之交图》、设计 40 周年标识、篆刻一枚“同安民建”印章、编排微信公众号图文一篇；历任及现任主委及数十位会员在线上留言祝福。《厦门日报》、今日头条等多个主流媒体刊登活动情况。

（黄岩岩）

中国民主促进会厦门市同安区总支部

【概　况】 2021 年，中国民主促进会厦门市同安区总支部（简称民进同安区总支）完成换届选举，发展入会积极分子 3 名。开展参政议政工作及新冠肺炎疫情防控等社会服务。至年底，民进同安区总支有会员 58 人，其中女会员 25 人，占 43.1%，大专及以上学历有 46 人，占 79.3%，中级及以上职称有 37 人，占 63.8%。教育界别 22 人，卫生界别 5 人，经济界别 10 人，其他行业 21 人。会员有人大代表 3 人，政协委员 5 人。民进同安总支第一支部获 2021 年参政议政工作先进集体三等奖，2 人获评 2021 年参政议政工作先进个人。

【参政议政】 2021 年，民进同安区总支部提交政协集体提案 8 件，《深化跨到发展战略提升同安农村基础教育质量》纳入政协会议发言。完成调研课题《关于〈民法典〉下如何做好小区物业管理的调研》《关于防范未成年人遭受性侵的几点建议》《关于老旧小区加装电梯的调研》《深化跨岛发展战略提升同安农村基础教育质量》《新村改造建设生态宜居中如何保护传统文化》《创新企业服务　为金砖国家新工业革命伙伴关系创新基地添柴加火》等 6 篇，撰写社情反映 8 篇。其中林永矛撰写的《推动岛外农村基础教育发展的建议》《关于加强岛外安置房小区物业管理的建议》被确定为 2022 年市政协常委会、主席会、民主监督专题协商议题，施淮榆撰写的《建议多措并举鼓励外来务工人员留厦过年》获市领导批示。

【换届工作】 2021 年 6 月 5 日，民进同安总支换届大会在同安区政府会堂召开。民进省委副主委、

2021 年 6 月 5 日，民进同安总支换届大会在同安区政府会堂召开

（民进同安区总支供图）

厦门市委主委吴丽冰，中共同安区委常委、统战部部长林进柱、统战部常务副部长郭斌超等领导出席大会，同安区各民主党派基层组织、工商联、新联会和知联会代表应邀出席。会议由民进厦门市委组织处处长钟黎璇主持，选举产生民进同安总支部第三届委员会委员9人，其中总支主委1人，副主委3人，总支主委由上届主委林永予连任。

【社会服务】 2021年，在同安突发新冠肺炎疫情后，民进同安区总支发动会员参加抗疫。2家会员企业向区红十字会捐款6.5万元用于抗疫，10多名会员下沉村（社区）参与核酸检测、信息录入、卡口执勤、协助爱心捐款捐物等志愿服务，2名文艺界会员录制抗疫宣传作品。4月，同安总支联合民进厦门市委到梧侣社区开展集体发展用地调研。

（施淮榆）

中国农工民主党厦门市同安区基层委员会

【概　况】 2021年，中国农工民主党厦门市同安区基层委员会（简称农工民主党同安区基层委）开展参政议政及社会服务，撰写人大议案及政协提案总计8篇，开展新冠肺炎疫防控志愿服务等社会服务10次。至年底，基层委有党员85人，其中卫生界33人，占38.82%；教育界32人，占37.65%；生态环保、人口资源、科技、法律等其他界别20人，占23.53%。党员中具有中高级职称69人，任区政协委员7人，其中1人为区政协副主席，1人为政协常委；任区人大常委会委员1人。综合支部、医卫支部、同安一中支部分别被农工党厦门市委会评为2020年度“五星级支部”“四星级支部”“三星级支部”。1名党员获农工党福建省委会授予的“2020年度社情民意信息工作先进个人”称号。

【参政议政】 2021年，农工民主党同安区基层委向第十四届同安区人大会议提交议案1件，向十四届同安区政协会议提交提案8件，其中《关于进一步加强同安区疾病预防控制体系及应急机制建设的建议》纳入大会发言议题。1件人大议案和7件政协提案交付相关部门办理，均在期限内完成。完成课题调研3个，课题《关于发展厦门市东部临空产业区的建议》、《关于建立建筑垃圾综合利用体系的建议》被农工党厦门市委作为提案提交市政协十三届五次会议。《台湾当局现行台商回流政策评估及应对的调研》被评为2020年度厦门市统战理论研究优秀成果四类课题。报送各类信息反映社情民意总计20余篇，其中《关于完善“碳汇＋金融＋审判”司法实践模式的建议》福建省委办公厅的《福建信息》采用；《建议我省挖掘老年人旅游市场　激活“银发旅游”市场潜力》《进一步支持和鼓励台湾居民律师扩大在我省执业范围的思考》被福建省委办公厅的《八闽快讯》采用；《构建因涉外事件而受损的企业行业保护救济机制》《关于推行三级“房长制”规范农村自建房的建议》被福建省政协采用。

【换届工作】 2021年8月28日，农工党同安区基层委在同安会堂召开换届大会暨第二届一次会议，完成基层委及其所属3个支部换届工作，选举产生新一届农工党同安区基层委委员10人，设主委1人，副主委4人，组织委员1人，宣传委员2人。3个支部均设主委1人、副主委2人、组织委员1人，宣传委员1人。

【社会服务】 2021年，农工党同安基层委组织党员结合自身本职工作，开展苏颂文化推介、核酸入户、法制进镇街等社会服务10次，范围涵盖同安8个镇街。1月9日，党员高水满结合纪念苏颂1000周年诞辰暨第九届厦门（同安）苏颂国际文化节，向广大农工党党员和区科技馆的参观者开展苏颂文化讲座。

（施纯在）

中国致公党厦门市同安区基层委员会

【概　况】 2021年，中国致公党厦门市同安区基层委员会（简称致公党同安区基层委）加强党员参政议政能力培训，组织党员参加中国致公党厦门市委会2021年参政议政骨干培训班、基层委中人大代表及政协委员参加致公党厦门市委2021年拟任人大代表政协委员研修班。开展课题调研、参政议政、社会服务等各项工作，撰写市、区两级人大建议、政协提案25件，被致公党中央、省委和市委采用宣传信息27篇。在同安突发新冠肺炎疫情后组织党员参与疫情防控，党员及党员企业共捐款120多万元。全年发展入党积极分子1人、新党员5人，至年末，致公党同安区基层委下辖三个基层支部，共有党员91人。其中女党员38名，党员中大专以上学历84人，占党员总人数的92.3%；中高级职称55人，占党员总人数的60.44%；企业界14

2021 年 8 月 19 日，致公党同安区基层委组建的侨心志愿服务队成立。图为成立仪式上全体队员合影（致公党同安区基层委供图）

名，教科文卫 51 名，政府机关事业单位 7 名；市级人大代表 2 人，市级政协委员 2 人，区级人大代表 1 人（其中常委 1 人），区政协委员 10 人（其中常委 1 人），区机关效能监督员 1 人。在厦门金牌厨柜家居科技股份有限公司设立的致公党同安区基层委“党员之家”获省级“党员之家”称号；致公党同安基层委主委叶少静获“中国致公党脱贫攻坚先进个人”称号，上榜“福建好人榜”榜单；4 名党员获致公党厦门市地方组织成立 40 周年“优秀党员”称号。

【参政议政】 2021 年，致公党同安区基层委提交区人大建议 1 件，政协提案 24 件，完成课题调研 6 篇，其中《关于闽南语列入全市中小学教学课程的建议和对策》《侨批档案保护开发的困境和出路》入选区统战部参政议政调研文选（第十一集），《政府购买商业保险有关问题及对策——以厦门市同安区为例》《实施互联网 + 养老工程推进虚拟养老院建设》入选市委会课题及转化为市政协提案。报送社情民意 26 篇，其中《建议多措并举治理针对奥运选手的网络暴力》被致公党中央采用，《关于进一步提升闽政通健康码准确性的建议》被致公党省委会采用。参与区委、区政协、区委统战部及有关部门召开的协商会、情况通报会、座谈会、征求意见会等 20 多场次，提出同安区在实施乡村振兴战略中加强农村优秀传统文化保护与传承、发挥乡村振兴战略在同安区“三农”工作中的龙头作用等意见和建议。

【专题片《传承》摄制】 2021 年，致公党同安区基层委摄制专题纪录片《传承》，纪念致公党厦门市地方组织成立 40 周年。4 月底开机，5 月完成，片长 3 分钟，分家风和党风两条线展开叙事，讲述致公党福建省首任主委、著名侨领柯朝阳为祖国、为家乡无私奉献的人生经历及致公党同安基层组织成立三十多年来全体党员“致力为公、侨海报国”的奋斗故事与独特风采，制作完成后在《厦门致公》上线播出。11 月，纪录片《传承》获中国致公党厦门市委会《回望历程奋前行——庆祝中国共产党成立 100 周年、厦门经济特区建设 40 周年暨致公党厦门市地方组织成立 40 周年》短视频评比一等奖。

【侨心志愿服务队成立】 2021 年 8 月 19 日，致公党同安区基层委组建的侨心志愿服务队成立，这是同安区第一支正式注册的民主党派志愿服务队，全部由致公党同安区党员组成。成立当天，志愿服务队携手两家爱心企业向同安区慈善总会捐赠爱心款 3.5 万元，认领并完成了 134 个“银城微心愿”，帮助困难归侨、侨属和侨眷等家庭圆梦，赠送电风扇、自行车等爱心物品。

（王　莹　叶明良　叶少静）

九三学社厦门市同安区委员会

【概　况】 2021 年，九三学社厦门市同安区委员会（简称九三学社同安区委）开展参政议政工作，围绕古城保护等开展课题研究。实际撰写课题调研 2 件，人大重点议案 1 件与重点建议 1 件，政协提案 8 件。至年底，下设 3 个支社，新发展社员 2 人，有社员 58 人，其中女性社员 14 人，占 24.14%；高级职称 24 人，占 41.38%；界别分布中，教育、医卫、科技分别占比 13.79%、37.37%、37.93%。年底人大政协换届选举，所属社员有同安区人大代表 1 人（任人大常委），同安区政协委员 6 人，其中区政协常委 1 名。

【参政议政】 2021 年，九三学社同安区委在政协会议上提交提案 8 件，其中《关于“城中村”消防安全隐患问题及对策》纳入大会发言、《关于提升丙州陈化成公园文化氛围的建议》获领导批示；开展课题研究 4 项，撰写报告 4 篇，报送社情民意 5 条。

【公益义诊】2021年4月10日，九三学社同安区委联合九三学社厦门大学附属中山医院支社到同安区汀溪镇五峰村开展公益义诊活动，同安区委共有10人参加，其中同安区中医院康复科医生2人、中医师1人、厦门市第三医院内科医生2人，联合厦门大学附属中山医院各科医生、护理部人员在现场提供消化内科、神经内科、内分泌、心血管病、中医康复针灸、老年病等疾病诊疗服务，开展健康咨询，接待群众诊疗、咨询100多人次。

【文化古城课题研讨会】2021年10月16日，九三学社同安区委召开同安文化古城保护课题研讨会。九三学社厦门市委员会宣调处处长杨政莹及课题组成员、同安区基层委共12人参会，参会专家到同安区松柏林街、大横街、王家祖厝、双溪公园、铜鱼池、古城墙、孔庙、蔡复一故居、旧县衙、后炉等处实地考察，对文化古城碎片化保护提升开展研讨，提出点线面保护提升与旅游开发利用等建议。根据这次讨论的内容形成厦门市政协提案《关于加快申报同安文化古城遗址暨保护、开发建议》及形成同安区人大重点议案《关于同安古城历史文化街区点线面拓展提升和文化旅游开发利用的议案》。

（纪天富）

台湾民主自治同盟厦门市同安区支部

【概　况】2021年，台湾民主自治同盟厦门市同安区支部（简称台盟同安区支部）组织盟员参与参政议政专题座谈会4场，提交政协提案1件，提交调研报告1篇，至年末有盟员15名，其中女性盟员6名。盟员中硕士研究学历3人，大学学历10人，大专学历2人；台盟福建省委委员1人，台盟厦门市委委员1人，市政协常委1人，区政协委员2人（其中常委1人）、区人大常委1人。盟员1人获台盟厦门市委2017—2021年度参政议政先进个人称号。

【参政议政】2021年，台盟同安区支部在政协会议上提交提案《关于推进老旧小区改造与加强物业管理相结合的建议》。向盟市委提交调研报告《立足地区发展现状，加快现代特色农业产业融合》1篇并纳入区政协会议上代表大会发言，参与区委统战部参政议政专题座谈会4场，分别就“统筹推进新冠肺炎疫情防控和经济社会发展情况”“基层组织建设和基层治理能力工作情况”“发挥乡村振兴战略在我区‘三农’工作中的龙头作用”及“2021年党风廉政建设和反腐工作情况”作主题发言。

【新冠肺炎疫情防控志愿服务】2021年，台盟同安区支部组织盟员开展新冠肺炎疫情防控志愿服务工作。9月，在同安突发疫情后，主委洪晓瑜协助村（社区）采购防疫物资，多名盟员到村（社区）一线开展核酸检测志愿服务，志愿服务持续近一个月。

（蔡锦婷）

同安区工商业联合会

【概　况】2021年，同安区工商联召开第十二次代表大会，完成换届选举。指导莲花镇商会完成换届工作，指导新民镇商会、西柯镇商会、同安区食品行业商会开展换届筹备工作。发展新会员48家。全年召开主席扩大会议3次，执委、监事会议1次。组织开展理想信念教育培训、银企对接座谈会各1场。贯彻落实《同安区工商联所属商会改革和发展落实方案》，加强与区民政局对接力度，推进同安区商会银行开户、税务登记等工作，指导7个所属商会开展年报工作。至年末，同安区工商联有区级商会1个，镇（街）商会8个，行业商会1个，异地商会4个，执委、监事以上会员218人，包含所属商会会员在内的企业会员共1966家。

【参政议政】2021年，同安区工商联联合市工商联（总商会）、区政协、区委统战部完成3篇课题调研，其中《如何促进后疫情时代的民营企业健康发展的思考与建议》被列为同安区政协重点调研课题；组织工商联联络处委员开展学习培训座谈会2场，视察厦门四宜建材贸易有限公司、厦门鸿采建筑装饰工程有限公司和厦门汇盛生物有限公司；联合区政府办召开部门工作协调会1场，完成《多措并举　精准施策　促进后疫情时代民营企业健康发展》《关于设立“同安区企业家峰会（论坛）”的建议》提案办理；牵头区民营办成员单位汇总制定《同安区贯彻落实〈关于营造更好发展环境支持民营企业改革发展的若干措施〉涉及任务的具体措施》上报市民营办，并加大惠企业政策宣导，扎实推进政策的实施、落地工作；配合区委、区政府承办2021年厦门企业家日同安专场系列活动。

【民营企业纾困政策实施】2021年，同安区工商联应对新冠肺炎疫情影响，转发《厦门市人民政府关于印发积极应对新冠肺炎疫情影响助力企业纾困减负若干措施的通知》《厦门市助企纾困政策汇编》等惠企政策及《给企业家的一封信》至会员企业、镇（街）商会、理事会等微信工作群，并摘要政策精髓开展宣传解读，提高政策知晓率；10 月 1 日，组织召开部分骨干企业座谈会，汇总梳理出精准防控助力物流解封、加大疫情重灾区企业扶持力度、给予停工停产民企职工医社保减免 50% 等建议，形成企业问题专报 1 份上报区委、区政府。

2021 年 11 月 3 日，同安区工商联（商会）组织理想信息教育暨经济形势培训班学员参观高山党校初心使命馆（同安区工商联供图）

【民营企业发展服务】 2021 年，同安区工商联深入走访所属商会及会员企业近百家，了解企业生产运营情况，收集企业经营难题，上报企业专报件 2 篇。联合同安区泉州商会、建行同安支行开展银企对接座谈会 1 场，对接金融部门，协调解决 4 家会员企业融资难题。组织 20 家副会长企业参加厦门市同安区金融业联合会在银城智谷举办的“共享新时代，共创新金融”政银企座谈会，为企业解决融资难题牵线搭桥。组织骨干企业家外出考察 3 次；联合同安区税务局召开“春雨润苗”暨支持专精特新中小企业高质量发展座谈会，向企业宣传税费扶持政策。

【和谐劳动关系构建引导】 2021 年，同安区工商联配合区三方办落实劳动关系“和谐同行”能力提升三年行动计划 2021 年度任务，挂钩帮扶用工规模较大、生产经营存在较大困难的企业 2 家及新注册企业 20 家，组建同安区劳动关系专家团队；指导民营企业做好 2021 年度劳动关系和谐单位创建工作，推荐厦门磐金集团有限公司、厦门城健建设有限公司 2 家企业参评市级和谐劳动关系企业；配合区法院在同安区南安商会设立商事“议理堂”。

【先进典型选树】 2021 年，同安区工商联推荐 5 家会员单位及企业参加评优评选活动。其中，厦门银祥集团有限公司入选“2021 福建省民营企业 100 强”，厦门磐金集团有限公司、厦门城健建设有限公司、厦门大同建筑工程有限公司、厦门百利控股有限公司获评“厦门市 2018—2020 年度非公组织文明单位”。

【帮扶助学】 2021 年，同安区工商联发动 2 家民营企业参与“百企兴百村”活动。其中，厦门银祥集团有限公司挂钩汀溪镇路下村，厦门城健建设有限公司挂钩莲花镇澳溪村；通过区商会爱心基金平台开展助学助残活动，资助 257 名贫困高中生、42 名困难大学生，奖励 5 名优秀大学生，捐赠厦门市助残基金 20 万元，共计 102.75 万元。

【理想信念教育暨经济形势培训班举行】 2021 年 11 月 3—5 日，同安区工商联在同安区莲花镇军营村、白交祠村举办民营企业家理想信念教育暨经济形势研判培训班，企业会员及所属商会 57 人参加。组织学员参观高山党校初心使命馆，邀请集美大学法学院副教授郑贤宇，厦门大学管理学院企业管理系教授、博士生导师周星，厦门经济管理学院学员处副处长胡加生，市委党校经济学教研部教授李萍分别开展习近平总书记“七一”重要讲话精神，后疫情时代经济形势分析，工业互联网时代与市场营销战略变革，民营经济与创新发展等专题培训。

【《厦门市同安区（县）工商联（商会）志》编印】 2021 年，《厦门市同安区（县）工商联（商会）志》编印完成。该部志书由同安区工商联（商会）主持编撰，记述上限为 1913 年，即同安县城区商会成立；下限为 2020 年 12 月。分为上、下篇，上篇为“民国时期的同安县商会”，下篇为“建国后的同安县（区）工商业联合会（商会）”，总字数 47.74 万字，记述同安区工商联及前身、基层组织机构沿革和历年开展活动情况。

（柯雅莲）

群众团体

厦门市同安区总工会

【概　况】2021年，厦门市同安区总工会（简称同安区总工会）举办“永远跟党走”主题征文比赛、“云上讴歌，百岁党庆”企业职工歌手大赛、职工趣味运动会等各类活动。新增独立建会60家，其中新建50人以上工会19家；发展会员4895人。推进全区新就业形态劳动者建会入会，全区新就业形态企业建立工会86家，其中单独建会16家。外卖平台骑手、网约车司机等新就业形态工作者新入会2995人。指导370家基层工会完成换届、工会主席补选、更名等工作；新增工会组织覆盖小微企业230家。至年末，同安区总工会辖基层工会2525家，会员总数17.1万人。有共享职工之家17家，开展各类活动56场次。16家基层工会获评厦门市2020年度五星职工之家、7家获评厦门市2020年度四星职工之家。

【工会组织建设】2021年，同安区总工会召开第十七届三次全委会，替补部分委员会委员，补选部分常委、常务副主席；做好出席省总工会十四次代表大会代表、委员候选人的推荐工作，推荐7人为厦门市代表，1人为委员；机关内设部室调整为3室5科，全面梳理、优化各科室职能，出台《工会专干管理考核办法》。深化干部挂钩联系蹲点制度，在职干部每周至少一天蹲点挂钩片区或企业，面对面联系、服务基层。开展达标创优争创星级模范职工之家活动，组织4家基层工会参加模范职工之家结对共建。

【工会宣讲活动】2021年，同安区总工会开展庆祝中国共产党成立100周年、改革开放40周年、区工会成立70周年等群众性主题宣传教育活动。举办“永远跟党走”主题征文比赛。征集作品228篇，编印《“永远跟党走”微故事100篇》，组织企业职工百人合唱团同唱红歌，30对职工亲子朗读“红色家书”“云上讴歌，百岁党庆”企业职工歌手大赛5场直播，吸引观众190余万人次。开展“职工书屋送学上门”活动，将630册图书送进35家重点企业。劳模宣讲团组织学习讨论、巡讲等19场。加强网络引导，在行业媒体、主流媒体、区总工会微信公众号等平台发布文章352篇次，开设公众号“职工跟党走”党史学习教育专栏，发布文章46篇。

【职工文化建设】2021年，同安区总工会举办第九届职工趣味运动会，机关、企事业单位职工800多人参加。举办花艺培训、健身操培训、瑜伽培训、女职工风采展等女职工活动，依托“职工学堂”“共享职工之家”等阵地开展读书、乐器、手工、户外拓展等各项活动154场。继续打造“工汇力量”品牌，鼓励劳模、工匠、职工参与精神文明创建，开展清洁家园健步走、疫情防控志愿服务、爱心献血、文明交通劝导等活动121场，参与1289人次，3名职工获评市“爱心厦门”建设先进个人。

【企业民主管理】2021年，同安区总工会在全区企事业单位及百人以上非公有制企业和国有及其控股企业开展民主管理工作调研，编制《民主管理工作实操指南》，指导510家基层工会自查，探索开发企业民主管理“云”平台，制作民主管理宣传片，打造厦门市诺盛测控技术有限公司等示范参观点。

【工会阵地建设】2021年，同安区总工会在区总工会办公大楼、职工学堂、共享职工之家等职工阵地打造党史工运史学习墙，集中展示党建故事、工运记忆、习近平总书记关于工人阶级和工会工作的重要论述。新命名全国级职工书屋1家、市级3家、区级6家。新建工会爱心驿站5个，至年末累计22个。

【区总工会助力企业复工复产】2021年元旦、春节期间，区总工会组织新城、工业园区春季招聘会，150多家企业提供2302个就业岗位。下半年在突发新冠肺炎疫情防控期间，制定工会五条措施，帮助企业减轻压力、稳岗复工，按照“一企一策”原则补助企业工会采购需求物资153万元，指导诺盛、麦丰、百霖等企业启动职工代表巡视、工资集体协商、职代会等民主管理程序，区总工会干部挂钩联系蹲点开展劳动法律监督和职工队伍状况调研，维护职工队伍稳定。

【先进职工集体和个人推荐评选】2021年，同安区总工会推荐评选全国五一劳动奖章1人、省五一劳动奖章2人、省五一劳动奖状1家，厦门市行业工匠3名；省级工人先锋号2个，市级“五一先锋号”40个，五一优胜集体2个。推荐劳模高泉阳、康英德被评为“厦门特区建设40周年先进模范人物和创新创业人物”。鼓励职工创新创造，举办第二十七届职工劳动技能竞赛B类陶艺项目赛，申报“五小”创新项目28个；征集职代会提案40件，其中获市优秀职代会提案一等奖1件、二等奖5件、三等奖8件。郭劲旺劳模工作室获评福建省“示范性”劳模创新工作室。

【职工权益维护】2021年，同安区总工会持续打造“一体化维权”“一站式服务”基地，工业集中区职工法律维权一体化基地获评省级“园区枫桥”示范单位。利用“一函两书”（工会劳动法律监督提示函；工会劳动法律监督意见书；工会劳动法律监督建议书）开展职工维权，印发资料3200份，接受咨询156人次，发送劳动法律监督短信20万条。开展“尊法守法·携手筑梦”服务农民工公益法律服务行动，防暑降温慰问检查40家企业、重点工程，为8862名职工发放203.46万元慰问品。持续推进职业病防治“三查一看”督查活动，查有劳动合同中有无告知劳动者职业危害、安全生产状况，查是否对职工进行岗前、岗中、离岗职业健康体检，查有无建立职业健康监护要案；看存在职业危害的作业现场，参与安全生产事故调查处理，走访企业189家，涉及职工1.5万人。提升集体协商实效，开展“特别要约”行动，发出“提示函”263份，指导企业签订集体合同70份，单独签订工资专项集体合同企业171家，惠及职工38126人；区域性建制覆盖企业3452家，职工31644人。培育东纶、百利、诺盛测控、闽光电气、台华化学5家集体协商示范单位。至年末，同安区工会劳动法律监督组织建制率100%，持证上岗劳动法律监督员1066人，9家单位、5个班组获评省级“安康杯”竞赛先进单位。

【职工关爱帮扶】2021年，同安区总工会组织联合社工、劳资法务顾问、心理咨询师等社会专业力量，采取“上门式”“订单式”服务，协调解决全区企事业单位停车难、职工婚恋难、场地狭小开会难、复工招工难等实际问题。举办招聘会3次，“爱在初秋·牵手新城”等交友联谊活动2场。关爱留厦过年务工人员，开展“银城暖，心留厦”“十心”活动服务，发放线上年货消费补贴300万元，兑现167家企业1.2万名留厦职工年货补贴115万元，免费邮寄年货包裹2302件，走访慰问春节期间坚守岗位一线职工2500人。开展女职工托育服务，开办暑托班39班，创建哺乳室4家，申报“宝妈馨屋”1家。关爱职工身心健康，全年为477家企业58112名职工办理职工医疗互助保障，为2173名职工发放补助金453.3万元；组织环卫工人体检3357人，劳模、职工疗休养、读书班115人次，15家基层工会2100名女职工参加“两癌”（宫颈癌、乳腺癌）筛查；开展“舒心小栈”职工心理健康关怀项目，提供868人次一对一咨询辅导，组织25场线上直播课堂、13场团体辅导、8场线下讲座，上万人次受益，区总工会被省总工会授予“职工心理健康服务点”牌匾。做好工会会员福利工作，各级工会采购消费扶贫产品1217万元。发展同安工会卡特惠商户17家，为1864名职工提供“平安返厦”交通费补贴47.1万元；开展线上“会员服务日”活动、发放会员普惠抽奖福利6100份。

【网格化工会管理机制确立】2021年，同安区总工会创新服务手段，将工业园区工会网格化管理模式推广至全区，以全区8个镇（街）、2个工业园区共10个职工服务站为基础，根据不同系统、工会及会员人数等标准，在全区设置32个网格，全面启动“网格长—工会专干—片区委员—网格点工会主席”联动机制。定期组织网格工会主席沙龙，以职工需求为主线，交流工作经验，探讨解决具体问题。不定期开展各网格内及网格间工会交流活动，以网格为单位组织法务培训等各类工会活动。

2021年11月26日，同安区总工会在祥桥社区举办“工会进万家·新就业形态劳动者温暖行动”服务月暨新就业形态群体建会入会宣传活动。图为现场加入工会的部分新就业形态劳动者等合影　（同安区总工会供图）

【新就业形态劳动者温暖行动服务月】 2021年11月26日，同安区总工会在祥桥社区举办“工会进万家　新就业形态劳动者温暖行动”服务月暨新就业形态建会入会宣传活动。吸引朴朴、叮咚买菜等互联网即时购物平台职工，美团、饿了么外卖平台骑手，网约车司机，物流业职工等行业职工参加。现场发放工会入会宣传材料，根据行业流动性大的特点简化入会程序，提供扫码入会，赠送入会大礼包，包含保温杯、充电宝、能量食品等新就业形态者的工作、生活必需品，吸引200余人扫码入会。

（吴晓黎）

中国共产主义青年团厦门市同安区委员会

【概　况】 2021年，中国共产主义青年团厦门市同安区委员会（简称共青团同安区委）开展“青年大学习”、“青春心向党　奋进新征程”同安区中学生入团典礼、“我为群众办实事”主题教育实践等活动，成立全市首个社区少工委——祥文社区少工委，召开共青团同安区委员会第二十二次代表大会。至年底，全区有13个直属团（工）委，427个基层团组织，10866名团员，少先队员71519人，团员占学生比例为9.15%。有青年之家3个，分别为青少年活动中心青年之家、工业社区大学青年之家和祥文社区青年之家。

【组织建设】 2021年，共青团同安区委完成全区6个乡镇团组织换届工作，召开共青团同安区委员会第二十二次代表大会，审议通过《高举旗帜跟党走　聚力青春勇担当　为奋力谱写富美新同安建设新篇章贡献青春力量》的工作报告，选举产生共青团同安区第二十二届委员会委员和候补委员。12月1—2日、12月15—16日，举行同安区少先队辅导员和基层团干部培训班，通过教育培训、调研及交流，提升团干、少总履职能力，受训100余人次。

【青少年思想政治教育】 2021年，共青团同安区委紧扣五四青年节、七一建党日、少先队建队日等重要时间节点，组织开展“五四同行　青年向上”“请党放心　强国有我”“我为群众办实事”等主题教育实践活动，举办“青春心向党　奋进新征程”同安区中学生入团典礼、“返家乡、赞发展、献力量”闽籍大学生交流活动、“童心向党”教育实践、“爱党爱国家乡行”返家乡等实践活动；持续推进青年大学习活动，组织青年讲师团进学校、进社区，开展“大国崛起”“社会主义时期新时代共青团历次全国代表大会精神”等系列宣讲活动，深入推进“青年大学习”活动，累计开展2季26期，组织线上线下讲座活动70余场次。

【青少年党史学习教育】 2021年，共青团同安区委开展“对标革命先烈，汲取精神力量”“重温入党誓词，铭记初心使命”“辉煌100载：跟随党的足迹，聆听党的事迹”“青春心向党，奋进新征程”等主题党日、团日活动；组织团干部参观中共闽粤赣边区厦门市委机关旧址“使命馆”、高山党校初心使命馆等重要教育基地；推进“我为群众办实事”主题教育实践，组织“粽情飘香迎端午，浓情邻里颂党恩”“爱心双报到”等活动，开展“青春伴夕阳　关爱眼健康”志愿服务活动5场，覆盖900余人次；收集整理《青年向上——团员青年微故事100例》；以“青年讲给青年听”的方式开展党史宣讲活动，累计开展11场次，覆盖600余人次。

【网络宣传引导】 2021年，共青团同安区委依托团属新媒体平台“青春同安”微信公众号，推出

“我和我的家乡”“少年故事”“我为群众办实事”“我为青年办实事”等系列专栏，宣传优秀青年典型，展示基层团组织风采，倡导社会文明新风。开展“留‘厦’来，千年同安走透透”打卡活动，开设空中线上亲子艺术绘画系列活动，累计推送消息594条，线上图文阅读量17.3万余次，累计粉丝15351人次。

【先进评选与表彰】 2021年，同安区有10个集体获市级以上荣誉，其中法律援助中心、同安区劳动人事争议仲裁院获评“全国青少年维权岗”，同安区检察院第五检察部、国家税务总局厦门市同安区税务局第一税务所、中国石油天然气股份有限公司福建厦门销售分公司同安西湖加油站获评“2020年省级青年文明号”，同安区第二实验小学五（13）中队获评“2021年度福建省优秀少先队中队”，厦门市梧侣学校团委获评“市级五四红旗团委”，共青团厦门同安资产管理有限公司支部委员会、共青团同安区汀溪镇路下村支部委员会、共青团同安区重大项目领导小组支部委员会获评“市级五四红旗团支部”。8人获市级以上荣誉称号，其中1人获评“省级优秀共青团员”，1人获评“2021年度福建省优秀少先队员”。3人获评“市级优秀共青团员”，3人获评“市级优秀共青团干部”。

【困境青少年帮扶】 2021年，共青团同安区委组织开展“冬日暖阳·守护花开”“六一关爱在行动”“心系困境青少年，战疫温暖前行”等困境青少年慰问、实践活动，深入推进“精准帮扶·金秋助学”“青春助学”助学品牌活动，共计帮扶151人次，资助金额12.5万元，完成17个家庭困难青少年微心愿。

【青少年权益维护】 2021年，共青团同安区委开设2期文化公益课程培训，举办公考培训、高考志愿填报公益辅导等公益辅导活动11场次，受益青少年超过6000人次。指导同安区青少年权益中心搭建“区级中心—镇街工作站—社区、学校工作点”三级权益工作平台，将青少年关爱服务延伸到社区、学校等基层，实现点单式服务，印制《同安区青少服务手册》，提出“一个中心”（以青少年权益中心）、“七个服务阵地”（同安区未成年人心理健康辅导站、同安区青少年活动中心、同安青少年法治教育基地等）、“N个品牌服务”（青年向上·友出路、父母学堂、金秋助学、送法进校园、银城小树苗等）的工作思路，全年为8个镇（街）工作站、3个社区（学校）权益工作点提供心理疏导、考前舒压、青春期教育、花艺沙龙、阅读拓展、党史学习教育、安全自护教育等活动11场，服务青少年2000余人。

【青年就业创业服务】 2021年，共青团同安区委征集青企协企业招聘需求，推送招聘信息，提供岗位数90余个；开设公考培训等就业公益辅导培训班11场次；与多部门联合开展“春风行动”招聘会，多措并举助力青年就业。指导同安青企协开展青年创新创业服务，开展3场青年镇（街）行活动，与同安税务局、区工商联一同组建“助企护苗团”，为青年创业企业提供针对性政策指导；开展“看家乡新变化，谈青春新理想”“汇聚青年思潮，共话数智未来”等青年人才交流活动5场，搭建政企联动人才交流对话成长平台。

【青少年志愿服务】 2021年，共青团同安区委组织“青春伴夕阳 关爱眼健康”志愿服务活动5场，开展免费视力检测，普及相关爱眼知识，受益群众900余人次；开展“‘疫’无反顾 洁净家园”四点钟整治行动，“争当小小志愿者，文明创建我行动”等志愿服务活动，组织动员团员青年参与洁净家园、文明宣传、交通劝导等，营造“大手小手齐携手，青年少年同创城”氛围，参与约500人次。动员青少年参加新冠肺炎疫情防控志愿服务，面向全区发出“青春战疫，同心同行”志

2021年2月26日，共青团同安区委开展“看家乡新变化，谈青春新理想”活动，组织青年人才参观环东海域同安新城 （共青团同安区委供图）

愿服务倡议，组建200余支青年志愿突击队、青年志愿服务队，招募青年志愿者1.3万余名就近到社区报到，协助社区疫情防控工作；组织青年志愿者轮流值守同安区社会救助热线“7131200”和心理咨询热线“7021885”，帮助市民群众解决生产生活困难及心理问题。

【祥文社区少工委成立】 2021年4月17日，共青团同安区委联合祥平街道祥文社区成立祥文社区少工委，这是厦门市首个社区少工委。社区党支部书记任少工委主任，聘请老党员、学校教师、法律从业人员、退休职工、团代表等担任志愿辅导员，引进青少年事务社工力量，构建“家—校—社”一体化育人体系，推动青少年共同参与社区治理。年内开展“小小解说员”、“益起爱 乐成长”暑期公益夏令营、“青英智囊团”头脑风暴会等12场社区活动，覆盖社区治理学习、志愿服务、技能提升、知识竞赛、抗疫服务等内容，服务青少年400余人次。

（谢滋芬）

厦门市同安区妇女联合会

【概　况】 2021年，厦门市同安区妇女联合会（简称同安区妇联）做好妇女政治引领、妇女儿童关爱维权、妇女创业扶持、妇女典型选树等工作，继续开展乡村振兴巾帼行动，实施“幸福空间”“银城小树苗”等妇女儿童关爱项目，全年发放困难妇女儿童慰问金、救助金、助学金等总计868人次85.7万元，通过多种渠道调解家庭纠纷55件。深化“妇爱妇助”巾帼志愿服务品牌，至年末全区有151支巾帼志愿服务队、近3万名巾帼志愿者，全年深入农村、社区开展各类志愿服务活动343场次。9月，同安突发新冠肺炎疫情后，同安区妇联做好隔离点786名妇女儿童的关爱工作，赠送N95口罩、奶粉、书包等物资。至年末，同安区有镇（街）妇联组织8个，各村（社区）妇联组织142个，妇女干部521人。在妇女干部中，区妇联5人，镇（街）妇联30人，各村（社区）妇联486人（各级妇联统计人数均含兼职副主席）。年内，推荐获评全国巾帼建功标兵1名，省级三八红旗手1名，省级三八红旗集体1个，省级巾帼文明岗1个。

【妇联思想政治引领】 2021年，同安区妇联开展“百万巾帼大宣讲”活动，共开展“百万巾帼大宣讲”265场，覆盖妇女群体2.2万人次；宣讲十九届五中、六中全会精神20场，“七一”重要讲话精神34场。以妇联官方微信“银城女声”为基点开展宣讲，微信公众号累计阅读量76953人次。推出“党史天天学”和“我为妇女群众办实事”专栏，向市级以上妇联内部刊物及媒体报送妇联工作信息，被全篇或部分刊用报道32篇。

【妇女创业就业扶持】 2021年，同安区妇联为105名创业妇女争取市妇女创业小额贴息贷款2135万元，占全市申请妇女创业小额贴息贷款总数的1/3，总计贴息115万元，受益创业行业主要有民宿创办、校外教育培训、种植类、医疗美容、健身类、零售类、餐饮酒店经营等类型。全年分别在军营村、白交祠村和顶村村开展巾帼技能培训5场，涉及民宿软装提升、旅游讲解技巧、木头画制作等，受益农村妇女110人次。

【妇女典型选树】 2021年，同安区妇联在妇联公众号“银城女声”开辟线上“幸福空间·主席说”专栏，挖掘基层优秀女性，树立巾帼典型，为农村妇女参政议政营造良好的舆论环境，共发送汀溪镇路下村女书记王燕阳、古坑村妇联主席吴丽蓉、洪塘镇新厝村妇联主席苏玉碧、龙西社区妇联主席陈玉春3篇人物典型事迹。“三八”节期间，联合同安区电视台策划推出《争做最美巾帼奋斗者》专栏，宣扬妇女典型人物事迹。编发《新时代银城巾帼风采微故事100篇》，全面宣传在乡村振兴、疫情防控、家庭文明建设中涌现出的优秀妇女典型。鼓励各村（社区）妇女参与基层组织换届选举，基层村（社区）“两委”换届后，有3名女干部“一肩挑”村党支部书记与村主任。选拔、推荐优秀妇联组织、个人，全区获评“全国巾帼建功标兵”1名，“省级三八红旗手”1名，“省级三八红旗集体”1名。

【乡村振兴巾帼行动】 2021年，同安区妇联在顶村村、军营村、白交祠等10个村（社区）开展乡村振兴巾帼行动。通过挖掘妇女创业优秀典型、提升妇女的创业能力、带动优秀人才到乡村创业就业、宣传推广美丽庭院，推动社区孝廉文化建设、建立规范村（社区）巾帼志愿服务队、开展巾帼议事、引导巾帼志愿者积极参与助老爱幼服务、营造和谐邻里氛围等活动，为乡村振兴贡献巾帼力量。全年开展社区活动8场，团体活动10场，专项培训3场。服务妇女400余人次，打造白交祠、军营村巾帼志愿服务品牌，带动顶村“民宿·妇女微家”

参与村（社区）合作社民宿改造，承接儿童关爱手工活动2场，爱心义卖活动2场。

【家庭文明建设】 2021年，同安区妇联举办“父母课堂”7场、公益早教课堂7期，服务婴幼儿及其家长8737人次；开展“爱心扶幼”亲子活动3场和“童心向党　幸福成长”暑期家庭教育系列活动4场，服务418人次。实施“幸福空间”服务项目，开展社区“周末时光”亲子活动系列活动和“童心向党·感悟成长”暑期夏令营，提升家风建设水平，8场线下活动覆盖110组家庭和46名儿童。持续开展寻找“五好家庭”“最美家庭”等活动，共寻找14户市级“最美家庭”，12户市级“文明家庭”，2户省级“绿色家庭”和1户省级“五好家庭”。

【困难妇女儿童帮扶】 2021年，同安区妇联在元旦、春节、“六一”、“七一”等重要节庆日慰问贫困妇女儿童348人，发放慰问金22.6万元。大病救助补助7人、“四癌”救助补助14人，共补助16.8万元。资助困难学生499人，发放爱心助学金46.3万元。继续实施“银城小树苗”困境儿童关爱项目，开展入户和线上关怀服务272人次，举办9场社区活动和爱心妈妈结对帮扶活动，受益次儿童和家长200余人，促成15对爱心妈妈与孩子结对，为40名困境儿童圆梦“银城微心愿”、29名困境儿童申请到助学帮扶金。该项目累计连接20家爱心单位，捐赠价值6.3万元的防疫包、学习包、营养包、助学帮扶金等爱心资源。

【妇女儿童权益保护】 2021年，同安区妇联推进“妇联＋律师＋心理咨询”婚姻家庭法律服务模式，发挥信访窗口、“12338”维权热线等阵地作用，妥善处理群众来信来访来电52件，其中复杂心理咨询个案13件，回访满意率100%。联合同安区司法局开展“情系三八维权月，暖心送法进乡村”法律宣传月活动，邀请律师走进142个社区（村）对城乡妇女儿童群体输送法律援助爱心服务，受益群众5000人次。跟踪同安区法院发出的人身保护令8份，连接律师、心理咨询师资源及社区帮助，预防事态进一步扩大；与法院共建的“家和暖心驿站”化解有过激言论的探望权纠纷1起。与同安区检察院搭建“同心未爱·妇女微家”平台，邀请专业心理咨询师上门为1名校园霸凌受害者提供心理疏导。在同安区诉非联动工作推进会上，区妇联就婚姻家事纠纷多元联动调处机制做典型发言。

2021年11月4日，同安法律援助中心妇女法律援助站挂牌仪式在同安区妇女儿童活动中心举行（同安区妇联供图）

【同安区法律援助中心妇女法律援助站成立】 2021年11月4日，厦门市同安区法律援助中心妇女法律援助站在同安区妇女儿童活动中心挂牌成立。厦门市同安区司法局与同安区妇联签订妇女法律援助服务协议，共同设立该站点，为妇女提供无偿法律咨询服务，引导妇女通过协商、调解、申诉或仲裁、诉讼、复议程序等其他合法途径表达利益诉求、解决矛盾纠纷，负责对妇女提出的法律援助申请进行初步审查，开展妇女权益保障和法律援助等法律法规宣传，协助区法律援助中心对妇女法律援助申请事项进行调查取证。至年末，接受法律咨询个案21件，引导走法律援助渠道4人次。

（韩　君）

厦门市同安区科学技术协会

【概　况】 2021年，同安区科学技术协会（简称同安区科协）结合全国科普日、科技活动周、全国科技工作者日等，围绕富美新同抓好各项科普工作落实。通过订阅号、网站、“科普E站”、科普宣传栏、《银城科普》、电子显示屏等多种手段开展科普宣传活动，全年举办各类科普活动80余场、受众5万余人次。区科技馆免费对外开放接待参观群众10万余人次；开展农村科技小院、农村科普示范村、社区示范青少年科学工作室等试点建设。同安区被省科协推荐为福建省2021—2025年度第二批全国科普示范县（市、区）创建单位，同安区科技馆被省科协推荐为全国优秀科普教育基地、评选为全省科技馆联合行动优秀组织单位，区农技协、明溪蔬菜协会被省农技协表彰为先进农技协。至年末，同安区有院士“专家”工作站3家。

【科普活动】 2021年5月22—28日，同安区科协以“百年回望：中国共产党领导科技发展”为主题举办科技活动周活动，动员全区各科普教育基地、科普惠农服务站、科技馆、青少年科学工作室等20余家面向广大社会展示出新技术、新装备、新产品发展成果，社会群众接受科普知识3万余人次。5月30日科技工作者日前后，同安区科协利用“同安科普”微信订阅号系列宣传区内7名学校科技老师代表的先进事迹，面向厦门第三医院医务工作者亲属组织专场科技体验日活动。9月，同安区科协结合同安区突发的新冠肺炎疫情调整全国科普日活动方案，把新冠疫情防控科普知识宣传作为首位，通过公众号、微信、科普宣传图册等形式推送新冠疫情防控知识20余条，覆盖群众近90万人次；联合区教育局、区科技馆、区教师进修学校举办网上科技挑战赛。

【农村科技小院打造】 2021年，同安区科协以鑫美园果蔬专业合作社为试点打造农村科技小院。以打造省级农村科技小院为目标，先后3次组织专家到现场对开展农业科技创新、科技服务、科学普及、人才培养等进行专业指导。至年底，鑫美园果蔬专业合作社与华侨大学工学院、福建省亚热带植物研究所、厦门华侨亚热带植物引种园、福建农业科学院亚热带农业研究所等机构签约合作，药用山药等新品种得到推广并逐渐形成特色产业。

【农村科普科技示范村建设】 2021年，同安区科协以莲花村为试点开展“农村科普示范村”建设，先后3次入村指导，从组织领导、设施建设和农村专业技术协会、科普带头人的带动引领作用等方面进行规范，在村内建设科普宣传栏1座。引进市老科技工作者协会、市医学会、市药学会3家专业学（协）会与莲花村签订“千会帮千村”合作协议，对莲花村进行科技帮扶。10月，市老科技工作者协会、市医学会、市药学会、市护理学会与村文明实践站科普平台合作组织开展1场以医药卫生为主题的科技进村活动，为村民提供医疗健康方面的科技服务。

【社区示范青少年科学工作室试点建设】 2021年，同安区科协以芸溪社区为试点开展“社区示范青少年科学工作室”建设，先后4次进行现场指导，共投入科普专项资金5万余元对原有科学工作室进行提升改造，扩大青少年科学活动室面积，完善设置设备和打造特色活动主题，增加人工智能、航空航天等最新科技体验产品。

【同安区参加省科技比赛获奖】 2021年，同安区科协联合区教育局、区科技馆、区教师进修学校组织全区学校参加“居家小实验、玩转大课堂”暨“2021年福建省科学实验挑战赛”活动，收到作品315件，同安区挑选出215件作品参加“科学实验挑战赛”全省科技馆联合行动，获一等奖37名、二等奖59名、三等奖71名，同安区167名获奖选手占全省350名获奖选手的48%，全省获

2021年11月19日，同安区科协在官浔小学举办“全国科普日”科普进校园活动。图为活动开幕式

（区科协供图）

评“科学人气星”的20名选手全部来自同安区，同安区科技馆获“科学实验挑战赛”全省科技馆联合行动“优秀组织奖”。

【科普智惠行活动】 2021年，同安区科协、区科技馆打造“科普智惠行”品牌，结合中国共产党成立100周年纪念活动，投入资金4.3万元，组织广大科普志愿服务人员30余人次，先后到祥文社区、阳翟幼儿园、厦门实验学校小学部、官浔小学等多家单位开展“红船再出发·科普新征程”“童心向党·科技育人”“弘苏颂精神·‘船红色文化’”“‘红船精神’进社区”等专项活动，通过讲座、制作、竞赛等方式宣传党史和相关科技知识，受众1200余人次。

（余泽松）

厦门市同安区归国华侨联合会

【概　况】 2021年，同安区归国华侨联合会（简称同安区侨联）指导西柯镇、新民镇、莲花镇3个镇侨联完成换届工作。至年末，辖有镇、街场侨联组织9个，重点社区、村设侨联小组81个，下辖同安区侨联青年委员会及同安区侨联法律顾问委员会。年内，开展“爱心助侨”“爱心健侨”“侨帮侨”和送“福”到侨家等为侨服务品牌工作，全年发动捐资85万元，侨界群众共559人次受助。开设全区侨界学习党史专题讲座，以“侨心向党”为主题开展中共党史学习教育系列活动，在各镇、街道举办党史学习教育专题培训活动9场。开展新冠肺炎疫情防控工作，发动侨界爱心企业、爱心人士等捐款捐物共计价值约人民币531万元。守望相助支持海外侨胞抗疫，捐赠2万只KN95口罩给马来西亚同安金门厦门联合总会，协助同安乡亲疫情防护。接待到同安商务考察、联络联谊的海外同安乡亲4批次约30人次。出版《同安侨批》书籍，挖掘侨批历史文化资源。同安区侨联获评“全国侨联系统助力脱贫攻坚先进集体”，五显镇侨联获评省级“侨胞之家”。

2021年1月26日，同安区侨联接待澳大利亚维州福建同乡会副会长孙达峰（右二），并向他颁发同安区第十三届侨联名誉主席荣誉证书　（杨锦翼　摄）

【侨界人士抗击新冠肺炎疫情】 2021年初，同安区侨联捐赠2万只KN95口罩给马来西亚同安金门厦门联合总会，协助同安乡亲开展新冠肺炎疫情防控。9月，同安区突发新冠肺炎疫情，同安区侨联向侨界群众发出《致同安区归侨侨眷和海外侨胞的一封信》，倡议广大侨界群众与家乡携手抗疫。发动对接协调侨界爱心企业、爱心人士捐款捐物共计价值约人民币531万元。成立志愿服务队伍，发动区侨联委员、侨青会委员50多人主动参与社区疫情防控志愿服务。主动对接外地商会企业，协调解决防疫物资运输难问题，为封控区居民运送防疫及生活物资。协调解决侨企核酸检测问题，协调区红十字会、侨界爱心人士、北极星救援队、厚学慈善会等有关单位，连续多批次为封控区侨资企员工送去新鲜蔬菜、油、米等基本生活物资。深入走访沃丰食品有限公司、天之域电子工业（厦门）有限公司、厦门东纶织造有限公司等30多家侨资企业，了解企业疫情之后复工复产情况及存在的困难和问题，帮助协调解决。

【帮扶救助】 2021年，同安区侨联继续开展“爱心助侨”“爱心健侨”“爱心助学”“侨帮侨”和送“福”到侨家等为侨服务品牌工作。元旦、春节期间，开展“爱心助侨”活动，慰问竹坝学校15户困难归侨侨眷，发放慰问金1.5万元。开展送“福”到侨家迎新贺岁活动，慰问竹坝华侨农场的17户困难归侨侨眷，赠送米、油、面等慰问品及慰问金。邀请区侨界书法家现场书写祝福春联100多副赠送给群众。3月，开展“爱心健侨”活动，组织侨界医师专家到同安竹坝华侨农场，为100多名归侨侨眷免费提供诊治、配送药品，宣传《中华人民共和国归侨侨眷权益保护法》《中华人民共和国民典法》及垃圾分类等，发放材料共300多份。端午节期间，开展“粽情暖侨心”慰问困难户活动；为同新社区15户困难老人、高龄老人赠送“爱心鞋”。开展“爱心助学”活动，协助菲律宾华侨胡彩英女士家族通过国祺中学教育促进会奖学基金奖学奖教助学，奖励国祺中学238名优秀师生，发放奖金及奖学金33.13万元；协助新加坡丰隆集团慈善基金发放奖金及奖学金约10万元，用于莲花镇沃溪村学校的奖学奖教助学。8月5日，举办第39届“柯朝阳奖学金”颁发工作，向6名高考成绩优秀的学生发放奖学金6万元；菲律宾侨胞许錡錡捐助15位困难学生共计1.5万元。开展“侨帮侨”活动，12月16日，在同安区政府会堂举办菲律宾比尼扬市市长特使、同安区侨联名誉主席许自福扶贫助困捐资仪式，捐资5万元帮扶50户困难户，向2名困难归侨侨眷贫困生提供定期资助。

【参政议政】 2021年，在同安区人大、政协“两会”期间，区侨界代表委员共提出人大议案、政协提案22件。其中人大议案及政协提案《关于将同安区侨联办公楼列入县级文物保护单位的建议》引起有关部门的重视，区建设局、区文旅局调研后建议纳入同安老城区风貌保护统筹规划。同安区侨联参与市侨联组织的课题调研，《以“侨”为本，打造富有南洋特色的乡村振兴之路》《党建带侨建工作的几点思考》《加大侨乡文旅发展　推动侨居乡村振兴——以竹坝华侨农场为例　浅谈侨乡乡村振兴发展思路》《关于基层侨联侨史馆与侨史文化建设再探讨》4篇调研文章入选《厦门市侨联2021课题调研文集》。

【侨益维护】 2021年，同安区侨联调处涉侨信访件20多件，区侨联指导西柯镇侨联维护海外侨胞权益，妥善处理该镇归侨侨眷房屋的拆迁、安置等工作，为归侨侨眷争取经济补偿约2740万元。

【联络联谊】 2021年，同安区侨联以“9·8”厦门贸洽会等为契机，与菲律宾、厄瓜多尔、澳大利亚等侨商开展联谊交流活动，发文祝贺菲律宾漳厦龙同海商会第五届理事会就职典礼；通过视频线上参加马来西亚柔佛州金同厦会馆成立55周年庆典；参与美国闽南同乡联合会通过视频举办的网上庆中秋联欢活动，选送由同安区琴韵敦煌艺术培训中心表演的《中秋暝》和《阿嬷爱看戏》等本土特色节目视频播出；接待澳大利亚、巴西、厄瓜多尔等地侨商，为其商务考察提供服务并开展联谊交流。

【“侨爱心·进社区”眼健康义诊】 2021年7月9日，“侨爱心·进社区”眼健康义诊项目启动仪式在区五显镇香溪社区“侨胞之家”举行。该项目由中国华侨公益基金会、厦门市侨联、华厦眼科医院集团主办，同安区侨联、五显镇人民政府承办，厦门眼科中心、香溪社区、五显镇侨联协办。市侨联主席陈俊泳、副主席林中英、同安区委常委统战部部长林进柱、市侨联副主席、同安区侨联主席林一亭等领导及华厦眼科医院集团副总裁、厦门眼科中心执行院长李晓峰以及厦门眼科中心医生专家等出席仪式。在启动仪式上开展义诊检查，内容有视力、外眼部、眼压、裂隙灯、眼底检查等项目。医务人员为群众进行近视、远视、白内障、眼底等眼部疾病的初步筛查，并做眼保健专项指导，130多名社区群众及侨界群众受益。

【“亲情中华·为你讲故事”网上夏令营】 2021年7月15—29日，“亲情中华·为你讲故事”厦门同安特色文化网上夏令营举行。该夏令营由中国侨联主办，福建省侨联、厦门市侨联、厦门市同安区侨联承办，北美华人华裔寻根协会和厦门东海职业技术学院协办，来自北美和菲律宾的海外华裔青少年66人参加。夏令营采用现场直播＋录播的形式，邀请厦门东海职业技术学院和北美华人华裔寻根协会的老师线上直播授课和辅导，安排《西游记》《三国演义》《成语、寓言故事》等小故事演播，设置国画、书法、武术、同安美食制作等课程，推送厦门同安宣传视频短片以及2019年在同安举办的“亲情中华·为你讲故事”实体夏令营图片等，增强海外华裔青少年对中华传统文化及故乡厦门同安的认识和了解。夏令营期间，在线推送小任务，提供展示平台，展示营员成果、老师现场点评，开展营员交流互动等。营员创作302个作品，涉及国画、书法、武术、美食等。区侨联编写信息报道21篇通过厦门市侨联公众号、百度网站等媒体平台发布，其中3篇被中国侨网采用。

【《同安侨批》编撰出版】 2021年，同安区侨联开展侨文化书籍《同安侨批》编撰工作。1月，同安区侨联成立编委，聘请市侨联主席陈俊泳，同安区委常委、统战部部长林进柱，原同安区政协副主席洪祖溢为顾问，侨史文化专家、知名侨批收藏与研究者郑来发、黄清海、林南中和郑利民等编撰。12 月，《同安侨批》定稿内部出版，总计约 400 页。《同安侨批》精选 1911—1983 年期间同安（古同安范围，含今同安区、翔安区、集美区）侨批 240 多封，涉及旅居新加坡、马来西亚、菲律宾、印度尼西亚、泰国、缅甸、越南等地的同安华侨的书信往来，并对所有侨批封进行文字识读，是研究同安移民史、华侨兴衰史的珍贵资料。

【“友好侨联”缔结】 2021 年 5 月 12 日，同安区侨联与南平市松溪县侨联缔结“友好侨联”。同安区侨联主席林一亭与松溪县侨联副主席周志强在同安区侨联大楼签订双方缔结“友好侨联”合作关系协议书，在服务经济建设、资源共享、对外联谊、新侨工作、信息交流等方面开展合作。

（李卫红）

厦门市同安区文学艺术界联合会

【概　况】 2021 年，厦门市同安区文学艺术界联合会（简称“同安区文联”）召开文学艺术界联合会代表大会，完成换届选举，选举产生主席 1 人，副主席 2 人。至年末下设有协会 13 家，累计超 500 人，其中国家级文艺协会会员 5 人，省级文艺协会会员 36 人。年内，同安区文联成立镇（街）“文艺轻骑兵”队伍，举办“同舟共济，协力战疫”及“同心同安”主题书画书法作品网络展、富美同安新时代同安农民画长卷展等重大主题展演活动。围绕庆祝中国共产党成立 100 周年、新冠肺炎疫情防控等题材组织文艺工作者开展散文、诗歌、戏曲、答嘴鼓、荷叶说唱、农民画等各类作品创作并推荐参赛，4 篇作品获省级奖项。

【文艺创作】 2021 年，同安区文联鼓励民间剧团、文艺社团及其他文艺工作者开展创作，多部原创作品获奖。组织参加福建省艺术馆“党在我心中”庆祝中国共产党成立 100 周年主题征文比赛，4 篇作品获奖。《有你同“安”》原创歌曲作品登上厦门市 2021 同心抗疫文艺作品云展播。在省文联、省文化和旅游厅联合主办的“曲颂党恩——庆祝中国共产党成立 100 周年”第四届福建省曲艺丹桂奖大赛上，“非遗”传承人林丽红主持创作的荷叶说唱《乡村小唱》获节目奖一等奖。本土青年编剧林志杰、黄相平联合创作高甲戏《回甘》于 6 月公演，以同安区军营村第一书记高泉阳为原型，讲述基层党员干部带领群众脱贫致富、改变乡村风貌的故事，被评为 2021 年度福建省舞台艺术精品工程重点剧目。同安区莲花镇莲花褒歌演唱团（曲艺小组）演出的《高山幸福歌》以总分第二名的成绩获厦门赛区一等奖。福建省文化馆主办的福建省“庆祝中国共产党成立 100 周年”原创小戏比赛中，本土编剧宋永贤编排创作的《海风吹》《阮兜红砖厝》获省级一等奖。

【文艺惠民活动】 2021 年，同安区文联持续开展“高雅艺术进同安”“三下乡”等文化惠民活动。在春节前夕，同安区文联邀请多位书法家协会的艺术家为居民书写春联，现场发放春联 200 副；音乐舞蹈协会、民俗文化协会等多个协会参加同安区“欢喜过大年——2021 舞动银城”线上文艺演出；音乐舞蹈家协会开展“全民健身运动会”线上广场舞大赛。年内，区音乐协会每周推出 1～2 场“快闪”式街头百姓大舞台文艺表演。区旗袍协会参加 2021 年“情暖人社　温馨退服”进社区慰问退休人员文艺演出活动，共演出 11 场。区曲艺家协会、区民俗文化协会、区管乐协会在暑假期间分别在各自专业领域开展公益培训，受益群众总计约 350 人次。

【莲花褒歌传承】 2021 年 3 月 6 日，同安区委宣传部、区文旅局、莲花镇人民政府联合举办第十四届厦门莲花褒歌（山歌）比赛，由过往搭台打擂的集中式赛制改为线下实景 MV 拍摄，线上展播、全民网络投票的方式进行。10 支队伍参赛，其中来自台湾地区台南的队伍参赛作为表演嘉宾参加。年内，莲花褒歌演唱团分别参加中国民协在云南主办的茶马古道民歌展演及农业农村部主办的中国农民丰收节展演，创作的《乡村振兴同齐来》参与“永远跟党走”厦门市庆祝中国共产党成立 100 周年文艺演出。

【文艺作品扶持奖励办法出台】 2021 年 8 月，同安区出台《同安区文艺发展专项资金扶持奖励办法（试行）》。该办法通过设立文艺发展专项资金，扶持优秀原创文艺精品的文本创作及文艺作品创作生产，奖励获得重大奖项的作品和个人。扶持项目门类包含文学图收、影视广播、舞台艺术、美术、书法等，重点扶持充分体现同安本土精神文化特质和同安丰厚的历史文化底蕴、展示同安

2021 年 2 月 9 日，同安区“1+8”文艺轻骑兵授旗仪式在五显镇垵炉村举行

（夏海滨　摄）

经济社会发展成就和城市精神风貌的优秀文艺项目和作品，根据扶持对象和扶持范围的不同标准对每个项目或作品发放从 3000 元至 30 万元不等的奖金。

【镇街文艺轻骑兵队伍成立】 2021 年 2 月 9 日，同安区文联在五显镇垵炉村举办“1+8”文艺轻骑兵授旗仪式，同安区 8 个镇（街）文艺轻骑兵队伍成立。队伍主要由本镇（街）文艺爱好者组成，每支队伍的人数约 30 人。镇街文艺轻骑兵队伍成立后打造文艺志愿服务品牌，深入村（社区）、企业、学校、军营等，每周末都在同安各地场所演出管乐表演、南音表演等节目，全年演出超百场次。

（王洪喜　何慧莹）

厦门市同安区社会科学界联合会

【概　况】 2021 年，厦门市同安区社会科学界联合会（简称同安区社科联）联合成立厦门市同安区哲学社会科学工作领导小组（哲学社会科学规划领导小组）成立，加强同安区哲学社会科学事业领导工作。开展社科理论宣传普及工作，全年举办理论宣传专题讲座 11 场，受众 1400 多人次。举办 2021 年同安区社科普及宣传活动周、2021 年厦门（同安）孔子文化节、2021 年厦门（同安）第六届朱子文化节、第十届厦门（同安）苏颂国际文化节等活动，推动本土优秀历史文化研究传承，指导成立同安区陈元光文化促进会，筹备成立同安区陈化成文化研究会，指导闽南文化研究会举办“推动闽南传统文化创造性和创新性发展”研讨会。

【理论宣讲研讨】 2021 年，同安区社科联组织社科界召开座谈会，学习贯彻习近平总书记在党史学习教育动员大会上的重要讲话精神。召开庆祝中国共产党成立 100 周年社科理论工作座谈会，深入学习贯彻习近平总书记在庆祝中国共产党成立 100 周年大会上的讲话精神。在同安会堂举办 2021 年福建省学习习近平新时代中国特色社会主义思想百场社会科学专题报告会，深入镇（街）、村（社区）、学校、企业开展理论讲座 11 场，举办《企业数字化升级之路》《家庭环境与亲子关系》《守初心　担使命　做好新时代的答卷人》等专题讲座，受众 1400 余人。

【社科作品创作】 2021 年，同安区社科联组织编印社科丛书《船过城桥不眠桅——同安耕海史迹考》《苏颂文脉传承与延展》，拍摄纪录片《仰望星空的人——北宋宰相科学家苏颂》，编排闽南语布袋戏《群防群控战疫情》、原创歌曲《贤相苏颂》、歌仔戏《苏颂断案》等一批社科文艺节目，扩大社科普及宣传的覆盖面。与同安融媒体中心持续办好《文话同安》栏目，结合访谈、直播等模式，年内推出历史名人、名胜古迹、同安民俗、古早小吃等系列作品。

【社科普及宣传周活动】 2021 年 12 月 2—7 日，同安区委宣传部和同安区社科联联合举办以“永远跟党走　谱写新篇章”为主题的 2021 年同安区社会科学普及宣传周活动。12 月 2 日，启动仪式在同安县衙旧址举行，区委常委、宣传部部长林生海、区委宣传部一级调研员郑森等领导及文化馆、图书馆、档案馆等相关代表参加。举办社科新书《船过城桥不眠桅——同安耕海史迹考》首发仪式，该书约 40 万字，展现同安先贤守卫海疆、经略海洋的开拓精神。是同安区文化丛书“同安文库”系列之一，也是同安区庆祝厦门经济特区建设 40 周年的文化作品。宣传周期间，同安区社科联在洪塘镇苏厝村、下墩村、汀溪镇褒美村、西柯镇美人山社区举办“社会科学在你身边”系列

2021 年 12 月 2 日，同安区社会科学普及周活动启动仪式在同安老县衙旧址举行。图为在启动仪式上举办同安社科书籍《船过城桥不眠桅——同安耕海史迹考》首发式（黄文水供图）

宣传咨询活动，有关机关、企业、社团等 10 多家单位现场向群众普及社会科学知识。深入全区 8 个镇（街）村（社区）及各新时代文明实践站举办 8 场社会科学专题系列讲座。举办“文明实践展风采”摄影大赛，收到参赛作品 1085 幅，评选出 100 幅作品，其中一等奖 1 个、二等奖 3 个、三等奖 5 个、优秀奖 91 个。同安区社科联联合五显镇政府举办开闽王文化节等线下线上一系列活动。

【2021 厦门（同安）第六届国际朱子文化节】 2021 年 7 月 18 日，2021 厦门（同安）第六届国际朱子文化节在同安举行。文化节由中共厦门市委宣传部、厦门市社会科学界联合会、中共厦门市同安区委、厦门市同安区人民政府指导，中共厦门市同安区委宣传部、厦门市同安区社会科学界联合会、朱子学会、厦门大学国学院主办，厦门市同安区闽南文化研究会协办。以“熹光永照　与民同安”为主题，坚持“线上为主，线下为辅”的原则，通过境内外专家网络连线会讲、新媒体平台全球全程直播转播。在开幕式上，展示 AI 融媒体产品——朱熹带你重读《朱子家训》，利用网络工具套件、图像生成、语音生成口型等技术，生动还原朱熹的容貌和神态。举办《朱子家礼》文献集成项目启动仪式、同安朱文公自画像发布仪式、朱子之路研习营授旗仪式及朱子首仕同安与城市治理论坛。发布“同安朱子之路”研学旅游精品线路。将同安辖区内的朱子书院、苏公祠、文公书院等朱子文化遗存连线，打造推出特色鲜明的朱子主题朝祭、修学、观光的旅游线路。会场外设立国风文创集市，汇集同安富有特色的文创产品及美食。

【2021 年厦门（同安）孔子文化节】 2021 年 11 月 25 日，2021 年厦门（同安）孔子文化节在同安孔庙举行。文化节由同安区委宣传部指导，同安区社科联主办，以“儒济银同　和宁两岸”为主题举办祭孔大典，孔子第 76 代裔孙孔令震、台湾同胞王立仁等作为陪祭人参与。24 名同安本地小学生代表参加开笔礼，28 名中学生代表参加成人礼。在同安朱子书院举行“探寻千年古韵　传承闽南文化”学术研讨会，许梗桐、张沧海等多位本土历史文化专家学者参加，对如何进一步挖掘闽南传统文化资源，弘扬优质传统文化建言献策。

【同安区陈元光文化促进会成立】 2021 年 11 月，同安区陈元光文化促进会成立，召开第一次会员大

2021 年 11 月 25 日，厦门（同安）孔子文化节在同安孔庙举行。图为小学生代表参加开笔礼（同安区社科联供图）

会，选举产生第一届理事会，陈圣愿当选会长，会员 51 人。陈元光为唐高宗时期将领，讨伐潮州贼寇，战死沙场，追赠临漳郡侯，谥号忠毅，成为闽台地区重要的民间信仰之一，尊号“开漳圣王”。陈元光文化促进会成立旨在弘扬“开漳圣王”文化，传承陈元光开漳精神。

【朱子首仕同安与城市治理论坛】 2021 年 7 月 18 日，朱子首仕同安与城市治理论坛在厦门同安朱子书院举行。该论坛既是厦门市第十二届社会科学界学术年会十大论坛之一，也是 2021 年厦门（同安）第六届国际朱子文化节的重要组成部分。论坛邀请百家讲坛客座教授傅小凡、韩国学者崔英辰、日本学者海村惟一等 7 名国内外朱子学研究专家以“线上线下”结合的方式展开分享与对话，共同探讨朱熹在同安期间的社会治理实践启悟，挖掘朱子文化精髓，研讨朱子学在完善中国特色社会主义制度、推进国家治理体系和治理能力现代化等方面的时代价值。

（陈曼璐）

同安区残疾人联合会

【概　况】 2021 年，同安区残疾人联合会（简称同安区残联）落实各项扶残助残政策，开展残疾人事业宣传、康复、教育、劳动就业和生活保障等各项工作，建设残疾人社会保障体系和服务体系。至年底，全区办理残疾人证 1434 件，有持证残疾人 8653 人；全区有专职残疾人联络员 154 名，其中区级残疾人联络员 5 名，镇（街）级残疾人联络员 8 名、村（社区）残疾人联络员 141 名；共有 2 家福乐家园、8 家镇（街）残疾人职业援助中心、2 家残疾儿童康复机构、1 家残疾人托养机构在运营。区残联全年受理信访件 23 件、接待信访人 3 人次，涉及诉求反映、意见建议、政策咨询等方面，均给予妥善解决。

【残疾人教育】 2021 年，同安区

2021 年同安区残疾人口基础数据一览表

表 8

单位：人

残疾等级	视力残疾	听力残疾	言语残疾	肢体残疾	智力残疾	精神残疾	多重残疾	合计
一级	205	174	33	404	44	30	378	1268
二级	40	221	25	800	263	1211	226	2786
三级	13	178	50	1095	506	391	60	2293
四级	120	45	53	1746	306	29	7	2306
合计	378	618	161	4045	1119	1661	671	8653

2021 年同安区各镇（街）残疾人残疾类别情况表

表 9

单位：人

镇（街道、农场）	视力残疾	听力残疾	言语残疾	肢体残疾	智力残疾	精神残疾	多重残疾	合计
大同街道	72	80	13	545	142	252	72	1176
祥平街道	53	81	26	537	162	228	90	1177
洪塘镇	46	75	14	527	130	184	87	1063
五显镇	55	113	35	613	140	236	107	1299
汀溪镇	25	37	15	285	97	106	49	614
莲花镇	56	98	22	555	189	206	101	1227
新民镇	36	74	20	523	135	236	106	1130
西柯镇	35	60	16	460	124	213	59	967
合　计	378	618	161	4045	1119	1661	671	8653

在各类学校就读的残疾学生383名，其中幼儿园44名、九年义务教育阶段及特校生300名、高中及中职23名、全日制大专以上13名、自考大专以上3名；另有困难残疾人家庭子女322名，其中幼儿园48名、九年义务教育阶段200名、高中及中职18名、全日制大专以上56名。同安区残联做好残疾学生及困难残疾人子女就学补助工作，共为742名就学对象发放每人500～10000元不同标准的助学补助，向1家接收2名残疾儿童的幼儿园给予特护补助，全年发放助学补助88.41万元；向当年被高校录取的8名残疾学生和27名困难残疾人家庭子女新生发放一次性交通生活补助，标准为残疾学生3000元/人，困难残疾人家庭子女1500元/人，总计发放6.45万元。

【残疾人康复服务】 2021年，同安区残联落实儿童康复救助补助政策，为残疾儿童发放市级康复救助212.24万元，其中发放本区户籍331人次、持居住证72人次；为全区户籍“四残”（听力语言残疾儿童、肢体残疾儿童、智力残疾儿童、孤独症儿童）儿童267人次发放区级康复补助60.95万元。开展精神疾病患者医疗康复补助工作，为全区1730名精神病患者申报每月300元处方用药及基本检查医疗康复补助，共计补助570.9万元。发展残疾人康复托养照料服务，年内审核通过2家民办残疾儿童康复训练机构，完成1家重度残疾人托养机构的初审。提升辖区内康复托养条件，累计为重度残疾人提供市、区两级托养服务补助69人次27.75万元。

【残疾人就业扶助】 2021年，同安区残疾人城镇新增就业163人，农村新增就业150人，指标完成率分别为226%、267%。同安区残联探索实行“互联网+”残疾人就业创业帮扶模式。7月，在五显镇开办抖音电子商务技能培训，共培训残疾人学员17人，成功孵化网店3家；12月，配合市残疾人就业服务中心在区残联举办第二期抖音电子商务技能培训，共有10名残疾人学员通过考核，取得结业证书；12月，组织“国际残疾人日”网络专场招聘会，筛选六家高质量企业，提供适合残疾人的工作岗位40多个。同安区残联作为协办单位组织残疾人参加同安区2021年大型人才交流与劳动力转移暨“春风行动”现场招聘会，吸引近200名残疾人参加，现场达成就业意向13人。开展受新冠肺炎疫情影响的残疾人企业和个体户精准帮扶，为196名对象发放疫情补贴30.8万元。全年为19人发放自主创业一次性补贴12.5万元，为41人发放经营性补贴20.5万元，为88人发放养老保险和医疗保险补贴63万元。为23名残疾人发放购置农机补助14万元。

【残疾人社会保障与救助】 2021年，同安区新增困难生活补助对象323人、居家护理补贴对象764人，发放困难生活补助31675人次1137.85万元，发放居家护理补贴54134人次2121.06万元。年内，同安区残联累计为“一户多残”救助对象审核发放补助981户/次244.59万元。开展临时性救助慰问工作，利用春节、全国助残日等时机共走访慰问困难残疾人381名，发放慰问金19万元、油米等慰问品381份；在“六一”节为全区385名残疾儿童发放节日慰问金19.25万元；联系爱心企业开展爱心关怀，为1500名困难残疾人发放慰问食品3500份；配合市残疾人福利基金会为8552名残疾人每人发放1份疫情慰问物资，包含防疫口罩、洗漱用品、央广会员卡等。

【残疾人文体活动】 2021年，同安区残联结合庆祝中国共产党成立100周年活动，以“‘吃水不忘挖井人，一颗红心永向党’——全国助残日·颂党恩”为主题开展第31次“全国助残日”纪念活动，展示同安区残疾人才艺。12月，分别在汀溪镇顶村村和祥平街道阳翟社区开展“国际残疾人日”主题活动，组织残疾人参加投掷沙包、套圈答题等趣味游戏。在春节、元宵节、端午节等节日，同安区福乐家园和8个镇（街）残疾人职业援助中心组织残疾人学员在室内和室外开展各类富有节日特色的活动。

【残疾人防疫服务】 2021年，同安区残联在新冠肺炎疫情防控期间，实行涉疫残疾人“一对一”跟踪管理机制。全区8557名持证残疾人有涉疫人员432人，其中集中隔离12人、居家隔离420人，均纳入网格化管理和村（社区）残疾人联络员“一对一”管理双重管控机制。落实残疾人核酸检测应检必检，主动协调相关部门，对1020名不便出门重度残疾人开展上门采样服务，除38名重度精神疾病患者不配合入户采样外，其余8519名持证残疾人均落实核酸检测，应检尽检率99.6%。开展疫情管控期间“问健康、送关爱，问需求、送服务”爱心活动，协调同安区新开元医院，采取先供药后刷卡、免费送药上门、免费送药到卡口等方式，累计为辖区内精神疾病患者1500多人次提供零差价用药保障和病情咨询服务；采取爱心接力前送入户的方式，为305名申请市仙岳医院用药补助的持证精神疾病患者解决日常用药问题；积极做好闭环健康管理区域、隔离场所内370名残疾人人文关怀与服务保障工作，通过开通残疾人服务保障专线、公布辖区内联络员联系方式和按属地建立“一对一”帮扶机制等措施，及时畅通残疾人服务保障渠道，妥善解决区域内残疾人用药、康复、生活等问题。经常性督导所属福乐家园、8个镇（街）残疾人职业援助中心、8家“爱心屋”和1家民办重度残疾人托养机构、2家残疾儿童康复训练机构等残疾人服务场所开展场所消毒、设施配套、人员防护等疫情防控措施。

【区残联为民办实事项目】 2021年，同安区残联开展“我为群众办实事”实践活动，受惠963人次。落实残疾人家庭无障碍改造工作，遵循“需求摸底、逐级审核和入户勘察、个性化设计、一户一案”的改造要求，年内完成106户改造任务，超额完成指标26户。11月，通过市残联对同安区的无障碍环境建设督导抽查。创新开展重度残疾人入户评残办证服务，主动上门为全区卧病在床、行动不便的重度残疾人开展信息采集、残疾医学鉴定、辅助器具评估、残疾人证办理等“零距离”“一站式”免费服务，4月初启动至年底，累计为8个镇（街）285名重度肢体残疾人完成残疾等级鉴定和残疾人证办理服务，该做法得到市残联业务部门高度认可并在全市推广。做好残疾人辅助器具适配服务，累计为726名残疾人提供1142件辅助器具适配服务；配合市残联为49个建制村残疾人免费评估适配个性化辅具，共为388名需求对象适配辅助器具544件。结合入户评残活动，累计为171名重度残疾人开展重度残疾人辅具需求免费评估服务。广泛宣传并指导协助残疾人做好辅具适配网上补贴申报工作，全年累计为239人/次残疾人适配辅助器具384件/次，共计37.36万元。

【“爱心屋”运营管理】 2021年，同安区出台《同安区“爱心屋”运营激励机制暂行规定（试行）》，进一步规范招募残疾人经营的福利便利店“爱心屋”运营机制，对运营形式、经营范围、人员安排、供货渠道、劳务报酬及结余利润分配等方面作出规定，提升“爱心屋”管理水平。同安区残联开展“近邻有爱”助残慰问活动，协调祥平、汀溪、洪塘“爱心屋”利用营业收入，为16名失去劳动能力的困难残疾人和退役困难残疾人军人开展送爱心活动。做好新冠肺炎疫情防控期间“爱心屋”关爱服务，为因疫情影响停业的“爱心屋”营业员及时发放生活补贴，解决营业员后顾之忧。开展党员进社区、支部进社区“双报到”爱心打卡消费活动，鼓励党员购买扶贫物资等等优先从“爱心屋”采购。2021年度，全区8家“爱心屋”营业总额1353.52万元，营业员月平均工资1320.86元。

（张权玉）

厦门市同安区红十字会

【概　况】 2021年，厦门市同安区红十字会（简称同安区红十字会）募集爱心捐赠23216笔7265.74万元（含向市红十字会定向捐赠），募捐总额在全市六个区位列第一。开展扶贫救助、走访慰问、救护培训、无偿献血等工作，惠及群众2.73万人次。投入10万元做好红十字博爱驿站公益服务项目，为群众提供咨询服务，开展6场应急救护知识普及活动。继续抓好学校红十字工作，至年末，全区70所中小学全部成立学校红十字会。分别在“5·8”世界红十字日、“5·12”全国防灾减灾日、6月14日“世界献血者日”以及人体器官捐献志愿登记宣传季、12月1日“世界艾滋病日”等主题日开展宣传活动，发放各类宣传资料1000余份。推荐7家爱心企业申报并获得中国红十字会总会授予“中国红十字奉献奖章”。

【红十字会助力新冠肺炎疫情防控】 2021年9月，同安区发生新冠肺炎疫情，同安区红十字会成立近百人同安区红十字会战疫志愿者服务队，为595个驻点一线抗疫人员、封控区、隔离点的志愿者及群众输送396批疫情防控物资，共接受社会各界爱心捐赠20507笔款物合计7087.61万元，其中捐款20111笔合计3122.18万元，捐物396笔合计3965.42万元，捐赠款物占全市总额60%以上。发动红十字会志愿者参加村（社区）核酸检测服务，协助全区完成10轮核酸检测任务。承接疫情防控期间特殊医疗服务需求，为53名肾病血透患者提供定期接送到医院开展血透医疗服务。推动政府及相关部门对本土新冠肺炎阳性病例治愈人员和隔离群众的人道关怀，在开展博爱送万家活动时争取到市级慰问大礼包50份，用于新民镇对部分新冠肺炎阳性病例治愈人员的慰问；对1名在隔离期间发生意外身亡的人员家属给予人道主义关怀慰问金8万元。

【募捐活动】 2021年，同安区红十字会创新筹资方式，与中国建

2021 年 6 月 28 日，同安区红十字会在安踏集团举办应急救护公益培训

（同安区红十字会供图）

设银行同安支行合作开设“悦生活”网上红十字扫码捐赠工作，方便爱心人士及单位献爱心。组织开展“万人献爱心、慈善一日捐”活动，募捐 176 笔 103.36 万元；河南水灾募捐 7 笔 43.81 万元；“99 公益日”网络募捐活动 2518 笔 10.26 万元；疫情捐赠 20507 笔 7087.61 万元，全年募捐款物合计 23216 笔 7265.74 万元，创同安历史新高。

【救护培训】 2021 年，同安区红十字会创新应急救护公益培训模式，由流动“六进”（进社区、进学校、进单位、进家庭、进场所、进农村）培训拓展为集中到各文明实践站培训，由传统的线下培训拓展到线上培训同步进行，全年开展应急救护公益培训 141 场惠及 25122 人，超额完成上级下达指标的 30%。其中各级红十字会开展线上、线下应急救护普及培训 23 场，惠及 15053 人；区级专场应急救护公益培训 118 场，惠及全区 10069 人。开展红十字救护员持证培训工作，向市救护培训中心报送 6 个团体 217 人参加红十字救护员持证培训。

【人道救助】 2021 年，同安区红十字会修订《厦门市同安区红十字会人道救助金管理办法》，放宽人道救助金申请条件，将“当年度住院发票中自付部分累加达到 1 万元以上（含 1 万元）”改为“一年内住院发票中自付部分累加达到 1 万元以上（含 1 万元）”，合理满足下半年发病困难群众的人道救助需求。开展大病救助活动，全年救助群众 264 名，每人发放救助金 2000 元；开展形式多样的红十字博爱送万家活动，走访慰问困难群众 2215 人，款物合计 91.937 万元，其中走访慰问困难环卫工人 45 人、困难学生 101 人、困难群众 31 人、麻风康复人员 19 人；发动 4 家爱心企业捐赠物资价值 14.24 万元，惠及 6 所学校乡村困难学生及区残联福乐家园残疾人 40 人。

【“三献”工作】 2021 年，同安区红十字会举办“5·8”世界红十字日、“建党百年正风华　卷袖之爱展初心——庆祝中国共产党成立 100 周年无偿献血活动”等 10 场主题活动，开展“三献”（献血、造血干细胞捐献及人体器官捐献）知识宣传，全年有 13 名爱心人士登记成为人体器官捐献志愿者，其中 1 名爱心人士完成捐献，2 名爱心人士登记捐献造血干细胞。举办 2 场大型专场献血活动，有 263 人献血 7.061 万毫升。

【省级红十字会博爱家园创建】 2021 年，同安区红十字会投入 10 万元在东山社区创建省级红十字会博爱家园。提升社区已有的社区红十字服务阵地，依托社区党群服务中心、新时代文明实践站及社区其他公共服务设施，制作统一的博爱家园标识，突显红十字元素，设立接待咨询、健康服务、宣传培训、配备应急救护一体机等功能设施，增强博爱家园的服务功能。

（张东勤）

法　治

政法及综治

【概　况】 2021年，同安区常态化开展扫黑除恶专项斗争和矛盾纠纷化解。完成全国“两会”、中国共产党成立100周年庆祝活动等重大会议、活动的安保维稳任务。开展道路交通安全治理和信访治重化积专项工作。有关部门领导定期深入基层下访群众，全年各级领导干部811人次接访约访下访1843批次，推动信访事项化解263件。做好新冠肺炎疫情防控期间社会维稳安保工作，严防疫情输入及外溢。推动社会治安综合治理“网格化+大数据”工作，打造网格化管理同安蓝本。全年社会治安群众安全满意率保持99%以上。开展政法队伍教育整顿工作，推进为民办实事项目111项，政法队伍教育整顿成果满意率排名全省第12。

【信访治重化积专项工作】 2021年，同安区通过“全面摸排、领导包案、重新核查、精准化解”的方式，开展信访治重化积专项工作。全面摸排全区信访积案情况，逐件登记造册、建立台账。落实领导包案制度，各包案领导负责制订解决问题的具体方案，组织协调、督促检查相关责任单位办理信访案件。开展重新核查工作，对难化解、难息访的原因进行分析，查找症结。至年底，全区95件信访积案化解94件，化解率98.9%。

【村（社区）网格化管理】 2021年，同安区坚持城乡一体化开展社会治理，科学划分网格，出台管理制度，招聘配齐网格员，建立数据化平台，加强基层村（社区）网格化管理。

网格划分　制定《同安区网格划分基础规范（试行）》，按照“属地管理、尊重现有、片区完整、规模适度、无缝覆盖、动态调整、以大并小”七大网格划分原则，在全区划定网格719个，其中按照行政区划社区（村）划分基础网格659个，在各镇（街）管辖的成规模园区和工业集中区划分专属网格60个。

队伍建设　面向社会招聘本科以上学历的城乡社区工作者（网格员）440人。按照“一员多岗、一岗多能”的标准开展岗前培训、在岗轮训和专业培训，实现培训工作常态化。采取网格员星级评定模式，实施网格员考评考核、奖励激励与群众满意度挂钩制度。

网格管理　出台《网格化管理工作方案》《同安区城乡社区工作者管理实施细则》《同安区城乡社区综合考核办法》《同安区城乡社区工作者绩效考核办法》《同安区城乡社区工作者待遇薪酬调整方案》，实行网格人员配备、工作职责、资源调配、任务清单、信息采集、督查考评“六个统一”，实现小事不出网格、大事不出社区。以同安大数据中心为中枢，构建区、镇（街）、村（社区）、网格四级管理，区、镇（街）两级指挥的网格化社会治理运行架构和责任体系，确保网格信息全网通览，工作指令一网指达。

【基层自治建设】 2021年，同安拓展房东协会作用，打造房东协会与平安志愿者、巡防队伍、微型消防站队员等群防群治力量形成“横向互动”组织工作体系。创新推行“邻长制”，将居住临近的10余户居民分为一个邻区，从党员、村民代表等群体中推选出2800余名邻长，参与基层事务管理。依托社区网站、微信群等，在社区（村）设立民主议事厅，灵活运用“线上+线下”形式，畅通居民参与民主协商渠道，增强群众民主协商能力。

【社会治安综合治理】 2021年，同安区推进“雪亮工程”建设，整合政府机构、学校、景区、医院等24个单位二类视频监控资源，搭建区级社会治理大数据平

2021年，同安区在警察培训基地建成大数据可视化系统平台　（夏海滨　摄）

台。培塑平安志愿者、群防群治队伍“身边好人”等典型，激发社会正能量。推进“三险合一”（社会治安综合保险、道路交通事故救助保险、大病医疗救助保险合并打包运作）工作，全面优化提升保险方案，提高保险金额和保险覆盖面。开展“百村百场”普法宣传活动，实现全区141个村（社区）普法宣传全覆盖。聘用41名优秀律师为村（社区）法律顾问，深入村（社区）排忧解难，提供法律咨询3850人次，协助处理重大和群体性案件9件，协助处理信访问题15个，参与调解矛盾纠纷139起。

【“议理堂＋公证”调解模式推广】 2021年，同安区制订《同安区“议理堂”驻公安派出所公证调解室推广工作方案》，投入300万元，在全区9个派出所和交警大队建成“议理堂”驻公安派出所（交警大队）公证调解室，年内，全区派出所公证调解室对接矛盾纠纷4038件，其中受理3908件，全部调解成功；引导分流130件。

（吕沛忻）

法治政府建设

【概　况】 2021年，同安区政府健全依法决策机制，开展区政府重大决策、重要事项合法性审查，委派区政府法律顾问参加区政府会议131次，审核有关文件、出具法律意见154件。发挥行政复议解决行政争议主渠道优势，办理区政府行政诉讼案件41件。落实规范性文件合法性审查、备案审查、定期清理、评估等制度，向市政府和同安区人大备案规范性文件5件。

【行政复议】 2021年，同安区从10月1日起统一办理本级人民政府的行政复议事项，共办理行政复议案件78件，调解结案17件。进一步加强和规范行政应诉工作，统一制作邀请区政府领导出庭应诉邀请函，规范区政府负责人出庭机制，全年办理区政府（含区政府办）为被告的行政诉讼案件41件。

【行政执法监督】 2021年，同安区政府全面实行行政执法人员持证上岗和资格管理制度，统一行政执法人员资格标准，组织2次执法培训考试，办理延期注册执法证22张，办理新执法证19张。开展行政执法案卷评查，通报行政执法卷宗评查情况，完善行政执法制度，规范行政执法行为。

【普法依法治理】 2021年，同安区印发《2021年厦门市同安区普法依法治理工作要点》，继续强化“谁执法谁普法”工作责任制，指导各有关部门出台2021年谁执法谁普法责任清单，形成《2021年同安区“谁执法谁普法”工作责任清单》，推动各级各部门履行普法责任。

（余　洁）

公　安

【概　况】 2021年，厦门市公安局同安分局（简称同安公安分局）完成中国共产党成立100周年庆祝活动、十九届六中全会召开等安保维稳任务。在同安突发新冠肺炎疫情后，成立流调与情报信息组开展流调，开展管控区闭环管理，用时12天实现社会面确诊病例清零，流调经验做法受到来厦国务院督导组的肯定。年内7起现行命案全部侦破，八类案件破案率100%，破获22年前特大抢劫、拐卖儿童积案和涉案金额过亿元的非法经营案，分别获公安部、省公安厅贺电。全区刑事警情2892起，其中电信网络诈骗警情比上年下降4.07%。开展创建全国文明城市交通专项整治活动，治理交通痛点。组织参加省公安厅全警实战大练兵达标测试，达标率100%。年内，单位被记集体三等功7个、集体二等功1个。民警获二等功4人，三等功39人，受嘉奖171人。被授予治安荣誉奖章辅警395人。

【刑事犯罪侦查】 2021年，同安公安分局刑事案件立案2661件，破各类刑案1450起，抓获各类犯罪嫌疑人1910人，其中在逃人员443人。刑事拘留1215人、公诉933人。全年破获现行命案7起，抓获命案犯罪嫌疑人7人，现行命案破案率100%。电信网络诈骗案件立案1015件；抓获电信网络诈骗犯罪嫌疑人426人，破获系列电信诈骗案件428件，50万元案件以上6件，实现“50万元以上电信网络诈骗案件全破”“省挂牌督办案件全破”的目标。开展“团圆行动”，打击拐卖儿童犯罪。组织认亲11次，帮助25个家庭找回被拐子女。

【经济犯罪侦查】 2021年，同安区受理经济案件23件，立案139件，破案107件，抓获各类违法犯罪人员89人，移送起诉42件59人。侦破“黄某某非法吸收公众案”，同安地区涉及30余人，挽回群众损失金额1100余万元。

【扫黑除恶专项斗争】 2021年，同安公安分局常态化推进扫黑除恶专项斗争，破获涉恶案件35件，摧毁恶势力犯罪集团6个77人，移送起诉70人，缴获涉案资产7468.95万元；抓获九类涉恶案件犯罪嫌疑人199人，移送检察机关起诉176人。

【交通安全管理】 2021年，同安公安分局开展“减量控大”和道路交通安全综合整治三年专项行动，全年查处各类道路交通违法行为36.73万起。其中，货车超载30%以上3782起；超速7228起；未系安全带6146起。查扣各类违法车辆1.22万辆，全区交通亡人事故43起。开展文明城市创建工作，强化疏堵结合，在主城区35个主要路口设立140处摩托车待行区，有效预防事故和提高路口通行效率，增设4个单行区，增加路面停车位2228个，有效缓解老城区停车难问题。完成1处省级为民办实事项目，即在217省道与同安大道溪声段交叉路口建设交通信号灯与电子警察系统。在辖区安装电子哨兵23套、新建各类自动抓拍系统102套。全年办理车驾管业务7.65万笔。推进超标电动车规范管理，成立专班开展超标电动车登记备案工作，召集全区142个村（社区）参加培训会，共审核超标电动车备案登记14.49万辆，约占全市5成。

【社会治安管理】 2021年，同安公安分局以整治黄赌违法犯罪、“昆仑2021”“食安6号”等专项行动为抓手，开展社会治安管理。全年破获黄赌刑案147件、查处黄赌行政案件633件，破获涉食药环刑事案件86件，打掉一个长期从事非法收购、私宰、运输、存储、贩卖生猪团伙，抓获犯罪嫌疑人35名，捣毁生猪存储仓库7个，摧毁15个非法销售私宰生猪链条，案值1.1亿元。组织开展宾旅馆、娱乐场所、寄递物流等行业专项整治行动，检查宾旅馆1200余家次、娱乐场所325家次、网吧131家次，消除治安安全隐患62处，函告业务主管部门寄递物流企业违规情况1家次，查处取缔无证经营旅馆17家次，治安拘留9人。检查民爆仓库、易制爆化学品使用单位等涉危涉爆场所1150余家次，发现并整改隐患24处；深化“护校安园”行动，走访检查校园4120家次，排查整改校内安全隐患145处。全年受理行政治安案件12077件，查处各类行政治安违法人员1476人。

【禁毒工作】 2021年，同安公安分局开展“飓风肃毒2021”暨“净边2021”会战行动，全年破获各类涉毒案件25件，抓获毒品犯罪嫌疑人38人，查处吸毒人员25人次，移送起诉44人，缴获各类毒品14363.82克。严格落实社区康复社区戒毒管理，全年社区戒毒4人、社区康复16人，执行率和签约率均为100%。强化易制毒化学品监管，联合市场、应急、卫健等部门开展各类检查710次，压实企业主体责任；全面落实禁毒领域“放管服”改革举措，全年累计开展行政审批2017单，通过购买服务形式免收企业易制毒化学品审批服务费，全年为全区300余家企业减轻负担15万余元。强化禁毒宣传工作，到中、小学校，社区开展禁毒宣传活动100余场次，发放各类禁毒宣传资料8万余份。

【社区警务】 2021年，同安区登记在册流动人口51.31万人，出租房屋4万余间。同安公安分局组织开展流动人口服务管理专项活动，组织社区民警、辅警、网格员等力量深入辖区开展流动人口信息采集工作，针对性开展清查整治行动209次，抓获各类犯罪嫌疑人68人，依法处罚房东455人，承租人21人，其中警告26人，罚款440人。开展群众矛盾纠纷调解工作，全年排查矛盾纠纷14923起，调解成功14039起，调解成功率94.08%。

【出入境及往来台港澳管理】2021年，同安公安分局办理出国护照52人次，办理往来台湾业务6人次、台胞证换发1人次、往来港澳业务930人次。

【大案要案】2021年，同安公安分局加强大案要案查办，先后破获特大抢劫、拐卖儿童积案，特大贩毒案，特大跨境网络赌博案、特大入室盗窃案等。

特大抢劫、拐卖儿童积案　2021年7月，同安公安分局刑侦大队破获公安部挂牌督办的22年前特大抢劫、拐卖儿童积案，抓获2名涉嫌抢劫、拐卖儿童的犯罪嫌疑人。1999年9月20日，杨某与其子张某某在同安区一石子场工棚休息，被2名男子持刀闯入抢走2000元现金并强行带走幼儿张某某。2021年，同安公安分局组织警力到广东、四川、重庆、新疆、山西等五省九地市，分别于6月30日、7月8日在新疆阿克苏市、山西吕梁市抓获犯罪嫌疑人李某某、徐某某。

特大贩毒案　2021年7月，同安公安分局专案组赶赴长汀县开展集中收网行动，在龙岩禁毒支队和长汀禁毒大队配合协助下打掉一个长汀县籍贩毒团伙，抓获团伙成员4人，缴获毒品K粉14.5千克、作案车辆1辆，破获特大贩卖毒品案1件。

特大跨境网络赌博案　2021年9月1日，同安公安分局打掉一个特大跨境网络赌博团伙，在二省五地市抓获团伙成员、技术人员、参赌人员等违法犯罪嫌疑人共计54名，摧毁一个全链条跨境赌博平台，查实参赌资金流水上亿元。

祥平“11·26”特大入室盗窃案　2021年12月11日，同安公安分局刑侦大队破获案值55万余元的祥平“11·26”特大入室盗窃案。抓获犯罪嫌疑人肖某振，并缴获作案工具和戒指3枚（其中1枚为3克拉钻戒）、金项链5条等被盗物品。

【潘涂派出所揭牌】2021年10月27日，厦门市公安局潘涂派出所揭牌仪式举行。市公安局副局长林传灿，同安区委政法委二级巡视员王军荣，副区长、公安分局局长陈大铭等领导及各派出所和局属相关单位负责人、民警代表参加揭牌仪式。潘涂派出所系由潘涂边防派出所转隶成立，辖区地处环东海域东部新城同安段开发区，与集美区、翔安区交汇处，辖区内有潘涂社区、洪塘头社区、金海社区、东海社区、丙洲社区村、后田社区、怡海社区、美人山社区8个社区，总面积15平方千米，海岸线13千米，总人口10.4万人。

2021年10月27日，厦门市公安局潘涂派出所揭牌仪式举行　（卓夏成　摄）

【同安区首届中学生禁毒知识竞赛】2021年6月，同安区举办首届中学生禁毒知识竞赛。竞赛由同安区禁毒委员会办公室、同安区教育局、共青团同安区委主办，同安职校承办，以“防范新型毒品对青少年危害”为主题，竞赛题目主要涉及毒品相关知识、禁毒法律法规、新型毒品对青少年的危害等。经校内选拔、区初赛，6月22日，全区24所学校72名学生代表参加决赛，决出团队一、二、三等奖共6名。

（卓夏成）

检　察

【概　况】2021年，同安区检察院受理审查逮捕各类犯罪案件733件，比上年增长145.2%；审查起诉案件812件，增长20.1%。审查刑事执行检察监督案件75件，增长56.2%；审查民事、行政检察监督案件47件，增长42.4%；审查公益诉讼案件27件，下降10%。依法处置各类涉疫案件，加强侦捕诉审衔接，共提前介入涉疫犯罪案件2件，批捕1件、起诉3件，均在受案后24小时内审结。依法对一起盗窃防疫设备案快捕快诉，及时有力震慑犯罪，被人民日报客户端、《检察日报》等媒体报道。规范推进“群众来信件件有回复”工作，接待群众来访104批次112人次，对受理的428件信访案件均做到7日内程序回复、3个月内办理过程或结果答复。主动增强案件办理的透明度和公信力，对16件案件进行听证，其中举办公开听证会13场。狠抓问题查纠，开展案件复查，对903件案件涉案人员台账材料开展大排查，发出法律监督文书5份。区检察院办理的3件案件获评国家、省级优秀案例。17个集体和21人次检察人员受到市级以上表彰。

【刑事检察】 2021年，同安区检察院受理刑事犯罪案件1545件，比上年增长58.46%。批准逮捕686人，提起公诉988人。起诉故意杀人、故意伤害、强奸等严重暴力犯罪66人，起诉抢劫、盗窃等多发性侵财犯罪300人，起诉“黄赌毒”犯罪144人。常态化推进扫黑除恶专项斗争，涉黑恶案件批捕41人，起诉32人。依法参与金融风险防范化解工作，参与“断卡”行动，起诉信用卡诈骗、骗取贷款、妨害信用卡管理和集资诈骗105人。惩治电信网络诈骗、利用网络赌博和侵犯个人信息等犯罪，批捕145人，起诉125人。持续推进职务犯罪案件办理，受理国家机关工作人员职务犯罪案件5件8人、非国家机关人员职务犯罪案件5件6人，批准逮捕2件2人，起诉8件10人。

【民事检察】 2021年，同安区检察院办理各类民事检察案件39件。针对2件民事虚假诉讼案件发出“再审检察建议书”，对责任主体未履行执行义务发出“检察建议书”1份。加大对弱势群体的保护力度，办理10件支持起诉、支持劳动仲裁案件，帮助追索经济损失和工伤保险待遇等100万余元，有效保护特殊群体合法权益。就1件民事判决结果监督案，依法发出再审检察建议获采纳。

【行政检察】 2021年，同安区检察院依托“两法衔接”（行政执法与刑事司法衔接）、行政执法信息等平台，开展走访行政机关、参与联合执法检查、开展专项监督等活动，加强对行政机关的执法行为监督。针对责任主体未依法履行拆除违章建筑物情形发出“检察建议书”1份。对于在办案中发现应当作出行政处罚但未作出的情形，发出“检察意见书”“检察建议书”9份，督促行政机关依法履职。

【公益诉讼检察】 2021年，同安区检察院围绕生态资源保护、食品药品安全等领域，开展“公益诉讼守护美好生活”“守护海洋”专项监督。提起刑事附带民事公益诉讼2件，追索生态环境损害及修复费2万余元。立案行政公益诉讼9件，发出诉前检察建议6份。开展英烈保护公益诉讼专项监督，向职能部门发出检察建议书，要求及时整改修缮。针对东西溪部分河段存在废置工程建筑垃圾，可能影响流域水质的情况，向职能部门发出检察建议，督促其整改。针对辖区部分路段人行盲道存在的问题，发出检察建议督促责任主体强化监管。开展口腔门诊射线装置监管安全专项监督活动，发出行政公益诉讼诉前检察建议，督促责任主体加强对18家医疗机构辐射安全管理。针对辖区部分自动售卖机未公示经营者信息侵害消费者知情权的情形，发出诉前检察建议督促责任主体加强自动售卖设备监管。

【生态环境检察】 2021年，同安区检察院办理涉生态保护刑事案件50件，案件涵盖非法采矿、非法占用农用地、非法捕捞水产品、危害珍贵、濒危野生动物、污染环境等犯罪，涉及犯罪较广，涉案耕地、林地176余亩（约11.73万平方米），涉案矿产资源价值4460万元。针对非法捕捞水产品系列案，立刑事附带民事公益诉讼案5件，收取生态修复保证金合计23.5万元，追缴扣押水产品退赔款共计170万余元。通过引导被告人签订生态修复协议补植复绿、增殖放流和责令缴纳生态修复保证金等方式修复因犯罪行为受损的生态环境，修复非法占用的耕地40余亩（2.67公顷）、林地27亩（1.8公顷），引导犯罪嫌疑人制作保护濒危野生动物宣传手册、短视频在宠物店、商场、街道、公园进行法治宣传12次，在微信朋友圈、贴吧、抖音等媒体宣传珍贵、濒危野生动物的种类，保护濒危野生动物的措施16次。联合厦门市检察院、厦门海警局组织开展“守护海洋资源，助力生态修复”增殖放流活动，监督非法捕捞水产品案当事人增殖放流鱼苗110余万尾。

【诉讼监督】 2021年，同安区检察院办理立案监督案件11件，监督立案6件，撤案3件，建议行政机关移送2件，纠正漏捕4人，追诉漏犯3人。发出“检察建议书”17份，发出“纠正违法通知书”5份。开展刑拘后未报捕且未移诉案件等专项检察监督活动，对排查的307人全部调卷检查，针对发现的问题发出“检察建议书”2份、“检察意见书”1份，督促继续侦查1件3人。加强审判监督，开展全面证据审查，提出刑事抗诉3件。开展监外执行检察监督，采取巡回检察、座谈检察、随机抽取等方式，对全区派出所、司法所及区社区矫正管理局开展执法检察，约谈5名暂予监外执行在矫人员，立案调查29件29人，发出“检察建议书”1份，督促司法行政机关规范执法。开展财产刑执行检察活动，重点检查五类财产刑案件，立案调查30件30人，针对发现的问题发出“纠正违法通知书”1份。加强交付执行检察监督，督促有关单位清理判实刑未交付执行人员23人，均已收监执行。办理暂予监外执行审查案件6件6人，对专项检察发现问题立案调查8件8人，发出“纠正违法通知书”1份。

【民营经济服务保障】 2021年，同安区检察院出台《关于应对新冠肺炎疫情护航经济社会发展的实施意见》，助力企业纾困减负。通过检察建议，促进企业完善疫情防控和复工经营等方面存在漏洞的治理措施。办理1件涉嫌贷款诈骗案件，向厦门某汽车销售有限公司发出检察建议，指出其在汽车销售、客户购车用途、协助评估客户还款能力等方面存在的疏漏，指导公司规范规章制度、强化员工培训、加强风险防控意识，促进企业管理规范。办理某公司鞋子被盗系列案件，向该公司发出检察建议，指出公司在人员管理、制度建设和配套设施等方面存在的相关问题，建议公司加强人员管理、健全公司管理制度以及完善工厂配套设施。依法维护企业合法权益，到辖区内台企进行走访座谈，倾听企业在生产经营中的困难，了解企业的法律需求，并对《中华人民共和国民法典》有关知识点以案例形式进行普法授课，促进企业法治观念养成。10月，同安区检察院联合司法局召开涉民营企业社区矫正对象座谈会，指导涉民营企业社区矫正对象依法工作生活，助力相关民营企业开展正常的经营生产活动。

【未成年人司法保护】 2021年，同安区检察院建立完善检警协作、妇女儿童权益保护等机制，建立“一站式”取证保护中心，构建多部门协作共管的未成年人保护机制。严惩性侵害、校园暴力等侵害未成年人犯罪，共办理侵害未成年人审查逮捕、审查起诉案件81件103人，在检察环节形成打击犯罪的威慑力。运用涉案未成年人一体化帮教救助线上平台，对14名未成年人开展线上跟踪帮教。向3名涉案未成年人发放司法救助金12万余元，并获赠被害人家属锦旗。紧盯“问题家长”，会同有关部门全面开展家庭教育指导工作，发出督促监护令11份。提升法治教育质效，持续开展幼儿防性侵教育，逐步推进AR儿童防性侵课程在民办幼儿园全覆盖。开展“法治进校园”活动，共组织法治巡讲14次，覆盖6400余名师生。聚焦社会热点，拍摄预防网络犯罪系列微电影《少年网事》，以未成年人易于接受的方式讲解宣传法律知识。通过丰富青少年法治教育的方式，将同安14万名中小学生纳入展厅法治教育服务范围，扩展法律服务辐射面。

【同安区关心下一代法治教育基地揭牌】 2021年2月1日，厦门市同安区关心下一代法治教育基地揭牌仪式在同安区人民检察院举行，区关工委领导、同安区检察院分管领导等出席。基地旨在开展青少年法治教育、思想道德教育、爱国主义教育，促进同安区乃至全市青少年学法、懂法、守法、用法，营造良好的社会法治环境。

【办案质量管理】 2021年，同安区检察院落实认罪认罚从宽、少捕慎诉慎押刑事司法政策，对情节轻微的，不批捕310人，不

2021年2月1日，同安区关心下一代法治教育基地在同安区检察院揭牌。图为揭牌当日，嘉宾参观该基地
（同安区检察院供图）

起诉125人。认罪认罚适用率由2019年的57.5%上升至2021年的82.7%，量刑建议采纳率97.9%，被告人认罪服判率94.5%。严格区分罪与非罪界限，办理的黄某某故意伤害案，召开听证会评估案情，依法认定其行为构成正当防卫，作出不起诉决定。着力提升案件管理规范化水平，完善以“案—件比”为核心的案件质量评价体系，刑事检察“案—件比”逐年优化至1∶1.44。开展多维度案件质量评查，采取专项评查、重点评查和常规抽查相结合的方式，全年组织评查案件895件。推进智慧检务建设，运用互联网阅卷、电子换押、文书纠错等系统，提升办案信息化水平。

（柯　瑾）

法　院

【概　况】 2021年，同安区人民法院（简称同安区法院）受理各类案件15223件，审执结13873件，结案率91.13%，结收比100.24，分别比上年下降6.95%、7.37%、0.41%、2.58%。结案率、结收比均位居全市基层法院第一。开展政法队伍教育整顿活动，组织评查各类案件593件，整改瑕疵案件70件；全年受理问题线索99条，全部办结。全年共8个集体31人次获得市级以上荣誉，其中，刑事审判庭获评全省扫黑除恶专项斗争先进集体并获得最高人民法院通报表扬。获评“新时代福建法院英模”“全省法院先进个人”各1人。

【刑事审判】 2021年，同安区法院受理各类刑事案件791件，审结731件，分别比上年上升26.76%、37.92%。审结故意伤害、强奸、“两抢一盗”（抢劫、抢夺、盗窃）等案件236件，审结危险驾驶、交通肇事等危害社会公共安全犯罪案件115件，审结贪污、受贿、渎职等职务犯罪案件3件。对180名罪行较轻、社会危害性小的被告人适用缓刑等非监禁刑。推进扫黑除恶专项斗争常态化，摸排“套路贷”等犯罪线索5条，依法审结涉恶10件66人，实现存量案件清结。

【民商事审判】 2021年，同安区法院受理各类民事案件8068件，审结7196件，分别比上年下降13.54%、15.80%。聚焦人民群众在家事、教育、就业、住房、养老、医疗等领域的司法需求，审结婚姻家庭、继承纠纷404件，物权纠纷328件，人格权纠纷60件。助力防范金融风险，审结金融借款、民间借贷等案件1218件。审结劳动争议、劳务合同纠纷658件，为劳动者讨回薪资1022.60万元。为困难当事人发放司法救助金75.9万元。

【行政审判】 2021年，同安区法院共受理各类行政案件270件，审结225件，分别比上年上升21.08%、17.19%。其中审结行政诉讼案件94件，审查行政非诉执行案件131件。已结行政诉讼案件中，驳回起诉23件，无驳回诉讼请求和行政赔偿调解。审查的行政非诉案件，裁定准予执行125件，准执率76.34%。

【司法体制改革】 2021年，同安区法院全面落实以审判为中心的刑事诉讼制度改革，继续开展认罪、认罚从宽改革试点工作，全年适用认罪认罚从宽制度审结刑事案件466件644人，分别比上年下降2.92%、上升11.23%。继续开展民事诉讼繁简分流改革试点工作，优化小额诉讼程序和简易程序规则，扩大独任制和简式文书适用范围，推广电子诉讼。全年受理小额诉讼程序203件，结案200件。受理简易程序案件5390件，结案4800件，简易程序适用率82.01%。独任制受理案件6335件，结案5582件，一审独任制适用率95.37%。持续推进审判辅助事务集约化，与邮政集团联合成立集约送达服务中心，全年电子送达总计12452次，电子送达适用率43.41%，电子送达成功率49.17%，电子送达裁判文书案件472件。完善案件执行工作机制，研究制定《执行款监督管理办法》，明确“一案一账号”的有关要求及对执行款全流程的规范与监督，细化对不明案款的处理办法，创新建立执行款专员制度，进一步发挥提存制度在案款清理的作用。

【案件执行】 2021年，同安区法院共受理各类执行案件6094件，比上年下降1.42%；执结5721件，比上年上升0.21%，执结率93.88%，实际执行到位金额8.97亿元。加强涉民生执行，执结厦门市上好仁真食品工业有限公司392名员工欠薪纠纷。推动完善执行难源头治理，持续推行“保全+悬赏+救助”三险联动机制，累计发布执行悬赏公告8人次，通过微信“曝光台”曝光失信被执行人40人。推行善意文明执行理念，疫情期间依申请为同安辖区内的被执行人解冻部分银行卡余额或网络资金，适度提高被执行人最低生活费用标准。健全执行监督机制，开展执行案款清理专项行动，累计清理案款2220笔合计1.25亿元，

【生态司法保护】 2021年，同安区法院审结全市涉生态资源案件162件，其中审结破坏森林资源、矿产资源、重大环境污染事故等危害生态的各类刑事案件33件，判处罪犯59人。完善生态审判“1+”工作机制，持续推行生态修复模式，全年被告人缴纳履约保证金60万余元，缴纳生态修复资金381万余元。责令涉林刑事被告人补种、管护林木面积106亩（7.06万平方米），责令涉水刑事被告人放养鱼苗60万尾。持续提升生态法治教育覆盖面和影响力，扩大碳汇教育基地辐射面，举办“3·12”植树节、“6·5”世界环境日生态审判开放日活动，以“司法守护绿水青山——法院人的‘山海情’”为主题，开展系列生态司法宣传活动。推进“生态馆”司法文化建设项目，挂牌成立同安中小学生生态司法教育基地。生态司法“1+”工作机制入选厦门经济特区建设40周年全面深化改革优秀案例。

【司法助企】 2021年，同安区法院开展“我为企业解难题”活动，区法院领导带队走访辖区民营企业，征求意见建议72条。指导同安区南安商会成立“商事议理堂”调解企业矛盾纠纷。厦门金融司法协同中心同安分中心审结小额借款合同纠纷655件，化解金融风险。在同安区突发疫情得到控制后服务复工复产，出台《关于助力企业复工复产的十六条司法举措》，开展司法暖企专项行动，依法保障企业诉讼权益、妥善处置各类涉疫案件、维护劳动关系和谐稳定。打造精准普法方式，为企业提供“在线问诊”和“订单式”普法服务，通过微信公众号开设企业经营法律风险防范和中小投资者保护普法专栏，持续更新《企业法律风险提示手册》，助力辖区内企业纾困减负。

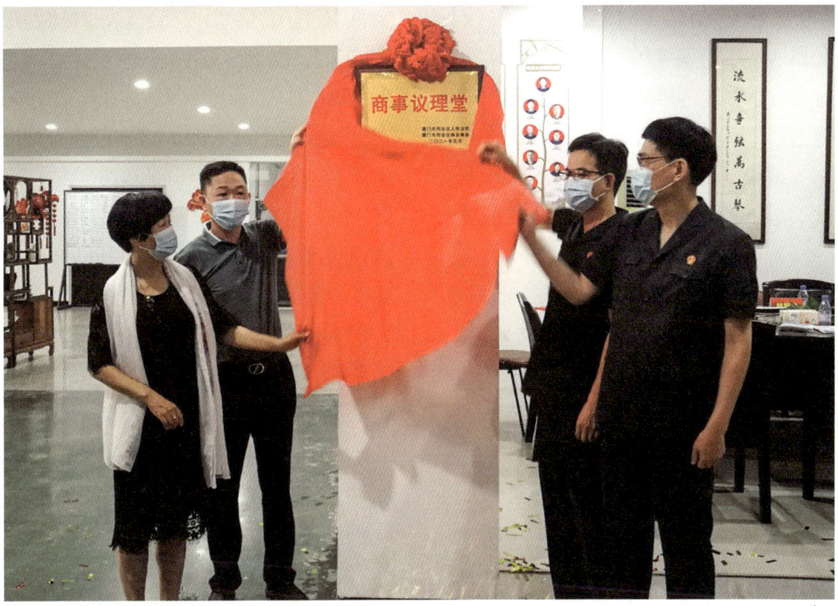

2021年5月7日，同安区法院在同安区南安商会举办“商事议理堂”揭牌仪式
（夏海滨　摄）

【多元解纷机制建设】 2021年，同安区法院联合区司法局发布《关于开展诉非联动推进多元解纷机制建设工作的意见》，整合25家联动单位共同构建“双轨并行、一站解纷”的诉非联动模式，推动诉非联动中心实质化运作，全年诉非联动化解矛盾纠纷1593件。通过司法建议推动伪造道路运输从业资格专项整治和共享汽车驾驶资质审核技术迭代。依托“家和暖心驿站”建立妇女维权与家事纠纷联调联动工作平台和离婚妇女心理疏导工作平台，调处涉妇女儿童纠纷95起，提供心理疏导11人次。促进常态化新冠肺炎疫情防控时期和谐劳动关系构建，加强与同安区劳动仲裁委、劳动监察大队的沟通协作，运用示范庭审和多案联审方式化解群体性劳资纠纷16起256件。大同法庭结合交通事故纠纷诉非联动经验，总结提炼“大同见微、为建大同”司法品牌。

【商事议理堂成立】 2021年5月7日，由同安区法院指导设立的“商事议理堂”在同安区南安商会揭牌。同安区法院与同安区南安商会签订协议，共同加强辖区内商事诉源治理，推进涉企矛盾纠纷预防、化解，提升企业守法经营意识。7名来自商会、企业的工作人员及律师受聘成为商事议理堂特邀调解员，同安区法院派驻2名法官定期到议理堂指导调解、协议书拟定等工作。全年化解涉企纠纷6起。

【诉讼服务优化】 2021年，同安区法院巩固深化诉讼服务中心一站式建设成果，打造“厅网线巡”为一体的诉讼服务中心，通过诉讼服务大厅、诉讼服务网、移动终端、“12368”诉讼服务热线、巡回办理等多种渠道，为当事人提供一站通办、一网通办、一号通办、一次通办的诉讼服务。全年线上立案2833件，线上开庭、调解644件，网络查控16893次，“12368”诉服热线答复群众来电咨询625次。

【**司法责任制落实**】2021年，同安区法院完善与新型审判权力运行模式相适应的制约监督体系，健全“四类案件”识别监管机制，落实院庭长审判监督管理职责，围绕长期未结案件、发改案件、信访案件等重点案件以及检察建议涉及的问题强化审务督察，集中清理长期未结案件成效显著，一年以上长期未结诉讼案件比上年下降45%。落实审判委员会、专业法官会议工作机制，不定期召开会议，对类案和关联案件进行检索。修订《民商事案件统筹分案的管理办法》，在原有专业化审判的基础上，实行民商事案件的统筹分案工作机制。逐步实现分案规则智能化运作，在分案中进一步兼顾专业与均衡、统筹变量与增量，盘活民商事审判资源。以司法公开推动审执工作阳光化、规范化，全年裁判文书上线总数7011件，文书上线率为63.39%，位列全市基层法院第二。庭审直播公开1987场，比上年同期增加119场。

【**同安中小学生生态司法教育基地挂牌**】2021年6月4日，同安中小学生生态司法教育基地在位于汀溪镇的同安区法院行政与生态环境审判庭挂牌成立，推动辖区中小学生了解和融入生态环境司法审判工作，提升公众环保意识，建立传播生态法治文明理念的学习教育平台。至年底，接待参观学习团队10余个，参观2000余人次。

（叶林薇　陈　思）

司法行政

【**概　况**】2021年，同安区召开全面依法治区工作会议，编制法治同安、法治社会、“八五”普法工作规划。出台《中共厦门市同安区委全面依法治区委员会2021年工作要点》《关于深入学习宣传贯彻习近平法治思想和中央全面依法治国工作会议精神的工作方案》。推进人民调解、社区矫正、法律援助、普法宣传等各项工作，接收社区矫正对象371名，接收刑满释放人员303人，接待群众来电来访法律咨询7084人次，为社会贫弱群体及特殊案件当事人提供法律援助1523件。同安全区各级人民调解组织共排查化解纠纷3452件。区司法局完善“法治同安”微信公众号，引进掌上公共法律服务平台，升级“法治同安”微信公众号法律服务查询功能，完善法律工作者信息，构建覆盖全区170家公共法律服务点的查询地图。是年，同安区法援中心被共青团中央授予全国“青少年维权岗”称号，区人民调委会主任柯良取获全国模范调解员荣誉称号。

【**普法宣传**】2021年，同安区开展“暖心送法进乡村”活动，组织39位村（社区）法律顾问深入141个村（社区）开展民法典宣讲，打通乡村普法“最后一公里”。举办“民法典相伴，法律援助在身边”专场宣传活动，走进东部战区海军某部，开展“民法典进军营”专题讲座活动，在厦门市竹坝学校举行同安区2021年国家宪法日启动仪式暨“民法典与我”情景剧表演活动，组织“除隐患　筑安全，迎建党百年”宣传活动，筑牢安全防线。积极开展“三下乡”“综治宣传月”“食品安全周”等大型宣传活动，持续推进法治宣传教育进社区、进农村、进家庭、进网络、到身边，充分营造良好法治宣传氛围，全年开展各类普法宣传207场次。

【**人民调解**】2021年，同安区司法局组织开展常态化矛盾纠纷专项排查化解活动，围绕庆祝中国共产党成立100周年活动加强基层群众矛盾纠纷排查力度，围

2021年7月5日，同安区司法局五显司法所在五显镇西洋村举办平安建设宣传活动

（同安区司法局供图）

绕重点区域、重点领域、重点群体等几方面开展重点摸排。截至年底，全区有各类调解组织251个，全年各级人民调解组织排查婚姻家庭和邻里纠纷、损害赔偿纠纷、拖欠农民工工资纠纷等各类纠纷共计3452件，其中涉及死亡赔偿纠纷37件；涉及死亡赔偿金额1464.25万元，比上年增长80.01%。安排专人做好信访人疏解、引导和分流工作，进一步深化访调对接。同安区医患纠纷调解委员会探索建立的“三针疗法”（打好“预防针”，源头化解纠纷苗头；巧施“治疗针”，专业诊脉解疑难；强化“长效针”，确保实现案结事了）被省司法厅发文在全省宣传推广。

【社区矫正】 2021年，同安区建立健全社区矫正疫情防控信息化核查、电话抽查、实地调查、核酸检测督查、核酸报告检查、数据清查“六查”机制，确保社区矫正人员有效防控疫情。投入经费60余万元，购买社区矫正对象心理健康服务项目，加强在矫人员心理疏导，其中包括犯罪高风险矫正对象的个案矫治、心理健康存在问题的矫正对象的心理咨询与辅导等。做好每月社区矫正中心和司法所法治、道德、心理健康教育，加强入矫教育、集中教育、重点对象个别教育的成效评估，讲究教育成效，及时调整教育工作方案。全年累计训诫29人次，警告6人次，提请收监1人。落实奖惩工作组集体研究制度。开展调查评估185件，对符合表扬、训诫、警告以及提请减刑、治安管理处罚、撤销缓刑、撤销假释、收监执行条件的，及时查清事实。全年共接收社区矫正对象371名，解除社区矫正对象314名。至年底，在册社区矫正对象340名，累计接收社区矫正对象2796人，累计解除社区矫正对象2456人。

【安置帮教】 2021年，同安区司法局强化刑满释放人员核查、衔接工作，落实帮教措施，通过对刑满释放人员的教育帮扶，助力其尽快融入社会。在突发新冠肺炎疫情防控期间联合厦门市司法局、厦门市监狱紧急成立刑满释放人员安置工作专班，开展刑满释放人员出监闭环管理，制订安置方案，确定安置点，做好12名刑满释放人员过渡性安置工作。全年接收刑满释放人员303人，在册安置帮教对象1279人，其中重点人员24人。

【法律援助】 2021年，法律援助中心接待群众来电来访法律咨询7084人次，为社会贫弱群体及特殊案件当事人提供法律援助1523件，其中提供民事诉讼、非诉讼法律援助1027件，提供刑事辩护援助件496件；为受援人员挽回经济损失2770.68万元，免收法律服务费用380.75万元。对群体性劳资纠纷或社会影响较大案件开辟绿色通道，协助党委、政府、劳动、信访等部门妥善处置并提供群体性劳资纠纷法律援助50件，涉及劳动者831人。“业主与承包方扯皮，法援助百名民工讨薪”案件被省司法厅表彰为2021年度全省十佳法律援助案件。11月4日，同安区法律援助中心与同安区妇女联合会举行“厦门市同安区法律援助中心妇女法律援助站”续约挂牌仪式，全年为妇女提供法律援助420人次。

【公证工作】 2021年，同安区公证处办理各类公证882件，收取公证费213.37万元。办理国内公证799件，其中港澳台地区公证68件；办理涉外公证82件。持续优化营商环境，提高公证服务质量，加快推进高频公证服务事项“一网通办”，实现委托、声明、网上能核实的学历学位等公证事项“最多跑一趟”。开展敬老月活动，对年满60周岁以上的老人申请办理公证事项的，优先受理、优先审查、优先出证。为行动不便的老人提供上门服务，在做好防疫措施的前提下，全年上门服务30余件。

【同安区法律顾问志愿服务团成立】 2021年5月31日，同安区司法局与厦门国贸大管家同城管理有限公司签约成立全市首个“法律顾问志愿服务团”，并在同安工业园区举行授牌仪式。首批顾问团成员由热心公益事业、具有奉献精神的6家名专业律师组成，将为同安工业社区辖区1000多家企业，约20万名员工提供法律咨询、法律援助、法治宣传教育等；同时推出温馨邮寄、上门服务等便民公证措施，为企业及员工提供高效便民公证服务。

【同安区人民调解员协会成立】 2021年10月，厦门市同安区人民调解员协会成立暨第一次会员大会召开，共47名代表参加会议。选举产生第一届协会理事成员，并召开第一届理事会。协会为非盈利性社会组织，由同安区人民调解员、人民调解团体和其他从事人民调解工作的组织和人员组成，成立后将推动调解员业务培训，强化队伍建设，提高调解员预防化解矛盾纠纷的能力水平。

（余　洁）

军 事

人民武装

【概　况】 2021年，同安区人民武装部（简称同安区人武部）学习贯彻中央军委的开训动员令，按照备战打仗的要求，全面开展民兵整组、役前教育训练、国防教育等各项工作，完成年度征兵任务。扩充民兵战备、训练装备器材，建立区民兵战备和训练装备器材库，提高民兵执行任务行动能力。把国防教育纳入全民教育体系，建立以宣传部、人武部为主导、以学校为重心、以党政机关和社区群众为支撑的“三位一体”国防教育工作机制，实现国防教育进课堂、进单位、进社区，在厦门工学院开展千名大学生新生军训；从全区44所学校遴选50名品学兼优的学生，每人发放国防教育助学金2000元，共计发放10万元。

【兵员征集】 2021年，同安区人武部坚持以兵员质量为核心，和同安区地方政府紧密合作，按照“两高、三不变”（“两高”是廉洁征兵要求更高，大学毕业生征集比例增高；“三不变”是主体对象不变，程序步骤不变，体检录入不变）的要求做好“一年两征”工作。面向全体社会人员开设征兵微信群宣传征兵政策，组织征兵宣传进校园活动，现场发放征兵宣传品。利用微信公众号、新闻媒体向大学生推送征兵政策，共发送征兵短信近85万条，在各主要街道、企事业单位、公共场所进行征兵宣传视频循环播放，张贴各类横幅标语80余条，各类LED屏、宣传橱窗、宣传海报100余块，按照规范流程抓好征兵体检政考、役前教育、走访调查、审批定兵、封闭管理等各项关键环节，全年征集大学毕业生比例达到58%，创历史新高，完成年度兵员征集任务，实现连续37年无责任性退兵的目标。

【役前教育训练】 2021年春、秋两季征兵，同安区人武部按照“模拟化组织、正规化训练、封闭式管理”的方法，在民兵训练基地组织预定新兵开展为期5天的役前教育训练活动，训练内容主要包括队列训练、体能训练、军事理论和政治教育4个部分。通过训练全面考察预定新兵的思想和身体状况，端正预定新兵入伍动机，提高入伍适应能力，及时淘汰不合格人员，为部队输送优质兵员打牢基础。

【民兵整训】 2021年，同安区人武部按照平时服务、急时应急、战时应战的要求，共组建应急、专业和特殊3类民兵队伍，制定民兵参加防汛防台、森林防火、反恐维稳、抗震救灾等非战争军事行动方案。1月，组织民兵参加警备区群众性练兵比武竞赛，取得三个第一名、三个第二名、两个第三名的好成绩，被评为军事训练先进单位。5月，组织民兵参加警备区及省军区“四会”教练员考核评比，分别取得全市第二、全省第六名的成绩，民兵1人被评为省军区优秀“四会”（在军事教学中会讲、会做、会教、会做思想政治工作）教练员；6月，同安区民兵教练员队伍参加全省防化专业骨干考核比武，获单位总评第一名。下半年，区人武部在民兵训练基地共组织5批次民兵队伍集训，参训时长累计1000小时，训练课目涉及保交护路、防空、海防等10个专业。

【民兵正规化建设】 2021年，同安区人武部组织开展区本级和8个镇（街）民兵队伍拉动点验，核对民兵个人档案信息，组织民兵体格检查和政治考核，落实党管武装和预建党组织制度，开展民兵政治教育和党员党课教育，民兵队伍中党员和退伍军人比例保持在30%以上。

【民兵参加疫情防控】 2021年9月，同安区人武部部署民兵参与

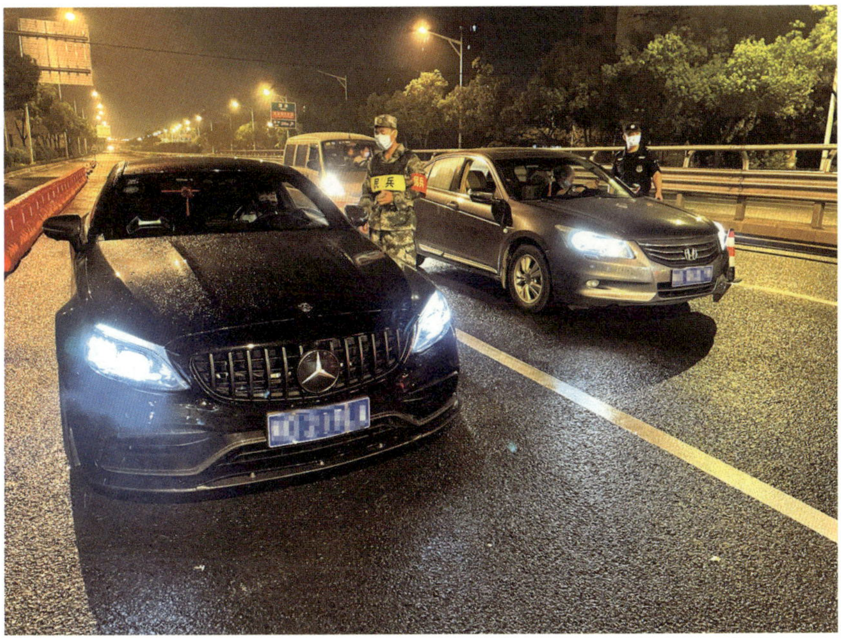

2021 年 9 月 14 日，同安区人武部民兵配合公安民警开展新冠肺炎疫情防控工作，在西柯镇检查过往车辆　（同安区人武部供图）

抗击新冠肺炎疫情行动，分批次向洪塘镇、西柯镇、祥平街道、大同街道、莲花镇、汀溪镇、五显镇下达预先号令，完成应急队伍组建工作。分别向新民中心小学、梧侣学校、官浔小学 3 个核酸采集点派出民兵队伍 1200 余人次，协助开展核酸检测秩序维护。

（黄晓斌）

人民防空

【概　况】 2021 年，同安区人防办完善人防基础设施建设，建成芸溪社区人防工作站，组织“5・10”人防训练演练，推进人防宣传教育。

【防空警报设施建设】 2021 年，同安区新安装 2 台防空警报器。同安区人防办对全区防空警报器终端进行全面检查和维护保养，重点做好固定设施性能检测。组织警报器管理员进行警报器管理、使用、维护等相关知识培训。

【人防训练演练】 2021 年 5 月 10 日，在厦门市“防空警报试鸣日”，同安区人防办在祥平街道凤祥社区祥郡小区举行防空应急疏散演练活动，共计 1100 名社区居民参加。全区教育系统同步组织应急疏散演练活动，共有 338 所学校总计 14.2 万名师生参与。

【人防宣传教育】 2021 年，同安区人防办到社区、学校等地宣传人防知识、政策、法规，赠阅人防杂志。全年发放《厦门市人民防空管理办法》《市民防空防灾手册》《人民防空——中小学生读本》《人民防空常识》等人民防空宣传材料 7600 余份。结合“5・10”厦门市防空警报试鸣，在同安区电视台播放警报试鸣公告。

【芸溪社区人防工作站建成】 2021 年，同安区人防办在祥平街道芸溪社区建成人防工作站并投入使用。工作站按照基层人防规范化建设的要求配置投影、播放等设备，向居民发放人防知识手册、开展人防知识宣传等。年内工作站获厦门市基层人防规范化建设示范单位称号。

（邵小燕）

2021 年 5 月 10 日，同安区教师进修学校附属中学举办人防应急疏散演练。图为抢救伤员演习　（同安区人防办供图）

退役军人事务

【概　况】 2021年，同安区退役军人事务局开展军队转业干部、退役士兵和转业士官安置工作，完成接收安置退役转业官兵任务。加强退役军人保障制度化建设，出台优抚对象和退役军人帮扶、英烈后代关爱办法，规范抚恤金发放工作，全年足额发放死亡一次性补助金及1～6级伤残退役军人护理费等各类抚恤补助金。完成退役士兵社保补缴工作。开展退役军人“法律政策落实年”活动，制定2021年区退役军人事务局普法责任清单，发放《中华人民共和国退役军人保障法释义》《实用问答》共200册，组织全区退役军人服务保障系统学习《中华人民共和国退役军人保障法》，建立全区退役军人法律服务平台。加强烈士事迹宣传，建设同安烈士事迹纪念馆，普查、保护零散革命烈士墓地。

【退役军人服务保障体系建设】 2021年，同安区建立退役军人系统季度工作会议制度，以季度清单的形式将重点工作下达至各镇（街）退役军人服务站，增强工作的针对性和有效性。全区5个镇（街）级退役军人服务站通过全国示范型服务中心（站）审核验收。全区150个基层服务站中8个镇（街）、129个村（社区）退役军人服务上墙《辖区退役军人动态表》《人员监督栏》《接待工作流程图》等，并建立辖区内退役军人“五档一册一表”工作档案，其中100个基层退役军人服务站基本实现独立办公和规范化建设标准。

【优抚优待】 2021年，同安区对优抚对象身份信息进行复核；为残疾退役军人换发新版残疾人员证件；完善悬挂光荣牌工作机制，新悬挂一批光荣牌，收回受损光荣牌40张，换发40张。组织全区烈士遗属、后代和部分重点优抚对象开展集中3天的免费健康体检。

【双拥共建】 2021年，同安区走访慰问部队，发放慰问金约40万元，召开军地现场协调会4次，协调解决部队需求保障事项6起，配合部队开展违规住房清理和审计整改工作。做好支前保障，完善拥军支前军队协调机制，开展支前服务保障潜力调查3次。

【常态化帮扶制度建立】 2021年，同安区出台《同安区退役军人事务局关于困难退役军人临时性、应急性帮扶救助工作方案》，将因病、因故、因残陷入困境的特殊困难的退役军人，及时纳入常态化联系帮扶对象。同时，制作村（社区）退役军人服务联系卡，完善服务站联系退役军人全覆盖制度。全年走访慰问重点优抚对象、困难退役军人，发放慰问金约6万元。

【抚恤补助金发放规范】 2021年，同安区建立“退役军人事务局部门核定对象、标准，财政部门核拨资金，金融机构代发到人”的规程，全面实行优抚对象抚恤补助资金按月发放、社会化发放。落实优待抚恤待遇和抚恤补助标准自然增长机制，2021年抚恤补助金比上年增长9%。

【为烈士寻亲工作】 2021年，同安区结合“百年英烈”褒扬纪念，深入开展“为烈士寻亲”工作，全年核验10条重要烈士相关信息，为2座零散烈士墓和3名在册烈士找到亲属，相关情况被《人民日报》、新华网等媒体报道。

【散葬烈士墓保护】 2021年，同安区累计投入62万元对17座散葬烈士墓进行提升改造和集中迁移工作。印发《同安区零散烈士纪念设施保护管理办法》，明确常态化管护机制，及时下拨管护经费。

2021年，同安区为某烈士找到失联几十年的亲属。图为7月17日，该烈士亲属向同安区退役军人事务局赠送锦旗　（同安区退役军人事务局供图）

【英烈后代关爱】 2021年，同安区出台《同安区关心关爱英烈后代（直系家属）工作方案》，在全市率先推出英烈后代关爱卡。年内发放关爱卡76张，卡内包含“特制爱心包”，涵盖“医学住行”等七方面十条关爱举措，对符合区直管公房申请条件的英烈后代予以优先保障，不需要参与摇号，且租金在原来基础上减免50%；凡英烈后代持有同安区特制的关爱卡，可免费往返乘坐区内常规线路的公交车，免费享受同安区国有A级景区首道门票；为英烈后代子女提供区属内良好教育教学资源，在学业上提供教师结对帮扶辅导等。该措施获评全市首批党史学习教育“我为群众办实事”十佳优秀案例。

【“送喜报”工作机制建立】 2021年，同安区建立《同安区送喜报工作机制》，明确送达仪式和寄送流程，坚持彰显荣誉、简朴热烈、军地协同的原则，营造“关心国防、尊崇军人、热爱部队、敬重英雄”的氛围。全年送达三等功喜报17份，委托镇（街）退役军人服务站送达优秀士兵嘉奖喜报28份。

【退役军人就业创业扶持】 2021年，同安区摸排未就业、确有就业困难的退役军人216人，全部归档备案并督促镇（街）服务站健全完善稳就业监测机制。结合同安区“春风行动”现场招聘会，举办退役军人招聘活动，组织132家企业提供近600个岗位，吸引退役军人进行咨询、求职。建立退役士兵微信联络群信息网，拓宽退役军人和随军随调家属就业渠道，日常发布升学培训、就业创业政策以及招聘信息21条，接受升学培训相关咨询60余人次，就业创业政策咨询40余人次。开展“创业创新月”活动，持续跟踪主营新兴产业项目且有自主专利的退役军人创业企业，组建同安区退役军人就业创业指导团，注重培养引导，发挥好的示范引领作用。组织参加第二届厦门市退役军人创业创新大赛暨全国初赛，选送的智慧扩声团队智能化扩声系统项目获“传统产业及生活服务业”赛道上第一名、大赛一等奖；“水果玉米订单种植与产业化发展项目”获“现代农业”赛道上第一名、大赛二等奖，同安区退役军人事务局获最佳组织奖。

【退役军人法律服务平台设立】 2021年，同安区设立建区、镇（街）、村（社区）三级退役军人法律服务平台，在区退役军人事务局成立退役军人法律援助工作站，在各镇（街）、村（社区）退役军人法律服务站加挂退役军人法律服务点牌子。同安区退役军人事务局与区司法局签订法律服务协议，引导有法律服务需求的退役军人与司法部门对接，依托公共法律法务工作人力资源为退役军人和其他优抚对象解答法律问题。

【同安革命烈士事迹馆揭牌】 2021年4月2日，同安革命烈士事迹馆揭牌。该馆位于同安葫芦山烈士陵园内，面积约30平方米，展示15名同安英烈生平简介、照片等个人资料。该馆设立后作为同安区首批区级党史学习教育参观学习点和同安区爱国主义教育基地，年内累计接待参观单位130余个，参观学习超1万人次。

（杨毅炜）

外事·侨务·台港澳事务

外　事

【概　况】2021年，同安区根据新冠肺炎疫情防控要求，持续抓好“外防输入，内防反弹”，协调处理外籍人士疫情防控工作。根据疫情形势动态调整外国人到同安审批政策，服务经济发展需要。

【外国人到同安事项审批】2021年，同安区根据新冠肺炎疫情防控要求，按照“入厦事项更急迫更必要、管控措施更实更细”的原则，适当从严从紧开展外国人到同安事项审批工作。严格限制非紧急非必要外国人到同安事项审批，保障市区重点工作、重大项目尤其是生产型重点企业的急需，全年办理外籍人士到同安事项审批40批次74人，主要为同恒金属、海拉电气、三安光电、ECCO皮革等重点企业高管及高级工程技术人员。

【疫情防控对外宣传】2021年，同安区持续开展新冠肺炎疫情防控对外宣传工作。开通咨询热线接受境外电话咨询，同安区新冠肺炎疫情工作指挥部外事工作组走访对在同安进行集中观察的外国人，做好境外输入疫情相关政策及国内疫情防控情况宣传工作。

（林　文）

侨　务

【概　况】2021年，同安籍华侨华人约20万人，分布在全球40多个国家和地区，主要居住国有新加坡、马来西亚、越南、印度尼西亚、菲律宾、柬埔寨、缅甸和泰国等。同安区办理涉侨行政审批事项19件，其中不具备华侨身份申请回国定居审批17件、华侨身份证明2件。开展侨情普查工作，摸清归侨侨眷基本情况。开展面向海外侨胞的宣传工作，全年编发《同声》期刊4期，介绍同安区历史文化、发展情况及侨务工作，提升侨胞对家乡的认同感和归属感。

【“暖侨”行动】2021年，同安区开展“暖侨”行动，做好涉侨群众精准扶贫慰问工作。区委统战部、区侨办在元旦、春节期间开展“送温暖、献爱心”慰问活动，走访孤寡、遭受重疾、残疾等特困及贫困归侨侨眷30人次，发放补助款2.3万元。区侨办联合区侨联邀请多名侨界书法家及专家医师到竹坝华侨农场，开展“送福到侨家”“爱心健侨”义诊等活动，现场书写100多副祝福春联，赠送侨界群众，为100多名归侨侨眷免费诊治、配送药品，开展健康检查，就日常生活如何做好卫生保健做具体指导。

【涉侨事务调解】2021年，同安区委统战部、区侨办、区侨联联合区法院，建立涉侨维权诉调对接机制，分别在区侨联和竹坝华侨农场设立“调解工作室”和“法官工作站”，负责指导、协调、处理当地的涉侨纠纷，年内调处涉侨信访件20多件，解决归侨侨眷房屋的拆迁、安置等问题，化解矛盾纠纷，为归侨侨眷争取经济补偿2740万元。

【侨企防疫援助】2021年9月，同安突发新冠肺炎疫情，同安区委统战部、区侨办与区侨联开展“我为群众办实事”工作，助力辖区内侨资企业开展新冠肺炎疫情防控工作。协调区红十字会、侨界爱心人士、北极星救援队、厚学慈善会等有关单位连续多批次为位于新民镇封控区的侨资企业员工送去新鲜蔬菜、油、米等基本生活物资，总价值1.1万元。

【涉侨政策宣传】2021年，同安区侨办联合区侨联先后在竹坝农场、同安工业社区大学、同新社区及梵天寺开展4场政策法规宣传活动，发放涉侨政策法规知识手册约250册，摆放宣传《中华人民共和国归侨侨眷权益保护法》等涉侨法律法规展板。通过面对

2021年5月16日，庆祝中国共产党成立100周年暨纪念印尼归侨回国六十周年联欢会在竹坝华侨农场举行。图为印尼归侨表演欢快的印尼舞蹈（杨苗娥　摄）

面交流的形式向工业园区企业员工、社区居民及宗教界人士普及相关政策法规知识并提供咨询服务，提高侨界群众法律意识。

【侨情普查】 2021年10月，同安区启动全区侨情普查工作。召开2次专题部署会议，制订下发普查工作方案。至年底，组织各镇（街）、村（社区）统战干部及侨联干部开展入户排查，普查户籍在同安区的归侨、侨眷数量和总体状况以及相关海外华侨华人情况信息；了解当年安置在竹坝华侨农场的马来西亚、印度尼西亚、缅甸、越南等国家难侨及侨眷的基本情况。

【纪念印度尼西亚归侨回国60周年联欢会】 2021年5月16日，庆祝中国共产党成立100周年暨纪念印尼归侨回国60周年联欢会在竹坝华侨农场举行。联欢会以“侨心向党永远跟党走”为主题，由厦门市归侨联谊会主办，同安区侨联、竹坝华侨农场、五显镇侨联协办。厦门市印尼归侨联谊会（以下简称市印联会）会员，竹坝华侨农场、泉州双阳华侨农场两地印度尼西亚归侨约70人参加。厦门市印联会常务副会长梁明吉、同安区侨联主席林一亭分别致辞，回顾市印联会、同安侨联对印尼归侨侨眷的关怀、服务保障工作及对归侨侨眷的期盼，竹坝华侨农场场长林明桐介绍在各级党委和政府的关怀下竹坝华侨农场的发展及归侨侨眷的生活状况。参会归侨表演《印尼歌串烧》昂格隆演奏、《哎哟妈妈》印尼歌曲演唱及《清爽的热带风》《苏拉威西的早晨》印度尼西亚舞蹈等节目。

（钟杨燕　李卫红）

台港澳事务

【概　况】 2021年，同安区克服新冠肺炎疫情影响，加强与台港澳地区线上合作交流，协助居住在同安的台港澳同胞抗击新冠肺炎疫情，开展捐款捐物、志愿服务等活动。设立台胞台企服务专窗、台胞权益保障法官工作室，做好台湾同胞服务工作。全年受理台企台胞各类求助件21件，均按时办结。

【台资企业调研】 2021年1月14—15日，同安区台港澳办走访调研佳好建材、东亚机械、鹏拓塑胶、美格农艺等台资企业，了解企业新冠肺炎疫情防控和生产经营情况，协调解决台企困难。4月7日、7月8日，同安区台港澳办走访调研厦门同安闽台农业融合发展（种子种苗）产业园，分别调研了解闽台农业交流合作情况、着重了解产业园经营发展情况。同安区台港澳办全年走访调研台资企业50家次，了解企业生产经营情况，征求企业对优化营商环境意见。

【涉台服务优化】 2021年2月1日，同安区行政服务中心设立台胞台企服务专窗，在各服务窗口设置台胞台企办理专窗，优先呼叫台胞专属号；在中心办公区域设置台胞服务驿站，由相关窗口部门安排工作人员到驿站对台胞咨询问题进行解答。5月11日，同安区台港澳办组织区行政服务中心、青创建设基地工作人员参加市台港澳办“涉台政策宣传月”活动，进一步了解惠台政策措施操作实务，为到同安实习就业创业台湾青年提供更优质的服务。

【同安区台资农业企业家座谈会】 2021年3月15日，厦门市农业农村局联合市台港澳办在同安区召开台资农业企业家座谈会，了解企业发展过程中存在问题，收集促进两岸现代农业发展意见建议。美格农艺、芳都观光果园等10余家企业代表参会，在人才引进、技术支持等方面提出意见建议。

【台胞权益保障法官工作室成立】 2021年9月20日，同安区台港澳办联合海沧区人民法院设立同安区台胞权益保障法官工作室，提升涉台司法服务水平。工作室设在同安区台港澳办，由区台港澳办负责工作室日常管理；海沧区人民法院负责涉台业务工作，选派优秀法官不定期开展咨询服务、诉讼引导、纠纷调解，提出司法建议，开展法律宣传等。

【同安与台湾地区交流】 2021年，同安区与台湾地区开展交流活动12场次，其中线上活动4场次。活动涉及教育、文化、旅游、社区治理等方面。

2021年同安区与台湾地区交流活动情况表

表10

时间	内容
3月6日	第十四届厦门市莲花褒歌（山歌）比赛以线上方式举行，邀请台湾台南褒歌表演团队作为嘉宾参与，展现两岸褒歌一脉相承
4月22日	同安区在阳翟小学举办线上与台湾教育交流活动，由台北市万芳小学退休教师钟晓薇开设讲座"创新数学之'方块的作用''美丽的圆'"，"互联网+"城乡学校发展共同体各成员校莲花中心小学、西塘小学、云埔小学的青年数学教师代表参加
4月24日	厦门方特熊出没亲子跑暨厦台亲子专场活动举行，200对厦台亲子家庭参加，其中台湾亲子家庭60余对
5月1日	莲花镇举办同安陶瓷主题艺术品展览，吸引台湾陶瓷艺术品参展，促进两岸陶瓷艺术欣赏交流
5月30日	厦门市同安区莲花书院台商书法公益讲堂揭牌仪式举行
7月14日	共青团同安区委举办"小眼睛大视界：我亲爱的祖国"同台青少年公益研学活动，组织参观厦门环岛路马拉松运动雕塑群、厦门市奥林匹克博物馆、惠和石文化园及戴尔科技集团29名同安及台湾籍中小学生参与，其中居住在同安的台籍中小学生12名
7月18日	2021年厦门（同安）第六届国际朱子文化节开幕，台湾研究院文哲研究所研究员蒋秋华等专家通过网络连线会讲
7月23日	同安区第三实验小学举办《让科技与智慧重构课堂——成为数字时代更好的老师》专题讲座，邀请台湾"中央大学学习科技研究中心"顾问王绪溢博士主讲
11月25日	同安区在同安孔庙举办以"儒济银同　和宁两岸"为主题的2021年厦门（同安）孔子文化节，孔子第76代裔孙孔令震、台湾同胞王立仁等代表作为陪祭人共同参与祭孔大典
12月8日	同安区第三实验小学在第十四届海峡两岸百名中小学（中职）校长论坛上介绍该校与台湾小学云上同步课堂的情况，展示两岸开展"线上教育"交流经验
12月10日	2021年第十届厦门（同安）苏颂国际文化节在同安举行，苏克福、苏本雄等台湾苏氏宗亲及海内外专家学者上线参加
12月10日	同安区祥平街道凤祥社区参加第八届海峡两岸社区治理论坛，向与会台胞嘉宾、专家、学者交流同安区"近邻"党建、"近邻"服务的社区治理工作经验

【台商爱心慈善活动】 2021年，同安台商爱心基金共捐赠56万余元用于各类慈善公益活动。其中，5月27日捐赠3万元用于2021年同安区"雨露育青苗"结对帮扶困境儿童，9月1日捐赠5万元用于资助10名困难准大学生，9月3日捐赠5.39万元用于厦门市第三医院人脸识别系统建设。

【台胞支援同安抗疫】 2021年9月，同安突发新冠肺炎疫情，同安区台胞台企参与疫情防控，开展捐款捐物、志愿服务等活动。截至10月底，同安区台商台企共捐款512万元支持同安防控新冠肺炎疫情，其中3家捐款超100万元，分别为群鑫机械捐款200万元、东亚机械捐款120万元、百路达工业捐款100万元。同安区台商联谊会和同安区台胞台属联谊会组织人员参与核酸检测、物资运送等疫情防控志愿服务。东亚机械等台资企业发动员工参与志愿服务，助力所在社区抗击疫情。

【港澳同胞支援同安抗疫】 2021年9—10月，同安区港澳资企业及香港、澳门地区同安社团捐款捐物，参与同安区新冠肺炎疫情防控。其中，富贵鸟（厦门）实业有限公司向同安区红十字会捐款100万元；厦门华诚科技有限公司为同安区祥平街道溪声社区、凤岗社区和新民镇柑岭村捐赠口罩75万只；金日制药（中国）有限公司向厦门市海丝慈善会捐赠具有清热解毒、扶正益气功效的纯中药产品，价值40余万元。

（林　臻）

安全生产监督

【概　况】2021年，同安区加强《中华人民共和国安全生产法》学习宣传贯彻，开展“除隐患、保安全、迎建党百年”“严执法、强攻坚、促提升”等专项行动。推进安全生产专项整治三年行动集中攻坚，加强自然灾害防治，防范化解重大安全风险。推进应急管理能力建设，完善责任体系、管控安全风险、堵塞监管漏洞、规范法治秩序、提升基础建设、营造社会氛围，全区安全生产形势总体平稳。全年发生生产安全事故11起、死亡14人，事故起数比上年下降8.3%、死亡人数上升16.7%，连续4年没有发生较大以上安全生产事故；防灾减灾形势稳中向好，辖区内未发生造成人员伤亡的森林火灾、地质灾害等自然灾害事件，台风、暴雨防御到位，未发生大的灾情和险情。

【安全生产责任制落实】2021年，同安区加强工作统筹，召开区委常委会7次、区政府常务会议10次、区委专题会议8次、区政府专题会议36次、三级视频会议2次和全区安全生产季度例会4次，传达学习习近平总书记关于安全生产工作的重要批示精神，部署安排全区安全生产重点工作，研究解决安全生产中的突出问题。落实“党政同责、一岗双责，齐抓共管、失职追责”要求，强化压力传导，督促全区各镇（街）、安委会成员单位履行安全生产工作职责，安委办全年走访对接安委会成员单位39次、对重点行业监管部门开展专项督办14次。跟踪监控各项安全生产工作指标完成情况，开展安全生产约谈6次，纠治不担当不作为工作作风。建立完善安全生产违法典型案件和重大安全隐患常态化曝光机制，曝光典型案例39件、违法企业26家。突出重点时段安全防范，区四套班子领导带队深入基层、深入企业生产一线，检查指导安全生产工作，督促相关企业和监管部门落实安全生产责任，全年重点时段安全生产形势保持稳定，未发生安全生产事故。

【安全隐患排查整治行动】2021年，同安区开展“除隐患、保安全、迎建党百年”和“严执法、强攻坚、促提升”等专项行动，全年累计排查隐患15622处，其中完成整改15552处、限期整改70处，整改率99.6%；行政处罚150起，警示约谈相关企业1次、停产停业5家，罚款131.06万元；整改完成省、市督查检查发现的隐患问题39个。

【安全生产专项整治三年行动集中攻坚】2021年，同安区按照《关于继续深入开展安全隐患大排查大整治和安全生产专项整治三年行动的通知》要求，围绕“2+9+1”任务框架，稳步推进安全生产专项整治三年行动集中攻坚。实施专家治理机制，委托厦门领凡技术服务有限公司、厦门垚鑫诚消防安全技术服务有限公司等第三方专业机构，对全区218家危化品使用企业的危化品储存场所安全管理、仓库外观、建筑防火、消防设施、防爆措施、电气要求等15项内容进行隐患排查，累计排查隐患问题2070个、均按期完成整改，整改率100%。开展水上和渔业船舶安全整治，在辖区内渔船民主要出海点、沿海治安复杂处设置岸线巡查点11个，通过陆上巡查与海上巡航相结合方式，运用“探头监控+无人机巡查”技术手段，实施24小时全线设防监管，保障伏季休渔渔业安全，强化涉渔“三无”船舶管控和海上疫情防控等。加强交通运输、建筑施工、老旧场所和新材料新业态风险治理，探索“执法+专家+服务”监管方式，完善“安全生产专家库”，开展“支部建在项目上，教育落在班组上”活动，推动落实安全风险分级分类监管。

【安全生产资金投入】 2021年，同安区加大安全生产工作经费投入，安排财政资金3亿元，用于工程基础配套设施建设、安全监管设备装备建设、隐患排查治理、应急救援演练、安全生产宣教服务等，夯实安全生产基础。其中，区发改局从666个政府性投资项目提取2.17亿元项目安全费用用于安全配套设施建设；区消防救援大队投入1300余万元用于微型消防站建设；区卫生健康局投入500余万元用于安全生产隐患排查整治和安全生产设备保障；区工信局投入90万元用于工业企业安全隐患排查整治；区应急管理局投入170万元用于应急救援装备采购，投入26万元用于危险化学品使用企业隐患排查；公路局同安分局投入722.6万元用于道路交通安全基础设施建设；资源规划局同安分局投入157万元用于地质灾害工程项目治理。

【安全生产“双随机、一公开”监管】 2021年，同安区深化安全生产“双随机、一公开”监管，将危险化学品、烟花爆竹、综合监督、应急管理、重大危险源、教育培训、特种作业持证上岗7项重点监管内容列入随机抽查事项清单，通过“双随机”检查与专项整治、明察暗访与综合督导等，堵塞安全监管漏洞，压实安全生产责任，防范事故发生。全年随机抽取90家重点检查企业进行“双随机”执法，发现问题隐患136条，均按期完成整改。

【事故调查处理】 2021年，同安区组织亡人事故调查，组织应急、纪委监委、工会、公安等部门和相关镇（街）成立事故调查组，先后完成厦门市同安区吴汉水家政服务部“2·27”一般中毒和窒息事故案、岳阳建设工程有限公司“5·15”一般物体打击事故案、厦门百路达高新材料有限公司“8·3”一般机械伤害事故案、厦门威格斯设备有限公司“8·19”一般坍塌事故案、厦门洁良建筑劳务有限公司“8·26”一般坍塌事故案、厦门固德建材有限公司“9·9”一般高处坠落事故案、同安区西柯镇（苏颂大道）西浦村新厝顶路段“12·29”一般道路交通事故案调查处理工作。查明事故性质和责任，提出加强安全生产红线意识和底线思维、督促企业落实主体责任、严格落实行业监管和属地责任等整改措施，依法追究相关责任单位和责任人的责任，向社会公开事故调查报告和处理结果。对厦门威格斯机械设备有限公司、厦门洁良建筑劳务有限公司、厦门固德建材有限公司、厦门杰冉物流有限公司等4家单位、4名主要负责人和4名现场管理人员给予罚款等行政处罚；移送司法机关追究刑事责任1人。

【安全生产标准化建设】 2021年，同安区推进工贸企业安全生产标准化达标建设工作。通过聘请第三方辅导机构、评审专家的方式，加强服务和指导，提升企业安全生产标准化自主创建的积极性。针对现场评审的不符合项，要求企业限期整改，督促企业落实主体责任，将问题隐患归零。至年末，全区冶金等7个行业规模以上企业中有达标企业387家（其中二级8家、三级379家），待评审企业61家；小微企业中有达标企业863家，达标率100%。危险化学品企业中有达标企业55家（其中二级1家、三级54家）。全年申请外部评审的规模以上企业有98家、评审通过95家，通过率96.9%；申请外部评审的小微企业有137家、评审通过134家，通过率97.8%。

【安全生产宣传教育】 2021年，同安区开展第十九个“安全生产月”活动，围绕消防火灾、道路交通安全、高空作业、有限空间作业等主题，印制宣传海报1万余份、发放安全生产知识折页1万份，给辖区相关企业印发有限空间作业安全宣传挂图200套1400张。组织安全制度、应急管理等内容培训6期，培训人数1343人次。通过微信公众号推送文章299篇，浏览量67794人次。组织网上有奖知识竞答1次，参与人数达3797人次。开展新《中华人民共和国安全生产法》学习培训会28次，参加人数3247人，累计下发学习手册13000份、发放各类宣传品10430份，LED滚动播放宣传标语96条；辖区企业签订新《中华人民共和国安全生产法》学习宣传贯彻承诺书1796份。

（张开年）

防灾减灾

【概　况】 2021年，同安区加强“大应急、大安全”体系建设，出台《同安区突发公共事件应急机制》，明确责任分工，规范处置流程，提升突发事件应急处置效率。完善灾害救助物资保障机制，建立全区应急和救灾物资储备数据库。推进基层社区防灾减灾基础建设，开展“全国综合减灾示范社区”创建工作，编制社区灾害风险图，组建覆盖全区所有村（社区）的“区—镇（街）—村（社区）”三级灾害信息员队伍。

规范应急避难场所和避灾点建设管理，完成31个自然灾害避灾点设施配套提升，高标准建成11处地震应急避难场所。加强防汛防台工作，启动应急响应18次，转移危险隐患点群众5618人次。完善火灾隐患自查自纠机制，排查整治森林火灾隐患7处，制止野外违规用火28起。

【突发公共事件应急机制建设】 2021年，同安区制定出台《同安区突发公共事件应急机制》，明确突发公共事件应急处置责任分工，建立综合协调、信息报告等制度。加强与市公共安全办（市公共安全指挥中心）、市政府总值班室、市应急指挥中心（市应急局）沟通对接，确保遇有情况、迅即反应。组织各相关部门对34类突发事件进行逐一梳理，制作应急处置流程图，提升突发事件应急处置效率。完善全过程、多部门联动机制，开展自然灾害风险研判、灾情会商等，落实信息共享和协同作战，成功应对低温寒潮灾害、“1·19”莲花小坪森林火灾和暴雨台风防御等灾害险情。

【应急避难场所和避灾点建设管理】 2021年，同安区加强应急避难场所、避灾点建设与管理。按照应急避难场所规划设置和快速响应机制要求，对全区207个自然灾害避灾点开展拉网式排查、完成设施配套提升31个，高标准建成地震应急避难场所11处。

【灾害救助物资保障】 2021年，同安区制定粮食和救灾物资储备、调拨、紧急采购等制度，完善资金保障机制，建立全区应急和救灾物资储备数据库，通过国家应急物资管理平台系统实现物资调拨、统计、管理信息化。按同时保障1000名受灾群众标准储备救灾物资，与10家大型商超、粮油储备站、供应链企业签订救灾物资代储协议；镇（街）按同时保障500名受灾群众的标准储备救灾物资，并根据基层村（社区）灾害风险实际，将重要救灾物资配置到各灾害避灾点，确保灾害来临时受灾人员生活有着落、物资有保障。

【防汛防台】 2021年，同安区启动防御台风暴雨洪水应急响应18次，其中暴雨洪水应急响应13次、台风应急响应5次，动员干部下沉一线12010人次，组织船只回港1935艘次，转移危险地带人员5618人次，成功防御“6·22”暴雨和“烟花”“卢碧”等台风。研究制定《防汛减灾工作机制》，指导镇（街）、村（社区）两级修订预案149份。落实镇级防汛责任人8人、村级防汛责任人141人，落实防灾预警铜锣长740人，落实水库、水闸、堤防、重要小山塘“三个责任人”249人次。落实专业抢险队伍297支4425人、社会抢险队伍16支315人，落实抢险机械社会资源324台（套）。开展防汛应急演练164场，参加人员3544人次。公路、城建等部门应急队伍落实常态化巡查及应急抢险2万余人次，全区未发生一起因洪涝、次生地质灾害导致的人员伤亡事件。

【森林防灭火】 2021年，同安区加强森林防灭火工作，组织开展林区输配电设施火灾隐患专项排查治理行动和林区林缘可燃物清理活动等，累计维修林区道路20千米、林道30千米，清理主要道路两侧可燃物1.5千米，维修生物防火林带15千米。完善森林防灭火基础设施，投入12.5万元升级林火监控与预警系统；投入5613万元建设生物防火林带136条、总长360千米，防火道路22条、总长55.5千米，消防水池14个，物资储备点46处。加强森林防灭火预警预报，设置21处远程监测点，对重点林区实行24小时监控。压实森林防灭火工作责任，制止野外违规用火28起；扑灭“1·19”莲花小坪森林火灾，火灾过火林地面积37200平方米，其中有林地面积8200平方米、宜林荒山荒地面积29000平方米。

【自然灾害隐患排查】 2021年，同安区开展自然灾害隐患排查整治工作，对重点部位、重点区域进行汛前检查，排查问题隐患758处，其中完成整改750处、推进整改8处。委托厦门地质工程勘查院，对地质灾害点和高陡边坡点进行专业排查，完成排查109处，存在较大危险性的地质灾害点均落实应急防范措施。建立火灾隐患自查自纠长效机制，强化日常巡查与监测，整治森林火灾隐患7处。开展危险地带转移群众建档立卡工作，发放明白卡305户。

【“全国综合减灾示范社区”创建】 2021年，同安区深入开展“全国综合减灾示范社区”创建工作，整体推进辖区社区综合防灾减灾能力建设。选择基础条件好、管理规范的村（社区）作为创建对象，指导创建对象对照创建办法和标准，制订创建方案，明确目标任务和时间节点，落实创建责任和内容。组织对历年创建成功的16个村（社区）进行复核检查，通过明确标准、逐一核查、问题通报、跟踪整改，纠正部分村（社区）思想不重视、责任不衔接、工作不达标等问题，督促已授牌社区常态保持达标。抓好创建补助资金的使用管理，对新申报创建的村（社区）进行补助，社区补助2万元、村补助3万元，新创建并被国家命名为“全国综合减灾示范社区”的再补助2万元；对已命名为“全国综合减灾示范社区”中防灾减灾工作制度落实较好的、有可借鉴推广经验的村（社区），补助2万元作为奖励。

【第一次全国自然灾害综合风险普查试点工作完成】 2021年，同安区完成第一次全国自然灾害综合风险普查试点工作。该项目自2020年6月启动，同安区成立普查工作领导小组和普查工作专班，组织各类培训活动15场290余人次，开展各类自然灾害、房屋建筑等承灾体、防灾减灾能力等调查与评估工作。落实每周一调度、每月一通报机制，采取“开小灶”“一对一”等形式，解决普查中出现的“自然资源部门不动产数据共享”“海洋灾害潮位数据获取”等难点问题。依托行政资源完成各类承灾体、综合减灾资源、重点隐患普查内业工作，聘请第三方技术力量辅助实施地震、地质、海洋、森林等专业性较强行业领域的部分外业调查与核查工作，提高普查工作效率。引入无人机摄影、三维激光扫描等技术准确获取数据，通过手机App定位功能标绘面状目标边界。发布宣传信息276条，群发手机短信50万条。基本摸清全区自然灾害底数，梳理形成同安普查试点工作“五个一”经验成果（一个普查汇报视频、一本工作图册、一本问题与解答手册、一本工作机制、一套行业普查工作手册），获国务院普查办调研组“成绩亮眼、走在前列”肯定。

（张开年　詹炳韩　闵　亮）

消防救援

【概　况】 2021年，同安区成立消防安全委员会，在全市率先建立消防工作区长每月签批督办机制；区主要领导先后召开专题会议16次、消防安全委员会会议4次，研究部署消防工作，从政府层面加强消防工作顶层设计，高层次推动消防工作责任落实。推进消防安全专项整治三年行动，选取学校、医院、养老福利机构等重点场所培育标杆示范单位6家，培养消防安全明白人1万余人。综合治理高层建筑、大型综合体等九类重点领域和场所的消防安全问题，挂牌督办2处重大火灾隐患。挂牌成立新民、官浔两个消防站点，组织大队级演练30次、站级演练232次。全面实施全民消防素质提升工程，打造具有同安特色的消防“讲古场”“消防夜校”等宣传品牌，开展主题宣传活动324场。全年区消防救援大队接警出动1460次，出动消防车3108辆次，出动消防人员17714人次，处置涉火警情658起；成功处置“1·19”新民厦门谱睿科技有限公司火灾、“4·13”祥平街道集贤路1678号厂房火灾和“4·21”新民镇同盛路268号厂房火灾等火灾事故。各镇级专职消防队处置突发警情213起，微型消防站参与处置涉火警情173起，基本实现“大火不出村、小火控得住”。

【重点领域和场所消防安全综合治理】 2021年，同安区开展高层建筑、大型综合体、“三合一”场所、出租屋、文博单位以及畅通“生命通道”、规范电动自行车等九类重点领域和场所消防安全综合治理。区消防救援大队检查单位3156家，督促整改火灾隐患1784处，下发责令改正通知书1125份，责令“三停”（停工、停产、停业）6家，查封6家，罚款66.04万元；各派出所、镇（街）网格员检查单位4390家，督促整改火灾隐患1400余处，责令“三停”7家，罚款11.71万元。督促整改“三合一”场所（集生产、生活、仓库为一体的小工厂小作坊）6207家，挂牌督办2处高层建筑重大火灾隐患。

【燃气安全管理】 2021年，同安区加强燃气安全管理，防范和遏制燃气安全事故发生。聘请第三方安检机构，排查用气餐饮场所7125家次，检查整改隐患446处，下发整改通知书25份。开展瓶装燃气市场打非治违联合执法行动，查处燃气违法违规行为8起，查扣钢瓶335个、车辆2部、倒灌装置1套，有效规范燃气行业市场秩序，提高用气安全指数。

【电动车安全管理】 2021年，同安区推进电动车集中停放场所和充电设施建设，累计建成128个点位、2928个充电桩，日均充电量近万次。出动执法人员214人次，检查电动自行车销售单位283家次，立案查处涉嫌销售不符合强制性标准要求的电动自行车案2件，并依法作出没收不符合国家强制性标准要求的电动自行车4辆，作出没收销货款0.54万元的行政处罚。

【消防安全标准化管理创建活动】 2021年，同安区开展消防安全标准化管理创建活动，提升行业系统消防安全管理水平，强化社会单位主体责任落实，最大限度预防和减少火灾事故的发生。全年举办消防安全标准化管理现场会6场，培育标杆示范单位6家、创建达标单位259家，培养“消防安全明白人”1万余人；宗教活动场所、大型商业综合体、文博单位、医院、学校、养老福利机构达标率分别达100%、100%、100%、100%、94.38%和80%。

2021年5月20日，同安区消防救援大队官浔小型消防救援站在同安工业园区湖里工业园揭牌　（同安区应急管理局供图）

【消防救援能力建设】 2021年，同安区加强消防救援体系建设，充实应急救援力量，成立新民消防救援站和官浔小型消防救援站。聚焦辖区警情类型，制定智能、技能、体能“三能合一”训练模式，突出高层建筑、化工、液化气泄漏等特殊火灾处置方法的学习，提升实战水平。推进山岳、水域两支专业队建设，组织职业技能比武竞赛活动，8人参加省消防救援总队、市消防救援支队举办的职业技能竞赛取得优异成绩。定期开展联动演练，组织大队级演练30次、站级演练232次，强化队伍协同作战能力。

【消防安全宣传培训】 2021年，同安区实施全民消防素质提升工程，开展“五进”宣传工作，组建“区—镇—村”三级宣传小分队和同安“蓝鲸”消防志愿服务队，出动1200余名宣传队员走街串巷进行宣传。打造具有同安特色的消防“讲古场”“消防夜校”等宣传品牌，借助科普宣传车、乡村大喇叭、微型消防站沙滩摩托车载广播等方式传播消防安全知识。全年开展主题宣传活动324场，举办实战演练62场，印发宣传材料10万余份，发布推文400余篇、消防提示短信70万条，实现校园师生、出租屋房东等重点人群消防宣传教育培训全覆盖。

【同安区首个小型救援消防站揭牌成立】 2021年5月20日，同安区首个小型消防救援站——官浔小型消防救援站揭牌成立。官浔小型消防救援站坐落于同安工业园区湖里工业园内，紧邻繁华的滨海西新城片区，占地面积1000平方米，建筑面积522平方米，由区、镇两级政府先后投入500余万元、历时2年建成。该消防救援站配有消防员16名，配备消防车辆2辆、消防摩托2辆、消防巡逻车1辆及各类消防救援器材装备投用后，有效提高工业园区及周边官浔、潘涂等社区的火灾火情应急处置、快速响应的能力。

【村居微型消防站比武竞赛（决赛）】 2021年6月18日，同安区2021年度村居微型消防站比武竞赛（决赛）在新民消防救援站内举行，从初赛141支微型消防站比武中胜出的32支队伍、200余名队员围绕“手抬泵供水救人操”“水带延伸出水救人操”两个消防实战技能项目进行比拼，莲花镇白沙仑社区、新民镇新塘村、洪塘镇苏店村分获“手抬泵供水救人操”项目冠、亚、季军；大同街道康浔村、祥平街道陆丰社区、祥平街道凤祥社区分别获“水带延伸出水救人操”项目冠军、亚军、季军。

（林晓静　张　辉）

经济管理与监督

宏观经济管理

【概　况】 2021年，同安区加强经济运行情况研判、监测和预警，编制《2021年国民经济和社会发展计划执行情况与2022年国民经济和社会发展计划草案的报告》，保持经济运行在合理区间。科学谋划产业发展布局，完成“十四五”产业发展规划、重点产业链（群）发展工作方案等编制工作。制订2021年政府投资项目建设计划，推动政府投资项目建设。深化“放管服”改革和审批制度改革，实现99%以上行政审批事项和公共服务事项网上办理、84%以上的事项全流程网办，“银城商事通”商事登记一趟搞定。推进工程建设项目审批制度改革，建立全天候企业服务保障机制。全面完成国有企业公司制改革。

【主要经济指标制订与实施】 2021年，同安区经济社会发展主要预期目标为：地区生产总值增长8.0%左右；财政总收入和区级财政收入增长6%；规模以上工业总产值增长11%；全社会固定资产投资增长高于全省全市平均水平；社会消费品零售总额增长8%；城镇居民可支配收入增幅高于全省平均水平，农村居民可支配收入增长8.5%。1—12月，同安区实现地区生产总值640.36亿元，比上年增长6.8%，其中第一产业产值增长7.2%，排名全市第一；第三产业产值增长10.1%，排名全市第二。建筑业总产值、住宿业营业额2项指标增幅位居全市第一，实际使用外资、区级一般公共预算支出2项指标位居全市第二，批发业销售额、全体居民人均可支配收入、农村人均可支配收入、全体居民人均消费支出、农村人均消费性支出5项指标位居全市第三。建筑业产值、固定资产投资、批发零售贸易业销售额、实际利用外资、区级财政收入、城镇居民可支配收入、农村居民可支配收入等7项指标增幅高于全省平均水平，建筑业产值、固定资产投资、批发零售贸易业销售额、实际利用外资、区级财政收入等5项指标增幅高于全市平均水平。

【重点项目管理】 2021年，同安区开展省、市、区重点项目管理，全区省、市、区重点项目131个，年度计划投资426.5亿元；同安区作为责任单位的省、市级重点项目36个，区级重点项目37个，年度计划投资61.8亿元，完成投资132.4亿元。强化“五个一批”项目管理，全年新增“五个一批”项目109个，计划总投资988.4亿元，其中谋划项目25个，总投资314.5亿元；签约项目13个，总投资202.2亿元；开工项目40个，总投资159.7亿元；投产项目31个，总投资312.0亿元。第二季度“五个一批”项目正向激励综合考评位列全省第八。促进项目开竣工，全年计划开工项目77个，总投资303.15亿元，实现开工项目77个，开工率100%；计划建成项目32个，总投资67.43亿元，实现建成项目32个，建成率100%；其中，第一季度开工项目19个，总投资32.18亿元，建成项目6个，总投资4.62亿元；第二季度开工项目25个，总投资131.47亿元，建成项目7个，总投资8.78亿元；第三季度开工项目13个，总投资57.26亿元，建成项目10个，总投资12.58亿元；第四季度开工项目20个，总投资82.24亿元，建成项目9个，总投资41.45亿元。

【政府投资项目制定与审批】 2021年，同安区组织编制区级政府投资项目建设计划，全年安排政府投资项目553个，其中续建项目208个、新建项目129个、乡村振兴项目85个、土地收储及配套项目131个；计划总投资194.01亿元，年度计划投资82.65亿元。开展项目立项审批工作，全年审批项目691个，其中可研审批17个、概算批复674个，总投资72.85亿元。做好项目资金保障，下达区级配套资金计划34.85亿元，实际拨付区级资金29.66亿元，其中基建款共拨付22.23亿元、征拆款共拨付2.43亿元、土地收储款共拨付5亿元。

【固定资产投资】 2021年，同安区固定资产投资完成345.20亿元，比上年增长13.1%，高于全省平均水平7.1个百分点，高于全市平均水平1.8个百分点。其中，基础设施与社会事业项目投资比上年下降0.9%，主要原因为环东海域医院、移民造福二期等大项目竣工，投资量下降幅度较大；工业项目投资增长42.5%，主要得益于福建厦门抽水蓄能、海辰锂电研发及智能制造项目等重大产业项目加快推进；房地产项目投资增长7.1%，主要得益于同安宝龙城、厦门现代服务业基地（丙州片区）统建区等大项目加快推进。

【产业发展规划】 2021年，同安区围绕全市现代产业体系，立足全区已有资源和未来发展重点，组织产业课题调研，完成“十四五”产业发展规划、重点产业链（群）发展工作方案等编制工作。统筹推进央企、总部和新经济产业的招商工作，宁德时代、腾讯云、华润系列等优质项目签约。实施创新驱动战略，厦门科学城同安核心区启动建设，中关村大学科技园联盟成果转化基地等首批项目入驻。修订上市扶持政策，累计兑现上市扶持奖励金353.89万元，新增东亚机械、固克节能和嘉戎技术等上市（含过会）企业，全区上市、挂牌企业增至6家，在库上市后备企业32家。遴选7家企业参展第十九届中国·海峡创新项目成果交易会，成功对接项目9个，总投资1600万元，项目对接项目数、投资额分列全市第一、二名。

【营商环境建设】 2021年，同安区加强营商环境建设，“银城商事通”商事登记一趟完成，全市首创个体工商户营业执照镇（街）“帮代办”。推进“放管服”改革和审批制度改革，实现99%以上行政审批事项和公共服务事项网上办理、84%以上的事项全流程网办。深化工程建设项目审批制度改革，建立全天候企业服务保障机制，“全馨办”帮代办服务模式全省推广。成立全市首家区级金融业协会，举办首届同安企业家日系列活动。全年新增登记商事主体2.4万户，比上年增长30.7%。

【《同安区加快推进企业上市若干意见》出台】 2021年4月22日，同安区出台《同安区加快推进企业上市若干意见》（简称《意见》），从奖励额度、申请时间、税收兜底等多方面给予拟上市和上市企业更加充裕、宽松的扶持。《意见》包括明确上市目标、完善服务保障机制、实施政策扶持、监督管理和其他事项等5项内容。《意见》明确对企业进入上市后备库、上市前的工作经费、上市后的融资、返投和高管奖励等方面进行资金扶持，其中重点上市后备企业补助最高115万元、上市工作经费补助最高400万元、高管奖励最高500万元、融资奖励最高150万元、募投奖励最高800万元。《意见》还明确，只针对奖励部分（最高1450万元）进行税收兜底，企业申请时如有超过前一年税收，可以递延一年。

（张　萍）

自然资源管理

【概　况】 2021年，同安区节约利用土地资源，处置“批而未供”土地60.19公顷，处置闲置土地185公顷。做好项目建设用地保障，办理出让项目建设用地规划许可证21宗，划拨国有建设用地84宗，协议出让国有建设用地3宗。开展土地收储与出让工作，收储土地81.12公顷，出让土地25.96公顷。强化耕地保护，旧村复垦项目新增耕地1.92公顷、高标准农田建设项目新增水田56公顷，旧村复垦进度和补充耕地项目稽查合格率全省排名第一。加强自然资源执法监察，整改卫片执法图斑94个，整改省“天地网”占用耕地监测图斑205个，查处非法采矿（盗挖高岭土）、非法占地、破坏耕地等行为10起。

【“批而未供”土地处置】 2021年，同安区推进“批而未供”土地处置，厘清同安区2009—2018年“批而未供”总用地面积，通过与空间管控要素叠加分析，策划形成可利用地。综合分析地块现状、农转和储备情况、征拆情况、相关规划、出让计划等，逐宗地块核实地块信息及供地条件，筛除不具备条件的地块，定义可推进地块优先级别，明确推进时序，形成对应的一表（同安区“批而未供”用地策划招商用地信息表）、一图（同安区“批而未供”策划招商/划拨用地分布图），供各个责任单位做好招商服务和供地工作。全年同安区处置“批而未供”土地60.19公顷，处置率18.19%。

【闲置土地处置】 2021年，同安区加强闲置土地处置工作，对省自然资源厅下发的2021年度37宗250公顷疑似闲置土地处置任务，完成处置26宗185公顷，面积处置率74%，全市排名第二。对年内新增的3宗12.2公顷闲置土地，均于年底前完成处置，面积处置率100%，全市排名第一。对上海督察局下达的4宗29.8公顷闲置土地处置任务，完成处置2宗6.8公顷，剩余2宗厦门银鹭食品集团有限公司T2012P01-G地块已开工建设，待省级主管部门确认后销账。对市审计反馈的7宗11.7公顷闲置土地整改任务，完成处置1宗0.1公顷。

【土地收储】 2021年，同安区做好土地收储收购工作，开展企业收储34家，完成收储企业11家（协泰成、和泰、青田、源顺、卢荣崇、承源、良机、宇鸿、台慧、真光、祥辉），土地总面积16.03万平方米。推进征地项目50个365.0万平方米，完成征收并办理土地移交18个65.09万平方米。实施房屋征迁项目65个房屋面积274万平方米，完成房屋征迁项目9个，签订协议800份，征收房屋面积45万平方米，拆除房屋面积40万平方米。

【土地出让】 2021年，同安区出让土地13宗，出让总金额134、99亿元。其中，出让住宅商业用地9块，总地价134.49亿元。出让工业用地4宗，分别为呼博仕、海福盛、蒙泰科技、青田食品用地，土地面积11.85平方米，出让金额0.5亿元。

【住宅建设用地保障】 2021年，同安区加强安置房建设用地保障，全年办理祥平街道溪声社区白云大道项目浒井安置地、国道324复线及警备区项目南山村安置地、厦门抽水蓄能电站项目后靠安置地、厦安高速项目云洋村安置地、白交祠村地质灾害就地搬迁安置项目等安置地农转用手续，切实解决拆迁安置户住房困难。加强农村村民住宅建设用地保障，全年上报农用地转用组卷6个批次、40宗用地，申请用地总面积13.82公顷，其中新增建设用地13.22公顷，均纳入2021年度土地利用计划。

【历史遗留项目审批与验收】 2021年，同安区推进历史遗留项目的审批与验收工作，妥善解决固克节能科技股份有限公司用地项目工规变更和验收、惠元（厦门）房地产发展有限公司“和谐天下”项目土地复核验收等历史遗留问题。通过收取闲置费、违约金的形式，调整厦门银鹭食品集团有限公司T2012P01-G地块的动工时限，推动闲置近10年的地块开工建设。采取先处罚后办理项目规划验收手续的办法，解决中洲·滨海城项目因资金链断裂停工带来的债务纠纷、房产交付、产权办理等信访问题。

【耕地保护】 2021年，同安区落实耕地保护责任，组织签订耕地保护目标责任书，制定印发《同安区镇（街）耕地保护责任目标考核办法》，将耕地保有量、高标准农田建设、补充耕地任务完成情况等纳入年度党政领导生态环保目标责任制考核、粮食安全行政首长责任制考核的重要内容，建立区、镇（街道）、村三级耕地保护共同责任机制。加强基本农田保护，重新补入长期稳定利用的耕地1289.07公顷，重新划定永久基本农田3621.93公顷。实施土地开发、整理和复耕，增加有效耕地面积，全年新增耕地1.92公顷、水田改选56公顷，旧村复垦进度和补充耕地项目稽查合格率全省排名第一。推进耕作层剥离再利用工作，结合双溪片区土地出让项目，剥离耕作层土壤15公顷3万立方米，剥离后的土壤均用于临时用地复垦、城市绿化等。

【自然资源执法监察】 2021年，同安区核查自然资源部卫片执法图斑1217个（经分割后为1511个），监测土地面积695.69公顷，其中耕地面积201.66公顷。推进违法用地专项清理整治工作，整改卫片执法图斑94个、整改到位率65.73%；整改省“天地网”占用耕地监测图斑205个、整改率到位率74.3%，复耕耕地面积34.28公顷、复耕率87.5%。深入开展乱占耕地建房整治工作，全区需拆除乱占耕地建房住宅类“一户多宅”图斑共281个，至年末，完成拆除280个，剩余1个送达“行政处罚决定书”。严格落实日常巡查制度，累计出动巡查人员3600余人次，车辆900余辆次，对辖区8个镇（街）实施全覆盖、无间断巡查，发现并采集录入涉嫌土地违法行为1452宗、下发“责令停止违法行为通知书”1452件。严厉打击非法采矿（盗挖高岭土）、非法占地、破坏耕地等行为，立案处罚6件（其中移交公安2件），行政处罚3件，免予行政处罚1件。

【同安区实施湾（滩）长制】 2021年11月，同安区委出台《厦门市同安区湾（滩）长制实施方案》，建立区、镇二级湾（滩）长体系，分别设立湾（滩）长、副湾（滩）长，设置相应的湾（滩）长制办公室。区级湾（滩）长制办公室挂靠同安区生态环境局，构建以党政领导负责制为核心的海洋生态环境保护长效管理机制。方案明确各级湾（滩）长的工作任务和职责分工，在属同安区湾（滩）长制管控海湾面积27.19平方千米、岸线长15.08千米范围内，建立常态化巡湾（滩）机制，推进海湾污染防治、生态修复、资源保护利用及执法监管等海洋生态环境保护工作。

（艾叶生）

国有资产管理

【概　况】 2021年，同安区有区属国有企业4家，分别为厦门同安国有资产投资有限公司、厦门同安置业有限公司、厦门同安城市建设有限公司、厦门同安资产管理有限公司。厦门同安国有资产投资有限公司（简称同安国投公司）承接政府投资项目代建工作、企事业单位安保任务等，做好所属旅游景区运营管理，全年完成营业收入1.67亿元，实现利润总额349.46万元，上缴税金1533.09万元。厦门同安置业有限公司（简称同安置业公司）开展土地收储出让、征迁业务、农贸市场管理、项目投资等工作，全年完成经营收入1.09亿元，实现利润总额2967.94万元，上缴税金1987.12万元。厦门同安城市建设有限公司（简称同安城建公司）承担政府性投资项目代建、工程施工、全区市政园林环卫一体化管养、溪流公路养护及污水设施运维等工作，全年完成营业收入6.63亿元，实现利润总额5343万元，上缴税金4364万元。厦门同安资产管理有限公司（简称同安资产管理公司）做好代管资产及自有资产的招租招商工作，开展停车场建设运营、老旧资产改造等业务，全年完成营业收入4.41亿元，实现利润总额1236.39万元，上缴税金2690.99万元。

2021年9月，由同安国投公司代建的凤岗小学开办招生。图为凤岗小学教学楼

（同安国投公司供图）

【政府投资项目代建】 2021年，同安国投公司承接代建项目81个，其中前期项目30个、在建项目51个，至年末，竣工验收项目24个，累计完成投资3.5亿元；五显中学扩建工程、西洪塘幼儿园等重点项目有序推进，汀溪小城镇集中安置房（一期）A1-2获评2021年度市优工程。同安城建公司承接代建项目408个、总投资27亿元，其中包括工业园区基础设施提升项目3个、埭头溪环境整治项目21个、乡村振兴项目35个和农村基础公厕改造等工程包，完成小微水体整治102处，改造农村基础公厕35座，修缮区级文物13座。

【国有资产投资经营】 2021年，同安区区属国有企业加强主营业务发展，推进国有资产保值增值。

同安国投公司　管理金光湖及同安影视城景区，策划各景区节庆活动，承办“农民画百米长卷创作”等文创项目，引入洪氏珠光（厦门）青瓷文化产业有限公司进驻叶拱南故居，推动金光湖森林人家酒店用地挂牌事宜，全年各景区累计接待游客416770人次，实现旅游收入2361.07万元，上缴税利总额133.96万元。加强人防安保业务，承接市政道路巡查、渣土巡查管控等购买服务项目，新增涉案车辆停车及施救服务项目和保障交通违法整治项目。

同安置业公司　推进实施工程项目51个、完成投资8600万元，其中在建项目25个、至年末竣工14个，前期项目26个、至年末完成施工招标2个。开工建设3宗工业区边角地块（轻工食品园、工业集中区、黄金工业园区）通用厂房项目，土地面积18592.58平方米，建筑面积47828.26平方米，总投资1.16亿元。有序推进烧灰综合楼还建项目（商业和公寓综合体），用地面积4670.99平方米，建筑面积12167.29平方米，总投资6060.26万元。

同安城建公司　承接全区市政园林环卫一体化管养、溪流公路养护和污水设施运维等工作，全年投入经费4.3亿元。完成大轮山公园、雪樵公园、苏颂公园提升改造工程，完成“三馆一院”绿化景观工程，完成东桥至五显桥生态水系收割清杂工程、五显湿地生态水系收割清杂工程、古庄二路（大溪地—西溪特大桥段）提升工程、西溪护龙宫段安全防护工程4个溪流项目立项。建设总投资6.37亿元的同安工业园区污水处理厂工程，建成总投资1.21亿元的泥山溪、梧侣溪箱涵调蓄池项目。投用美峰创谷7号（同安科创中心），完成投资4.5亿元。

同安资产管理公司　加强路外路内停车场建设运营，经营管理路外停车场43个、总车位数4203个，营业收入840万元；经营管理道路21条、停车泊位1074个，营业收入389万元。推进老旧资产改造提升，以“环东海域美溪道同安园邻里中心3号楼”为试点，启动长租公寓改造工程，至年末完成改造面积8566.55平方米，可提供长租公寓224间，是同安首个国有常租公寓项目。

【国有资产出租与管理】 2021年，同安置业公司规范管理储备用地117宗、面积302.19万平方米，妥善处理16起侵占、破坏储备用地事件。全年同安置业公司资产出租727宗（含农贸市场摊位）、总面积44691.36平方米，租金收入1877.85万元；贯彻国企减租政策，主动减免出租房屋、摊位租金596万元。同安资产管理公司认真做好运营资产、代管资产和自有资产招租招商工作，其中运营资产为包租经营的“金边”项目，代管资产和自有资产为行政事业单位资产、安置房、保障性住房及企业改制资产，住宅小区和自有房产等。全年同安资产管理公司经营“金边”资产17.89万平方米，公寓、店面、综合配套平均出租率分别为76.2%、96.0%、86.3%，租金收入2389.74万元；经营代管资产和自有资产11.51万平方米，平均出租率89.90%，租金收入2220.49万元，比上年增长14%。

【国有企业招商引资】 2021年，同安国投公司与厦门象屿物流集团有限责任公司共同出资设立泓屿供应链公司，国投公司占股70%。全年泓屿供应链公司完成各项营业收入3.39亿元，实现利润总额528.71万元，上缴各项税费41.51万元；出资780万元参与投资厦门文资永岚股权投资合伙企业（有限合伙），以“基金+招商”模式带动文旅产业高质量发展。同安资产管理公司出资857万元，合资设立莲花故里（厦门）生态农业开发有限公司（持股40%）、增资入股厦门市绿瓢虫农业科技有限公司（持股18%），推进农地流转和蔬菜大棚、总部中心仓建设等。

【机动车综合性能检测站运营管理】 2021年，同安国投公司加强内部管理，完善配套服务，提升检测站运营管理水平。全年完成机动车检测19220辆、摩托车检测280辆、营运车辆检测5500辆，完成营业收入430万元，比上年下降4.4%。

【农贸市场改造与运营】 2021年，同安区继续开展农贸市场改造提升工作，推进莲花农贸市场提升改造，投入390万元完成莲花农贸市场1.0标准化建设。推动嘉德胜市场设施提升和招商运营工作，建设智慧停车系统、充电桩系统等配套设施，市场3号～6号楼（含附属楼6间店面）出租率达100%、1号～2号大棚出租率达47.25%。完成洪塘、城东、杜桥、阳翟、城西5个农贸市场回迁和招商工作。至2021年年末，同安区完成7个农贸市场改造，全部实现回迁并投入运营。农贸市场店面、摊位整体出租率达84%。杜桥市场被设为同安区农贸市场全国文明城市考察示范点，城西市场获评“省级四星文明集市”。

【城市一体化管养】 2021年，同安城建管护有限公司负责城市一体化管护工作，至年末承接全区650.5万平方米市政道路养护、803.11万平方米市政道路保洁、594.33万平方米绿化养护、800棵名木古树管养、429.07千米溪流养护、760.18千米农村公路养护、141个村居保洁、114座环卫公厕保洁、611座农村公厕保洁和73座清洁楼管护任务，有养护设备839台、作业车辆589辆；全区城市管理年度综合考评成绩位列全市第二、农村村容考评成绩位列全市第二。同安城建水务环境有限公司负责同安区生活污水设施运维工作，至年末，接管农村污水处理站305座、农村污水泵站69座、农村污水管道1771千米，城镇泵站102座、城镇市政管网702千米，排洪沟24千米，高效处理站2座，小型污水处理厂5座，人饮工程119座（126个水源点）；下属厦门同城环保检测有限公司取得CMA检验检测资质认定；第一、二季度全区农村生活污水处理设施水质抽测达标率两次位列全市第二。

【土地流转】 2021年，同安资产管理公司推进厦门同安闽台农业融合发展（种子种苗）产业园土地收储（流转），参与规划、选址和入户动员等工作，协同五显镇、百利公司流转（置换）土地100

亩（6.67 万平方米），为产业园项目博览会地展和棚展提供用地。实施莲花镇蔗内村土地流转项目，完成一期 209.04 亩（13.94 万平方米）农地流转工作，超额完成流转 200 亩（13.33 万平方米）的年度目标。开展莲花镇后埔村土地流转工作，完成二期 104.99 亩（7 万平方米）农地流转。推进莲花镇云洋村土地流转工作，达成土地流转意向 150 亩（10 万平方米），启动入户签约工作。

（叶雅桑　蒋玉婵
赵沛琦　陈　岚）

市场监督管理

【概　况】 2021 年，同安区市场监督管理局深化商事登记改革，全年新增商事主体 24161 户，其中新增企业 8078 家、比上年增长 18.5%。开展食品、药品、特种设备和产品质量安全监管，4 个领域全年未发生区域性、系统性安全事故。聚焦群众关切的问题，全年查处各类违法案件 434 件，比上年增长 87.1%；罚没款 732.85 万元，增长 73.5%。至年末，全区有各类市场主体 106723 户，其中内资企业 39946 家，注册资本 2835 亿元；外资企业 947 家，注册资本 41.7 亿美元；农民专业合社 509 家，个体工商户 65321 户。纳入监察范围的特种设备 16954 台（套）。同安区食安工作考核连续五年（2017—2021 年）排名全市第一。同安区市场监督管理局获全国食品安全工作先进集体称号。

【商事登记改革】 2021 年，同安区市场监督管理局打造"银城商事通"服务品牌，在全市率先将商事登记服务延伸至镇街、社区、园区和银行网点，通过"1 个中心 +N 个便民点"服务模式，实现商事登记事项"就近办""全城通办"，全年新增"银城商事通"服务网点 13 个、帮代办商事登记 1542 件。推进"一网通办、全程网办、掌上可办、自助 E 办"便民措施，实现从开办到注销全生命周期的商事登记全程电子化，全年"全程网办" 1.57 万余件，其中企业开办网办率达 90%、位居全市首位。深化招商引资项目登记对接机制，采取专人专岗"点对点"服务，指导 217 家区政府重点招商引资企业落户同安，其中注册资金上亿元企业 11 家。

【食品安全监管】 2021 年，同安区开展国家食品安全示范城市创建工作，组建创城工作专班，组织滚动交叉检查，落实各项迎检工作，完成省级初评和国家验收。开展校园守护、农村假冒伪劣食品治理等十大攻坚行动，组织"炸油条"加工经营行为等专项整治工作，完成食品快检 5556 批次，核查处置监督抽检不合格 202 批次、快检不合格 42 批次。根据网络评价情况，对同安区部分人气较高的网红店进行不定期突击抽检。

【"两品一械"监管】 2021 年，同安区开展"两品一械"（药品、化妆品、医疗器械）监管工作。制定药品安全突发事件应急处置预案，开展药品流通环节专项检查，全年检查药店 803 家次、医疗机构 143 家次、疫苗储用机构 59 家次，作出警告处罚 28 起，回收销毁过期家庭过期失效药品 850 千克，有效防范药品安全风险。开展儿童化妆品专项整治，指导 55 家经营单位规范经营，立案查处 1 起。开展医疗器械质量安全风险隐患排查治理工作，检查经营使用单位 439 家次，责令整改 7 家、警告 7 家。全年组织"两品一械"监督抽检 138 批次，未发现不合格产品。指导 248 家零售药店建设药品追溯体系；指导 2 家医疗

2021 年 3 月 10 日，同安区市场监督管理局开展网红外卖店体察活动。图为工作人员在某网红煎饼店检查食材来源、工作环境等

（同安区市场监督管理局供图）

器械配送企业建设医疗器械唯一标识系统；指导厦门九州通医药有限公司申报全省医疗器械经营安全百家示范点单位并获通过。

【特种设备监管】 2021年，同安区市场监督管理局推进压力管道整治工作，组织集中培训5场次，落实上门指导、在线辅导等，实现563家管道、锅炉和压力容器使用单位排查监管全覆盖。开展特种设备安全“百日攻坚”行动，检查特种设备924台、使用单位1373家，排查问题隐患1236处、督促整改1234处，闭环率99.83%。创新特种设备安全监管模式，实行“网格日常监管+专班专项整治”；完善特种设备违法线索交办制度，全年交办违法线索5条，实现100%立案。

【产品质量安全监管】 2021年，同安区市场监督管理局加强产品质量安全监管，联合区教育局开展2021年“计量守健康进校园”活动，完成全区68所学校医务室的1300余件计量器具检定工作。开展销售领域燃气器具质量安全专项整治活动，查处违法销售商家6家、查获不合格燃气器具78台。定期开展成品油质量抽检工作，先后抽检有资质加油站（点）6家油品19批次，检测结果均为合格。

【消费维权】 2021年，同安区市场监督管理局累计受理消费投诉举报共计12396件，其中12315热线转办9365件，市长热线2567件，公共安全指令464件。办理投诉7205件，为消费者挽回经济损失162.78万元，主要集中在食品问题和日用品质量等。创新开展消费维权“体察”活动，邀请社会各界代表组成体察团，不定期与市场监督管理局执法人员一起到网红外卖店、美容店、大型游乐场等场所检查，零距离体验执法过程。

【重点领域要案查办】 2021年，同安区市场监督管理局聚焦群众关切，深入整治食品生产环节非法添加等突出问题，严厉打击汽车行业、中介机构等领域违法行为。全年查处各类违法案件434件、结案367件，罚没款732.85万元。其中，燕之情生物科技有限公司涉嫌生产食品违法添加药品案入选市场监管总局督办的典型案例、厦门兜好麦食品有限公司涉嫌生产标签不符合规定的果冻案入选市场监管总局2021民生领域案件查办“铁拳”行动典型案例（第五批）。

【同安区标准化战略奖励办法出台】 2021年，同安区修订出台《同安区实施标准化战略奖励办法》，明确规定奖励范围、奖励标准、申请奖励所需材料等，主要从制定标准、参加标准化活动、获得国家级或省级创新标准项目、国家级或省（市）级标准化试点（示范）项目立项、企业标准“领跑者”等5个方面实施奖励或补助。年内总计奖励补助18家企业46项标准共计522.5万元。

【“食在同安”美食信用监管平台上线】 2021年5月1日，“食在同安”美食信用监管平台上线。该平台由同安区市场监督管理局开发管理，旨在推广“同安小吃”的知名度，加强区域公共品牌建设，营造“游在厦门，食在同安”的旅游消费氛围。平台采用两端一平台模式，通过融合大数据、物联网等技术手段，重点打造数据中心、运营中心、食安监管与舆情监管等板块，为食客提供美食搜索、名食榜单、美食地图、在线下单等服务，回应食安巡查、食品安全教育、食安公示等社会关切问题，同时还针对商家提供经营打卡、订单核销、拓客引流、统一对账等“一站式”网上商铺服务，实现同安的食安互联网管理精细化，美食服务人性化、公共服务便捷化。“五一”节期间，依托“食在同安”平台，举办第二届“同安小吃节”，平台总访问量7.8万余人次，线下吸引游客1万余人次，交易额超10万元。

【“我是食安小达人”系列活动】 2021年6月，同安区市场监督管理局举办“我是食安小达人”系列活动，宣传食品安全知识，推动食品安全共治。6月6日，举办“我是食安小达人”知识竞赛，有30组亲子家庭报名参与。竞赛题目涵盖食品安全、勤俭节约、营养膳食、倡导理性消费、遏制食品浪费、共享食品安全成果等方面的科普知识，经“谁与争锋”车轮战和“一战到底”抢答赛等环节，向十组亲子家庭授予“2021同安区食安小达人”称号。6月10日，在2021同安区食品安全周宣传启动仪式上，为获奖家庭代表颁发“我是食安小达人”荣誉证书。6月20日，开展“我是食安小达人”获奖家庭农场研学活动，组织参观位于汀溪镇的禾伯鲜农培育基地，进行蔬菜农残检测等食安科普试验，深入了解膳食安全知识。

（章晓婉）

价格管理

【概　况】 2021年，同安区加强宏观调控，做好物价、粮食管理工作，推进稳增长、促改革、调结构、惠民生、防风险等宏观经济目标间的均衡。强化市场价格监测和分析预警，通过同安政府网、同安电视台、“富美同安”App等多渠道发布农副产品价格信息，总计发布189期，引导市民理性消费、企业合理定价。启动11家平价商店，执行政府差价补贴销售农副产品政策，全年补贴种类15种。加强粮油储备和价格监管，对全区3家粮食应急加工企业、30家粮食应急供应网点开展不定期巡查。全年编写《同安发展改革简报》12篇，发布主要农副产品价格分析等内容。

【行政事业性收费监管】 2021年，同安区物价主管部门（区发改局）审核区属行政事业性收费单位及其收费项目，向社会公布36个具有收费资质的收费单位名单及14项收费项目。运用国家市场价格管理系统，开展2020年度行政事业性收费情况统计调查，全年收费总额7528.46万元，比2019年下降19.39%，其中行政性收费1984.78万元、事业收费5543.68万元。

【市场价格监测】 2021年，同安区物价主管部门开展市场价格监测与分析，建立7个价格监测网点，重点监测与群众生活密切相关的粮、油、副食品、肉、禽、蛋、水产、水果、蔬菜等八大项68种农副产品民生价格。采集价格数据9345条，发布农副产品平均价格通报189期，其中粮油副食品平均价格通报73期；价格周分析52篇。

【平价商店管理】 2021年，同安区物价主管部门启动11家平价商店，执行政府差价补贴销售农副产品政策，全年补贴种类15种。加强疫情期间、重大节日等时段平价商店的巡查，全年巡查300余人次。各平价商店规范价格公示栏、导购牌等，商品明码标价，保质保量供应，未发生市场商品抢购、脱销断档等异常情况。

【价格认定】 2021年，同安区价格认证中心完成各类价格认定业务292件，认定标的总金额1224.22万元。其中，协助司法机关刑事案件涉案财物价格认定291件，认定标的金额1208.76万元；其他复函385件。各项价格评定无一例出现重新认定或复核裁定，办结率100%。

（叶书建　杨碧花）

统　　计

【概　况】 2021年，同安区统计局做好农业、规模以上工业、项目投资、建筑业、房地产业、重点服务业、限额以上商贸业、劳动工资、能源、科技等常规统计工作，开展城乡居民收支、农产品价格、畜禽监测、粮食播种面积、农产量、小微服务业、劳动力、规下工业、限下商业、生产者价格等调查工作。推进基本单位名录库建设，抓好“四上”企业入库。加强统计调查分析，印发《同安统计月报》11期，编写《厦门市同安区统计年鉴（2021）》，发布同安区第七次全国人口普查公报，为市统计部门、区委区政府提供决策依据，为社会各界提供信息咨询服务。

【统计调查】 2021年，同安区统计局抓好“四上”企业（规模以上工业企业，房地产企业和资质等级以上建筑业企业，限额以上批发零售业、住宿和餐饮业企业，规模以上服务业企业）“一套表”定报工作，高标准完成年、月报报表审核、验收等，及时开展行业情况汇总分析。做好统计业务调查，按要求完成2021年基本单位调查工作，开展各类常规抽样调查。做好新一轮住户调查工作，加强对记账户的业务培训和访户指导，落实调查员的日常管理和业务考核。做好人口抽样调查工作，完成33个社区、40个样本点人口抽样调查。

【统计监督】 2021年，同安区统计局落实统计普法要求，邀请专家开展专题授课，举办第十二届“统计开放日”现场宣传活动，增强统计法规意识。推进国家统计督察问题整改，严格按照《福建省人民政府办公厅关于抓紧抓早抓实国家统计督察整改工作的通知》精神，细化责任分工，压实岗位职责，提高统计数据质量。建立健全相关制度体系，完善统计数据质量管理办法，设立、规范统计台账。全面清理纠正违反统计法精神的文件和做法，公布举报信箱、举报电话，巩固统计工作独立调查、独立报告、独立监督的生态环境。组织开展“双随机”执法检查，全年检查企业81家次，立案查处5家，有效震慑统计违法行为。

【统计服务】 2021年，同安区统计局加强统计调查分析，积极反映经济社会发展的新特点、新变化和新趋势，全年编印《同安统计月报》11期，撰写经济运行分析报告等40余篇，报送相关信息、快报180余篇。高度关注工业、投资、商贸业等重点指标数据，跟踪、报告主要经济指标完成情况，做到早监测、早预警、早报告，服务党委政府决策。及时发布“统计报表填报说明”等信息，对上报困难的企业实施远程指导；通过电话调查、微信留痕等方式，解决企业无法上报的问题。定期组织统计人员培训，完成辖区“四上”企业线上＋线下培训1200余人次，走访调研企业300余家次，提高辖区统计管理水平和业务水平。

【企业入库纳统】 2021年，同安区统计局收集整理辖区“规上”企业统计人员信息，建立辖区“四上”企业统计人员信息库。加强与税务、市场监管等部门沟通联络，做好税库和企业名录库比对，完善名录库基础信息。按照“先进库，再有数”的原则，做好企业入库申报工作，全年有197家企业提交入库申报资料，其中工业企业110家、批零业企业78家、餐饮业企业3家、服务业企业6家。

【第七次全国人口普查工作】 2021年，同安区统计局继续推进第七次全国人口普查工作，加强普查数据后续处理，完成数据审核、改错、赋码、排重、补漏等，通过上级事后质量验收。发布同安区第七次全国人口普查公报，通报同安区常住人口数、户别情况、性别比、年龄构成、受教育情况、城乡分布情况以及流动人口情况等。普查数据显示，与2010年第六次全国人口普查情况相比，同安区常住人口增长72.52%，年平均增长率5.60%；常住人口性别比为117.64，增加6.93个百分点。

（陈燕秋）

审　计

【概　况】 2021年，同安区审计局加大经济社会运行中各类风险隐患的揭示力度，及时反映公共资金使用、公共权力运行和公共部门履职尽责情况，推进财政资金使用效益优化，推动营商环境改善。全年区审计局开展区本级审计（调查）项目12个、完成审计项目12个，出具审计报告和审计结果报告22篇，出具审计移送处理书3份、审计决定2份；查出主要问题金额1598.69万元，其中违规金额166.85万元、管理不规范金额1431.83万元；发现非金额计量问题69个。提出审计建议33条、被采纳33条，提交审计信息40篇。在全市审计项目质量考核中，1个审计项目获评优秀审计项目、1个项目获公开表彰。

【东西部扶贫政策落实情况跟踪审计】 2021年，同安区审计局加强重大政策措施落实情况跟踪审计，助力重大政策措施落地落实。重点对2017—2020年同安区东西部扶贫协作相关政策兑现情况进行跟踪审计，从提高经济效益、巩固拓展脱贫攻坚成果和衔接乡村振兴政策等方面提出切实可行的审计建议，发挥审计在东西部对口帮扶工作中的服务与监督作用。

【本级预算执行情况审计】 2021年，同安区全面开展财政同级审计工作，进一步促进财政资金使用效益提升。重点对区本级财政预算执行的完成情况进行审计，主要审查全区2020年度预算收支情况，并延伸抽查全区耕地占用税征管情况、政府采购有关政策制度落实情况、水电站退出工作相关专项资金使用情况、乡村振兴有关项目落实情况等，揭示相关资金在预算执行管理中存在的问题，分析原因并提出建议。

【领导干部经济责任审计】 2021年，同安区贯彻《党政主要领导干部和国有企业领导人员经济责任审计规定》，深化经济责任审计，重点关注被审计领导干部的“权力运行”和“责任落实”情况，打造以任中审计为主、离任审计为辅的领导干部经济责任审计新格局。全年开展8个领导干部经济责任审计项目，审计领导干部10人，审计查出主要问题中认定被审计领导干部应负责的金额751.8万元。

【自然资源资产离任（任中）审计】 2021年，同安区紧盯水、土、森林资源污染防治等热点问题，做好领导干部自然资源资产离任（任中）审计与经济责任审计的衔接，以审计监督助推生态文明建设。加强地理信息技术运用，审计组从被审计单位、国土、林业等部门获取基本农田、耕地、林地图斑及土地卫片、小石材加工厂、畜禽退养矢量图，通过地理信息系统软件、“国土一张图”多期航拍影像进行比对分析，有针对性地开展外业核查，提升审计实效。优化审计资源配置，将同一镇（街）两任党政领导干部的自然资源离任（任中）审计与经济责任审计项目相结合，实现“一审多项”“一审多果”“一果多用”，推进审计信息和成果共享，扩展审计覆盖面。针对审计过程中发现的问题，撰写3份高质量的审计专报报送区委、区政府。

（郑　达）

财政·税务·金融

财　　政

【概　况】 2021年，同安区一般公共预算总收入112.09亿元，比上年增长7.51%，其中区级一般公共预算收入30.66亿元，增长16.78%。区级一般公共预算支出83.23亿元，比上年增长16.00%。政府性基金预算收入91.15亿元，比上年增长121.36%；政府性基金预算支出52.19亿元，增长82.74%。国有资本经营预算收入1368万元，比上年下降1.79%；国有资本经营预算支出691万元，下降0.86%。年内，同安区共接收中央直达资金10455万元，支出10415万元，支出进度99.6%，主要用于城乡义务教育补助、基本公共卫生服务补助、同安区精准扶贫、中央财政城镇保障性安居工程、优抚对象补助等16个项目。

2020—2021年同安区财政收入情况表

表11

指　标	2020年（万元）	2021年（万元）	2021年比2020年增长（%）
一般公共预算财政总收入	1042595	1120889	7.51
一、区级财政收入	262568	306625	16.78
二、上划市级税收收入	330433	369225	11.74
三、上划中央税收收入	449594	445039	-1.01
政府性基金预算收入	411778	911504	121.36
国有资本经营预算收入	1393	1368	-1.79

2020—2021年同安区财政支出情况表

表12

指　标	2020年（万元）	2021年（万元）	2021年比2020年增长（%）
年度支出合计	1003745	1354844	34.98
一般公共预算支出	717475	832287	16.00
一般公共服务支出	46759	54598	16.76
国防支出	866	922	6.47
公共安全支出	55890	58067	3.90
教育支出	201438	222144	10.28
科学技术支出	55112	9228	-83.26
文化旅游体育与传媒支出	10172	9622	-5.41

续表 12

指　标	2020 年（万元）	2021 年（万元）	2021 年比 2020 年增长（%）
社会保障和就业支出	57294	82943	44.77
卫生健康支出	64477	125102	94.03
节能环保支出	8088	8694	7.49
城乡社区支出	112382	88516	–21.24
农林水支出	40273	43103	7.03
交通运输支出	6462	3751	–41.95
资源勘探信息等支出	10916	88881	714.23
商业服务业等支出	4646	350	–92.47
金融支出	18	178	888.89
援助其他地区支出	2949	2060	–30.15
自然资源海洋气象等支出	9360	6672	–28.72
住房保障支出	1652	3766	127.97
粮油物资储备支出	40	41	2.50
灾害防治及应急管理支出	4655	4932	5.95
其他支出	18701	12433	–33.52
债务付息支出	5303	6104	15.10
债务发行费用支出	22	180	718.18
政府性基金预算支出	285573	521866	82.74
文化旅游体育与传媒支出	3	6	100.00
社会保障和就业支出	1038	1615	55.59
城乡社区支出	236704	514584	117.40
其他支出	964	561	–41.80
债务付息支出	3881	4348	12.03
债务发行费用支出	—	135	—
抗疫特别国债安排的支出	42983	617	–98.56
国有资本经营预算支出	697	691	–0.86

【财政保障新冠肺炎疫情防控】 2021 年，同安区投入新冠肺炎疫情防控经费 5.17 亿元，主要用于设备和防控物资补助、疫情防控人员临时性工作补助、重症病区、发热门诊改造等基建支出等。9 月突发新冠肺炎疫情后，投入 2.08 亿元保障全区 141 个村（社区）疫情防控网格化管理；保障 29 个封控区生活物资供应，支持全区核酸检测、防疫消杀、垃圾转运、集中隔离点改造等工作；落实厦门市应对新冠肺炎疫情影响助力企业纾困减负 12 条措施、同安区关于疫情防控期间援企稳岗的若干措施以及制度性减税、缓税政策，为企业和个人减负超 5 亿元。

【财政支持经济发展】 2021 年，同安区通过加大基金招商力度、扶持产业优化升级等措施，发挥财政资金引导作用，支持经济发展。依托同翔高新城和“智谷、云谷、创谷”等招商载体，抓住厦门科学城规划的重大机遇，引进一批新材料、新能源、节能环保及高端装备智造等项目签约落地。导入研究型机构，构建科技创新发展带，支持传统工业和服务业转型升级，全年累计兑现惠企资金超9亿元，惠及企业逾3300家（次）。持续加大对区属国企的国有资本金投入，全年新增对区属国企的国有资本金投入5亿元，主要投向新经济产业、金融业、教育业、重点基础设施、民生等关键领域，逐步优化资源配置，稳步推动国有资本做强做优做大。

【财政保障民生事业】 2021年，同安区持续压减一般综合定额和“三公”经费，通过推进教育均衡发展、提升医疗卫生服务水平、增强社会保障能力等措施，保障民生事业发展。民生事业支出共67.45亿元，占财政支出比重达81.04%。

推进教育优质均衡发展　全年教育支出22.21亿元，重点保障城乡教学设施设备和信息化建设，落实集体办及民办幼儿园经费补助，引进和培养高层次人才，建设高素质师资队伍，引进优质教育资源，提高办学水平与教育质量。全区新增学位10710个，解决老城区、工业区学位紧张问题。

提升医疗卫生服务水平　全年卫生健康支出12.51亿元，扎实做好新型冠状病毒感染肺炎疫情防控经费保障工作，重点推进公共卫生和医疗体系建设，提升基层应对突发公共卫生事件能力和公共卫生服务水平。

增强社会保障能力　全年社会保障和就业支出8.29亿元，主要用于发放残疾人补贴、城乡低保金、城乡居民基本养老保险基础养老金等；落实近10万名被征地人员、海域退养渔民社保补助政策；支持保障房建设；保障城乡居民养老保险、医疗保险参保率全覆盖，支持“三险”合一；加强居家养老服务工作。

【财政支持城乡建设】 2021年，同安区农林水支出4.31亿元，推进农业农村现代化，培育新型农业经营主体，推动打造22个“一村一品”专业村特色品牌，支持厦门乡村振兴样板区建设，做好巩固拓展脱贫攻坚成果同乡村振兴有效衔接；全面启动727个农村污水高质量高标准提升工程，有序推进汀溪特色镇、竹坝南洋风情小镇、4条乡村振兴动线、15个省市试点村和18个区级示范村项目。城乡社区支出8.85亿元，推进城北片区、城南片区、同莲路等重点片区征拆，拓展城市发展空间；推进城西片区、振兴片区等16个老旧小区改造，以及城西市场、莲花市场等农贸市场改造，提升城市功能品质；推进11条“断头路”、同安东路（同新路—同安大道段）、国道324复线（同安段）二期等重点交通项目建设，构建有序公共交通网络；推进同安历史陈列馆、中山路样板街区等历史文化有机更新项目，提升城市文化内涵。

【国库集中支付改革】 2021年，同安区财政局按照财政部国库集中支付业务有关要求，加强智慧财政系统建设，实施国库集中支付改革，推进单位账户开立、预算编制、预算执行、财务核算等模块上线，确保改革及系统平稳过渡。主要改革措施包括取消单一零余额账户，单位各自开设零余额账户；取消单一的单位实有资金账户，单位各自开设实有资金账户；简化支付流程，强化单位资金预算执行管理；加强事后监督，建立对账机制。

【区对镇（街）财政体制改革】 2021年，同安区制定印发《中共同安区委　同安区人民政府关于调整区对镇（街）财政体制的通知》，坚持支出责任与财政事权相适应，进一步规范区镇之间财政分配关系，科学划分区镇财政收入与财政支出范围，建立健全可持续的收支增长机制，调动镇级发展经济和科学理财的积极性，构建区镇协同联动的企业服务和招商引资格局，共同促进区域经济高质量发展。

【国有企业管理改革】 2021年，同安区制定印发《同安区企业国有资产监督管理办法》，从出资人职责、企业职责及人员管理、重大事项管理、成本费用及收入管理、财务及审计监督等六个方面完善国有资产监管体制。修订《同安区区属国有企业负责人经营业绩考核与薪酬管理办法》，逐步建立与上级改革精神相契合、与区属国企市场地位和业绩贡献相匹配、与考核结果紧密挂钩、增量业绩决定增量激励的企业领导薪酬分配和长效激励约束机制。

【政府采购管理】 2021年，同安区开通新冠肺炎疫情采购“绿色通道”，落实《关于疫情防控采购便利化的通知》《关于疫情防控期间开展政府采购活动有关事项的通知》等政策，保障各单位在疫情防控期间能够快速采购防疫有关物资和服务。完成2021年度政府采购代理机构监督评价工作，规范代理机构执业行为。印发《关于大宗标准化货物政府采购网上竞价有关事项的通知》《关于进一步加强信息化项目政府采购工作的通知》等文件，规范采购人和代理机构行为。全年政府采购预算总金额3.56亿元，实际采购总金额3.22亿元，节约率9.55%。

【国有资产监管】 2021年，同安区财政局与区城市管理局、市自然资源和规划局同安分局联合出台《厦门市同安区没收违法建筑物处置规定》，规范没收违法建筑物的管理和处置行为。出台《厦门市同安区财政局关于进一步规范征地拆迁中国有资产处置的补充通知》，优化处置流程、提高处置效率，规范同安区在征地拆迁中国有资产处置行为。开展推进行政事业单位在建工程转固工作专项清查和代管资产系统入账排查工作，确保国有资产安全完整。

【债务管理】 2021年，同安区根据置换债券集中到期情况，通过发行再融资债券进行置换，全年申请再融资债券30.595亿元，其中一般债券17.70亿元、专项债券12.895亿元，缓解债券集中到期偿还款压力。落实政府债务限额管理，定期开展财政收支运行动态监控和预测分析，加强新增债券全过程管理，建立债券偿还和风险防范机制，推动债券资金及时形成实物工作量。

【财政审核机制完善】 2021年，同安区财政局优化审核流程，实行容缺预审制度，制定100万元以下项目业主负责制工程预决算审核机制，推进工程预、决算审核进度。全年完成3308个工程项目预、决算审核任务，原报审预、决算金额49.96亿元，审核后金额44.64亿元，核减数5.32亿元，综合核减率10.65%。受理并办结项目竣工财务结算634个，报审项目财务结算总资金20.29亿元，审后结算总资金额20.17亿元，剔除不合理支出资金1215.2万元。

（杜思宁）

税　　务

【概　况】 2021年，同安区税务局累计各项收入146.81亿元，比上年增收25.72亿元，增长21.24%。其中，税收收入98.13亿元，比上年增收15.51亿元，增长18.78%；非税收入48.69亿元，增收10.21亿元，增长26.54%。税收收入中，税收直接收入93.48亿元，比上年增收18.77亿元，增长25.12%；免抵调库4.65亿元，下降41.15%。非税收入中，社保收入45.25亿元，比上年增收9.82亿元，增长27.73%。全年免抵退税额4.65亿元，办理出口退税17.92亿元。

【税收征管模式完善】 2021年，同安区税务局深化税收征管改革，结合同安辖区实际税情，摸清税源底数，合理划分税源管理职责，优化配置征管资源，对纳税人实施差异化与个性化服务管理。全年根据税源划分原则实现税源动态化调整3364户次。

【税种管理】 2021年，同安区税务局加强各税种管理，做到既应减尽减，又应征尽征，严格依法征税。

货物和劳务税征收　推进增值税专用发票电子化扩围试点工作，全年核定增值税电子专用发票票种的企业1646家。累计审核增值税即征即退188户次，累计退税9139.83万元；办理增值税留抵退税累计退税额3.7亿元。

财产行为税管理　做好财产和行为税“十税合一”合并申报，

2020—2021年同安区各税种收入情况表

表13

征收项目	2020年（万元）	2021年（万元）	2021年比2020年增长（%）
1. 国内增值税	345627	373368	8.03
2. 国内消费税	2372	2353	–0.80
3. 营业税	4	129	166.67
4. 企业所得税	176456	274410	55.51
5. 个人所得税	50366	60873	21.82
6. 资源税	93	85	–8.60
7. 城镇土地使用税	7739	7802	0.81
8. 城市维护建设税	25928	28624	10.40
9. 印花税	9089	12559	38.18
10. 土地增值税	50892	66443	30.56
11. 房产税	27881	25197	–9.63
12. 车船税	35	47	34.29
13. 车辆购置税	9120	10054	10.24
14. 耕地占用税	90	497	445.56
15. 契税	41404	71943	73.76

以及主附税合并申报工作，有序组织纳税人进行线上试填和模拟申报，实现申报平稳运行。强化房地产项目管理，做好土地增值税征管。联合自然资源和规划局同安分局开展协调工作，建立耕地占用税信息共享机制。全年出具房地产权属转移税收征免预受理预认定意见16家次，减免或暂不征收税款金额329.94万元；对2018年12月31日前已进行购销合同印花税核定的外贸企业，未及时按15%调整核定的，调整为从2019年1月1日起执行；调整外贸企业23家，涉及印花税核定信息64条，共退还税款21867.41元。

所得税管理 成立个人所得税汇算清缴工作领导小组和专项工作组，通过小呼中心、征纳互动平台和在办税服务厅设置个税汇算专窗，畅通咨询和宣传渠道。汇算期间共办理退税126970人次，其中人工审核退税10250人次，成功退税0.41亿元；全年入库个人所得税5.32亿元，比上年增加1.19亿元，增长28.81%。组织完成600余家企业2020年度企业所得税汇算清缴多缴退抵税工作，合计退税1.40亿元。运用“企税汇缴数据质量监控”、特色软件减免税申报监控查询功能，实现2020年度汇算数据校验零错误；精细化辅导辖区企业研发费用加计扣除政策应享尽享。

【规费征缴】 2021年，同安区税务局组织社会保险费入库45.25亿元，比上年增长28%。依法依规组织非税收入入库3.43亿元，比上年增长12.46%。推进非税新项目划转工作，完成水土保持补偿费、排污权出让收入、防空地下室易地建设费、土地闲置费、绿化赔偿费5项非税收入的划转，新划转项目当年组织入库815万元。继续落实各项减免政策，累计减免社会保险费1.71亿元、减免非税收入1.86亿元。

【税收法治建设】 2021年，同安区税务局全面推行行政执法“三项制度”（行政执法公示制度、行政执法全过程记录制度、重大执法决定法制审核制度），全年对外公示事前、事中与事后各类执法信息3万余条、采集执法案件电子数据273件，完成重大执法决定法制审核35次。深入推进“互联网+”监管执法，实现10类执法文书电子送达，有效提升征纳效率。做好政府信息公开工作，全年主动公开行政许可4333条、行政处罚251条，保证公众知情权。

【减税降费】 2021年，同安区新增减税降费6.72亿元。其中增值税3047万元、企业所得税2807万元、个人所得税157万元、城市维护建设税143万元、车辆购置税507万元、契税274万元、失业保险4061万、工伤保险495万元、教育费附加72万元、地方教育费附加48万元、文化事业建设费1236万元。

2021年新出台政策减税情况 税收减免共计31968万元，其中小型微利企业所得税再减半优惠2771万元；个体工商户经营所得减半征收个人所得税639万元；提前享受前三季度研发费用加计扣除24840万元，提高小规模纳税人增值税起征点2882万元。

2021年展期实施政策减税降费情况 税收减免23851万元，其中支持个体工商户复工复业增值税7327万元；疫情防控重点保障物资生产企业新设备一次性税前扣除250万元；疫情防控重点保障物资生产企业增值税留抵退税629万元；提供公共交通运输服务、生活服务，以及为居民提供必需生活物资快递收派服务861万元；防控疫情捐赠税前全额扣除（企业所得税）199万元；新能源汽车免征车辆购置税1146万元；设备器具扣除企业所得税优惠1.25亿元；其他展期政策822万元。社保降费减免7278万元，其中继续阶段性降低工伤和失业保险费率7271万元。非税收入减免336万元，其中免征文化事业建设费336万元。

2020年年中出台政策在2021年翘尾新增减税降费情况 社保降费减免3752万元，均为继续阶段性降低工伤和失业保险费。

【纳税服务】 2021年，同安区税务局推进“放管服”改革，宣传推广“非接触式”办税缴费，开办“一网通”电子税务局平台增值税电子专用发票申领及电子税务局新户登记接入，基本实现所有个人办税缴费事项可掌上办理；设置精准导税专区，推行“简事易办”“繁事特办”“预约专办”，开展精细化服务；全年招募税务体验师40名，组织专题体验活动2场、志愿者活动2场，收集意见建议5条。举办“我为纳税人缴费人办实事暨便民办税春风行动”主题活动，召开纳税人座谈会5场，组织专题体验活动2场，解决纳税人、缴费人痛点、难点、堵点。通过短信、税企互动平台等渠道推送政策信息23万余条、开展纳税人学堂14场，发放政策宣传手册1万余本。全年为纳税人办理业务24万余件，纳税人评价满意率超99%。开展纳税人信用评定工作，评选出A级纳税人3241户、B级17433户，分别占纳税人总数的8.02%和43.14%。

【大企业税收服务与管理】 2021年，同安区税务局通过超前谋划、精细辅导、部门联动等方式，全年审核全区企业大额退税109户次，办理退税1.45亿元；开展大企业风险应对11户次，入库税款3.9亿元；进行高新企业续评核查45户次，核查成果192.68万元。开展“学党史　办实事”主题交流活动、大企业税收“智享会”，为辖区大型企业提供改制重组、上市等涉税事项咨询。

【出口退税】 2021年，同安区税务局加强出口企业分类管理，加快出口退税速度，全流程无纸化办理出口退税在97%以上。多渠道开展护航外贸活动，围绕营商环境及疫情期间企业存在困难分类点对点开展出口退税企业精准辅导。全年受理申报出口额230亿元、比上年上升26.52%；累计审批免抵退税额28.71亿元、增长26.63%，其中应退税额17.86亿元、增长40.76%。

（盛　婕）

金　融

【概　况】 2021年，同安区继续推进金融改革，围绕助推实体经济发展、防控金融风险、深化金融改革等三项任务，做好金融政策制定、金融招商、金融防风险、金融文明建设、金融为民办实事等工作。开展财政支持深化民营和小微企业金融服务综合改革试点工作，加大金融招商力度，引进财信证券和泉州银行在同安设立网点。推进防范和处置非法集资平安建设工作，开展第9个防范非法集资宣传月活动，全年排查涉金融企业1800余家次；制定出台《非法集资及非法金融业务活动举报奖励暂行办法》，接到举报线索2条，兑付奖金4000元。至年末，同安区银行金融机构网点60余个，保险公司网点50余个。融资担保公司2家，小贷公司1家，典当行1家，融资租赁公司3家，商业保理公司5家。形成以银行信贷市场为主导，保险市场、证券市场等多样化金融齐头并进的区域性金融发展格局。

【信贷风险补偿资金管理办法出台】 2021年，同安区制定出台《同安区企业信贷风险补偿资金管理办法（试行）》。该办法适用于同安区风险补偿资金的申请受理、审核及资金拨付等各项活动，通过鼓励和引导辖区金融机构向有需求的企业提供融资服务，规范企业信贷风险补偿资金的使用和管理，有效改善辖区企业融资环境。

【推动金融产业发展措施出台】 2021年，同安区制定出台《同安区人民政府关于推动金融产业发展的若干措施》。该措施旨在鼓励各类金融企业总部、金融科技企业落户同安区，支持引进项目发展及金融招商，为金融产业、股权投资产业的落户提供用房保障，以推进辖区金融业建设发展，进一步促进区域金融支持实体经济。

【金融机构抗疫援企】 2021年，同安区金融办、区金融业联合会向辖区金融机构发出《关于金融机构抗疫援企的倡议书》，积极应对突如其来的新冠肺炎疫情。组织5家银行机构、8家代表性企业参加区政府举办的政银企对接座谈会，就疫情防控期间复工复产工作进行对接，解决企业的信贷、融资等方面需求。成立同安区金融业联合会志愿服务队，主动靠前服务企业，践行金融社会责任，保障重点民生企业和相关小微企业。累计发布金融服务热线20条，各金融机构小分队深入企业688家次，提供信贷支持超30亿元。

【金融服务产业发展】 2021年，同安区发挥中小微企业融资增信基金惠企助企功能，补充1200万元（第三期）中小微企业增信基金资金，助力中小微企业融资。发挥政策性担保公司优势，为辖区民营和中小微企业提供融资担保、融资增信和应急还贷服务等优质的信用融资服务。全年累计完成融资担保业务71笔、担保金额4.24亿元，其中为23家农业经营主体提供农业担保贷款7300余万元；提供增信服务备案282笔，金额6.24亿元；运用市级应急还贷政策，为辖区民营和中小微企业提供“无偿、短期”应急还贷服务62笔，金额超过31亿元。

【不良贷款化解】 2021年，同安区跟踪、对接债权银行，有针对性地走访调研重点风险企业，及时召开专题协调会，化解债务风险。年内有效化解不良贷款企业1家，化解不良贷款3546.89万元；压降1家，压降不良贷款91万元。至年末，同安区新旧信贷风险企业有4家，全区信贷风险安全、可控。

【供应链金融服务】 2021年，同安区为区属国有企业主导的以大宗商品代采代销为手段的供应链公司提供金融服务，通过利用国有企业资金和银行信用额度，有效纾解本地企业因供应链环节流动资金短缺形成的暂时性经营困难，同顺供应链公司全年不含税营业额达131亿元。鼓励辖区金融机构加大对产业供应链金融的服务和投入，通过创新业务模式、落实延期政策、加大息费减免、建立绿色通道等方式增加有效金融供给，满足产业链小微企业的融资需求。

【产业基金投资】 2021年，同安区产业引导基金参投德韬大家居产业投资并购基金，该基金首期投资规模3亿元，至2021年年末募集首批资金6667万元，其中，区级产业引导基金投入2000万元。全年，投向北京金电联行、深圳微品等4个项目，实投6000万元。累计引进企业43家落户同安区，新增注册资本3.5亿元，实际到资8789.80万元。布局以新能源、生物科技、智能制造等行业为主要投资方向的投资体系，在促进重点产业发展和经济转型升级的前提下，赋能国有资产保值增值和国企高质量发展。由区属国企出资参股的凯辉消费和文资永岚基金规模为3亿元和3.153亿元，分别募资7273万元和6245万元。

【非法集资防范处置】 2021年，同安区开展非法集资风险排查工作，采取专项排查与常态化排查相结合、社区网格员全面排查与聘请第三方重点排查相结合方式，通过网上梳理和线下走访，对发现的新增风险企业即时录入系统，进行风险指数提示并列入风险管理，全年排查走访企业1800余家次，发现疑似线索4条。做好非法集资线索处置，联合相关处非成员单位持续对辖区金融风险进行有效识别、分类处置，将金融风险隐患降到最低，全年约谈企业9家，拆除非法金融广告5个，清退非法集资款1100万元，并对辖区内组织参与非法金融活动平台的个人给予行政立案处罚，涉案总金额380余万元。强化宣传教育，印制《防范和处置非法集资条例》宣传手册，开展防范非法集资集中宣传活动34场，提高辖区群众防范非法集资意识。

【同安农银村镇银行改革】 2021年，同安区金融办联合市金融监管局，指导同安农银村镇银行制定完善《厦门同安农银村镇银行深化改革和补充资本工作方案》，推动该行进一步深化改革，提升资产质量，增厚营业利润；探索开展资本工具创新，拓宽资本补充渠道；加大优化公司治理和风险防范，增强服务实体经济和抵御风险的能力，提升金融服务乡村振兴战略实施的能力。

【同安区金融业联合会揭牌】 2021年6月11日，同安区金融业联合会揭牌仪式在环东海域同安新城智谷园区举行，厦门市金融局、同安区财政局、厦门城投公司及同安辖区金融机构代表参加。该联合会是由同安区财政局牵头成立的社会团体，为厦门市首家区级金融业联合会，成立后将构建政银企合作的桥梁，以民营和小微企业金融服务改革为抓手，整合、协调、引导区域内的金融资源为经济发展服务。联合会成员单位17家，由辖区13家金融机构、2家融资担保公司、1家小额贷款公司、1家保险公司构成。

【财信证券城南营业部开业】 2021年6月，财信证券同安城南路营业部揭牌。该营业部为财信证券股份有限公司在同安区设立的首个网点，位于城南路建行大厦，经营业务范围为证券交易、融资融券、证券投资基金代销等证券分支机构证券业务。

【泉州银行同安支行揭牌】 2021年12月20日，泉州银行同安支行揭牌。该行为地方性股份制银行泉州银行在同安区设立的首个网点，地址位于城南路。经营业务范围为吸收公众存款，发放短期、中期和长期贷款；办理国内外结算，办理票据承兑与贴现，代理买卖外汇，从事银行卡业务，代理收付款项及代理保险业务等。

【东亚机械在深交所上市】 2021年7月20日，位于同安区西柯镇的厦门东亚机械工业股份有限公司在深圳证券交易所创业板上市，股票简称为东亚机械，总股本3.79亿股，交易代码为301028，主营业务是以压缩机主机自主设计、生产为核心，进行空气压缩机整机研发、生产与销售。公司曾获厦门市科技进步二等奖、三等奖，获省级企业技术中心、福建省制造业单项冠军企业、福建省科技“小巨人”领军企业等称号。

（陈海涛）

城乡建设与管理

城乡规划

【概　况】2021年，厦门市自然资源和规划局同安分局（简称资源规划局同安分局）统筹开展各类专项规划、村庄建设规划等工作，完成2个批次区级财政委托的16个城乡规划编制项目、总金额811.4万元。加强项目策划，依托“多规合一”协同平台策划生成储备项目727个，策划成熟项目589个。开展土地利用总体规划调整，完成14个批次39个项目总体规划调整及修改。开展建制村村庄规划成果省级入库工作，至年底，完成46个建制村村庄规划成果省级入库，剩余9个建制村由相关设计单位根据省质检提出的问题进一步修改完善。

【片区规划编制】2021年，资源规划局同安分局开展同安区12-05编制单元（祥平片区）控制性详细规划和同安区12-08编制单元（凤南片区）控制性详细规划的编制工作，组织召开规划编制资料调研会。组织编制龙泉片区、洪塘片区两个批次成片开发方案，编制完成《同翔高新城控制性详细规划》《同安区12-15西柯南编制单元（环东海域新城范围）控制性详细规划》《同安区12-14西柯北编制单元控制性详细规划》并于年内获批，推动工业用地A项目落地。

【专项规划编制】2021年，资源规划局同安分局实施5个专项规划编制项目。推进同安区12-09编制单元（祥晖片区环城南路与同集路交叉口西南侧）市政专项规划、同安区12-15编制单元（海翔大道与同集路交叉口西南侧）市政专项规划、同安区城北12-06编制单元（局部）市政专项及管线综合规划、同安区城北片区（局部）道路交通组织规划以及同安区环城南路与同集路交叉口西南侧用地（祥晖片区）道路交通组织规划等项目，组织召开项目研讨会。实施祥平、城南、西湖片区中压配电网专项规划编制工作，组织召开专家评审会。

【规划策划】2021年，资源规划局同安分局提前介入项目前期规划要素保障，全程跟踪，指导用地单位做好前期工作，减少项目前期生成时间。及时消化存在问题，容缺受理申报材料，推动项目策划生成。全年，同安区依托“多规合一”协同平台策划储备项目727个，启动协调项目669个，生成成熟项目589个；各单位运用“多规合一”协同平台征集意见427条。

【规划审查】2021年，资源规划局同安分局审核办理“建设项目用地预审与选址意见书”69件，审核办理“国有建设用地划拨”47件，拟订用地面积、用地范围、容积率、建设密度、绿地率等各项规划指标。核发“建设用地规划许可证”16件，“市政建设工程规划许可证”70件。拟订6宗土地的出让规划条件。

（艾叶生）

老城区建设

【概　况】2021年，同安区全面启动老城有机更新方案规划，完成城西片区老旧小区等16个老旧小区提升改造，惠及群众3965户。加强城区“断头路”畅通建设，全年推进实施“断头路”项目11个、道路总长度5.13千米。新建公共停车场2座、停车位324个，新增2处错时共享停车场地。建设福厦客专（同安段）西湖安置房等保障性安居工作，完成年度投资4.59亿元。

【城区道路建设】2021年，同安区推进实施“断头路”项目11个，其中新开工建设城北八号路（城北五号路—环城北路）、朝晖路（同南路至东山路）、卿朴路

（同集北路—滨海西大道）、古庄中路（古庄路—城北六号路）、海西舜弘公馆东侧道路、集祥路6个项目，建成投入使用下厝路城区道路。

【老旧小区改造】 2021年，同安区投入资金1亿元，推进实施一批老旧小区改造项目，按照“先民生后提升、先地下后地上、先功能后景观”的原则，重点解决基础设施老化等问题，改造小区内的弱电、市政道路等市政配套设施；改造小区环境及配套设施，包括小区内的房前屋后绿化美化、围墙和大门、停车管理系统、环卫设施、区间道路、消防设施设备、路灯、雨污管网等；改造建筑物本体，包括修缮楼道、楼道走道照明等，推动老旧小区宜居度整体提升。全年完成老旧小区改造项目13个、提升改造老旧小区16个，其中杜桥片区等8个老旧小区改造项目为续建项目，惠及群众742户；城西片区、振兴片区、后炉花园、印发花园、三中教师楼等5个老旧小区改造项目为新建项目，惠及群众3223户。

【停车场建设】 2021年，同安区加强停车场建设，缓解城区“停车乱、停车难”问题。全年建成乌涂商业街提升改造工程配套公共停车场、祥平街道阳翟社区下店尾里停车场，新增公共停车位324个。启动共享停车项目，新增区工信局和区建设交通局2处错时共享停车场地，可提供18点至第二天7点半及法定节假日全天停车使用，增加停车位142个。

（叶毓娟）

同安新城建设

【概　况】 同安新城位于同安湾西侧，是厦漳泉中心地带，厦门跨岛发展主区域之一。定位为“两高两化”（高素质、高颜值，现代化、国际化）的典范新区、宜居宜游的浪漫湾区、创新创业的科学之城。依托“三谷”园区（银城智谷、环东云谷、美峰创谷）为主体的招商平台，以数字经济、电子信息、科技研发为主导产业，文体旅游、医疗康养、总部经济为特色产业，创新创业、教育培训、公共服务、产学研平台等为综合配套及其他产业，打造产业重点突出、发展各具特色的现代产业园。规划总面积35.1平方千米，规划总人口35万人。2021年，同安新城完成固定资产投资71.7亿元，占全区固定资产投资的20.8%，总投资2000万元以上市级项目56个，其中有新经济产业园、厦门市环东海域医院等24个续建项目，西柯污水处理厂一期工程、同安一中滨海校区高中部、滨海西大道提升改造工程等16个项目竣工。高标准谋划推动产业园区发展，厦门科学城同安核心区动工建设，“银城智谷”正式开园，“美峰创谷”基本建成，“环东云谷”一期全部封顶，美亚培训中心、福华技术等重点产业项目落地。

【招商引资】 2021年，同安新城片区重点招商项目有8个，引入安邦总部项目和星宸科技园二期，本年内完成土地出让。灿星未来音乐城、厦门数字工业计算中心项目、海上歌剧院等项目推进落地。新经济产业园和银城智谷园区共有31家企业入园，其中新经济产业园9家、银城智谷22家。培育总部经济，引进华彬快消品东部区域结算中心和麦丰密封件、致茂电子等总部项目。

【土地房屋征收】 2021年，同安新城计划征收土地7.84万平方米、交地96.49万平方米，计划征收

2021年，同安区实施祥平街道祥瑞佳苑老旧小区改造工程。图为改造前后对比照（同安区建设与交通局供图）

房屋26万平方米；至年底，累计完成土地征收9.35万平方米、完成年度计划的119.2%，完成交地79.3万平方米、完成年度计划的82.1%，完成房屋征收82.8万平方米、完成年度计划的318.5%。推进何厝、霞阳、蔡店、霞尾、刘山等村庄整村搬迁工作，涉及房屋征收1501栋、面积65万平方米，完成签约63万平方米，移交拆除35万平方米；启动东头埔、下柯南、顶柯、下山头、吕厝5个村庄整村搬迁工作，开展前期摸底、入户调查等工作。

【基础设施建设】 2021年，同安新城完善新城水、电、气、污等市政基础配套。实施20个基础设施项目，其中西柯污水处理厂一期工程、中洲（吕厝）110千伏变电站电缆进线土建工程等7个市政基础项目建成投用。完善新城内部交通体系。滨海西大道（集美大桥—新324国道段）提升改造工程、丙洲岛道路工程完工，优化新城生态宜居环境，开工建设埭头溪（下游段）综合治理工程，继续推进琼头外侧海域生态修复工程、丙洲岛南侧护岸整治工程等生态修复工程。

【产业建设项目】 2021年，同安新城实施11个产业建设项目。环东云谷、银城智谷、星宸科技园一期、趣店科技创新园等产业园区加快建设。信和达元器件智能物流中心、泰康之家医养综合体等产业项目建成。安邦总部、星宸科技园二期和泰亘信智能制造基地等产业项目落地，其中泰亘信智能制造基地开工建设。

【产业园区发展】 2021年，同安新城推进银城智谷、美峰创谷、环东云谷3个产业园区发展。

银城智谷　园区规划以科技研发、科技服务、信息服务和企业总部等为主导产业，建设集办公、商业、众创空间、配套公寓于一体的现代化服务园区。5月，银城智谷开园。园区一期工程30万平方米办公物业竣工交付，二期工程41.6万平方米多栋多层写字楼完成封顶，三期工程31.7万平方米集中商业全面开工。至年底，有金牌智能家居总部、千鸟互联区域总部、施米德智能科技、竣众升新材料等262家企业注册落户，注册资本金共计76.54亿元。

美峰创谷　园区规划以企业总部、物联网、高新技术企业、信息科技企业等主体，重点打造产业总部基地。2021年，园区主体工程建设完成。至年底，有网易厦门数字产业中心项目、美图总部基地项目、腾讯云计算中心项目、顺丰速运公司和国创中心项目等66家企业入驻，注册资本金共计52.05亿元。

环东云谷　园区聚焦“智能+新消费/零售”“智能+建造”“智能+产业互联网”三大产业定位，打造以新产业、新业态、新商业为主体的新经济生态圈。至年底，园区4号地块封顶，2号、3号地块开展建设。有华彬快消品东部区域结算总部、寺库区域结算总部、泓盛佳华健康科技总部、比财科技、上海博通芯片、腾讯云启基地等126家企业落户，注册资本金共计42.8亿元。

【厦门科学城】 2021年，位于同安新城的厦门科学城项目启动。项目规划总面积33.88公顷，其中同安核心区（美峰—西柯片区）用地面积约27公顷，主要依托银城智谷、美峰创谷、新经济产业园、同安新城工业园等载体，建设新型研发机构、专业化众创空间等，健全科技服务体系，打造创新创业活力带。至年末，中关村大学科技园联盟成果转化基地等首批项目入驻。

【新城社会管理】 2021年，同安区依托同安城建，统筹推进新城社会管理工作。由同安城建牵头，协调执法、交警、海事、公安、市政园林等职能部门和路桥体育集团、海沧城建集团、市市政开发公司、百城公司等国有企业，做好新城社会综合管理工作，重点解决停车难、公共交通不便、基础设施不足、社区配套服务不到位、绿化破损等群众反映强烈的问题。投入经费1亿元，按照

2021年12月，位于同安新城的银城智谷产业园区二期封顶　（李文鸿　摄）

“统一标准、统一责任、统一监管、统一兜底”模式，实行市政环卫绿化一体化管养，第一、二季度海岸线综合考评成绩均位列全市第一。

【“补短板”项目建设】 2021年，同安区围绕新城设施配套、社会民生等，谋划推进40个强弱项、补短板项目。其中，竣工项目3个、启动项目8个、规划建设项目5个、孵化项目24个，年内完成旅游标志牌建设项目，在浪漫线周边树立旅游标志牌35块。开通4条公交线路，其中支线1从阳光小镇站至集美学村2站；支线2从东垵站至银城智谷公交场站；1条微循环线从阳光小镇站至禹洲大学城站；1条假日旅游线下潭尾湿地公园站至嘉庚体育馆站。实施浪漫线智能停车提示牌项目、后田避风坞整治工程、浪漫线周边配套设施提升临时工程、滨海浪漫线摊规点建设方案（前期）、浪漫线道卡及设施提升项目（前期）等。

【同安一中滨海校区高中部建成投用】 2021年8月，同安一中滨海校区高中部建成投用。该项目办学规模为48班高中，总用地面积45724平方米，总建筑面积77577平方米，其中地上建筑面积71155平方米（含架空层21317平方米），地下建筑面积6422平方米。主要建设内容为教学综合楼、综合实验楼、行政综合楼、艺术楼、食堂体育馆、学生和单身教师宿舍、地下室、室外运动场以及配套设施等。

【环东海域片区新增公交线路】 2021年5月27日，同安公交公司新增3条环东海域同安新城公交线路，改善该片区公交线路较少的状况，方便游客到滨海旅游浪漫线游玩。其中463路为单向运营、单向停靠，起点为阳光小镇，经后田、后郑、禹洲大学城、洪塘头、美社路、美峰、东亭7个站点后回到阳光小镇；617路从银城智谷园区至东安东，双向运营、停靠，上、下行均有8个站点；694路从阳光小镇至集美学村2，双向运营、停靠，上行有13个站点，下行有15个站点。

【环东海域同安新城首批安置房交付使用】 2021年11月24日，厦门科技创新园安置房一期首批55套住宅正式交付，这是环东海域同安新城首个建成交付使用的安置房项目。厦门科技创新园安置房一期项目包含1栋32层高层建筑以及6栋多层连体建筑，共321套住宅，包含360平方米、270平方米、135平方米和85平方米多个户型，主要安置对象为科技创新园、滨海西大道、美山路、刘埭里、横一路等项目征拆户。

【特房波特曼七星湾酒店二期项目开业】 2021年7月1日，位于西柯镇滨海旅游浪漫线旁的特房波特曼七星湾酒店二期项目怡海小镇正式对外营业。该项目由厦门特房旅游文化有限公司投资建设，怡海小镇外观为法国南部小镇的古典建筑风格，由“爱瑞斯客栈”“苏苏里客栈”“蜜根客栈”“奥丽客栈”及“拓索客栈”五栋客栈构成。七星乐园也同期开放，乐园内包含水上乐园、高地泳池与曼曼迷卡卡丁车俱乐部。该项目的开业提供多元化休闲度假产品，进一步推动环东海域同安新城高端休闲旅游产业发展。

【滨海浪漫线招商运营】 2021年，厦门路桥体育公司开展环东海域滨海浪漫线招商运营工作。引入接驳小火车、帆船体验、网红下午茶、海水浴场便利店、特步跑步俱乐部等商业项目，为游客出行游玩提供多元化体验。对滨海浪漫线进行智能化提升改造，建设集物联网技术、流量监控、数据采集等智能应用于一体的智慧跑道，提供绿色能源的灯光地面、智能灯光互动、如影随形的灯光陪跑、AR运动互动游戏、智慧动感单车、水幕秋千等功能，5月1日投入使用。年内，在滨海浪漫线举办环东海域情侣夜跑、首届夏日音乐季、市全民健身运动会“康乐佳杯”趣跑六区联赛同安站比赛、梅沙教育全国青少年帆船联赛厦门站、畅游厦门环东海域游泳活动、“唱支山歌给党听”主题“快闪”等社会公益活动和商业活动。

【听潮·厦门环东夏日音乐季】 2021年5—9月，“听潮·厦门环东夏日音乐季”活动在环东海域同安新城举行。活动由厦门路桥体育公司主办，5月1日，音乐季在美峰体育公园开幕，主办方邀请彩虹女孩乐队、桑拿乐队、宋思怡、星光乐队、无期乐队等音乐风格多样的乐队和新生代音乐人献唱，“五一”期间活动持续4天，累计参与观众超1万人次。之后至9月，每周五和周六的晚上7点在环东海域美峰体育公园持续举办，邀请光屿乐队等多支乐队及歌手演出，为市民和游客提供沉浸式的音乐体验。

（陈晓阳）

同翔高新城同安片区建设

【概　况】 同翔高新城位于厦门

市东北部，定位为创建以高新技术产业为引领、现代服务业为促进、宜居宜业宜游相辅相成的现代化产业新城，以“十百千万”（到2025年，新城片区建成超10平方千米，引进规上高端制造业企业超100家，达产后产值超1000亿元，新城集聚人口超10万人）为发展目标。片区总规划面积47.6平方千米（产业用地面积约15平方千米），由同安、翔安两大片区组成，其中同安片区35平方千米，主要包括同安五显片区、洪塘片区，2015年启动开发，至2021年底，开发面积近5.5平方千米，重点发展新一代信息技术、新能源和新材料、高端装备制造等前沿产业。

【片区规划】 2021年，同安区按照同翔高新城同安片区控制性规划，重点开展各专业领域的规划，完成苏厝溪流域水环境综合整治系统化方案和景观设计规划、同翔高新城核心区中央公共走廊城市设计、片区径流控制实施规划等13项专项规划，完善和编制城市设计国际竞赛方案、同翔高新城生态廊道（白石山公园）发展规划及景观概念设计项目、片区绿化导则等14项专项规划。打造成片开发模式，启动5个土地征收成片开发方案编制和申报工作，获省政府批复3个、上报市资源规划局分局审批1个，完成编制1个。

【土地房屋征收】 2021年，同安区破解用地农林转用报批和土地房屋的征收拆迁难题，推动同翔高新城同安片区征地拆迁超额完成原定计划。完成洪塘新厝村董厝里、新霞村新厝后、新霞村后埔里及苏店村小古宅4个自然村的整村搬迁工作，其中20天即完成洪塘镇董厝里76户拆迁户征收签约工作，较原计划提前超1个月时间。历时42天即完成A–项目100公顷工业用地“成片开发方案报批—农转用—用地征拆”的全过程用地收储服务，创造福建省工业用地收储和土地出让最快速度。做好征拆资金保障工作，配合财政统筹解决A项目落地所需相关资金，解决项目用地征拆资金短缺；组建片区2个融资包，高新城核心区一期融资包，获银行融资授信106亿元，自主筹集资金4.4亿元用于支付董厝里及洪新路征拆，二期融资包获得银行授信123亿元，用于支持二期项目征拆工作。

同翔高新城同安片区一角 （夏海滨 2021年9月7日摄）

【基础设施建设】 2021年，同翔高新城同安片区建设全面铺开，城市功能性配套全面启动，形成“三横三纵”骨干路网。全年实施12个基础设施建设项目，推动同新路、洪新路、城东中路、石场东路东侧道路、郭山南二路、四期规划一路建设项目，海辰110千伏变电站、A项目临时污水管道、四期污水处理站等排污管网项目，一期退线绿化、二期退线绿化、白石山生态公园绿化项目。当年郭山南二路、城东中路、一期退线绿化、二期退线绿化、白石山生态公园、四期污水处理站等项目竣工。

【产业发展】 2021年，同翔高新城同安片区推动一批高端制造业项目建设。弓立（厦门）医疗用品有限公司在该片区建设的新办公大楼封顶，三德信光学薄膜产业园项目启动，建设生产基地、总部、研发中心及服务性配套设施。新能源产业初步形成聚焦态势，由宁德时代投资的厦门新能安锂电子电池生产基地项目项目（一期）开工建设，海辰新材料一期项目进入竣工验收阶段。海辰锂电研发及智能制造项目竣工，一条磷酸铁锂电池生产线实现投产。

【民生配套项目建设】 2021年，同翔高新城同安片区实施厦门六中高中部、龙泉公寓、龙秋公寓、白石山公园等教育、住房、公园等建设项目；推进五显安置房、洪塘安置房、新厝安置房报批工作，开展人才商品房前期策划，办理九年一贯制市属火炬高新实验学校、同安第一实验小学（高新城校区）、同安实验幼儿园（高新城分园）、布塘幼儿园前期手续。

（叶志军）

城市管理

【概　况】2021年，同安区创新城市管理模式，破解城市管理难题，建成区城市综合管理服务平台（一期）。下大力整治非法占用耕地、占道经营、非机动车乱停放和渣土车乱倾倒等，提升精细化管理水平。保持“两违”治理高压态势，拆除“两违”建筑面积226.52万平方米，腾出土地面积238.41万平方米，“两违”综合治理成效位居全市第二。全年受理各类投诉举报件1.86万件，作出行政处罚案件4610件，处罚款679.06万元，缴清罚款455.90万元（含滞纳金）。全区城市综合管理考评成绩位居全市第二，城乡接合部、海岸线等单项考评排名全市第一。

【市容市貌管理】2021年，同安区加强市容市貌管理，常态化推动全国文明典范城市创建工作。加强“摊规点”建设，累计建成规范“摊规点”16处，提供摊位624个；加大对城西市场、杜桥市场、阳翟市场、闽南批发市场等重点农贸市场周边区域整治，劝离流动摊贩64918个次，依法暂扣杂物1309件。严格落实“门前三包”，完善三级街长巡查、考评、督导等制度，处罚涉及“门前三包”案件860件，罚款69580元。开展过境干道市容市貌专项整治，加大对滨海西大道、同集路、汀溪大道、同安大道等重点路段的专项督查。开展城区主要道路和乡镇主次干道“线上”广告招牌整治，拆除户外广告招牌2953块、面积7551.26平方米，打造中山路精品街和莲美街户外广告示范街。

【“两违”综合治理】2021年，同安区坚持控新拆旧，突出重点打击，保持“两违”治理高压态势。开展乱占耕地建房问题整治、产业园区违建整治等行动，全年拆除“两违”建筑面积226.52万平方米，腾出土地面积238.41万平方米，“两违”综合考评排名全市第二。加强重点项目区域“两违”整治工作，推动完成15个省、市重点项目4931.3亩（328.75万平方米）土地征收和125.2万平方米房屋征收。开展收储用地上违法建设整治工作，拆除收储用地上违法建筑7宗，腾出土地面积8.12万平方米。

【红色资源保护专项整治】2021年，同安区城市管理局联合区委办、区委宣传部、文旅局等单位开展红色资源保护专项整治行动，走访调研5个红色资源保护场馆，分别为中共闽粤赣边区厦门市委机关旧址（使命馆）、高山党校初心使命馆、葫芦山烈士陵园、彭德清革命活动地旧址——燕雀堂、五峰烈士墓，全面排查违法侵占红色资源的违建行为，检查周边市容市貌，未发现有违法侵占行为，周边环境总体保持整洁。

【城市管理联合整治行动】2021年，同安区深化“大城管”模式，推动城管办实体化运作，常态化开展城市管理顽疾联合整治行动。开展联合交通执法行动10次，拖离“僵尸车”441辆。开展BRT站点机动车和非机动车整治行动6次，劝导、整治各类车辆192辆。开展建筑废土专项整治行动835次、排查渣土车1474辆次，立案285件、查处土方车823辆，处罚金额3273414元。

【城市管理行政处罚】2021年，同安区城市管理局全面落实行政执法“三项制度”，梳理城市管理权责清单75个大项、613个小项；细化完善城管执法权责清单、自由裁量基准，组织工作技能培训10次，下发案审督查通报9期，遴选汇编行政执法典型案例15例，聘请2名专业法律顾问驻点指导。全年作出行政处罚（处理）4610件，其中一般程序案件568件、简易程序案件3861件，快查案件181件；共处罚款679.06万元，下达协助执行通知书（停水停电）51户，结案3126件（含简易案件）。收到行政复议案件31件，均按规定按时提交答复意见书、作出行政处罚的证据材料及法律依据，行政复议无被确认违法、撤销、责令履行的案件。行政诉讼案件应诉55件，其中败诉2件，所有行政诉讼案件均按规定由行政首长出庭应诉。行政执法“三项制度”考评成绩居全市前列，执法系统案件评审成绩位居全市第一。

【环境保护管理】2021年，同安区城市管理局加强环境保护管理，开展非法砂场整治、流域两侧50米范围内“两违”整治、河道范围内垃圾倾倒整治、餐饮综合整治等环境整治提升行动。全年查处非法洗砂、无证开采和承运无证开采砂石土资源等违法行为13起，查扣车辆10辆，罚款41650.25元。查处擅自向城市排水设施排放杂物、随意倾倒垃圾、扬尘行为、露天焚烧、垃圾分类等相关案件2965件，罚款360余万元。推动2725家餐饮商家完成隔油池建设，并定期跟进废油回收、管道养护等工作。

【城市管理宣传】 2021年，同安区城市管理局紧扣上级各项决策部署，创新宣传模式和宣传手段，利用微信公众号、美篇、易企秀（H5）等媒体平台推送宣传报道238次；通过城市广场投屏、路口显示屏，以及移动电视滚动播放宣传片58余次；张贴和悬挂宣传海报、宣传标语822张（条）；22条信息被国家级网络媒体网站刊用、23条信息被省级网络媒体网站刊用，相关事迹被省级电视台新闻报道1次、市级报纸报道89次。组织城管队员和城管志愿者开展“七进”宣传活动40场（次），发放问卷调查表3000余份，发放各类法律法规刊物、宣传册（单）和宣传品37500余份。组织拍摄《疫线前行》《城市管理人人参与　文明城市你我共享》《同安区城市管理局举行庆祝中国共产党成立100周年暨“7·21”城管服务日宣传活动》等宣传片，在“学习强国”、央视移动网络等平台播出。

（王慧婷）

镇村建设

【概　况】 2021年，同安区加强村庄规划编制工作，完成78个村庄（城镇空间外55个村、城镇空间内23个村）规划编制。巩固省级村庄清洁行动先进区成果，启动农村人居环境整治提升五年行动，完成15座农村公厕、1508栋裸房整治，完成128个自然村生活污水治理。推进美丽乡村建设，完成7个美丽乡村项目考核，完成60户省级、340户市级美丽庭院示范户创建评级工作。开展新时代农村社区建设，实施莲花镇白交祠村地质灾害就地搬迁安置项目，至年底完成投资500万元。加强历史风貌、传统村落保护，完成3个批次50年以上建筑普查甄别工作，完成白交祠村传统村落保护与发展规划编制、评审工作。

【农村人居环境整治】 2021年，同安区巩固农村户厕改造成果，开展农村厕所建管质量提升行动，进一步规范建设标准、健全管理体系、合理优化布局，完成15座农村公厕改造任务。加强村庄生活污水治理，落实雨污分流措施，建设669个自然村污水治理工程，其中开展前期工作505个、在建36个、完工128个；制定《同安区全面推进城乡生活污水高质量高标准提升治理实施方案》，完善已建设施长效运行机制。探索符合农村特点和农民习惯、简便易行的分类处理模式，推进农村生活垃圾源头分类减量，促进农村再生资源回收利用。以农村建设品质提升为抓手，重点推进11项省、市重点任务和19项区级任务，完成7个美丽乡村项目考核。

【历史风貌和传统村落保护】 2021年，同安区加强历史风貌保护，完成3个批次50年以上具有历史文化价值的建筑普查甄别工作，累计普查建筑894栋，其中拟推荐文物建筑1处、历史建筑1处、传统风貌建筑19处、已公布的历史风貌建筑4处。对列入文物保护单位和文物点以外的土楼开展排查复查工作，《同安非世遗土楼普查专项规划》通过专家评审；制定有价值传统构件保护利用工作细则、实施流程图，明确工作职责、回收程序、存放场所、登记统计、保管保养以及经费保障等，促进有价值传统构件回收利用工作。推进白交祠村传统村落保护和整治提升项目（一期），组织编制《同安区莲花镇白交祠村传统村落保护与发展规划（2020—2035年）》，通过专家评审和技术审查；完成保护范围划定、界桩和标识牌设定、5栋传统建筑测绘建档等工作，完成投资316.8万元，完成年度计划投资的176%。

【农房整治】 2021年，同安区加强裸房整治工作，完成裸房整治1508栋，超额完成省、市下达的年度任务。推进铁路高速公路沿线农房整治工作，完成整治103栋、“平改坡”109栋。开展农村房屋排查复核工作，累计排查复核农村房屋75492栋，发现存在安全隐患的经营性农村自建房4栋，均于年底前整改到位。落实农村“五类重点对象”（低保户、移民户、残疾人户、大病重病户、重灾户）住房安全保障工作，完成年内新增的240户“五类重点对象”房屋情况排查，均未发现安全问题。加强农村建房安全管理，建立完善举报奖励制度，推动成立农村工匠协会，完成镇、村干部培训1153人次，完成农村工匠和建房人培训471人次、458人次。

【美丽庭院创建活动】 2021年，同安区制定美丽庭院创建工作实施方案，开展美丽庭院创建活动。创建活动以农村庭院清洁专项行动为抓手，以打造洁化、序化、绿化、美化和富裕的“四化一富”美丽庭院为目的，按照有设计、有绿植、有文化、有家风、有生活的“五有”标准，通过“个人自荐＋他人举荐＋村（社区）推荐”的多元形式提报初名单，再由市、区级抽查评定。至年末，同安区完成60户省级、340户市级美丽庭院示范户创建评级工作。

（叶毓娟）

市政建设与管理

【概　况】 2021年，同安区推进市政设施自然灾害风险普查试点，完成市政设施全面普查工作。推进城乡建设品质提升专项22个市级清单项目，管道燃气覆盖率提升至25%。建设排水智能化项目（二期），新建、改造市政供水管网30千米，新增城镇污水管道21.3千米，推进洪塘污水处理厂、工业园区污水处理厂建设。完成3个片区的正本清源改造，改造面积10.7平方千米。完成10个小微水体治理试点项目。垃圾清运率100%，垃圾分类实现全覆盖。

【供水设施建设】 2021年，同安区新建、改造市政供水管网30余千米。推进竹坝片区供水工程，按期完成工程建设并实现通水，建设总长度30余千米，有效解决竹坝片区近1000名农村群众用水高峰期“供水难”问题。

【燃气基础设施建设】 2021年，同安区新建、改造管道燃气14.16千米，建成西柯供应站、美星供应站和官浔供应站3座燃气供应点。全年新增管道燃气用户7321户，管道燃气覆盖率提升至25%。

【污水处理设施建设】 2021年，同安区推进19个市政污水管道建设项目，其中续建项目11个、新建项目8个，新增城镇污水管道21.3千米，完成投资0.81亿元。推进2个污水处理厂建设项目，洪塘污水处理厂完成工程量的44%，工业园区污水处理厂完成工程量的29%。

【正本清源改造工程】 2021年，同安区推进同安工业集中区、祥平社区、影视城片区、后炉片区和城西片区等5个片区正本清源改造工程，施工面积15.97平方千米。至年末，完成同安工业集中区、祥平社区、影视城片区等3个片区正本清源改造工程，完成投资4.47亿元，改造面积10.7平方千米、改造污水管网147千米，修复和完善雨污管网，实现片区排水雨污分流。

【流域治理项目建设】 2021年，同安区市政园林局实施流域治理项目30个，完成投资7.55亿元，其中区级项目22个，主要完成埭头溪流域治理项目8个、东西溪流域治理项目5个、龙东溪流域治理项目5个、官浔溪流域治理项目1个；完善污水干管建设，双溪泵站配套污水干管工程（双溪合流口至双溪泵站）、西溪污水干管工程等6个工程完工；持续推进污水处理厂建设，实施洪塘污水处理厂一期工程配套工程。

【给排水管理】 2021年，同安区市政园林局开展排水许可管理、污水处理设施管养、排水设施管养、道路排水设施维护、二次供水管理等工作。

排水许可管理　开展排水许可检查，检查排水单位292家，开具整改通知单29份；审批城镇排水许可收件237件，出证128件。

污水处理设施管养　对农村污水处理站开展日常检查工作，检查农村污水处理站340座；发现问题785处，均已整改。对城镇市政管网开展日常检查工作，累计检查83条路段，抽查考核泵站74座，发现问题258处，均完成整改。对汀溪污水再生处理站、五显污水再生处理站、同安区科技创新园污水源利用工程、布塘再生处理站4个小型污水处理厂进行入场检查，并对发现问题进行通报。

排水设施管养　加强市政排水设施的日常管理，重点加强汛前排水防涝设施的隐患排查，并

2021年，同安区开展官浔溪流域治理，图为治理后的官浔溪

（同安区水利建设中心供图　摄于2021年9月20日）

对存在的隐患问题进行整改。督促管养单位对雨水箅、检查井进行巡查疏通。现场巡查时发现井盖下沉破损1246处，管道堵塞842处，均已整改完毕。

道路排水设施维护　组织管养单位持续做好道路排水设施维护工作。截至12月，累计清淤疏通263千米，清掏雨水箅2351座，清掏雨水箅垃圾及淤泥49余立方米。

二次供水管理　对128家二次供水设施单位进行建档管理并开展专项检查工作，落实居民饮水安全，共计收到二供单位整改反馈函36份。

【环卫管理】 2021年，同安区市政园林局推进"厕所革命"项目，新建公厕32座，其中城镇公厕10座、农村公厕22座；投用城区公厕110座。常态运行清洁楼55座、垃圾直运点1049个、垃圾转运车179部，转运生活垃圾273967.88吨，日均转运量750.6吨，垃圾清运率100%。累计出动洗扫车40413辆次、洒水车15675辆次、雾炮车7018辆次，管养市政保洁道路524条、面积770.71万平方米。

【垃圾分类处理】 2021年，同安区推进垃圾分类工作，打造梵天禅寺宗教场所垃圾分类科普基地，建设祥平街道省级示范片区和16个市级样板片区。实施农村地区垃圾分类上门收集，46个建制村开展试点工作。探索"保洁员＋督导员"二员合一机制，在收集垃圾的同时对村民垃圾分类情况进行登记督导，提升垃圾分类准确率。提高垃圾分类直运水平，新增采购直运车辆64辆，开设直运线路83条、错峰直运线路23条。做好涉疫垃圾转运工作，投入转运车辆260辆，转运医疗垃圾135.92吨、涉疫生活垃圾2386.24吨。

【建成区小微水体治理试点项目】 2021年，同安区完成10个建成区小微水体治理试点项目建设，其中大同街道、祥平街道、新民镇、西柯镇、洪塘镇各2个，在各镇（街）选择2处小微水体，采用截污、清淤、活水、生态、增氧"10字方针"，疏通排污管道，基本实现污水无排入、水面无垃圾、水质无黑臭"三无"目标。各小微水体治理后纳入运维管护，达到不黑不臭标准。

【排水智能化系统（二期）】 2021年，同安区智能化排水系统（二期）所有硬件设备（83座农村污水处理站、50座农村污水提升、110个液位计、33套智能井盖及网络设备）安装完成并运行。整理入库全区5029千米的雨污水管线，将农污提升治理部分竣工管线汇集到智能化管理中，形成全区污水管网"一张电子地图"，实现市政管网数字化管理。

（陈少峰）

园林绿化

【概　况】 2021年，同安区实施园林绿地建设项目28个，新增公园绿地44.27公顷，改造公园绿地51.47公顷。改造提升郊野公园32.70公顷、城市公园25.11公顷。建成白石山山地公园一期项目，持续推进邻家公园项目，建成5处邻家公园。完成大轮山公园提升改造工程。推进步道景观工程建设，新增同安通山连海绿道11.30千米。加强重要节点绿化彩化，完成同安花漾街区绿化提升工程、滨海旅游浪漫线绿化工程和西柯镇丙洲调蓄北湖周边环境整治提升工程等，三馆一院"中国梦"节点、银湖中路路口"全面建成小康社会"节点、高山党校初心使命馆"不忘初心、牢记使命"节点等3处彩化节点入选全市十大"靓点"。至年末，全区纳入市政管养公园及市政主干道绿地495.74万平方米，其中公园总计18个、公园绿地面积210.63万平方米。

【邻家公园建设】 2021年，同安区完成5处"邻家公园"建设。大同街道东宅行军桥公园面积2680平方米，建设内容包括新建步道、对原有绿化进行提升，利用村庄边角地打造适宜居民休闲娱乐的场所；莲花镇澳溪村麒麟山公园面积3718平方米，建设内容包括新建停车位，铺地改造，挡墙护坡，绿化提升，成品公厕；洪塘镇龙西大道社区入口处景观改造提升工程面积7034.46平方米及闽南景观矮墙232米，主要改造提升社区入口处内市政配套设施，主要建设内容包括园路修建、花池坐凳、闽南景观矮墙、闽南艺术景墙、新建休闲空间、树池、主题阁、景墙、绿化工程、给水工程等；洪塘镇龙西社区主干道两侧公共用地环境整治提升工程面积2260.19平方米，主要对洪塘镇龙西社区主干道两侧公共用地环境进行提升改造，建设内容包括铺设烧结砖地面，自然面条石收边、鹅卵石、小景墙及绿化工程等；西柯镇丙洲调蓄北湖周边环境整治提升工程面积10160平方米，主要对西柯镇丙洲调蓄北湖周边的环境进行绿化提升改造，建设内容包括人行道铺装、景观小品安装、乔木种植等。

2021年，同安区完成大轮山公园改造工程。图为在公园改造中铺设的木栈道

（同安区市政园林局供图）

【大轮山公园改造完成】 2021年2月，大轮山公园提升改造工程完工。大轮山公园位于同安区大同街道轮山路西侧，内有AAA级风景名胜区梵天寺。项目升级改造2千米长步行系统，修建木栈道及观景亭，建设绿化景观及生态公厕，增设标识、标牌、景观座椅等配套设施。

【“同安绿道”建设】 2021年，同安区策划生成“同安绿道”建设项目9个，总长15.5千米。项目以“大轮山—梅山”为核心区，通过建设步道、自行车道、休憩驿站、公厕、照明系统、绿化景观等，打造连通同安北部山区与南部同安湾的连续、完整的慢行系统。至年末，同安区完成西溪（营边—大岭溪桥段）慢道工程，建成连海段（东西溪右岸）7.45千米，实现洋麻山至滨海浪漫线全线贯通。

【西溪慢道工程完工】 2021年10月，西溪（营边—大岭溪桥段）慢道工程完工。西溪（营边—大岭溪桥段）慢道工程全长3.26千米，起点位于汀溪大岭溪桥，终点位于同安区营边村北侧（省道206线莲花溪大桥南侧桥头），为郊野型慢道。

【206省道慢行步道建成】 2021年10月，206省道（同安大道—莲花水库段）慢行步道建成。慢行步道以“郊野慢行道，浪漫花田游”为主题，全长1.2千米，主要建设有自行车道、滨水步道、休闲广场、停车场、景观亭廊等。

【白石山山地公园一期项目】 2021年12月，同安区完成白石山山地公园一期项目。公园位于同安区城东中路西侧、白石山东侧，总投资3500万元，2021年3月启动建设，建成绿地4.46公顷，总用地面积40.7万平方米，其中原有保留山体绿化面积32.96万平方米，绿化面积44634平方米。建有广场、景观亭、慢行道及停车场等配套设施。

（陈少峰）

2021年10月，同安区建成2条慢行步道。左图为西溪慢行步道（营边—大岭溪桥段），右图为206省道慢行步道

（同安区市政园林局供图）

建筑业

【概　况】 2021年，同安区推行建设项目"清单制+告知承诺制"，承接上级下放的建筑业企业资质认定75项。开展项目招投标工作，全年完成400万元以上施工公开招标项目、400万元以下区内施工简易公开招标项目100个，总中标价26.99亿元。促进建筑业企业投资发展，兑现各类奖励金886.98万元。加强建筑工地管理，组织房屋建筑承灾体普查工作，开展有限空间、高边坡、脚手架、施工用电、建筑起重设备等专项整治，遏制各类事故发生。至年末，全区入统建筑业企业172家，比上年增加26家；完成建筑业产值144亿元，增长35%。

【工程建设项目审批制度改革】 2021年，同安区加强工程建设项目审批制度改革，推进审批服务全流程网办和"审批改备案"等工作，推行"清单制+告知承诺制"。建立社会投资简易低风险工程建设项目快速审批机制，优化社会投资简易低风险工程建设项目审批服务。落实政府购买服务方式开展施工图联合审查制度，全年支付非财政性投融资项目施工图审查费用561.94万元。组织专家对47家经自贸区迁入的建筑企业进行资质动态核查。承接上级下放的建筑业企业资质认定共75项。

【建筑工程招投标】 2021年，同安区完成400万元以上施工公开招标项目54个，总预算价30.39亿元，总中标价25.78亿元，降低工程造价4.62亿元，降幅15.19%；400万元以下（市级限额标准以下）区内施工简易公开招投标项目46个，总预算价1.41亿元，中标价1.21亿元，降低工程造价2000.15万元，降幅14.18%。完成勘查公开招标1项；设计公开招标4项，总设计费1684.69万元；监理公开招标8项，总监理费1518.41万元。加强招投标行业管理，惩处电子投标文件雷同事项，没收投标保证金978万元，29宗进入诉讼追讨阶段；约谈10家涉嫌招投标违规的企业，对48家企业予以曝光。

【建筑业企业服务】 2021年，同安区全面落实《同安区促进建筑业加快发展实施办法》，兑现各类奖励措施，全年奖励建筑企业36家共886.98万元。及时办理施工企业农民工工资保证金返退，按规定退还工资保证金20个项目共572.71万元。做好城建档案接收、利用和管理工作，累计接收城建竣工档案48个工程项目2500卷入库，出具建设工程档案专项验收意见书48份；完成48个房建和市政道路工程地下管网测量数据，建立全区总长2400余千米的综合地下管线数据库，为各相关单位和个人提供房屋产权查询3000余人次、工程建设资料查询利用650人次。

【建筑工地管理】 2021年，同安区推进建筑工地从业人员实名制，组织合同履约、工人工资支付等落实情况检查273个次，对落实农民工工资支付问题较为突出的项目及施工单位予以通报，并责令限期整改。加强在建工地扬尘管控，开展工地扬尘检查544个次、发出整改通知书113份，约谈21个落实扬尘防治措施不到位的项目施工、监理单位负责人；同时，对14个在扬尘防治方面表现突出的在建工程项目施工单位、监理单位予以通报表扬并记录良好行为。加强在建工程安全生产与质量监管，开展"双随机"监督执法检查，全年检查项目238个次，检查出一般安全隐患762处、整治一般安全隐患762处；约谈97个相关单位负责人，对相关项目经理、施工企业、监理工程师等进行违规记分，对11家施工、监理单位予以通报批评并记入不良行为记录。

【建筑起重设备专项整治活动】 2021年，同安区开展在建项目建筑起重设备安全专项整治工作。全年检查起重设备123台，其中塔吊96台（吊篮12台）、施工电梯27台；检查发现隐患问题330处、发出服务告知单123份，责令4台存在重大安全隐患的起重设备停机整改。受检项目均在指定时间内将隐患落实整改到位。

【房屋建筑承灾体普查工作完成】 2021年8月，同安区房屋建筑承灾体普查工作完成并通过区级验收，完成17.09万栋房屋建筑（城镇房屋建筑1.66万栋、农村房屋建筑15.43万栋）承灾体调查工作。房屋建筑承灾体普查项目于2021年3月启动，为自然灾害综合风险普查最大子项目，因涉及范围广、体量大，同安区投入127人参与普查工作，历时5个月完成。

【光伏建筑一体化混凝土搅拌站建成】 2021年，位于同安的厦门振银预拌混凝土有限公司建成全市首个封闭式光伏建筑一体化混凝土搅拌站并投入使用。项目占地约1.3万平方米，在仓库屋顶建设光伏发电板，同时搭建污水处理循环利用系统，全程无尘无噪，大幅增加可再生能源比例，优化电力结构，降低污染。项目建成后年发电量可达 57.5 万千瓦时，占公司一年用电量的一半左右，可节约标准煤约 172 吨 / 年。

（叶毓娟）

房地产业

【概　况】 2021 年，同安区房地产完成投资 137.91 亿元，比上年增长 7.1%。完成销售面积 100.25 万平方米，比上年增长 3.0%，销售金额 159.94 亿元，增长 0.4%。出让住宅商业用地 9 块，总地价 134.49 亿元。至年末，全区在建楼盘 40 个、在售楼盘 38 个、未开盘销售楼盘 6 个、安置房 2 个，总施工面积 785.73 万平方米。

【商住地块出让】 2021 年，同安区出让住宅商业用地 9 块，总地价 134.49 亿元。出让土地总面积 28.81 万平方米，总建筑面积 70.27 万平方米。住宅用地 7 块，其中 5 块位于环东海域新城，均为采用“限地价、竞配建”方式出让，出让土地总面积 11.87 万平方米，地上总建筑面积 31.01 万平方米，平均楼面价 17988.43 元。商服用地 2 块，均位于环东海域新城，出让土地总面积 2.59 万平方米，地上总建筑面积 9.3 万平方米，平均楼面价 2086.02 平方米。

【房地产建设】 2021 年，同安区加强房地产项目开发建设管理，至年末，全区在建楼盘 40 个、在售楼盘 38 个、未开盘销售楼盘 6 个、安置房 2 个，总施工面积 785.73 万平方米。在建施工面积 561.22 万平方米、比上年下降 21.6%，占总施工面积的 71.4%；其中，新开工面积 114.57 万平方米，比上年增长 164.5%，续建面积 446.65 万平方米，下降 33.6%。1—12 月竣工面积 224.51 万平方米、比上年增长 143.1%，占总施工面积的 28.6%。

【房地产销售】 2021 年，同安区商品房销售面积为 100.25 万平方米，比上年增长 3.0%；销售金额 159.94 亿元，增长 0.4%。其中，住宅销售面积 73.54 万平方米，比上年增长 31.6%；办公楼销售面积 10.46 万平方米，增长 7.7%；商业营业用房（店面）销售面积为 0.54 万平方米，下降 60.9%；其他房屋（车库）销售面积为 15.71 万平方米，下降 48.3%。

【物业管理】 2021 年，同安区实施物业管理区域 121 个（住宅类 106 个、非住宅类 15 个），年内新增（前期）物业服务合同备案 26 宗（住宅类 25 宗、非住宅类 1 宗）。调处涉及物业投诉信访件 91 件，其中信访件 26 件、文明卫士 App 平台转交 65 件。开展物业服务合同履约“双随机”检查，累计检查项目 636 个次，出动人员 1148 人次，下发检查通报 97 份，对 93 个住宅小区物业服务项目进行表扬，对相关物业服务企业、项目经理进行信用加分。组织物业入驻满半年的 83 个住宅小区进行物业服务质量星级评定工作，评选五星级项目 7 个、四星级项目 10 个、三星级项目 24 个、二星级项目 37 个、一星级项目 5 个。阳光城翡丽海岸、禹洲香溪里 2 号地块 2 个物业服务小区获评 2021 年厦门市“最干净小区”。古龙御园、同城湾、公园道一号、水岸华庭、金都海尚国际等 5 个小区获评 2021 年厦门市“美好家园”小区。古龙御园小区入选全国 100 个“加强物业管理，共建美好家园”典型案例。

（陈燕秋　叶毓娟）

生态环境

环境质量

【概　况】2021年，同安区空气质量综合指数2.24，空气质量优良率100%，排名全市第一。水环境质量持续改善，全区40个水质考核断面29个达标、达标率72.5%，比上年提升4.21个百分点，主要流域6个国、省控断面水质达标率100%；埭头溪稳定消除黑臭，隘头潭国控断点主要污染物指标同比下降，上半年连续6个月进入全国水质指数排名“前30位红榜”；近岸海域同安湾水质保持Ⅱ类。土壤环境质量保持稳定，国、省控地下水点位水质考核达标；危废管理平台备案率100%、医废安全处置率100%。生态环境质量稳中有升，年度公众环境满意度排名全市第二。

【环境空气质量】2021年，同安区环境空气质量综合指数2.24，比上年上升3.7%，排名全市第一。空气质量优的天数235天，良的天数130天。空气质量优良率100%、优级率64.4%，优级率比上年下降4.5个百分点。二氧化硫、二氧化氮等6项主要大气污染物年均浓度均优于国家环境空气质量二级标准要求。

【六项主要大气污染物年际变化】2021年，同安区市控评价点位的二氧化硫（SO_2）、二氧化氮（NO_2）、一氧化碳（CO）、臭氧（O_3）、可吸入颗粒物（PM_{10}）、细颗粒物（$PM_{2.5}$）年均浓度值分别为0.005毫克/立方米、0.013毫克/立方米、0.6毫克/立方米、0.119毫克/立方米、0.032毫克/立方米、0.017毫克/立方米。按照《环境空气质量标准》（GB3095-2012）评价，SO_2、NO_2、CO、PM_{10}年均浓度符合一级标准要求，$PM_{2.5}$、O_3年均浓度符合二级标准要求。与上年相比，PM_{10}、$PM_{2.5}$、CO年均浓度保持持平，SO_2、NO_2、O_3年均浓度分别上升25%、18.1%、5.3%。

2017—2021年厦门市主要大气污染物年均浓度一览表

表14　　　　单位：毫克/立方米

年度		SO_2	NO_2	PM_{10}	$PM_{2.5}$	CO	O_3
2017年		0.009	0.020	0.057	0.033	1.2	0.117
2018年		0.008	0.025	0.049	0.030	0.9	0.134
2019年		0.007	0.019	0.040	0.022	0.7	0.118
2020年		0.004	0.011	0.032	0.017	0.6	0.113
2021年		0.005	0.013	0.032	0.017	0.6	0.119
《环境空气质量标准》（GB3095-2012）	一级	0.020	0.040	0.040	0.015	4*	0.1**
	二级	0.060	0.040	0.070	0.035	4*	0.16**

说明：*24小时平均浓度限值，**日最大8小时平均浓度限值

【酸　雨】2021年，同安区各监测点降水pH为4.01～6.39，pH加权平均值4.99，酸雨发生率75.9%，降水总离子浓度平均值200微克当量/升。与上年相比，酸雨发生率上升7.7个百分点，降水总离子浓度有较大下降，pH加权平均值略有上升。

【水环境质量】2021年，同安区集中式饮用水水源地水质达标率100%，汀溪水库水质监测指标全年符合《地表水环境质量标准》（GB3838-2002）Ⅱ类水质标准。主要流域国、省控断面Ⅰ～Ⅲ类水质比例达83.33%，平均水质达标率100%。1—6月，同安区西溪流域隘头潭国控断面水质在3641个国家地表水考核断面中综合排名第27，连续6个月进入全国“前30位红榜”，获生态环境部通报表扬。

2019—2021 年同安区近岸海域富营养状况表

表 15

监测时间	点位数量（个）	活性磷酸盐（毫克 / 升）	无机氮（毫克 / 升）	化学需氧量（毫克 / 升）	富营养化指数	富营养化等级
2019 年	2	0.055	0.493	0.73	4.4	中度富营养
2020 年	2	0.019	0.247	0.88	0.92	贫营养
2021 年	2	0.026	0.273	0.75	1.2	轻度富营养

【海洋环境质量】 2021 年，同安区近岸海域为轻度富营养，富营养化指数 E 为 1.2。根据同安区近岸海域 2 个国、省控点位海水水质监测结果，同安区近岸海域水质一般，主要污染物为无机氮和活性磷酸盐，平均浓度 0.27 毫克 / 升和 0.03 毫克 / 升，分别比上年相上升 10.95%、43.24%；其余监测项目（高锰酸盐指数、溶解氧、汞、铜、铅、镉、砷、石油类）浓度均基本符合一、二类海水水质标准。

【声环境质量】 2021 年，同安区区域声环境质量总体水平等级为三级，道路交通声环境强度等级为一级。昼间区域声环境质量总体一般，声级范围在 52.6dB（A）~61.5dB（A），平均等效声级 56.3dB（A），污染程度比上年略有上升。昼间道路交通声环境质量较好，平均等效声级 66.6dB（A），其中等效声级超过 70dB（A）的路段长 2.25 千米，污染程度比上年略有上升。城市功能区声环境质量良好，昼间、夜间达标率均为 100%。

【土壤环境质量】 2021 年，同安区土壤环境质量保持稳定。国、省控地下水点位水质考核达标。受污染耕地安全利用率 100%，污染地块安全利用率 100%。全年危险废物产生量 19967 千克，处置利用量 19833 千克，贮存量 477 千克（含跨年度贮存）；医疗废物产生量 768 千克，处置量 768 千克；全区利用单位限制进口类可用作原料的固体废物零进口。

【辐射环境质量】 2021 年，同安区加强辐射监管，召开辐射安全培训会。组织对 37 家核技术利用单位、2 家市级审批的输变电站进行监督性检查与监测，出动执法人员 139 人次，责令整改 24 家、整改完成率 100%。全年全区辐射环境质量保持稳定，电离辐射和电磁辐射环境处于正常水平，所有放射源及射线装置均处于可控状态。

（柳先淑）

环境监管

【概　况】 2021 年，同安区加强环境监管，开展小流域周边工业企业专项执法行动、全链条专项执法检查、排污许可证专项执法检查和劣Ⅴ类水体周边执法专项行动等，全年出动执法人员 4131 人次，检查企业 1577 家次，立案查处违法企业 77 家次，责令限期整改（责令停止生产）77 起，实施查封 6 起，限产停产 1 起，申请法院强制执行 1 起，合计处罚金额 546.95 万元。建立投诉热点区域特殊监管制度，有效化解环境信访积案，全年受理环保投诉案件 1526 件，均及时组织整改，办结反馈率 100%。高质量办理人大建议、政协提案，全年受理生态环境类人大建议协办件 3 件，政协提案 1 件，均按期完成答复，办结率 100%。

【环境监测网络建设】 2021 年，同安区加强环境监测网络建设，按照厦门市排污单位在线监控安装计划，完成 3 家企业（含 1 家暂缓安装企业）在线设备安装及数据联网任务。常态化开展线上巡查，安排专人对报备信息进行审核，对国发平台的缺失、异常情况进行修约处理，辖区在线监控传输有效率在 99.78% 以上。督促企业开展自行监测工作，指导企业制定自行监测方案，落实自行监测数据公开，辖区排污企业自行监测完成率 97.38%；组织企业自行监测监督检查，审核企业自行监测数据和年报，检查覆盖率在 95% 以上。

【环保审批】 2021 年，同安区生态环境局依法审批建设项目环境评价，办理环评审批 265 件；通过“多规合一”业务协同平台出具策划项目审查意见 1018 条。巩固固定污染源排污许可制度改革成效，确保实现固定污染源排污许可管理全覆盖，全年核发排污许可证 84 件、变更许可证 25 件、延续许可证 6 件、注销许可证 20 件。

【环保网格员队伍建设】 2021 年，同安区加强环保网格员队伍建设，完善“全面覆盖、层层履职、网格到底、责任到人”的环保监管体系。定期组织环保网格员培训，部署网格化环保监管工作，指导网格员正确使用文明卫士平台等，提升网格员队伍整体素质。发挥网格员基层一线工作优势，引导网格员队伍在参与专项执法行动、协助处理投诉和开展环保宣传教育等工作中履职建功，全年网格员队伍巡查、上报各类环保事件1.92万件，有效促进各类环境问题的解决。

【涉疫垃圾废水处置监管】 2021年，同安区落实疫情防控要求，推动医疗废物安全处置、污染防治设施正常运行、污染物稳定达标排放等涉疫垃圾污水工作落到实处。加强监测辅导，定期对设发热门诊医疗机构、集中隔离观察点、城镇污水处理厂等单位开展涉疫污水余氯监测工作，疫情期间对辖区内2家设发热门诊的医疗机构、12家隔离酒店、2家污水厂、5个异地封控点开展全覆盖、高频率、全方位的帮扶指导，规范涉疫污水消毒处置。强化检查监督，先后出动600余人次，检查帮扶重点目标60家次，监督性监测105家次。建立定期通报机制，针对监测检查发现的问题，及时督促责任单位落实整改，确保涉疫垃圾规范收运处置，污水达标排放。疫情期间出动医疗废物收集车58辆，安全处置医疗废物180多吨；出动涉疫垃圾收集车42辆，安全处置涉疫垃圾1500多吨；出动生活垃圾车128辆，分类收集处置全区生活垃圾。

【环境风险防控】 2021年，同安区强化风险企业安全监管，183家风险企业落实预案备案管理，63家放射源及射线装置单位落实设施安全使用与管理措施，132家风险源企业完成169个问题整改。开展专项隐患排查整治活动，出动人员2000余人次，检查企业420家次。修订突发环境事件应急预案，组织年度突发环境事件应急演练，承办全市海滩溢油污染事故应急演练。全年未发生一般级别以上突发环境事件。

【生态环保督察】 2021年，同安区抓好中央生态环保督察问题整改。加强联合督导和专项督查，对第一轮、第二轮中央环保督察信访件和反馈问题整改落实情况开展“回头看”，责令2家企业重新整改，防止问题反复。成立由区人大代表、区政协委员、生态环境保护与发展领域的专家和群众代表组成的第三方监督评估组，开展2次现场检查评估，形成共同推进整改的工作合力。投入资金28.9亿元，系统推进埭头溪“全收集、全处理、全补水、全清淤、全生态修复”五大工程，实施五大类30个攻坚治理项目，埭头溪稳定消除黑臭。至年末，第一轮中央生态环保督察反馈的7个问题、79件交办信访件100%办结销号；第二轮中央生态环保督察反馈的11项问题，完成整改3项、其余8项按序时进度推进，交办的94件信访件100%办结销号。

（柳先淑）

污染防治

【概　况】 2021年，同安区坚持精准治污、科学治污、依法治污，空气质量保持全市前列，二氧化硫等六项污染物全部优于国家环境空气质量二级考核标准；水环境质量持续提升，埭头溪流域基本完成排口整治、源头截污、底泥固化等工程并恢复生态补水；土壤环境质量保持稳定，33家行业企业落实实时监管，受污染耕地100%实现安全利用。加强“智慧”环保建设，全区生态环保视频监控系统投入使用，实现对11个空气站点、58家重点企业污染治理情况在线监控。深化“环保管家”机制，推进环境污染问题第三方治理。

【大气污染防治】 2021年，同安区开展三轮守护蓝天百日攻坚专项行动，强化轻微污染天气应急响应与防控。推进617家挥发性有机物（VOCs）企业整治工作，完成年内新增的7家年排放量大于10吨企业的挥发性有机物（VOCs）减排任务。巩固锅炉窑炉治理成效，推动锅炉窑炉清洁能源替代，完成7台工业窑炉治理提升，推动6台非清洁能源热水炉治理。加强非道路移动机械污染防治，全年登记备案各类机械4901部、挂牌数4868台，组织监督性监测100台次。开展扬尘整治工作，建立清单化动态管理制度，打击渣土车违规上路问题，组织联合执法52次，检查渣土车2139车次、查扣违规渣土车708辆，查处扬尘案件284件、罚款358.83万元；做好区域降温抑尘工作，扑灭露天焚烧秸秆213起。深化“散乱污”企业整治，出动执法人员4400余人次，整治新增“散乱污”企业61家。

【流域综合治理】 2021年，同安区印发《同安区全面消除劣V类水体三年行动方案》和《同安区四条流域水环境综合整治系统化方案》，加强流域日常巡查监管，开展入河排放口溯源整治工作；组织村庄内部违规排污小工业企业清退治理专项行动，完成21家违规排污小工业企业整治。推进汀溪水库和莲花水库饮用水水源环境综合整治工作，开展水源地突发环境事件应急演练和编制应急处置“一河一策一图”；完成石垄水库应急水源保护区范围划定，完成千人以上农村饮用水源地南山水源点保护范围划定和环境整治；基本完成千人以下141个农村饮用水源地环境问题排查、保护范围划定、勘界立标等。加强城镇污水处理，同安污水处理厂一期项目建成投入使用，新增污水处理能力25万吨/日；完成建成区市政排水管网溯源排查81平方千米，完成城镇污水正本清源改造10.7平方千米。

【海域生态综合治理】 2021年，同安区推进海域生态综合治理工作，印发实施《厦门市同安区湾（滩）长制实施方案》和《厦门市同安区近岸海域污染防治专项整改工作方案》。完善“湾滩保洁”机制，落实海漂垃圾综合治理奖补资金，浪漫线一期沙滩全年清运垃圾1310吨。巩固养殖污染防治成果，组织联合执法专项行动，坚决打击海域非法养殖行为。

【土壤污染防治】 2021年，同安区加强建设用地和农用地土壤污染防控，组织6家土壤重点监管企业开展土壤污染隐患排查，完成4家土壤重点监管企业、1家水质净化厂周边区域土壤环境调查；组织5个地块用途变更为住宅用地的土壤污染状况调查，完成省级相关部门布置的100公顷耕地安全利用工作。加强危险废物监管，落实《福建省危险废物专项整治三年行动实施方案》，完成64家省重点产废企业危险废弃物规范化处置考核工作；推进医疗废物信息化管理，完善医疗废物“小箱”进“大箱”收运体系，医废安全处置率100%。开展农药、化肥使用量“零增长”行动，全年农药使用量比上年下降2.6%，化肥施用量下降2%。

【噪声污染防治】 2021年，同安区严格施工审批，减少除因生产工艺或特殊工期要求外，一律不允许夜间施工；实施“静夜守护”夜间建筑施工噪声污染联合整治行动，降低夜间噪声。督促企业严格落实环境噪声污染防治措施，做好厂界立体绿化，减小噪声对周边环境的影响。组织重点部位、重点时段噪声监测，解决噪声扰民投诉问题。开展噪声污染防治法律法规宣传活动，增强公众声环境保护意识。

【智慧排水系统建设】 2021年，同安区建设完善排水智能化管理系统，将小区、农村、公路、工业集中区等区域的排水管网纳入系统管理范围，实现全区排水管网的一体化管理。加密排水设施监测网络，新增汀溪水库上游52座分散式处理站和53座农村分散式处理站、38座农村提升泵站、2座尾水水质提升处理厂等远程监测目标。推进排水管网多源数据集成，借助大数据分析技术开展多层次展示，建立排水“一张图”、监控应急“一张图”。

（柳先淑）

生态文明建设

【概　况】 2021年，同安区推进国家生态文明建设示范区创建工作，科学编制《同安区国家生态文明建设示范区规划（2021—2025）》《同安区“十四五”生态环境保护规划》。同安区创建国家生态文明建设示范区工作通过省级预审。加强生态保护与修复，严格开发空间管控，开展水土流失、废弃矿山等治理工作。探索建立碳排放补偿机制，开展水生态产品价值核算，完成“两山”（绿水青山就是金山银山）实践创新基地建设方案编制。开展低碳示范区创建试点工作，建成低碳工业园区、低碳社区、近零碳景区各1个。发布首批一般性湿地名录。承办2021年全市“六·五”世界环境日活动，发布《2021年同安区环境质量公报》。至年底，同安区陆域自然保护区面积1945.45万公顷，自然岸线保有率35.37%；有水源保护区1个（汀溪水库），森林公园3个（莲花国家森林公园、同安郭山村森林公园、同安洋麻山森林公园），省级风景名胜区1个（北辰山风景名胜区）。

【生态保护与修复】 2021年，同安区加强生态控制线和生态红线保护，严格执行《厦门市生态控制线管理实施规定》，强化国土空间开发管控。加强自然保护区森林资源保护，严厉打击破坏森林植被违法行为。加强天地一体化网络监测监管，贯彻执行水土保持“三同时”制度，水土保持生产建设项目竣工自主报备、核查验收65个，完成水土流失治理188.67公顷。加强废弃矿山综合治理，制定《厦门市同安区废弃矿山综合治理总体规划》，分批分期组织实施，完成发发采石场矿山生态修复治理和验收工作。

【生态环保目标责任考核】 2021年，同安区落实生态环保目标责任考核“党政同责、一岗双责”制，先后召开134次相关会议，研究部署生态环保工作，推进166项年度考核目标任务的完成。完善“一周一调度、一汇总、一协调、一推动”工作机制，聚焦流域水环境质量等短板弱项，建立滚动清单，推动问题解决。组织对8个镇（街）、15个区直部门、4个市直驻区单位和4个企事业单位进行目标责任考核，考核结果均运用于绩效和政绩考评。全年在市对区党政领导生态环境保护目标责任评价考核中，同安区获评优秀等次。

【“绿盈乡村”创建】 2021年，同安区“绿盈乡村”创建目标数为8个，其中初级版3个（新霞村、新学村、后塘村），中级版3个（明溪村、上陵村、五峰村），高级版2个（莲花村、垵炉村）；全年完成“绿盈乡村”创建11个，超额完成隘头村、褒美村、四林村3个初级版绿盈乡村创建认定。至年末，全区累计完成“绿盈乡村”创建73个，创建比例达到92.4%；莲花镇17个建制村均完成创建工作，为厦门首个“绿盈乡镇”。

【环境保护宣传教育】 2021年，同安区加强环境保护宣传教育，承办2021年全市“6·5”世界环境日主场活动，利用报纸、网站、微信公众号等宣传平台刊发生态环境工作宣传报道370篇。组织辖区41家新建企业、排污重点企业参加“厦门生态环境教育平台”线上培训考试，组织开展环保知识、法律法规线下专题培训6场次。发布《2021年同安区环境质量公报》，公众对环境质量满意度达94.79%。

【低碳创建试点项目完成】 2021年，同安区开展3个低碳示范区创建试点项目工作。选取莲花镇军营村为低碳社区试点，从低碳理念推广、低碳交通发展、低碳生活建设、低碳社区公共建设等方面开展创建工作，在军营村投入3辆电瓶车用于游客接待，布置10个充电桩提倡绿色出行。将全村路灯替换为太阳能路灯，倡导居民进行垃圾分类。选取小坪景区作为近零碳排放景区试点，强化碳汇抵消机制，发展水电减排，确保总的“净排放”接近于零；同时加强宣传，倡导游客低碳出行，绿色消费，景区碳补偿率、可再生能源路灯占比、可再生能源消费占比、厨余垃圾资源化率、生活垃圾分类收集率、景区内林地、草地占比均达100%。选取同安保沣工业园区作为低碳园区试点，推动二氧化碳排放强度达标工作，园区内二氧化碳排放强度为0.69，园区内新能源汽车占比在60%以上。11—12月，同安生态环境局召开3场创建工作评估验收评审会，对照相关创建标准，结合走访核实、质询讨论，通过3个项目创建工作验收报告，军营村达到一星级低碳社区标准、小坪景区达到一星级近零碳景区标准、保沣工业园区达到一星级低碳园区标准。

【同安区湿地名录发布】 2021年1月1日，同安区政府公布同安区首批一般湿地名录，均为水库型湿地，分别为汀溪水库、溪东水库、河溪水库、茂口水库和莲花水库，总面积594.53公顷。2月，同安区政府公布第二批一般湿地名录，均为滩涂湿地，分别为同安区洪塘头至潘涂国有滩涂湿地和同安区后田至洪塘头国有滩涂湿地，总面积796.13公顷。

【2021年厦门市世界环境日主场活动】 2021年年6月5日，厦门市“6·5”环境日主场活动在同安文体中心广场举行。该次活动由中共厦门市委文明办、厦门市生态环境局、厦门市同安区政府主办，同安区生态环境局、厦门市环境宣传教育中心、海西晨报社承办，以“传承党建红·守护生态绿”为主题，通过环保主题展览、有奖问答、游戏互动等方式，向社会广泛宣传生态环保理念。在开幕式上，同安生态环境局党建品牌“绿水青山·银城卫士”正式揭牌，原创环保卡通IP形象同安区环保小卫士“新新”也同时亮相，厦门市生态环保铁

2021年6月5日，厦门市世界环境日主场活动在同安文体中心广场举行。图为单车绿色骑行项目吸引青少年参与体验　（夏海滨　摄）

军志愿服务队正式成立。活动现场，展览区通过图文并茂的方式展现厦门市近年来生态环境保护和治理成果；互动区设置环保知识竞猜、单车绿色骑行、垃圾分类投篮等互动环节，造型独特的生物多样性保护拍照打卡墙也吸引了市民群众拍照打卡。同安区中小学“传承党建红·守护生态绿”红色环保主题漫画比赛也于当天启动，通过面向全区中小学生征集原创环保主题漫画作品，培养中小学生环保意识，全面营造人人关心环保、参与环保的良好氛围。

（柳先淑）

节能减排

【概　况】 2021年，同安区开展淘汰类塑料制品生产企业产能摸排、强制性清洁生产审核、“绿色工厂”推荐、节能专项奖励、节能低碳宣传等各项工作，发放节能专项奖励金82.14万元。对2家公司进行钢铁去产能“回头看”检查，未发现“地条钢”死灰复燃现象。区节能办走访50多家企业，宣传节能环保政策，要求企业加强节能增效工作。开展公共机构节能工作，35家政府机关获节能型机关称号。

【工业企业节能减排】 2021年，同安区开展强制性清洁生产审核工作，厦门欧士佩电镀厂有限公司、厦门市同利源电气设备有限公司、厦门市达超工贸有限公司、百路达（厦门）工业有限公司、厦门明佑电镀有限公司等5家企业通过强制性清洁生产审核评估和验收。同安区推荐企业参加市“绿色工厂”评选，厦门银华机械有限公司、厦门太平货柜制造有限公司、金牌厨柜家居科技股份有限公司、厦门明和实业有限公司4家企业当选。开展企业节能专项奖励审核，对厦门浩纬实业有限公司等20家企业发放节能专项奖励资金82.14万元。

【公共机构节能】 2021年，同安区推动节约型公共机构示范单位创建工作，35家政府机关单位申报节约型机关获通过，申报创建率达48.6%。开展人力资源市场节能技改项目，更换LED灯、感应水龙头、节能马桶等。委托能源审计服务机构对建设与交通局、农业农村局进行能源审计。落实塑料污染治理要求，全面贯彻执行国管局《公共机构停止使用不可降解一次性塑料制品名录（第一批）》要求，规范办公用品采购，在各类公务活动及工作生活中推广使用环保布袋、纸袋等非塑制品和可降解购物袋，在餐饮领域推广使用符合性能和食品安全要求的生物基产品、可降解塑料袋（膜）等替代产品，全面停止使用不可降解一次性塑料制品。

【2021同安区节能宣传周】 2021年8月23—29日，同安区举办2021节能宣传周主题活动。24日，节能宣传周主题宣传日活动在同新路（钟楼步行街）举行，区工信局（节能办）联合发改局等全区14家节能成员单位参加。活动以“节能降碳，绿色发展”为主题，现场分发节能宣传图片、节能宣传手册，开展政策宣传和咨询活动。举行节能知识有奖竞猜，邀请节能灯生产企业通士达举办高效节能灯展示和“买一送一”优惠活动。25日，在“全国低碳日”当天，全区各级公共机构举办三楼以下不搭乘电梯等能源紧缺体验及“135”绿色低碳出行活动，鼓励1千米以内步行，3千米以内骑自行车，5千米左右乘坐公共交通工具，培养不使用一次性办公生活用品、纸张双面打印等节能习惯。活动周期间，同安区组织干部职工观看全国节能宣传周开展的“继承发扬勤俭节约传统，积极践行绿水青山理念”主题云党课，通过“厦门节能中心”微信公众号参与在线节能知识有奖竞答。

（陈延安　苏燕东）

农业·农村

综　述

【概　况】2021年，同安区实现农林牧渔业总产值22.92亿元，比上年增长7%。其中，农业产值12.44亿元，比上年下降0.1%；林业产值656万元，增长4.3%；畜牧业产值6.3亿元，增长32.1%；渔业产值0.65亿元，下降39.3%；农林牧渔服务业产值3.45亿元，增长1.5%。严格落实粮食安全省长责任制，发放种植晚稻资金补助48.2万元，全年粮食播种面积2180.85公顷、粮食产量13037吨。持续加强农业基础设施建设，新增设施大棚119亩（7.93公顷）、高标准农田650亩（43.33公顷）。推进科技特派员制度，创新“种子种苗示范基地”等服务载体，培育新型农业经营主体19个。加快构筑新时代乡村人才高地，鼓励360余名大学生支援乡村振兴，开展高素质农民培训756人次。全年农村居民人均可支配收入比上年增长12%，全区村集体经营性收入均在20万元以上。

2020—2021年同安区农林牧渔业总产值一览表

表16　　　　单位：万元

项目	2020年（当年价）	2021年（当年价）
农林牧渔总产值	232758	229182
农业产值	125479	124436
#谷物及其他农作物	6515	7239
蔬菜园艺作物	94116	94362
#蔬菜（含菜用瓜）	84931	87208
水果、坚果、茶、饮料和香料	23283	21947
林业产值	711	656
牧业产值	62415	63092
#猪的饲养	42251	45840
家禽饲养	14554	13096
#肉禽	12713	11206
禽蛋	1840	1890
渔业产值	10453	6548
海水产品	2378	2309
内陆水域水产品	8075	4239
农林牧渔服务业	33700	34450

【设施农业建设】2021年，同安区推广蔬菜设施大棚，建成正心精致、和平兴农、馨农丰3个大棚项目，新增设施大棚119亩（7.93公顷）。持续改善农业生产条件，推进五显镇后垄村2000亩（133.33公顷）高标准农田项目，建成五显镇明溪村650亩（43.33公顷）高标准农田。组织都市现代设施农业项目申报工作，大好禾山、闽特农2个项目完成立项。

【惠农补贴资金发放】2021年，同安区印发《2021年耕地地力补贴发放工作方案》《关于下达实际种粮农民一次性补贴资金的通知》《2021年同安区种植晚稻补助实施方案》，对惠农资金补贴对象、补贴标准、发放方式及流程进行明确，确保补贴工作有序开展。严格“一卡通”系统录入，保证所有补贴资金及时准确通过“一卡通”信息系统发放。至年底，同安区耕地地力保护补贴资金 864 万元、实际种粮农民一次性补贴资金 38 万元，均全部兑现到农户“一卡通”账户中。

【农业法律法规宣传】 2021 年，同安区加强农业法律法规宣传，结合“放心农资下乡”“食品安全周”“科技三下乡”“安全生产月”活动等，开展宣传活动 7 场次，发放宣传材料 2350 份、宣传品 2400 多份，拉挂横幅 25 条、发送信息 1000 余条，赠送优质种子 1500 余包、肥料 1.8 吨、农药 45 千克。

【农资产品监管】 2021 年，同安区加强省农资监管信息平台巡查，全年开展网上巡查操作 2263 次，监控重点农资流向，保障农资市场安全稳定。开展农资打假保春耕专项治理行动、秋冬季农资打假保安全促增收专项治理行动等，检查农资生产、经营单位 457 家次；考核、验收农资监管信息平台 152 家，发放考核奖励金、硬件补助经费共 151.4 万元。开展农资产品执法抽检 46 批次，立案查处 3 件，其中农药 2 件、饲料 1 件。严厉打击违规使用禁限用农业投入品违法行为，检查农产品生产主体 144 家次，农产品执法抽检 202 批次，查处案件 2 件。

【农村公共基础设施管护体制改革试点工作】 2021 年 1 月，省发改委公布同安区为福建省农村公共基础设施管护体制改革工作 20 个试点县（市、区）之一。同安区启动农村公共基础设施管护体制改革试点工作，先后起草、印发《关于建立同安区农村公共基础设施管护体制改革联席会议制度的通知》和《同安区农村公共基础设施管护体制改革试点方案》。此次改革试点工作为期 10 个月，同安区将改革试点工作共分为制定方案、编制清单、全面实施、经验总结、巩固提升等五个阶段。至年底，各相关单位完成《管护细则》《管护清单》初稿编制。

（陈松华）

种植业

【概　况】 2021 年，同安区粮食播种面积 2180.85 公顷，比上年下降 0.16%；粮食产量 13037 吨，增长 1.65%。粮食作物以水稻、甘薯、马铃薯为主，其中水稻播种面积 1322.35 公顷，产量 8134 吨；甘薯播种面积 418.7 公顷，产量 2649 吨；马铃薯播种面积 126.2 公顷，产量 717 吨。油料作物以花生为主，种植面积 420.7 公顷，比上年下降 4.5%；产量 1257 吨，下降 2.4%。蔬菜以茄子、黄瓜、四季豆、番茄等为主，种植面积 6627.69 公顷，产量 251366 吨。

【农业技术推广】 2021 年，同安区加强农业技术推广，举办技术培训会和科技下乡咨询活动 5 场（次）。推行测土配方施肥，开展化肥零增长减量化行动，实施粮食（经济）作物田间肥效试验 23 个，示范推广商品有机肥 2341.6 亩（156.11 公顷）。全年化肥使用量 4052.4 吨，比上年下降 2.0%。

【农作物病虫害防治】 2021 年，同安区对主要农作物病虫害实施监测预报，通过纸质情报、手机短信、网络传递等方式，适时更新病虫害发生动态，发布《病虫情报》14 期。指导种植者科学防治，开展病虫害防治、绿色防控、农药使用等技术宣传培训 7 场（次）。全年农作物病虫草鼠总计发生 135.06 万亩次（9 万公顷次），防治 138.13 万亩次（9.21 万公顷次），挽回作物产量损失 7.43 万吨。

【农机管理】 2021 年，同安区农业机械总动力 161617.8 千瓦，其中柴油发动机动力 113694 千瓦、汽油发动机动力 18878 千瓦、电动机动力 29045.8 千瓦。

农业机械化作业　2021 年，同安区机耕面积 4007 公顷，机播面积 420 公顷，机电灌溉面积 2680 公顷，机械植保面积 1560 公顷，机收面积 1577.93 公顷。

农机购置补贴　2021 年，同安区做好农机购置补贴各项工作，全年受理农机购机补贴资金申请表 451 份，受益户数 420 户，核实 13 种类型补贴机具 512 台（轮式拖拉机 20 台、自走履带式谷物联合收割机 2 台、旋耕机 15 台、起垄机 3 台、水稻插秧机 2 台、简易保鲜储藏设备 9 台、果蔬烘干机 2 台、微耕机 145 台、动力喷雾机 107 台、增氧机 86 台、田园管理机 118 台、组合米机 1 台、履带式拖拉机 2 台），农机具购置总价 408.29 万元，兑付购置补贴 150.24 万元。

农机安全生产　2021 年，同安区开展农机安全生产专项整治工作，组织力量排查镇村、田间场院等拖拉机作业场所安全隐患，成立 37 个检查组督查大宏驾校、顺仔农机合作社农机安全生产工作。推进农机道路交通安全综合整治“三年提升工程”，开展联合执法行动 24 次。加强农机安全宣传，发放农机安全知识手册、安全宣传画册等 630 份，发放普法手册 630 份，发送手机短信 565 条。全年未发生农机亡人事故。

拖拉机管理　2021 年，同安

区大中型轮式拖拉机注册登记 18 台、履带拖拉机注册登记 2 台。检验拖拉机 52 台。公告报废多功能拖拉机 68 台。新训拖拉机驾驶员 12 人，拖拉机驾驶证换发证 29 本。

【高接换种】 2021 年，同安区完成 4 个镇 23 户 925.49 亩果树高接换种。高接品种 6 个，其中龙眼 2 个（凤梨穗、石咴），荔枝 2 个（南岛无核、大丁香），柚子 2 个（红肉柚、文旦柚）。

【水稻和蔬菜种植保险】 2021 年，同安区开展水稻和设施大棚蔬菜种植投保工作，其中水稻种植投保面积 473.33 公顷、财政补贴 11.9 万元，设施大棚蔬菜种植投保面积 42 公顷、财政补贴 70.28 万元。

（陈松华）

林　业

【概　况】 2021 年，同安区林地总面积 37298.16 公顷，其中防护林面积 15961.24 公顷、特用林面积 3055.27 公顷、用材林面积 9415.16 公顷、薪炭林面积 271.63 公顷，经济林面积 7057.62 公顷。森林总面积 35521.06 公顷，森林覆盖率 54.51%。林木蓄积量 199.34 万立方米，林木绿化率 55.73%。

【造林绿化】 2021 年，同安区完成造林面积 5458 亩（363.87 公顷），其中乡村生态景观林造林 100 亩（6.67 公顷）、重点生态区位林分修复造林 1498 亩（99.87 公顷）、森林抚育 3860 亩（257.33 公顷），超额完成上级下达的 5454 亩（363.6 公顷）造林任务。各造林地块成活率达 90% 以上，符合设计要求，通过上级验收。

【林业有害生物防治】 2021 年，同安区加强松材线虫病等重大林业有害生物防治工作，投入防控经费 400 万元，将全区 28 万亩（1866.67 公顷）松林纳入监测范围。共挂设诱捕器 3000 套，诱捕松墨天牛 23 万余只，有效阻隔松材线虫病的传播；施放绿僵菌除治面积 7000 亩（466.67 公顷），喷洒噻虫啉面积 1000 亩（66.67 公顷），释放花绒寄甲面积 500 亩（33.33 公顷），有效减少媒介昆虫的数量。全年除害处理松枯死树 1.2 万株。全区林业有害生物成灾率控制在 3‰以下，无公害防治率在 85% 以上。水源涵养区全部采用人工和物理生物无公害防治。

【林业执法】 2021 年，同安区林业案件立案 33 件，办结 33 件。实施野生动物救助出警 447 次。受理信访件 28 件。办理自然资源和规划局巡查函 14 起、城市管理执法局函 2 起和厦门市公安局海沧分局经检察院函 1 起。

【森林督查图斑整改】 2021 年，同安区做好 2020 年度省森林督查图斑整改工作。省下达 2020 年度同安区违法违规图斑 19 个，经现场核查涉及违法违规图斑 18 个。至年末，受案数量 18 个，其中办结数量 11 个；地类为农地不予立案查处 7 个。

【同安区全面实施林长制】 2021 年 8 月，同安区委出台《厦门市同安区全面推行林长制实施方案》，全面实施林长制。设立区、镇（街道、林场）、村（社区、工区）三级林长，区级林长办公室设在区农业农村局，各镇（街道、林场）设置林长办公室，主任由镇（街道、林场）指定专人担任。方案建立林长制部门协作机制，制定各级林长的分工区域和工作职责，建立全区森林资源网格化、全覆盖管理体系，明确严格保护森林资源、加快森林生态系统修复、深化林业综合改革、加强森林资源监测监管等工作任务。

（陈松华）

畜 牧 业

【概　况】 2021 年，同安区生猪存栏 108539 头，比上年增长 6.8%；出栏 180076 万头，增长 49.94%；产值 5.4 亿元。羊存栏 127 只，比上年增长 13.39%；出栏 178 只，下降 38.41%；产值 53.4 万元。牛存栏 481 头，出栏 968 头；产值 968 万元。家禽存栏 272411 羽，比上年下降 46.59%；出栏 960225 羽，下降 58.23%。全年肉蛋奶总产量 15426.76 吨、比上年增长 1.73%，其中肉产品 14710.76 吨，增长 7.78%；蛋产量 716 吨，下降 4.66%。全区累计完成生猪退养 10969 户、面积 306.59 万平方米，完成率 100%。溪岸 50 米范围内畜禽整治退养 84 户、7.61 万平方米。

【畜禽检测】 2021 年，同安区农业农村局投入畜产品质量安全监管经费 2.01 万元，开展养殖基地、屠宰环节沙丁胺醇、莱克多巴胺、克伦特罗项目检测各 9982 份，检测结果均合格。

【动物疫病防控】 2021 年，同安区开展高致病性禽流感、口蹄疫等重大动物疫病强制免疫工作，全年强制免疫高致病性禽流感61.82万羽次、牲畜口蹄疫18.49万头次，应免密度100%。开展免疫抗体检测12次，覆盖全区8个镇（街）243个畜禽养殖场（户），抽检畜禽血清1690份，高致病性禽流感（H5、H7）、口蹄疫、猪瘟、猪蓝耳病免疫抗体合格率均超国家规定的70%标准。开展动物及动物产品检疫，年产地检疫牲畜3.42万头、家禽155040羽；年屠宰检疫生猪353577头、羊30581头、牛11591头，无害化处理检疫不合格生猪761头。开展非洲猪瘟防控工作，提升生猪养殖场、屠宰场生物安全防控水平。全年未发生重大动物疫情。

【畜牧行业监管】 2021年，同安区农业农村局检查企业65家次，开展饲料抽样检测40份。办理行政许可3件，其中动物诊疗许可2件，兽药经营许可（不含生物制品）1件。开展打击牲畜私屠滥宰执法行动，联合公安机关、各镇（街）、动卫所开展多部门联合打击行动11次，出动执法人员375人次，捣毁私宰生猪窝点10个，查处案件4件（均移送公安机关），查获生猪及生猪产品58头合计8340千克。

【病死猪无害化处理补助】 2021年，同安区投入经费17万元，推进病死猪无害化处理工作。按照《厦门市同安区人民政府办公室关于做好养殖环节病死猪无害化处理补助相关工作的通知》精神，全区8家生猪备案养殖场自行处理病死猪，由国家、市、区财政按2∶1∶1的比例，每头给予80元补助。至年底，全区无害化处理病死猪7257头，兑现补助580560元。

（陈松华）

渔　业

【概　况】 2021年，同安区渔业总产值0.65亿元，比上年下降39.3%。水产养殖面积257公顷、比上年下降0.77%，其中海水养殖面积59公顷，与上年持平，淡水养殖面积198公顷，下降1.0%。产品总产量2361吨，其中海水养殖300吨，比上年增长6.38%，淡水养殖1917吨，下降29.47%，近海捕捞产量144吨，下降26.53%。

【水产养殖】 2021年，同安区主要养殖品种有鳗鲡、草鱼、鲢鱼、鳙鱼、罗非鱼、南美白对虾等。其中，鳗鲡养殖面积200亩（13.33公顷），产量119吨；草鱼养殖面积19公顷，产量311吨；鲢鱼养殖面积17公顷，产量320吨；鳙鱼养殖面积5公顷，产量91吨；罗非鱼养殖面积50公顷，产量613吨；南美白对虾养殖面积124公顷（海水养殖56公顷、淡水养殖68公顷），产量553吨（海水养殖268吨、淡水养殖285吨）。

【水产品检测】 2021年，同安区农业农村局开展水产品检测，全年抽取产地水产品7个批次，其中罗非鱼样品2个、倒刺鲃样品2个、南美白对虾样品3个，主要抽检孔雀石绿、硝基呋喃等指标，抽检合格率100%。

【海域非法采捕整治】 2021年，同安区农业农村局开展涉渔“三无”（无船名号、无船舶证书、无船籍港口）船舶整治工作，拆解、劝离、查扣涉渔“三无”船舶19艘。打击非法采捕交易红珊瑚、使用违规渔具等，清除收缴绝户网10张、地笼26槽、违法网具17张。开展电捕鱼专项整治行动，收缴电捕鱼手操网21套、电渔船15艘。

【渔政执法】 2021年，同安区加强河湖“四乱”整治，开展莲花水库联合执法巡查等行动13次，受理并依法处理各类群众举报件76件。落实海域、河道、水域和水产品质量安全、渔业安全生产日常执法监管巡查，累计出动执法人员3100余人次，出动渔政执法艇29航次、航程1200海里，执法车辆160辆次、行程4600千米，巡查河道长1235千米、水库面积12平方千米；丙洲、金都、后田3个执勤点实施全天候、无节假日值班和巡查。

【渔业法律法规宣传】 2021年，同安区组织渔船民宣传会8场次，举办现场法律宣传咨询活动10场次，开展联合进场宣传12场次、联合进村入户座谈356户次，发放宣传材料865份、张贴伏季休渔宣传单156张、悬挂横幅32条。联合市海洋综合行政执法支队，开展水生野生动物保护和水产品质量安全执法宣传8次。

（陈松华）

农业产业化

【概　况】 2021年，同安区大力发展现代农业，闽台农业融合发展产业园引入台资农业企业12家，莲花古厝里等12个现代农业招商项目签约落地，傲农嘉烨兴生猪养殖场等3个项目竣工投产，现代农业产业集群实现营收325亿元，创历史新高。持续打造“一村一品”，生态茶园建设试点稳步实施，三角梅交易集散中心正式落地。连片发展莲花—汀溪—五显—竹坝都市观光休闲农业，促进“红色教育游”与“绿色生态游”深度融合，莲花镇获评全国首批乡村旅游重点镇，汀溪镇获评省全域生态旅游小镇，军营村入选建党百年红色旅游百条精品线路。至年末，全区有“一村一品”专业村22个，其中国家级“一村一品”示范村3个、省级“一村一品”示范村3个；有农业产业化龙头企业21家，其中区级6家、市级以上（含市级）重点龙头企业15家，全年销售收入179.95亿元，带动农户10.79万户。

2021年，百利现代农业科技公司建成产品分拣包装物流中心。图为该物流中心内部场景（同安区农业农村局供图）

【新型农业经营主体培育】 2021年，同安区培育新型农业经营主体19个，推荐1个合作社获评省级农民专业合作社示范社、4个合作社获评市级农民专业合作社示范社，推荐1个家庭农场获评省级家庭农场示范场、2个家庭农场获评市级家庭农场示范场。至年底，全区有农民专业合作社500个、家庭农场330个，其中农民专业合作社市级以上示范社46个、家庭农场市级以上示范场11个。

【农产品质量认证】 2021年，同安区开展无公害农产品认证工作，新增无公害认证企业4家、产品12个。开展“三品”复查换证和续展工作，完成7家企业、9个产品复查换证，复查换证率100%。至年末，全区有认证产品69个，其中无公害产品56个、绿色食品12个、有机食品1个。

【休闲农业创建】 2021年，同安区持续推进美丽休闲乡村、休闲农业示范点的创建工作。莲花镇后埔村获评省级美丽休闲乡村，田园竹坝（厦门国贸研学教育管理有限公司）、万丰农业研学基地获评省级休闲农业示范点。“田园竹坝→三秀山村→隘头村→古坑村→顶村村”入选省级休闲农业精品线路，在省视频网站展播。

【闽台农业融合发展产业园建设】 2021年，同安区持续推进闽台农业融合发展（种子种苗）产业园建设，打造两岸种子种苗业创新中心。政府对产业园企业发放年度补贴492.73万元，其中对园区龙头企业百利种苗公司发放基础设施提升改造补助金272.73万元，用于百利种苗园区道路、大棚改造。对百利现代农业科技公司建成农副资源肥料化处理中心和产品分拣包装物流中心发放补贴220万元，农副资源肥料化处理中心建成后实现统一对园区农业生产废弃物集中处理；产品分拣包装物流中心建成后成园区农产品对外销售的集散中心。年内，园区引进芊穰、农友、农益发、鹿博士农牧、鹿博士生物、一德兵6家台资企业，分别从事水果种植、种业研发、农业生物等。百利种苗公司建设种苗基地近600亩（约40万平方米），研发玉女、夏珠、圣女、惠女、娇女5个番茄新品种。至年底，园区累计引进（培育）台资农业企业16家，入驻企业拥有自主研发新品种达167个，种子种苗专利50件，带动产业园区100余家农业生产经营主体发展。

（陈松华）

水　　利

【概　况】 2021年，同安区用水总量1.55亿立方米，新审批发放取水许可证1家；对在用取水户进行取水计量登记，征收水资源费40.38万元，其中地下水水费25.98万元、地表水水费14.40万元。发放莲花水库和汀溪水库水源保护区生态补偿款2.31亿元，涉及户籍人口71012人。推进3个安全生态水系建设项目，建成安全生态水系6.47千米。完成6个水利基础设施项目，实现投资1165万元。超额完成市下达水土流失治理任务。

【安全生态水系建设】 2021年，同安区推进安全生态水系建设项目3个、年内完工3个，建成安全生态水系总长6.47千米，实现投资3681万元。其中，2018年安全生态水系工程续建1个子项目，完成投资165万元，建成安全生态水系0.63千米；2019年安全生态水系工程续建2个子项目，完成投资3516万元，建成安全生态水系5.84千米。

澳溪丽田园至莲花水库淹没段安全生态水系建设工程　治理河段长度0.63千米，总投资约165万元，2020年12月开工，2021年6月完工。主要建设内容包括新建生态护岸、生态步道、过河汀步及箱涵等。

西溪同安大道桥至新西桥段安全生态水系工程　治理河段长度2.43千米，总投资约1916万元，2020年10月开工，2021年4月完工。主要建设内容包括跌水堰工程及景观工程等。

东溪南门桥、西溪新西桥至瓮瑶（324国道）段安全生态水系建设工程　治理河段长度3.41千米，总投资约1600万元，2020年10月开工，2021年12月工程外业基本完工。主要建设内容包括清淤工程、地形整理、亲水步道、亲水平台、园建工程及绿化工程等。

【水利基础设施建设】 2021年，同安区农业农村局推进6个水利基础设施项目建设，其中续建项目4个、新建项目2个。至年末，6个项目全部完工，完成投资1165万元。

同安区莲花镇窑市村茂口至坝里片排灌工程　总投资约193万元，2021年1月开工，2021年7月完工。主要建设内容包括排洪渠改造约800米，新建引水渠321.8米、滚水坝2座、农用桥1座、多普勒明渠流量计1台。

莲花镇窑市村溪仔后农田水利基础设施建设工程　总投资约127万元，2021年1月开工，2021年7月完工。主要建设内容包括新建渠道及渠系块石挡墙641.74米、机耕道路一条243.41米、农用桥2座、多普勒明渠流量计1台。

五显镇后垄村行宫后农田水利设施建设工程　总投资约97万元，2020年12月22日开工，2021年4月20日完工。主要建设内容包括新建6条排水沟总长1425.72米，新建灌溉机井2座。

五显镇军村农田灌溉改造工程　总投资约382万元，2019年12月开工，2020年12月完工。主要建设内容包括对总长3248.5米的9条排灌渠进行改造加固，防渗加固渡槽454米。

东溪上游堰坝工程　总投资约336万元，2021年8月开工，2021年12月完工。主要建设内容包括新建滚水坝2座、取水井5座、河床平整土方12765立方米等。

东岭水库灌区农业水价综合改革工程　总投资约30万元，2021年12月开工，2021年12月完工。主要建设内容包括在主干渠设置2座流量监测站，并配套一套流量监测系统，东岭水库闸阀更换1座；新增泄洪槽闸门1座，维修加固干渠边坡、U形槽、支渠侧墙等。

2021年4月，西溪同安大道桥至新西桥段安全生态水系工程完工。图为该河段建设的跌水堰工程　（同安区农业农村局供图）

【水土保持】 2021年，同安区实行生产建设项目水土保持“天地一体化”监管，推动“三同时”制度落实，对155个在建项目实施跟踪检查215次，完成70个自主验收报备项目核查。开展水土保持图斑核查工作，累计核查水利部、省水利厅下发的疑似图斑59个。推进水土保持综合治理，完成水土流失治理188.67公顷，超额完成市下达的年度目标任务。全年征收水土保持补偿费139万元。

【保供水工作】 2021年，同安区定期汇总全区蓄水、供水情况，开展竹坝水库、莲花水库供水情况调研，从河溪水库调水200万立方米补充莲花水库原水。启用隘头宫抗旱应急提水工程，全年补充汀溪水库原水37.8万立方米，用于支持城乡供水。

【非建成区小微水体治理】 2021年，同安区开展非建成区小微水体治理，实施治理项目30个、投资总额241万元，其中五显镇项目8个，投资额89万元；汀溪镇项目5个，投资额56万元；莲花镇项目17个，投资额96万元。至年末，30个小微水体治理项目全部完工。

【入溪入海排口整治】 2021年，同安区引入环保管家，按照“溯源、下单、整改、销号”的步骤，动态推进入溪入海排口整治工作。全年共整治入溪入海排口193个，其中省生态环境厅移交的35个入海排口全部完成整治并销号。

【河（湖）长制实施】 2021年，同安区落实党政领导双河长制，全区设有区、镇两级河长办公室9个，河（湖）长32人，其中区级河（湖）长8人、镇级河（湖）长24人。全年2名总河（湖）长召开调度会议11次，现场巡河19次，研究流域治理和水质提升工作；6名区级河（湖）长召开专题调度会议38次，现场巡河34次，围绕河湖治理“淤点”“堵点”和“难点”研究对策、分解任务。建立部门、镇（街）联动机制，通过“拉清单、定计划”和“日常治理+专项行动”等，强化监督管理。设置河道专管员30名、护河员170名，完成Ⅰ期新任河长岗前培训、Ⅱ期河道专管员业务培训。制定“四乱”清理整治专项行动方案，按照“查、认、改、罚”工作要求，完成109处河湖“四乱”问题整改。

【厦门抽水蓄能电站上水库大坝封顶】 2021年4月20日，中国水电八局承建的福建厦门抽水蓄能电站上水库大坝全线封顶。该项目位于汀溪镇，是福建省装机容量最大的抽水蓄能电站。上水库主坝为钢筋混凝土面板堆石坝，坝顶长667米、宽8米，最大坝高62.30米，总填筑方量约为215万立方米，大坝建成后总装机容量将达到140万千瓦，预计于2023年首台机组发电，设计年发电量23.45亿千瓦时。

（陈松华）

乡村振兴

【概　况】 2021年，同安区新增乡村振兴省级市范村2个、市级示范村5个。启动建设汀溪、莲花2条乡村振兴示范动线，总长44千米。下达2021年度试点示范村乡村振兴项目85个，总投资1.87亿元，本年度计划投资1.4亿元，实际完成1.56亿元。重点对4条动线、22个省市级乡村振兴试点示范村进行提升打造，对试点村及动线周边环境、景观节点、房前屋后、边角绿地等进行景观整治、清理清杂等，进一步提升村居环境，促进乡村产业发展。依托百利、银祥等17家农业龙头企业，构建农副食品加工业百亿产业链；22个“一村一品”实现收入超6.7亿元。强化乡村振兴人才力量，选派下沉干部920人次开展下基层服务指导工作，帮助挂钩村居解决76个农业生产问题。全区有168家企业参与挂钩帮扶74个行政村，激活村级发展动能。在福建省政府发布的2021年“福建省乡村振兴热度指数”评价结果中，同安区入选综合排名前十榜单，是厦门市唯一入选区。

【乡村组织振兴】 2021年，同安区设立乡村振兴局，完成镇党委换届及村（社区）换届。选派48名市、区机关干部、10名市派驻村蹲点干部、80名选调生、5名引进生到乡村振兴一线开展工作，推动干部资源、力量向乡村振兴一线倾斜。利用初心使命馆等特色资源，集中轮训全区涉农干部和村“两委”成员。开展“整镇（街）推进、整区提升”示范创建活动，培育40个党建典型点，军营村入选全国“建党百年红色旅游百条精品线路”。推进“民主法治示范村（社区）”培育建设，莲花镇军营村上榜第八批“全国民主法治示范村（社区）”。

【乡村产业振兴】 2021年，同安区通过现代农业招商引资，新增傲农嘉烨兴、百利垅程仔虾、振坤记生猪养殖场改扩建等一批现代农业项目投产。继续推动闽台融合产业园建设，累计引进（培育）台资农业企业13家，拥有自主研发新品种达167个、种子种苗专利50件，带动整个产业园片区100多家农业生产经营主体。编制《同安区智慧城市顶层规划》，推进大数据、互联网等技术在社会治理、乡村振兴等领域的应用。联合市科技局推进厦门市科技特派员生态茶园示范基地、国家科技特派员种子种苗育种和示范基地等建设。初步完成闽台合作育种协同创新平台（两岸种业联合创新实验室）规划设计，培育科技骨干93名。两岸种业专家所选育的华秦甜玉米等品种获农业农村部授权品种。加强特色产品研发，军营村“饮水思源”矿泉水上市。

【乡村人才振兴】 2021年，同安区试点选派乡村振兴服务指导队共216人下沉经济薄弱村、乡村振兴重点村。投入130万元扶持“一才一基地”建设，辐射带动社员300多户、村民8000余人。针对人才需求开展“订单式”农技培训46期、覆盖2143人次，认定新型职业农民388人。启动“百名人才联百村”活动，推动人才下乡。选派72名科技特派员开展宣讲、调研等活动86场，惠及近千人次。成立8个农村实用人才工作站，鼓励360余名大学生支援乡村振兴。组建区级“三农”服务指导队，形成“乡村吹哨、人才报到”机制，深入8个镇（街）、100个村（社区），围绕农业主导产业和特色产业，以政策决策咨询、实用技术推广等方式，探索村党支部书记到农业企业挂职，拓宽集体经济增长发展思路。探索开展“导师帮带制”，以田洋村为试点设立“陈水让书记工作室”，发挥优秀党组织书记的示范引领和辐射效用。

【乡村文化振兴】 2021年，同安区开展农村德治教育，深化乡风宣传。打造“奋斗百年路　启航新征程”同安区理论宣讲轻骑兵特色队伍，深入乡村社区开展宣讲活动50多场，拍摄理论宣讲轻骑兵党史宣讲微视频5期。持续推进法治宣传教育，39位村居法律顾问共走进141个村（社区）开展法治宣讲，实现百村百场法治宣讲。抓好农村文体服务，举办迎新春农民画展览、“红心向党　致敬百年”——高山上的阅读以及村跑等活动，开展歌仔戏、闽南童谣、书法、农民画等37个公益培训班，组织农村公益电影放映2964场次，创新文化惠民服务方式，开拓文化供应渠道，举办第十四届厦门市莲花褒歌比赛、“舞动银城—欢喜过大年”线上文艺演出、“同读·同安”云阅读大赛、云课堂等线上活动40余场，通过微信公众号矩阵推广数字资源，丰富文化供给。持续开展移风易俗，通过“同安文明卫士移风易俗”App对喜事、丧事进行检查督导约400场次，驳回相关申请事项60多场次，全区累计简办缓办停办喜事、白事4000余场，各类民俗日活动458场，累计节省3亿多元。总结推广农村社区“微法典”软法治理经验，大同街道东宅村村规民约被评为省级优秀村规民约。

【乡村生态振兴】 2021年，同安区因村施策，提升农污治理。将全区727个自然村分为城中村、城郊村、山上村三种，全面推进农村污水提升治理工作。开展溯源排查完善数据底账，形成农村污水管网“一张图”。在五显镇三秀山、华侨新村等试点村庄设置智慧化排水门牌62个，农户用手机扫描门牌上的二维码，可以查询本排水户周边的排水管理情况，实时上报管道问题。在莲花镇实施生态茶园建设方案，军营村、白交祠村安装480盏太阳能杀虫灯，投入100万元鼓励农民用有机肥替代普通化肥。完成128个村庄污水提升治理。加强畜禽粪污资源利用管理，实施畜禽粪污资源化利用整区推进实施方案，确保畜禽粪污综合利用率在95%以上，畜禽规模养殖场粪污处理设施配套率100%。实施化肥农药减量行动，开展技术宣传培训，科技下乡咨询活动3场，技术培训会1场，指导农户科学施肥。加强农作物主要病虫害监测预报，发布《病虫情报》5期，并广泛宣传指导农户科学防治。加强流域治理，营造宜居环境。创新提出“全收集、全处理、全补水、全清淤、全生态修复”流域综合整治举措，推进92个流域治理项目，实现57个重点污染源智能监控全覆盖。

【支持乡村振兴金融战略合作协议】 2021年2月23日，同安区政府与中国农业发展银行厦门市分行签署战略合作协议，同安区委副书记、区长陈高润参加签约仪式。同安区政府与中国农业发展银行厦门市分行签署战略合作协议，进一步利用农业政策性金融优势，在粮食安全、水利建设、农村路网建设、城乡融合发展、生态环境建设等领域全面开展合作，通过优化信贷政策、提高信贷规模、加快金融创新等措施，支持同安区乡村振兴战略实施。

【“百企兴百村”活动启动】 2021年12月22日，“清新莲花　共建同行”战略签约暨“百企兴百村”启动仪式在莲花镇举行。“百企兴百村”活动由同安区政府主办，旨在搭建企业助力乡村振兴平台，依托产业振兴为基础，通过“以产业促发展、以就业促增收、以消费促融合、以文化促新风、以公益促和谐”等方式，助力乡村产业、人才、文化、生态、组织全面振兴，打造乡村振兴样板区。同安区将动员全区100家以上的优秀企业，特别是民营企业，以签约结对、村企共建为主要形式，参与挂钩帮扶100个村，加快推进同安区乡村振兴工作。启动仪式上，中国建设银行厦门市分行率先与莲花、军营、上陵、后埔4

个村签订乡村振兴战略合作协议，将引入文创、旅游、产业等资源，提供基建与金融服务，扶持乡村发展。同安区相关领导及中国建设银行厦门市分行相关负责人分别为莲花、军营、上陵、后埔等四个裕农通服务点授牌。

【“百名人才联百村”活动启动】 2021年6月，同安区委组织部启动“百名人才联百村”活动，全面梳理108个村（含村改居）产业、生态、文化、资源等现状，按照尊重人才、组织统筹、发挥优势、便于联系原则，鼓励引导各类人才向乡村振兴一线流动。加强组织部门、村居党组织和专家人才三方联络协作，实行需求征集、提供服务、沟通协调、评价反馈机制，生成6类人才服务项目，通过党建引领、项目攻关、科技助力等多种措施推动村居所需和人才所能精准对接，为各类人才到乡村创业提供平台。

【集美大学（同安）乡村振兴研究中心在军营村揭牌】 2021年3月19日，集美大学（同安）乡村振兴研究中心在莲花镇军营村恒利茶叶公司揭牌。该中心以集美大学资源为支撑，聚焦科技赋能+文化赋能+商业模式赋能，为乡村文旅产品开发及产业发展提供智力支持。通过打造乡村振兴典型示范和样板等举措，助推乡村振兴和农业农村现代化。在揭牌仪式上，举行集美大学乡村文化保护与振兴研究中心和恒利茶业战略合作签约仪式。专家学者一起组建该中心专家智库，为同安乡村振兴和农村发展建设，提供智力支持，发挥智库作用。

【新增两条乡村振兴示范动线】 2021年，同安区启动“古坑—竹坝片区”“莲花北高速出口—澳溪”2条乡村振兴示范动线建设。“古坑—竹坝片区”动线以山水映秀七彩田园为主题，以“一山、两水、四园”为依托，展现同安区“山秀、水秀、村秀”，达到“产业显著提升、环境显著改善、文明显著进步、治理显著成效、收入显著提高”的目标。“莲花北高速出口—澳溪”动线以“希望田野　乐活山村”为主题，以云洋村手工面线等产业为依托，促进乡村产业转型升级；以澳溪村流域风景带等为主要节点，打造乡村生态旅游；以石塔、湖山古堡等历史文化景点为依托，打造深厚的同安历史文化之路。

2021年6月28日，同安区委组织部在莲花镇举办“人才服务月”暨“百名人才联百村”启动仪式

（同安区委组织部供图）

【乡村特色营销活动】 2021年3月30日，同安区莲花镇莲花村举办“风韵厦门·炫动莲花”花田艺术时尚跨界大秀暨莲花首届醉美赏花节。该次活动以乡村风光为背景搭建舞台表演现代中式禅服秀，模特身着同安本土设计师设计的中式禅服穿行于大片油菜花田间，展示秀美的乡村景色。5月1—7日，位于新民镇溪林村举办首届兰花新品展，展出该村的宜兰阁家庭农场近两年研发、培育出的10个杂交兰花新品种。同月，五显镇三秀山村举办首届水果玉米采摘节。推广该村种植基地1200亩（80公顷）的特色水果玉米，游客可以采摘新鲜的水果玉米，品尝鲜榨水果玉米汁、水果玉米馒头等各类特色玉米产品；参加啃水果玉米趣味比赛。

【高山乡村开通5G信号】 2021年5月17日，在世界电信和信息社会日，莲花镇军营村、白交祠村5G基站开通，厦门首次实现对海拔近1000米的高山乡村5G信号覆盖。该基站由中国移动厦门分公司投资建设。开通当天上午，在军营村“农文旅”直播间、白交祠电商服务中心直播间，主播借助5G信号开展直播，介绍中国移动厦门分公司与同安区政府合作实施5G+数智乡村振兴战略的成果。

【福建移动红色文化教育基地在高山党校揭牌】 2021年5月17日，福建移动红色文化教育基地在位于莲花镇军营村的高山党校初心使命馆揭牌，同安区委常委、宣传部部长林国财和中国移动公司

2021年7月10日，竹坝乡村振兴文旅游活动季在竹坝农场启动。图为活动主办方设立的星空营地　　（夏海滨　摄）

厦门分公司党委书记魏汉辉等领导参加。该基地为中国移动公司厦门分公司、厦门市同安区委党校和同安莲花镇签署的三方合作共建协议的成果，合作三方将携手推动资源同享、优势互补、品牌共筑，把“福建移动红色文化教育基地”建设成为党员教育、党史学习教育的示范阵地，共同推动数智化思维与红色文化融合、探索5G+数智乡村振兴战略合作，进一步提升高山党校初心使命馆红色文化品牌的代表性和示范性。

【“风尚南洋·山水农耕”2021竹坝乡村振兴文旅活动季】 2021年7月10日，由同安区五显镇人民政府主办，厦门市旅游协会协办的“风尚南洋·山水农耕”2021竹坝乡村振兴文旅活动季在竹坝南洋会馆启动。在开幕式现场，主办方发布寻南洋归侨史迹、竹坝研学之旅、康体养生之旅、田野星空天文气象之旅等竹坝十大主题旅游产品。五显镇与厦门农商银行就智慧乡村建设等内容签署战略合作协议，发布腾讯云智慧乡村项目，由腾讯云计算（厦门）公司为同安区建设“同安福村”智慧乡村平台，联合厦门农商银行在五显镇开展试点。举办五显镇乡村振兴成果图片展、竹坝乡村学堂揭牌仪式。7—8月，文旅活动季开展文旅助力竹坝乡村振兴论坛、南洋文创嘉年华、竹坝魅力乡村节、星空山水露营季、研学体验和夏令营等一系列主题活动。

小资料：

五显镇竹坝片区曾安置大批东南亚归侨，以南洋风情特色著称，也是福建省乡村振兴试点示范片区。竹坝乡村振兴文旅活动季发布的十大主题旅游产品，是五显镇结合乡村振兴建设阶段性成果，整合当地资源开发设计而成。

【同安区乡村振兴局揭牌】 2021年10月22日，同安区乡村振兴局揭牌成立。该局设在区农业农村局，由区农业农村局成立乡村振兴科承担有关职能。同安区乡村振兴局挂牌后，组织开展全区有关乡村振兴的调查研究和相关考核、评估和督查工作，指导推进乡村振兴改革创新和试点示范工作等。

【中国（同安）乡村振兴全面战略合作发布仪式举行】 2021年7月13日，中国（同安）乡村振兴全面战略合作发布仪式在同安会堂举行，同安区政府、腾讯云计算（厦门）公司、南方光原文化公司以及金融机构、媒体机构代表参加。同安区相关领导、腾讯云代表、南方报业代表共同上台，按下启动按钮，标志同安乡村振兴全面战略合作正式启动。同安区将强化改革创新和项目带动，联合腾讯云计算（厦门）公司、南方光原文化公司以及金融机构、媒体机构，主动融入厦门跨岛发展新发展格局，把同安区打造为厦门乡村振兴样板区。现场举办金融助力乡村振兴论坛，多位金融领域专家一同探讨破解农业融资难、提高农村金融服务水平、促进金融服务农业现代化等相关话题，推动金融资源向“三农”领域倾斜，助力同安区乡村振兴战略实施。

（蔡文书）

工　业

综　述

【概　况】 2021年，同安区规模以上工业企业891家，完成产值1175.21亿元，比上年增长19.7%，实现增加值293.20亿元，增长4.7%，其中产值超亿元企业248家，完成产值931.62亿元，占全区规模以上工业总产值比重达78.1%。销售产值1147.14亿元，增长11.4%，产销率96.2%。规模以上工业用电22.67亿千瓦时，比上年增长8.3%。全年新纳统规模以上工业企业144家，累计完成产值91.38亿元，比上年增长107.9%，增幅高于全区平均增幅101.2个百分点，拉动全区规模以上工业产值增长4.2个百分点。产值前20名重点企业完成产值388.69亿元，比上年增长23.6%，拉动规模以上工业产值增长6.6个百分点。高技术产业企业59家，完成产值184.67亿元，比上年增长18.7%，拉动规模以上工业产值增长2.6个百分点。四大主导产业企业281家，完成产值577.01亿元，占规模以上工业总产值的48.38%。规模以上工业企业中产值比上年增长的有514家，占全部企业数的57.69%，比上年增加产值235.98亿元。推动工业项目建设，11个工业项目开工、13个

2021年同安区规模以上工业企业单位数和工业总产值一览表

表17

分　组	企业单位数（个）	工业总产值（万元）	工业总产值比上年增长（%）
总　计	891	11752055	19.7
一、按登记注册类型分组			
内资企业	719	8364821	15.3
有限责任公司	13	263220	-3.4
其他有限责任公司	12	210513	-22.8
股份有限公司	3	352355	-37.5
私营企业	703	7749246	20.7
私营有限责任公司	678	7097224	19.6
私营股份有限公司	25	652022	34.7
港、澳、台商投资企业	100	1982279	36.8
合资经营企业（港或澳、台资）	21	452076	-2.6
港澳台商独资经营企业	73	1354905	58.7
港澳台商投资股份有限公司	5	172453	34.6
外商投资企业	72	1404956	26.4
中外合资经营企业	21	504581	11.5
外资企业	51	900374	36.7
总计中：国有控股企业	12	275299	-1.7
二、按工业类别分			
轻工业	557	6680035	12.5
重工业	334	5072020	30.7
三、按企业规模分			
大型企业	14	2303152	51.5
中型企业	87	2653734	2.6
小型企业	759	6530094	17.9
微型企业	31	265075	53.6

工业项目投产，全年工业投资比上年增长42.6%。支持企业自主创新研发，投入技改经费3449万元，63项高新技术成果实现转化。完善扶持上市企业若干意见，助力东亚机械在创业板上市。

【工业项目开工投产】 2021年，同安区促建、促投产工业项目47个（促开工项目4个、在建项目23个、促投产项目7个、已投产项目13个），投资总额284.61亿元。其中，区管项目28个、投资总额109.97亿元，火炬项目19个、投资总额173.64亿元。促成冠烽医疗、泰亘信、环创装备等11个项目开工建设，推动桑雷电器、嘉戎科技等6个项目通过竣工验收，推动海普锐、振银等13个项目投产。

【工业固定资产投资】 2021年，同安区有114个工业固定资产投资项目延续，1—12月新增引导入库入统项目104个、强制退库项目1个（金耀项目）。至年末，全区有在库工业项目217个，累计完成工业固定资产投资50.56亿元，比上年增长23.2%。

【技改项目投资备案】 2021年，同安区做好企业技改投资备案工作，全年受理企业技改备案项目343个，总投资额25.85亿元，其中备案投资500万元以上的项目134个、备案金额23.63亿元，实际完成投资11.83亿元。

【惠企政策兑现】 2021年，同安区深入开展惠企政策落实行动，集中兑现惠企政策奖补资金，帮助市场主体纾困解难。实施标准化战略奖励19家，金额299万元；固定资产投资奖励21家，金额220万元；规模以下转规模以

2021年12月19日，时代新型锂离子电池项目开工仪式在同翔高新城同安片区举行　（夏海滨　摄）

上奖励119家，金额1223.19万元；技改项目58个，金额3035万元；厂房租金补贴38家，金额643.05万元。

【企业服务】 2021年，同安区完善领导挂钩联系走访企业机制，做好企业跟踪与服务，帮助企业分析、协调和解决问题，指导企业合法、合规、良性、健康经营发展，重点解决爱睿思等落户银鹭重工厂区用电、供水、排污、燃气等问题和汇盛、乐肴居市政配套道路建设问题。支持企业增资增效，出台《同安区工业企业用地申请增资扩产提容增效工作简化规程（试行）》，鼓励企业利用现有厂房改造升级，华诚实业、通士达、通冠电子等10家增资扩产项目进入前期办理阶段，欧凯科技、麦丰密封件等5家企业增资扩产事项上会通过。缓解企业融资难题，协助光弘电子、游氏卫浴、佳贝美等73家企业办理厂房抵押贷款，贷款金额总计9.29亿元。

【时代新型锂离子电池项目开工建设】 2021年12月19日，同安区与厦门火炬高新区管委会、同翔高新城片区指挥部在时代新型锂离子电池项目（一期）现场联合举办集中开工活动，时代新型锂离子电池项目（一期）开工。时代新型锂离子电池项目（一期）位于火炬高新区同翔高新城洪塘北片区地块，总投资70亿元，总建筑面积约71万平方米，拟建设新型动力电池总部基地，落地新型三元锂动力电池电芯生产线、配套模组生产线及电池包生产线，形成年产12GWh锂离子电池生产能力。

（陈世旭）

主要工业行业

【概　况】 2021年，同安区食品行业、水暖厨卫业、机械制造业和光电照明业累计完成产值577.01亿元，比上年增长5.8%，占规模以上工业总产值的48.38%。水暖厨卫业占据主导地位，全年累计完成产值192.45亿元，比上年增长14.8%，占全区规模以上工业产值的16.14%。食品行业全年

累计完成产值170.8亿元，比上年下降6.6%，占全区规模以上工业产值的14.32%。机械制造业全年累计完成产值125.02亿元，比上年增长5.2%，占全区规模以上工业产值的10.48%。光电照明业全年累计完成产值88.75亿元，比上年增长16.7%，占全区规模以上工业产值的7.4%。

【食品行业】 2021年，同安区规模以上食品工业企业69家，累计完成工业产值170.8亿元、比上年下降6.6%，占全区规模以上工业产值的14.32%。受新冠肺炎疫情反复和市场价格波动影响，以厦门中禾实业有限公司、厦门东方银祥油脂有限公司为龙头的食品行业产值增速呈高开低走态势。其中，厦门中禾实业有限公司完成年产值21.6亿元，比上年下降45.16%；厦门东方银祥油脂有限公司完成年产值19.8亿元，比上年下降4.02%。

【水暖厨卫业】 2021年，同安区规模以上水暖厨卫企业98家，累计完成工业产值192.45亿元、比上年增长14.8%，占全区规模以上工业产值的16.14%。以百路达、金牌橱柜为龙头的水暖厨卫行业，已发展成以四口圳片区为依托、上下游配套企业集聚发展的完整产业集群。其中，百路达（厦门）工业有限公司完成年产值23.34亿元，比上年增长13.9%。

【机械制造业】 2021年，同安区规模以上机械制造企业88家，累计完成工业产值125.02亿元，比上年增长5.2%，占全区规模以上工业产值的10.48%。以蒙发利、东亚机械等为龙头的机械制造业向专精特新发展、向智能制造转型。其中，厦门蒙发利电子有限公司完成年产值15.13亿元；厦门优尔智能科技股份有限公司完成年产值8.95亿元，比上年增长9.68%；厦门东亚机械工业股份有限公司完成年产值9.99亿元，比上年增长30.78%。

【光电照明业】 2021年，同安区规模以上光电照明企业26家，累计完成工业产值88.75亿元，占全区规模以上工业产值的7.4%。以三安半导体、三安光电等为龙头的光电照明业呈现良好增长态势，对全区规模以上工业产值贡献率达16.9%。其中，厦门市三安半导体科技有限公司完成产值62.4亿元，比上年增长39.6%；厦门三安光电有限公司完成产值33.5亿元，增长14.9%。

（叶雄关）

重点产业链

【概　况】 2021年，同安区以工业集中区、同翔高新技术产业基地同安片区、轻工食品园、同安新城产业园等中小型工业园区为载体，重点打造高端家居智造、生物医药与健康、高端机械制造、新一代信息技术、新材料与新能源等5条产业链。全年完成产值792.5亿元，占全区规模以上工业总产值的66.45%。

【高端家居智造产业链】 2021年，同安区依托工业集中区、城南工业区和同安新城产业园，集聚发展高端家居智造产业链。高端家居智造产业链是同安区最大的产业链，是同安经济稳定发展的重要支撑。全年高端家居智造产业完成产值299.13亿元，比上年下降1.3%。重点企业金牌橱柜家居科技股份有限公司、百路达（厦门）工业有限公司分别完成年产值32.2亿元和23.3亿元。

【生物医药与健康产业链】 2021年，同安区依托轻工食品园、城东工业区等工业园区，重点发展生物医药、健身器材等产业，完善上下游配套产业体系，加快整合形成产业集聚。全年生物医药与健康产业完成产值46.38亿元，比上年下降30.8%。全区药品生产企业4家、完成年产值14.08亿元，其中厦门中药厂有限公司完成年产值5.47亿元，比上年增长19.5%；厦门恩成制药有限公司完成年产值3.26亿元，增长4.2%。

【高端机械制造产业链】 2021年，同安区依托同安工业集中区，提高产业关联度和本地产品配套率，推动机械制造行业由传统制造向智能制造转型。全年机械装备产业完成产值158.15亿元，比上年增长23.8%。重点制造企业厦门保沣实业有限公司、厦门太平货柜制造有限公司，分别完成年产值30.93亿元和22.7亿元；健身器材制造企业厦门群鑫机械工业有限公司、厦门康乐佳运动器材有限公司，分别完成年产值11.4亿元和9.26亿元。

【新一代信息技术产业链】 2021年，同安区依托火炬工业园区，发展新一代信息产业链，重点发挥三安半导体、三安光电等龙头企业带动作用，建设上下游配套产业体系，形成产业集聚。全区规模以上新一代信息技术产业企业28家，完成年产值111.58亿元、比上年增长42.5%。重点企业厦门市三安半导体科技有限公司完成产值62.4亿元，比上年增长39.6%；厦门三安光电有限公司完成产值33.5亿元，增长14.9%。

【新材料与新能源产业链】 2021年，同安区以同翔高新技术产业基地、工业集中区为载体，发展新材料与新能源产业链。全年新材料与新能源产业完成产值177.3亿元，比上年增长23.8%。重点企业厦门金路通新材料有限公司、固克节能科技股份有限公司分别完成年产值19.4亿元和11.2亿元。

（叶雄关）

工业园区

【概　况】 2021年，同安区有具备规模的工业园区8个，其中大型工业园区4个，分别为同安新城产业园、同安工业集中区、同翔火炬高新城（同安片区）、同安轻工食品园；中小工业园区4个，分别为城东、城南、城北和莲花工业区。

【同安新城产业园】 同安新城产业园区用地面积2.5平方千米。至2021年末，已入驻规模以上工业企业80家，其中产值上亿元企业20家；全年完成规模以上工业产值76.5亿元，比上年增长5.85%。园区逐步形成光电照明、运动器械、电子科技等产业集群，通士达光电产业、协成、睿康科技、科司特电子、康泰兴运动器材等一批国内行业领先的龙头企业入驻生产。

【同安工业集中区】 同安工业集中区位于国道324线以南、同集快速路以西，距离高崎国际机场25千米、福厦高速公路1千米。2005年7月动工建设，建成区域面积约16平方千米（含社区村庄），其中工业用地面积约7平方千米。园区有同安园、思明园、湖里园和火炬园4个分园区，建设通用厂房258栋、总用地面积176.37万平方米，发展定位为以水暖厨卫、健身器械、机械电子、物流配送等产业为主的综合性产业园区。至2021年年末，同安工业集中区共引进规模以上工业企业297家，其中亿元以上企业78家；全年完成规模以上工业产值391.7亿元，比上年增长7.33%。园区已形成服装鞋帽、运动器械、水暖厨卫等产业集群，入驻有金牌橱柜、百路达、康乐佳、蒙发利等一批行业领先的龙头企业。

【同翔火炬高新城（同安片区）】 同翔火炬高新城（同安片区）总用地面积35.07平方米，建设用地面积28.42平方米。规划工业用地1039公顷，其中在同安区内743公顷。至2021年末，实际入驻企业有京东、海辰新材料、石墨烯产业园等，其中佰明自动化、京东西区等项目建成投产。

【同安轻工食品园】 同安轻工食品园于2002年经福建省人民政府批准设立，总体规划面积7平方千米，开发建设面积5平方千米，是同安区重点发展的食品医药专业化、集约化支柱产业园区。自2003年启动建设以来，先后整合美禾园（开发建设面积2.3平方千米）、黄金园、西福园、古龙园、同吉园等五个园区，引进企业300余家。至2021年年末，园区规模以上工业企业39家，其中亿元以上企业20家；全年完成规模以上工业产值91.6亿元，比上年下降4.39%。园区逐步形成以双桥、银祥、日清、益斯麦等为龙头的较为成熟的食品产业。

【凤南高端制造业基地】 凤南高端制造业基地位于同安区西南部，片区东侧紧邻同安工业集中区，轻工工业区；南北紧挨厦沙高速和沈海高速；新324国道与新民大道东西向穿越片区。总用地面积6.18平方千米，建设用地面积5.81平方千米。以高端家居智造、新材料与新能源等新兴产业发展为主导，以良好的自然景观环境和丰富的自然资源为依托，形成产业先进、环境优美、生活便捷的宜业宜居宜游的创业创新城区。

【中小工业园区】 同安区在发展过程中先后建成城东、城南、城北、莲花等中小工业园区。至2021年年末，城东工业区引进规模以上工业企业18家，以食品、医药、纺织等行业为主，其中金日制药、力隆氨纶、青岛啤酒等企业先后入驻；城南工业区引进规模以上工业企业48家，主要引进中禾、ECCO、等一批龙头企业；城北工业区引进规模以上工业企业8家；莲花工业区引进规模以上工业企业8家，主要引进兴恒隆照明、固克科技等上市企业。

（叶雄关）

商业贸易

国内贸易

【概　况】2021年，同安区批发零售贸易业销售额1921.59亿元，比上年增长51.6%（月度报表全口径数据）。限额以上批发零售贸易业销售额1802.89亿元。社会消费品零售总额394.84亿元，比上年增长0.1%。商圈建设日趋成熟，形成以夏商百货为中心的老城区钟楼壹号、钟楼百货商圈，以乐海购物广场为核心的乐海商圈，以舜弘现代城为核心的现代城商圈，以阳光小镇为核心的环东海域新城商圈。

2021年同安区限额以上批发零售法人企业商品购进、销售和库存情况表

表18

指标名称	法人企业数（个）	从业人员期末人数（人）	商品购进额（万元）	商品销售额（万元）	期末商品库存额（万元）	年末零售营业面积（平方米）
总　计	323	10708	17072496	18028887	486302	157786
一、批发业	270	7858	14723824	15642977	399299	47481
（一）按行业分						
农、林、牧、渔产品批发	2	47	1146045	1425091	110874	—
食品、饮料及烟草制品批发	38	2751	841242	971164	46795	3564
纺织、服装及家庭用品批发	38	699	1448709	1495887	12290	200
文化、体育用品及器材批发	30	759	1415059	1440830	47873	—
医药及医疗器材批发	10	664	165730	178751	14564	10201
矿产品、建材及化工产品批发	107	1522	8789126	9074281	121684	9791
机械设备、五金产品及电子产品批发	36	1124	853777	986581	43421	22125
其他批发业	9	292	64138	70393	1798	1600
（二）按登记注册类型分						
内资企业	247	5805	11902067	12624561	329600	45171
港、澳、台商投资企业	13	321	2144460	2270092	64889	300
外商投资企业	10	1732	677297	748324	4810	2010
（三）按经营形式分						
独立门店	141	2697	5409340	5844753	116107	33591
其他	128	4675	9302984	9784178	283123	11880

续表 18

指标名称	法人企业数（个）	从业人员期末人数（人）	商品购进额（万元）	商品销售额（万元）	期末商品库存额（万元）	年末零售营业面积（平方米）
（四）按单位规模分						
大型	3	1260	538403	682067	12754	820
中型	60	4204	6013065	6543249	281515	26361
小型	143	2163	3552666	3719169	48604	18290
微型	64	231	4619690	4698492	56426	2010
二、零售业	53	2850	2348672	2385910	87004	110305
（一）按行业分						
综合零售	7	353	25203	27650	968	28671
食品、饮料及烟草制品专门零售	5	325	37274	38611	407	2700
医药及医疗器材专门零售	4	365	7408	8553	2578	8020
汽车、摩托车、零配件和燃料及其他动力销售	29	1166	394893	411411	47913	66584
家用电器及电子产品专门零售	3	522	43336	48181	7171	4330
货摊、无店铺及其他零售业	5	119	1840557	1851504	27967	—
（二）按登记注册类型分						
内资企业	50	2655	532760	567155	71316	103805
（三）按经营形式分						
独立门店	34	1639	427483	436277	37939	88714
连锁总店（总部）	8	556	21367	23197	2976	13131
其他	10	595	1887154	1912842	45467	6460
（四）按单位规模分						
中型	19	1665	309188	317646	26281	70612
小型	25	791	1930118	1941369	38426	34557
微型	8	27	72607	85647	15400	1706
（五）按经营类型分						
有店铺零售	47	2706	504679	530828	59037	110305
无店铺零售	6	144	1843992	1855083	27967	—

2021年同安区限额以上住宿和餐饮业法人单位经营情况表

表19

指标名称	法人企业数（个）	从业人员期末人数（人）	营业额（万元）	客房数（间）	床位数（个）	餐位数（位）	年末餐饮营业面积（平方米）
总　计	30	1934	52130	2141	3069	28588	209390
一、住宿业	12	1258	28384	2141	3069	22343	182059
（一）按住宿行业分							
旅游饭店	8	1168	25919	1711	2487	22298	181728
一般旅馆	4	90	2465	430	582	45	331
（二）按登记注册类型分							
内资企业	11	1023	23596	1887	2687	7143	178959
（三）按经营形式分							
独立门店	11	1225	27183	2012	2901	22298	181728
（四）按单位规模分							
中型	2	490	11147	567	844	15614	9159
小型	9	348	6046	1007	1385	4245	31401
四星	2	166	3002	312	415	4023	23351
其他	10	1092	25382	1829	2654	18320	158708
二、餐饮业	18	676	23746	—	—	6245	27331
（一）按餐饮行业小类分							
正餐服务	11	236	11070	—	—	1584	10317
餐饮配送及外卖送餐服务	6	415	11441	—	—	4396	16364
（二）按经营形式分							
内资企业	18	676	23746	—	—	6245	27331
（三）按经营形式分							
独立门店	16	374	15839	—	—	2177	13320
（四）按单位规模分							
小型	10	384	12589	—	—	1612	11734
微型	7	44	5056	—	—	683	2661

说明：根据统计制度要求，单家企业统计数据不对外公开。以上两表中如分项只有单家企业，则该企业数据未在表中列出，故总项可能不等于分项之和

【商贸发展环境优化】 2021年，同安区出台《同安区促进龙头骨干批发零售业稳增长措施》，对于年销售额80亿元以上且比上年增长20%以上的批发零售业企业给予扶持，根据企业新增销售额及企业缴交的印花税、增值税及企业所得税区级留存部分情况，按不同层级给予财政补助，鼓励同安区批发零售业龙头骨干企业进一步做大做强。全年兑现商贸业“一企一策”扶持资金1.46亿元，惠及企业6家；兑现商贸扶持奖励2318.85万元，惠及企业152家。策划实施“第二届同安消费节”“第二届同安电商直播节”等一系列促消费、助销售活动。

【“菜篮子”工程建设】 2021年，同安区蔬菜播种面积99503亩（6627.69公顷），比上年下降

0.77%，比前三年平均值96951亩（6456.94公顷）增长2.63%；蔬菜产量25.36万吨，比上年下降2.2%，比前三年平均值24.8万吨增长2.26%。同安区郊区产地和田头市场蔬菜水果低温贮藏库容积3653.91立方米，约能存放蔬菜水果731吨；全区保留生猪备案场12家，满足市级部门下达的蔬菜水果猪肉供应需求。继续推进农业标准化生产，开展“三品一标”（无公害农产品、绿色食品、有机农产品和农产品地理标志）认证工作，全年4家企业12个产品获评无公害认定。完善批发市场冷藏设施配套功能，完成闽南农副产品物流中心二期配套冷库项目建设并投入使用。完成莲花农贸市场提升改造工作。推行生产环节追溯体系，年内厦门盛之康农业开发有限公司等20家生产主体申请加入厦门市种植业产品质量安全追溯体系建设单位。继续推进流通环节启动“厦门市食品安全信息系统”，落实食品安全追溯主体责任，至年末，纳入食品安全追溯系统的食品生产经营单位2944家，涵盖食品生产、食品批发、食品批零、学校食堂、社会餐饮、批发市场6个业态。厦门闽南农副产品物流中心（闽夏市场）农产品追溯系统改造升级后，与厦门市市场监管局“入市必登”平台数据对接，并增加手机App、微信公众号等移动端平台，可在线实时交易。至年末该系统完成会员注册登记759户，通过该平台完成交易的比例比上年增长约5%。同安区“菜篮子”工程建设工作连续第三年居全市测评第一。

【城西市场重装开业】 2021年3月，同安老城区最大的农贸市场——城西市场完成改造并正式营业。该市场于2020年6月启动标准化改造，主要围绕市场门面、摊位、通道、给排水、消防、卫生等方面进行提升改造。改造后设有专门的自行车、摩托车、电动车停车区域，加装停车设施，新增检测室、食品溯源系统等，共有店铺47间，零售摊位390个，市场进出口7个。

【莲花农贸市场提升改造】 2021年10月，同安区完成莲花农贸市场提升改造。改造市场总面积约5440平方米，完成投资约390万元。通过重新规划布局，完善功能配套，建设水产、肉类、蔬菜、干果等行业摊位和店面共44个，小型汽车停车位15个，摩托车、自行车车位60个；完善提升消防、水电系统，配套改造电交易区内地面铺防滑砖，外围地面混凝土硬化；改造市场排污、排水系统，实现雨、污分流；配套建设农残快检室、监控设备等。

2021年3月，位于大同街道的城西市场完成改造，重新开业。图为完成改选后的市场内部装修效果　　（夏海滨　摄）

【2021第二届同安消费节】 2021年11月，同安区“2021第二届同安消费节”举行。该届消费节由同安区人民政府指导，同安区工业和信息化局、同安区总工会主办，海西晨报社承办。消费节以“同心同行·助GO同安”为主题，采取政府补贴、平台互动、商家让利的方式，在餐饮、商场、超市、汽车、外卖等行业，开展近百场特色促销活动。11月11日，消费节在阳光小镇综合体启动，主办方分三轮发放百货、餐饮、商超、外卖等消费补贴合计600万元。各商家也同时推出打折、满减、抽奖、团购等形式多样的优惠活动，客流增长明显。11月20日至12月20日，驱GO同安——汽车消费节活动举行，24家汽车销售商向1436人发放购车补贴400万元，带动汽车消费2.45亿元。12月25日，运动嘉年华活动在乐海城市广场举行，是消费节主办方首次联合文旅体育行业、同安商圈推出的亲子主题活动。

（陈晓雪　叶素清）

对外及对台港澳经济贸易

【概　况】 2021年，同安区重点跟踪进出口企业17家。主要外贸行业有运动健身器材行业，全年全区运动健身器材基地企业总产值72.67亿元。年内新批准港澳台资项目71个、外资项目88个，累计合同利用港澳台资及外资24.88亿元。实际使用港澳台资及外资22.82亿元，完成市级下达任务的111.8%，比上年增长20.8%。

【利用外资及台港澳资】 2021年，同安区新设利用外资及台港澳资项目61个，增资项目27个，合同利用外资及台港澳资24.88亿元。新设立的外资及台港澳资项目主要有展皓地产（6.6亿元）、诚润鑫供应链（3.18亿元）、誉同芯科技（2.26亿元）、华彬快消（1.28亿元）、展来实业（1亿元）等。增资项目主要有高时石业（4.27亿元）、高时实业（0.91亿元）、厦门禹港（0.83亿元）、同恒金属（0.65亿元）。实际使用外资及港澳台资22.82亿元，完成市级下达任务的111.8%，比上年增长20.8%。主要到资项目为展皓地产（6.6亿元）、同灏供应链（2.73亿元）、誉同芯科技（2.26亿元）、灏景盛供应链（1.75亿元）、冠烽医疗（1.72亿元）、高时石业（1.44亿元）、高时实业（0.91亿元）。

【健身器材主要出口企业】 2021年，同安区被列为厦门市重点健身器材企业的有奥佳华健康科技集团股份有限公司、厦门康乐佳运动器材有限公司、厦门群鑫机械工业有限公司、厦门市任和运动器材有限公司，生产跑步机、椭圆车、踏步车、健身车、划船器、按摩器具、康复器具等运动健身器材，销往全世界100多个国家和地区。年内，奥佳华集团上榜2021福建制造业企业100强，排名第63。

（许艺蓉　陈晓雪）

供销合作商业

【概　况】 2021年，同安区供销社推进供销社系统综合改革，抓好化肥、农药、液化气、烟花爆竹、日用品等经营业务，保障农业生产用肥用药、民生用气等市场供应。组织实施新民供销社惠农综合服务中心改造和汀溪供销社恢复重建，改造建设15家星级综合服务社。巩固和提升农村社区综合维修服务体系，在汀溪镇隘头村、新民镇柑岭村、祥平街道祥桥社区新建维修站3个，在祥平街道芸溪社区新建维修点1个。融合发展农民专业合作社2个。至年底，全区供销社系统有基层社4个、公司4个；自营和加盟配送网点183个，其中农资农家店67个、液化气供应站点28个、烟花爆竹配送网点43个、维修服务站点45个。全年同安区供销社系统商品销售1.54亿元，比上年增长27.59%，缴税845.27万元。汇总利润2111.89万元，比上年增长1.44%。

【农资供应服务】 2021年，同安区供销社系统冬储化肥5400吨、农药10吨、农膜10吨，销售化肥5600吨、农药11.2吨、农膜10.5吨。区供销社推广有机肥销售，减少农业面源污染，全年销售有机肥1000吨，比上年增长40%。全年开展农资科技下乡活动2次、“庄稼医生”下乡义诊活动4次，开展假冒伪劣农资辨识、农作物病虫害防治知识、科学用肥用药及有机肥新型农药推广、小型农机具使用维保咨询、农产品安全和生态农业宣传等方面服务，接待各种咨询6000多人次，分发宣传材料3000多份、小包装新型复合肥3000多袋，赠送小礼品3000多份。

【区供销社与农民专业合作社融合发展】 2021年，同安区供销社与厦门亦坤果蔬专业合作社、厦门市众春果蔬专业合作社签订融合发展协议，其中亦坤果蔬专业合作社为省级示范专业合作社。将这2家农民专业合作社纳入供销社统计直报报表系统，实行加盟管理，进一步规范发展。推动洪塘百信种植专业合作社农业生产、加工、流通一体化发展，种植特色农产品灵芝食用菌，拓展其食用、制药及艺术加工品等多种产品用途。

【基层供销网点建设改造】 2021年，同安区供销社建设改造新民供销社凤岗综合商场，建成新民供销社惠农综合服务中心，增加农副产品购销、农业生产资料供应、邮政驿站服务、综合维修服务、信息服务以及便民代购业务等服务项目。利用基层网点建设改造星级综合服务社15家，除经营日用品、食品等生活必需品外，还开展农业生产资料供应、农副产品收购，提供农化咨询、科技宣传等服务。其中莲花镇小坪村洪阿水便利店改造发展为五星级综合服务社，与邮政部门共建邮政驿站，开展快递物流配送业务，提升供销社服务“三农”功能。

【汀溪供销社重建揭牌】 2021年10月28日，汀溪供销社在汀溪镇古坑村举行重建揭牌仪式。原汀溪供销社于2003年停止经营，2021年恢复重建，为同安区供销社下属基层供销社，也是厦门市首家恢复重建的基层供销社。重建开业后经营面积1300平方米，依托厦门乡情生态农业专业合作社开展农资、日用品经营及三角

2021年10月8日，厦门市同安汀溪供销合作社及厦门乡情生态农业专业合作社在汀溪镇古坑村揭牌　　（同安供销社供图）

梅种植经营，聘请该合作社总经理为汀溪供销社副主任，为古坑村三角梅产业种植和销售提供服务，形成“供销社＋专业合作社＋农户”经营模式，打造汀溪古坑三角梅品牌。

（叶祝阳）

电子商务

【概　况】 同安区限额以上批发业通过公共网络平台实现销售额15.84亿元，占商品销售额1.01%；其中非自营平台销售额1.11亿元。限额以上批发业通过公共网络平台实现零售额9965万元，占商品零售额的13.53%，其中非自营平台零售额9965万元。限额以上零售业通过公共网络平台实现销售额184.41亿元，占商品销售额的77.29%，比上年提高3.5个百分点，其中非自营平台销售额4.71亿元。同安区举办第二届电商直播节，打造“基地＋直播＋互动＋供应链”直播电商模式。

【网购新零售平台】 2021年，同安区有线上线下同步销售、即时配送互联网超市、社区团购等多种网购新零售模式。乐海超市、元初连锁生鲜超市开展线上下单配送到家服务。拼多多、淘宝网等网购平台分别依托旗下多多买菜、淘菜菜平台开展线上下单、隔日配送零售业务。叮咚买菜平台进驻同安，主要经营生鲜食品，与朴朴购物平台均采取线上下单即时配送的零售模式，同安即时配送互联网零售超市增至2家。

【农业企业电子商务】 2021年，同安区有35家农业经营主体通过电子商务销售农产品，在网上销售额8525万元。厦门银祥集团有限公司、厦门振坤记养殖有限公司等农产品经营主体主要通过天猫、淘宝、微信等第三方平台开展线上销售，是同安区农业经营主体的主要互联网营销模式。千日红等企业自建网站开展产品推荐宣传。

【第二届同安电商直播节】 2021年10月20日至12月29日，同安区举办第二届同安电商直播节暨“山海银城　活力同安”文化节。活动由同安区政府主办，厦门转吧数字文化传播有限公司（简称转吧数字）承办，24家同安本土企业参加。直播节创新采用“三加三模式”，即举办一场启幕式、一次博览会、一期特训营，促进工业集中区、同安新城、莲花抖音小镇三大直播基地建设。直播电商节直播间累计观看量6000万人次，直播销售额超过500万元，并通过直播互动，直播达人逛同安等形式，为同安本地各景点、酒店、地标建筑和网红美食带来数波网络热搜小高潮。

启幕式　10月20日，在同安银城智谷潘德韬科技园举行，启幕式上，转吧数字与原点研学院签约举办“电商直播特训营”。

网红商品选品博览会　11月28日，网红商品选品博览会在金牌厨柜内容工厂举行，好年东、古龙、银祥等24家本地企业参加，销售同安厨卫、健身器材、农产品和日用品特色产品。15位带货达人参与直播销售，选品博览会线上曝光1065万次，线上互动700多万次，直播销售商品2万余件，总销售额超过500万元。

直播特训营　12月28—29日，第二届同安电商直播节主播带货实战特训营在建潘德韬科技园开班。转吧数字联合原点研究院邀请直播界达人帮助企业搭建内部电商直播平台，培养同安本地优秀带货主播，共吸引同安近百名本土电商主播参加。

（孙振华）

旅游业

综 述

【概 况】 同安区主要有自然生态、历史文化、乡村休闲、滨海风情等旅游类型。北辰山以自然风光及开闽王文化著称，始建于五代的同安孔庙、创建于隋朝的名刹梵天禅寺及梅山寺、北宋科学家苏颂故居芦山堂见证同安深厚的历史文化底蕴。环东海域滨海旅游浪漫线及沿线的美峰生态公园、方特梦幻王国及多家高星级酒店等，构成集休闲、娱乐、观光于一体的特色休闲旅游带。乡村休闲旅游线路主要分布在五显镇、汀溪镇、莲花镇，有竹坝华侨农场、野山谷、丽田园等乡村旅游休闲点，2021年，区文旅局推动莲花镇获评“第一批全国乡村旅游重点镇”，汀溪镇获评福建省“全域生态旅游小镇”，汀溪镇古坑村获评福建省“金牌旅游村”。同年，莲花镇获评全国乡村旅游重点镇，汀溪镇获评省全域生态旅游小镇，古坑村获评省金牌旅游村。至年末，全区有国家AAAA级旅游景区2家，国家AAA级旅游景区2家，旅行社6家。全年接待国内外游客612万人次，比上年下降46.3%；实现旅游收入82.22亿元，增长80%；限额以上住宿业实现营业收入2.84亿元，增长29%。

【莲花镇获评全国乡村旅游重点镇】 2021年8月，同安区莲花镇被文化和旅游部评为全国乡村旅游重点镇。莲花镇位于同安区内西北部，是全市面积最大的乡镇。山地面积1.4万公顷，森林覆盖率70.71%，绿化率98.09%，水资源总量1.62亿立方米，有澳溪溪、莲花溪两条溪流及厦门重要的原水供应源——莲花水库，是厦门公益林保护区、水资源保护区和基本农田保护区所在地。年内，莲花镇依托自然生态优势，打造军营村、白交祠村、小坪森林公园等生态休闲游项目，举办厦门高山旅游休闲季等活动。

【汀溪镇获评省全域生态旅游小镇】 2021年10月，同安区汀溪镇被福建省文化和旅游厅评为省全域生态旅游小镇。汀溪镇地处同安区内西北部森林绿化带，是厦门市唯一无工业区的乡镇，拥有丰富的森林资源、丰沛的水资源和独特的温泉地热资源，林地面积8931公顷，森林覆盖率68%以上，辖域内的汀溪水库和溪东水库库容量分别为4845立方米和1412立方米；云顶山峰海拔1175米，为厦门最高山峰；有宋代珠光瓷古窑址、朱熹遗迹文山石刻、闽南祖庙“押迁宫”、明代抗倭古堡、进士第和畲族八卦古楼等名胜古迹及遗存；有造水的“宋江阵”、前格“车鼓弄”、五峰“嘉

2021年，莲花镇获评全国首批乡村旅游重点镇。图为莲花镇云洋村丽田园景区

（莲花镇供图）

腊宴”等民俗文化遗产；有温泉自然露头点3处，盛之乡、汤里、银丰和金天泉四家温泉企业。先后获评国家级生态示范乡镇、省级“绿色乡镇”、省第五批省级环境优美乡镇、省级休闲农业示范乡镇，其中，顶村村获农业农村部授予的“中国最美休闲乡村”称号；五峰德安古堡、古坑前垵湾休闲农庄和顶上人家获评“福建省休闲农业示范点”；顶上人家于2014年被确定为海峡两岸乡村休闲旅游交流合作试验基地。

【古坑村获评省金牌旅游村】 2021年10月，汀溪镇古坑村被省文化和旅游厅评为省金牌旅游村。汀溪镇古坑村地处同安区的北部山区，东临汀溪水库库区下游，北部毗邻西源村，西南面与古村落褒美村接壤。古坑村历史悠久，保留有宋元茶马古道、宋代石狮寨遗址、九思堂、乾隆“99间”古厝等历史古迹，同时开发三角梅种植、观光产业。先后被评为福建省乡村旅游特色村、四星级乡村旅游村、2020年中国美丽休闲乡村等。

【旅游设施建设】 2021年，同安区完成1座乡村旅游厕所即南洋报恩寺旅游厕所建设并投入使用。同安影视城景区对长廊进行修缮，总长度420米，绘制300多幅山水景观、古典人物等彩绘作品，提升景区文化品位。

（郑则仁）

旅游行业管理

【概　况】 2021年，同安区文旅局检查旅游企业85家次，出动人员170人次。开展旅游行业安全整治，“低价游”、“黄牛”贩票整治，配合开展同安区道路交通综合治理百日会战等，联合相关职能部门出动800多人次，保障旅游市场规范有序。开展旅游行业常态化新冠肺炎疫情防控，对12家限额以上酒店、4家A级旅游景区、17家民宿进行常态化检查督导。应对同安区突发新冠肺炎疫情，在9月14日至10月8日期间关闭景区，10月9—16日指导各主要景区陆续恢复对外开放。妥善处理“12345”平台便民服务件51件，网上信访1件，网络舆情13件。全年兑现各类补助353.95万元，疫情后恢复生产补助170万元。

【旅游行业安全整治】 2021年，同安区文旅局制定《关于开展加强景区景点安全管理专项整治行动方案》，全年开展“安全生产月”、“除隐患、保安全、迎建党百年”专项行动、“119消防安全月”、“森林防灭火活动”等专项行动，每季度开展一次安全隐患大排查，重大节假日开展联合检查。同时，注重做好安全培训、宣传和演练工作，共排查、督促整改各类安全隐患565处。指导各旅游企业完善安全事故应急预案，组织防汛专项培训、旅游行业安全生产培训线上培训，在丽田园、云和山庄等乡村休闲旅游点悬挂宣传横幅，分发宣传资料，提高公众防范意识。

【支持旅游企业纾困政策出台】 2021年10月，同安区研究制定《关于疫情防控期间援企稳岗的若干措施（二）》，从鼓励酒店开展促销、给予A级景区运营补助、鼓励招徕游客、鼓励企业营销推广四个方面助力旅游企业纾困减负。鼓励限额以上酒店开展促销活动，按照线上平台实际入住房间数进行补助。对相当于五星级、四星级、三星级，以及三星级标准以下酒店，分别按照200元/间·天、150元/间·天、100元/间·天、50元/间·天进行补助，每家酒店按照相应的星级标准补助限额分别不超过60万元、50万元、40万元、30万元。针对辖区内A级旅游景区，同安区也按照一定标准给予一次性运营补助。2020年入统金额达到2000万元（含）以上的A级旅游景区，补助50万元；其余A级旅游景区，补助40万元。同时，鼓励旅行社在2021年第四季度开展招徕游客的旅游活动，游览A级旅游景区并在辖区内限额以上宾馆酒店过夜的，按照每人每晚50元标准进行奖励，每家企业补助最高不超过10万元。对于A级旅游景区、限额以上住宿业和旅行社等旅游企业，在2021年第四季度开展营销推广活动的，按场地费用或展台费用的50%给予补助，每家企业补助最高不超过10万元。2020年疫情以来至2021年年末总计补助企业45家次，总金额1039.01万元。

（郑则仁）

旅游营销

【概　况】 2021年，同安区举办“诗意厦门　富美同安”文旅推介活动，发布“2021年同安四季之约精品线路”。配合开展“2021厦门四季生活之旅”系列活动，在《厦门日报》《海西晨报》等媒体推出“银城邀您留厦过年，福利多多诚意满满”“推出四季旅游线路，邀您一起畅游同安”“千年古城秋景怡人　邀您来赏玩”等专版宣传。春节期间，通过中国移动通信公司向市民游客发送温馨提示短信400万条，央视12次聚焦报道厦门方特东方神画壮观璀璨的新春赏花灯活动。启动“乡约古城食在同安”十佳美食美景评选推荐活动，评选十佳同安小吃、十佳网红餐厅、十佳旅游景点和十佳伴手礼，优秀上榜项目将纳入同安区餐饮、旅游宣传营销范畴，着力进行宣传推介。

【同安四季之约精品线路发布】 2021年4月29日，同安区文旅局在莲花镇军营村举办2021年同安区“四季之约”旅游精品线路发布会，来自同安的20多家文旅企业代表、旅行商代表参加。现场发布25条旅游精品线路，以春、夏、秋、冬四季为主题，整合同安各大景区、酒店、美食等特色资源，优化旅游线路搭配，打造个性化、精细化旅游产品，进一步提升富美同安旅游品牌影响力。

【“诗意厦门 富美同安”文旅推介会】 2021年4月18—22日，同安区文旅局先后到河南省洛阳市，陕西省宝鸡市、西安市举办“诗意厦门 富美同安”文旅推介活动，河南、陕西的旅行商约300人参加。活动现场推广同安的特色文旅品牌及丰富旅游资源，设置抽奖环节及厦门博饼民俗体验，让与会代表深入感受同安民俗的独特魅力。在活动前一周，主办方在网上开展联动营销，借助厦门市文旅局、洛阳、宝鸡、西安文旅资讯等官方微博发起“诗意厦门·富美同安”话题活动，引导三地市民在线发布“追寻富美同安”等相关内容，一周时间内，微博话题参与300万人次，推介会活动现场直播点击量超1600万次。

（郑则仁）

旅游景区

【概　况】 2021年，同安区有方特梦幻王国、北辰山2家国家AAAA级旅游景区，古龙酱文化园、同安影视城2家国家AAA级旅游景区，另有通士达光影馆工业体验旅游点，丽田园、德安古堡等乡村休闲旅游景点。

【方特旅游区】 2021年，厦门方特旅游区（包含方特梦幻王国、东方神画、水上乐园3个园区）接待游客人数154.43万人次，比上年增长84.27%；旅游收入2.22亿元，增长49.32%。厦门方特旅游区在各个节日举办节庆活动，方特梦幻王国举办“520告白夜”“奇趣万圣节”“粉红圣诞节”活动，于5月20—23日、10月23—24日、10月29—30日及12月24—26日开放夜场，除众多游乐项目之外，举办烟花秀、巡游等演出；东方神画园区在春节、“五一”、端午节期间分别举办“方特新春赏灯”“国潮音乐节”及“端午国潮夜”活动，于2月12—28日、5月15日、6月12—14日开放夜场至21:00；水上乐园在暑假期间举办“方特水陆同欢”活动，推出水上电音派对、嘻哈说唱及东南亚大狂欢等表演，打造夜间休闲旅游活动。

【北辰山景区】 2021年，北辰山景区接待游客103772人次，比上年下降14.26%。春节期间，北辰山景区举办“金牛贺岁·福瑞迎春”活动，接待游客19153人次；“五一”期间，北辰山举办“城市放松节”活动，推出“童年玩具嘉年华”活动，接待游客4856人次，比上年同期下降57.63%。端午节期间，推出着汉服免费入园、制作手工香囊等活动。国庆期间，景区因疫情原因闭园。

【古龙酱文化园】 2021年，古龙酱文化园接待游客人数82110人次，比上年增长68.9%。“五一”期间免费开放，现场推出“惊喜礼包享不停”“美味好礼送不停”等优惠活动。游客只需花39元，即可享有超值惊喜包，内含39元

2021年春节期间，方特东方神画景区举办“方特新春赏灯”活动。图为工作人员展示汉服、灯笼等中国元素　（同安区文旅局供图）

奇石馆门票、30 元产品体验券，冰淇淋半价券，同时还能抽取神秘礼品券一张；产品体验区现场还有各种优惠和满额赠送活动。五天共接待游客 2369 人次，比上年同期增长 100%。国庆节期间因新冠疫情防控未对外开放。

【同安影视城】 2021 年，同安影视城接待游客人数 32.83 万人次，比上年下降 4.79%。春节期间，同安影视城举办“2021 年春节同安影视城千灯汇聚·万福同贺（白天场）、到夜皇宫赏灯·接福（夜场）”主题活动，共接待游客 8.4 万人次。“五一”期间，同安影视城举办“同安影视城‘皇宫’炫彩泡泡嘉年华——五一游玩季、奇幻泡泡正当时”主题活动，共接待游客 2.82 万人次，比上年同期增长 71.95%。国庆节期间，景区因新冠肺炎疫情闭园。

（郑则仁）

高山旅游休闲季

【概　况】 2021 年 8—10 月，第二届厦门莲花高山乡村旅游休闲季活动在莲花镇军营村、白交祠村举行。该届休闲季活动由厦门国有资本运营有限责任公司主办，厦门旅游集团有限公司、莲花镇军营村村委会、白交祠村村委会承办。聚焦“共享乡村美好生活”“助力高山乡村产业振兴”两大主题，持续打造“厦门离天空最近的村庄”“高山避暑胜地”的旅游目的地形象品牌。

【开幕式】 2021 年 8 月 28 日，第二届厦门莲花高山乡村旅游休闲季活动开幕式在高山党校初心使命馆广场举行，揭牌设立“高山乡村攀树基地”“高山乡村定向运动基地”“高山乡村团建拓展基地”“高山本草园”等一批乡村旅游基地，发布一批高山特色旅游产品。

2021 年 8 月 28 日，第二届厦门莲花高山旅游休闲季在高山党校初心使命馆广场开幕。图为在开幕式上“高山乡村攀树基地”“高山乡村定向运动基地”“高山乡村团建拓展基地”揭牌

（夏海滨　摄）

【高山特色旅游产品推出】 2021 年 8—10 月，在第二届厦门莲花高山乡村旅游休闲季活动期间，主办方串联同安区莲花镇全域旅游资源和特色产品，推出“莲花山水”“禅茶一味”“星语星愿”“乡味乡愁”“花花世界”“乡村童年”等旅游线路。设计游览古厝、古窖，观赏莲花褒歌、车鼓弄、宋江阵民俗节目，品尝乡村风味菜肴；依托设在军营村的厦门市气象天文科普基地分基地、水尾山地公园校园气象站，打造气象观测、徒步、攀树、手作、露营等高山休闲度假、沉浸式体验运动以及自然研学等线路产品。

【乡村休闲旅游基地打造】 2021 年 8—10 月，在第二届厦门莲花高山乡村旅游休闲季活动期间，主办方陆续邀请厦门导游协会导游大师工作室、长颈鹿自然学校、弄山海体育、锦炫户外、恩鹤研学、奥林匹克诺斯第体育公园、共赢基地、科技局、莲花镇科特派工作站、厦门理工学院文旅学院、厦门气象服务中心、南方天文等文创、旅游、体育机构在军营村开展合作项目，挖掘军营村及白交祠村村民“农家乐”餐饮和民宿的文化主题，提升餐饮住宿档次。成立乡村文创工作室，设立“新村民创客联盟”，打造高山乡居村落型度假胜地。

【莲花高山民宿线上预订开通】 2021 年 8 月 28 日，高山旅游休闲季主办方开通莲花高山民宿散客线上预订活动，为乡村游散客提供便利，进一步打造乡村旅游品牌，游客可通过“莲花高山民宿”微信公众号进入“想念那特区边远山村”的莲花高山民宿平台界面预订。同时推出高山乡村支付宝小程序，开通“莲花高山民宿”的散客线上预订支付功能。

（郑则仁）

交通·物流

公路建设

【概　况】 同安区重点公路建设项目有莲花镇张厝至西洋道路改造提升工程、北站连接线（天马山路—上湖路段）工程、同安城东中路（旧G324线—新G324线段）工程、同翔大道（沈海高速—洪新路）、同新路（五显—同翔大道）改造工程。全年新改建农村公路总里程17.5千米，其中乡道11.4千米，村道6.1千米。

【对外路网建设】 2021年，同安区启动海翔大道（公铁立交—香山段）提升改造工程、新324国道（灌新路—凤南七路段）提升改造工程—坂头立交以东段、同安进出岛通道先导工程等6个市属项目，继续推进国道324复线（同安段）二期完善、省道206（华诚三路—同安大道段）市政化改造、洪新路（旧国道324线—同翔大道段）工程等10个项目建设。完成同翔大道（沈海高速—洪新路）、滨海西大道提升改造工程2个项目。

【“四好农村路”建设】 2021年，同安区开展“四好农村路”建设，推进农村公路路网、桥梁、安保、通村、路灯等“四好农村路”建设项目，全年完成投资0.8亿元。

通村公路建设　完成5条总长2.2千米通村道路建设，分别为竹山幼儿园进校道路、L1092同新路至乌石中桥至大溪道路改建工程、洪塘镇埔后至环镇路道路改建工程、竹坝社区酒厂后门桥至拦水坝道路工程、汀溪镇半岭村枋脚湖至枋脚道路改建工程。

道路改造　完成2条总长2.4千米县乡路网改造项目，分别为莲花镇张厝村至西洋村道路改造提升工程、蔡厝口至北山道路工程二期（蔡厝口至上寮段）。完成7条总长12.9千米道路安保设施改造，分别为同安区莲花镇Y734线圳上至淡溪至下江段边坡水毁工程、Y718线同安大道至西山岩道路安保改造工程、C159后塘入口至后烧道路安保改造工程、汀溪镇造水村青阳至三甲道路安保改造工程、C239同莲路至溪东道路安保改造工程、五显镇西洋村Y669线至岭头道路安保改建工程、竹坝片区村庄标识景观工程。建设内容为道路工程（路线、路基、路面）、涵洞工程、交通工程及沿线设施。

桥梁工程　建成2座桥梁，分别为同安区汀溪镇坤泽洋中桥改建工程大桥，总长391米；美埔村大溪口小桥工程大桥，总长48米。

路灯工程　完成Y666新霞至前院道路路灯工程等10条道路路灯工程建设，新安装道路路灯，亮灯里程10.9千米。

【同翔大道（沈海高速—洪新路）通车】 2021年12月，同翔大道（沈海高速—洪新路）主体通车。该工程于2016年11月开工，总投资8.26亿元，为双向六车道、城市一级主干道，全长3.78千米，起于沈海高速马巷分离立交处，终点位于下张村西侧洪新互通立交，全线设立主线高架桥，分离式立交桥3座，互通式立交桥1座。开通后，连接同翔大道（洪新路—同新路），组成8.6千米的快速干道，完善同安区东北部连接翔安区的交通路网。沿途经过同翔高新城，改善该区域对外交通。

【滨海西大道提升改造工程完工】 2021年5月，滨海西大道（集美大桥—新324国道段）提升改造工程完工。滨海西大道是厦门岛连接同安区的快速通道，改造道路全长14.9千米，改造内容包括将道路从双向八车道（含BRT车道）拓宽为双向十车道（含BRT车道）；拆除4座跨线桥梁体并新建钢箱梁；对美峰公园段1.5千米“裁弯取直”；新建2处BRT站并重新装修下穿通道；提升两侧绿化景观；在4个人流集中点（古

2021 年 5 月，同莲路城南大街至莲花镇改造工程完工　（王协云　摄）

龙御景、后田、美峰、潘涂）分别配建艺术天桥等。

【同莲路城南大街至莲花镇段改造工程完工】 2021 年 5 月，同莲路城南大街至莲花镇段改造工程完工，实现全线通车。该项目全长 7.4 千米，原道路是一条双向两车道的简易道路，存在人车混行的现象，改造后为双向四车道的城市干道，配建人行道。项目完成后，解决原道路乐海城市广场路段交通拥堵问题，同莲路衔接同安大道、同集路等形成城市快速路网。

（叶毓娟）

公路养护

【概　况】 2021 年，同安公路分局完成国道 324 线（风南—角美段）改线工程（同安段）、国道 324 线（祥平街道段）东南侧辅道及人非系统道路提升改造工程 2 条道路的移交接养工作。承担同安辖区范围内 19 条公路的管养、管理，管养里程 172.67 千米，其中国道 30.82 千米、省道 91.73 千米、县道 50.12 千米，路面面积 454 万平方米、绿化面积 258 万平方米。主要线路有国道 324 线、滨海西大道、苏颂大道、同安大道、海翔大道、同翔大道、同集路、同南路、同新公路、美云路等。

【第六轮公路养护启动】 2021 年 6 月，同安公路分局启动第六轮公路养护，计划至 2024 年 5 月结束。进一步加大人员、设备投入，其中投入人员 536 人，较上一轮增长 20%，投入各类洗扫车、清扫车、高压水车等主要机械 61 辆，较上一轮增长超 100%，新增投入防撞缓冲车、电动三轮车、小型电动清扫车、小钢炮等快速保洁设备 44 辆，全面实现管辖范围的全覆盖养护保洁。

【道路养护管理】 2021 年，同安公路分局开展国道、省道、县道公路管养，累计投入小修保养资金 4254.56 万元，其中养护方面 3523.05 万元，小修方面 731.51 万元。

小修养护　完善公路及附属设施建设，排查公路及人行道、过街天桥等的安全隐患，及时整改 859 处。修复辖区公路路面坑槽 12288 平方米、修复波形护栏 384 米、修复隔离护栏 13494 米、修复示警柱 1923 根、修复雨水井盖 340 套、修复人行道砖 10327 平方米、修复障碍墩 2436 个、修复路缘石 783 米。施划标线 22190 平方米、水除标线 677 平方米、安装（修复）标志 394 面。

绿化养护　精细养护公路绿化，针对缺株断档、黄土裸露等问题，开展专项排查并形成问题清单，及时对地被灌木缺株断档及部分景观效果薄弱的绿地进行补植，加大水肥养护，提高成活率，巩固补植效果，绿化补植面积 1.03 万平方米，绿篱、地被、草皮修剪 172.6 万平方米，乔木修枝整形 4.57 万株，修剪绿化遮挡标志 157 处、修剪绿化遮挡信号灯 9 处、保障良好公路景观。

公路防汛　组织辖区各班站对辖区公路沿线排水设施进行清理，确保排水通畅。防汛期间累计清理截水沟 5620 米，清理雨水箅 2154 个，清理集水 / 沉沙井 407 个。累计消除道路积水 7 处，扶正倒伏树木 14 处，清理道路溜方 6 处。修订完善防洪防台风应急预案，开展同安大桥防台风桥梁封闭应急演练和同安大道人行地下通道暴雨积水应急演练，80 余人次参加。创新采用“固定哨”+“流动哨”模式，在汛期加强防汛巡查值守。推进公路积水治理，完成 26 处积水点改造。完成同集路（珠厝互通段）排水改造工程。

【路产路权维护管理】 2021 年，同安公路分局联合同安交通综合执法大队全面加强公路巡查，做好路产路权管理工作。全年上路巡查472车次1017人次，纠正及制止公路污染行为9起、堆放物品5起，摆摊设点12起、违法搭接平面交叉道口5起、占用挖掘公路2起、制止及拆除违法埋设管线21起，拆除非交通标志18面、损坏公路附属设施1起。开展联合整治行动36次，参加人员108人次，清理堆积物4处1055平方米，拆除违章20处218平方米。

【"四好农村路"彩化工程】 2021年，同安公路分局配合市公路中心成立绿化专班小组，按照党建引领、公路服务、乡村振兴、生态优先、乡土传承的规划原则，全面提升现状莲花高速公路口——上陵村段"四好农村路"配套公路，将其打造成一条四季有花、时时有景、各项公路服务设施齐全的网红振兴路。项目一次规划、分期实施。2021年度完成东枧线（莲花至上陵公路）一期彩化工程，完成投资约199万元。12月，二期彩化提升工程开工。

【公路养护信息化建设】 2021年，同安公路分局在省道217线急弯事故易发路段安装"超视距危险路段预警系统"，预防急弯路段交通事故的发生。引入一批"预警精灵"智慧锥桶，实现与高德地图App数据平台的无缝对接，将公路部门养护作业车辆的实时位置信息主动推送至高德导航后台，并通过高德地图App主动向出行者提示慢速作业车的位置信息，及时引导驾车人员提前避开或避让慢速作业车辆，保障一线养护作业人员和行驶车辆安全。2021年6月1日至12月31日，共计使用预警精灵13062次，服务544.15万人次。辖区443名养护工人全部配备电子工牌，实现作业人员监管信息化和智能化。

【同安区"四好农村路"示范点获全省通报表扬】 2021年1月，同安区X416（通达军营村）农村公路养护项目被列入全省交通运输系统党建引领"四好农村路"建设"十大"示范点项目，并被省交通运输厅通报表扬。X416（上陵—安溪界）农村公路起点位于安溪界，终点位于上陵村东视线平交口，路线全长约11千米，是连接同安城区和省级乡村振兴示范重点村军营地、白交祠村的重要通道。2019年3月，同安区建设与交通局机关党支部与军营村签订"四好农村路"党建攻坚协议，推动征地拆迁工作，保障该段"四好农村路"道路建设顺利完工。项目完成后，成立"四好农村路"党员先锋服务巡查队，推动将"爱路护路"纳入村规民约，对该条路线实施"保姆式"的精细化养护。

（郭宝贝）

2021年2月，同安区X416（通达军营村）农村公路养护项目被列入全省交通运输系统党建引领"四好农村路"建设"十大"示范点。图为该路段航拍图

（同安城建公司供图）

铁路及轨道交通建设

【概　况】 2021年，同安区推进新建福州至厦门铁路客运专线（同安段）工程建设，开展总长15.6千米的同安段征地拆迁工作，征收房屋336栋，拆迁面积16.78万平方米，交地146.87万平方米。新建福厦铁路（同安段）土建工程主体完工，其中西溪特大桥架梁工作、无砟轨道及铺轨施工全部完成，桥下栅栏完成16千米，完成97%。铺轨已完成。推进轨道交通4号线、6号线建设，至年底，4号线完成土建主体工程，6号线同安段涉高铁段先行施工。

【福厦高铁客动专线项目用地保障】 2021年，同安区推进福厦高铁客运项目用地保障工作。推进房屋征拆工作，征收10米安控区房屋50栋；推进新民镇禾山村11栋夹角房的征收工作，至年底，签约9栋，拆除2栋。完成1.3千米长高铁进岛联络线征拆工作，协调解决2万平方米用地问题，保障施工方全线进场施工。

【轨道交通4号线（同安段）建设】 2021年，厦门市轨道集团推进轨道交通4号线（同安段）项目建设。该段线程长10.2千米，含3个区间（厦官、官丙、丙城），2个车站（官浔站、丙洲岛站）。至年底，该项目完成土建主体工程，开展铺轨、附属工程等施工。

【轨道交通6号线（同安段）项目启动】 2021年，同安区推进首条直达岛内轨道交通6号线项目（同安段）建设。同安区轨道办对接跟踪市轨道集团、设计单位，结合片区开发、产业布局，优化项目线站位选址方案，开展前期手续办理工作。至年底，6号线初设方案通过专家评审会，同安段长约23千米，设站13座、1个车辆段及1个停车场。该工程起于祥平街道瑶头村，止于滨海西大道后关公寓东侧，总长1.47千米，均为地下敷设。设计单位开展施工图设计。6号线（同安段）涉高铁段于11月先行开工建设。

（叶嘉玮）

交通管理

【概　况】 2021年，同安区建设与交通局共4次有关道路运输安全生产的会议，结合“严执法、强攻坚、促提升”专项行动、“除隐患、控事故、保安全、迎建党百年”安全生产集中攻坚专项行动、安全隐患大排查大整治、安全专项整治三年行动计划等行动，采取专项检查、联合检查等方式，出动人员1264人次，检查单位场所615家，检查出一般隐患308处，督促企业完成一般隐患整改308处。审核新申请机动车维修业户，年内新增39家。开展机动车驾驶员培训行业管理，年内新办教学车辆证361本，年审436本。

2021年12月31日，厦门公交集团同安公共交通有限公司挂牌成立

（夏海滨　摄）

【公共交通管理】 2021年，同安区新增公共交通线路4条，分别为463路、617路、693路、639路。新增10对双向站点、6个单向站，调整公交线路17条。至年末，常规公交运营线路60条，其中跨组团线路条15条（进出岛线路8条、厦门北站线路3条、岛外跨区线路4条），组团内线路45条（其中山区线路14条，包含旅游专线2条、城际公交1条、微循环公交3条），建制村公交通达率100%。

【客货运输管理】 2021年，同安区建设与交通局开展动态车辆监管平台工作，利用动态监控平台，安排专人负责动态监控“日研判”工作，加强对“两客一危”及重型货车、半挂牵引车的监控管理，通过该平台抽查重点车型企业1981家次，抽查车辆34680辆次，发现疑似超速、疲劳驾驶等违章现象共77辆次，督促企业立即整改。督促企业严格落实动态监控主体责任，杜绝“三超一疲劳”等违法违规现象发生。推进监管数据归集共享，全区8家危货运输企业全面应用危货电子运单。

【厦门公交集团同安公共交通有限公司成立】 2021年12月31日，厦门公交集团同安公共交通有限公司挂牌成立。该公司由厦门公交集团有限公司与厦门同安资产管理有限公司共同持股，是厦门市首家市、区两级共同参股的公交运营公司。运营公交线路60条，共有公交车辆464辆、职工人数987人，是同安区最大的国有运输企业。公司成立后同安区接收市下放的区内公交线路、公交中途站的审批权限，更好服务辖区经济建设和群众出行。

（叶毓娟）

物流业

【概　况】 2021年，同安区有普货运输企业371家。交通运输、仓储和邮政业规模以上企业19家，其中运输综合类15家，纯仓储类4家。退出统计3家。完成营业收入16.69亿元，比上年增长3%。全年开展3个现代物流产业链群重点项目，顺丰创新产业基地总投资6亿元，年内完成投资1.43亿元；京东厦门电子商务产业园及信和达元器件智能物流中心（二期）竣工投产。推进农村物流体系建设，开展“快递进村”工程，至年末，全区县级物流节点和乡镇级物流节点覆盖率均达100%，村级物流节点覆盖率81.5%。开展物流业常态化新冠肺炎疫情防控工作，抓好冷链运输企业从业人员的核酸检测和疫苗接种工作。全区从事冷链运输企业有16家，从业人员77人，全部完成疫苗二针接种。

2021年12月，信和达元器件智能物流中心（二期）投产。图为该物流中心全景 （同安区建设与交通局供图）

【信和达元器件智能物流中心（二期）投产】 2021年12月，信和达元器件智能物流中心（二期）竣工投产。项目位于厦门市同安区西柯镇通福路与纵一路交叉口东南侧，总投资3.1亿元，占地面积5.66万平方米，总建筑面积15.3万平方米，其中地下建筑面积2.07万平方米，建成3栋标准化仓库、1栋智能物流中心、1栋高层办公大楼、1栋多层办公大楼、1栋展示馆。项目投产后，年电子元器件产品的吞吐量可超过100亿元，提高同安物流业智能化水平。

【“快递进村”工程】 2021年，同安区完善三级农村物流网络体系，对接市交通局、市邮政管理局、公交集团制订“快递进村”工程方案，由同安公交公司与顺丰、京东等物流公司达成战略合作协议，以公交线网为骨架，在已有606路公交快递线路基础上，开通611路、616路、614路、632路、637路5条公交快递线路，将公交车副驾驶旁的空间改造为快递寄放处，将邮政等快递企业快件送到各村的邮政驿站，提升乡村收发快递便利，惠及莲花镇军营、白交祠、淡溪、西坑、小坪，以及汀溪镇五峰、顶村、西源等8个建制村。

【京东厦门电子商务产业园投产运营】 2021年6月，京东厦门电子商务产业园投产运营。该项目总投资6.2亿元，位于同安区五显镇，总建筑面积约25万平方米，主要建设智能仓、分拣中心、员工宿舍及食堂、室外篮球活动场等建筑及相关配套设施，为集区域物流枢纽中心、智能物流示范基地、现代化采购中心、供应商运营中心于一体的综合物流园区。

（叶毓娟）

邮政·通信·信息化

邮　　政

【概　况】2021年，中国邮政集团有限公司厦门市同安区分公司（简称邮政同安分公司）优化网点设置，撤销1个邮政所，增设1家支局，将1家邮政所更名为邮政支局，增加7个乡村邮政驿站。至年底，邮政同安分公司所辖支局、所13个（12个自办支局、1个委代办所），邮政储蓄网点8个；区寄递事业部所辖营业部5个，有投递段道124条，其中84个道段为快递包裹专投段，投递邮路（单程）5580千米，信箱信筒28个。

2021年，邮政同安分公司完成业务收入7841万元，比上年下降0.9%。其中，代理金融（含保险、汇兑、短信）收入3005万元，比上年增长9.1%；函件收入108万元，下降9.9%；报刊收入244万元，增长1.9%；分销收入17万元，下降43.7%；国内普包收入36万元，下降12.9%；快递包裹收入4351万元，下降6%；增值业务收入15万元，增长11.3%；集邮收入54万元，下降27.4%。储蓄期末余额20.62亿元，较上年净增2.87亿元；全年销售保险保费2632万元，大理财销售年增3396万元。祥桥邮政支局保留全国级“巾帼文明岗”称号。

2021年9月，邮政同安分公司落实新冠肺炎疫情防控工作要求，临时调整所属13个普服网点、8个邮储网点营业时间，对外公布紧急业务联系人和联系方式，确保邮政普遍服务渠道畅通。紧急开通防疫物资绿色通道，为多家医药企业运输防疫物资超150吨，运送社会公益捐赠的口罩、防护服、护目镜超40吨。

【邮政网点优化】2021年，邮政同安分公司撤销辽野邮政所，增设阳翟邮政支局。将潘涂邮政所更名为潘涂邮政支局，经营方式由代办改为自办；潘涂营业部、同安电商营业部地址从西柯镇西柯一里5～10号迁至西柯镇美溪道思明工业园35号一楼；西柯邮政支局从西柯镇西柯一里5～10号迁至西柯镇西柯一里6～13号，更名为西柯邮政所。完善乡村邮政服务，全年设置乡村邮政驿站7个。

【邮政服务】2021年，邮政同安分公司实施绿色包装工程，开展重金属和特定物质超标包装及邮件过度包装和随意包装专项治理，通过宣传绿色发展理念、签订使用生态环保邮件包装材料的告知书、包装操作知识技能培训、规范封装操作等方式，解决胶带缠绕过多、填充物使用过多、大箱小用等过度包装和随意包装行为，全年平常函件进口量1089960件，办理内地函件75904件（不含包裹），比上年上升31.74%；国际及港澳台函件144件，下降21.9%。办理内地普通包裹16571件，下降4.6%；国际和港澳台包裹41件，上升57.7%。配合邮政管理局、公安、国安等部门共同加强邮件安全检查，完成全国“两会”、庆祝中国共产党成立100周年大会、第44届世界遗产大会、第130届中国进出口商品交易会、第14届全国运动会、第21届中国国际投资贸易洽谈会等大型活动邮政寄递渠道的安全工作。开展对接政府部门的公益活动，元旦、“五一”节期间在同安钟楼步行街、利用周末在邮储金融网点举办“全民阅读　书香银城”大型图书巡展活动，组织2000余种、总计3万多册的优质正版图书按买二送五的优惠方式销售，销售额总额14万元。发挥邮政普遍服务网络资源的优势，开展“轻松返乡，平安返厦”系列活动，为广大外来务工人员的返乡包裹提供免费邮寄服务，并提供上门收寄服务，累计收寄包裹2303件。

【邮政业务拓展】2021年，邮政同安分公司融入地方重大活动，拓展邮政业务。配合同安区委、区政府制作以同安抗疫　感恩有你为主题的纪念册 2 万册，以邮票、图片形式记载同安抗疫故事，传播同安正能量。与同安区法院、集美区法院签署司法集约送达业务合作协议，协助法院完成司法送达服务。配合同安区税务局、同安职业技术学校开发邮资封。

（温美婷）

通　信

【概　况】 2021 年，同安区有 3 家通信行业公司，分别为中国电信厦门同安分公司（简称电信同安分公司）、中国中国移动福建公司同安分公司（简称移动同安分公司）、中国联通同安分公司（简称联通同安分公司）。年内，3 家公司合计完成经营收入 7.49 亿元，手机用户 90.92 万户，互联网宽带用户 33.38 万户，互动电视用户 7.5 万户。全区固定电话用户 7.6 万户。

【中国电信同安分公司】 2021 年，电信同安分公司推进有线宽带网络建设，新增千兆公共宽带端口 0.84 万个，提速改造端口 1.2 万个。推进无线网络建设，新建 4G 基站 56 个，新增扇区 112 个，累计建设站点 1113 个、扇区 3502 个，至年底电信 4G 信号覆盖率达 98.8%；新建 5G 站点 223 个、新增扇区 610 个，5G 覆盖率 66.48%。全年累计完成经营收入 2.39 亿元，比上年下降 4.23%；至年底固定电话用户数 7.6 万户，下降 5.13%；天翼（手机）用户数 21.7 万户，增长 2.42%；互联网宽带用户数 15.3 万户，增长 5.64%；电信 ITV 互动电视用户数 7.5 万户，下降 1.96%。分公司下设电信营业厅 15 个，分布在大同、祥平、西柯、新民、五显各街镇及社区，主营天翼、宽带、固话、ITV 等各类电信业务。年内开展智慧交通、教育信息化等项目，助力智慧城市建设。

智慧交通项目建设　承建同安区交通信号灯及电子警察建设工程，提升城市智慧交通管理水平。在 9 个重点交通路口设置开通交通信号灯、电子警察系统及路口信号主机，接入已建联网管控系统，同时对交通标线进行完善优化，降低周边路网通行压力。

教育信息化　联合同安区教育局升级同安教育公共服务平台，在原有文档云集群的基础上，拓展合作统一文档项目，通过增加云节点扩充可用容量至 224TB，并借助万兆交换机和千兆带宽连接将同安区教育网建成校园通信枢纽，满足校园文档云存储和共享协作的使用需求，为全区师生提供一个教育资源分享和内容协作平台。

智慧公寓建设　与租赁公司万小齐在同安区新民镇乌涂社区金边公寓合作建成智慧公寓建设项目，共改造房屋 800 套，面积 12000 平方米。基于通信业务及安防需求，开通一房一宽、净水无忧服务、智慧云监控、智能门锁、智能水电表等业务，并结合翼支付金融支付模式服务租户，实现租住出入智能化管理需求，探索物联网智慧长租生活模式，打造以“新智慧，新生态，新生活”为核心理念的高端网红公寓。

信息惠民　开展“党建翼联，信息惠民”活动，与莲花镇云洋村签订合作“党建翼联　平安乡村”项目，为村民开通天翼看家、宽带、天翼等业务，协力推进乡村智慧家庭信息化服务水平。落实本地乡村振兴消费助力行动，与莲花镇军营村签订合作协议，用电信集团翼支付购物商城、福建号百“118114”便民商城，推行党建翼联农特产品线上助销项目。

【中国移动同安分公司】 2021 年，移动同安分公司通信收入 4.2 亿元；通信客户数 60 万户，其中 5G 用户规模到达 23.48 万户。移动宽带用户 17.2 万户。年内，移动同安分公司推进有线宽带网络建设，新增千兆公共宽带端口 0.98 万个，提速改造端口 1.36 万个。推进无线网络建设，新建 4G 基站 90 个、新增扇区 270 个，累计建设站点 2359 个、扇区 7076 个；新建 5G 站点 315 个、新增扇区 945 个。

智慧社区建设　在陆丰社区安装垃圾分类监控，打造智慧社区模式；与养老机构、村（社区）共建颐年养老机构、柑岭村、凤岗村、官浔村、蔗内村 5 个健康养老中心示范点，通过提供专线解决方案，助力机构中心在大数据平台上对各级养老服务中心通进行监测。在老年活动中心建设宽带、电视，安装孝心包等家庭产品及布置中屏、血压计产品等健康设备，建设健康养老标杆体验区。

数据联动安全防护项目　2 月，配合同安区委政法委做好同安区大数据平台系统扩建，通过建设业务访问行为分析系统以及数据防泄密分析系统实现安全管理，保障同安区各个政府部门、镇（街）以及村级综治监控中心实现访问留痕，提升数据资产安全及数据联动安全性。

智慧校园建设　11 月，在同安区第三实验小学开展智慧校园项目建设。提供 5G+ 智慧校园的 AI 平安校园、5G 校园物联、智慧图书馆等项目建设及5G网络传输保障，建设移动图书馆，包含自助借还书系统、柜藏盘查系统等，提升校园管理和公众服务智能化水平。

【中国联通同安分公司】 2021年，联通同安分公司主营收入8948万元，比上年增长3.7%；年末用户累计10.1万户，其中固网宽带用户数0.88万户，移网手机9.22万户。年内新开通5G基站248个，累计入网386个，覆盖率86%。4G共享电信开通基站402个，累计入网1250个，信号覆盖率98.9%。建成6台PEOTN千兆分组增强光传输网，实现政企客户千兆互联网业务接入。新建19个小区宽带，总端口达到58729个，其中FTTH占比90.7%。完成21台OLT业务端口升级，宽带千兆端口覆盖率达到55.6%，实现镇街以上千兆宽带接入。部署开通1个614vCPU（核）MEC边缘云节点，实现综合业务上云。完成137个光交纤芯资源核查录入，实现光传输网络资源可视化。开展缆线整治、公共区域智能前端视频监控、智慧助残等项目建设。

缆线整治　11—12月，配合全区重点区域空中缆线整治任务，开展缆线集中整治。与区工信局、相关镇（街）村（社区）通力协作，累计整治空中缆线263处，规整缆线20.85千米，规整分纤盒41个，拆除废旧缆线578条15040米。

公共区域智能前端视频监控项目　年内完成公共区域智能前端视频监控项目建设并通过验收。该项目是在大同、祥平、新民、西柯、洪塘、莲花、五显、汀溪等8个街镇的主要公交车站、沿溪慢行步道、农贸市场、人行天桥及地下通道等人员密集的公共区域建设治安监控，共建设252个点位、357套高清监控摄像机，解决旧光纤传输影响在线率的难题，保障信号稳定传输。

智慧助残　联合区残联聋人协会开展“智慧有爱、畅听无碍”活动，通过整合人工智能、云应用、语音合成、语音转换等，实现通话语音、文字实时转换，方便听障人士与健全人即时无障碍通话交流，总计帮助60多名听障人士解决通信困难。

【防疫通信保障】 2021年9—10月，为应对同安突发新冠肺炎疫情，同安三大通信运营商开展防疫通信保障。电信同安分公司开展“同心安志同战疫”防疫通信保障青年突击行动，共组织超3000人次参加30多个专项防疫通信保障项目及各种突发应急需求，为全区128个核酸检测点开通超1700个检测台席，为隔离安置点及居家隔离用户开通宽带超4000部、天翼高清近1500部、天翼看家超1100部、全屋Wi-Fi近2000部、智能门磁近1万部。移动同安分公司从通信网络保障、大数据赋能、网络防护加强等方面做好通信服务，保障官浔公寓隔离用房、59个涉阳封控区域围挡监控、109个核酸检测点等防疫关键点的通信网络。配合区政府、区委政法委在新民镇、西柯镇、大同街道等主要点位建设电子监控、云广播、门磁系统，实现对公共场所人员聚集情况的实时监测，做好区域管控。联通同安分公司依托联通大数据系统开展防疫信息推送，通过智慧信息、外呼机器人等大数据技术手段在1小时内完成同安区2600名疑似核酸漏检人员的通知信息精准推送，疫情防控期间累计发送防疫短信通知310万余条。

（郭渊足　杨峥宇　李素琼）

信息化

【概　况】 2021年，同安区推动社会治理、市政管理、教育等领域信息化建设。区政务事务中心推进电子政务、信息采编、政务网络运维、政务网虚拟化平台运维管理、网站日常运维、“富美同安”App平台管理、推进政府统一的政务网及互联网出口等工作，开展网络安全等级保护建设、加固与测评工作。年内，“溯源中国·厦门数字经济总平台”项目落地同安。

【电子政务】 2021年，同安区政务事务中心做好OA办公系统优化、“富美同安”App平台完善、视频会议系统保障、网络安全管理、政务数据中心整合上云等各项工作。

OA办公系统优化　对国产化电脑终端OA办公系统的选人控件、收文管理已办夹和电子邮件收件夹进行优化调整；新增水印功能；实现发文会稿时限结束后把逾期未反馈意见的所有单位填入“无意见”直接跳转到下一环节的功能，确保发文实效性。升级改造原有系统，确保在国产化电脑终端下完成日常办公。

“富美同安”App平台完善　推动信息沟通扁平化，新增“招商平台”模块，与招商大数据平台实现单点对接，用户从“富美同安”App可直接使用招商平台功能。完成富美同安Web服务器及数据库服务器迁移至市政务云服务平台，确保系统稳定运行，提升用户体验。解决新型手机设备兼容性问题（鸿蒙系统），完成用户管理、权限设置、特殊操作处理、通讯录与OA同步更新等日常运行保障。

视频会议系统保障　对电子政务桌面视频会议系统进行升级改造，建立本地视频MCU，实现视频会议不出政务网，具备更高的保密性，同时可满足190席位召开视频会议。强化区、镇（街）、村（社区）三级电子政务桌面视频会议系统保障，全年召开各级各类视频会议150场。

网络安全管理　新建一套政务内网日志审计系统，针对IT资源及其安全防御设施在运行过程中不断产生大量的安全日志和事件进行全面收集和有效的关联分析，及时发现业务数据访问中的违规行为。稳步推进政务网光纤建设。完成460个光纤点位建设，实现每个点位光纤链路实时监控，做到有故障及时告警处理。

政务数据中心整合上云　依托厦门市政务云平台建设同安区政务云服务平台，整合迁移10个单位共24个政务系统上云平台，完成市里既定的政务数据中心整合迁移目标，促进政府部门间的信息资源利用和协同共享。

2021年6月25日，同安区招商引资与企业服务大数据平台启动

（夏海滨　摄）

【部门信息化】 2021年，同安区在同安警察培训基地建成大数据可视化系统平台，推动社会治理信息化。同安区市政园林局建成排水智能化系统（二期），实现城乡市政管网数字化管理。同安公路分局加强公路养化信息化建设，安装“超视距危险路段预警系统”，预防交通事故的发生。同安区教育局实施教师信息技术能力提升工程2.0，推动全区教学科研信息化水平。

【同企云V2.0平台上线】 2021年6月，“同企云V2.0”暨同安区招商引资&企业服务大数据平台正式上线。该平台设找政策、找奖金、找服务、来创业等模块，提供同安区投资环境介绍，投资政策、融资渠道、企业招聘信息发布，惠企政策审核和兑付等一体化平台服务，同时开创手机移动端便利使用。该平台为企业提供更便捷的服务，同时也为政府开展招商工作提供数据支持。

（江亚勇）

教　育

综　述

【概　况】 2021年，同安区拥有各级各类学校337所，在校学生数总计162640人（另有外国籍学生16人），其中在园幼儿40799人、小学生76162人、中学生40383人、中职生5090人，特殊教育学生数206人。公办校教职工8859人（不含市直属学校），其中专任教师7819人。全区各类学校中，省级重点职业中专1所（同安职校），省级文明学校5所，省一级达标高中4所，二级达标高中2所，省级示范小学3所，省级示范幼儿园7所。同安区围绕区、校数据互联共享和数据治理，投入资金680万元进行智慧校园创建提升，推荐第二外国语学校等10所学校参加市级评选。贯彻落实“双减”（有效减轻义务教育阶段学生过重作业负担和校外培训负担）工作，课后服务参与率达87%，家长满意度99.06%。同安区以双“优秀”成绩通过省级“两项督导”评估验收。竹坝学校获省温馨校园称号。同安职校获省课堂教学能力比赛优秀组织奖。

【教育基础设施建设】 2021年，同安区投入11.2亿元，实施49个教育基础设施项目建设。推进同安职业技术学校扩建、第二外国语学校高中部、文笔塔学校、西湖中小学等项目建设。全年竣工项目12个，新增学位10710个。9月，同安一中滨海校区高中部、厦门市新教育学校、第三实验小学凤祥校区、祥平中心小学二期、后坂小学扩建、凤岭幼儿园中海分园6个项目建成开办招生，新增幼儿园学位1800个、小学学位6210个、初中学位600个、高中学位2100个，主要分布在西柯镇、新民镇，补齐同安新城、工业集中区教育短板。12月，厦门实验中学新校区项目在祥平街道开工。

2021—2022学年同安区学校基本情况表

表20

序号	类别	校数（所）	学校名称	学生数		教职工数	专任教师
1	普通高中	4	启悟中学、五显中学、第二外语、国祺中学	高中12052人（区校7153人，市直属4899人）	基础教育阶段学生数157550人（义务教育阶段学生数104493人）	3686人（区校公办在编2159人，编外521人，市直属888人，民办118人）注：一贯制学校教职工统计口径包含其小学部教职工	中学阶段专任教师2968人，初中专任教师2055人，高中专任教师913人（区校公办2239人，市直属687人，民办42人）
2	十二年一贯制	2	同安一中（市直属）、实验中学（市直属）				
3	普通初中	13	东山中学、汀溪中学、莲美中学、育才中学、凤南中学、新民中学、美林中学、柑岭中学、城东中学、澳溪中学、洪塘中学、进修附中、滨城中学、市直属体校附设初中班（不计校数）	初中28331人（区校23886人，市直属4032人，民办413人），外口12644人			
4	九年一贯制	5	竹坝学校、梧侣学校、后田学校、新教育学校、华兴实验学校（民办）				

续表 20

<table>
<tr><th>序号</th><th colspan="2">类别</th><th>校数（所）</th><th>学校名称</th><th colspan="2">学生数</th><th>教职工数</th><th>专任教师</th></tr>
<tr><td rowspan="5">5</td><td rowspan="5">小学</td><td>直属校18所</td><td rowspan="5">79</td><td>第一实小、第二实小、岳口小学、进修附小、阳翟小学、西柯二小、洪塘头小学、新城小学、新星小学、西塘小学、滨城小学、西洪塘小学、柑岭小学、新辉小学、大同二小、第三实小、官浔小学、梧侣实验小学</td><td rowspan="2">小学 76162 人（区校 70864 人，市直属 3133 人，民办 2165 人），教学点 12 人，外口 37019 人</td><td rowspan="7">基础教育阶段学生数 157550 人（义务教育阶段学生数 104493 人）</td><td rowspan="5">3769 人（公办在编 2717 人，编外 947 人，民办 105 人）注：一贯制学校小学教职工已统计在其中学部</td><td rowspan="5">小学阶段专任教师 4160 人（区校公办 3864 人，市直属 170 人，民办 126 人）</td></tr>
<tr><td>中心校9所</td><td>大同中心、祥平中心、洪塘中心、五显中心、西柯中心、新民中心、汀溪中心、莲花中心、凤南中心</td></tr>
<tr><td>完小50所</td><td>大同 3 所，祥平 5 所，洪塘 10 所，五显 9 所，西柯 4 所，新民 5 所，汀溪 3 所，莲花 8 所，凤南 3 所</td><td rowspan="3">注：竹坝小学部 750 人，梧侣小学部 2732 人，后田小学部 1344 人，新教育小学部 499 人，华兴小学部 675 人，厦门实验中学小学部 1533 人，同安一中小学部 1600 人</td></tr>
<tr><td>民办2所</td><td>永红小学、育青小学</td></tr>
<tr><td>小学教学点 2 个（不计校数）</td><td>莲花上陵（6 人）、莲花白交祠（6 人）</td></tr>
<tr><td>6</td><td colspan="2">特教学校</td><td>1</td><td>同安区特殊教育学校（小学 100 人，初中 76 人，高中中职 30 人）</td><td>特教 206 人</td><td>69 人（在编 49 人，编外 20 人）</td><td>67 人</td></tr>
<tr><td>7</td><td colspan="2">幼儿园</td><td>231</td><td>县级教育部门办 38 所，集体办 74 所，国企办 1 所，民办 118 所</td><td>幼儿园 40799 人（公办 20080 人，国企办 443 人，民办 20276 人）</td><td>4863 人，（公办校在编 607 人，编外 1506 人，国企办 47 人，民办校 2703 人）</td><td>2784 人（公办园 1389 人，国企办 29 人，民办园 1366 人）</td></tr>
<tr><td rowspan="2">8</td><td colspan="2" rowspan="2">职校</td><td rowspan="2">2</td><td>同安职业技术学校</td><td>4669 人</td><td rowspan="2">中职阶段学生数 5090 人</td><td colspan="2">333 人（在编人 177，编外 156 人）</td></tr>
<tr><td>厦门市体育运动学校（市直属）</td><td>421 人</td><td colspan="2">96 人</td></tr>
<tr><td colspan="3">合计</td><td colspan="2">337 所</td><td colspan="2">学生数总计 162640 人（另有外国籍学生 16 人）</td><td colspan="2">教职工总计 12816 人 = 市直 984 人 + 区属 8859 人 + 国企办 47 人 + 民办 2926 人。区属 8859 人 = 编内 5709 人 + 编外 3150 人（退休 1324 人）</td></tr>
</table>

【教师队伍建设】 2021 年，同安区开展教师业务培训，投入继续教育经费 965 万元，开设培训班 51 班次，提供培训课程 2140 学时，累计培训 15372 人次。举办教研员高级研修、名师高级研修、学科带头人研修等 11 个骨干教师培训班，培训 720 人次。开展名师、名校（园）长“深度论坛”系列培训 7 场，培训 1400 人次。成立同安区 47 个“名师工作室”，汇聚名优骨干教师力量，建设高水平学科教学团队；组织全区 64 名自主培育高层次教育人才考核、2020 年 569 名新教师考核、区级 65 名骨干教师考核、区级 58 名学科带头人考核等工作。2021 年新认定市级骨干教师 158 人，遴选新一批培养对象 133 人。认定区级骨干教师 173 人，遴选第二届区级学科带头人 119 人。全面开展岗位练兵，开展同安区课堂教学改革创新大赛，750 名教师在区级比赛中获奖，324 名教师代表同安区参加第八届厦门市课堂教学改革创新大赛，共有 192 名教师获奖，获奖率 60%，总获奖数位居全市第三。同安职业技术学校参加全省职业院校教师教学能力比赛，获一等奖 4 个、三等奖 1

个；参加福建省教师技能大赛获得省级一等奖1个。

【教师招聘安置】 2021年，同安区招聘安置教师348人，其中赴高校招聘优秀毕业生40人，接收省属公费师范生31人，公开招聘教师273人，安置随军家属等4人。开展引才专场招聘，面向全国引进教育人才18名，其中正高级教师2名，省级名师11名。开展柔性引才工作，通过“工作室”引进的方式，柔性引进C类市级领军人才26名。以“区管校聘”方式，重新划拨各校教师校际交流的进出差额，解决师资校际流动造成的超控制数的难题；以2%统筹控制数，适度倾斜澳溪中学、五显中心小学、汀溪中心小学、莲花中心小学及下属学校等农村小规模学校和滨城中学、进修附中、梧侣实验小学等新办学校，保障薄弱校、乡村校用编需求。

【教育惠民政策实施】 2021年度，同安区资助中心办理各级各类资助项目28个，发放补助资金3112.53万元，全区40176人次家庭经济困难学生获资助资金支持。73个家庭经济困难的全日制本专科生、研究生办理生源地信用助学贷款。年内，同安区出台向家庭经济困难学生发放疫情临时生活补助资金的规定，全区累计发放省级、区级、校级疫情临时生活补助资金256.75万元，全区4698个家庭经济困难学生受益。区资助中心通过微信小程序接龙方式，为1966名家庭经济困难学生提供上网课手机流量资助，为没有手机上网课的家庭经济困难学生解决网课设备问题。

【合作办学】 2021年，同安区全面深化合作办学模式，与多家知名教育机构、院校签署合作办学、办教育协议。1月6日，同安区政府与北京新学年教育管理科技有限公司签订合作办学协议，促进同安区成为新教育华南区域的展示中心、教育科研中心、教育招商中心，并将一所新建学校交给苏州市新教育研究院管理，成立厦门市新教育学校。6月10日，同安区教育局与厦门市教育学会签署合作协议，聘请教育学会作为基础教育科研总顾问单位，提升同安区教育科研、教育发展总体水平。6月22日，同安区教育局与上海世外教育集团签署委托管理合作办学协议，合作建设上海世外教育附属同安学校，该校为公办九年一贯制学校。管理人员及教师将由上海世外教育集团选派管理。12月9日，同安区教育局与厦门市五缘第二实验学校签署合作办学协议，建设五缘第二实验学校同安校区。

2021年5月12日，第二十四届“鹭岛花朵”少儿文艺会演同安专场比赛在同安区大同第二中心小学举行　（同安区教育局供图）

【艺术教育】 2021年，同安区以“庆祝建党100周年”为主题，组织开展“可爱生肖”“艺术节展演”“中小学师生书法赛”“现场绘画（写生）比赛”等各类赛事。推荐优秀节目参加省市级以上比赛，在2021年第四届福建省曲艺丹桂奖少儿大赛中，西塘小学、洪塘头小学和第三实验小学获三等奖；在2021年厦门市南音比赛中，西洪塘小学3名选手获“十佳”选手称号。古典音乐教育取得零的突破，在省市级比赛获得名次。在厦门市中小学器乐比赛中，第三实验小学管乐队获小学组第一名并入选福建省第七届艺术作品展，获省级二等奖，同年被厦门市教育局评为“2021—2023年度厦门市中小学示范性优秀乐团”。梧侣小学管乐队和西洪塘小学民乐队在全市器乐比赛中获三等奖。在2021年全市中小学戏剧展演中，同安职校获戏剧组三等奖；国祺中学教师吴宝雅的美育案例获三等奖。在2021年“鹭岛花朵”少儿文艺展演中，同安区获舞蹈组6枚银牌、9枚铜牌；在2021年鹭岛少年全市中小学合唱中，同安区小学组和中学组均获三等奖2个；中学舞蹈获三等奖2个。在2021年全市摄影、绘画、书法比赛中，师生获奖35人次。在2022年“金砖系列比赛中，同安区在“唱金砖”“画金砖”等项目有8人次获奖，其中五显中学在“唱金砖”中获得中学组第一名的历史最好成绩，同安区教育局获“优秀组织奖”。

【学校体育】 2021年，同安区推进体育传统项目建设，经厦门市教育局、厦门市体育局综合考察评定，同安区新增加4所学校被列为新周期（2022—2024年度）厦门市体育传统项目学校，分别为实验中学田径项目、洪塘头小学篮球项目、进修附小排球项目、第三实小羽毛球项目。全区有5所学校被确认为国家级足球特色学校，分别为五显中学、同安职校、美林中学、大同第二中心小学、洪塘中心苏厝小学，至年底，有市级、省级、国家级足球特色校28所。举办全区中、小学象棋、足球、乒乓球等各类体育比赛。组织中小学生参加市级以上各类体育比赛，在2021年福建省田径锦标赛中，汀溪中学田径训练基地选手获4枚金牌、2枚银牌、2枚铜牌。在2021年厦门市青少年“三大球”联赛中，同安区代表团获4枚金牌、5枚银牌、4枚铜牌，并获团体总分第一名。在2021年厦门市中小学生田径锦标赛中，同安区初中20名和小学40名运动员组成的区联队获初中组团体总分第三名，小学组团体总分第四名，国祺中学获得高中组第八名，同安职校获得第三名。在厦门市中小学生排球锦标赛中，竹坝学校初中男子组连续第十四年获冠军，竹坝小学获得小学男子组冠军，第二外国语学校获得高中男子组第二名，同安实验中学获得高中女子第三名。在厦门市中小学生篮球锦标赛中，洪塘头小学女子篮球队连续第三年获冠军，新城小学获小学女子组第三名，进修附小获小学男子组第二名，同安第二实小获得第三名。在厦门市中小学生足球赛中，祥平中心小学获小学女子丙组足球冠军，女子乙组亚军；西塘小学获小学女子超级组亚军。

2021年12月11日，同安区教育局在祥平中心小学举办同安区第八届小学生象棋比赛
（同安区教育局供图）

【同安区贯彻落实“双减”政策】 2021年，同安区贯彻落实教育“双减”政策。8月25日，召开全区中小学贯彻落实“双减”工作会议，制定《同安区关于贯彻落实“双减”工作思路》意见稿，印发《同安区“双减”工作重点项目任务清单》，明确部门职责，合力助推“双减”工作落实，部署严控作业、开展课后服务、校外培训机构治理等各项工作。

严控作业量　加强作业管理，推动评价改革。全区推行校本作业，严控教材教辅征订；实行作业总量巡检制度，制发《关于加强中小学过程质量评估工作的通知（试行）》。一、二年级不进行纸笔考试，注重学生的综合素质、学习习惯与学习表现、学习能力与创新精神等方面的综合评价。

开展课后服务　实行“五心”课后服务，创设家长放心、老师安心、孩子开心、社会暖心、企业舒心的“五心”课后服务新生态。9月起，与开学同步开展课后服务工作，中午、下午、晚自习三个时段全开放，学校开展课后服务工作比率、学生需求全纳率均为100%。统筹各方资料，创建“政府、学校、社区、企业、家庭”五位一体服务新机制。组织辖区部分学校联合社区、企业、家庭，创新启动“近邻学堂”“周末美育进乡村”“职校大手拉小手”等多种形式的“寒暑期＋周末”托管模式试点工作。开设午睡试点工作，将“低年级午间躺睡”工作纳入“深入推进义务教育‘双减’工作薄弱环节改善与能力提升工作”项目，投入资金共计300多万元。

加大校外培训机构治理力度　同安区教育局会同相关部门、镇街，加大学科类培训机构的综合治理。实施“双减”政策以后，不再审批新的面向义务教育阶段学生的学科类校外培训机构，原有义务教育阶段学科类培训机构24家压减18家，压减率75%。加强学科类培训机构课程备案审核管理，督促学科类校外培训机构规范培训时间。全年共查处违规广告行为3起。

【教育科研】 2021年，同安区组织申报国家、省、市、区各级课题，立项104项区“十四五”规划2021年度课题，其中区属中学28项、小学54项、幼儿园14项、同安一中8项；立项2项厦门市教学科学2021年度课题；立项26项省教育科学规划2021年度课题，其中常规课题18项，专项课题8项；立项4项省2021年度基础教育课程改革课题，其中立项3项省中青年课题。推动“深度学习”课改项目和“全领域阅读”实践研究，经过论证，在同安区教育科学“十四五”规划2021年度课题指南中设置中小学、幼儿园“深度教学”课程改革与实验项目、“基于全领域阅读的研究”专项。鼓励、指导相关专项的省级课题申报，确立“深度教学”“全领域阅读”领域区级课题42项，省级课题10项。推动基层学校开发研究校级课题，并给予指导。组织开展同安区各类教育论坛，推进校长专业化、教师专家化，全年举办“深度学习”教研员论坛24场、校长论坛4场、名师论坛3场。8月，福建省教育科学规划领导小组办公室、福建省教育科学研究所授予厦门市同安区“福建省教育科研基地”称号。

【同安区教师信息技术能力提升工程2.0】 2021年，同安区教育局实施中小学教师信息技术应用能力提升工程2.0，制定《同安区教师信息技术应用能力提升工程2.0实施方案》，以“以校为本、基于课堂、就用驱动、注意创新、精准测评”为核心，提升学校校长信息化领导力、教师信息化教学能力、信息技术与教育教学融合创新能力，全区76所幼儿园、中小学及职业技术学校教职工参加培训。7月，分别组织区域管理指导团队和校级管理团队到闽南师范大学继续教育学院培训，同时开通线上培训平台；12月，同安区总结培训经验，接受省、区工程办组成的专家组到同安实验中学、同安第三实验小学、同安区进修附属幼儿园考评调研。

2021年5月25日，厦门同安教育“深度论坛”第一场教师论坛“相信·坚守的力量”在同安区教师进修学校附属小学举行　（同安区教育局供图）

【3+N教育论坛在同安区举行】 2021年12月25日，第三届3+N教育论坛暨同安区教育深度论坛·校长办学思想实践展示活动在同安区祥平中心小学举行。该论坛由厦门市教科院主办，同安区教师进修学校、同安区祥平中心小学、厦门市演武第二小学、厦门市金鸡亭小学、翔安区金山小学、尤溪县东城中心小学6所学校承办，特邀专家、6所学校领导、论文征集作者共计349人参加。论坛主题为“心本，让教育更灵动”，向6所学校征集论文107篇，由福建教育杂志社评选出一、二、三等奖52篇并汇编成册。在论坛上，福建师范大学教育学部教授、博士生导师张荣伟和厦门市教科院基教室主任谢志芳分别作题为《重申教师是人类灵魂工程师》和《心本视域下的育人思考》的主旨演讲，6所学校领导及获奖论文作者代表围绕学校办学理念及心本教育作主题交流分享。

（张东民）

基础教育

【概　况】 2021年，同安区有完全中学4所；十二年一贯制学校2所，均为市直属校；初中13所，另有市体校不计校数附设初中班1个；九年一贯制5所，其中民办1所；小学79所；幼儿园231所。年内，同安一中滨海校区高中部建成投用，新设立的九年一贯制学校厦门市新教育学校开办招生。

【学前教育】 2021年，同安区新设立2所教育部门办幼儿园，分别同城四季幼儿园四口圳分园，凤岭幼儿园中海世茂府分园。新设立2所民办幼儿园，撤销9所民办幼儿园。将1所集体办幼儿园新霞幼儿园合并到洪塘中心幼儿园，停办古坑幼儿园。至年末，有各类幼儿园231所，县级教育部门办38所，集体办74所，国企办1所，民办118所。全区在园幼儿40807人，其中在公办园就读人数20527人，在民办园就读人数20280人，在公办园幼儿占比达到50.30%；在本区公办园和普惠性民办园就读的人数为40456人，普惠率99.14%。幼儿园教职工4863人，其中专任教师2784人。开展示范幼儿园创建工作，凤岭幼儿园和梧侣幼儿园2所幼儿园被确认为市级示范园；大同中心幼儿园康浔分园、大同中心幼儿园顶溪头幼儿园、西柯第二中心幼儿园保利分园、梵艺幼儿园、尚美嘉裕幼儿园、蒲公英幼儿园6所幼儿园被确认为区级示范园，同城四季幼儿园、滨新幼儿园、新民中心幼儿园申报省级示范园评估，通过市级预评估。幼儿在示范园就读占比提升到48.42%。开展学前教育暨公益早教进社区宣传月活动，引导广大教师和家长树立科学理念，关注幼儿身心全面发展。宣传月期间，同安区有17篇学前教育宣传月教育案例（含文章、视频等）被刊登在省、市、区教育网。首次以委托第三方机构评估的形式，对全区190多所集体办、国企办、民办幼儿园进行全面评估，促进规范办园行为和提高办学质量。

【义务教育】 2021年，同安区有区直属公办小学86所，其中直属校18所，九年一贯制4所，中心校9所，完小50所，民办校3所（含一所九年一贯制），不计校数2个小学教学点；小学学生76170人，其中区属校70872人，市直属校3133人，民办学校2165人；教学点12人，外来人口学生37019人。全区小学当年新入学14753人，毕业10477人。区属公办初中21所（含普通高中初中部及九年一贯制学校的初中部），在校学生24305人；民办初中1所，在校生415人。全面推进进城务工人员随迁子女小学积分入学工作，接受进城务工人员随迁子女网上预约登记5961人。以质量监测为抓手，以“提高合格率、降低低分率”为重点，推进“有效阅读”“有效教学”“有效备课”“有效作业”“有效辅导”教学活动。年内，全区新增6所学校通过福建省“义务教育管理标准化学校”评估。继续秉持活动育人理念，组织开展全学段（科）、全时空、全对象、全领域阅读。组织编写《走进初中——中小衔接手册》，填补小学升初中衔接的空白。将新霞小学合并到洪塘中心小学，梧侣实验小学与丙洲小学由教学点升格为完小，撤销小坪小学、水洋小学、罗溪小学3个教学点。区属学校有学生5995名参加中考，中考平均投档成绩511.62分、单科及格率75.11%。年内新开办1所九年制学校——厦门市新教育学校。年内，西塘小学凭借歌仔戏、闽南童谣及永春白鹤拳传承项目入选第三批全国中小学中华优秀传统文化传承学校。

【普通高中教育】 2021年，同安区有区属普通高中4所（其中省一级校2所、省二级校2所），办学规模140班，在校学生7153人。市属高中2所，办学规模98班，在校学生4901人。高中学科竞赛获省级奖项34人，市级奖项246人，同安一中、厦门实验中学入选福建省示范性普通高中建设学校。2021年高考全区考生2847人，本科上线人数2356人，上线率为82.78%，目标完成率达125.99%，再创历史新高。全区355名艺体考生中319人上本科线，上线率89.86%。

【特殊教育】 2021年，同安区三类残疾儿童190人，入学率100%；适龄儿童少年义务教育入学安置净入学率100%。同安区进一步完善资源教室建设，在东山中学、同安实验中学、第三实小、莲花中心小学新增4个资源教室，云埔小学资源教室被评为省级“融合教育试点校”。健全“随班就读”和“送教上门”保障体系，同安区特教中心提供指导及资源库服务，2021—2022学年送教学生数34人，随班就读145人。开展残疾人扫盲工作，为全区3～50岁的残疾人服务，打造残疾人终身教育体系。推动融合教育，组织60名幼儿教师进行学前融合教育师资培训，2021年秋季有17所幼儿园招收19个特殊儿童。同安区承办2021年福建省新时代区域融合教育教学开放活动，官浔小学、云浦小学、区特教学校作为开放活动会场。

【智慧幼儿园项目试点建设启动】 2021年，同安区启动阿优智慧教育幼儿园项目试点工作，在全区树立一批幼儿教育信息化创新应用的示范典型。项目为期三年，在全区15所幼儿园投入1526万元进行阿优智慧幼儿园及科学STEM项目建设，提高公办幼儿园的信息化管理能力和幼儿 STEM 科学教育水平。其中智慧教育幼儿园项目配套阿 U 兔智、测温闸机 / 立柱、健康体测仪等硬件设施，在园所管理、卫生保健、保教管理、保教实施等方面实现信息化、智能化，项目于 6 月完成实施改造现场勘测并落实各园线路改造方案；11 月完成 13 个园区的相关软硬件实施，12 月完成 13 个园区的系统入园培训。幼儿 STEM 科学课程项目包含小班 20 个（上下学期）、中班 40 个（上下学期）、大班 36 个（上下学期）合计 96 个科学小实验。项目于 8 月启动，有 15 所公办幼儿园作为首批实验园参加“幼儿科学活动”项目实施，共组织 17 次的线上指导培训，内容为小、中、大 96 个科学实验活动解析、案例解析、科学家讲座、父母课堂等。

2021 年 9 月，同安区第三实验小学凤祥校区开办招生。图为该校全景图

（同安区教育局供图）

【同安区首个合作办学项目开办招生】 2021 年 9 月，同安区首个合作办学项目——厦门市新教育学校开办招生。该校位于同集北路与苏颂大道交叉处，为九年一贯制学校，招生范围为新民镇四口圳社区，招生规模为 42 个班，其中一至六年级 24 个班，七至九年级 18 个班。学校占地 2.7 万平方米，总建筑面积 2.5 万平方米，除拥有现代化学校基本设施外，还拥有多功能阅读空间、STEAM 创客空间、新劳动教育空间等学习空间。同安区创新教育机制，将学校委托给北京新学年教育管理科技有限公司管理，实行工资总额包干、自主管理、自主聘任大部分老师的管理体制。当年度招收 16 班共 741 名学生。

【同安一中滨海校区高中部开办招生】 2021 年 9 月，同安一中滨海校区高中部建成并正式开办招生。该项目位于同安区滨海东大道与西炉北路交叉口北侧，总占地面积 45724 平方米，项目投资总额为 2.73 亿元，主要建设内容为 2 栋教学综合楼、2 栋实验综合楼、1 栋宿舍楼、1 栋食堂体育馆、1 栋合班教室、室外运动场及配套设施等，设置高中 48 班，可提供学位 2400 个。项目建成后标志同安一中滨海校区成为涵盖小学、初中、高中的 12 年全日制公办学校，进一步完善环东海域同安新城优质教育配套设施。

【第三实验小学凤祥校区开办招生】 2021 年 9 月，同安区第三实验小学凤祥校区开办招生。该校区位于祥平街道雪樵公园西侧，办学规模 36 个班，新增学位 1800 个。该校区项目总用地面积为 2.9 万多平方米，设有教学楼、实验综合楼、食堂、体育馆、彩虹跑道和科学实验室、舞蹈厅、书法室、创客等专用教室。

【戴尔“互联创未来”项目比赛获奖】 2021 年，同安区参与中央电教馆举办的中国教育发展基金会——戴尔“互联创未来”项目，同安区是全省唯一入选项目的地区，共有梧侣学校、柑岭小学、洪塘头小学、洪塘中心小学和新民中心小学 5 所学校参加。该项目围绕“创客教育实践”主题开展活动，致力于把创客教育引入城乡的普通学校和广大学生，为项目学校开展创客教育提供了包括软硬件捐赠、线上线下培训、专家指导在内的全方位支持。4 月，项目在线启动，同安区 20 名项目老师组织 50 多名学生参加。7 月 19 日，在主办方举办的 2021 年度编程创新实践案例比赛中，同安区报送 5 个作品，有 2 个作品获奖，分别为梧侣学校的编程创新实践案例《归园田居》获创新案例第二名；新民中心小学的编程创新实践案例《AI 智能废旧电池回收箱》获提名案例第四名。

【省融合教育教学开放活动在同安举办】 2021 年 6 月 17—18 日，福建省首场融合教育教学开放活动在同安举办。活动由省教育厅主办，厦门市教育局承办，在同安区特殊教育学校等 6 所学校举行，是特殊教育专场。活动以“普特双向共力，犇向优质融合”为主题，国内融合教育领域的专家学者、省内特教教研员、特教学校及融合教育试点校代表200多人参加，以课堂观摩、主题讲座、评课研讨等方式开展学习交流，全省各地市17所学校共展示39节普特融合研讨课和主题讲座。从事普通学校随班就读的学校领导、高校融合教育专家学者、相关专业在校学生、特殊儿童家长等在线观看该次活动。

（张东民）

职业教育

【概　况】 2021年，同安区有全日制普通高等专科职业院校1所，即厦门东海职业技术学院（简称东海学院）；有1所中等职业学校，即东海同安职业技术学校（简称同安职校）。2所学校合计在校学生约1万人，招收新生3854人，毕业2394人。东海学院于2002年8月开办，2007年2月纳入全国高考统招计划，是福建省首批“现代学徒制”试点校。学校占地面积172858平方米，总建筑面积81393平方米，共有校内实训室（基地）48个，建筑总面积7206平方米。设有健康产业学院、教师教育学院、传媒与艺术学院、信息工程学院、工程技术学院、商学院、航空旅游学院、公共教学部、思想政治教学部9个二级院部，另设有“用友新道研修院”“用友新道产业学院”“用友新道创新创业学院”校企合作项目。年内，学校获评厦门市第二批依法治校达标校、厦门市5A级平安校园。

同安职校为福建省重点职业中专学校、福建省首批中等职业学校达标校、国家中等职业教育改革发展示范学校。学校位于同安区五显镇文教区，占地面积11.73万平方米，校舍面积7.59万平方米，拥有培训楼1幢、实训楼3幢、汽车维修和物流实训中心各1个。开设有电子技术应用、电子商务、高星级饭店运营与管理、护理、会计、机电设备安装与维修、计算机动漫与游戏制作、计算机应用、建筑工程施工、旅游服务与管理、汽车运用与维修、新能源汽车运用与维修、数控技术应用、物流服务与管理、西餐烹饪、药剂、中餐烹饪与营养膳食、中医康复保健、休闲农业等19个专业，有护理和数控技术两个省级重点专业群。

【东海学院】 2021年，东海学院在校学生5000余人。录取2271人（统招录取1941人，二元制录取330人），毕业905人，毕业率100%。教职工总数293人，其中专任教师202人，专任教师中具有硕士及以上学位35人，占专任教师总数的17.3%。总计有27个高职招生专业，其中省级“二元制”试点专业12个、“现代学徒制”试点专业3个；省级精品课程2门，省级示范专业1个，省级高水平专业群1个，市级重点专业3个，校级特色专业9个，校级精品课程22门。

教师队伍建设　新聘专任教师35人，其中硕士及以上学历教师7人，中级以上教师2人。全年派出86人次参加1+X证书师资培训、厦门市职业院校教师素质提高计划、新进教师培训项目国家培训等各级各类培训，总培训学时达到4000学时。新增6名教师获厦门市职业院校“双师型”教师称号。至年底，学校有“双师型”素质教师82名，其中专任教师75名，占学校专任教师的51.02%。

教学科研　获省部级科研课题立项4个，完成省部级科研课题项目7个，《调酒与品酒》获得省级职业教育精品在线开放课程立项。工程技术学院《汽修专业实训操作技术概论》《对目前职业技术教育存在问题的思考》2篇论文获福建省职业与成人教育学会一等奖。

专业设置及建设　2021年，东海学院撤销家政服务与管理、工业机器人技术、汽车营销与服务、投资与理财、应用电子技术5个专业。新增学前教育、早期教育、药学、音乐表演、云计算技术与应用5个三年制高职专业，新增建筑装饰工程技术以及影视动画2个自办五年制高职专业。“健康服务”专业群获福建省高水平专业群建设项目立项及厦门市服务产业特色专业群建设项目。

学生参加技能比赛　学生参加市级以上各类技能比赛有24个项目获奖。在厦门市职业院校技能比赛中，物联网技术应用赛项获一等奖；电子商务技能赛项、信息安全管理与评估赛项、平面设计技术赛项、市场营销技能赛项、企业经营模拟沙盘赛项5个赛项获二等奖。在福建省职业院校技能比赛中市场营销技能赛项、银行业务综合技能赛项、养老服务技能赛项3个赛项获二等奖，企业沙盘模拟经营赛项、建筑CAD赛项（两组）、工程测量赛项、健康与社会照护赛项5个赛项获三等奖。在国家级行业比赛“第二届全国大学生直播电商技能竞赛——总决赛”中获得一等奖，在“中渤杯”阿里巴巴全球速卖通全国院校跨境电子商务创新创业技能大赛中获二等奖2

个，三等奖 3 个，在全国连锁经营行业职业技能竞赛中获三等奖 1 个，在第二届铸剑杯·纪念人民军工创建九十周年文化创意大赛中获一等奖 1 个，二等奖 1 个，在第三届台湾国际大学生年度艺术奖中获铜奖 1 个。

创新创业项目获奖　毕业生创业项目《关注民生健康需求的“养生 + 教育”循环发展体系》获得厦门高校大学生创新创业大赛优秀奖，《康年舍“蛛网”建设养老机构》获第六届福建省“互联网 +”大学生创新创业大赛铜奖，《一鹭童行》项目获 2021 年海峡两岸女大学生创新创业大赛公益服务赛道银奖。

“1+X”证书项目试点　新增“1+X”证书项目试点 6 个，即“餐饮服务管理职业技能等级证书（初级）”“金融智能投顾职业技能等级证书（初级）”“跨境电商 B2C 数据运营职业技能等级证书（初级）”“老年护理服务需求评估职业技能等级证书（初级）”“网络直播编导职业技能等级证书（初级）”“移动应用开发职业技能等级证书（初级）”“室内设计职业技能等级证书（初级）”“直播电商职业技能等级证书（中级）”。至 2021 年年底，总计有 8 项“1+X”证书项目试点，申报“1+X”试点人数 519 人。

【同安职校】 2021 年，同安职校在校学生（不含市属）4667 人。新招学生 1583 人，毕业生 1489 人。毕业生中，通过高职分类考试招生升学 1231 人，其中升入本科院校 22 人，升入高职高专院校 1209 人。“3+2”学制升学 84 人。继续与厦门市东海学院联合进行电子商务专业、旅游服务与管理专业、汽车运用与维修专业三个专业的“3+2”五年制办学，与 118 家企业开展校企合作。有教职工 333 人，其中专任教师 260 人。同安职校继续实施扩建项目，至年底完成投资 1.5 亿元。

教学科研　教师在各类教学技能比赛中获奖 103 人次，其中国家三等奖 6 人，省一等奖 17 人，省二等奖 2 人，省三等奖 5 人，市一等奖 8 人，市二等奖 8 人，市三等奖 14 人，区级一等奖 6 人，区级二等奖 15 人，区三等奖 22 人，开展课题研究，7 个省级中青年课题结题，1 个区级课题及 1 个省级课题中期汇报，2 个区级课题立项。《药店零售与服务技术》获省级精品课程立项。组织教学论文撰写，32 篇参与省级汇编，其中在省级评比中 14 篇获奖，排名全市中职校第二。

专业建设　6 月，新增护理、数控技术应用两个专业群入选福建省教育厅公布的福建省高水平职业院校和专业建设立项名单。建数控专业群完成建设方案和任务书编制，建成电子电工学考项目实验室，组建由高校教授、企业技术人员、行业协会专家等人员组成的专业群建设专家指导委员会。护理专业群成立专业群建设指导委员会 1 个，制定专业群五年发展规划，1 门省级精品课程建设立项。修订 2 份人才培养方案，课程标准 25 个。完成资源共享平台、教学资源库方案制定及论证，完成老年照护共享实训基地建设的方案规划及论证。根据高端制造业和现代服务业发展的情况，新增机械基础与数控仿真实训室、电子多功能实训室、模具实训室和打印实训室，共新增实训工位 170 个；完成西餐实训室的部分改造，新增实训工位 12 个。组织各专业学生参加福建省职业院校技能大赛，总计 6 个专业获一等奖 1 项、二等奖 2 项、三等奖 3 项。

“德丰堂杯”医药手工创意大赛　6—8 月，举办首届“德丰堂杯”医药手工创意大赛，以“红心向党·匠心传承”为主题，引导学生制作医药创新作品，弘扬中西医药优良文化。学生以 2～3 人（其中须包含 1 名医药专业学生）为组队形式参赛，鼓励跨专

2021 年 12 月 8 日，同安职校举办“德丰堂杯”医药手工创意大赛颁奖典礼
（同安职校供图）

业参赛，共有32名教师，174名学生参赛制作中药研磨器、山楂丸、阿胶糕等医药手工制品。通过线下初审、网络投票、线上终审等方式最终遴选出22项参赛作品，4个优秀组织奖，3个最佳人气奖，网上展播观看量71093人次，投票量19429次。

现代学徒制试点　在旅游、数控技术应用专业开展“三双两段现代学徒制”试点，探索“二元育人、三师同堂”的现代学徒制人才培训模式具体措施，将企业育人理念、行业人才考核标准与学校教学深度融合。除教师开展常规教学外，依托校内实训活动、大师进校园活动、下企业实践活动，由师傅（企业技师）传授行业工匠精神、行业规则、经验技巧；培训师（企业讲师）传授企业文化、优良作风、职业道德。年内与厦门金鹭特种合金有限公司、厦门市特房波特曼七星湾有限公司开展合作办学，设立现代学徒制金鹭特种合金班，金鹭特种合金技术员下校授课，选拔10人到厦门金鹭特种合金有限公司实习；在特房波特曼七星湾酒店举办校企研讨会、现代学徒制开班仪式，16名学生到该酒店实习。

“1+X”证书项目试点　在数控加工、会计、电子技术、旅游服务、中西餐烹饪等五个专业开展“1+X”证书项目试点工作。年内对19DZ会计班开展大数据财务分析项目的培训并组织考证，共50人取得大数据财务分析证书。对数控加工专业学生开展工业机器人应用项目的培训，对旅游服务专业开展邮轮服务项目培训。工业机器人应用项目、大数据财务分析项目、邮轮服务项目参加师资培训及考评员培训11人。

（张东民　陈少洁）

终身教育

【概　况】 2021年，同安区开展终身教育活动1875场次，参与47万多人。开展社区培训及行业培训，受益20万人。广泛开展老年人运用智能技术教育培训。组织社区民众参加省市各级“9·28”终身教育活动日线上开幕式和开展“9·28”终身教育活动周系列活动。组织参加百姓学习之星评选和终身教育品牌创建，2021年9月新民社区教育学校报送的龙美莲获得2021年“福建省百姓学习之星”称号。

【社会培训】 2021年，同安区依托同安职业技术学校开展各类社会培训。面向社区居民开展中式烹调、面点制作培训，培训234人。完成2期乡村医生规范培训，培训乡村医生283人。面向外来务工人员开展医疗护理员培训，医疗护理员（普通护理）报名929人，考核合格619人；医疗护理员（老年护理）报名培训158人，考核合格42人。

【“9·28”终身教育活动周】 2021年9—11月，同安区终身教育促进委员会办公室组织开展“9·28”终身教育活动周系列活动，受益4.38万人次。其中，开展智慧助老、全民健康专项活动，举办“乐邻助乐龄，智能促享老”“文明莲花智慧助老”“科学育儿”等讲座及义诊义剪等活动，受益近万人次。举办插花、烘焙、核酸检测录入等技能培训，受益2473人次。围绕乡村振兴举办文艺会演、亲子活动等，受益5919人次。开展学习型城市建设活动，举办亲子农民画、《中华人民共和国民法典》学习培训等，受益6774人次。开展全民阅读活动，举办“书香暖冬快乐阅读”“悦读悦写”系列活动、小学生共读活动等，参与3988人次。举办“百姓学习之星”“终身学习品牌项目”宣传展示活动，举办“南音演奏”“捏面人展示”线上视频展示、村民体验腰鼓舞等活动，参与1.5万人次。

【智慧助老专项活动】 2021年，同安区8个社区教育学校广泛开展智慧助老专项活动，发动各方志愿者，通过线下结合线上教育培训，为老人授课智慧出行、智慧医疗、掌上金融、手机购物、老年健康等内容，老人受益7805人次，其中线上240人次，线下7219人次。志愿者参与人数2738人。开展“智慧助老”专题项目推介工作，同安区选送的《智慧助老，赋能适老——老年人玩转智能手机暨摄影培训》上榜第一批省级教育培训项目推介名单。

【老年大学建设】 2021年，同安区老年大学开设56个教学班，开设课程26门，其中新设莲花褒歌和中医科普两门课程。聘请教师90人，注册学员1031人。学校以传承和弘扬地方非物质文化遗产为特色，开设民间歌舞、南音、芗剧、中草药、扎春花、戏曲、莲花褒歌等多个传承地域文化的特色专业。学校支持社区乡村建设老年学校或设立老年课堂，在丙洲社区设立南音班、在乌涂社区设立芗剧班，派遣教师到西溪社区、溪苑社区支教，共计开展教学活动15场次。全年学校各专业学会和艺术团参与疫情防控、文明创建和文化下乡活动，共计87场次。

（陈惠玲　陈　捷）

科学技术

科技项目与成果

【概　况】 2021 年，同安区对高新技术成果转化项目给予扶持，对 77 家企业给予资金补助 7560.76 万元。组织参加福建省第十九届中国·海峡创新项目成果交易会。全年对接引进“双百人才”项目 1 个。有 2 个项目获市科学技术进步奖。

【科技成果转化】 2021 年 6 月 18—20 日，同安区组织 7 家企业参加福建省第十九届中国·海峡创新项目成果交易会。会上对接项目 9 个，其中现场对接项目 4 个、意向咨询项目 5 个，预计总投资 1600 万元，项目数、投资额分别位居全市第一、二名。项目涉及物联网、人工智能、无人机等领域。

【科技成果获奖】 2021 年，同安区推荐企业参加市科学技术进步奖评选。厦门三安光电有限公司“超高能效半导体光源核心材料及器件技术开发及应用”项目获市科学技术进步奖二等奖。厦门市三安集成电路有限公司“5G 通信基站 GaN 功放芯片关键技术研发及产业化”项目获市科学技术进步奖三等奖。

（叶进忆）

科技创新体系

【概　况】 2021 年，同安区加快科技新体系建设，配合市科技局完成厦门科学城发展战略规划编制，启动建设同安核心区，中关村大学科技园联盟成果转化基地等首批项目入驻。引导和支持高等学校、科研院所、行业领军企业创建公共技术平台、科技孵化器等双创载体，位于同安新城的美峰创谷同安科创中心投入使用，厦门科技创新创业综合服务平台入驻同安新城智谷园区。共兑现科技专项扶持资金 5724.4 万元、“双百”人才区级配套创业扶持资金 547.13 万元，企业研发经费配套补助 3463.32 万元，合计 9734.85 万元。新增国家级高新技术企业 60 家，新增省级以上专精特新“小巨人”企业 22 家，国家级、省级企业技术中心 5 家。至 2021 年年底，评定省级以上专精特新“小巨人”企业 45 家次，有省级以上专精特新“小巨人”37 家，资格有效的高新技术企业 364 家，市级高新技术企业 303 家。国家级重点实验室 1 家，市级重点实验室 2 家；省市级工程技术研究中心 8 家，国家级工业设计中心 1 家，省市级工业设计中心 11 家，国家级企业技术中心 1 家，省市级企业技术中心 46 家。

【高新技术企业认定和管理】 2021 年，同安区加强高新技术企业政策宣传与培训工作，联合市科技局举办 2 期高新技术企业政策解读及认定申报辅导会，指导企业申报高新技术企业认定工作，132 家企业参会。年内共有 140 家高新技术企业通过认定（含重新认定）。开展市级高新技术企业备案审核工作，全区 117 家企业通过市级高新技术企业备案。落实高新技术企业奖励政策，对 64 家高新技术企业给予奖励 1600 万元，对 99 家市级高新技术企业给予奖励 990 万元。

【厦门科学城（同安片区）规划编制完成】 2021 年，由厦门市科技局主持的厦门科学城（同安片区）规划编制完成。厦门科学城（同安片区）的空间载体主要有位于同安新城的美峰创谷、银城智谷、新经济产业园，面积约 27 平方千米，以“强科学、育产业、优服务、建新城”为发展思路，聚焦“关键技术突破、未来产业爆发、高端要素汇聚”，着力集群化布局省创新实验室、新型研发机构、企业研发总部、科技企业孵化器、公共（技术）服务平台、重大创新应用场景等高能级创新创业平台。

【科技成果转化基地建设】2021年，同安区政府、厦门市科技局与中关村大学科技园联盟、北京北航天汇科技孵化器有限公司四方合作建设中关村大学科技园联盟成果转化基地。该基地选址位于银城智谷的厦门科学城Ⅰ号孵化器内，由北京北航天汇科技孵化器有限公司成立一家专业运行机构进行运行管理，从事成果转化孵化工作，聚焦厦门市重点支持发展领域的技术创新需求，结合金砖国家工业伙伴创新基地的产业发展定位，围绕“技术转移/成果转化中心—高精尖企业孵化基地—科技招商服务平台”三个目标进行内容建设，打造产业关键技术需求成果到科技公司培育的全过程创新属性，成为支撑厦门产业转型升级、增强核心竞争力的创新策源地。

【双创平台建设】2021年，同安区推进创业创新平台的建设，共对11家科技企业孵化器、13家省市级工业设计中心和企业技术中心、3家CNAS认证实验室给予奖励扶持，奖励资金1550万元。厦门建潘德韬科技园发展有限公司“金禾智创孵化器”被认定为市级科技企业孵化器。厦门晋大纳米科技（厦门）有限公司、厦门保沣实业有限公司、厦门恩成制药有限公司3家公司被认定为省级企业技术中心。容大合众（厦门）科技集团股份公司、厦门鹰君药业有限公司被认定为市级企业技术中心。

【美峰创谷同安科创中心启用】2021年9月9日，位于环东海域同安新城的美峰创谷同安科创中心启用。该中心位于同安新城现代服务业基地美峰片区。总计27层，其中地上25层，地下2层，总面积5.2万平方米，重点引进互联网、高新技术、信息科技类企业。首批入驻科创中心的企业分别为腾讯云计算（厦门）有限公司，厦门福华技术有限公司，厦门市顺丰速运有限公司，福建京邦达供应链科技有限公司。

【科创人才服务工作站揭牌】2021年12月9日，厦门市“科创人才服务工作站”及科技创新“人才之家”在环东海域同安新城银城智谷园区正式揭牌。该工作站将发挥环东海域同安新城科创类企业和创新创业型人才聚焦的优势，承担全市科创人才需求对接、赋能培训、业务交流等多项服务，推动各类人才在厦门创新创业发展。

【专精特新“小巨人”企业评选】2021年，同安区推荐企业申报专精特新“小巨人”企业，经申报、核查、公示等环节，同安区获评省级以上专精特新“小巨人”企业14家。累计评选省级以上专精特新“小巨人”企业37家，其中8家先后获评省级、国家级。

（叶进忆）

2017—2021年同安区评选省级以上专精特新“小巨人”企业一览表

表21

企业名称	所属行业	认定级别	评定时间
厦门亚锝电子科技有限公司	计算机、通信和其他电子设备制造业	省级	2017年
厦门创凯工贸有限公司	橡胶和塑料制品业	省级	2017年
厦门安明丽光电科技有限公司	电气机械和器材制造业	省级	2017年
厦门悠派无纺布制品有限公司	纺织服装、服饰业	省级	2017年
厦门欧化实业有限公司	化学原料和化学制品制造业	省级	2017年
厦门倍杰特科技有限公司	科技推广和应用服务业	省级	2018年
厦门倍洁特建材有限公司	橡胶和塑料制品业	省级	2018年
厦门市智联信通物联网科技有限公司	软件和信息技术服务业	省级	2018年
厦门市福工动力技术有限公司	汽车制造业	省级	2018年
厦门科恒塑胶有限公司	橡胶和塑料制品业	省级	2018年
厦门能强电子有限公司	批发业	省级	2018年
吉特利环保科技（厦门）有限公司	造纸和纸制品业	省级	2018年
厦门佰事兴新材料科技有限公司	研究和试验发展	省级	2019年
厦门唯恩电气有限公司	批发业	省级	2019年

续表 21

企业名称	所属行业	认定级别	评定时间
厦门市宇笙包装机械有限公司	通用设备制造业	省级	2019 年
厦门弘翰实业有限公司	纺织服装、服饰业	省级	2019 年
容大合众（厦门）科技集团股份公司	制造业	省级	2019 年
格雷诺（厦门）开关有限公司	电气机械和器材制造业	省级	2019 年
厦门璞真食品有限公司	食品制造业	省级	2020 年
双桥（厦门）有限公司	食品制造业	省级	2020 年
厦门欣众达科技有限公司	计算机、通信和其他电子设备制造业	国家级	2020 年
吉特利环保科技（厦门）有限公司	木材加工和木、竹、藤、棕、草制品业	国家级	2020 年
厦门欧化实业有限公司	化学原料和化学制品制造业	国家级	2020 年
厦门安明丽光电科技有限公司	研究和试验发展	国家级	2020 年
厦门亚锝电子科技有限公司	电气机械和器材制造业	国家级	2020 年
厦门创业人环保科技股份有限公司	批发业	国家级	2020 年
双桥（厦门）有限公司	农副食品加工业	国家级	2020 年
厦门冠音泰科技有限公司	研究和试验发展	国家级、省级	2021 年
厦门市光弘电子有限公司	计算机、通信和其他电子设备制造业	国家级	2021 年
容大合众（厦门）科技集团股份公司	制造业	国家级	2021 年
厦门爱印科技有限公司	铁路、船舶、航空航天和其他运输设备制造业	国家级	2021 年
厦门大金机械有限公司	通用设备制造业	国家级	2021 年
厦门市诺盛测控技术有限公司	仪器仪表制造业	国家级、省级	2021 年
厦门东亚机械工业股份有限公司	制造业	国家级	2021 年
厦门麦丰密封件有限公司	橡胶和塑料制造业	国家级、省级	2021 年
氟乐泰科（厦门）新材料有限公司	科技推广和应用服务业	国家级、省级	2021 年
厦门复晟复合材料有限公司	化学纤维制造业	国家级	2021 年
尤扬电器制造（厦门）有限公司	电气机械和器材制造业	省级	2021 年
厦门爱瑞克电子有限公司	计算机、通信和其他电子设备制造业	省级	2021 年
厦门恒兴兴业机械有限公司	通用设备制造业	省级	2021 年
厦门立业卫浴工业有限公司	金属制造业	省级	2021 年

科学普及

【概　况】 2021 年，同安区开展全国科普日，科技活动周，全国科技工作者日和科技、卫生、文化“三下乡”等活动。继续实施科技特派员制度，总计向 8 个镇（街）派出 24 名常驻科技特派员。区科协打造农村科技小院、农村科普示范村，通过“导师制”精准扶贫方式开展高素质农民培训。

【科技特派员制度实施】 2021 年，同安区实施科技特派员联动机制，同安区五显镇与集美区灌口镇科技特派员工作站合作，推动《仙景（褒美）芋脱毒扩繁技术研究与产业化栽培》项目立项，至年末完成芋头脱毒技术研究。各镇街工作站加强与科研机构联系，联系市亚热带植物研究所、同安农村经济发展中心、清华海峡研究院等单位，引进种植新品种、开展田间技术服务和培训、引进农业技术人才。引进武夷岩茶制作技艺，对军营村等制茶村进行制茶技艺改良，使茶叶平均价格由 60 元 / 千克提高到 120 元 / 千克；协助古坑村建设三角梅基地3万多平方米，引进三角梅品种300多种，打造市花三角梅专业村。西柯镇、祥平街道、洪塘镇为代表的工业镇街特技特派员工作站将服务拓展到“三高”企业领域，建立校企合作机制，为人才、技术的持续输入提供保障。新民镇工作站依托高校资源，促进厦门理工学院和吉特利环保科技（厦门）有限公司合作建立实训基地。洪塘镇工作站促进同安银祥饲料有限公司与集美大学水产学院对接建立实训基地，第一批学员12人结训。形成送技术、送政策上门的服务模式；走访辖区企业117场次，推广科特派技术服务对接平台应用386人次，为企业解决科技需求提供渠道。

【2021科技活动周】 2021年5月27日，同安区科技活动周暨“送科技、卫生、文化进社区”活动在大同镇同新路步行街广场举行，活动由同安区工信局（科技局）、区委宣传部、区科协联合举办，区发改局、区卫健局、文旅局、农业农村局、区司法局等部门参加。此次活动紧扣“百年回望　中国共产党领导科技发展”主题，针对公众对科技多样化需求，举办互动、参与体验性的科技活动。通过设立咨询台、科普展板、开展义诊有奖问答的形式，为群众提供科技政策、农业技术、法律法规咨询，并开展医疗服务。发放宣传资料6800份，奖品2130份。

【农村科普活动】 2021年，同安区科协以鑫美园果蔬专业合作社为试点认真打造农村科技小院，以莲花村为试点重点抓“农村科普示范村”建设，先后3次组织专家到现场进行专业指导；与厦门中草药协会合作，为中小学生研学举办培训活动50余场，受众达12000余人次；通过“导师制”精准扶贫方式，开展高素质农民培训70余场次，受训约3500人次。

【“双百青年科学家进课堂”活动在同安一中举行】 2021年3月10日，市科技局“双百青年科学家进课堂”系列活动暨同安一中“纳米防蓝光纳米防蓝膜亮眼行动”启动会在同安一中举行，由厦门“双百计划”领军型创业人才、厦门为纳光电科技有限公司创始人叶志成为同安一中学生开设科普讲座。这也是2021年厦门市“双百青年科学家进课堂”首场活动。叶志成首先与厦门市计量测试工作人员一起，将他所研发的纳米防蓝光膜进行护眼试验，随即以“纳米光学的膜法世界”为题开设讲座，介绍为纳米光学膜和为纳纳米防蓝光膜的技术特点，展示厦门为纳光电科技有限公司的创新创业成果。

（叶进忆）

2021年3月10日，厦门市科技局“双百青年科学家进课堂”系列活动暨同安一中纳米防蓝光膜亮眼行动启动会在同安一中举行　（同安区工信局供图）

知识产权保护

【概　况】 2021年，同安区获得专利授权6450件，其中发明237件、实用4788件、外观设计710件。厦门市三安光电科技有限公司获第二十二届中国专利奖。2家企业通过省级知识产权优势企业认定，4家企业通过市级知识产权优势企业认定。新增商标申请10017件，商标注册8804件；商标有效注册累计42494件。同安区市场监督管理局查处侵犯知识产权和制售假冒伪劣商品等违法案件184件。同安区市场监督管理局及知识产权维权工作站累计走访58家高新企业，调研企业知识产权发展状况和存在问题，对其进行线上/线下知识产权侵权检索，并出具检索报告。年内推进知识产权质押融资工作，联合区金融办、辖区银行，开通绿色通道，帮助14家企业获批贷款超过9000万元。

【知识产权优势企业评选】 2021年，同安区2家企业被评为省知识产权优势企业，分别是厦门绵羊抗疲劳垫有限公司、厦门立业卫浴工业有限公司；4家企业被评为市知识产权优势企业，分别是厦门百霖净水科技有限公司、厦门海普锐科技股份有限公司、固克节能科技股份有限公司、厦门冠音泰科技有限公司。

【同安小吃集体商标授权仪式举行】 2021 年 4 月 23 日，同安区市场监督管理局举行“同安小吃”集体商标授权仪式，推广“同安小吃”地域特色美食文化，共有 20 家同安本土小吃商家参与。在授权仪式上，同安区个体私营企业协会法人代表分别和授权商家代表签约，经“同安小吃”集体商标授权的商家可在店招悬挂印有“同安小吃”集体商标的灯箱。

【知识产权质押融资惠企沙龙】 2021 年 11 月 9 日，由同安区市场监督管理局主办、知识产权维权工作站协办的“知识产权质押融资惠企沙龙”在同安新城银城智谷园区举行，帮助科技型中小微企业解决因缺少不动产担保而带来的融资难题，38 家企业参加。主办方邀请知识产权评估机构、中小企业融资担保公司、银行等，开展《厦门市知识产权发展专项资金管理办法》政策宣导、银行知识产权金融产品创新宣讲、知识产权质押评估标准解读等，并

2021 年 4 月 26 日，同安区知识产权维权工作站同安工业集中区分站授牌仪式在同安工业集中区举行　（同安区市场监督管理局供图）

与企业开展交流探讨知识产权质押事宜。

【同安区知识产权维权工作分站挂牌成立】 2021 年 4 月 26 日，同安区知识产权维权工作分站在同安工业集中区“国贸大管家”办公楼挂牌成立。该站点由同安区市场监督管理局知识产权维权工作站设立，通过周期性驻点开展法律、政策性宣导、培训等活动方式，为工业集中区企业就近提供知识产权维权服务，帮助企业建立较为完整的知识产权管理与工作体系，协助重点企业建立规范的知识产权管理制度。

（李雪霞）

2021 年 4 月 23 日，同安区市场监督管理局举行“同安小吃”集体商标授权仪式　（同安区市场监督管理局供图）

气象观测与服务

【概　况】 2021 年，同安区气象局做好气象防灾减灾和公众气象服务工作。开展自然灾害综合风险普查，完成全国自然灾害综合风险普查试点县试点任务。开展气象安全管理，对辖区 91 家重点监管对象实施防雷安全日常监督检查，组织检查 36 家次。全年开展人工增雨烟炉作业 75 次，火箭弹增雨作业 12 次，缓解干旱。做好防汛保障工作，开展汛前业务大检查、应急演练，完成防汛业务手册更新。开展各类气象科普宣传活动 5 场次。

【气象服务】 2021 年，同安区气象局为社会公众、部门决策、农业生产和重大活动提供气象服务。

公众服务　在区融媒体中心的“同安发布”和“同安防汛”常态化发布气象信息和气象科普知识，气象预警信息接入国家突发事件预警信息发布网，向社会公众发布各类气象灾害预警信号和防御措施。通过省移动中心向同安全网手机用户发布短历暴雨天气降水预警。帮助 17 个镇

（街）和单位接入同安突发事件预警信息发布系统。通过媒体开展气象宣传，配合汀溪镇顶村村申报“清新福建.气候福地”之康养福地称号获授牌。全年发布各类气象灾害预警信号597份，其中9份暴雨红色预警信号。向各级防汛责任人、应急责任人和基层信息员发送预警短信619条，总计发送80万人次。

决策服务　在同安区经历29次暴雨过程、2次台风影响过程中，制作发布165份重要天气预警报告，其中“短时强天气报告”34份；发布气象信息内参160份，提供未来十天预报、延伸期预测；发布“专题气象服务专报”68份，提供中高考气象服务、重大突发公共卫生事件应急响应；发布区领导直报短信15天62次；乡镇“叫应”服务110条，全网发布暴雨红色预警9次。

为农服务　深入种养大户、区农业龙头企业一线，掌握第一手农业气象服务需求，针对气象为农服务调研情况，制作《厦门二十四节气之农业气象》宣传手册3000本，广泛分发给农业生产户。选定厦门绿为先生物工程有限公司为农业气象服务示范点，年内在公司园区内制作科普宣传展示板，提供厂区常年气候资料与同安国家观测站数据对比，系统了解区域气候特点。定期提供周报，特色作物农用天气预报，遇台风、低温、霜冻等灾害天气提前提示。全年制作《农业气象周报》48期，制作《农用天气预报》5期，为同安区主要农作物种植提供服务。

保障服务　在元旦、春节、“五一”、端午、国庆等重大节日期间和中高考等重大社会活动中，采取专项、跟踪服务等方式，做好气象服务工作。

2021年3月18日，同安区气象局在大同中心小学举办“3·23”气象日——“‘海洋’，我们的气候和气象”主题讲座　（同安区气象局供图）

【气象灾害风险普查】 2021年，同安区气象局开展自然灾害综合风险普查工作。成立同安区气象灾害综合风险普查工作小组，通过省级气象部门指导、翻阅书籍资料函询、电话沟通、现场调研以及查询保险公司数据等方式，完成台风、暴雨、高温、低温、雷电、大风、冰雹和干旱等8种气象灾害的致灾因子调查和历史灾害调查。其中根据中国人保提供的2358条雷击出险数据资料，整合相关数据，雷电灾情数据的完整性高。6月，完成《同安区气象灾害调查与致灾因子危险性评估报告》编制。

【气象观测服务优化】 2021年，同安区气象局在新民镇后宅社区建设气象观测区域站，提高气象观测数据覆盖面，年内建成并投入业务使用。因竹坝农场原区域站周边环境变化，影响观测数据质量，将其迁移至竹坝石埜水库。建设移动式风廓线雷达，进一步完善气象观测站网，提高气象观测数据覆盖面与准确性。

【气象科普宣传】 2021年，同安区气象局开展气象科普进校园活动，在大同中心小学围绕“海洋，我们的气候和气象”主题举办气象科普知识专题讲座。分别在五显镇竹坝社区、侨安社区及莲花镇淡溪村，开展气象防灾减灾科普宣传讲座，强化群众的气象防灾减灾意识、知识水平和避险自救能力。6月1日，参与2021年同安区“安全宣传咨询日”活动，发放资料105份，宣传气象防灾减灾知识。

【气象科普园区建设】 2021年，同安区气象局开展科普园区建设，完成科普园区设计方案获市气象局审议通过，11月启动建设，至年末完成园区主体部分建设。园区地址设在区气象局单位工作园区内，主要以气象科普教育为主题，以气象观测为核心，建设展示栏、气象观测模型、气象仪器等，融合观测、科普、景观、研学于一体，宣传气象文化及气象科技知识，展示气象建设成果。

（沈金凯）

公共文化

【概　况】 2021年，同安区开展“送春联迎新春，翰墨飘香暖人心”活动、“舞动银城——欢喜过大年”线上文艺演出、“匠人匠心，传承创新——同安首届陶瓷艺术展览”、同安区第八届少儿故事大王比赛暨第十三届厦门市少儿故事大王选拔赛、街头艺人海选、街头艺人演出、永远跟党走综合性文艺演出、线上广场舞大赛、迎新春农民画展、陈金山中国画作品回顾展、端午节农民画作品展、庆祝中国共产党成立100周年书画作品展等活动，线上、线下参与总计11万人次。在同安区突发新冠肺炎疫情后，同安区向文艺创作骨干、文艺爱好者及文艺志愿者征集各类原创抗疫作品500余件，整合推出文艺展播30期，点击量约1万次。原创作品参加省级比赛取得好成绩，同安区文化事务中心（同安区文化馆）选送的荷叶说唱《乡村小唱》获福建省第四届曲艺“丹桂奖”大赛一等奖第一名。

【文化惠民服务】 2021年，同安区文化馆、梧侣文体活动中心依托文化中心展厅、活动室、各基层文化站点，开展各类公益性培训、讲座活动。免费培训项目包含古筝、形体、绕线编织、古法造纸、健身舞蹈、电子琴等，共开展公益培训项目29个，招收学员803人，培训602课时。邀请各界文化名人到馆举办公益讲座7场，涉及葆歌、古筝、摄影、文学等，受益群众达2000余人。区文化馆展厅承办各类书画展13场，组织公益电影放映2964场，观众11.42万人次。

【同安区首届陶瓷艺术展】 2021年5月1—10日，同安首届陶瓷艺术展在同安区莲花镇热陶艺术区举行。该艺术展由同安区文化和旅游局主办，同安区莲花镇镇政府、同安陶瓷文化研究会、同安区文化事务中心（同安区文化馆）协办，厦门千境文化艺术有限公司承办，旨在弘扬中国传统陶瓷文化，促进中外陶瓷艺术家交流合作，推动同安陶瓷产业升级发展。厦门市文化和旅游局、同安区委宣传部及同安相关部门领导，北京市、江西省景德镇市、福建省德化县、同安本土的陶瓷艺术家、爱好者出席开幕式。艺术展以“匠人匠心，传承创新”为主题，共展出150件作品，分别来自景德镇、德化、台湾地区及马来西亚、新加坡等地以及本土陶瓷艺术家的优秀创作展品，包含瓷板、手绘瓷瓶、陶瓷雕塑、

2021年5月1—10日，同安首届陶瓷艺术展在莲花镇热陶艺术区举行。图为展出的部分陶瓷作品　　（同安区文旅局供图）

当代雕塑、汝瓷、珠光青瓷及各种手工陶瓷作品。

【厦门同安方特特效电影沙龙启动】 2021年12月31日，厦门方特特效电影沙龙启动。该活动系2021中国金鸡百花电影节系列配套活动之一，在方特景区举行。沙龙普及电影艺术知识，宣传展示电影节各项内容，展现同安区在动漫电影、特种电影制作方面的工作成果。

【线上广场舞大赛】 2021年11月20—30日，同安区举办线上广场舞大赛。赛事由同安区文化和旅游局主办、同安区总工会，同安区文化事务中心承办，采用各镇街线下拍摄视频集中评比、线上展示的方式举行。各镇街在各自景区拍摄广场舞视频，通过线上视频传播，展示独具地域特色的风景和充满力量的广场舞，进一步打造各镇街的文化IP形象。11月30日，评委对12支代表队报送的视频资料进行现场评审。

【街头文化艺人选秀】 2021年3月，同安区启动街头艺人招募选拔活动，通过线下选拔，活跃城市街头的文化气氛，促进城市公共文化多元化发展。4月27日，同安区文旅局在文化馆举办同安区街头文化艺人选秀，选秀现场分为传统手工艺类和音乐舞蹈类两个级别音乐类有街舞、古典舞蹈、吉他弹唱、小提琴演奏，手工艺类有棕编、铁艺、捏面人、烙画葫芦等。由文化专家、各专业协会会员等组成评委，评选出42组选手颁发街头艺人演出证。“五一”期间，获奖艺人在同新路步行街、滨海浪漫线等人流聚集地进行街头演艺表演。

（范丽雯　叶世铿）

文化遗产保护

【概　况】 2021年，同安区组织5个市级非物质文化遗产（简称“非遗”）保护项目申报第七批省级“非遗”保护项目，推进区级“非遗”项目及传承人申报评选工作。开展调研、普查，新挖掘传统木雕、船模、面塑、传统面粉制作技艺、米酒制作技艺等项目近20个，完成第二批区级“非遗”项目及传承人评选及授牌工作。举办“文化和自然遗产日”“非遗”宣传展示活动。实施文物三年修缮行动，推进34处文物项目修缮工作，竣工验收20处。完成同安历史陈列馆（一期）项目，启动二期项目建设。至年末，全区有省、市、县（区）级文物保护单位72处，其中省级文物保护单位6处，市级文物保护单位5处，区级文物保护单位48处。有涉台文物古迹23处。

【同安区首批省级革命文物公布】 2021年3月16日，根据福建省文物局《关于核定公布福建省第一批革命文物名录的通知》，同安区中共厦门工委旧址——阳翟图书馆、同安烈士陵园、五峰烈士墓等3处不可移动文物，以及第二次国内革命战争时期共产党党徽椭圆形木印章、第二次国内革命战争时期革命烈士陈仙查使用的蘸水笔等2件可移动文物（均藏于同安区博物馆）上榜福建省第一批革命文物名录。

【文物修缮保护】 2021年，同安区做好不可移动文物日常维护和巡查管理工作，完成24处文保单位消防安全管理标准化达标创建工作。区文旅局联合区消防大队、各镇（街）等部门开展文物消防安全专项大检查，组织消防灭火、公共场所疏散应急演练9次，参与人数2034人次。开展各级文物保护单位、古建筑安全隐患大排查活动，排查安全隐患138处，通过口头警告、书面通知等形式组织整改。开展省、市、区级和未定级不可移动文物巡查3569人次。

【四林黄提督墓设立文物保护碑】 2021年6月，同安区政府在位于

2021年7月，同安区政府在位于五显镇四林村的四林黄提督墓树立文物保护牌

（黄曙光　摄）

同安区五显镇四林村庄上自然村的“四林黄提督墓”设立文物保护牌。该文物为曾任清朝水师提督、同安籍将领黄陞之墓，2016年，吴陞墓墓道坊的“钦赐祭葬”匾额被发现，黄陞墓龟趺、六角形坐狮望柱等重要构件在原址被挖掘出土，黄陞墓得到修复，经申报后被同安区政府公布为同安区未定级不可移动文物。

小资料：

黄陞，曾名吴陞，字源泽，同安人，行伍出身，先后从征金门、厦门等地，清康熙二十二年（1683年），随施琅定澎湖、台湾，因功擢广东副将。清乾隆版《泉州府志》记载了康熙四十九年至五十一年间，时任广东水师副将吴陞“自琼崖历铜鼓，经七洲洋、四更沙，周遭三千里，躬自巡视，地方宁谧”的史实，为清代水师提督中巡视三沙群岛的第一人。吴陞逝世后，雍正皇帝赐御制诗章，钦赐祭葬，赞其“偏裨遵节制，疆宇籍绸缪”的功绩。

【“非遗”项目进基层】 2021年，同安区文化馆开展“非遗”项目进基层活动。依托文化中心展厅、活动室、各基层文化站点开办南音公益培训乐器班、南音公益培训唱腔班、民间传统手工艺系列亲子培训班、农民画夏令营等公益培训班82班次，招收学员550名。宋江阵传习中心在汀溪中心小学举办宋江阵传承培训工作，每周授课3次，年内培训学员近100名；莲花褒歌传习中心、南音传习中心分别在莲花小坪小学、国祺中学常态化开展传承工作。

【区级“非遗”项目及传承人授牌】 2021年6月11日，同安区在区文化馆一楼展厅举办“文化和自然遗产日”“非遗”宣传展示活动暨第二批同安区“非遗”代表性项目及代表性传承人授牌仪式。同安区文旅局领导，同安区“非遗”工作者，“非遗”项目保护单位、传习中心负责人、“非遗”代表性传承人及社区工作者、文化志愿者代表等约300人出席仪式。授牌仪式上，同安区公布第二批区级“非遗”代表性项目名录18个项目，第二批区级代表性传承人17人。区文旅局向第二批区级“非遗”代表项目参会代表颁发牌匾、向第二批区级“非遗”项目传承人代表颁发证书。

同安区第二批区级非物质文化遗产代表性项目一览表

表22

序号	项目名称	申报单位
一、民间文学（1项）		
1	闽南童谣	厦门市同安区琴韵敦煌艺术培训中心
二、传统音乐（1项）		
2	闽南筝演奏技艺	厦门市同安区东山民俗文化志愿者协会
三、曲艺（1项）		
3	答嘴鼓	厦门市同安区文化事务中心
四、传统美术（1项）		
4	同安木雕	厦门市同安区鑫隆工艺美术社
		厦门木大帅艺术陈设有限公司
		同安顺艺木雕厂
五、传统技艺（8项）		
5	同安传统米酒酿造技艺	厦门市同安区汀溪万利酒厂
6	面塑	厦门市同安区友员工艺品工作室
7	同安梭船传统制作技艺	厦门市同安区西柯镇丙洲社区居民委员会
8	厦门漆线雕技艺	厦门市鹭艺轩工贸有限公司
9	同安竹编	厦门市同安区鑫竹之家竹器店

续表 22

序号	项目名称	申报单位
10	同安传统纸扎技艺	厦门市同安区壬癸纸艺工作室
11	同安传统面线制作技艺	厦门市同安区莲花镇云洋村民委员会
		厦门市同安区耀来面制品加工厂
12	同安传统米粉制作技艺	厦门市同安区莲花镇蔗内村民委员会
		厦门市同安区颜大队米粉厂
六、传统医药（2 项）		
13	厦门八宝丹传统制作技艺	厦门中药厂有限公司
14	厦门六味地黄丸制作技艺	厦门中药厂有限公司
七、民俗（4 项）		
15	同安东山古庙敬天习俗	东山古庙（厦门）文化交流有限公司
16	银同黑脸妈祖信俗	厦门市同安区大同街道三秀社区居民委员会
17	凤山大王信俗	厦门市同安区莲花镇美埔村民委员会
18	潘涂接龟习俗	厦门市同安区西柯镇潘涂社区居民委员会

（洪松梅　方日升）

同安区第二批区级非物质文化遗产代表性传承人一览表

表 23

序号	项目名称	申报单位	代表性传承人		
			姓名	性别	民族
1	同安农民画	同安区文化馆	陈　巡	男	汉
2			何文亮	男	汉
3			纪万水	男	汉
4			柯登科	男	汉
5			柯静缘	女	汉
6			纪清海	男	汉
7	莲花褒歌	同安区文化馆	叶华良	男	汉
8			高金镖	男	汉
9			高全志	男	汉
10			洪宏展	男	汉
11	同安传统锡雕技艺	同安锡雕传习中心	庄亚葵	女	汉
12	同安薄饼传统制作技艺	厦门市同安区薄饼嫂美食园	庄秋铭	女	汉
13	同安封肉传统制作技艺	厦门市同安区薄饼嫂美食园	吴招治	女	汉
14	南音	同安银安堂南乐研究会	洪碧恋	女	汉
15			洪永辉	男	汉
16	大广弦说唱	厦门吕实力芗剧团	吕晨怡	女	汉
17	厦门酱油古法酿造技艺	厦门古龙食品有限公司	盖　军	男	汉

文化市场管理

【概　况】 2021年同安区文旅局开展“除隐患、保安全、迎建党百年”、“消防安全百日攻坚”、“净网2021”、“扫黄打非·新风2021”、文明创建、扫黑除恶、文化市场安全生产隐患大排查大整治等专项行动，出动执法人员4158人次，检查各类文化场所2079家次，其中娱乐场所536家次、网吧561家次、影院128家次、游泳场所146家次、出版物经营场所328家次、印刷企业90家次、文物保护单位177家次、演出场所31家次、互联网服务企业1家次、广电企业1家次、旅行社66家次、帆船项目14家次。检查发现一般隐患1307处，完成整改隐患1307处。全年组织34次“双随机”检查，出动执法人员408人次，检查文化场所204家。处理各类举报单61件，立案6件，办结6件，没收违法所得5392元，并处罚款4000元；关停黑网吧4家，依法查扣违法经营电脑主机47台、显示器56台、交换机3台、服务器1台；查处并拆除非法设施的卫星接收设施16座，参与销毁侵权盗版出版物970件，组织销毁游戏赌博机172台。

【“除隐患、保安全、迎建党百年”专项行动】 2021年，同安区文旅局开展“除隐患、保安全、迎建党百年”专项行动，1月、4月、10月聘请第三方安全专家排查整治辖区各文旅企业存在的安全生产和疫情防控隐患，主要检查辖区娱乐场所、网吧、影院、出版物市场、区广播电视台、网络公司、游泳场所、大型书店、旅行社、印刷企业等场所，发现灭火器瓶身使用超年限、消防设施点检查不到位、配电箱未接跨接地线等一般隐患653处，完成整改隐患闭环653处。

【“净网2021”专项行动】 2021年4月，同安区文旅局组织“净网2021”专项行动。召开文化市场“扫黄打非”工作部署及安全生产培训会，执法工作人员、辖区娱乐场所、网吧、书店、影院、规上印刷企业管理人员85人参会。执法大队出动执法人员782人次，查处网吧是否存在未经批准擅自运营的网络游戏、接纳未成年人等违法违规行为，引导督促业主建立和规范上网登记制度，规范安装使用福建省网吧监管平台网吧服务端，加强上网人员身份证监管。总计检查网吧经营场所391家次，查处“黑网吧”4家次，依法查封扣押电脑主机47台、显示器56台、交换机3台、服务器1台；委托第三方安全专家排查一般隐患43处，全部完成整改。

【“扫黄打非”工作】 2021年，同安区文旅局组织开展文化市场“扫黄打非·新风2021”专项整治行动、“护苗2021”行动，结合创建平安厦门综治宣传活动、“控事故、保安全、迎建党百年”安全生产集中攻坚专项行动等工作，加强网吧、校园周边综合治理，搞好校园周边环境的清查净化工作，先后出动执法人员1224人次，检查各类文化场所638家次。对辖区校园周边及出版物经营点进行排查，突出加强对校园周边书店、游商地摊等文化市场的排查整治，集中清理夹杂“黄暴毒”、侵权盗版、宣扬邪教迷信等有害内容的少儿出版物。在辖区内学校开学前后，组织对辖区校园进行排查，突出加强对校园周边出版物经营点、文具店的排查，清查所在场所是否销售含有淫秽色情、暴力恐怖、校园霸凌、自杀自残虐童施暴等内容的出版物及盗版教辅材料，未发现非法违规经营行为。基本实现在中小学校周边200米内无互联网上网服务营业场所，无歌厅、舞厅、卡拉OK厅、游艺厅等娱乐场所，无销售恐怖、迷信、色情的玩具（文具）和出版物的目标。

（杨　雷）

图　书

【概　况】 2021年，同安区有同安图书馆和同安区少儿图书馆2家区级公共图书馆。同安图书馆设11个分馆、8台24小时街区自助图书馆；同安区少儿图书馆设有洪塘分馆。年内区级公共图书馆总计增加图书42169册，馆藏图书55.32万册，图书借阅25.5万人次。同安图书馆与同安区少儿图书馆开展讲座、展览、阅读推广等各类活动场次117场，服务读者9.76万人次。福建新华发行集团同安分公司全年图书销售总额5329.83万元，比上年增长7.72%。

【同安图书馆】 2021年，同安图书馆通过现场采购、书单采购、读者推购等方式，新增图书10424种24171册。年度办理借阅证1509张，流通册数498212册，到馆读者16.63万人次。8台24小时街区自助图书馆外借图书10386册，办理借阅证44本。根据新冠肺炎疫情防控要求加强线上服务，开展“你选书，我买单”、端午有奖答题等活动。定期（每月一次）举办“诗一样的儿童，儿童一样的诗”和波波老师一起走进儿童诗、“木可老师”亲子悦读会、“小眼睛看世界”绘本阅读活动等阅读推广品牌活动。全年举办讲座23场，其中线下7场、线上16场，33255人次参与；举办展览6场，5434人次参与；举办阅读推广活动29场，其中线下15场，线上14场，30923人次参与；举办少儿活动5场，其中线下2场，线上3场，706人次参与；举办面向留守儿童、贫困家庭、残障人士等其他特殊群体服务活动2场，505人次参与。

【同安区少儿图书馆】 2021年，同安区少儿图书馆新增图书17998册，馆藏图书172998册。累计借阅图书282570册次，总流通人次88747人次，办证690人；利用“4·23”世界读书日、“图书馆服务宣传周”、“书香鹭岛活动月”和中国传统节假日开展各类读者活动，馆内开展线上线下读者活动共52场，其中线上活动8场，共服务读者27411人，线下活动44场，共服务读者3903人。其中开展“童乐绘”亲子悦读手工坊6期，服务读者150人次；“AI创未来”乐高机器人活动1期，服务读者36人次；“悦读悦写”系列课程10场，服务读者330人次；“亲子成长”公益早教5场，服务读者117人次；“爸妈也成长”系列课程5场，服务读者167人次。

【同安区首家小区公益图书馆揭牌】 2021年5月30日，同安区华森首府小区公益图书馆揭牌。这是同安区首家小区公益图书馆。市教育基金会，市、区文明办等单位领导参加揭牌仪式。图书馆总面积约100平方米，拥有藏书3500册，涵盖古典文学、少儿读物、人文科学等类型。馆内设有借阅区、电子阅览区等，为小区居民提供办证、阅览、借书等一系列服务。

【“同读·同安”云阅读大赛】 2021年4月23日，在世界读书日，“同读·同安”云阅读大赛启动，持续至5月7日。该次大赛由同安区图书馆、同安区少儿图书馆主办，同安区书店、中小学校等25家相关单位参与协办，以“同读一本书，感受时光的安好”为主题，阅读书目涵盖党史类、文学类、少儿类、地方文史类等类型，挑选《中国共产党党史》《老时光里的同安》《有趣的汉字王国》等10种优秀书籍的节选内容，采用线上阅读、线上答题、线上颁奖的形式举行，可同时容纳2000人在线阅读答题，营造全民阅读书香氛围。比赛总分100分，得分70分以上的优胜者，由组委会颁发电子版完赛证书，参与随机抽奖活动。读者在比赛平台上传在同安区图书馆、同安区少儿图书馆以及芦山堂、苏颂公园、文笔塔、雪樵公园等文化地标打卡读书的场景照片，可获得20分附加得分。比赛评选出一等奖2名、二等奖10名、三等奖50名和纪念奖500名，提供华为儿童手表、小度智慧屏音箱、小米小爱音箱、液晶涂鸦写字板、定制帆布袋等奖品。

【图书销售发行】 2021年，福建新华发行集团同安分公司组织“全民读书月　新华悦读季”“暑假读一本好书”“寒假读一本好书”等图书营销活动。推动乡村地区图书销售，到未设立网点的新圩镇、内厝镇开展流动图书供应，全年开展下乡活动7次，组织门市营销活动66场。组织馆配会线上、线下采购图书，邀请公共图书馆和中、小学校共7家单位参加，共采订图书14745册，销售84万元。2021年建立同安分公司网上书店，通过网络、微信公众号进行联动宣传，实现引流销售。全年销售总额5329.83万元，比上年增长7.72%。其中，一般书销售1260.28万元，比上年增长5.32%；教材销售3108.67万元，增长9.30%；教辅销售1354.95万元，增长5.25%。营业收入5505.62万元，比上年增长7.72%；利润341.17万元，下降2.49%。

（蔡晓卉　卓春兰　朱洋洋）

融媒体

【概　况】 2021年7月，同安区融媒体中心成立。8月，经福建省广电局批准设立自办频道，原插播省公共频道变更为“同安区广播电视台综合频道”，FM898同安人民广播电台变更为“同安广播电视台综合广播”。全年组织开展各类重大主题系列宣传20余次，在广播、电视、纸媒以及各类新媒体累计发布新闻1万余条，采制播出电视栏目《同安新闻》等栏目560档（期），在厦门电视台《今日视区》播出同安新闻53档；采制专题片83部。电视节目全年累计播放1490小时。调频广播节目全年累计播放6388小时。在全市各区率先推出“同安记忆”等学习强国专栏，抖音最高点击量达3562万；节目精品创作实现突破，获省级以上奖项8件次，媒体融合案例入选2021年福建省广播电视媒体融合典型案例。年内，同安区融媒体中心获福建省委宣传部评选的福建省县级融媒体中心30强荣誉。

【厦门市同安区融媒体中心成立】 2021年7月，同安区融媒体中心正式成立。该中心在原厦门市同安区广播电视台基础上组建，加挂同安区广播电视台牌子，为厦门市同安区委直属正科级事业单位，归口中共厦门市同安区委宣传部领导；内设办公室、总编室、采访部、编播部、技术部、新媒体部6个部门。

【重大主题宣传】 2021年，同安区融媒体运用广播电视及两微一端等新媒体矩阵，以及村村响、户外LED、移动电视等平台，开展重大主题宣传。围绕同安区委区政府中心工作，聚焦全区主题主线，围绕庆祝中国共产党成立100周年、党史学习教育、十九届六中全会及省、市、区党代会和疫情防控、特区建设40年及扫黑除恶、乡村振兴、流域治理、文明创建等，组织开展各类重大主题系列宣传策划20余次，在广播、电视、纸媒以及各类新媒体累计发布新闻1万余条，其中200余条点击量超过10万次。制作短视频、献礼片50件以上，其中《银城少年学党史》8集系列片在央视移动网总点击量超过1000万人次，单件最高点击量达221万人次，432件视频作品在“学习强国”平台播放。在全市率先推出“同安记忆”“同安印象”“写意·同安印象”“同安优厨”“银城少年学党史”等强国专栏，抖音最高点击量3562万次，9月，同安突发新冠肺炎疫情，融媒体中心组织人员深入采访疫区一线，全貌展现同安区疫情防控工作，累计采制新闻、专题、公益片等172条。

【自办频道开设】 2021年8月，经福建省广电局批准，同安区融媒体中心设立自办频道，原插播省公共频道变更为“同安区广播电视台综合频道”，设有《同安新闻》《文话同安》《百姓传真》《同安党建》《周末在线》《科普新说》《银城曝光台》等多档节目，每周五与“厦视直播室”连线直播的《今日视区》，宣传同安经济社会发展全貌。

【电视节目制作】 2021年，同安区融媒体中心共采制播出栏目《同安新闻》312档2112条新闻、《百姓传真》53档、《周末在线》53档、《科普新说》106期及《文话同安》《银城曝光台》《同安党建》各12期。在厦门电视台《今日视区》播出同安新闻53档209条。采制专题片83部，其中自采专题方面配合栏目播出及各部门采制专题片72部，主要有《同安，我们这一年》(2020年回顾)、《冠军龙服》、《银城少年学党史》8集、《乡村振兴动线宣传》2集、《写意·同安印象》7集、《同安优厨》29集等高质量宣传片以及结合区主要活动采制的各类新闻专题。电视节目每天首播、重播及公益宣传播出时间4小时，全年累计1490小时。

【广播节目制作】 2021年，同安区广播电视台同安综合广播（FM89.8MHZ）自办节目每天播出时间17小时30分钟，从凌晨6:20开播至23:00结束，其中每天自采节目14档，合计播出时间15小时30分钟，转播央广及省广新闻节目2小时，全年总播出节目时长6388小时。

【新媒体】 2021年，同安区融媒体中心不断强化“同安发布”新媒体矩阵，微信公众号多次位列全省县域微信公众号首位，年度排名前五。“同安发布”抖音号实现每天常态化更新，视频原创作品1211条；新媒体直播全年累计执行76场，并实现多平台发布。同安区融媒体中心积极向“学习强国”等新媒体平台供稿，其中学习强国采用作品432件，位居全市区级融媒第一。

【作品获奖】 2021年，同安区融媒体中心选送作品参加全国、省级节目评选获奖8件次，其中《乡村振兴丨同安印象——写意·顶村 邂逅》《同安记忆》参加全国县级融媒体中心优秀作品双月赛，分别获二等奖；《海归科特派的“芯”使命》参加科技部、《科技日报》“大美科技特派员”视频评选，获三等奖；《闽台同名村元宵节甘蔗“云祭祖”》《探究融媒体下地方播音主持工作者的新定位》分获福建新闻奖二等奖、三等奖；《高山！靠山！》《海归科特派的“芯”使命》分获福建省“理想铸丰碑，我说新福建”主题活动中优秀作品奖、入围作品奖；《突击48》获福建省“信仰的力量”微广播剧评选入围作品奖。

（王英瑞）

苏颂文化传承

【概 况】 2021年，同安区举办第十届厦门（同安）苏颂国际文化节等活动，传承同安历史名人苏颂文化，弘扬苏颂精神当代价值。同安区苏颂纪念馆被确认为“厦门城市党建学院2021年—2022年实训基地”，全年接待来馆参观群众4.5万人次。区科协举办“苏颂文化研学”夏令营等活动，传承苏颂科技精神。厦门市同安芦山堂苏颂文化研究会开展苏颂文化交流、苏氏族谱庆谱典礼举办、苏颂遗迹专题片拍摄等工作。苏颂故居芦山堂接待参观访问超过100批次，总计超过1000人，接待全国中医药产学研协同创新平台协调领导小组常务副组长管西亮率团到芦山堂考察调研；接待厦门市卫健委、厦门医学院领导到芦山堂考察调研“福建省中医药传统知识和文化遗存”项目。

【2021年第十届厦门（同安）苏颂国际文化节】 2021年12月10日，2021年第十届厦门（同安）苏颂国际文化节在同安举行。该届文化节以“守正为民　政简兴同”为主题，由厦门市社会科学界联合会、同安区委宣传部指导，同安区社会科学界联合会主办。开幕式在盛之乡温泉酒店举行，中国朱子学会顾问、省委宣传部原副部长朱清，厦门市原副市长潘世建，厦门市文化局原局长彭一万，同安区委常委、宣传部部长林生海、集美大学马克思主义学院院长肖仕平，福建省姓氏源流研究会苏氏委员会会长苏谈成等来自全国各地的专家学者、海内外苏氏宗亲参加，开幕式上举行纪录片《仰望星空的人——北宋宰相科学家苏颂》的首映仪式、苏颂诗作朗诵、《苏颂文脉传承与延展》新书发布仪式，展演歌仔戏《苏颂断案》等一批围绕苏颂文化创排的文艺节目。开幕式进行全球直播，阅读量超过1800万次。当天下午，举行“守正为民，政简兴同”主题研讨会，中共福建省委党校（行政学院）兼职教授朱清、中国苏颂研究会常务副会长管成学、苏州大学教授周生杰、福建中医药大学教授黄泽豪等专家学者通过线上线下相结合方式进行研讨，从人文、从政理念等不同层面阐述苏颂修身、齐家、治国的方略和做人的崇高品德，传播、弘扬苏颂精神当代价值。

【苏颂科技精神传承】 2021年，同安区苏颂纪念馆全年免费开放263天，接待参观团队22个，来馆参观群众4.5万人次。“七一”节前后，区科协、区科技馆联合组织“弘苏颂精神‘船红色文化’”专题活动3场，走进社区、学校，把党建引领活动与传播苏颂精神有机结合，发挥苏颂纪念馆科学精神传播与爱国主义教育基础的双重功能。

【苏颂文化进高山活动】 2021年4月10日，由厦门市同安区委宣传部指导，同安区社会科学界联合会、莲花镇人民政府联合主办的“弘扬传统文化·助力高山振兴”暨苏颂文化进高山活动在莲花镇军营村举行。同安芦山堂苏颂研究会特邀顾问张沧海向村民讲述苏颂生平的杰出成就以及苏氏家风家训，勉励村民学习苏颂的优良品格，汲取精神力量融入美丽乡村建设当中。随后演出“非遗”歌仔剧《苏颂断案》，朗诵《苏颂科学诗配乐》及《共筑中国梦》《领航新时代》《莲花褒歌串烧》等一系列歌舞节目，以不同形式展示苏颂法治思想及科技精神，弘扬当代社会主义主流价值观。

【《芦山苏氏大宗总族谱》庆谱典礼】 2021年1月14—20日，同安芦山堂苏颂文化研究会在同安区苏颂故居芦山堂举办《芦山苏氏大宗总族谱》庆谱典礼，福建各支派苏氏宗亲代表约200人参加。《芦山苏氏大宗总族谱》由苏颂文化研究会会长苏清祥、苏文金及苏景中主持编纂，2015年启动，2020年完成编纂，以志书等史籍为依据，以碑刻、墓志铭为佐证，综合考证编撰而成。共18册，300万字，收录6个部分，其中源流篇（一册）、文献篇（一册）、人物篇（二册）、著作篇（一册）、谱志篇（十二册）、纪实篇（一册）。从苏氏家族入闽始祖苏益开始，全面记述芦山苏氏的来源、繁衍世系、人口迁徙和古今族群分布等。主办方在庆谱典礼举办期间开展各类民俗传统活动，举办请天公天将、土地公，敬祖宗，举办和幡仪式，关谱门仪式等。1月20日，举办向福建

2021年12月10日，第十届厦门（同安）苏颂国际文化节在同安举行。图为在开幕式上表演的苏颂诗作朗诵节目　（夏海滨　摄）

各支派苏氏宗亲代表赠谱仪式。

【苏颂文化研学夏令营】 2021年7月9—10日，同安区科协、区教育局、城东中学、区科技馆联合举办第九届“苏颂文化研学”夏令营，传承苏颂勇于实践、锐意进取的科技精神，42名城东中学学生参加。夏令营举办遥控红船闯关比赛，体验漆线雕制作比赛，参观苏颂故居芦山堂及苏颂纪念馆，观看科教片《北宋科学巨匠苏颂》等。系列活动结束后，营员根据夏令营主题完成研学手抄报并开展评比。夏令营评选出遥控红船闯关比赛优胜者16名，漆线雕制作比赛及主题手抄报比赛优秀制作各16件。

2021年7月9—10日，同安区科协等单位举办第九届同安区苏颂文化研学夏令营活动。图为营员参观苏颂公园，在水运仪象台模型前合影（同安科技馆供图）

【苏颂文化推广成果获奖】 2021年，同安区推广苏颂文化品牌取得成果，多部作品及活动获奖。同安区社科联制作的纪录片《北宋科学巨匠苏颂》获国家广播电视总局授予的“2020年优秀国产纪录片”荣誉称号，书籍《苏颂全集》获省人民政府“社科优秀成果一等奖”，苏颂文化节入选厦门市文发办、厦门日报社组织的“年度区街创意品牌活动”。

【苏颂文化交流】 2021年，同安芦山堂苏颂文化研究会会长苏清祥带队到广东、江苏及福建省安溪县等地开展苏颂文化交流活动。3月4日，潮州市潮安区苏氏会堂举行闽粤两地“关于弘扬苏颂精神文化研讨会”暨《芦山苏氏大宗总族谱》赠谱交接仪式，苏清祥等人参加。11月25—26日，苏清祥带队到江苏省镇江市开展考察交流，至五洲山宋代苏颂墓遗址了解考古进展情况；分别与镇江市苏颂文化研究会、镇江市历史文化名城研究会签订两地两会互动互访长效机制；与鼎映影视摄制组一行6人到镇江市商讨有关苏颂遗迹的专题片拍摄工作。11月30日，苏清祥带队到安溪县湖头镇横山参加恒产载厚祖祠重修落成庆典暨苏颂文化传承活动。

小资料：

苏颂（1020—1101），字子容，原同安人，中国北宋中期官员，杰出的天文学家、天文机械制造家、药物学家。苏颂出身闽南望族，于宋仁宗庆历二年（1042年）登进士第，授宿州观察推官。曾长期在馆阁供职，广涉古籍，留心医学；后多次出任地方官，并两次出使辽朝、三任馆伴使。宋哲宗即位之初，历任刑部尚书、吏部尚书、尚书右丞，元祐七年（1092年）拜相。宋徽宗时进拜太子太保，封赵郡公。建中靖国元年（1101年），苏颂于润州（今江苏省镇江市）逝世，获赠司空，后追封魏国公。宋理宗时追谥“正简”。苏颂博学多才，于经史九流、算法、地志、山经、本草、训诂等学无所不通，他领导制造世界上最古老的天文钟“水运仪象台”，开启近代钟表擒纵器的先河。因其在医药学和天文学方面的突出贡献，被英国中国科技史专家李约瑟称为“中国古代和中世纪最伟大的博物学家和科学家之一”。有《本草图经》《新仪象法要》《苏魏公文集》等作品传世。

（陈曼璐　余泽松　苏灵通）

卫生健康

综　　述

【概　况】 2021 年，同安区医疗卫生机构总数 470 家，其中公立医疗机构 16 家（三级乙等综合性医院 1 家、二级甲等中医院 1 家、监狱医院 1 家、社区卫生服务中心 3 家、卫生院 6 家，以及卫生监督所、疾控中心、妇幼保健院、皮防院各 1 家），社会医疗机构 262 家（医院 5 家、门诊部 36 家、诊所 218 家、检验中心 3 家），学校及企事业卫生机构 82 家，村卫

2021 年度同安区医疗卫生机构和医疗卫生人员情况表

表 24

机构分类	机构个数（个）	在岗职工（人）合计	卫生技术人员 小计	执业（助理）医师	执业医师	注册护士	药师（士）	技师（士）	检验师	影像师	康复师	卫生监督员	其他	见习医师	其他技术人员	管理人员	从事管理人员	工勤技能人员
总　计	470	4443	3714	1657	1479	1515	225	230	150	64	13	22	65	12	139	202	143	301
一、医院	8	2325	1974	715	697	985	116	130	73	45	12	0	28	7	71	96	80	200
综合医院	7	1973	1676	592	576	870	86	104	57	37	10	0	24	7	68	72	62	167
中医医院	1	352	298	123	121	115	30	26	16	8	2	0	4	0	3	24	18	33
二、基层医疗卫生机构	455	1830	1545	865	708	498	102	53	35	16	1	0	27	4	35	70	44	60
社区卫生服务中心	3	128	116	56	55	31	15	11	8	3	0	0	3	2	7	12	5	0
卫生院	6	294	264	125	118	76	31	23	17	6	0	0	9	1	16	9	6	8
村卫生室	110	278	132	132	48	0	0	0	0	0	0		0	0	0	0	0	0
门诊部	36	482	413	224	193	134	27	19	10	7	1	0	9	1	10	39	24	35
诊所	300	648	620	328	294	257	29	0	0	0	0	0	6	0	2	10	9	17
三、专业公共卫生机构	4	179	121	60	58	9	7	19	19	0	0	22	4	1	8	21	17	33
疾控中心	1	42	17	9	9	0	0	5	5	0	0	0	3	1	1	7	7	17
皮防院	1	29	19	6	6	4	5	3	3	0	0	0	1	0	5	4	0	5
妇幼保健院	1	75	63	45	43	5	2	11	11	0	0	0	0	0	2	1	1	9
卫生监督所	1	33	22	0	0	0	0	0	0	0	0	22	0	0	0	9	9	2
四、其他卫生机构	3	109	74	17	16	23	0	28	23	3	0	0	6	0	25	15	2	8
临床检验中心	2	54	33	3	3	3	0	21	19	0	0	0	6	0	18	5	2	1
其他	1	55	41	14	13	20	0	7	4	3	0	0	0	0	7	10	0	7

生所 110 家。拥有各级各类卫生技术人员 3714 人（含民营），其中执业（助理）医师 1657 人、注册护士 1515 人、其他卫技人员 542 人，每千人卫生技术人员、执业（助理）医师、注册护士分别达 4.33 人、1.93 人和 1.76 人；纳入镇村卫生一体化管理的村级乡村医生 283 人。在公立医疗机构卫生技术人员中，高级职称 355 人、中级职称 549 人、初级职称 226 人，分别占卫生专业技术总数的 31.3%、48.4%、19.9%。编制总床位 1867 张，其中市第三医院 1000 张、区中医院 200 张、监狱医院 52 张、卫生院（社区卫生服务中心）93 张、皮防院 16 张、博爱医院 101 张、城南医院 20 张、工业集中区医院 102 张、新开元医院 101 张、附大医院 20 张。全区每千人床位数 1.92 张（按常住人口测算）。各医疗卫生单位建筑总面积 33.15 万平方米，其中业务用房面积 16.02 万平方米。全系统有百万元以上医疗设备 98 台（套）。全年全区医疗卫生机构总诊疗人次 398.72 万人次，比上年增长 5.83%；医院病床使用率 61.45%，下降 12.58%；医院出院者平均住院日为 8.8 日。公立医疗业务收入 9.12 亿元，当年区财政预算补助 3.02 亿元。

2021 年，同安区统筹疫情防控和卫生健康事业高质量发展，投入公共卫生服务经费 11.7 亿元，筑牢卫生健康防线。推进紧密型医共体改革，挂牌成立同安区总医院康复医学中心。完善医疗卫生基础设施，建设福建中医药大学科教综合楼、莲花卫生院等项目，完成投资 3600 万元。“高位嫁接”优质医疗资源，引进北京中日友好医院“林江涛名医工作室”，推动区属厦门市第三医院划归市管工作。

【卫生健康系统抗击新冠肺炎疫情】 2021 年，同安区突发新冠肺炎疫情，同安区卫健系统扛起疫情防控主力军责任，开展在调溯源、核酸检测、院感防控、医疗救治、现场消杀工作。先后投入近 2 万人次医务人员，开展 10 轮全员核酸检测和 2 轮重点区域核酸检测，累计核酸采样 1012 万人次。组建约 250 人的“三公（工）融合”（公安、公卫、工信）流调溯源工作专班，排查密接、次密接人员 9546 人、完成 208 例感染者流行病学个案调查报告。出台《同安区新冠肺炎疫情防控区医疗救治工作方案》，为封控区、管控区及防范区患者提供医疗救治分区服务。开设简易便民门诊，配备便民药房，依托互联网医院、微信、电话等无接触方式解决疫情防控期间慢病、精神病购药难问题等，疫情期间保障 540 名孕妇安全分娩，为 150 名血透患者提供透析服务，满足 57 名区外肿瘤患者化疗需求。选派 613 名医务人员（乡村医生）作为网格驻点医生，参与网格人员摸排、核酸检测、隔离封控、健康监测等。

【紧密型医共体改革】 2021 年，同安区挂牌成立总医院康复医学中心，构建区、镇、村三级诊疗康复随访体系，让患者在家门口就能享受便捷、高效、优质的康复医疗服务。推进总医院胸痛、卒中和创伤三大中心建设，优化急诊急救网络体系覆盖下的突发三大病患救治流程，提升基层医疗机构对胸痛、卒中和创伤病人的救治水平。健全总医院医疗管理专家挂职基层分院指导医疗业务制度，加快双向转诊流程的标准化和规范化建设，推动总医院内部管理同质化。

【医疗卫生设施建设】 2021 年，同安区推进福建中医药大学科教综合楼、莲花卫生院新建、五显卫生院迁建等 13 个医疗卫生设施项目建设，基本完成厦门市第三医院部分病区、区中医院病区改造项目和基层卫生单位污水处理项目等，累计完成投资 3600 万元。

【医疗卫生人才引进培育】 2021 年，同安区做好编内外卫生人员公开招聘工作，累计招聘各类编内外卫生专业人员 166 人，其中编内人员本科及以上学历 37 人。柔性引进高层次卫生人才 2 名，办理市第三医院 13 名援鄂编外护理人员简化程序招聘入编。选派 57 名卫技人员参加上级医疗卫生单位进修，组织全区 121 名全科医生和 289 名乡村医生培训。

【“健康同安”行动】 2021 年，同安区实施“健康同安”行动，开展重大疾病防控、健康干预、重点人群健康监测等工作。加强高水平医疗技术合作，引进北京中日友好医院“林江涛名医工作室”，成立福建中医药大学呼吸病研究所，推动厦门市第三医院划归市管。做实家庭医生签约服务，完成家庭医生签约 15.72 万人。开展环境卫生监测，完成 5 个镇、20 个建制村 100 户居民环境卫生情况调查，完成 10 所农村中小学校环境卫生工作调查；审核录入项目 1 万个。推进卫生乡镇创建工作，指导汀溪镇争创国家卫生乡镇、五显镇争创省级卫生乡镇，指导 7 个村（社区）争创省级卫生村，累计创建国家级卫生乡镇 1 个、省级卫生乡镇 1 个、省级卫生村 30 个、省级卫生社区 17 个。

【公共卫生服务】 2021 年，同安区全面推进基本公共卫生服务均等化，下达基本公共卫生服务经费6799.59万元、人均标准79.44元。建立电子健康档案人数542613人、建档率63.4%，其中在使用档案307548份、档案使用率56.68%，均完成指标要求。按照规范要求进行高血压患者健康管理人数36184人、进行Ⅱ型糖尿病患者健康管理人数13160人，超额完成市级下达任务数。完成同安区学籍13～15周岁在校女生7781人次免费接种宫颈癌疫苗工作。开展农村适龄妇女免费“两癌”筛查服务7822人次。

【爱国卫生运动】 2021年，同安区推进爱国卫生疫情防控专项行动，开展环境卫生综合整治，对重点场所、薄弱环节环境卫生进行全面清理整治，定期组织对全区11个农贸市场、114座环卫公厕、615座农村公厕、76座清洁楼、2万余个垃圾桶进行清洗消毒，消除病媒生物滋生地。

【健康促进与教育】 2021年，同安区加强居民健康素养监测，完成15岁以上城乡常住居民健康素养调查问卷900份，调查结果为全区城乡居民具备健康素养人数为总人数的30.4%、比上年增长8.7%，健康知识知晓率68.5%、增长5.4%。开展公众健康素养宣传活动，围绕健康素养促进活动核心，举办防治高血压、三减三健、健康素养、控烟等内容健康教育讲座14场，参加人数1200余人次；举行世界防治结核病日、世界卫生日、全国儿童预防接种宣传日、全国肿瘤防治宣传周、世界无烟日、全国爱眼日、全民健康生活方式日、健康中国行、全国高血压日、联合国糖尿病日、世界艾滋病日等健康宣传活动13场，参加1340余人次，发放宣传材料6700余份。推进健康促进场所建设，新创建健康社区2家。

【同安区总医院康复医学中心挂牌成立】 2021年3月12日，同安区总医院康复医学中心在市第三医院康复医学科挂牌成立。该中心将以市第三医院康复医学科为核心，整合社区卫生服务中心和乡村卫生所的资源，形成三级诊疗随访体系，实现对同安区域内失能、失智老人及肢体不同程度残障需要康复的成人全程健康康复管理，协助这类人群回归家庭回归社会；同时推进双向转诊流程的标准化和规范化建设，促进康复理念、康复知识和技术下沉基层，提升基层康复医疗服务能力。

（张志建）

疾病预防控制

【概　况】 2021年，同安区加强手足口病、艾滋病、结核病、不明原因肺炎、新型冠状病毒肺炎、人感染H7N9禽流感等重大传染病防治工作，落实突发公共卫生事件相关信息报告，提升突发公共卫生事件应急处置能力。全年报告甲乙类传染病发病1235例、死亡1例，发病率144.3/10万、比上年下降2.16%，病死率0.117/10万、下降3.38%，病死率0.81‰、下降2.17%；甲乙类传染病发病数居前5位的病种为梅毒、肺结核、病毒性肝炎、新型冠状病毒肺炎和淋病，死亡病种为艾滋病。适龄儿童应接种疫苗剂次234871人次，实接种疫苗剂次225336人次，接种率95.9%。处置突发公共卫生事件4起。

【卫生监测】 2021年，同安区加强公共场所卫生监测，做好传染病防控工作，最大程度保障人民生命安全和身体健康。

饮用水监测　采集城市饮用水末梢水水样84份、二次供水水样85份，检测项次5545项次（包括不合格项1项），项次合格率100%；采集农村饮用水水样65份，检测项次2113项次（包括不合格项1项），项次合格率98.25%。

职业健康监测　完成29家企业工作场所职业病危害因素检测，采集样品1531份，其中三苯样品128份、噪声样品542份、粉尘样品475份、铅样品10份、乙苯样品40份；完成职业健康核心指标监测个案卡10590份；完成尘肺病健康随访11人。

学生常见病筛查　完成7所学校2243名学生常见病筛查，其中筛查幼儿园172人、小学1205人、初中571人、高中295人；发放调查问卷1471份、各类健康宣传读物1.98万份。邀请厦门大学附属眼科中心专科医生对7所监测学校学生开展健康干预。

托幼机构和医疗机构消毒监测　完成阳翟幼儿园基础情况调查表收集，对幼儿园5个场所、10名工作人员进行监测，采集平皿30个，采样管20管，大肠菌群快速检验贴片20片；完成祥平街道社区卫生服务中心基础情况调查表、消毒情况调查表收集，对社区卫生服务中心5个科室进行监测，采集医护人员卫生手样本10份，采集物表样本20份，采集医疗用水1份，采集使用中消毒剂5份，采集医院消毒接触池污水1份。

公共场所危害因素监测　上、下半年分别完成2家美容店、1家游泳场所、1家沐浴场所、1家健身场所、1家商场的危害因素采样监测，完成问卷调查58份。

【艾滋病防治】 2021年，同安区开展艾滋病防治宣教干预、艾滋病免费自愿咨询检测服务、新报告艾滋病病毒感染者/艾滋病病人规定时限首次随访、孕妇免费筛查检测母婴阻断和性病防治等工作。全年组织一般人群宣传教育12场次，参与人数5539人，分发宣传材料1880份；组织副科级以上干部教育专场4场，参与人数160人次；组织青少年预防艾滋病防治知识讲座23场次，覆盖大专院校、高中、初中等16所学校，参与学生4845名，分发宣传材料6278份；开展流动人群预防艾滋病宣传活动26场次，参与人数1366人，发放宣传材料1506份；对产前建卡孕妇实施宣教干预5245人，分发预防艾滋病宣传材料6236份。性病门诊就诊者艾滋病抗体检测307人次、检测率100%；对看守所、监狱等监管单位新进被监管人群进行免费HIV抗体筛查4522人份，检测结果确认阳性9份，HIV抗体筛查阳性率0.2%；采集150例艾滋病病人/感染者血样送市疾控检测CD4细胞。全区报告艾滋病病毒感染者39例，其中男性35例、女性4例；艾滋病病人2例，其中男性1例、女性1例。

【结核病防治】 2021年，同安区发现活动性肺结核患者122例，其中病原学阳性肺结核患者64例、其他活动性肺结核患者58例。登记满一年肺结核患者218人，完成治疗97人，治愈104人，成功治疗率93.5%。报告学生肺结核病例11例、确诊收治11例，密切接触者筛查597人次。艾滋病病毒感染者结核病筛查率93.3%。报告需追踪739例、追踪到位708例，追踪到位率95.8%；密切接触者筛查率97.5%，系统管理率100%。组织结核病督导58次，访视结核病患者106人次。开展“3·24”世界防治结核病日和百千万志愿者传播宣传活动。

【肠道传染病防治】 2021年，同安区制订《霍乱监测工作实施方案》，组织全区各医疗机构肠道门诊工作落实情况督导，推进肠道传染病防治工作。开展肠道门诊监测，全年肠道门诊腹泻病人登记2042人，粪检2036人、粪检率99.7%，检出霍乱弧菌（O1群小川型）阳性病人1例。加强外环境监测，采集水体、海水产品450份，检测结果均为阴性。

【慢性非传染性疾病防治】 2021年，同安区开展慢性非传染性疾病防治工作，组织肿瘤防治大型宣传活动2场次，组织“三减三健”（减油、减盐、减糖，健康体重、健康口腔、健康骨骼）宣传活动1场次，通过融媒体宣传、推送核心知识信息60条，覆盖人数30余万人。全年管理高血压患者45390人，规范管理患者36184人，规范管理率79.73%；血压控制达标33179人，血压控制达标率73.1%。管理2型糖尿病患者16165人，规范管理患者13160人，规范管理率81.41%；血糖控制达标11181人，血糖控制达标率69.17%。

【地方病防治】 2021年，同安区开展学生盐碘、尿碘、甲状腺B超监测210人，采集盐样212份，盐碘中位数为24.07毫克/千克，其中合格碘盐203份、不合格碘盐2份、非碘盐5份，碘盐合格率99.0%、覆盖率97.6%，合格碘盐食用率97.8%；采集尿样210份，尿碘中位数为242.58微克/升；发现甲肿学生7名，甲状腺肿大率3.3%。开展孕妇盐碘及尿碘监测100人，采集盐样100份，盐碘中位数为24.18毫克/千克，其中合格碘盐96份、不合格碘盐3份、非碘盐1份，碘盐合格率97.0%、覆盖率99.0%，合格碘盐食用率96.0%；采集尿样100份，尿碘中位数161.25微克/升。开展地氟病区基本情况和饮水工程运转情况调查，采集集中式工程末梢水3份、分散式工程末梢水6份，其中莲花六路和土楼自然村集中式工程水氟均值为0.16毫克/升、分散式工程水氟均值最高值为0.70毫克/升，汀溪洪坑自然村、五显潭内自然村集中式工程水氟均值分别为0.10毫克/升和0.15毫克/升，水氟含量符合生活饮用水标准；组织地氟病4个监测村107名8～12岁学生进行氟斑牙检查，检出可疑氟斑牙3例，氟斑牙检出率为零，氟斑牙指数0.01；病区病情符合控制标准。

【严重精神障碍患者管理】 2021年，同安区开展严重精神障碍患者救治管理工作，录入国家严重精神障碍信息系统的在册患者2966，报告患病率4.47‰。累计在管患者2613例，规范管理2526例，规范管理率85.17%。患者的服药率86.62%、规律服药率66.93%、面访率84.96%，其中精神分裂症患者服药率86.3%、规律服药率65.98%、面访率84.96%。

【疫情监测】 2021年，同安区开展鼠密度监测工作，累计布放有效笼2044笼次，捕获各类鼠形动物73只，捕获率3.57%；路径指数法累计检查10.5千米，发现鼠迹5处，平均路径指数为0.48处/千米。开展钩端螺旋体病监测工作，组织人体血清学检测，累计采集各年龄组人群血清样品68份；在汀溪镇古坑村布放鼠笼150笼次、有效笼146笼次，捕获野栖鼠40只（黄胸鼠1只、针毛鼠1只、褐家鼠4只、黄毛鼠34只）；采集鼠类标本鼠血细胞40份、鼠血清40份、鼠肝40份、鼠脾40份、鼠肾脏40份，生物样品均送省疾控进行检测。组织鼠疫健康知识宣传和问卷调查，发放问卷210份，回收191份。全年处置布鲁氏菌病疫情6例、流行性出血热疫情2起和钩端螺旋体病疫情1起，处置恙虫病病例2例、疑似食源性疾病案例6例，经流行病学个案调查和卫生处理，未发生二代病例。

【病媒生物预防控制】 2021年，同安区开展"除四害"行动4轮次，包括2020年度的第三、第四轮和2021年度的第一轮、第二轮；同时，对4轮次"除四害"行动效果进行评估，结果显示病媒生物密度均控制在国家标准C级以上。开展抗疫蚊媒监测工作，采用诱蚊灯法及双层叠帐人诱法捕获大小昆虫2800余只，鉴别出蚊子1400余只，其中任务蚊种致倦库蚊雌蚊334只、白纹伊蚊雌蚊218只，监测结果未检出登革病毒、乙型脑炎病毒、黄热病毒、西尼罗病毒、基孔肯雅热病毒和辛德毕斯病毒。开展登革热布雷图指数监测，定期对4个镇（街）、1家医疗机构实施监测，累计监测1378户、监测面积41340平方米，布雷图指数均未超过10。开展传疟媒介种群调查，在新民镇东宅村设置通宵诱蚊灯，捕获大小昆虫500余只，鉴别出库蚊169只、伊蚊30只，未捕获传播疟疾的各类按蚊。

【死因调查】 2021年，同安区定期收集、调查居民死亡原因和恶性肿瘤新发病例基础资料，开展肿瘤、心脑血管病等慢性病监测和慢性病高危人群筛查干预工作。全年全区粗死亡率4.59‰，前五位死因分别为恶性肿瘤、心脏病、脑血管病、伤害、呼吸系统疾病，其中慢性病导致的死亡比重达84.38%，其次是伤害比重为7.86%，感染性疾病和母婴疾病比重为2.96%。恶性肿瘤（包括中枢神经系统的良性肿瘤）监测报告粗病死率为149.63/10万。心脑血管疾病粗病死率为168.39/10万。

（张志建）

卫生监督

【概　况】 2021年，同安区实行审批服务事项"五级十五同"清单化管理，在事项名称、基本编码、设立依据、申请材料、办事流程等15个方面做到区、镇、村与省、市保持一致，受理卫生行政许可及公共服务事项1965件，均按时办结。开展卫生监督检查工作，检查各类公共场所、供水单位、医疗机构等4538户次，监督覆盖率98.76%。严格执行行政处罚自由裁量权，全年行政处罚立案52起，罚款49.80万元，没收违法所得0.55万元。

【卫生行政许可】 2021年，同安区实行"不见面审批"模式，实施申请人网上办事双向免费邮寄服务。落实"五级十五同"要求，细化、新增事项23项，其中即办项16项，即办事项占所有事项的比例达73%。开展"简证便民"行动，精简、取消各类证明材料8项，简化办理流程4项，压缩办理时限13项。推行"办理医疗机构放射诊疗许可新证一件事""变更放射诊疗设备、场所一件事"，实现医疗机构执业许可证、放射诊疗许可证、母婴保健（计划生育）技术服务执业许可证等"多证合一"。推进"互联网+政务服务"，增加网上查询途径和网上办理功能，网上"五星"服务事项达100%，"一趟不用跑"事项占所有事项的比例达100%。全年受理卫生行政许可及公共服务事项1965件，接受经营户电话及现场咨询办证事宜2234人次，按期办结率100%，即办率91.04%，无逾期办结。

【卫生监督检查】 2021年，同安区接收国家"双随机"任务单169条，自行组织抽查职业危害用人单位59家、二次供水单位10家，实现监督检查率、任务完成率、任务完结率三个100%。落实公共场所卫生量化分级监管，抓好无证场所排查整治。开展医疗机构依法执业专项检查和医疗领域违法违规乱象专项整治，规范社会医疗机构经营行为。做好医疗卫生机构传染病防治分类监督综合评价，强化医疗废物和医院感染源管理。督促辖区职业危害企业做好职业危害申报工作，对尘毒危害企业进行"回头看"抽查，对辖区职业健康体检机构实施全覆盖监督。定期对餐饮具集中消毒单位进行抽检，开展学校卫生、放射卫生和消毒产品企业监督。全年监督检查各类场所4538余户次，抽检162家次，出具卫生监督意见书192份，监督覆盖率达98.76%。

【卫生行政处罚】 2021年，同安区贯彻《中华人民共和国行政处罚法》《基本医疗卫生与健康促进法》《中华人民共和国传染病防治法》等法律法规，持续打击无证行医、公共场所无证经营等违法违规行为。全年共立案52件、办结48件，罚款49.80万元，没收违法所得0.55万元。

（张志建）

妇幼健康

【概　况】 2021年，同安区持续构建和完善以妇幼保健院为核心、以基层医疗卫生机构为基础、以大中型医院为支撑的妇幼健康服务网络，提升妇幼健康服务供给能力和水平。2021年全区孕产妇病死率0，新生儿病死率0.68‰，婴儿病死率1.8‰，5岁以下儿童病死率3.61‰。

【出生缺陷综合防治】 2021年，同安区落实出生缺陷三级预防措施，预防和减少出生缺陷发生。开展免费婚前医学检查和孕前优生健康检查（含地中海贫血筛查项目），全年婚检率95.69%、孕前优生健康检查覆盖率91.37%。开展免费增补叶酸预防神经管缺陷项目，共免费增补叶酸4099人，完成率107%，依从率78.55%，知识知晓率98.64%。开展城乡孕妇免费产前筛查诊断项目，厦门市第三医院完成免费产前筛查血样采集1470例，厦门市妇幼保健院完成产前诊断39例。开展新生儿听力、遗传代谢病和先天性心脏病筛查，全年听力筛查率98.56%、遗传代谢病筛查率98.74%、先天性心脏病筛查4179例。

【孕产妇保健管理】 2021年，同安区加强孕产妇系统保健管理，提高孕妇早孕建册率和系统管理率，全年孕产妇早孕建册率96.3%、系统管理率95.63%。开展预防艾梅乙母婴阻断工作，全年接受初次产前保健的孕妇数共8333例，实施HIV抗体检测8094例、梅毒检测8102例、乙肝表面抗原检测8049例，发现HIV抗体阳性孕妇数5例、梅毒感染27例、乙肝表面抗原阳性564例。推进高龄孕产妇等重点人群的分类管理和服务，全年转异地管理的高危孕妇56例、辖区入户追踪管理29例。加强突发公共卫生事件中孕产妇的重点保护，统筹辖区孕产妇服务资源，全力满足孕产妇就医和咨询需求，新冠肺炎疫情封闭管理期间，累计服务分娩432人。

【儿童保健管理】 2021年，同安区扎实开展0～6岁儿童健康管理和托儿所幼儿园卫生保健管理。依托区妇幼保健院、卫生院（社区卫生服务中心）、村卫生所三级管理网络，认真做好儿童保健管理工作，全区7岁以下儿童健康管理率97.17%，3岁以下儿童系统管理率93.6%，新生儿访视率99.17%。加强托幼机构的卫生保健管理与监督，全年完成儿童入园入托体检17255人、托幼机构工作人员体检4866人，龋齿防治51985人次、眼保健检查26843人。

【妇女生殖健康】 2021年，同安区将生殖健康服务融入妇女健康管理全过程，开展以防癌为重点、以防治妇女常见病和多发病为内容的妇女病普查工作，筛查发现“两癌”（乳腺癌、宫颈癌）患者和高危人群，全年“两癌”筛查完成8316人、完成率103.95%。落实基本避孕节育服务项目，健全避孕药具发放网络，提高服务可及性，减少非意愿妊娠，至年末全区共有避孕药具发放网点302个、配备自助发放机153台，育龄人群药具发放覆盖率21.1%。

（张志建）

优生优育服务

【概　况】 2021年，同安区开展普惠性托育试点工作。至年底，有2家托育机构分别通过省级、市级普惠性托育试点单位创建，全区普惠性托育服务试点机构累计3家，共计5个园所，提供普惠性托位290个。同安区推进10家母婴室建设，投入母婴室建设提升补贴经费和日常运行经费22.35万元。同安区计生协会开展儿童早期发展项目、青春健康工作五年行动，围绕科学育儿、亲子交流、健康知识宣传开展讲座、线上培训、亲子活动等，受益2万多人次。

【示范母婴室创建】 2021年，同安区开展省、市示范母婴室创建工作。年内，同安区祥平街道社区卫生服务中心母婴室获评省级“我最喜爱妈妈小屋”，厦门市实验中学、汀溪中心幼儿园、厦门安踏实业有限公司等3家单位母婴室被评为市级“示范母婴室”。至年末，全区累计建成母婴室61家，省级“我最喜爱妈妈小屋”增至5家。

【普惠托育服务试点单位创建】 2021年，同安区指导日日开心托育有限公司（简称开心托育）和金贝佳托育有限公司（简称金贝佳托育）分别开展省、市级普惠托育服务试点单位创建工作。开心托育为省级普惠社区托育试点建设单位，位于祥平街道霞辉路

2021年11月16日，厦门市卫健委、市财政局、市发改局联合对同安区2021年度婴幼儿普惠托育服务省、市级试点创建工作开展情况进行验收。图为验收组成员在普惠托育服务市级试点单位金贝佳托育园考察幼儿托育情况

（同安区卫健局供图）

的总园开设5个婴幼儿托育班，可提供90个托位；位于五显镇的禹洲分园开设4个婴幼儿托育班，可提供75个托位。市级普惠托育试点建设单位金贝佳托育园位于新民镇梧侣社区，设5个婴幼儿托育班，可提供托位85个。2家托育机构按照《福建省托育机构设置标准（试行）》进行设施建设，对空气、水质、消防等进行质量检测，开心托育禹洲分园在基本配置基础上对内部环境舒适度进行提升，金贝佳托育将园区母婴室改造升级为多性别母婴室。年内，2家托育机构分别通过省、市验收。

【托育机构管理】 2021年，同安区卫健局联合区教育局、公安局、市场监管局、妇联、计生协会等部门，对开展托育服务的55家托育园（幼儿园）进行检查与评估，推动托育机构规范化建设，共有7家托育机构在国家卫健委托育机构备案系统完成备案。组织全区3家托育机构10名托育服务工作人员参加托育机构急救员培训专业培训。定期组织托育机构人员参加免费新冠肺炎病毒核酸检测，维护托育服务安全。

【儿童早期发展服务】 2021年，同安区计生协会开展儿童早期发展项目，受益17987人次。其中开展亲子互动辅导示范活动50场，服务1266人次；科学育儿知识讲座和宣传活动32场，服务16411人次；亲子户外活动2场，服务140人次；为140名婴幼儿开展儿童发育商测评；印发5000份儿童早期发展指导宣传册和100份儿童早期发展指导宣传服务手册。在同安区馨贝昉幼儿学苑挂牌成立“家庭科学育儿指导站”，为140名婴幼儿开展早期发展测评。全年实现新生儿家庭科学育儿线上线下宣传服务全区覆盖率50%。

【青春健康行动】 2021年，同安区计生协会落实中国计生协、省、市计生协“青春健康工作五年行动”，指导五显中学和梧侣学校两个青春健康基地开展青春健康活动，7月15日，结合五显中学夏令营活动，开展主题为“计划未来”的同伴教育活动。2月26日，开展主题为“春暖花开，扬帆启航”的青春健康线上培训，受训学生约500人。9月8日，开展主题为“青春健康　沟通之道”线上培训，参训家长2000余人。结合“5·29”会员活动日活动，开展青春健康宣传服务，发放青春健康折页，现场招募青春健康志愿者。东海职业技术学院“青春东海　健康成长”主题教育活动入选中国计生协2021年青春健康高校项目，全年开展38场，其中心理电影赏析7期、心理交流沙龙6期、“5·25”大学生心理健康日宣传1场、防艾宣传讲座1场、心理健康讲座2场、大学生入学教育讲座8场、教师心理健康知识培训2场、心理委员培训1场、线上心灵征稿活动7场、线上疫情心理调控宣传3场，服务约5000人次。

（张志建）

区属公立医院

【概　况】 2021年，同安区有区属公立医院2家，其中三级乙等综合性医院1家（厦门市第三医院）、二级甲等医院1家（同安区中医院）。厦门市第三医院有临床、医技科室44个，床位1000张；职工1495人，其中博士研究生学历4人、硕士研究生学历99人；卫生专业技术人员1325人，其中有高级技术职务者257人、有中级技术职务者549人；2021

年举办国家级继续医学教育项目2个，省级继续医学教育项目1个，市级继续医学教育项目2个。同安区中医院有临床、医技科室26个，其中中医骨伤科、针推科、中医男科、中医妇科等4个专科为省级中医重点专科；床位300张；职工352人，其中硕士研究生学历28人；专业技术人员319人，其中有高级技术职务者37人、中级技术职务者126人。

【厦门市第三医院】 2021年，厦门市第三医院医疗收入67379万元，比上年增长12.17%；门急诊量人次786124人，增长4.16%；核酸检测人次292380人；收住院病人35750人次，出院病人35936人次；手术病人10182人次，增长8.49%；血管造影及介入手术量610例，增长110.34%；四级手术量1476例，增长71.63%，四级手术比例14.59%；微创手术量2469例，增长22.05%，微创手术比例24.25%，微创手术比例首次达到三级公立医院绩效考核标准；胃肠镜量14992例，增长29.80%；碎石数1197例，增长21.40%。病床使用率82.96%，平均住院日8.85天；抗菌药物使用强度为39DDD；临床路径管理率50.49%、完成率83.24%、变异率16.76%；日间手术完成421例，开展率4.17%；全年大抢救128例，抢救成功率85.16%。2021年医院门诊患者预约诊疗率50.37%，门诊预约诊疗时间间隔≤0.5小时；门诊患者医技检查分时预约就诊率为90.72%，住院患者医技检查分时预约就诊率97.55%。医院通过基层医疗机构双向转诊人数952例，其中基层医疗机构上转病例数住院728例、医院下转病例数224例。

医疗能力建设　推进卒中中心、胸痛中心建设，开辟脑卒中、胸痛患者诊疗“绿色通道”，全年收治急性卒中病人超565例，DNT（急性缺血性卒中急救静脉溶血时间）＜45分钟，静脉溶栓104例，介入机械取栓46例；抢救胸痛1000余例，介入治疗200例。挂牌福建中医药大学呼吸病研究所，实现校院资源共享，优势互补。

人才引进　招聘编内、编外人员59名，其中本科学历30人、硕士研究生及以上学历6人。柔性引进高级专家2名。接收实习生132名，其中接收见习生78名、进修人员34名。

医院管理　通过国家医疗健康信息互联互通标准化成熟度四级甲等测评。全年安全生产级别达到二级标准。医院运营部提交的运营管理案例《运营数据分析及绩效考核提升医院超声科管理水平》获2021年度中国现代医院管理典型案例“国家优秀奖”，《绩效考核推动医疗质量管理》获评福建省“医院管理优秀案例”。

医学科研　发表论文34篇。其中，皮肤科《CDK2经PI3K/Akt途径抑制黑色素瘤细胞糖酵解的机制研究》获省卫生健康科技计划项目（省医学创新课题）立项；手足外科《“NAF糖尿病足早期筛查及防控体系基层推广与应用研究》获省卫生健康科技计划项目（省卫生健康面向农村和城市社区推广适宜技术项目课题）立项。

参与新冠肺炎疫情防控　改造提升发热门诊，落实24小时值班制度。开展医护技能培训，举办专题讨论、现场实操等54场次，组织新冠肺炎疫情防控知识理论考核7场次，累计培训5474人次。投入医务人员4000余人次开展核酸采样、核酸检测、病例转运、医疗保障、分娩生产、血透救治、急危重症病人抢救等各项医疗救治工作；便民门诊解决群众“急难愁盼”的用药、换药问题；核酸采样“突击队”参与全民核酸采样和高风险地区入户采样工作，完成核酸采样300万人次。

足踝外科培训基地揭牌　2021年1月8日，足踝外科培训基地在市第三医院手足外科揭牌。该基地由中国中西医结合学会骨伤科专业委员会足踝专家工作委员会设立，是该委员会在福建省内设立的首个足踝外科培训基地。揭牌当日举行足踝学术沙龙研讨，由北京大学人民医院、上海交通大学附属第六人民医院、广州市正骨医院及厦门市第三医院等单位的国内中踝外科知名专家作专题报告并展开研讨。

通过中国胸痛中心认证　2021年4月，在苏州市举行的第二十四届全国介入心脏病学论坛上，厦门市第三医院被授予“中国胸痛中心”牌匾。医院在成立胸痛中心后，对照《中国胸痛中心认证标准》，整合急诊科、ICU、心血管内科、胸外科、呼吸科、放射影像科等院前急救系统与院内绿色通道，优化胸痛患者诊治流程，最大限度缩短胸痛急危重症救治时间，2020年开展选择性冠状动脉造影术400余例，其中PCI152例，患者进医院大门到开通血管平均时间为70.56分钟。医院胸痛中心建设管理体系、技术力量、质量标准、救治能力、硬件设施全面达到国家标准。

首届临床教学技能比赛　2021年9月8日，市第三医院举办首届临床教学技能比赛，进一步提升临床指导医师的教学能力和专业住院医师的临床诊疗能力。医院各住培基地、教研室主任、教学秘书、带教老师等教学骨干人员，以及住培医师、临床实习生等近百人参赛，福建中医药大学教授李西

2021年9月10日，厦门市第三医院林江涛名医工作室签约暨揭牌仪式在市第三医院举行　　（何东方　摄）

海等省、市专家十余人担任评委。比赛设立教学病例讨论比赛、教学查房竞赛、小讲课3个项目，分别评选出一、二、三等奖。

林江涛名医工作室揭牌　2021年9月10日，林江涛名医工作室签约暨揭牌仪式举行。该工作室由市第三医院正式联合北京中日友好医院呼吸与危重症医学科设立，是市第三医院引进的第2家市级名医工作室。“林江涛名医工作室”工作室领衔人林江涛系国内呼吸与危重症医学著名专家，中日友好医院呼吸与危重症医学一部主任。林江涛团队将在三院开展临床医疗、重症会诊、视频查房、疑难病讨论、支气管镜手术等临床诊疗工作，同时指导三院组建RICU（呼吸重症监护病房），开展不同通气模式抢救各类型呼吸衰竭，提高危重症抢救的成功率。

放疗科成立　2021年10月，市第三医院放疗科成立。该科室有医护人员19人，其中副主任医师2人、主治医师1人、物理师及治疗师5人；拥有瓦里安直线加速器、CT模拟定位机、放疗激光定位系统、深部热疗机等主流放射治疗设备。

【同安区中医院】2021年，同安区中医院门诊接诊297974人次，比上年下降6.94%；出院病人5610人次，住院率下降1.42%。抗菌药物使用强度为33DDD值。完成医疗总收入1.17亿元，比上年增长9.57%，其中门诊收入7703.76万元、住院收入3964.28万元。

医疗信息化　完成区级重点项目——“中医院信息化建设”第一阶段任务，完成业务信息系统平稳切换，从医疗诊治、移动查房、预约就诊、无卡挂号等方面实现系统数据支撑。上线“医保电子凭证”，完成“医保贯标”相关改造任务。

中医护理　开展中医特色护理技术16项，服务病人8.5万多人次。强化护理人员理论实践能力，组织线上线下继续教育讲座12次、中医理论知识培训12次。常态化抓好“三基”理论、中医护理技术操作、中医理论等内容考试，合格率均达100%。全年完成新技术新项目论证7个，发表论文7篇。

人才培养与引进　举办各类培训14场次，参加7083人次；依托继续医学教育科教平台开展继续教育42次、培训人数3414人次，149名医务人员完成年度继续医学远程教育考试考核、学分合格率100%。新招聘员工21人，柔性引进高层次人才3人。选派人员外出进修学习10人、参加继续教育265人次。接收实习生59人、见习生15人。

参与新冠肺炎疫情防控　修订完善防控方案，完成防控区间阻断、线路规划等。改造发热门诊，落实预检分诊常态化。启用PCR实验室，向社会提供24小时核酸检测服务。选派172人参与一线核酸采样、核酸检测等工作。有序推进新冠肺炎疫苗接种工作，累计为群众接种疫苗63万剂次。发布中药防疫方“益气生津方”，协调采购22800人份中药防疫方剂。

肝病医疗联合体合作签约　2021年3月21日，同安中医院肝病医联体与福建医科大学孟超肝胆医院举行合作签约揭牌仪式。孟超肝胆医院对于各种肝胆类疾病的诊疗处于全省领先水平，签约后将通过不定期组织专家团队来同安中医院开展坐诊、查房教学、手术、远程视频及多深科联合会议等形式，提升同安中医院的肝胆疾病治疗水平。

（张志建）

体　育

群众体育

【概　况】 2021年，同安区举办全民健身运动会、厦门乒乓球民间争霸赛（同安赛区）、乒乓球民间争霸赛厦门市老年人地掷球邀请赛等群众体育赛事活动7场；举办“青春心向党·筑梦乡村行”暨2021年同安区庆祝中国共产党成立100周年五四青年最美乡村越野跑活动。新增同安区拳击协会，增加体育指导员30人，至年底，全区有体育总会、老体协、南少林五祖拳研究会、龙舟、龙狮、网球、垂钓、汽车运动、武术、足球等体育协会30个，社会体育指导员1046人。全区共有体育场地2314个，场地总面积188.5万平方米，常住人口人均体育场地面积2.19平方米。

【2021年全民健身运动会】 2021年，同安区举办全民健身运动会，由同安区文旅局联合区总工会、各体育协会举办乒乓球甲乙级联赛、羽毛球团体赛等赛事7场。参赛队伍由政府机关、国有企事业单位职工、退休人员及其他社会各界群众组成，总计参赛1045人次，获奖78人次。

【同安承办“谁是球王”厦门乒乓球民间争霸赛】 2021年12月11—12日，第七届“谁是球王”厦门乒乓球民间争霸赛（同安赛区）在同安区青少年体育校外活动中心举行。该次赛事由同安区文化和旅游局主办，同安区乒乓球运动协会承办，按不同年龄段分八个组别，吸引全市489名乒乓球爱好者参赛，决出每个组别的前八名给予奖状奖励。

【2021年迎国庆厦门市老年人地掷球邀请赛】 2021年9月11日，2021年迎国庆厦门市老年人地掷球邀请赛在同安区青少年体育校外活动中心举行，该次赛事由同安区老体协主办、同安区文旅局协办。来自全市48支队伍参赛，决出金奖、银奖、铜奖各16支队伍。

2021年5月11日，同安区庆祝中国共产党成立100周年五四青年全民健身乡村趣跑活动在莲花镇澳溪村举行　（夏海滨　摄）

【全民健身乡村趣跑】 2021年5月11日，“青春心向党·筑梦乡村行”暨2021年同安区庆祝中国共产党成立100周年五四青年全民健身乡村趣跑活动在同安区莲花镇澳溪村举行。该次活动由同安区文旅局、共青团同安区委、莲花镇政府联合举办，旨在让广大青年了解乡村振兴成果，同时提高乡村的知名度。活动设置4.5千米亲子组、4.5千米成人组和10千米专业组3个组别，近500名选手参加，每组决出前三名。赛道两旁有四季花海、民居古厝等自然、人文风景，同时主办方在赛道沿途设置“一村一品”展销点，体育彩票刮奖区等，增强活动的趣味和特色。

【同安区拳击协会成立】 2021年5月15日，厦门市同安区拳击协会第一次会员大会暨成立大会举行，选举出会长1人，副会长3人，秘书长1人，均为厦门市拳击选手，曾代表同安区参加全国各级别比赛并获奖项。协会的成立旨在团结辖区内拳击运动工作者和爱好者，倡导并普及群众性拳击运动，将依托协会专业性，广泛联系社会拳击爱好者，开展拳击文化交流、技术探讨、宣传推广、课题研究、专业培训等活动。

【“康乐佳杯”趣跑联赛同安站】 2021年7月24日，厦门市全民健身运动会“康乐佳杯”趣跑六区联赛——同安站比赛在同安区环东海域滨海浪漫线彩虹跑道举行。该赛事由厦门市体育局、厦门市体育总会主办，厦门市社会体育发展中心、厦门市社会体育指导员协会、海西晨报社、厦门路桥体育集团赛事运营有限公司承办，以“爱党爱国、红色文化”为主题，主要面向以家庭为单位的亲子组合，旨在传播红色精神，鼓励更多家庭参与户外运动。比赛以家庭为单位设置3千米距离的趣跑路线，在沿途设红色问答题、飞跃100、永不止步3个打卡竞技环节，共有近100组家庭参赛，决出前三名共3队亲子组合。

（陈明亮　赖聪毅）

竞技体育

【概　况】 2021年，同安区举办全国青少年帆船俱乐部联赛（厦门站）、2021PEN和平精英新势力联赛S1赛季总决赛等大型体育赛事，加快培育环东海域体育产业发展。全区有20个训练点，向厦门市各运动队输送优秀后备体育人才43名。全年，同安区运动员在全国比赛获奖3人次，省级比赛获奖3人次，市级比赛获奖63人次。大同中心小学与滨城小学组队参加2021年厦门市中小学生射击锦标赛，获男子团体亚军、女子团体亚军、团体总分亚军。岳口小学与后田学校组队参加2021年厦门市中小学生举重锦标赛，获团体总分亚军。

2021年5月10日，在浙江举行的全国举重锦标赛暨第十四届全运会预赛中，由同安区少体校输送的运动员高依眉获女子45公斤级比赛银牌。图为高依眉参赛现场

（同安区教育局供图）

【体育人才基地培育】 2021年，同安区新增3个训练点，分别为后田学校举重、帆船帆板训练点，教师进修附属小学乒乓球训练点，洪塘中心小学田径训练点。9所学校获评厦门市后备人才基地校称号，训练项目分别为岳口小学举重、岳口小学跆拳道、第二实验小学羽毛球、五显中心小学射箭、莲花中心小学水上运动、西塘小学武术、新星小学柔道、汀溪中学田径、官浔小学重竞技。全区各基地全年向厦门市各运动队输送优秀后备体育人才43名，其中厦门竞技体育发展中心29名，水上运动训练中心2名，厦门市体育运动学校12名。

【高依眉获2021年全国举重锦标赛银奖】 2021年5月10—14日，全国举重锦标赛女子比赛在浙江省江山市举行。同安区少体校输送的运动员高依眉参加女子举重45公斤级别比赛，以挺举103公斤、总计173公斤的总成绩，获挺举银牌、总成绩银牌。

【2021全国青少年帆船俱乐部联赛（厦门站）】 2021年7月25—28日，2021全国青少年帆船俱乐部联赛（厦门站）在同安区环东海域举行。该次赛事由中国帆船帆板运动协会主办，同安区西柯镇政府、厦门体育集团赛事运营有限公司、厦门海洋职业技术学院、厦门瑞恒文化传媒有限公司协办，厦门市顽石航海运动有限公司运营，来自全国22个地方俱乐部共297名选手参加，是全国青少年帆船联赛自创办以来参赛选手最多的一站赛事。比赛设男、女激光4.7级，男、女Topper5.3

2021年7月27日，全国青少年帆船联赛2021厦门站在环东海域同安新城开幕　（夏海滨　摄）

级，男、女Topper4.2级，男、女OP级U15组，男、女OP级U12组，男、女OP级U10组共12个竞赛组别，共产生12枚金牌、12枚银牌、12枚铜牌共计36枚奖牌。

【吴超群获东京残奥会金牌】 2021年9月2日，在第16届东京残奥会上，同安籍选手叶超群与2名队友代表中国队参加乒乓球项目男子团体—TT8比赛获金牌，也是他获得的第二枚残奥会金牌。

【省级体育赛事获奖】 2021年，同安区选拔、推荐运动员参加省级举重、羽毛球、柔道、跆拳道、射箭、击剑青少年比赛，总计26人次获奖。

2021年同安区运动员参加省级青少年比赛情况表

表25

姓名	性别	参赛项目	比赛名称	比赛成绩	奖项
罗　鑫	男	男子丙组55公斤级抓举	福建省青少年举重锦标赛	抓举80公斤	金牌
		男子丙组55公斤级挺举	福建省青少年举重锦标赛	挺举97公斤	金牌
		男子丙组55公斤总成绩	福建省青少年举重锦标赛	总成绩177公斤	金牌
蔡佳木	男	男子丙组双打比赛	福建省青少年羽毛球锦标赛	第一名	金牌
赖继泉	男	男子乙组60公斤级	福建省青少年柔道锦标赛暨晋江2020世界中学生运动会测试赛	第一名	金牌
蔡惠榕	女	女子乙组49公斤级	福建省青少年跆拳道锦标赛暨晋江2020世界中学生运动会测试赛	第二名	银牌
贺琪玲	女	女子乙组42公斤级	福建省青少年跆拳道锦标赛暨晋江2020世界中学生运动会测试赛	第三名	铜牌
付金雨	女	女子乙组42公斤级	福建省青少年跆拳道锦标赛暨晋江2020世界中学生运动会测试赛	第三名	铜牌
吴金焱	男	男子甲组55公斤级	福建省青少年跆拳道锦标赛暨晋江2020世界中学生运动会测试赛	第三名	铜牌
吕婧瑜	女	女子乙组59公斤级	福建省青少年跆拳道锦标赛暨晋江2020世界中学生运动会测试赛	第二名	银牌
郭炫成	男	男子乙组63公斤级	福建省青少年跆拳道锦标赛暨晋江2020世界中学生运动会测试赛	第二名	银牌
蒋洋洋	女	女子甲组49公斤级	福建省青少年跆拳道锦标赛暨晋江2020世界中学生运动会测试赛	第三名	铜牌

续表 25

姓名	性别	参赛项目	比赛名称	比赛成绩	奖项
颜琳霖	女	女子甲组 52 公斤级	福建省青少年跆拳道锦标赛暨晋江 2020 世界中学生运动会测试赛	第三名	铜牌
卢师玉	女	女子乙组 49 公斤级	福建省青少年跆拳道锦标赛暨晋江 2020 世界中学生运动会测试赛	第一名	金牌
吴鸿鑫	男	男子甲组射箭 70 米个人双轮	福建省青少年射箭锦标赛暨晋江 2020 世界中学生运动会测试赛	第一名	金牌
		男子甲组射箭 70 米个人双轮	福建省青少年射箭锦标赛暨晋江 2020 世界中学生运动会测试赛	第一名	金牌
		男子甲组射箭个人淘汰赛	福建省青少年射箭锦标赛暨晋江 2020 世界中学生运动会测试赛	第三名	铜牌
叶亦乔	女	女子甲组射箭 60 米个人双轮全能	福建省青少年射箭锦标赛暨晋江 2020 世界中学生运动会测试赛	第三名	铜牌
张依如	女	女子乙组射箭 50 米个人双轮单项	福建省青少年射箭锦标赛暨晋江 2020 世界中学生运动会测试赛	第二名	银牌
		射箭 30 米个人双轮单项	福建省青少年射箭锦标赛暨晋江 2020 世界中学生运动会测试赛	第二名	银牌
		射箭团体双轮全能	福建省青少年射箭锦标赛暨晋江 2020 世界中学生运动会测试赛	第二名	银牌
		射箭个人淘汰赛	福建省青少年射箭锦标赛暨晋江 2020 世界中学生运动会测试赛	第二名	银牌
陈佳绮	女	射箭团体双轮全能	福建省青少年射箭锦标赛暨晋江 2020 世界中学生运动会测试赛	第一名	金牌
王淑萍	女	少年乙组女子重剑个人	福建省青少年击剑锦标赛暨晋江 2020 世界中学生运动会测试赛	第一名	冠军
黄　翔	女	儿童甲组女子重剑个人	福建省青少年击剑锦标赛暨晋江 2020 世界中学生运动会测试赛	第二名	亚军
		儿童甲组女子重剑团体	福建省青少年击剑锦标赛暨晋江 2020 世界中学生运动会测试赛	第一名	冠军
于丽丽	女	儿童甲组女子重剑团体	福建省青少年击剑锦标赛暨晋江 2020 世界中学生运动会测试赛	第一名	冠军
张金圆	女	少年乙组女子花剑个人	福建省青少年击剑锦标赛暨晋江 2020 世界中学生运动会测试赛	第三名	季军
		少年乙组女子花剑团体	福建省青少年击剑锦标赛暨晋江 2020 世界中学生运动会测试赛	第二名	亚军
杨可豪	男	少年甲组男子花剑个人	福建省青少年击剑锦标赛暨晋江 2020 世界中学生运动会测试赛	第三名	季军
		少年甲组男子花剑团体	福建省青少年击剑锦标赛暨晋江 2020 世界中学生运动会测试赛	第三名	季军
陈铧超	男	少年甲组男子重剑团体	福建省青少年击剑锦标赛暨晋江 2020 世界中学生运动会测试赛	第三名	季军

续表 25

姓名	性别	参赛项目	比赛名称	比赛成绩	奖项
黄正凌	男	少年乙组男子花剑个人	福建省青少年击剑锦标赛暨晋江2020世界中学生运动会测试赛	第三名	季军
		少年乙组男子花剑团体	福建省青少年击剑锦标赛暨晋江2020世界中学生运动会测试赛	第二名	亚军
杨振凯	男	少年甲组男子花剑团体	福建省青少年击剑锦标赛暨晋江2020世界中学生运动会测试赛	第三名	季军
王懿翔	男	少年乙组男子花剑个人	福建省青少年击剑锦标赛暨晋江2020世界中学生运动会测试赛	第三名	季军
		少年乙组男子花剑团体	福建省青少年击剑锦标赛暨晋江2020世界中学生运动会测试赛	第二名	亚军

（陈明亮　赖聪毅　邵加山）

体育设施

【概　况】 2021 年，同安区完成人民体育场改造提升工程、梧侣文体中心体育馆提升改造工程，继续实施全区公共文体设施整体提升改造项目。开展同安区全国体育场地普查工作，全区体育场地总面积 188.5 万平方米。

【体育场地普查】 2021 年，同安区开展全国体育场地普查工作，组织对全区政府机关、企事业单位、社会团体组织开展普查。至年底全区有体育场地 2314 个，其中十一人制足球场 6 个、七人制足球场 6 个、五人制足球场 6 个、篮球场 650 个、篮球馆 35 个、排球场 73 个、排球馆 4 个、武术馆 10 个、田径场 30 个、小运动场 78 个、游泳池 13 个、游泳馆 9 个、艺术体操馆 5 个、乒乓球场 121 个、乒乓球馆 94 个、羽毛球场 35 个、羽毛球馆 13 个、网球场 9 个、高尔夫球场 1 个、棒球场 1 个、垒球场 2 个、射箭馆 1 个、地掷球场 31 个、门球场 5 个、台球馆 60 个、棋牌室 110 个、电子竞技馆 5 个、社区健身中心 1 个、全民健身路径 572 个、健身房 168 个、登山步道 13 个、步行道 55 个、自行车骑行道 7 个、步行骑行综合道 10 个、营地 1 个、体育场 3 个。场地总面积 188.5 万平方米，常住人口人均体育场地面积 2.19 平方米。

完成改造的同安体育场　　（夏海滨　2021 年 8 月 27 日摄）

【体育设施提升改造】 2021 年，同安区文旅局完成人民体育场提升改造工程，对看台进行装修改造，新建塑胶跑道、人造草坪足球场，增设跳高跳远等场地。完成梧侣文体中心体育馆提升改造工程。实施全区公共文体设施整体提升改造项目，在 33 个村居提升 26 个篮球场，新建 2 套健身路径，对 62 处损坏的体育设施进行维修维护。

（陈明亮　赖聪毅　邵加山）

社会生活

人口家庭

【概　况】 2021年同安区户籍人口有153073户，总计432539人，其中男214575人、女217964人。人口总数比上年增长3.2%。户均人口2.83人，与上年户均2.84人相比略有减少。户籍人口出生4966人，比上年下降9.63%；死亡1708人，下降4.21%。流动人口有454939人，比上年下降3.73%。

【人口健康指标及生命统计】 2021年，同安区户籍人口出生率9.51‰，人口自然增长率5.27‰。户籍人口平均期望寿命82.30岁，其中男性79.39岁、女性85.29岁。户籍人口孕产妇病死率为零，5岁以下儿童病死率4.50‰、婴儿病死率2.57‰。

【流动人口管理与服务】 2021年，同安区开展流动人口大清查工作，动态掌握人员流入信息，完善基础数据。开展健康技能培训进企业活动，做好健康义诊，在安踏公司开展主题为“养肝护肝·医企健康”企业健康促进活动。组织馨贝昉、日日开心、金贝佳3家托育机构，百路达、东亚机械、群鑫3家企业共39人参加市、区心肺复苏技能培训健康讲座，提升企业应对突发事件的健康处理能力。同安区计生协会巩固百路达和ECCO企业2家中国计生协流动人口计生协项目点建设，6月5日，联合集美区卫健局、集美区计生协会、路达工会等单位在园博苑名校风华园共同举办“智慧少年　相约名校”——2021年路达六一亲子活动暨“5·29”计生协会会员活动，开展寓教于乐的亲子交流活动，表彰员工优秀子女。在流动人口计生协服务点“同心慈善会”开展“四点钟学堂”项目，开展周末研学、兴趣课、主题生日会与传统节日等活动，累计开放138天、服务人数762人次，开展兴趣课21场、服务学生461人次；参与义工421人次、服务时长1182.5小时，行车里程数87千米。

2021年同安区户籍人口性别年龄结构情况表

表26

乡镇名称	总户数（户）	总人口（人）	按性别分（人）		按年龄分（人）			
			男	女	17岁及以下	18～34岁	35～59岁	60岁及以上
同安区	153073	432539	214575	217964	113021	84805	167741	66972
大同街道	23080	66131	32330	33801	15976	11264	26422	12469
祥平街道	25457	75456	36836	38620	21552	14677	29065	10162
莲花镇	16339	47188	24013	23175	11402	9418	18637	7731
新民镇	19483	54403	27332	27071	13841	11012	21045	8505
洪塘镇	17706	48333	23849	24484	13297	9653	18029	7354
西柯镇	23519	65945	32504	33441	18985	14140	24287	8533
汀溪镇	8796	25385	12653	12732	6314	4983	10194	3894
五显镇	18693	49698	25058	24640	11654	9658	20062	8324

2021年同安区户籍人口变动情况表

表27　　单位：人

乡镇名称	出生			死亡			迁入		迁出	
	合计	男	女	合计	男	女	省内迁入	省外迁入	迁往省内	迁往省外
同安区	4966	2618	2348	1708	965	743	19850	3224	12583	314
大同街道	563	290	273	310	171	139	3318	342	3092	70
祥平街道	868	476	392	219	132	87	5427	1145	3020	58
莲花镇	462	241	221	223	125	98	906	87	857	25
新民镇	589	310	279	228	114	114	1422	372	1175	26
洪塘镇	669	359	310	171	97	74	3976	335	1225	18
西柯镇	1048	552	496	197	118	79	3228	660	1683	74
汀溪镇	266	137	129	118	68	50	540	69	488	14
五显镇	501	253	248	242	140	102	1033	214	1043	29

【家庭基本情况抽样调查】 2021年，同安区开展城乡居民家庭基本情况150户抽样调查，其中，城镇居民家庭100户，农村居民家庭50户。居民家庭常住人口总计545人，比上年增长6.2%；其中城镇居民家庭362人，增长1.1%；农村居民家庭183人，增长18.1%。居民家庭常住人员从业人数425人，比上年增长11%，其中城镇居民家庭276人，农村居民家庭149人。545名居民中，有196人参加城镇职工基本医疗保险，210人参加城乡居民基本医疗保险。与上年比，从业人员占居民总数比从74.66%提高到80.95%，参加城镇职工基本医疗保险及城乡居民基本医疗保险的人数占居民总数比分别从30.41%提高到35.96%、66.47%下降至38.53%。居民人均自有住房面积50平方米，比上年下降9.1%。其中城镇居民人均自有住房面积43平方米，农村居民人均自有住房面积65平方米，分别比上年下降10.4%、11%。

【计生困难家庭关怀】 2021年，同安区开展计生困难家庭关怀，在日常生活照料、就医、子女上学、突发事故救助等方面提供物质帮扶和精神关怀，总计投入780.22万元，关怀43005户次。

农村计生家庭帮扶　为计生特殊家庭、经济困难、经济相对困难且有生产项目的计生家庭提供政策帮扶、生活帮扶、生产帮扶，帮扶标准每户5000元，全年帮扶45户22.5万元。

金秋助学项目　对农村困难的独女领证户、二女结扎户的女儿考入大学的，每人给予助学金1000元，共资助311人、31.1万元。对经济严重困难的计生家庭子女每人给予市级助学金5000元，共资助47人，23.5万元。

计生特殊家庭帮扶“暖心工程”项目　为年龄在40周岁以上的失独家庭提供入户探访、节日慰问、生病关怀、家政服务、外出接送、就医帮助等服务，共投入18.7万元，受益82户130人。

两项保险实施　实施计生家庭意外伤害保险和失独住院护理补贴保险。其中，意外险投入631.74万元为全区42116户投保惠及122366人，赔付4733件821.22万元赔付率129.99%。为户籍同安区、年龄在40岁以上的失独父母办理失独家庭住院护理补贴保险每人每年300元，共投入4.08万元惠及82户136人，赔付31件20.785万元，赔付率509.44%。

紧急救助　为突然遭遇天灾人祸等意外事故的计生家庭和基层工作人员提供2000～5000元的救助金。年内共紧急救助70人，发放14万元救助金。

亲情慰问　在节假日慰问历年远期计生节育手术并发症对象、计生困难户、失独家庭、计生困难母亲慰问，总计慰问241户，赠送慰问金31.3万元。

安居工程补助　为全区农村生活困难或享受低保的独生子女户、二女绝育户发放计生建房补助金3000元，全年共有5批11户获得补助金3.3万元。

【家庭健康知识进万家活动】 2021年，同安区计生协会开展“健康知识进万家”工作，转发市计生协“健康知识进万家”线上系列宣传共16期，结合区计生协儿童早期发展、青春健康和“暖心工程”项目，利用“厦门i健康”网上便民服务平台开展优生优育、青春健康和老年健康等各类健康知识宣传。结合“5·29”会员活动日大型宣传活动，邀请五显镇卫生院专家现场开展义诊。把祥平街道列为健康知识进万家示范点，在各村（社区）开展儿童早期发展、青春健康、暖心大学堂等宣传服务活动。5月8日，祥平街道凤祥社区计生协联合市妇幼保健院在社区多功能室开展“关爱女性 防治两癌”知识讲座及健康咨询活动。

【同安区计生协会便民服务平台启用】 2021年，同安区在“厦门i健康”微信公众号启用“同安区计生协会便民服务平台，包含宣传教育、生殖健康咨询服务、优生优育指导、计划生育家庭帮扶、权益维护、流动人口服务和线上审批模块，提供在线生育关怀便民服务和线上六项重点任务宣传教育服务功能，规范生育关怀线上申请审批流程，提高计生服务效率与时效性。截至年底，完成线上审批395件，线上宣传163条。

（张志建）

劳动就业

【概 况】 2021年，同安区失业人员再就业9920人，城镇就业困难对象再就业2029人，农业富余劳动力转移就业1778人。完成项目制培训2218人。办理就业登记179183次，其中，来厦务工人员145464人次。新增就业困难人员认定790人，灵活就业人员认定1113人。

同安区人社局推进根治欠薪工作，制定规范式普法、立体式排查、动态式跟踪、常态式执法、重点式整改等“递进式”一系列根治欠薪举措，开展劳动仲裁、工伤认定、劳资纠纷案件处理等工作。全年组织监察员对片区内的用人单位开展“双随机”检查，共抽查企业70家、建筑工程项目56个。办结劳动行政处罚案件7件，罚款共计6.1万元。

【招聘活动】 2021年，同安区人社局加强外来务工人员招聘活动，分批组织全区重点企业90余家次赴甘肃、贵州和云南等3省参加当地政府组织的现场招聘会，共吸引外地务工人员1855人，并通过包车、包机、包列方式实现“点对点”到岗服务。组织参加省内外校园招聘。组织全区企业43家次参加东海学院和同安职业技术学校校园招聘会。举办区人力资源市场现场招聘会。全年举办89场，组织企业参会1135家次，提供就业岗位41797个次，达成就业意向801人次。举办区大型春风行动现场招聘会、未就业高校毕业生暨重大片区开发农村劳动力转产转业专场招聘会、镇（街）级劳动力转移专场招聘会共10场，组织企业参会386家次，提供就业岗位1万多个，达成就业意向702人次。

【劳务协作】 2021年，同安区继续加强与对口帮扶县甘肃省康乐县劳务协作，全年组织14场招聘会，参加企业49家次，提供就业岗位7017个次，共接收康乐籍务工人员2018人。加强闽宁劳务协作，与宁夏泾源县签订劳务工作协议，挑选16家优质企业参与，共推送2期1909个岗位，举行现场招聘会1场，招收宁夏籍务工人员工作满3个月80人，其中脱贫24人。加强省内山海协作，组织全区36家企业到对口支援县漳州市诏安县参加“诏安县2021年人力资源（含大中专毕业生）线上线下招聘会暨诏安县与厦门市同安区劳务协作招聘会”。全年累计兑

2021年2月26日，厦门科司特电子有限公司在厦门动车站迎接甘肃省康乐县到同安务工人员

（陈海滨 摄）

现各类政策奖补支出1872万元。

【就业奖补】 2021年，同安区兑现各项就业创业奖励政策总计2.47亿元。审核发放社保补差资金1亿元，惠及企业20937家次、本市劳动力143454人次。审核发放用人单位招收就业困难人员社保补贴774.21万元，惠及企业711家次、就业困难人员4831人次。审核发放企业招工招才奖励1066.74万元，惠及企业2957家次、员工19802人次。审核发放应届毕业生社保补贴295.41万元，惠及企业695家次、应届高校和职校毕业生2728人次。审核发放公益性岗位工资性补贴457.74万元，惠及企业4家次、就业困难人员882人次。为15家企业发放创业项目启动补助7.5万元，为12家企业发放创业场地补贴6.84万元。审核发放2020年度跨省务工奖励（企业和个人）25.20万元，2021年吸纳省外脱贫人口就业补助502.69万元。审核发放宁夏籍建档立卡贫困劳动力跨省就业奖补64.8万元，交通生活补助6.9万元。协助全区14088人次就业困难人员申领灵活就业人员社保补贴2890.17万元（市失业保险基金支付）。发放春节期间稳定企业职工补贴550.49万元，惠及企业130家、企业职工19951人。发放首批疫情期间援企稳岗补贴7890万元，其中支持员工稳定就业补贴7803.2万元，支持企业按期发放工资补贴116.8万元。发放职业技能提升行动经费161.6万元。

【创业扶持】 2021年，同安区人社局审核通过个人小额担保贷款申请5人，完成280万元的个人创业担保贷款贴息核查工作。通过各镇街报送，评选出8名创业典型。为15家企业发放创业项目启动补助7.5万元，为12家企业发放创业场地补贴6.84万元。组织开展项目制培训班98期，参训3297人，涉及营养师、艺术化妆、保育员、办公软件、小儿推拿、化妆师等工种。

【劳资纠纷投诉办理】 2021年，同安区人社局劳动监察大队共协调处理劳资纠纷投诉举报案件1731件，比上年增长26%；涉及5478人，增长6%；涉及金额6810万元，下降19%。追发农民工工资5858万元。处置案件中，办理“12345”上级转办信访件2840件。应急处置“110”联动突发事件406件，与上年持平，涉及人数1773人。

【劳动人事争议仲裁】 2021年，同安区仲裁院接到劳动争议案件1677件，其中10人以上集体案件31件，审结案件1528件，结案率91.1%。裁决490件，其中一裁终局328件，调解644件，撤回、其他方式结案394件，一裁终局率69.1%，调撤率67.9%。已结案件涉及金额4555.7万元。

【企业用工信用评价】 2021年3月，同安区人社局开展企业用工信用评价，经过信息收集汇总、初步评价、结果告知和网上公示，共评价出A级劳动保障守法诚信单位59家，B级一般失信单位3家，C级严重失信单位5家。同安区人社局及时将评价结果通报同级公共信用信息主管部门以及解决企业工资拖欠问题部门联席会议有关成员单位，对守信典型进行宣传报道，并在守信单位及其法定代表人、负责人评比表彰、奖励和认定类活动中，给予优先推荐；对失信单位列为重点监督检查对象，进行重点专项监督检查，增加检查频次。

【劳动市场专项执法检查】 2021年，同安区人社局组织3次劳动市场专项执法检查。2月，在春节前夕，完成2020年度根治欠薪冬季专项行动，以招用农民工较多的工程建设领域、劳动密集型加工制造及受疫情影响严重的行业为重点，对根治欠薪法律法规政策贯彻落实情况进行集中排查，实现欠薪隐患动态清零，协调处理拖欠工人工资劳资纠纷510起（其中建筑行业213起），涉及人数2044人（其中建筑行业1275人），涉及被拖欠工资款约3201万元（其中建筑行业2439万元）。组织在全区范围内开展规范企业及职业中介机构招聘行为专项执法检查活动，检查劳务中介及用人单位133户次，查处未经许可擅自经营劳务派遣、职业中介业务18家。6月，采取边宣传、边检查、边发现、边处理的原则，有针对性地对用人单位是否存在非法聘用境外人员、非法就业情况进行排查处理，重点针对可能存在境外人员就业的148个用人单位开展专项检查，涉及职工1.6万多人，未发现非法就业境外人员。

【工伤认定】 2021年，同安区受理工伤认定案件1735件，其中认定工伤1729件，不予认定6件，不予受理2件，死亡案件21件。参加行政复议及行政诉讼15次，处理工伤信访56件。

【中介机构管理】 2021年，同安区对辖区内83家人力资源服务机构和劳务派遣机构开展管理，审批行政许可事项180件，其中企业实行不定时工作制和综合计算工时工作制审批63件，劳务派遣经营许可81件，人力资源服务许可审批33件，民办职业资格培训、职业技能培训学校审批3件。办结公共服务事项732件，其中录用未成年工登记备案464件，集体合同审查242件，人力资源服务备案16件，人力资源服务相关事项书面报告7件，劳务派遣单位设立分支机构申请报告2件，企业经济性裁员报告1件。对机构2020度经营情况进行核验，组织开展2020年度人力资源市场统计年报工作。开展“双随机、一公开”工作，随机抽查劳务派遣单位20家，人力资源服务机构12家，职业培训学校1家，企业特殊工时10家。

（卢　超）

收入消费

【概　况】 2021年，同安区居民人均可支配收入49606元，比上年增长10.2%。其中，工资性收入31093元，增长9.8%；经营性净收入8599元，增长8%；财产净收入2459元，增长11.1%；转移净收入7455元，增长14.2%。居民人均生活消费支出30362元，增长13.6%，其中支出前三位的为食品烟酒（10929元）、交通通信（6398元）、居住（6165元），分别增长13.3%、15.1%、11%。增速最快的是交通通信支出（6398元），比上年增长15.1%。

【城镇居民收入与消费支出】 2021年，同安区城镇居民人均可支配收入56461元，比上年增长9.1%。其中，工资性收入35205元，增长8.3%；经营性收入9442元，增长7.1%；财产净收入3015元，增长11%；转移净收入8799元，增长13.7%。居民人均生活消费支出33229元，比上年增长12.5%；其中支出前三位的依次为食品烟酒（11976元）、交通通信（7223元）、居住（6455元），分别增长12.7%、14.5%、9.3%；增速最快的是交通通信支出（7223元），增长14.5%。

【农村居民收入与消费支出】 2021年，同安区农村居民人均可支配收入27564元，比上年增长12%。其中，工资性收入18680元，增长10.7%；经营净收入6161元，增长14.5%；财产净收入335元，增长12.8%；转移净收入2388元，增长15.8%。居民人均生活消费支出21749元，比上年增长19.4%；支出前三位的为食品烟酒（7933元）、居住（5234元）、交通通信（4077元），分别增长18.5%、16.5%、23.6%；增速最快的是食品烟酒支出（7933元），增长18.5%。

（黄慧佶）

社会保障

【概　况】 2021年，同安区社会保险参保总人数62.42万人，比上年增长5.53%。基本养老保险基金、基本医疗保险基金、失业保险基金、工伤保险基金、生育保险基金合计总收入44.59亿元，比上年增长27.58%。全区向就业困难人员发放灵活就业人员社保补贴14088人次2890.17万元。外来人口领取生活补助1883人，总计领取132.5万元。同安区实施保障性安居工程，推进福厦客专（同安段）西湖安置房等7个安置房项目，总建筑面积653415.32平方米，完成投资4.66亿元，完成年度计划投资的106%。祥平地铁社区一期启动保障性商品房配售，二期工程继续实施。

【养老保险】 2021年年末，同安区参保养老保险32.63万人，同比增长9.31%。基本养老保险基金收入29.4亿元，比上年增长28.18%。其中，城乡居民养老保险参保31311人，征收保费749.81万元。领取养老金4743人，比上年减少27.03%。机关事业单位人员参保10622人，比上年增长4.93%；领取养老待遇3302人，发放31650.48万元，分别比上年增长4.93%、减少4.43%。机关事业单位基本养老保险基金收入2.67亿元。同安区企业养老保险参保315683人，比上年增长10.10%；领取养老金2563人，比上年增长8.19%。企业单位基本养老保险基金收入20.78亿元。同安区上调增加企业职工退休（职）人员养老保险待遇。退休人员每人每月定额增加50元；按退休人员2020年12月发放基本养老金标准的2.18%调整增加；与本人缴费年限挂钩：按缴费年限每满一年发给1元。

【失业保险】 2021年，同安区城镇职工参加失业保险315137人，比上年增长10.33%。失业保险基金收入7591万元，比上年增长92.52%。3001名失业人员领取失业保险金7121.13万元，人数和金额分别比上年增长22.14%、27.15%。

【工伤保险】 2021年，同安区工伤保险参保职工3578783人，征收保费7786.47万元。其中，建筑业工伤保险参保工程项目278个，征收保费814.72万元。区人社局全年审批工伤保险待遇1588人，工伤保险基金理赔支出6533.78万元。

【生育保险】2021年，同安区职工生育保险参保314439人，比上年增长10.5%。生育保险基金收入1.03亿元，比上年增长17.11%。

【医疗保障】2021年，同安区城乡居民及未成年人基本医疗保险参保296007人，比上年增长1.6%。同安区基本医疗保险基金收入12.62亿元，比上年增长19.33%。同安区共有477家企业58112名职工参加医疗互助保障，为2173名职工发放补助金453.3万元。

【“幸福晚年计划”实施】2021年，同安区实施“幸福晚年计划”，推进被征地人员和退养渔民养老保障工作。全年新增办理被征地人员和退养渔民保障性就业补贴4274人，当年累计发放补贴6844.40万元；全年新增办理被征地人员和退养渔民困难家庭老人养老补助58人，当年累计发放补贴465.42万元；全年累计办理被征地人员养老保险参保10596人，其中贴息贷款参保人161人。

【离退休人员社会化管理服务】2021年，同安区新增纳入社会化管理服务退休人员6062人，累计社会化管理服务总人数79865人，社会化管理率100%。在春节、重阳节期间，同安区人社局慰问社会化管理退休人员154762人次，发放慰问金2321.44万元；慰问困难退休人员1883人，合计发放慰问金115.72万元。全年慰问生病住院退休人员11156人次，发放慰问金额223.12万元；慰问亡故退休人员家属1031人，发放慰问金51.55万元。通过微信、手机App、自助机、经办柜台认证、手持机上门认证等方式，完成退休人员领取养老保险待遇资格认证75141人，认证完成率100%。

【安置房建设】2021年，同安区糖厂安置房一期工程（幼儿园）、美峰安置房2个项目开工建设，总建筑面积22.76万平方米，拟建设住房1357套。西湖安置房主体楼全面封顶，总建筑面积11.09万平方米，建设住房645套；西柯镇官浔村安置用地5号及6号楼项目竣工，建筑面积4.30万平方米，提供安置住房384套，用于人才安置。位于祥平街道凤岗社区的造福安置小区（二期）竣工，建筑面积14.13万平方米，提供住房1318套，用于村庄整体搬迁安置，主要有偏远山区地质灾害隐患和高陡边坡点威胁较为突出的莲花镇淡溪村、西坑村、小坪半岭自然村及重点水资源保护区汀溪镇大麦畲村。

【祥平地铁社区一期保障性商品房配售】2021年10月，同安区祥平地铁社区一期保障性商品房配售工作启动。该项目位于滨海西大道西侧、祥平二路南侧、同集北路东侧、二环南路北侧，附近规划有轨道6号线阳翟站和第三医院站，有一所12个班幼儿园，以及社区服务中心、生鲜超市、地下车库等配套设施。该批次配售的房源共有542套，其中二房型29套，三房型513套，面向全市无房家庭销售。该项目按1000元/每平方米的标准完成室内精装修，市场评估价为28241元/平方米，销售均价按市场评估价的45%标准确定为12708元/平方米，楼层调节价差为每层50元/平方米。

（卢　超　叶毓娟）

民政事务

【概　况】2021年，同安区向城乡低保户累计发放低保金及慰问金共计3702万元，向特困人员发放供养金及慰问金共计415万元，发放临时救助金285万元，困难群众住房改造补助金44.75万元。突发新冠肺炎疫情防控期间为4452人（户）受疫情影响的困难群众发放一次性临时生活补贴378.42万元。完成81个建制村和61个社区委员会换届选举工作。规范区划地名，全面复查界线和界桩及其方位物管理、维护状况，开展社会团体与民办非企业单位管理。做好行政区域界线资料归档工作；新增地名命名38个（其中道路36条、居民点2个），路名牌设标7座。

【社会救助】2021年，同安区民政局持续做好特困人员供养和城乡居民最低生活保障工作，开展困难群众住房改造补助，及时发放革命“五老”对象定期补助。

城乡居民最低生活保障　取消城乡低保727人，新增城乡低保1040人，12月底共有低保2495户4228人。发放城乡低保金3198万元，城乡低保临时价格补贴14.72万元，元旦、春节、中秋节、国庆节慰问金503万元。

特困人员供养　全区有特困供养人员215人，其中集中供养54人、分散供养161人，全护理19人、半护理49人、全自理147人。全年发放特困人员供养金415万元、价格临时补贴0.56万元及元旦春节、中秋节、国庆节慰问金21.1万元。

革命“五老”人员及遗属定期补助　发放革命“五老”人员3

2021年12月18日，在区民政局举办的“微心愿爱心集市暖冬行动”现场，爱心单位与受助对象一起展示完成的微心愿礼物　　（夏海滨　摄）

人9.87万元，遗属28人36.3万元。

困难群众住房改造补助　发放4户、总计44.75万元。

【婚姻登记管理】 2021年，同安区办理结婚登记2581对，离婚登记778对，补办证件487对。出具婚姻证明3对，补录婚姻登记历史数据13条。

【未成年人保护】 2021年，同安区调整同安区未成年人保护委员会成员，由分管副区长任主任，文明办、政府办、民政局、教育局、公安分局、团区委等部门领导担任副主任，区内相关委办局和各镇（街）为成员单位，下设办公室从设在教育局调整为设在区民政局，具体指导和协调全区未成年人保护工作。组建“儿童督导员”等儿童关爱工作队伍。共认定事实无人抚养儿童169人，发放生活保障金346.17万元。

【殡葬建设与管理】 2021年，同安区民政局推进厦门安乐园殡葬服务综合体项目，年内完成投资6500万元，项目主体工程及外墙装修完工。开展违建坟墓排查专项整治工作，督促各镇（街）落实属地管理原则，及时开展排查巡查，杜绝“二重葬”行为发生。开展清明节祭扫服务，倡导绿色祭扫，利用网站和微信公众号等渠道，推广“云祭园”网络祭扫、代客祭扫、网上时空信箱、小规模家庭追思等方式，引导群众文明绿色祭扫。在安泽园、安乐园墓园园区内开展“鲜花换纸钱”“丝带寄哀思”等活动，抵制低俗祭祀用品和迷信行为。清明节期间接待现场祭扫165918人次，疏导车辆22950辆，提供服务保障工作人员5776人次。

【社工服务】 2021年，同安区民政局投入512万元，启动6个为老服务试点项目、2个“阳光1+1”老区村牵手行动试点项目、2个青少年服务项目、1个精障群体服务项目，以及1个社工站运营服务项目、1个社会救助服务项目、1个志愿服务项目，涵盖敬老服务、青少年矫正、精障家庭关怀、困境儿童帮扶等方面，覆盖全区各镇街。新民镇后宅村“守望青春”青少年正向培育社会工作服务项目（二期）以行为偏差儿童青少年为切入点，举办科普活动、研学活动、趣味手工、冬夏令营等9场活动，帮助178人次提高人际交往能力。新民镇柑岭村“柑苦与共，心灵绽放”困境家庭精神卫生社工服务试点项目（二期）对35户精障家庭开展入户调查，提供心理辅导、行为矫正、推荐就业等服务。大同街道凤山社区“志相投　愿相伴”志愿者团建社工服务项目培育“心莲心”志愿服务队和“文笔之声”广播站志愿服务队，常态化开展环境整治、慰问高龄长者等志愿服务活动。基层社会救助服务项目，为每个镇（街）配备2～3名社工站工作人员（社会救助协管员），合计派驻20名社工（社会救助协管员），主要协助镇（街）开展社会救助、为老服务、关爱儿童、社区治理等4大领域服务内容，项目累计走访调查困难对象5767户次9213人次。阳光1+1（社会组织+老区村）牵手行动服务项目，在洪塘镇、西柯镇、汀溪镇、五显镇、新民镇和大同街道辖区的23个老区村开展精准帮扶，发展乡村产业。

【地名门牌管理】 2021年，同安区完成对辖区36条道路和2个小区的命名工作。开展辖区路名牌等地名标志及广告清理专项整治工作，新增单杆式路名牌7座，配合区公安分局、市民政局开展二维码门牌编制、安装工作。

【社区治理】 2021年，同安区民政局调整析置城乡社区工作网格，按每个网格1500人左右的规模，将全区划分工作网格719个，其中基础网格659个、专属网格60个。每个网格配备网格员，明确网格员工作职责，年内持续开展基础信息排查、重点信息排查、常态化疫情防控、矛盾纠纷排查、民生服务管理、政策法规宣传等网格化治理工作。同安区强化基层治理工作力量，面向社会公开招聘560名35岁以下、本科及以上学历的专职城乡社区工作者（网格员），至年底，全区配备专职网格员677名，实现城乡社区网格员全覆盖。

【社会组织管理】 2021年，同安区新增成立社会组织10家，其中社会团体8家，民办非企业单位2家。全区共有社会组织488家，双随机抽查社会组织40家，进一步完善社会组织事中事后行为监管；年报申报448家，年报率为91.8%；评估社会组织6家，其中评定5A级社会组织1家，为厦门市同安区开心社工服务中心；另有4A级社会组织4家，3A级社会组织1家。

【首届微型公益创投大赛】 2021年，同安区首届微型公益创投大赛举行。该次活动由同安区民政局主办、同安区社会组织促进会承办，旨在发挥社会组织在创新社会治理中的独特作用，促进社区社会组织的培育与发展。3月，项目征集启动，共有20个项目申报，内容涵盖党建服务、志愿服务、文化服务、助老服务等多种门类，服务区域覆盖全区多个镇街、15个社区。经评比，“心莲心·爱驻夕阳、红歌唱响志愿服务项目”获金奖；“文笔之声·先锋小记者特训营项目”获银奖；“芸享灯谜文化传承服务项目”“‘幸福百草园’百草园空间管理服务项目”“‘金玉满堂’剪纸协会能力提升项目”获铜奖。11月20日，颁奖仪式在大同街道凤山社区古龙御园小区举行。

【“银城微心愿”项目启动】 2021年6月，同安区民政局正式启动同安区“银城微心愿”项目，项目通过面向全区低保、残疾、计生特殊家庭、困难老人、失独失孤老人、困境（留守）儿童、特殊家庭青少年等各类困难对象个人（或家庭），常态化收集、核实、链接、实现“微心愿”（较容易实现的小愿望），广泛发动机关、企事业单位、社会组织和个人开展结对帮扶，在全社会营造浓厚的“尊老济困、大爱无疆”爱心氛围。项目收集793个微心愿，核对符合条件758个，募得爱心善款15.15万元，圆梦597个，圆梦价值18.09万元。

（吕瑞哲）

慈善事业

【概　况】 2021年，同安区有3家慈善组织，分别为同安区慈善会、厦门市同安梵天厚学慈善会、厦门市同安区同心慈善会。3家慈善组织总计募集善款3815.74万元，支出善款3660.54万元，受益1万多人次。

【同安区慈善会】 2021年，同安区慈善会共募集善款3451.91万元，物资折款约40万元，支出善款3230.62万元，物资折款约40万元，受益人数3200多人次。募集抗击新冠肺炎疫情资金475笔共2765.79万元。开展新春慰问活动，共慰问580户困难家庭，每户发放慰问金1000元及新春礼品一份，发放慰问款58万元，慰问物资折款约22万元。实施“雨露育青苗”结对帮扶项目，联合各类慈善基金及机构帮扶494名困境儿童，每人发放扶助金2500元，共发放扶助金123.5万元。多渠道筹集资金86.75万元开展各类慈善助学活动，资助全区313名贫困家庭学生。联合市慈善总会捐助物资折款18万元，捐助给西柯潘涂、西柯美星、汀溪五峰、汀溪隘头、五显四林、五显竹山、莲花后埔等7家村（社区）幸福院；慰问救助196名重大疾病患者，发放救助款48.9万元。至2021年年底，区慈善会共建立22支冠名慈善基金（排名不分先后），即8支镇（街）慈善基金、良训慈善基金、郭芳枫教育基金、蔡良平及蔡月明慈善教育基金、同安南安商会慈善基金、同安台商爱心基金、同安商会爱心基金、梵天禅寺慈善基金、蓝海旺慈善基金、女性健康慈善基金、博爱感恩慈善基金、同安附大健康慈善基金、银鹭慈善基金、“银城微心愿”爱心基金、同安农银村镇银行慈善基金，全年冠名慈善基金捐资315.61万元。

【厦门市同安梵天厚学慈善会】 2021年，梵天厚学慈善会总收入96.37万元，其中会员会费收缴24.58万元，捐款收入71.63万元，存款利息收入0.15万元。支出224.87万元，其中管理及财务费用支出2.65万元，慈善活动支出222.21万元。坚持公益助学，联合同安区慈善会开展“雨露育青苗”“救助活动，帮扶孤困儿童40人，发放救助金10万元。创新开展“扶贫＋慈善”模式个案救助，向特困户、低保户、低保边缘户、孤寡老人、孤困儿童、残疾人等困难群众发放慰问金及物资，全年救助30户，发放救助金8.64万元。春节前夕，开展新春“送万福进万家”活动，总计送出春联及福字10万余副。在同安突发新冠肺炎疫情后，走访慰问防疫一线工作者，向封控区居民赠送月饼和N95口罩等，总计捐赠防疫物资和生活物资价值146.18万元。聚焦民生保障需要，在区民政局指导下兴办同安区首个标准化老年食堂，保障高龄、孤寡、失能等特殊困难老年人的用餐需求；全年支出10万元，每天为165名老年人配送午餐。开展公益活动，联合义工团体举办2次“呵护山林·净己心扉”清洁家园活动，组织爱心人士开展2次无偿献血活动。

【厦门市同安区同心慈善会】 2021年，同心慈善会善款总收入267.46万元，其中捐赠收入209.32万元、会费收入23.19万元、提供服务收入15.25万元、其他收入19.70万元。全年总支出225.24万元，其中业务活动成本207.71万元，管理费用14.44万元，筹资费用3.73万元。围绕“养护心灵、关怀生命”的理念开展各项公益慈善项目。开展同心助学项目，其中助学圆梦项目帮扶同安、翔安区8所学校贫困高三学子，向15名受助学生发放奖助学金，每人6000元共计9万元，发放学习用品421份，折合人民币4.708万元。开展冬令营、入户家访、高考志愿填报公益指导会及线上夏令营，共服务728人次。举办3场“线上+线下”“助学圆梦”项目12周年纪念主题系列活动。开展助学帮扶项目，帮扶同安区、翔安区困境中小学生，入户关怀走访208人，共发放慰问助学金14.57万元，送去油、米、春联、新春礼包等200份慰问物资，折合人民币约1.548万元。开展趣味运动会、夏令营、研学、中秋、端午等活动，开拓服务对象的视野。开展四点钟学堂、高山上的阅读、父母学堂、流动家长会等同心扶幼项目。开展四点钟学堂周末研学、兴趣课、主题生日会与传统节日活动共23场，服务学生394人次。开展高山上的阅读项目，为偏远山区留守儿童举办党史学习教育、植树绿化、红色观影、生日会等特色课程共8场，服务学生累计209人次。开展父母学堂项目线上线下活动28场，服务1414人次。开展流动家长会项目线上线下20场，服务4164人次。开展同心助困项目，其中急难关怀项目入户关怀53人，发放慰问金6.36万元，赠送电动轮椅等爱心物资折合1.1万元、癌友关怀项目开展公益沙龙31场，内容包含净化呼吸瑜伽、安心小语读书会、手工坊、公益音乐会等。开展居家关怀和线上关怀服务，服务1000多人次。开展同心敬老项目，面向乡村困难老人及留守老人开展66场下乡关怀活动，服务9792人次，发放物资总价值41.15万元。开展敬老食堂项目，11月19日开始在田洋村设立“爱拼食堂”，通过“村里出一点、乡贤捐一点、社会筹一点、村民带一点”的方式组织9场敬老活动，共服务村里长者1400人次左右。在同安突发新冠肺炎疫情后，联合同安同心社工中心成立防疫小组，协助社会各界爱心资源转运到防疫一线，共收到社会各家爱心团体、个人捐赠的医用N95口罩、防护服等防疫物资，价值约118万元，捐赠给同安区8个镇（街）、42个村（社区）、15家社会组织、6所学校、2家医院。承接同安区防疫期间血透患者就医保障项目，保障同安区53名肾病患者定期到医院开展血透。组建医疗志愿队为群众开展取药、接送出院等服务，受益群众72名。

（同安区慈善会
梵天厚学慈善会　同心慈善会）

2021年3月27日，同心慈善会在莲花镇军营村开展“童心向党·献礼100周年”主题志愿服务系列活动之“高山上的阅读”活动（同安区委文明办供图）

老龄事业

【概　况】 2021年，同安区投入1340万元，在81个建制村，33个城市社区和27个村改居社区开展居家养老服务。2021年底，全区有养老机构5家、居家养老服务场所146个，农村幸福院81所，居家社区养老服务照料中心8所，辐射服务老人群体达6.4万人。

【居家养老服务】 2021年，同安区通过购买服务的形式，全面推行并实现全区城乡社区居家养老信息化服务全覆盖，全面满足城乡社区居家养老服务需求。全年共投入专项资金1340万元，为全区141个村（社区）配备311名助老员，开展紧急救援，入户关怀，建立档案，文化活动，精神慰藉，社区参与，老年教育，咨询保障等工作。建立健全“互联网+养老”的居家智慧养老服务模式，打造一刻钟养老服务圈。开展居家养老服务检查抽查工作，组织对各居家养老服务站开展服务工作情况、日常管理情况等进行检查抽查，召集镇（街）、承接机构召开居家养老信息化工作推进会，通报存在问题，督促提升服务质量和服务水平。

【芸溪社区获评示范性老年友好型社区】 2021年10月，国家卫健委公布2021年全国示范性老年友好型社区名单，祥平街道芸溪社区列入榜单。芸溪社区有8个居住小区，居住人口1.4万人，其中老年人1444人。该社区按照老年友好型示范社区创建要求，提升改造多个公共场所，通过入户关怀机制、重点特殊老人家庭清单等制度，为老人提供贴心社区服务。建立爱心助老朋友圈，打造15分钟近邻服务圈。组建服务队，为特殊老人提供上门服务。组织老年人参加各类文体活动，并引导老年人积极参与社区治理。

【“近邻敬老”服务试点项目】 2021年9月，同安区民政局投入121万元，在大同街道城西社区、祥平街道卿朴村、莲花镇莲花村、汀溪镇西源村等4个村（社区）启动“近邻敬老”城乡三社联动试点项目，组织开展关爱特定老人群体、培育发展为老志愿组织、弘扬传承孝老文化等服务内容。大同街道城西社区和祥平街道卿朴村重点突显“关爱特殊老人”服务主线；莲花镇莲花村以打造“孝道文化传承”为服务主线；汀溪镇西源村重点培育发展“近邻志愿”助老服务力量，探索建立志愿时间银行激励机制。

城西社区　通过开展对特殊困难老人、社区低保低收入老人等群体的个性化服务，入户探访慰问超过220次，为特殊老人建档75份，服务生活、家政、医疗、精神需求等超过30人。开展敬老、孝老、爱老志愿服务活动，共计开展10场社区活动、1场小组、8次核酸检测与疫苗接种服务，服务超过40000人次。

2021年4月2日，祥平街道芸溪社区组织老年人举办庆祝中国共产党成立100周年歌咏展示活动　（芸溪社区供图）

莲花村　对22名特殊长者入户提供理疗、推拿、康复指导（卒中、大病初愈）等精准化服务288人次。采取“村居推荐+邻区推选”的方式，整理8篇敬老孝老典型案例，通过公众号+村村响+讲古场+宣传栏+话剧的形式进行宣传，营造浓厚的孝亲敬老氛围，增进村民对新时代孝道文化的认识。完善志愿者激励机制，莲花村养老“时间银行”在册志愿者有50人，累计服务时长500.5小时，累计兑换服务义剪、家电维修、按摩推拿、中医针灸14次。

卿朴村　开展对特殊困难老人、社区低保低收入老人等群体的个性化服务，入户探访慰问156户，建档92份，为92名老人建立“一人一策”方案，辅导个案3个，实现良性发展。助餐9户，助医7户（链接资源安装家庭床位），微心愿完成2户，完成生活、家政、医疗、精神需求等超过50人，60%以上服务对象生活得到照顾、陪伴增加、社会支持增强；重点培育一支20人的“近邻助老”服务志愿队，引导、挖掘党员、老年协会、邻长、低龄老人、热心村民和爱心人士积极参与“近邻敬老”志愿服务，举行为老志愿活动3场。

西源村　项目积极培育发展为老服务志愿者，社工设立4个“源邻义站”，包括吴厝服务站、王爷庙服务站、幸福院服务站、土寨服务站。在源邻义站开展15场敬老活动，服务村庄老人850人次，志愿服务时数达350小时；实施“时间银行”服务机制，主要是通过对志愿者的服务进行时间储蓄，未来可在“时间银行”储蓄库兑换服务或物品，以此激励志愿者，推动西源村志愿服务的可持续发展。至年底，西源村“时间银行”已有27名志愿者领取储蓄手册，累计志愿服务时数1850小时，“时间银行”储蓄库引进4家爱心单位提供资源支持。

【农村养老服务提升试点】2021年9月，同安区民政局投入24.93万元，在同安区洪塘镇下墩村开展“幸福邻里、携手同行”农村三社联动服务试点项目（二期），提升农村养老服务品质。组织召开村委会、老年人协会、社工的三方会议，改造村公共活动空间，包含彩绘、刷漆、水电、门窗等四大改造内容，促使老人愿意参与活动的意愿提高，老人人流量提高30.3%以上；制定《下墩村公共空间使用管理规定》，培育发展下墩广场舞队、下墩健身操队、下墩银龄志愿队、下墩祖厝志愿队4个成熟、可自我管理运作的活动团体，独立举办5场敬老孝亲的社区活动，老人参与数达401人次。整合村庄内外部资源，链接老年大学中草学会、同心慈善会父母学堂以及同安区家庭教育志愿者协会、西池社区“池家妈妈”微公益志愿服务队等15家爱心组织，举办孝道亲子体验课程、传统文化学习课程，弘扬和传承家庭孝道文化等活动10场，服务村庄老人636人次，营造乡村浓厚“孝老敬亲”社会氛围。

（吕瑞哲）

民族与宗教事务

【概　况】2021年，同安区开展城市民族工作，创建民族团结进步试点示范社区8个，举办多场民族团结进步宣传活动。同安区经依法登记的宗教团体有4个，即佛教协会、道教协会、基督教“三自”爱国运动委员会、基督教协会，经依法登记的宗教活动场所共22家，其中佛教8家、道教3家、基督教11家。同安区在宗教界开展“爱党爱国爱社会主义”主题教育活动，组织宗教界人士参与统战系统党史学习教育及统战理论、政策法规学习培训。加强宗教场所安全管理，持续开展宗教领域安全隐患大排查、林缘可燃物清理及宗教领域房屋安全清查等整治工作，指导宗教场所开展消防标准化达标创建及垃圾分类工作。指导宗教界开展常态化疫情防控工作，在同安区突发新冠肺炎疫情防控期间暂停全区宗教活动场所对外开放、暂停集体性宗教活动。加强非法宗教活动排查整治力度，完成全区首例宗教相关行政处罚。

【民族团结进步宣传】2021年，同安区开展民族团结进步宣传教育活动及民族团结进步宣传月活动，先后在同安工业社区大学、同新社区、芸溪社区及梵天寺等地开展6场以“铸牢中华民族共同体意识　庆祝中国共产党成立100周年”为主题的民族团结进步宣传教育活动及民族团结进步宣传月活动，通过文艺会演、音乐会、有奖问答、发放宣传单等形式向群众普及民族政策，宣传民族团结进步思想。

【少数民族帮扶】2021年，同安区利用节假日慰问关怀同安一中新疆班少数民族学生，赠送慰问金2万元。继续做好上杭县庐丰畲族乡挂钩帮扶工作，拨付帮扶资金100万元用于庐丰畲族乡“三丰片”人居环境整治项目。

【民族团结进步试点示范社区创建】2021年，同安区以构建互嵌式社区为抓手，在各镇（街）创建民族团结进步试点示范社区共8个，分别为大同街道凤山社区、祥平街道芸溪社区、五显镇香溪社区、洪塘镇石浔社区、西柯镇美人山社区、新民镇兴店社区、莲花镇白沙仑社区、汀溪镇汀溪社区。各社区通过举办文艺会演、民族团结一家亲抗疫画展等形式开展民族团结进步宣传，组织各族群众参与社区志愿活动，把民族团结进步工作融入社区各项工作，推动民族团结进步创建工作常态化、长效化。

【宗教界公益活动】2021年，同安区引导宗教界开展各类爱心公益活动，全年各宗教团体及宗教活动场所共慰问困难户1058户，并赠送慰问金29.67万元及一批生活物资。9月，在同安突发新冠肺炎疫情后，同安区宗教界共募捐抗疫善款85.46万元，并向抗疫一线赠送价值102.75万元的物资。

【宗教场所消防安全标准化达标创建】2021年，同安区推进宗教活动场所消防安全标准化达标创建工作，围绕场所房屋安全、火灾隐患、应急疏散通道、水电煤气使用等几个方面的重点问题进行全面提升，并进一步完善组织机构和职责、理论学习、应急管理、教育培训、隐患排查和治理、应急演练等机制。将梵天禅寺打造为同安区宗教活动场所消防安全标准化示范点，在梵天禅寺组织召开现场推进会。9月，完成全区22家宗教活动场所消防安全标准化创建工作。

（李毅欣）

街镇概貌

大同街道

【概　况】大同街道位于同安区老城区，北与汀溪镇、五显镇相连，东南与洪塘镇接壤，西南与祥平街道隔溪相望，是国道 324 线、省道 205 线重要交通枢纽。2021 年，街道区域总面积 19.51 平方千米，辖有同新、西安、三秀、后炉、溪边、城西、凤山、北门、西池、东山、朝元、碧岳、新丰、溪苑等 14 个社区和田洋、古庄、顶溪头、东宅、下溪头、康浔 6 个建制村。户籍人口 66131 人，常住人口 6.36 万人。全年规模以上工业企业 33 家，规模以上工业总产值 41.67 亿元；财政总收入 2.52 亿元、街道本级收入 4149.49 万元，分别比上年增长 12.68% 和 17.53%；全社会固定资产投资 9902 万元，增长 139%。

【产业发展】2021 年，大同街道升级传统工业，推动城北、城东工业区转型。开展招商引资，引进企业 48 家，招商落户项目 34 个，新设注册资本金 1.85 亿元，计划总投资 5.15 亿元。建立党政领导挂钩服务企业制度，定期走访调研、召开企业座谈会等，营造“亲清”政商环境。辖区 33 家规模以上工业企业完成工业产值 41.67 亿元；39 家限额以上批零企业完成销售额 116.75 亿元，增长 5.8%。规划整合大横街、松柏林街等老商贸街购物、餐饮等资源，提升打造钟楼“两横两纵”（三秀路、南门路、同新北路、东山路）商业经济圈，建设集娱乐、餐饮、购物、休闲于一体的多元“都市休闲商业中心”，全年销售额（含区控）110.15 亿元，比上年增长 6.7%。

【基本建设】2021 年，大同街道开展“百日攻坚”活动，建设城北六号路南段、东宅村招拍挂项目，实施城北片区收储项目，完成梅山路、朝晖路、同安区历史陈列馆周边配套环境提升工程等 3 个项目，基本完成东山西路、朝元社区集体经济发展项目 2 个项目。加强民生基础设施建设，实施 10 项便民服务项目，启动后炉花园、印发花园等老旧小区改造提升工程，建成东宅村、田洋村等 6 家幸福院，为老人提供日间休息、休闲娱乐等公益服务。推进乡村振兴，深化拓展田洋村“手艺 + 文旅”模式，推广田洋特色“甘蔗哥”系列文化产品，实现产业升级；改造古庄村“智青楼”，打造特色网红小吃街。

【环境整治】2021 年，大同街道开展村（社区）卫生集中整治行动，组织卫生大扫除和房前屋后杂物清理，清除生活垃圾、建筑垃圾等，有效遏制社区、村（社区）“脏、乱、差”问题，改善人居环境。重点打造同城湾小区、城北小区垃圾分类示范点，因地制宜建设垃圾房，推行定时投放或上门收运。全面治理三秀路、中山路等路段占道经营、乱停车问题，新增划线停车位 3000 余个，修补破损路面 2000 余平方米，改善老城交通环境。深化拓展文明城市创建，整治乱张贴 1000 余起、乱堆杂 524 起，清洗市场周边道路脏乱 5.6 万平方米，处置“两违”建筑面积 8.48 万平方米、完成年度目标的 106%，获评“厦门市第六届创建文明城市工作突出贡献单位”。

【社会事业】2021 年，大同街道加强传统文化保护传承，推动闽南宗教文化旅游区建设，推进孔庙、卢戆章故居、吴必达故居等文物修缮工作，打造苏颂文化、朱子文化等品牌。开展群众性文化体育活动，举办“一份事，一份情，一份爱，共筑邻里山海情”中国共产党成立百年庆典活动。加强人口与生育服务，全年上报出生人数 513 人；开展孕前优生健康检查，完成孕优检查 548 人；兑现各类计划生育奖励扶助资金 9 万元。落实“早防控，广宣传、细摸排、防卡口、全覆盖、快转运、暖民生、净环境、实作为、严督导”等10项举措，建立“街道党政领导—包村（社区）工作组—村（社区）两委—网格员”层级管理制度，筑牢新冠肺炎疫情防控防线。

【民生保障】 2021年，大同街道城乡居民基本养老保险参保人数1874人、基本医疗保险参保人数2413人，参保率均为100%。为3291户低保户5180人发放最低生活保障金370万元，为17户临时救助对象发放救助金40105.5元。落实残疾人生活补助金369人次159.4万元，发放残疾人居家护理补助金674人次322.04万元。发放优抚对象生活补助金、60岁以上农村退役士兵生活补助、义务兵家属优待金、夏季入伍大学生奖励金总计359.6万元。发放高龄补贴20426人次238.29万元。组织公共就业服务活动5场次、技能培训20场次，服务群众600余人次。受理审批新建宅基地25宗、批翻建43宗，解决住房困难户住房需求。

【社会治理】 2021年，大同街道推行“社区吹哨、部门报到”的社区治理模式，购买专职巡查队伍，整合各职能部门力量，建立12个社区治理工作群，形成社区巡查发现问题、职能部门主动认领并及时处置的闭环机制，街道“群众安全感率”上半年排名全市第一。实行网格化治理，将街道划分为102个网格，其中12个社区划为67个网格，8个建制村划为35个网格。推进网格员队伍能力素质建设，固化网格化管理协作机制，提升网格管理效能。创新基层社会治理，设立“议理堂”，设置“红黑榜”，化解日常自治难题；探索近邻党建新模式，打造“同城湾、幸福湾”“爱在田洋”“红湖志”等党建新品牌，引领小区微治理。强化食品安全监管，完成食品药品监管所标准化建设。开展房屋安全隐患、“三合一”场所消防安全等重点行业领域专项整治行动，街道消防工作站获评第五届全国“119”消防先进集体。

【“志相投　愿相伴”志愿者服务品牌创建】 2021年，大同街道在凤山社区推进“志相投　愿相伴”志愿者服务品牌创建，培育“心莲心”志愿服务队和“文笔之声”广播站志愿服务队并形成项目化运行。莲福广场“心莲心”志愿服务队以“低龄助高龄”志愿服务项目，服务辖区60多位高龄长者。开展服务长者活动13场，累计服务时长1700多小时。古龙御园“文笔之声”广播站志愿服务队以“文笔之声·互联互动邻里爱”项目，服务小区居民。广播站从启动至2021年年底播音125期，累计服务时长1000多个小时。“心莲心”志愿服务队在2021年成为同安区大同街道“心莲心”低龄助高龄新时代文明实践岗，开展的“心莲心·爱驻夕阳，红歌唱响志愿服务项目”获2021年同安区首届微型公益项目创投大赛金奖，“心莲心”低龄助高龄志愿服务项目获第四届“善行八闽——公益慈善项目大赛”组织奖；“文笔之声”广播站志愿服务队的“文笔之声·先锋小记者特训营项目”获2021年同安区首届微型公益项目创投大赛银奖。“文笔之声·互联互动邻里爱”项目在2021年获厦门市第三届“凤凰之约”妇女儿童服务项目大赛三等奖。

（吕福建）

祥平街道

【概　况】 祥平街道位于同安区中部，北与莲花镇、汀溪镇接壤，南与西柯镇相连，西与新民镇毗邻，东与大同街道隔溪相望，国道324线、沈海高速、福厦高铁、省道206线、滨海西大道贯穿全境。2021年，街道区域总面积29平方千米，辖有凤祥、陆丰、祥晖、芸溪、祥文、西溪、杜桥、凤岭、祥丰9个城市社区，溪声、阳翟、祥桥、西洪塘、西湖、凤岗6个村改居社区和过溪、卿朴、瑶头3个建制村。户籍人口75397人，常住人口7.87万人。全年规模以上工业产值168亿元，全社会固定资产投资76.88亿元；财政总收入17484万元、本级财政收入3070万元，分别比上年增长13.75%和7.2%；本级一般公共预算支出6832万元，完成年度预算的85.53%；政府性基金支出248万元。

【产业发展】 2021年，祥平街道有农民专业合作社32家，其中市级及以上示范社1个，家庭农场7个。粮食作物播种面积45.6公顷，粮食产量287.8吨；蔬菜作物播种面积199.6公顷，蔬菜产量7278.6吨。开展招商引资工作，实际使用内资9518.3万元、利用外资4217万元。辖区115家规模以上工业企业完成产值168.0亿元，比上年下降5%。65家限额以上批发零售业企业实现销售额551.6亿元，比上年增长18%。“三高”（高技术、高成长、高附加值）企业41家，其中区领导挂钩企业15家、街道领导挂钩企业26家。入库工业固定资产投资项目27个，投资额5.36亿元。

【基本建设】 2021年，祥平街道推进8个乡村振兴建设项目，总投资额2023.82万元。完成卿朴村房前屋后整治提升、郭厝里美丽乡村建设等项目。全面推进辖区农村生活污水治理，工程涉及57个自然村，总投资3.02亿元，总招标控制价1.46亿元。

【征地拆迁】 2021年，祥平街道推进38个重点项目征拆工作，计划征地101.77万平方米、拆迁面积63.99万平方米，入选“百日冲刺行动”重点项目22个，其中收储项目7个、市级重点项目3个、区级重点项目12个。全年完成13个市、区重点项目征拆工作，签订征地协议97.44万平方米、完成交地69.39万平方米，签订拆迁协议33.8万平方米、完成拆除35.31万平方米。

【环境整治】 2021年，祥平街道调整充实河长制工作领导小组，组织河长巡河140次、河道专管员巡河411次，发现并解决问题256个；打捞河漂垃圾920立方米，清理土头垃圾3600立方米。开展“四乱”整治工作，清理整治东西溪流域“四乱”问题5处、埭头溪流域“四乱”问题3处。聘请第三方开展辖区范围内畜禽养殖回潮巡查工作，查处瑶头、过溪、西湖等地家禽规模化养殖6户次870羽、牛蛙养殖1户，取消生态补偿1户。投入资金72万元，建立专职巡逻队伍，推进“门前三包”工作。垃圾分类省级示范片区凤祥社区、过溪村全面实行生活垃圾上门回收。

【社会事业】 2021年，祥平街道建设完善街道文化站“八有”公共文化基础设施，设置阅览坐席30座、书刊架10架、服务器1台、计算机12台、投影仪2套、培训桌椅64套、健身器材10套、棋牌桌3套、乒乓球桌2张，每周开放42小时，提升公共文化服务效能。改造提升17个村（社区）文化服务中心，按标准配备各类设施设备，并定期组织开放，丰富群众业余文化生活。建设3个农家书屋，各社区藏书均超3000册、各建制村藏书均超1500册。加强人口与计生服务工作，常住人口出生587人，性别比111.15，政策内生育555人，政策符合率94.55%；孕前优生检查覆盖率100%。

【民生保障】 2021年，祥平街道城乡居民基本养老保险参保人数2926人，城乡居民基本医疗保险参保人数35300人，失地农民累计参保人数959人。加强困难群众救助帮扶，发放最低生活保障金395万元，惠及329户低保户527人；发放分散特困供养人员特困金26.4万元，惠及17户17人；发放临时救助金24.09万元，惠及困难群众15户；发放事实无人抚养儿童救助金60.1万元，惠及困难对象28人。落实残疾人生活补助金137.48万元，惠及残疾人322人，落实残疾人居家护理补助金285.4万元，惠及残疾人625人；发放一户多残低保（含单列低保）低收入家庭生活补助金34.34万元，惠及残疾人41户。加强优待抚恤工作，发放优抚对象生活补助金95.09万元、义务兵家属优待金55.19万元、夏季入伍大学生奖励金8.3万元。落实80岁及以上高龄补贴14178人次152.13万元。办理保障性租赁房意向登记215户，受理99户；保障性商品房意向登记47户，受理30户。受理翻建183宗，办结121宗。

【社会治理】 2021年，祥平街道深化党支部、党员进社区“精准双报到”活动，认领“我为群众办实事”近邻服务项目61个。

优化组织设置。以“近邻党建”为牵引，构建“街道大党工委—社区大党委—小区党支部—楼栋党小组—党员中心户”五层治理网络，建立守望相助邻里模式，进一步织密近邻守护网。提升乐海超市、新景舜弘现代城等商圈的品质化水平，鼓励城市社区因地制宜开展差异化探索，全方位、多维度拓展服务范围。凤祥社区被列为全国首批城市一刻钟便民生活圈试点，辖区80多家商户加入志愿服务队伍，为居民提供近20个公益服务项目。

推进阵地建设。以新时代文明实践中心建设为契机，深入开展“基层组织建设年”活动，持续弘扬党员志愿服务精神。投入60万元做好祥丰、凤岭2个新社区党群活动服务中心建设，凤岗社区综合服务中心工程开工，年底投入使用。以“完整社区”陆丰社区为样板，完善老旧小区配套设施。

抓好示范带动。实行网格化治理，将街道划分为146个网格，其中15个社区划分为132个网格（包含企业网格8格），3个建制村划分为14个网格。划拨平安创建、综治维稳经费488万元，比上年增长14.55%。抓获毒品犯罪嫌疑人10人、查处吸毒人员8人，抓获黄赌违法嫌疑人55人；查破容留卖淫、卖淫嫖娼、拉客招嫖案件26件，查破赌博刑事案件12件、治安案件8件，刑事拘留15人、治安拘留6人，治安罚款8人。化解历史积案24件，签订息诉息访协议书21件，民间纠纷调解率、成功率均在98%以上。推进“以房管人”模式，至年末在24个小区成立业主委员会，其中在5个无物业小区成立无物业自管委员会。开展道路交通安全整治，全年发生交通事故3起、死亡人数3人。组织农产品质量安全检测，随机抽样检测产品1265个，检测合格率99%。组织房屋安全隐患排查，全年新增D级危房18栋，完成长效处置13栋，“清人封房”初步处置到位5栋。加强“两违”综合整治，拆除“两违”建筑27.45万平方米；农村乱占耕地建房（一户多宅）计划整改图斑103个，拆除100个、暂缓3个。

【便民服务】 2021年，祥平街道继续完善“1中心+17个代办点”便民服务体系，全年办件4859件，其中即办件3788件。梳理便民服务事项59项，录入省网上办事大厅52项，100%达三星级以上服务标准。梳理“最多跑一趟”和“一趟不用跑”办事清单，“一趟不用跑”服务事项比例达100%。

【党建“邻”聚力工程】 2021年，祥平街道实施党建“邻”聚力工程，打造凤祥、祥文、陆丰、芸溪社区等4个党建典型，推动社区党建工作。凤祥社区根据社区商家较多的特点，引入商业街祥英志愿者联合会开展环境整治，解决停车难等问题。19支志愿服务队、400多名志愿者，围绕理论宣讲、文化艺术、医疗健康等方面累计开展300多场志愿服务活动。祥文社区打造“童心向党”党建品牌，“祥文之声”小志愿者志愿服务队、“百草护卫队”志愿服务队等开展有声阅读、中草药推广等各类志愿服务活动。陆丰社区推行“党建引领+居民自管+志愿服务”三驾马车拉动社区治理新模式。芸溪社区被列为全省城乡社区近邻服务试点单位，社区党支部组织居民广泛开展亲子阅读、健步走等各类活动，密切邻里关系。探索创新服务老人的“五心（芯）”工作法，上榜2021年全国示范性老年友好型社区。

2021年5月24日，祥平街道芸溪社区第一、第二党支部联合举办亲子学党史活动

（祥平街道供图）

【陆丰社区“户联网+”工作法获评省级优秀】 2021年，祥平街道陆丰社区“户联网+”工作法被省民政厅评为第三批优秀社区工作法。陆丰社区根据小区无物业小区较多的特点，探索“三平台三服务三机制”的社区工作模式，依托党建平台、自治平台、创新科技平台，引入部门服务、商家服务、群众志愿服务，形成“大党委+小区党群”联席会议制度、“三级民主协商议事”制度、小区自治管理制度，实施社区多元共治治理模式，促进社区资源的多方融合，引导居民自治，打造邻里和谐的“户联网+”社区。在全市首创“互联网+公证”平台成立业委会新模式，开发业委会选举线上平台，解决社区业委会成立难、服众难、监管难等问题。成立社区环境治理委员会、商户自管联盟、业委会、小区自管委员会、楼道自管小组等9个小区自治组织，引导群众解决小区停车改造、道闸规划、绿化改造、充电桩设置、消防演练等问题。

（许瑞权）

洪塘镇

【概　况】 洪塘镇位于同安区东南部，东南与翔安区新圩镇、马巷街道交界，西南与大同街道、西柯街道相连，北与五显镇接壤，高铁350、同翔大道、城东中路、同安东路等交通要道穿镇而过。2021年，全镇辖区面积37.06平方千米，下辖13个建制村和3个社区。户籍人口48333人，外来人口23221人。全年规模以上工业产值177.5亿元；工业固定资产投资35.75亿元；限额以上贸易销售额44.2亿元；财政总收入10159.59万元，镇级一般公共预算收入2260万元；农村居民人均可支配收入26098.4元，比上年增长12%。本年，洪塘镇获评市级文明镇，塘边村、新霞村获评市级文明村。

【农　业】2021年，洪塘镇农作物种植面积1388.55公顷、总产量57149.4吨，其中水稻种植面积132.46公顷、产量830.45吨，蔬菜种植面积1191.4公顷、产量56121.56吨。生猪存栏12997头，鸡存栏44320羽，鸭存栏8230羽。完善"龙头企业+合作社+基地+农民"农业产业化体系，壮大郭山紫长茄、新学韭菜和振坤记等传统品牌，全镇有农民合作社94个，省级示范社2个，市级示范社3个，区级示范社3个。立足乡村资源，发掘农业多元价值，加大走访帮扶力度，支持农村电商、休闲农业和乡村旅游等现代农业服务业发展，推进农业农村经济提质增效。落实粮食安全责任制，严守耕地红线，整改乱占耕地55宗，复垦复耕191.92亩（12.78万平方米）。

【工业与服务业】2021年，洪塘镇规模以上工业企业84家，比上年增加16家，实现工业产值177.5亿元，比上年增长31%。全镇限额以上批发零售业企业23家，实现贸易销售额44.2亿元。落实"党政领导挂钩帮扶+工作专班全面保障"制度，开展走访调研活动，及时解决企业在疫情防控、生产经营等方面存在的实际困难，打造一流营商环境。加强招商引资工作，引入高能级项目，全年落地项目30个，投资总额16.03亿元，注册金额4.02亿元。继续推进顺丰创新产业基地项目，百亿级工业项目厦门时代落地建设，海辰锂电一期项目投产。

【基本建设】2021年，洪塘镇实施乡村振兴战略，完善16个村（社区）乡村振兴工作方案，推进龙西社区、苏厝村2个省级乡村振兴试点村建设。加强农村生活污水治理，完成农村生活污水提升治理工程第一批6个项目和第二、三、四批28个项目建设。推进"厕所革命"，新建、改造公厕6座。深化"一把扫把扫到底"环卫模式，在大乡村等12个村（社区）试点推行垃圾上门收运。开展"百日攻坚"活动，完成龙东溪流域农田灌溉工程、洪塘污水厂中水回用工程等项目。

【征地拆迁】2021年，洪塘镇开展12个项目征地拆迁工作，完成征地173.47万平方米、交地140.31万平方米，完成房屋签约32万平方米、拆除41万平方米。其中，厦门时代项目（洪塘南片区）一期累计签约住宅房屋658栋、非住宅65栋，完成拆除面积30万平方米，交地面积66.67万平方米；A项目累计完成626栋住宅、53处非住宅拆除和征地工作，实现全面交地；董厝里整村搬迁项目完成建筑物签约81栋，签约率100%。

【环境整治】2021年，洪塘镇开展小流域污染综合治理专项行动，开工建设龙东社区排口截污工程、苏厝工业片区污水纳管工程和下墩村排洪沟污水截污工程，项目总投资1200万元。改善龙东溪、城东排洪沟、三忠溪等水体环境，实施洪塘污水厂中水回用工程等项目。推进新一轮"散污乱"企业整治工作，强化施工扬尘、焚烧垃圾、焚烧秸秆等影响环境空气质量问题巡查，改善空气质量指标。加强"两违"综合治理，处置"两违"建筑物803宗、面积581461.11平方米，腾出土地面积589959.15平方米，完成年度拆违目标任务的342.04%；拆除整改农村乱占耕地建房（产业类）18宗、一户多宅13宗。

【社会事业】2021年，洪塘镇加强文物保护，推进"昭应庙"、石浔烈士墓等文物修缮工作。发展教育事业，谋划火炬实验学校、龙泉二小等教育项目，推进厦门六中同安校区、新厝小学等学校建设，同安一中滨海校区高中部建成投用。开展金秋助学活动，发放奖学金13.59万元，惠及学生114名。强化基层卫生防疫，健全应急处置机制，成立摸排专班，建立实住人员数据库，构建一体化防控网络。加强人口与计生服务工作，全年出生人口287人，政策符合率99.3%，性别比109.49。

【民生保障】2021年，洪塘镇加强农村居民自建房审批与管理，审批农村个人新建、翻建520宗，交付新学村46块安置地；实施农村建房保险制度，为农村建房施工者购买保险277份，保障村民及建筑工人人身安全。健全多层次社会保障体系，按时发放各类困难人员补助金823.14万元。完善养老服务体系，通过购买第三方社工机构方式开展助老上门服务，农村幸福院实现13个建制村全覆盖。

【社会治理】2021年，洪塘镇实行网格化治理，全镇划分为51个网格，其中3个社区划分为17个网格，13个建制村划分为29个网

2021年12月，洪塘镇龙西大道社区入口处景观改造提升工程完工。图为完成改造的龙西大道社区入口 （洪塘镇供图）

格，并有专属网格5个。织牢织密社会治安防护网，严厉打击各类违法犯罪行为，发生刑事警情219起，并破获案件55件。平安建设三率测评成绩排名全区前列，其中社会治安满意率排名第一。持续加强“治重化积”专项工作，深化“议理堂+公证调解”机制，促进矛盾纠纷高效化解，全年受理矛盾纠纷110起，调处成功109起，调处成功率99.1%。全面加强基层自治建设，完成村（社区）“两委”换届选举，选举产生村“两委”班子成员102名；16个村（社区）全部实现书记、主任“一肩挑”。深入开展安全隐患大排查活动，排查隐患610处，完成整改597处，整改率97.8%。落实安全生产责任，推进道路交通、消防安全、危房排查、危化品、防洪防汛等专项整治行动，全年发生安全生产事故2起，比上年下降60%；死亡2人，下降71.4%。

【省级乡村振兴试点村建设】 2021年，洪塘镇推进龙西社区、苏厝村2个省级乡村振兴试点村建设。完成龙西社区整体项目规划，实施社区入口处景观改造提升等8个项目，提升宜居环境。致力打造苏厝村乡村治理示范村，谋划生成洪塘镇苏厝路道路及周边提升改造工程等5个项目，推进房前屋后整治，开展苏颂文化主题活动。

【良种（虾）培育基地建成投用】 2021年12月，位于石浔村的厦门百利龙程海洋科技孵化园（一期）建成投入使用。该项目为市级签约项目，由厦门百利控股有限公司投资建设，总投资2亿元，建设集虾的科研、试验、示范、推广、科普研学教育于一体的现代国家级良种（虾）繁育基地，占地面积6.4万平方米，总水体超20万立方米。

（余峥然）

五显镇

【概　况】 五显镇位于同安区东北隅，东连翔安区新圩镇，南接洪塘镇，西邻大同城区，北与汀溪镇、泉州市南安市接壤。2021年，全镇陆域面积81.64平方千米（含竹坝7.84平方千米），其中耕地面积1511.33公顷、山地面积5026.67公顷、林地面积4473.33公顷。下辖15个行政村、3个社区，共101个自然村。户籍人口49698人，常住人口6.2万人。全年规模以上工业产值49.07亿元；限额以上批发零售业销售额15.95亿元；财政税收总收入6530万元、镇本级税收收入1128万元，分别比上年增长10.06%和8.77%。年内，垵炉村蝉联“全国文明村镇”称号，三秀山村获评省级“农业科技推广示范村”。

【农　业】 2021年，五显镇主要农作物种植面积493.2公顷、总产量2999.58吨，其中水稻种植面积83.72公顷、产量565.11吨，蔬菜种植面积1053公顷、产量5265吨；牛存栏61头，鸡存栏75228羽，鸭存栏11639羽。加强设施农业建设，受理、审批农业设施用地3宗，建设新型高科技大棚设施13.44万平方米。推进高标准农田建设，完成明溪村高标准农田项目，实施后垄村高标准农田项目。加强耕地质量保护，推广使用商品有机肥819吨，惠及农田55.27公顷，补助金额40.95万元。落实耕地地力保护补贴政策，发放耕地地力保护补贴160.72万元，惠及农田1680公顷、农户9945户。

【工业与服务业】 2021年，五显镇规模以上工业企业49家，比上年增加9家；完成工业产值49.07亿元，增长13.73%。全镇限额以上批发零售业企业3家，实现销售额15.95亿元，比上年增长120.20%。推动火炬高新技术产业基地建设，11家高新技术企业入驻。持续加强招商引资工作，国际银行研发中心等总部落户，八隆建设、冠烽医疗、华彬集团等75个项目落地。开展“我为企业解难题”实践活动，协调解决工业园区减租降费和迅赞物流、顶津饮品等公司用水排污等问题63个。推进“放管服”改革，实施延时服务、自助办理、快递送达等便民举措，完成镇级“15分钟便民服务圈”建设。

【基本建设】 2021年，五显镇全面治理农村生活污水，谋划推动四个批次99个自然村（17个村居）农村污水治理提升项目，完成第一批次30个自然村治理任务，开展第二、三、四批次项目前期摸排和方案设计。开展“农村四好公路”创建工作，镇内公路全面实现双车道行驶。

【征地拆迁】 2021年，五显镇推进重点项目征地拆迁工作，完成四林村傲农生猪养殖场外围基础配套工程、东溪下峰段带状公园二期、同安职业技术学校周边配套道路工程（一期）、同安北辰山慢行系统工程等4个项目征拆，实现全面交地；组织同新路（五显—同翔大道）改造工程征拆攻坚行动，拆除房屋41栋；继续开展西洋片区收储项目住宅征收工作，累计完成房屋拆除23101.94平方米。

【社会事业】 2021年，五显镇举办以“开闽第一·光泽惠民”为主题的第七届北辰山闽王民俗文化节，通过“线上+线下”同步直播方式扩大影响力。开展群众性文化体育活动，组队参加同安区“永远跟党走”庆祝中国共产党成立100周年全民健身运动会广场舞大赛，获一等奖。加强基层卫生防疫工作，全面动员辖区村民进行新冠肺炎疫苗接种，全镇18周岁以上全程接种累计39579人，完成率96.05%。加强村（社区）幸福院运营管理，为老年人购买幸福安康保险，保障院内活动安全。完成适龄青年的兵役登记工作，一批优秀青年应征入伍。加强退役军人服务保障工作，发放优抚金、慰问金等124万元。开展辖区红色革命遗迹摸排、勘查工作，完成3座新增烈士墓的登记与修缮。

【民生保障】 2021年，五显镇开展社会救助工作，动态管理低保家庭人员清单，发放低保金363.68万元，基本实现“应保尽保”。加强政府兜底保障，投入保费22.6万元，为辖区特困、低保、低收入家庭购买民生综合保险，提高贫困家庭抵御风险能力。关心关爱辖区1286名残障人士，发放残疾人困难生活补贴113.4万元、护理补贴194.17万元，提高残疾人生活质量。做好社会化管理服务工作，发放被征地人员“幸福晚年计划”保障性就业补贴680万元，老人养老补助62万元。落实“112”就业服务机制，组织线上线下招聘会，服务1900余名待就业对象。推进“爱心屋”建设运营，链接爱心企业，扩大经营范围，提升营业额，镇本级获评“厦门市‘爱心厦门’建设工作先进集体”。

【社会治理】 2021年，五显镇深化网格化治理，全镇划分为44个网格，其中3个社区划分为7个网格，15个建制村划分为35个网格，另有2个专属网格。巩固全省乡村治理示范镇成果，提升“法治”香溪、“德治”垵炉、“自治”上厝等村居治理品牌，构建“主动创稳”新格局，在市对区组织的“三率”测评中全镇群众安全感率100%、位居全市第一。推进移风易俗，入户分发移风易俗倡议书1200余份，劝导延办“红事”2起、简办“白事”152起。开展“除隐患、保安全、迎建党百年”安全生产集中攻坚专项行动，组织一线检查22次，出动检查人员96人次，发现各类隐患问题235个，均整改到位。加强安全生产宣传教育，发放防灾减灾知识等宣传手册2500余份，组织村（社区）应急演练84场，开展安全生产专题教育培训2场，增强全民安全防范意识。深化垃圾分类工作，8个村（社区）率先实行垃圾上门收运。

【乡村振兴试点村建设】 2021年，五显镇推进6个乡村振兴村示范村建设，其中省级4个、区级2个。串联整合沿途西洋村、四林村、明溪村、三秀山、竹坝片区等乡村旅游资源，采取“乡村资源+国企资金+平台引流”的合作模式，构建文旅产业一体化发展布局。2021年7月10日在同安区五显镇竹坝举办“风尚南洋　山水农耕”2021竹坝乡村振兴文旅活动季。打造竹坝——三秀山核心区，加快推进竹坝南洋风情小镇建设。完善南洋风情街、特色民宿、归侨史迹馆、谢大叔农场等已建成项目的基建配套服务。以竹坝片区为核心区，依托厦门百利等重点种子种苗企业，推进厦门同安闽台农业融合发展（种子种苗）产业园建设。推动竹坝—三秀山“农旅研学一体化”特色乡村，三秀山村推进全村人居环境整治。建设2.06千米污水管道和处理量30吨/天的分散式污水处理站。建设“农旅研学一体化”特色乡村，举办水果玉米节推广特色农产品水果玉米，2021年研学基地接待学生8875

2021 年 5 月 21 日，五显镇三秀山村举办水果玉米采摘节。图为小选手在参加啃水果玉米趣味比赛（五显镇供图）

人次。明溪村以“田园飘香·寻味明溪”为主题，构建“田园农业展销基地、全域旅游田园板块和自然山地生态氧吧”三大功能，推进五显镇明溪村马豆游览动线景观工程、五显镇三秀山至马豆动线提升项目、五显镇明溪村北片区高标准农田建设项目等 11 个乡村振兴项目，总投资 2310 万元。四林村实施新村建设（道路）工程、省道 213、乡道 669 道路提升工程、军林路动线改造工程、农村生活污水整治工程、立面改造工程，推进开拓草花基地、水稻公园及兰花基地、露营基地、百香果基地等建设，构建特色村落。垵炉村设立家风家训教育基地、文化道德讲堂，定期开展活动。推进生态振兴项目，开展村中池塘水质处理项目做好水下生态系统、净水池、水质处理和生态池塘整治等。

【第七届北辰山闽王民俗文化节】 2021 年 12 月 6 日，第七届北辰山闽王民俗文化节在厦门市同安区北辰山风景区举行。该届文化节由同安区委宣传部、区社会科学界联合会、区文学艺术界联合会等指导，同安区五显镇人民政府主办，以“开闽第一　光泽惠民”为主题，采取“线上＋线下”模式进行。同安区政协、区委宣传部、区社科联、厦门市王审知研究会等部门领导出席开幕式。活动现场，演出现代舞蹈《鹭之梅》、歌仔说唱《垃圾要分类，生活有品味》、答嘴鼓《改革开放就是好》、闽南乡村歌曲《买菜义仔》等节目；举行《闽王在同安》创编专家聘任仪式，该书将深入挖掘闽王在同安的历史文化、故事传说等，收集讲述其在重商贸、谋发展、惠民生等方面的贡献，同时回顾历届闽王民俗文化节的活动亮点；文化节首次被纳入社会科学普及周活动，现场配套举行的食品安全、消防安全、道路交通安全等各类普法宣传活动，为市民群众学法知法守法营造氛围。线上各类直播平台同步直播文化节启动仪式，参与群众人数线上线下约 3000 人。

（刘秋燕）

汀溪镇

【概　况】 汀溪镇位于同安区西北部，北与泉州市安溪县毗邻，东北经同南公路与泉州市南安市联通，是进出厦门特区的北大门。2021 年，全镇辖区面积 155.85 平方千米，有林地 89.27 平方千米，其中省级以上生态公益林 65.13 平方千米（含汀溪林场 24.2 平方千米），森林覆盖率 61.1%；有温泉出水口 3 处，日涌 45℃以上温泉水 5000 吨。下辖 13 个建制村、1 个社区，年内，户籍人口 25385 人，常住人口 25331 人。全年规模以上工业产值 38.84 亿元；限额以上批发零售贸易业销售额 1.5 亿元；镇级税收收入 1050 万元，比上年增长 10%；城镇人均可支配收入 34619 元。年内，汀溪镇入选福建省“全域生态旅游小镇”，古坑村获评福建省“金牌旅游村”。

【农　业】 2021 年，汀溪镇主要农作物种植面积 1486 公顷、总产量 153975.4 吨，其中水稻种植面积 288 公顷、产量 1736.6 吨，蔬菜种植面积 8338 公顷、产量 29369.2 吨。畜牧业牛出栏 391 头，鸡出栏 77490 羽，鸭出栏 39760 羽。培育“一村一品”，培优褒美彩红杨、顶村茭白、“进士芋”、隘头温泉等品牌。创新农特产品供销模式，成立汀溪供销合作社，依托汀溪镇游客集散中心、西源驿站、电商平台“汀溪铺子”等进行集中展销。做强三角梅产业，完成 4 个三角梅产业项目建设，古坑三角梅实现 2.0 升级。发展现代都市农业，建设五峰禾沣现代农业园、前格葡萄采摘园，打造集观光、旅游、采摘等于一体的休闲农业体验区。强化粮食安全保障，拨付实际种粮一次性补贴13.4万元、耕地保护补贴516.7万元，调动农民粮食生产积极性。

【工业与服务业】 2021年，汀溪镇规模以上工业企业5家，实现规模以上工业产值38.84亿元，比上年下降12.6%；完成工业固定资产投资4500万元。全镇限额以上批发零售企业（3）家，实现限额以上批零销售额1.5亿元，比上年增长131.6%。加强招商引资工作，全年招商落地项目52个，总投资额20.94亿元，注册资本7.27亿元，内外资到资3.34亿元。推进景田矿泉水二期、思明国投青少年培训基地等重点项目建设，开展抽水蓄能电站绿发文旅项目前期工作。落实党政领导挂钩联系企业制度，累计走访企业300余家次，帮助企业解决融资、用工等难题。

【基本建设】 2021年，汀溪镇加强民生补短板工作，完成18个、总投资500万元的民生补短板项目竣工决算，主要项目有造水村虎空蓄水池建设工程、前格村道路改建工程、顶村村挡土墙建设工程等。实施移民造福工程，开展大麦畲整村搬迁工作，32户86人搬迁对象移民造福申请率达100%。推进乡村振兴，开展25个、总投资4350万元的乡村振兴项目，重点打造隘头—顶村动线，提升建设顶村、古坑、隘头、路下4个省级示范村和堤内、半岭2个区级试点村。完善农村基础设施，推进34个续建工程项目建设，至年末竣工32个、在建2个。完成40个自然村的污水提升改造项目。

2021年，位于汀溪镇的隘头潭国家地表水考核断面连续6个月进入全国水环境质量状况前30名。图为隘头潭概貌　　（夏海滨　摄）

【征地拆迁】 2021年，汀溪镇签订土地征收协议32.29万平方米，完成轨道平衡用地汀溪镇地块一、地块十四征地和验收工作；完成吴厝至茬畲道路改建工程、汀溪小城镇生态景观水系（一期）A段三标段工程项目征地任务；完成汀溪小城镇洋麻山二期、六号地块招拍挂项目征地协议签订。办理汀溪小城镇纵三路二期项目交地手续。推进厦门实验中学新校区项目用地征拆工作和厦门抽水蓄能项目安置地建设。

【环境整治】 2021年，汀溪镇加强农村污水治理，分三个批次推进100个自然村污水处理工程，完成第一批40个自然村污水治理工作，完成4个补缺补漏项目；28个农村污水治理项目通过镇级验收、25个通过区级考核，50座农村污水处理站移交区城建公司管养。推进汀溪水库水源地（茂林溪）应急水闸工程、路下村生态植草沟工程和汀溪镇古坑省控断面水质提升工程等项目建设，提升区域水环境质量，对隘头潭国控点上游44个排口进行溯源排查整治，隘头潭国家地表水考核断面连续6个月进入全国水环境质量状况排名前30名。加强“绿盈乡村”建设，完成五峰村1个中级版“绿盈乡村”和隘头村、褒美村2个初级版“绿盈乡村”创建认定。开展“美丽庭院”创建工作，打造洁化、序化、绿化、美化和富裕的“四化一富”美丽庭院，推动村民房前屋后整治，全年完成“美丽庭院”创建220户。

【社会事业】 2021年，汀溪镇开展庆祝中国共产党成立100周年系列活动“红心向党颂百年”文艺会演、庆祝中国共产党成立100周年全民健身运动广场舞大赛“红旗红　汀溪美”，共计2场次。组织参加同安区“永远跟党走”庆祝中国共产党成立100周年全民健身运动会广场舞大赛，获二等奖。推进文物保护工作，完成五峰村梳妆楼、汪前村除匪动员旧会址2处文物点应急抢险加固工程，启动8处未定级不可移动文物保护修缮工作。加强非物质文化遗产保护与传承，同安白酒传统酿造工艺（汀溪米酒）入选第二批区级非物质文化遗产代表性项目名录。加强基层卫生防疫，开展“三级联防”示范创建工作，应急核酸采样和封控实战演练实现14个村（社区）全覆盖；推进新冠肺炎疫苗接种工作，辖区居民第一针、第二针累计接种完成任务数均居全区前列，60岁以上老人疫苗接种率超80%。做好人口与计生服务工作，全年出生人口216人，性别比117.7，政策符合率100%。

【民生保障】 2021年，汀溪镇推进“爱心厦门”建设，开展“爱心助农、有你有我”等主题活动，助力果蔬销售，全年镇“爱心屋”营业额156万元。做好被征地人员基本养老保险参保工作，累计参保503人、享受政府参保补贴1006万元。加强困难群众兜底保障，发放低保、特困、孤儿、临时救助等各项补助（救助）金259.39万元。解决住房困难户住房问题，办理保障性租赁房申请137人；受理农村个人翻改建房30宗、办结30宗，新建105宗、办结40宗。

【社会治理】 2021年，汀溪镇完善治安防控体系，建设16支群防群治队伍，织密织牢基层治安防控网络，全镇划分为21个网格，其中1个社区划分为2个网格，13个建制村划分为19个网格。在上半年市对区组织的“三率”测评中群众安全感率100%。推进矛盾化解，完成15个评理室规范化建设；受理各类信访件581件、办结557件。加强反诈宣传，诈骗案件比上年下降27.27%。开展安全生产集中攻坚和专项整治行动，对地灾点、在建工程、民宿等重点部位进行专项巡查，发现一般隐患41处，均如期完成整改。开展出租房“三合一”场所整治，建设保命墙22处。加强防汛防台工作，成功防御第9号台风“卢碧”，转移低洼地群众45户89人。严守耕地保护红线，整治农村乱占耕地建房问题16个，恢复耕地面积20782平方米；拆除耕地非农化建设29宗、复耕29宗，面积14345.39平方米。保持“两违”治理高压态势，全年拆除“两违”总占地面积63251.96平方米，完成省下达年度拆违目标任务的133.42%。

【汀溪米酒上榜区级“非遗”目录】 2021年，同安白酒传统酿造工艺（汀溪米酒）入选第二批区级非物质文化遗产代表性项目名录。传承单位汀溪万利酒厂前身系汀溪公社酒厂，创办于1953年，创办初始广招各村酒坊师傅，延续古老技艺酿酒，选上等晚粳米、厦门白曲，利用汀溪镇宜人气候及优质山泉，经浸米、蒸煮、摊凉、拌曲、高温糖化低温发酵、双蒸馏酒，最后装坛陈放而成。

（杨　妍　徐玮琳）

莲花镇

【概　况】 莲花镇位于同安区西北部，西接漳州市长泰区，北连泉州市安溪县，南经厦安高速直通集美区，是厦漳泉一体化、同城化的枢纽。2021年，全镇辖域面积203.6平方千米，其中林地面积126.27平方千米。下辖19个行政村、1个城市社区，共153个自然村202个村民小组。户籍人口47188人，常住人口30983人。全年一般公共财政总收入1.23亿元，比上年增长11.82%；镇本级收入完成2093万元，比上年增长10.8%。年内，莲花镇获第一批全国乡村旅游重点镇、第二批全国乡村治理示范乡镇、福建全域旅游生态小镇等称号。军营村入选国家“建党百年红色旅游百条精品线路”之“清新福建·脱贫攻坚”精品线路。

【农　业】 2021年，莲花镇主要农作物种植面积2088公顷、总产量44715.6吨，其中水稻种植面积443.2公顷、产量2655吨，蔬菜种植面积1247公顷、产量40125吨。完善农业基础设施，完成窑市村2个农田水利项目，建成69.13公顷高效节水灌溉设施。加强耕地保护，下拨耕地地力保护补贴等各类惠农补贴资金830.43万元。转变茶产业发展方式，试点建设493.33公顷生态茶园，建成投用480盏太阳能杀虫灯。推进农产品质量建设，打造高端野生茶“白毫野枞”，做大做强绿瓢虫、天岩山等本土生态蔬菜品牌。内庵古茗山脐橙、宫边果蔬等11家专业合作社获评市、区级“示范社”。

【工业与服务业】 2021年，莲花镇有规模以上工业企业57家（含思明园），实现工业产值57.75亿元，比上年增长5.35%。限额以上批发零售业销售额8.04亿元，比上年增长15.47%。规模以上固定资产投资完成4939万元。加强招商引资工作，确定专人负责招商引资项目的信息收集、接洽联络和跟踪服务，全年引入企业172家，累计注册资本41.39亿元，厦门海峡时尚创意商业管理项目、厦门光之城酒店管理项目等落户。克服新冠肺炎疫情影响，做好复工复产工作，辖区14家规模以上工业企业五天内实现100%复工，全年实现产值18.05亿元，比上年增长5.1%。

【基本建设】 2021年，莲花镇开展征地拆迁工作，完成岭湖220千伏输变电工程、小坪35千伏输变电工程共10个塔基用地的征收，实现莲花2008-1经营性招拍挂地块、轨道平衡用地和金光湖地块全面交地。开展农村生活污水提升治理工程，打造军营村、白交祠村格子头、莲花村宫边污水治理示范样板村，完成第一批27个自然村农村生活污水提升治理项目，推进剩余116个自然村污水治理工程。加强农房整治工作，完成莲花动线裸房立面改造29栋，“平改坡”4栋。推进地质灾害点治理，总投资4850万元的白交祠地灾搬迁安置项目落地开工。

【环境整治】 2021年，莲花镇完成6件中央生态环保督察件的“回头看”验收工作，关停“散乱污”企业2家，劝离存在环境污染问题的小作坊2家，清退莲花水库一、二级保护区内的餐饮企业23家。制订“一塘一策”治理方案25处，完成池塘试点水质提升项目19个。建成澳溪安全生态水系工程，完成9个上级督察排口整治，辖区省级水质监控断面全部达标。开展“清四乱”专项行动，清理河道违建4处、历史遗留乱种植8000余平方米，侵占河道问题得到有效治理。累计发放2020年度生态补偿金1.52亿元。

【社会事业】 2021年，莲花镇推进文化事业发展，举办“青春心向党，筑梦乡村行”乡村趣跑、凤梨采摘农旅文化节等活动23场次；莲花褒歌演唱团编排《高山幸福歌》，参加“曲颂党恩——庆祝中国共产党成立100周年”第四届福建省曲艺丹桂奖厦门赛区活动，获一等奖。加强非物质文化遗产保护，组织开展区级非物质文化遗产代表性项目申报工作，木雕传统技艺、云洋手工面线、蔗内米粉等入选第二批区级非物质文化遗产代表性项目名录。全面落实“双减”政策，开展校外学科类培训机构专项整治；整合偏远乡村教学点，提升教学质量。开展创业就业帮扶活动，举办职业技能培训5期215人次。完成全镇摩托车“下乡模式”培训考试1100余人次，超标电动车挂牌审核通过2740辆。

【民生保障】 2021年，莲花镇推进移民造福工程，完成617户搬迁对象签约工作。加强防灾减灾，成功防御台风“卢碧”，转移地灾隐患较大的4个村447名村民，为全区面对自然灾害第一次实行整村集中转移安置。完善弱势群体救助体系，“三社联动”服务试点项目落地，全年低保对象扩面率得分全区第一，特困人员集中供养率、临时救助实施水平均居全区前列。延展城乡居民社会保障体系，为失地、退养村的村民发放就业补贴累计超过779万元，退休人员养老金领取资格认证达100%。

【社会治理】 2021年，莲花镇推进“平安莲花”建设，巩固“四方协议”、司法维稳等社会治理典型，借助“高山议理堂”基层矛盾调处中心成功调处纠纷50余起。化解历史信访遗留问题，息诉息访信访积案8件，扫黑除恶满意率位居全市第一。压实安全生产责任，检查各类生产经营单位和场所1531家次，整治隐患1085处。推进景区和非景区、景点安全管理等专项整治，竖立安全警示牌450个。强化基层卫生防疫，面对突如其来的新冠肺炎疫情，成立临时党组织20个，建成防控网格45个，其中白沙仑社区划分为2个网格，19个建制村划分为43个网格。组织610名邻长和2000余名下沉干部、医务工作者、党员先锋队员、志愿者在一线开展疫情防控，完成十轮超33万人次核酸检测。

【乡村振兴试点村建设】 2021年，莲花镇推进5个省市级乡村振兴试点村建设，其中莲花村、后埔村为省级，蔗内村、上陵村、澳溪村为市级。谋划生成项目31个，开工1个，总投资额8600万元。提升“高速出口—军营白交祠”旅游动线，推进沿线环境整治，打造“山水莲花、初心之路”红色旅游品牌，军营村入选“建党百年红色旅游百条精品线路”之“清新福建·脱贫攻坚”精品线路。培育“高速莲花北出口—澳溪村”旅游动线，举办第二届厦门莲花高山旅游休闲季及澳溪村凤梨采摘农旅文化节。打造“希望田野，乐活山村”乡村旅游品牌，云洋村获评“福建省三星级旅游村”。

【传统手工技艺获评区级“非遗”项目】 2021年，莲花镇组织开展区级非物质文化遗产代表性项目申报工作，木雕传统技艺、以云洋手工面线、蔗内米粉以同安手工面线制作技艺、同安传统米粉制作技艺等入选第二批区级非物质文化遗产代表性项目名录。同安传统木雕手工技艺主要起源于唐宋时期，以樟木、杉木为主要材料，以平雕、镂空雕等为雕刻手法，工艺繁杂，主要流程有构思、绘图、取材、贴图、打胚、抛光、开脸、打磨、修整等工序，由泉州府惠安民间艺人第三代传承人叶常州，在同安创办顺艺木雕厂传承至今。云洋手工面线由云洋村杨氏克眉、克安两兄弟在清道光、咸丰年间制作发家。云

2021年，以云洋面线为代表的同安手工面线制作技艺获评第二批区级非物文化遗产。图为正在晾晒中的云洋面线　（莲花镇供图）

洋面线透过揉、捏、压、拉、醒、甩等十五六道工序反复数次，并赶在阳光最大的近午时刻，披挂在竹架上晒制成白面线，面细如丝，煮不烂、有弹性，为同安知名特色产品。蔗内传统手工米粉以大米为主要原料，将大米浸泡、磨浆、滤干、搓团、分条、蒸、折型上架、日晒风干等工序制成米粉，质地柔韧，富有弹性，水煮不糊汤，干炒不易断，配以各种菜码或汤料进行汤煮或干炒，爽滑入味。厦门市政府于2008年度将蔗内米粉评定为百强村（“一村一品”）特产，且连续多年推介于“9·8”国际贸易洽谈会商品展柜。

（刘世昌）

新民镇

【概　况】新民镇位于同安城郊西南侧，东接西柯镇，西南与集美区接壤，北连祥平街道、莲花镇。福厦高速铁路、沈海高速公路、324国道、厦安快速路、同安大道、同集路、同莲路穿镇而过。2021年，全镇辖域面积77.83平方千米，下辖乌涂、兴店、凤南3个城市社区，梧侣、禾山、后宅、四口圳、西塘、湖安6个村改居社区和溪林、柑岭、湖柑、洋厝埔、蔡宅、西山、南山、新塘、后坂、土楼10个建制村。户籍人口54403人，流动人口19万余人。全年财政总收入（属地口径）11.99亿元，比上年增长13.9%；体制财政总收入2.75亿元；税收收入4882万元，增长2%。

【农　业】2021年，新民镇农作物种植面积996.93公顷、总产量24055.47吨，其中水稻种植面积134.93公顷、产量838.1吨，蔬菜种植面积648.67公顷、产量22116.17吨。牛存栏505头，鸡存栏63576羽，鸭存栏44630羽。发展省级示范村溪林村采摘观光农业，在原有的百香果苗和兰花基地等基础上，扶持做大做强溪林果蔬专业合作社，培育沉香、山苏、洋兰、国兰等花卉，打造集参观、考察、采摘、推介名优苗木于一体的育苗基地。

【工业及服务业】2021年，新民镇规模以上工业企业234家，完成工业产值360亿元，比上年增长12.6%；工业企业数量比上年增加158家，产值过亿元企业63家。全镇限额以上批发零售业企业57家，完成零售额139.3亿元、比上年增长208.7%。全年固定资产投资10.9亿元。创新“党建＋招商”模式，引进中智万友、顺宏昌投资集团等超亿元招商项目，推进鹭特建材、同恒金属、紫田化学科技等大型企业增资扩产；新生成招商项目154个，中乔（厦门）体育、明钰实业、盛望商贸等124家公司落户。强化援企稳岗政策落实，兑现惠企资金568.32万元。

【基本建设】2021年，新民镇全面开展高速、高铁沿线综合整治工作，完成裸房整治480栋，数量居全区第一。实施农村人居环境整治提升三年行动，新改建公厕7座，移交城建市场化管理83座；建设农村生活污水高质量高标准提升治理工程，打造溪林上院、西塘沟乾农村污水提升样板村，完成官圳里、下厝、湖美衫等11个污水治理项目。组织开展自然灾害房屋普查工作，累计排（复）查建筑物、构筑物27132栋。开展农房安全隐患排查整治工作，按拆除重建、“五原”原则修缮加固、整体拆除等方式推进D级危房隐患整治202栋。启动工业区周边城中村改造工程，推进四口圳试点项目建设，项目总用地面积23478.09平方米，拟建5幢保障性租赁住房，总建筑面积84666.24平方米，项目估算总投资 2.81 亿元。完成乌涂社区等 14 个村（社区）村庄规划编制工作。推进乡村振兴试点村建设，实施溪林村游览动线沿线环境整治和景观节点提升项目；完成区级试点村土楼村、南山村环境整治提升工程项目。

【征地拆迁】 2021 年，新民镇完成土地征收 90 万平方米，提交项目用地 60.67 万平方米。其中，新国道 324 复线扩宽项目、官浔溪路（同安大道至纵七路）、滨海九路（同集路—美溪路段）道路工程、柑岭中学扩建、新建福厦铁路动车所迁建道路水沟用地、220 千伏岭湖变电站 12 座塔基、乌涂溪水系环境治理工程等 16 个项目全面交地；轨道平衡用地国道 324 北侧地块（TA-25）及夹角地、新 324 国道（灌新路—凤南七路段）提升改造工程—坂头立交以东段等项目征拆工作有序推进。

【环境整治】 2021 年，新民镇推进中央生态环保督察问题整改，完成生态环保督察“回头看”20 件主办件的验收销号工作。全面落实双河长制，排查整治小作坊 232 家，整治入河排口 13 个，完成省挂牌督办的 27 个排口、区自查的 58 个排口溯源销号工作。推进垃圾分类工作，优化垃圾分类点位 512 个，垃圾分类考评成绩居全区前列。持续加强“两违”综合治理，完成国土动态巡查土地违法案件 180 件，整治部卫拍图片 21 宗、涉永久基本农田违建 38 宗、“天地网”174 宗，拆除“两违”60.5 万平方米。

【社会事业】 2021 年，新民镇投入 33.11 万元用于捐资助学、社区教育等，西塘幼儿园、西山小学开工建设，全区首个合作办学项目——新教育学校开学。加强退役军人服务保障工作，建设完善 19 个村（社区）退役军人服务站。推进移风易俗，劝退“红事”、民俗日等大型宴请 100 余场。开展国家食品安全示范城、全国文明城市创建工作，举办文明实践站活动 100 余场。组织文化旅游领域安全隐患排查整治工作，累计排查文旅市场单位 24 家、文物单位 57 处。

【民生保障】 2021 年，新民镇城乡居民医疗保险参保 39200 人，基本养老保险参保 850 人，参保率均达 100%。实施“幸福晚年”计划，办理被征地人员基本养老保险参保 2068 人。健全养老服务体系，投入 26.35 万元，推进 12 家农村幸福院和 19 家居家养老服务站规范化建设。规范建房审批流程，严格执行农村建房“四到场”（放样到场、基槽验收到场、建筑一层到场、建筑封顶到场）、施工挂牌制度，投入 15 万元探索试行在建农房施工安全责任险机制。加强兜底保障，累计发放最低生活保障金 340.11 万元，落实各类优抚、救助、补助金 1003.16 万元。拓展“爱心厦门”建设，全年爱心屋营业额 389.49 万元。

【社会治理】 2021 年，新民镇深化党建引领，试点推进 7 个村（社区）邻长制基层治理体系。科学划分 156 个村（社区）网格，其中 77 个村网格、79 个社区网格、31 个企业网格。加强基层民主政治建设，完善信访评理、议理堂、房东协会等，推进矛盾纠纷调处，累计受理各类信访事项 4523 件，成功调处矛盾纠纷 117 起，涉案金额 799.12 万元，荣获厦门市扫黑除恶专项斗争先进集体称号，群众安全感、满意度实现“双提升”。排查整改道交隐患点 79 处、消防“三合一”1400 余家。深化“放管服”改革，落实“一窗受理、集成服务”，“一趟不用跑”事项占比提升到 75.4%，全年受理办结各类事项 19173 件。

【村居产业开发项目推广】 2021 年，新民镇推广“政府主导 + 村居入股 + 国企实施 + 重点招商”开发模式，推进四口圳保障性租赁房、梧侣创新发展服务中心、西塘马垵工业厂房、后宅影视基地等产业项目，其中四口圳保障性租赁房由四口圳社区全体居民持股（2038 股），拟投资 3.48 亿元，整体由中交四公局中标施工，安居集团合作运营，不断提高村居持续“造血”功能。

（黄　楠）

西柯镇

【概　况】 西柯镇位于同安区南部，东临同安湾，南接集美区、北连祥平街道。沈海高速、同集路国道 324 复线、滨海西大道等主要交通干道贯穿全境。2021 年，全镇行政区域总面积 39.69 平方千米、海域面积 30 平方千米，海岸线长 14.5 千米。下辖 2 个建制村、15 个社区（含村改居），共 172 个村（社区）民小组。户籍人口 65945 人，常住人口 193072 人。全年财政总收入（属地口径）14.29 亿元、（体制口径）2 亿元，其中本级税收收入 3477.39 万元；规模以上工业产值 237.8 亿元，工业固定资产投资 4.63 亿元；限额以上批发零售业销售额 641.3 亿元。

【工　业】 2021 年，西柯镇新增规模以上工业企业 28 家，全镇规模以上工业企业达188家，完成工业产值237.8亿元、比上年增长3.52%。传统食品、光电产业持续发展，日清、双桥等企业产值稳定增长，古龙酱文化园、通士达光电文化园等有序运行。生物医药与健康产业快速发展，泰普生物医疗器材孵化器项目基本建成，泰康人寿养老基地“泰康之家·鹭园”主体结构全面竣工；康泰兴产值比上年增长14.5%，厦门中药厂、恩成制药、九州通医药、国药控股等医药生产、销售企业在地区生产总值中占比达13%。全年工业固定资产投资4.63亿元。全镇“三高”（高技术、高成长、高附加值）企业32家，产值占规模以上工业产值的24.5%。

【服务业】 2021年，西柯镇限额以上批发零售贸易企业79家，实现限额以上批发零售额641.3亿元，比上年增长124%。推动丙洲、美峰两个现代服务业基地开发建设，德韬金瑞私募、京东、腾讯云、顺丰等一批项目落地。推进“银城智谷”“美峰创谷”和“环东云谷”建设，“三谷”累计注册企业177家，注册资本金47.3亿元。

【招商引资】 2021年，西柯镇完善党政领导挂钩联系服务“三高”“四上”企业制度，为企业提供便捷的注册、住房、教育、就业服务，营造重商、亲商、护商的良好氛围，全年注册地转移及增加注册资本金500万元以上17家。实行项目跟踪责任制，紧密联系辖区内有增资意向企业，力促项目实现成果转化。开展全民招商活动，推动81个招商项目落地，新增注册资本1亿元以上企业2家、5000万元以上3家、1000万元以上4家、500万元以上57家，金牌厨柜智能科技大厦、瀚途控股总部项目、比财数据南方区域总部项目等一批高新技术企业入驻。

【征地拆迁】 2021年，西柯镇共征收土地53.8万平方米，累计交地50万平方米；征拆房屋39.3万平方米，完成区下达任务的198%，签约79万平方米。实行“挂图作战”“六在一线”征拆工作法，建立“三级”分层级调度机制，综合施策，4天完成进出岛通道先导工程项目111块宅基地征收签约工作；完成西柯北片区、洪塘头北部片区等4个片区整村搬迁签约；科技创新园安置房配套道路等6个建设项目完成签约拆除；完成海翔大道南侧等5个收储项目交地工作。

【基本建设】 2021年，西柯镇实施5个雨污管网改造项目和3个截流工程项目，完成污水管网8.55千米，截流井27座、检查井370座。推进37个自然村农村污水提升改造项目，打造丙洲东头尾里等3个样板村。开展房屋安全整治，排查钢结构厂房119家，处置安全隐患房屋102栋。

【环境整治】 2021年，西柯镇全面落实河长制、湖长制，接管生态水系面积10.3万平方米，实现辖区23.83千米溪流养护全覆盖。建立溪流巡查上报机制，累计清理流域漂浮垃圾1458立方米、土头垃圾138立方米。开展“散乱污”企业排查整治，排查流域周边有污染企业24家，责令整改13家、搬离11家。加强市容环境整治，有效化解占道经营、违规广告招牌、油烟噪声等城市管理顽疾。完善“门前三包”制度，打造同丙路、西福路、吕厝一里、美人山社区、东海社区6条“门前三包”标准示范街，477家责任商家完成二维码信息录入、悬挂绑定工作。加强人居环境整治，深化“一把扫把扫到底”一体化管养机制，建设四分类垃圾投放点72个、二分类垃圾投放点61个，配备垃圾分类督导员159名、垃圾分类管理员51名，垃圾分类处理实现17村（社区）全覆盖。

【社会事业】 2021年，西柯镇全面宣传“三孩”政策，有序推进母婴室建设、流动人口管理等工作，全镇常住人口出生性别比108.8，政策符合率93.5%；孕检968例，完成任务数的100%；计划生育奖励兑现率100%。提高公共卫生服务质量，推进家庭医生签约工作，全镇家庭医生签约20247人，签约率32.16%。指导社工机构助力社区发展，实施滨海社区“友邻安居暖民心”女性增能项目、吕厝社区“邻吕帮扶，厝边头尾”社会救助项目等。

【民生保障】 2021年，西柯镇加强最低生活保障工作，发放各类低保救助资金和相关补助金389万余元。出台“一户多残”等困难群体扶持措施，落实各类养老保障补助37.88万元，发放各类助残补贴357万元、退役军人重点优抚对象抚恤金92万余元。落实全面就业创业政策，组织项目制培训13期，培训特色小吃、健康膳食搭配、烘焙等学员381名。多渠道协助企业复工复产，发放各类就业补助889.96万元。建设“互联网+养老”信息化平台，建立“12349”等养老服务热线与“120”“110”联动机制。推动17个村（社区）居家养老服务站建设，完成6家农村幸福院社会化运营试点。

【社会治理】2021年，西柯镇深化网格化治理模式，15个社区划分为113网格，2个建制村被划分为6个网格，另有16个企业网格。试点"公证调解+议理堂"模式，落实包村领导"下访"制度，开展"信访矛盾纠纷大排查、大化解、大整治"百日攻坚行动，全年受理、办结市长专线各类诉求件5000余件、群众来信来访1200余件，调解矛盾纠纷228起。创新多部门联合执法机制，妥善处理劳资纠纷119宗，涉及金额1277万余元。全面推行"网上办、自助办、掌上办、邮寄办"等服务方式，推进"马上办、就近办"，受理行政审批类和社会公共服务类业务7943件，其中全流程网办843件，"一趟不用跑"事项全部实现全流程网办；接听群众来电3960件，受理率100%。推进房屋安全、工业商贸、消防安全、道路交通、森林防火、建筑施工等重点领域大排查大整治工作，建立隐患、整改、责任3张清单，累计排查企业220家，发现并整改隐患760处。保持"两违"治理高压态势，拆除"两违"建筑物242宗43.95万平方米，整改耕地"非农化"25宗6.8万平方米，整治乱占耕地建房66宗1.9万平方米。

2021年12月，丙洲滨海休闲产业街区提升工程竣工。图为街区提升改造后整体外观

（西柯街道供图）

【乡村振兴试点村建设】2021年，西柯镇实施乡村振兴战略，分别推动丙洲省市级试点村建设与西浦区级试点村建设，对村容村貌、排水设施、道路、沿街道店面进行综合治理。共推进乡村振兴项目6个，累计完成投资1440.5万元。其中，完成丙洲调蓄北湖周边环境整治提升项目，丙洲东侧排水设施改造提升、丙洲滨海休闲产业街区提升、西柯镇西浦村顶山头自然村北侧周边环境整治工程、西柯镇西浦村新厝顶自然村环村道路提升改造工程等5个项目建设，持续推进西柯镇西浦村高水高排渠周边环境整治工程。开展2个前期项目，总投资额289.98万元，其中西柯镇丙洲国祺中学至村部道路周边环境提升项目完成招投标工作，西柯镇丙洲社区党建典型点改造提升项目开展预算编制工作。以文明村镇创建推动乡村振兴人文传承。将陈化成祖厝旁的陈氏古宅进行修缮改造，结合南音、陈化成、丙洲彪悍家族、蛇侠等文化特色打造新时代文明实践中心，同步带动社区古厝群修复工作，展示闽南渔村古居的历史风采和文化底蕴。打造社区特色文化，传承丙洲制作同安梭船的传统技艺，整理收集丙洲船模手工制造技艺、特色渔具制造、特色织网技艺等，与厦门大学嘉庚学院合作成立民间传统工艺校外教学点，在游客休憩站开设船模制造工作室，进行船模制作及展示。依托丙洲社区老年大学组织的南音班，定期开展南音教学及推广活动，弘扬传承南音艺术，营造社区当代文明新风尚。

【丙洲滨海休闲产业街区提升工程】2021年12月，丙洲滨海休闲产业街区提升工程竣工。项目位于西柯街道丙洲社区，对砥江口袋公园、文化园室外工程、下乡生活垃圾转运站、化成路发展用地停车场进行提升改造，开展蓄湖拆除违章搭盖铁皮转运及环境整治，总计改造提升面积1.5万平方米，安装小学停车场及下乡停车场LED路灯8米16盏、6米41盏。整条街道修复破损路面，重铺混凝土路面1000平方米，人行道铺设透水砖2580平方米、路缘石1730米，建设廊架15座。项目建成后提升该街区硬件设施档次，进一步打造以海鲜美食、民俗观光为特色的片区产业布局。

（陈　馨）

人物·荣誉

新闻人物

【陈清地】 1962年6月出生，厦门市同安区第一建筑工程公司工程部项目经理。在项目施工管理中，坚持安全文明施工、严抓工程质量管理，他担任负责人的项目“古庄新村5号楼”“古庄新村16号、17号楼”“大兴商场3号、6号楼”“厦门国际银行科技研发中心（一期）”“五显科技研发中心配套住宅”被评为市级文明工地，其中“古庄新村16号、17号楼”“公园道1号”被评为福建省安全生产文明工地。负责的厦门国际银行科技研发中心（一期）工程项目成为省、市、区工程项目的优秀典型，工程质量和安全生产标准化的创新作法获住建部和省、市、区相关领导的肯定和推广，该工程于2016年、2017年连续两年被评为市结构优质工程，2017年被评为部级文明工地。2016年11月，建设部、福建省、厦门市、区组织全国建筑施工、监理单位人员到该工地观摩和学习。2020年以陈清地名字命名的劳模创新工作室通过厦门市总工会验收并授牌。先后获厦门市“五一”劳动奖章、福建省“五一”劳动奖章，2021年，获全国五一劳动奖章。

【邵　真】 1966年11月出生，厦门同安国有资产投资有限公司副总经理、厦门同安文化旅游发展有限公司总经理。自2021年任同安旅游公司（文化旅游发展有限公司前身）总经理后，指导公司所属金光湖、北辰山等评选A级旅游景区。2017年，在公司成立文创部，推动同安区文化旅游融合发展，承办朱子文化节、苏颂文化节、非遗项目进景区、文化进乡村、艺术博览会等各类文化旅游活动累计达500场，参与同安区多个乡村振兴项目，深入指导汀溪镇顶村村乡村旅游发展，2020年，在新冠肺炎疫情影响下，顶村村实现旅游总收入2000万元，其中餐饮收入逆市增长。接待游客12万人，同比增长10%左右。在新冠肺炎疫情防控期间做好景区演员、商家的稳控工作，2020年，对景区内商家实减免租金超35万元；做好复工复产，承办的“厦门同安夜间文旅消费节暨第十二届青岛啤酒节”是同安首个区级大型夜间文旅项目，线上、线下同步举行，共吸引近5000万人次在线观看。先后获福建省“三八红旗手”、福建省优秀工会工作者、福建省优秀民革党员等称号。2021年，获全国巾帼建功标兵称号。

【叶少静】 1972年4月生，同安区档案馆副馆长，中国致公党厦门市同安区基层委主委、同安区侨联青年委员会副会长。叶少静长期开展助学助困公益活动，先后捐资18万多元，筹集善款40万多元。曾经长期从事宣传报道工作，具有丰富的宣传工作经验。2020年，接到区委组织部任命负责同安区乡村乡材振兴脱贫攻坚的宣传舆论引导工作，深入同安区各个偏远山村，了解这些村庄迫切需要解决的难题和开展乡村振兴工作取得的成果，组织策划推出厦门晚报“乡约银城　乡村振兴”、“庆丰收·迎小康·享富美”暨同安区2020年中国农民丰收节等一系列乡村振兴宣传专题活动，其中2020年同安区开辟线上线下渠道举办中国农民丰收节，融合优质农产品推广、文艺演出、直播互动等内容，被《人民日报》、《光明日报》、中国广播电视台、《中国商报》、《香港商报》等媒体报道，刊发新闻报道34篇。她构建多元化宣传立体平台，推动在“抖音”“学习强国”等线上平台及电视、报刊等媒体宣传推广乡村振兴“同安经验”，2020年下半年，累计在各媒体发布同安区乡村振兴战略宣传报道281篇同其中在主流媒体推出“乡约银城故事”等系列宣传报道65篇，央级平台19篇。推出《乡村振兴——美丽乡村代言人》系列视频6部，被央视、“学习强国”平台等连续转发。2021年，入选2021年“福建好人榜”，获“中国致公党脱贫攻坚先进个人”称号。

【林锦峰】 1986年8月生，厦门万仟堂陶业有限公司研发中心核心骨干。在研发工作中从产品细节入手，不断实验、改进、试产，提高产品质量和工作效率，优化工艺流程，减少非必要工序。他以工艺实现、材料实现、土釉结合为核心手段，为实现设计师的方案带来更佳效果和更强保障，2020年推广使用新釉色种类9种，常规釉色60种。带领研发团队从高新项目立项及新材料、实用新型专利、发明专利等方向入手，努力钻研、不断突破，近两年累计立项研发新材料共六项，累计有效专利共67件，其中发明专利10件，实用新型专利3件，外观设计专利54件，取得的研发成果让公司产品受益。曾获厦门市五一劳动奖章，2021年，获福建省五一劳动奖章。

【杨国荣】 1986年7月生，任厦门市同安区财政事务中心主任。曾任同安区财政审核中心主任，在任期间建立健全一整套彼此衔接、制约有力、便于操作的财政审核管理制度体系，对区重点工程项目采取提前介入、容缺预审的办法，工程预决算项目年均在3千多件。他通过“还原设计再评估”来解决隐蔽设备无法评估和审核的问题，为政府节省下巨额财政资金。三年时间内完成各项工程预决算审核、房地产拆迁评估初审、工程项目竣工财务决算和事前绩效审核等工作累计总金额208.63亿元，审后节约财政资金19.38亿元。2019年任安区财政事务中心主任后，创新工作机制，在新冠肺炎疫情防控期间创新开通“不见面”审批服务，受理邮寄工程项目审核165件，让业主足不出户就能拿到项目审核结果；开辟镇街疫情防控资金支付绿色通道，确保疫情防控资金第一时间到位。推动“电子缴费”改革全面落地；创新财政监督模式，首次将固定资产检查纳入财政监督检查范围，推动固定资产实现账账、账实、账卡相符，落实行政事业单位国有资产专项报告制度。先后获厦门市五一劳动奖章，获评厦门市非法占地违法建设专项整治“先进个人”、同安区“优秀共产党员”。2021年，获福建省五一劳动奖章。

逝世人物

【洪美霞】 女，汉族，中共党员，1953年7月生，同安人。历任大同镇党委副书记、五显镇党委书记、同安区人大常委会副主任、同安区关工委执行主任。于2011年退休后，担任同安区关工委执行主任职务，常态化帮扶经济困难学生，参与培养一批农村青年创业典型。她开展工作方式和工作机制的多项革新，在全区设立24个青少年社会实践教育基地，每年可供2万多人次走进基地接受实践教育。广泛吸收区关工委联盟单位口才好、有专长的人员加入关工委报告团讲师队伍，提升报告效果。依托商会、工商联关工委组织的辐射作用去引领大量分散的非公企业开展关心下一代活动，把非公企业青年职工纳入关工委工作领域。把单一由司法部门主办的矫正站工作转化为多家政法单位、关工委、爱心学校和企业合作共建的工作团队，促成失足青少年联合帮教机制的形成。于2020年获“全国关心下一代工作先进工作者”荣誉称号。2021年4月29日因病逝世。

荣　誉

2021年获省级（含）以上表彰的先进集体名表（已知）

表28

单位名称	荣誉称号	授予单位	授予时间
厦门市同安区归国华侨联合会	全国侨联系统助力脱贫攻坚先进集体	中国侨联	2021年1月
同安区市场监督管理局	全国食品安全工作先进集体	国务院食品安全委员会	2021年2月
新民市场监督管理所	“全国市场监管卫士”集体	国家市场监管总局	2021年12月
厦门群鑫机械工业有限公司	中国红十字奉献奖章	中国红十字会总会	2021年12月

续表 28

单位名称	荣誉称号	授予单位	授予时间
厦门市慈善总会（良训基金）	中国红十字奉献奖章	中国红十字会总会	2021 年 12 月
厦门力隆氨纶有限公司	中国红十字奉献奖章	中国红十字会总会	2021 年 12 月
厦门银行股份有限公司	中国红十字奉献奖章	中国红十字会总会	2021 年 12 月
金牌厨柜家居科技股份有限公司	中国红十字奉献奖章	中国红十字会总会	2021 年 12 月
百路达（厦门）工业有限公司	中国红十字奉献奖章	中国红十字会总会	2021 年 12 月
盛屯矿业集团股份有限公	中国红十字奉献奖章	中国红十字会总会	2021 年 12 月
同安区工商联	全国“五好”县级工商联	全国工商联	2021 年 12 月
厦门市同安区第三实验小学	全国青少年校园足球特色学校	教育部办公厅	2021 年 1 月
厦门市同安区西塘小学	第三批全国中小学中华优秀传统文化传承学校	教育部体育卫生与艺术教育司	2021 年 11 月
厦门市同安区汀溪中心幼儿园	2021 全国低碳校园	环境教育杂志社	2021 年 12 月
厦门市梧侣学校	2021 年度全国青少年人工智能活动特色单位	中国科协青少年科技中心	2021 年 9 月
厦门市第二外国语学校	2021 年度全国青少年人工智能活动特色单位	中国科协青少年科技中心	2021 年 9 月
厦门市同安区瑶头小学	全国象棋特色学校	中国象棋协会	2021 年 10 月
同安区仲裁院	全国“青少年维权岗”	共青团中央	2021 年 7 月
同安区法律援助中心	全国“青少年维权岗”	共青团中央	2021 年 7 月
厦门市第三医院	2021 年度中国现代医院管理典型案例“优秀奖”	国家卫健委能力建设和继续教育中心	2021 年 10 月
同安区监察大队	全国清理整顿人力资源市场秩序专项行动突出成绩单位	人社部	2021 年 8 月
厦门科司特电子工业有限公司	全国农民工工作先进集体	国务院农民工工作领导小组	2021 年 1 月
同安法院刑事审判庭	人民法院扫黑除恶专项斗争先进集体	最高人民法院	2021 年 5 月
国家税务总局厦门市同安区税务局第一税务所	“2021 年—2023 年”省级青年文明号	福建省创建青年文明号活动组委会	2021 年 6 月
祥平街道办事处	全省先进基层党组织	中共福建省委组织部	2021 年 6 月
中共国家税务总局厦门市同安区税务局机关委员会	全省“先进基层党组织”	中共福建省委	2021 年 6 月
厦门市同安区工业和信息化局	2017—2020 全省工信系统先进集体	省人社厅、省工信厅	2021 年 8 月
同安区人社局	全省人社窗口单位业务技能在线比试（全省总决赛）县级团体一等奖	省人社厅	2021 年 8 月
厦门市同安区科学技术馆（苏颂纪念馆）	第六批福建省爱国主义教育基地	中共福建省委宣传部	2021 年 3 月
厦门市公安局同安分局	2020 年度全省公安机关执法质量优秀单位	福建省公安厅	2021 年 4 月
厦门市公安局大同派出所	全省优秀公安基层单位	福建省人力资源和社会保障厅、福建省公安厅	2021 年 12 月
国家税务总局厦门市同安区税务局第一税务所	福建省五一先锋号	福建省总工会	2021 年 3 月

续表 28

单位名称	荣誉称号	授予单位	授予时间
厦门市同安区人民检察院、第四检察部	福建省五一先锋号	福建省总工会	2021 年 4 月
厦门闽光电气实业有限公司、电力服务事业部	福建省工人先锋号	福建省总工会	2021 年 4 月
厦门青岛啤酒东南营销有限公司	福建省五一劳动奖状	福建省总工会	2021 年 4 月
厦门市同安区人民检察院	全省先进基层检察院	福建省人力资源和社会保障厅、福建省人民检察院	2021 年 6 月

2021 年度同安区获省级（含）以上表彰的先进个人名表（已知）

表 29

姓名	性别	荣誉称号	工作单位	授予单位	授予时间
陈清地	男	全国五一劳动奖章	厦门市同安区第一建筑工程公司	全国总工会	2021 年 4 月
邵　真	女	全国巾帼建功标兵	厦门同安国有资产投资有限公司	全国妇女联合会	2021 年 3 月
张志峰	男	全国优秀农民工	厦门蒙发利电子有限公司	国务院农民工工作领导小组	2021 年 1 月
叶少静	女	中国致公党脱贫攻坚先进个人 福建好人榜	同安区档案馆	中国致公党中央、福建省委文明办	2021 年 6 月 2021 年 9 月
杨国荣	男	福建省五一劳动奖章	厦门市同安区财政事务中心	福建省总工会	2021 年 4 月
林锦峰	男	福建省五一劳动奖章	厦门万仟堂陶业有限公司	福建省总工会	2021 年 4 月
郑志献	男	2020 年度“强基础、转作风、树形象”专项行动表现突出个人	厦门市同安区城市管理局	中华人民共和国住房和城乡建设部	2021 年 1 月
沈丽英	女	全省优秀党务工作者	中共同安区委党校	中共福建省委	2021 年 6 月
李　振	男	全国税务系统精神文明建设先进工作者	国家税务总局厦门市同安区税务局	国家税务总局	2021 年 1 月
林彩云	女	全省机构编制工作先进工作者	同安区事业单位登记中心	省委编办	2022 年 1 月
李德端	男	2017—2020 年度全省工信系统先进工作者	同安区企业发展服务中心	福建省人力资源和社会保障厅、福建省工信和信息化厅	2021 年 8 月
叶林薇	女	全省法院先进个人	同安法院	福建省高级人民法院、福建省人力资源和社会保障厅	2021 年 2 月
陈笃全	男	全省优秀人民警察	厦门市公安局西柯派出所	福建省人力资源和社会保障厅、福建省公安厅	2021 年 12 月
林佳超	男	全省优秀人民警察	厦门市公安局同安分局刑侦大队	福建省人力资源和社会保障厅、福建省公安厅	2021 年 12 月
陈木灿	男	2021 年度中国农产品供应链建设优秀人物	厦门市同安区市场建设管理有限公司	全国城市农贸中心联合会	2021 年 7 月
叶规格	男	2016—2019 年全省卫生健康系统先进工作者	同安区疾病预防控制中心	福建省卫健委	2021 年 5 月
庄惠祝	女	全省民族与宗教系统先进工作者	区委统战部	福建省人力资源和社会保障厅、福建省民族与宗教事务厅	2021 年 12 月

附　录

组织机构及负责人名录

（以2021年12月31日在职者为准）

中共同安区委

书　记：张毅恭
副书记：陈高润
　　　　许永良
常　委：林进柱　康自展　李祖光
　　　　徐少敏　林郁香　林生海
　　　　颜志良　李进党

同安区人大常委会

主　任：叶晓东
副主任：林国财　李水龙　李大出
　　　　蔡志宏　陈晓军

同安区人民政府

区　长：陈高润
常务副区长：李祖光
副区长：陈大铭　王旭辉　王永欣
　　　　黄祖南　何岚岚　林云青

政协同安区委员会

主　席：洪国平
副主席：叶文雅　庄　毅　林　涛
　　　　吕　方

同安区纪委监委

区纪委书记、区监委主任：徐少敏
区纪委副书记、区监委副主任：陈艺松　许武威

区委工作机构

办公室
主　任：康自展
常务副主任：李荣峰
副主任：徐冰琦　叶竞贤
组织部
部　长：林郁香
常务副部长：梁永忠
副部长：柯志强
宣传部
部　长：林生海
常务副部长：申长清
副部长：柯玉晖　叶文彬（挂职）
统战部
部　长：颜志良
常务副部长：郭斌超
副部长、侨办主任：陈英械
政法委
书　记：林进柱
常务副书记：李志展
副书记：洪作亭
区直机关工委
书　记：许永良
常务副书记：邵国永
编　办
主　任：王永远
政研室
主　任：纪　耿

台　办
主　任：叶红旗
机要保密局
局　长：杨建军
信访局
局　长：叶谋荣
老干局
局　长：林素梅
党　校
校　长：林郁香
副校长：叶碧星
档案馆
馆　长：康荣辉
副馆长：叶少静
党史方志室
主　任：陈绳乾
副主任：蔡　杰

区人大常委会工作机构

办公室
主　任：赖腾隆
法工委
主　任：李雪萍
社会建设工委
主　任：吴良泉
财经工委
主　任：邵美华
科教侨台工委
主　任：张亚铨
城乡工委
副主任：张福军

区政府工作机构

办公室
主　任：洪耀荣
副主任：林志聪　姜　涛　庄瑶琳
叶跃辉（挂职）叶朝阳（挂职）
方跃冰（挂职）
发改局
局　长：费　薇
副局长：陈忠发　李　梦　洪珊妹
教育局
局　长：吕子祥
副局长：张志愿
工信局
局　长：徐火祥
副局长：史晓钧
民政局
局　长：曾学东
副局长：王景兰
司法局
局　长：梁景忠
副局长：陈庆丰　王三文
财政局
局　长：郑发华
副局长：章剑锋　苏泽强　陈　伟
人社局
局　长：钟明远
副局长：黄玉敏　陈德杰
建设交通局
局　长：叶国生
副局长：叶永坚　叶艺武
农业农村局
局　长：杨天平
副局长：杨东火　叶邵佳　王小珏
党组成员：黄文杏　吕宏途
文旅局
局　长：王育玲
副局长：林东沿　赵飞羽（挂职）
卫健局
局　长：陈再进
副局长：许秋万
退役军人局
局　长：钟金芳
应急局
局　长：陈金墩
副局长：吴水加
审计局
党组书记：许素勤
局　长：陈进团
副局长：王向阳　邵朝辉
统计局
局　长：邵美华
市政园林局
局　长：叶熹廷
城市管理局
局　长：郑志献

行政审批管理局
局　长：叶跃辉
机关事务管理局
副局长：戴秀珍（主持工作）
环东海域新城片区指挥部同安分部
主　任：陈火生
副主任：林振训
同翔高新城片区指挥部同安分部
主　任：谢育添
消防大队
大队长：王金广
教导员：傅炳超

区政协工作机构

办公室
主　任：苏九届
专委办
主　任：方奇南
提案文史办
主　任：吴永红
研究室
主　任：许建财

市垂直管理部门

税务局
局　长：曾　晟
副局长：刘　霞　陈建德　陈春后
市场监督管理局
局　长：孙添乙
党组副书记：许子翼
副局长：汪高乐　许东生　李文忠
市自然资源和规划局同安分局
局　长：沈思东
副局长：吴文东　蔡伟毅
同安生态环境局
局　长：潘飞舟
副局长：王剑波　黄歆宇
公路分局
局　长：侯海涛
气象局
局　长：陈礼斌
副局长：林炳文

区政法部门

人民法院
院　长：陈穆峰
副院长：郭　坎　张镇安
纪检组组长：洪丽丽
政治处主任：林云集
人民检察院
检察长：戴　静
副检察长：曾水泽　陈忠东　陈为山
纪检组长：郑金清
政治部主任：柯蓉琴
公安分局
局　长：陈大铭
政　委：蔡海龙
副局长：张　建　林映萍　苏平生
政治处主任：许　杰
纪委书记：陈幸鹭
二级高级警长：林焦印

区群团部门

总工会
主　席：林郁香
常务副主席：柯伟阳
兼职副主席：黄玉敏　叶杉民
团区委
书　记：徐冰琦
妇　联
主　席：洪明理
侨　联
主　席：林一亭
工商联
党组书记、常务副主席：蔡福德
科　协
主　席：吕建伟
文　联
主　席：吴剑锋
残　联
理事长：张毅敏
计生协会
常务专职副会长：王勇志
红十字会
常务副会长：叶丽真

社科联
主　席：林永富
关工委
执行主任：王　松（主持工作）

镇　街

洪塘镇
党委书记：陈建都
镇　长：叶竞贤
人大主席：杨应额
党委副书记：王桢霖
纪委书记：杨志胜
组织委员、秘书委员：郑爱霞
宣传委员：徐文托
统战委员、人武部长：周敬波
党委委员、副镇长：张　严
副镇长：吴开通　刘雅静
五显镇
党委书记：卓永强
镇　长：林志城
人大主席：黄金田
党委副书记：叶杭平　林明桐（挂职）
纪委书记：陈江伟
组织委员、秘书委员：陈丽霜
统战委员、人武部长：盖永锋
宣传委员：郭建波
党委委员、副镇长：郭金坪
党委委员：陈水可（派出所所长）
副镇长：苏佳龙　郑晨希
镇长助理：何　俊
汀溪镇
党委书记：吕子明
镇　长：苏清彩
人大主席：杨添在
政法委员：陈超岚
纪委书记：曾凡文
组织委员、秘书委员：陈小鹏
宣传委员：苏建国
统战委员、人武部长：聂增辉
党委委员、副镇长：马铭飘
副镇长：陈汧铌　黄　涛
莲花镇
党委书记：林　虹
镇　长：叶钰洁
人大主席：陈水共
党委副书记：余新春
统战委员、人武部长：曹国富
宣传委员：杨小寒
纪委书记：洪晓瑜
组织委员、秘书委员、副镇长：陈俊颀
莲花片区指挥部副主任：杨自力
党委委员：郑国滨（挂职）　叶英壕
副镇长：陈荣祥　郭　煜
新民镇
党委书记：颜志良
镇　长：蔡阿芬
人大主席：唐小江
党委副书记、政法委员：林春考
纪委书记：陈友旺
统战委员、人武部长：董明却
宣传委员：李少尉
副镇长：廖秀研　林武坤
西柯镇
党委书记：李永谓
镇　长：叶振宇
人大主席：颜允候
党委副书记、政法委员：叶志超
纪委书记：陈国辉
宣传委员：洪闽景
组织委员、秘书委员：陈小超
党委委员、副镇长：陈　波
统战委员：陆洪杰
副镇长：廖立群
大同街道
办事处主任：蔡家庆
人大工委主任：陈开顺
党工委副书记：陈延峰
党工委委员、纪工委书记：杨火本
宣传委员：康焕明
组织、秘书委员、办事处副主任：蔡秋娟
祥平街道
党工委书记：方高生
办事处主任：朱水鑫
人大工委主任：洪仁伟
党工委副书记、秘书委员：蔡　力
党工委副书记：郑锦州
党工委副书记、政法委员：肖挺隆
纪工委书记：吕锦华
组织委员、统战委员：邹善源

宣传委员、人武部长：林冬生
办事处副主任：彭垂群
党工委委员：汪兴文

部分事业、企业单位

企业发展服务中心
主　任：李德端
副主任：徐南向　林春燕
机关效能投诉中心
主　任：胡捍东
副主任：王　兵　孔晓燕
机关服务中心
主　任：郑巧琳
副主任：叶　节
招商中心
主　任：郑海英
副主任：陈自力
工业园区建设服务中心
主　任：洪春源
行政审批服务中心
主　任：陈礼发
副主任：洪巧英
土地房屋征收事务中心
主　任：叶跃辉
副主任：陶　阳　王东日　颜玛莉
宣传事务中心
主　任：刘　刚
文明创建事务中心
主　任：张荣森
融媒体中心
主　任：王英瑞
副主任：王江贺
财政事务中心
主　任：杨国荣
副主任：潘少东　陈　坪
审计事务中心
主　任：潘炳聪
政务事务中心
主　任：林志勉
副主任：江亚勇
财政国库集中支付中心
主　任：罗素莲
副主任：林卫东　邵金忠
卫生健康事务中心
主　任：朱冬云
副主任：张志建
卫生和计划生育监督所
所　长：杨永凯
副所长：刘　峰　张意霞
文化和旅游综合执法大队
副大队长：林茂盛
文化事务中心
主　任：翁海燕
副主任：洪松梅　林华萍
农村经济发展中心
主　任：林强润
副主任：叶榕坤
水土保持事务中心
主　任：李文选
防汛抗旱事务中心
主　任：龚壮志
副主任：尹战东
人才交流中心
主　任：洪少群
社保中心
主　任：陈似瑾
副主任：李　莉　陈文苗
劳动就业中心
主　任：杨丽秋
副主任：昌文胜　叶荣杰
退服中心
主　任：杜春玲
副主任：阳惜春
劳动保障监察大队
大队长：黄平辉
副大队长：黄益成　兰学军
旅游发展中心
副主任：赵飞羽
安全生产执法大队
大队长：王伟红
副队长：赖学圣　杨绪平
科技馆
馆　长：高水满
老年大学
副校长：洪永松
博物馆
馆　长：吴明辉

国投公司
总经理：陈树藤
副总经理：邵　真
城建公司
董事长、总经理：康征宇
副总经理：李　锋

资管公司
总经理：陈树藤
副总经理：苏壮志　陈张玮
置业公司
总经理：许建文
副总经理：陈永南

文献选编

在同安区委十四届二次全会上的工作报告（节选）

张毅恭
（2021 年 12 月 30 日）

2021 年，同安区委坚持以习近平新时代中国特色社会主义思想为指导，深入学习贯彻党的十九大和十九届历次全会精神，全面贯彻落实习近平总书记“七一”重要讲话精神、在福建考察时的重要讲话精神和致厦门经济特区建设 40 周年贺信重要精神，统筹推进疫情防控和经济社会发展，推进富美新同安全方位高质量发展超越，推动“十四五”实现良好开局。全年地区生产总值增长 6.8%，规模以上工业增加值增长 4.7%；财政总收入、区级财政收入达 112.09 亿元、30.66 亿元；全体居民人均可支配收入增长 10.2%。

一、坚定不移讲政治、抓落实，“两个维护”更加坚定自觉。一是认真落实党中央和省委、市委决策部署。深入学习贯彻党的十九届六中全会精神，区委领导带头抓学习、抓宣讲、抓执行，引导带动全区上下从党的百年奋斗历程中汲取智慧和力量。全面贯彻落实习近平总书记在福建考察时的重要讲话精神，制定 8 个方面 39 条举措的《决定》，努力把习近平总书记为福建擘画的美好蓝图变成现实。认真学习贯彻习近平总书记致厦门经济特区建设 40 周年贺信重要精神，引导带动全区上下更加自觉地勇立潮头、勇毅前行，努力率先实现社会主义现代化。聚力抓好省、市、区党代会精神学习宣传贯彻落实，分解下达“任务书”、“作战图”，确保贯彻落实深入具体、全面到位。二是扎实开展党史学习教育。制定“1+16”方案，创新打造党史“云”课堂，组建“讲古仙”等 5 支特色宣讲队伍，精心开展庆祝建党 100 周年活动 113 个，知史爱党、知史爱国的氛围持续浓厚。深入挖掘红色资源，编制《同安革命老区（县）发展史》，高山党校挂牌成立全市首个教育实践基地，初心使命馆被列入省、市首批参观学习点。创新开展“银城微心愿”圆梦行动、“好点子·银城百姓身边事”征集活动，345 项“我为群众办实事”项目完成率达 100%。三是深入开展“再学习、再调研、再落实”活动。研究制定“1+3”活动方案，以“再学习”推动思想再补钙，全区 530 个单位开展学习研讨 2716 场次；以“再调研”推动能力再提升，全区领导干部围绕加快经济社会发展等 18 个方面，开展课题调研 75 个；以“再落实”推动工作再抓实，深入开展“经济发展再提质、项目攻坚再提速、城市品质再提升、民生保障再加力”四大落实行动，23 个重点专项任务有力突破。

二、坚定不移严防控、促长效，疫情防线进一步筑牢。一是突发疫情处置有力有效。面对 9 月份突如其来的新冠肺炎疫情，在党中央国务院和省委省政府、市委市政府的坚强领导下，深入落实“快、严、实、细”要求，创新“防疫一张图”等机制，用 12 天时间实现社会面确诊病例“零新增”，取得“80% 以上病例框定在首发病例镇域”、“无外溢他省病例”等显著成效，得到国务院联防联控机制综合组福建工作组高度评价。坚持把党的制度优势转化为疫情防控的强大力量，疫情期间成立临时党组织 232 个、组建 280 余支党员先锋队，党旗始终在疫情防控一线高高飘扬。二是常态化防控措施更加严密。创新“三级联防”，经验做法获全市推广。建立常态化“1+3”、紧急状态“1+8”工作组的作战体系，成立 10 人咨询专家组、162 人溯源流调队、340 人核酸应急采样队。率先开发自主申报系统，加快建设“网格化 + 大数据”防控系统，高频次完成区、镇、村应急演练190余场次，应急处置能力全面提升。三是助企纾困落细落实。率先全市出台疫情期间援企稳岗若干措施，实施应急还贷、用工等一揽子惠企扶持政策，累计发放应急还贷资金30.7亿元，减免房屋租金超2000万元，共惠及2.2万家企业、近30万名员工。全年累计兑现惠企资金9.3亿元，为企业和个人减负超5亿元。

三、坚定不移稳增长、强产业，经济综合实力持续增强。一是产业发展更具竞争力。三次产业结构优化为1.7∶53.2∶45.1。新增规上工业企业147家，战略性新兴产业企业增至377家，新一代信息技术、高端机械制造、新材料与新能源分别增长40%、20%、20%。数字产业化进程加快，中国移动厦门数据中心、网易数字产业中心建成投用，腾讯云等数字平台注册落地。金融产业加速壮大，成立全市首家区级金融业协会，凯辉基金等产业基金项目相继落户。二是招商引资质效齐升。依托区属国企打造专业化招商团队，增聘15名招商顾问、科技顾问。“9·8”厦洽会签约项目投资总额达968亿元，位居全市六区第二，项目签约、投资总额均创历史新高。宁德时代、华润系列等一批优质项目签约落地，全年共落地高能级项目19个，投资总额43.08亿元。三是项目建设加速推进。94个省、市重点项目完成投资692.68亿元，完成年度计划167.11%。新增“五个一批”项目109个，总投资988.4亿元，宝龙旭辉城等77个项目开工建设，京东厦门电子商务产业园等32个项目竣工投产。征地拆迁再创“同安速度”，完成土地征收7005亩，征收量全市第二，房屋征收152万平方米，征收量全市第一，连续五年保持全市领先。

四、坚定不移促改革、扩开放，发展动力活力更加强劲。一是创新资源加速汇聚。企业主体向高能级跃升，高技术产业增加值增长16.7%，净增国家级高新技术企业60家，新增国家“专精特新”小巨人企业10家，“三高”企业增至423家。厦门科学城发展战略规划编制完成，同安核心区启动建设，中关村大学科技园联盟成果转化基地等首批项目入驻。“才聚银城”扎实推进，累计引进培育国家、省、市、区级人才169名。二是改革开放不断深化。44项年度重点改革突破事项基本完成，率先全市推行农村宅基地审批3个“1”试点改革，军营、白交祠脱贫攻坚入选党的十八大以来厦门市全面深化改革优秀案例，改革热度指数居全市各区首位。“放管服”改革持续深化，推出13个部门45个“一件事”集成服务套餐，“全馨办”帮办服务模式全省推广。深化探索两岸融合发展新路，设立台胞台企服务专窗，服务台企东亚机械在深交所成功上市。

五、坚定不移建载体、优配套，城市能级品质不断提升。一是“两大新城”建设态势强劲。同安新城和同翔高新城（同安片区）完成投资168亿元，占全区固投50%，房屋征收120万平方米，新拓产业用地3600亩。同安新城“产城人”融合持续加快，美峰花园安置房一期等18个民生项目开工建设，同安一中滨海校区高中部等12个项目竣工投用，“银城智谷”一期正式开园，“美峰创谷”基本建成，“环东云谷”一期封顶，吸引腾讯福建超算中心等441家企业落户。同翔高新城（同安片区）全面起势，百亿级海辰锂电项目竣工试产，时代新型锂电池等一批重大项目开工建设，洪塘安置房等20余个公建配套项目加快推进。二是城市功能配套日益完善。旧城有机更新方案启动规划，提升改造老旧小区16个、农贸市场6个，11条城区“断头路”加快打通，5处“口袋公园”建成开放，新增园林绿地95公顷、绿道11公里。立体交通网加快建设，轨道交通4号线主体完工、6号线涉铁段破土动工，同安进出岛通道先导工程开工建设，环东海域海上交通启动规划。三是城市治理更加智慧高效。建立区镇村三级文明创建网格、“日会商、双日报、周测评”等机制，全民创建氛围持续浓厚。建成城市综合管理服务平台，初步实现“一网统管、一屏统揽”，城市综合管理考评成绩位列全市第二。处置“两违”226.51万平方米，“两违”综合治理考核排名全市第二。

六、坚定不移兴产业、美环境，乡村振兴全面推进。一是都市现代农业更加高效。都市现代农业营收325亿元，闽台农业融合发展产业园入驻种苗企业13家。粮食安全责任制考核全市前列，650亩高标准农田、126亩高标准设施农业大棚建成投用。乡村旅游产业稳步发展，莲花镇跻身“全国乡村旅游重点镇”，古坑村获评“省金牌旅游村”，乡村振兴热度指数综合位居全省前十。二是乡村人居环境更加优美。农村人居环境提升五年行动启动实施，率先全市推行排水智能化管理“进农村”，农村环卫考评位居全市前列。农村公共基础设施提档升级，新建“四好农村路”完善工程24公里，全面完成23个山区村饮水安全提升工程。试点示范引领作用明显，“1+4+22+12”示范点、竹坝南洋风情小镇加快建设，汀溪、莲花、竹坝等四条示范动线提升明显。三是农民转产增收更加有力。全区村集体经营性收入均达到20万元以上，其中14个村集体经营性收入突破500万元。累计培育新型农业经营主体19个，认定新型农民388人，2021年农村居民人均可支配收入增长12%。东西部扶贫协作和省内对口帮扶工作持续深化，落实协作资金2512万元，实施协作项目86个。四是生态优势巩固拓展。公众环境质量满意度排名全市第二。全面启动727个自然村农村生活污水提升治理，隘头潭国控点水质上半年连续6个月排名全国前30名。空气质量优良率保持100%，综合指数排名全市第一。“绿水青山就是金山银山”实践基地建设有力推进，汀溪镇获评“省全域生态旅游小镇”。

七、坚定不移惠民生、强保障，民生改善跑出“加速度”。一是公共服务提质扩面。民生支出占一般公共预算支出比重达81%。基础教育加快补短扩容，新增学位10710个，上海世外等教育品牌签约落地，五缘实验二小等“名校跨岛”项目加速推进，连续三次省级“两项督导”获评“双优秀”。“健康同安”加快建设，公共卫生服务投入11.7亿元，五显卫生院迁建等12个项目加快推进，第三医院划归市属，福建中医药大学呼吸病研究所引进落地。文化惠民深化拓展，完成同字厝等20处文物修缮，历史陈列馆（一期）完成建设，区人民体育场改造投用，环东文体公建群启动建设。二是社会保障覆盖更广。深化拓展“爱心厦门，同安在行动”，投入8.46亿元用于社会保障，被征地人员基本养老保险参保人数全市第一，9920名失业人员实现再就业。住房保障体系更加完善，新增保障性住房近5000套，移民造福安置小区二期项目完成验收，647户地质灾害点及重点水源保护区群众预计春节前完成搬迁安置。

八、坚定不移创平安、促和谐，社会治理体系日趋完善。一是平安同安建设不断深化。纵深推进主动创稳，常态化开展扫黑除恶斗争，社会治安态势持续向好。深化落实“四门四访”、“领导包案”等机制，加大矛盾纠纷化解力度，“治重化积”信访件化解率达98.9%。安全生产形势持续稳定，灾害综合风险普查试点工作获得国务院普查办肯定，荣登“2021中国放心食品百佳县市”榜首。二是城乡社区治理更加精细。科学精准划分网格719个，公开招聘560名本科以上学历网格员，出台完善城乡社区工作者“1+N”管理体系，提高村（居）“两委”和网格员薪酬待遇，实现网格员村（居）全覆盖。莲花镇获评“第二批全国乡村治理示范镇”，军营村入选全国村级议事协商创新实验试点。三是法治同安建设扎实推进。“法治同安”地图覆盖170个公共法律服务点，成立全省首个劳动法务工作站，“议理堂+公证调解”实现镇（街）全覆盖，军营村获评“全国民主法治示范村”。

九、坚定不移抓队伍、转作风，党的建设全面加强。一是全面落实意识形态责任制。严格落实“211制度”，完成1468处公共领域宣传载体督查整改，建立完善新闻信息发布“三审三校”制度，实现全区政务网站和新媒体平台日常巡查和动态监管全覆盖。持续壮大主流思想舆论，“同安发布”微信公众号影响力持续位居全省县域前列，社会宣传密度、正面宣传频率、处置重大敏感舆情数均创历史之最。二是持续强化基层战斗堡垒。圆满完成142个村（社区）“两委”换届，实现村（社区）党组织书记和村（居）委会主任“一肩挑”100%。坚持抓党建促乡村振兴，全面推行“邻长制”乡村治理机制，经验做法获中组部肯定。深化“近邻”党建引领社会治理，古龙御园、厦航高郡等小区入选省级试点。三是有效激励干部担当作为。注重把力量向一线倾斜，选派909名干部到疫情防控、重点项目等历练成长，提拔处科级领导干部202名，80后干部占38.12%。深化“多考融合”机制，出台激励干部担当作为“八条措施”，形成“组织为干部担当，干部为事业担当”良性循环。圆满完成区、镇两级党委换届工作，班子结构更趋优化。四是持之以恒正风肃纪反腐。深入开展“点题整治”等专项监督，查处违反中央八项规定精神问题9起12人、形式主义官僚主义作风问题12起15人、群众身边腐败和作风问题6起10人。精准运用“四种形态”处理428人次，立案71件78人，给予党纪政务处分74人。深入开展政法队伍教育整顿，线索办结率100%，政法队伍教育整顿知晓率、成果满意率居省市前列。

政府工作报告（节选）

——在厦门市同安区第十八届人民代表大会第一次会议上

陈高润

（2021年12月26日）

一、2021年和过去五年工作回顾

2021年是同安发展历程中极具挑战、最为艰难的一年。面对严峻复杂的国际形势和艰巨繁重的改革发展稳定任务，我们负重前行，奋力攻坚。9月，新冠肺炎疫情突如其来，在党中央国务院和省委省政府、市委市政府、区委的坚强领导下，我们紧紧围绕“快、严、实、细”要求，快速构建扁平化指挥体系，创新运用“防疫一张图”，织密织牢疫情防控网络，用12天时间实现社会面确诊病例清零，取得“80%

以上病例框定在首发镇域”“无外溢他省病例”等成效，得到国务院联防联控机制综合组肯定。疫情防控取得阶段性胜利后，我们全面推动复工复产，迅速恢复生产生活秩序，实现同安拼图“复绿”。

惟其笃行，方显珍贵。我们不会忘记，在这场没有硝烟的战斗中，全体党员干部冲锋在前、担当作为，把党的制度优势转化为疫情防控的强大力量。我们不会忘记，奋战在一线的“天使白”“环卫橙”“守护蓝”“志愿红”，他们战胜对病毒的恐惧，筑起疫情防控的美丽彩虹。我们不会忘记，社会各界守望相助、共克时艰，捐款捐物6500余万元，“青山一道同云雨”的情谊温暖了90万同安人。我们不会忘记，广大群众的理解、信任和支持，从配合防控不出区不出户，到积极参加核酸检测、志愿服务，都展示出同安人民的素养和情怀。

唯其磨砺，始得玉成。这场大战大考中全区干部群众展现出来的不畏牺牲、无私奉献、团结拼搏的精神，是一代又一代同安人基因的传承，是同安精神在新时代的闪烁，必将成为建设富美新同安的强大动力！

2021年是全面建设社会主义现代化国家新征程的开启之年，站在“两个一百年”奋斗目标的历史交汇点上，我们坚持以习近平新时代中国特色社会主义思想为指导，深入学习贯彻习近平总书记“七一”重要讲话和来闽考察重要讲话精神，牢固树立抓经济促全局理念，统筹抓好“五促一保一防一控”，经济社会保持健康发展。地区生产总值增长6.8%，固定资产投资增长13.1%，财政总收入、区级财政收入分别增长7.5%、16.8%，居民人均可支配收入稳步增长。完成年度节能减排任务。

一年来的主要工作和成效：

（一）坚持精准施策，经济增长稳中向好

创新驱动步伐加快。培育壮大高能级企业，“三高”企业增至423家，国家级高新技术企业增至304家，省级以上专精特新“小巨人”企业增至48家。高技术产业增加值增长18.6%。支持企业自主创新研发，投入技改经费3449万元，63项高新技术成果实现转化。新增国家专利授权4253件，同比增长18.7%。

产业发展质效并进。三次产业结构优化为1.7∶53.2∶45.1。826家规上工业企业实现产值1192.6亿元，增长6.7%，6条重点产业链完成产值960亿元，其中新一代信息技术产业链增幅约42.5%。京东电子商务产业园建成投产，梅花创投等产业基金项目落户运营，华彬快消品等新项目增长迅速，直播经济、夜间经济等新模式发展壮大。预计完成农业总产值22.8亿元，增长8.3%。都市现代农业产业集群营收325亿元，创历史新高。

招商引资成效明显。紧抓中国国际投资贸易洽谈会、厦大百年校庆全球校友招商大会等契机，大力实施产业链招商，宁德时代、腾讯云、华润系列等60个优质项目签约。全年落地高能级项目19个，投资总额43.1亿元。新设外资项目61个，合同使用外资24.9亿元，实际使用外资22.8亿元。

惠企扶企力度加大。落实落细惠企政策，兑现惠企资金9.3亿元，发放应急还贷资金30.7亿元，为企业和个人减负超5亿元。积极应对新冠肺炎疫情冲击，出台应急借贷、援企稳岗等“一揽子”政策助推企业复产达产，10月份规上工业产值环比增长46.9%。完善扶持上市企业若干意见，助力实体企业做大做强。东亚机械在创业板上市。

（二）大力拓展格局，发展后劲有力积蓄

重大片区加速崛起。同安新城和同翔高新城（同安片区）完成投资167亿元，新拓产业用地3600亩。滨海西大道提升改造、西柯污水处理厂一期等12个项目竣工，仰正中学高中部等42个民生项目加快推进。华润啤酒小镇启动规划。同翔高新城“五横五纵”骨干路网等基础设施项目加快建设，百亿级海辰锂电一期项目竣工试产。

产业载体加快打造。厦门科学城发展战略规划编制完成，同安核心区启动建设，中关村大学科技园联盟成果转化基地等首批项目入驻。“银城智谷”正式开园，“美峰创谷”基本建成，“环东云谷”一期投用，“三谷”磁场效应持续释放，美亚培训中心、福华技术等优质项目落地运营。

重点项目加力推进。全区共完成土地征收7005亩，征收量全市第二。房屋征收152万平方米，征收量全市第一。省市重点项目完成投资692.7亿元，完成率167.1%。省市重点项目土地房屋征收完成情况综合考评居全市第一。宝龙旭辉城等77个重大项目开工，移民造福二期等32个重大项目竣工。“五个一批”综合考评第五次跻身全省前十。

改革开放持续深化。44项重点改革事项加快推进，改革热度指数全市第一。深化“放管服”改革，推出“一件事”集成服务套餐，率先全市将商事主体登记申请前移至镇（街），“全馨办”帮代办服务模式全省推广。对台交流融合更加密切，引进台资项目21个。积极融入闽西南协同发展区建设。

（三）落实跨岛发展，城乡品质更加优化

大交通格局加速构建。轨道4号线加快建设，6

号线涉铁段破土动工，同安进出岛通道先导段即将开工，同安隧道、海上交通线路启动前期工作，进出岛更加多元便捷。国道324复线二期完善工程等项目加速推进，同翔大道全线通车，区域交通不断拓展。城区“断头路”加快打通，慢行系统建设有序推进，公交线网进一步优化，绿色出行系统更加健全。

城市承载力显著提升。完成16个老旧小区、6个市场改造，处置存量“两违”226.5万平方米。新增园林绿地95公顷、绿道11公里、公共停车位324个。历史文化遗产集中保护修缮工作有序实施。环东文体公建群启动建设，“新城大管家”模式更加完善。工地扬尘、占道经营等治理扎实推进，城市综合管理考评位居全市第二。省级文明城区综合排名跃居全省第九。

乡村振兴成效明显。22个试点示范村建设扎实推进，乡村振兴热度指数综合排名全省前十。农村人居环境整治提升行动深入实施，7个美丽乡村项目通过考核。古坑—竹坝等精品动线持续打造，莲花镇获评全国首批乡村旅游重点镇，汀溪镇获评省全域生态旅游小镇，军营村入选建党百年红色旅游百条精品线路。

生态环境更加优良。争创国家生态文明建设示范区，狠抓中央生态环保督察反馈问题整改。公众环境质量满意度排名全市第二。空气质量优良率保持100%，综合指数排名全市第一。正本清源、农村生活污水治理提升等项目高标准推进，汀溪水库饮用水源及国省控断面水质稳定达标。耕地保护工作有序开展。地灾防治与生态修复等工作获评全省第一。

（四）厚植为民情怀，民生福祉全面增进

教育事业稳中提质。同安职业技术学校扩建等45个项目加快推进，第三实小凤祥校区等12个项目竣工，新增学位10710个。上海世外、新教育等教育品牌签约落地。市教科院附属学校、厦门外国语附小同安校区、五缘第二实验学校同安分校等“名校跨岛”项目加速推进。省“两项督导”获评“双优秀”。

健康同安加快建设。紧密型医共体改革持续推进，分级诊疗体系逐步完善，公共卫生服务投入12.9亿元，为历年最高。第三医院划归市管。区总医院康复医学中心挂牌成立，环东海域医院、福建中医药大学科教综合楼等项目加快建设。引进北京中日友好医院“林江涛名医工作室”。完成新冠疫苗接种任务。

社会保障持续改善。投入社会保障及救助资金8.5亿元。“三险合一”惠及全区户籍人口。深化“幸福晚年”计划，被征地人员基本养老参保人数全市第一。新增就业3.8万人，失业人员再就业9920人，同新社区获评全国充分就业社区。新增保障性住房近5000套，移民造福工作有力推进，群众住房困难问题得到缓解。“爱心厦门，同安在行动”深化拓展，帮扶群众2933户。

社会治理更加有序。创新推行“邻长制”，莲花镇获评全国乡村治理示范镇。科学划分社区网格，公开招聘560名本科以上学历网格员。村（社区）“两委”换届选举有序推进。“议理堂”公证调解室试点富有成效，矛盾纠纷人民调解成功率达96.1%。扫黑除恶好评率连续三次居全市第二，刑事警情为十年来最低。应急管理体系更加健全，灾害综合风险普查试点工作获国务院肯定。全面开展安全生产专项整治行动，安全形势总体稳定。

（五）强化自身建设，政府效能稳步提升

坚持以党的政治建设为统领，按照省委“八个坚定不移”具体要求，推动全面从严治党向纵深发展。深入开展党史学习教育和“再学习、再调研、再落实”活动。不折不扣抓好省委巡视反馈问题整改，认真做好巡视“后半篇文章”。行政复议体制改革有序推进，新时代法治政府加快建设。扎实推进精文简会、基层减负，“三公”经费下降17.3%。严格落实意识形态工作责任制，加强政务网站管理。办理人大建议77件、政协提案92件。持续推动政务公开，重点领域信息公开4209条。民族宗教、人防海防、审计、统计、气象、粮食安全等工作取得新进展，国防动员、双拥共建、优抚安置等工作得到新提升，妇女儿童、青年、老龄、残疾人、红十字、慈善事业、人口家庭等工作实现新进步。

各位代表！本届政府履职的五年，是国际国内形势复杂多变、发展改革任务艰巨繁重的五年，也是我们爬坡过坎、锐意进取的五年。五年来，我们坚定不移贯彻新发展理念，团结带领全区干部群众全方位推动高质量发展超越，为同安迈入经济社会发展新征程奠定了坚实基础。

五年奋进，综合实力显著提升。地区生产总值连跨“3个百亿”台阶，财政总收入突破110亿元。产业集群效应初步显现，规模以上工业总产值超1100亿元，新一代电子信息、都市现代农业等6条产业链产值破百亿。第七次全国人口普查人口增长36万，增量位居全省第三。上榜全国百强新城区。

五年实干，基础设施提质完善。全面对接全市“两环八射”交通体系，同集路、滨海西大道完成提升，云埔互通、同安东路等建成通车。轨道交通开工建设，同安迈入“地铁时代”。埭头变电站、莲花水库、西山水厂等项目投用，新增天然气管道106公里，供电供水供气能力大幅提高。新建4G基站1060个、5G基站350个，优质无线通信服务覆盖全区。

五年拼搏，城乡面貌绽放新颜。践行“山上戴帽，山下开发”生态文明理念，决胜污染防治攻坚，获评国家生态区。同安新城、同翔高新城建设全面加速，产城人融合高地逐步形成。滨海浪漫线成为高颜值名片。老城有机更新加快推进，完成立面改造118万平方米，新建公园259公顷、绿道61公里、安全生态水系120公里。乡村振兴战略深入实施，5个村获评中国美丽休闲乡村。

五年开拓，改革开放硕果累累。实施重点改革事项500项，改革创新活力进一步释放。完成新一轮政府机构改革。紧密型医共体试点取得实效，土地承包经营权确权登记颁证工作顺利收官。对外开放步伐加快，引进外资项目284个，实际使用外资75亿元。全面完成对口帮扶任务，助力康乐、诏安提前完成脱贫攻坚，全国东西部扶贫协作考核获得“好”的等次。

五年笃行，人民生活蒸蒸日上。财政支出近八成投向民生领域。新增学位4.2万个、医疗床位1434张，三级养老服务体系覆盖全区，获评全国义务教育发展基本均衡区、基层中医药工作先进单位等荣誉。蝉联省级文明城区，文明村数量全市第一。平安“三率”保持全市前列，群众获得感、幸福感、安全感不断增强。

各位代表！回顾五年的发展历程，我们深切体会到，这份成绩是在区委坚强领导下，在人大代表、政协委员大力支持和有效监督下，全区人民齐心协力、务实笃行、艰苦奋斗的结果。在这里，我代表区人民政府，向全区人民，向人大代表、政协委员，各民主党派、工商联、人民团体、无党派人士，离退休老同志、社会各界人士和驻区部队、武警官兵、公安干警，向关心支持同安发展的港澳同胞、台湾同胞、海外侨胞，表示衷心的感谢！

各位代表！安不忘危，盛必虑衰。我们要清醒看到前进道路上的困难和挑战。一是新冠肺炎疫情和外部环境存在不确定性，各类衍生风险不容忽视。二是经济高质量发展压力大，实体经济困难多，做大总量和提高质量任务艰巨。三是优质教育、医疗资源供给依然存在短板，与群众所盼所需仍有差距。四是基层社会精细化治理水平不高，发动群众共治共享的能力有待加强。五是个别干部攻坚克难、开拓创新的精气神还需提升。对于这些问题，我们将系统深入研究，采取有力措施加以解决。

二、今后五年工作思路和2022年工作建议

按照省、市、区党代会部署要求，今后五年，政府工作的指导思想是：全面贯彻落实党的十九大和十九届历次全会精神，认真学习贯彻习近平总书记重要讲话重要指示批示精神，牢记“两个确立”，做到“两个维护”，全面加强党的领导，更好统筹发展和安全，实现经济行稳致远、社会安定和谐，全力建设富美新同安，为奋力谱写全面建设社会主义现代化国家福建篇章和厦门更高水平建设高素质高颜值现代化国际化城市贡献同安力量。

主要目标和任务是：锚定“奋力谱写富美新同安建设新篇章”这一总目标，紧盯“产业优、百姓富、生态美”三大战略任务，打造“产城融合示范区、科学城核心区、乡村振兴样板区、生态人文名胜区和金砖未来创新基地”五大功能片区，在更高起点上推动全方位高质量发展超越迈上新台阶。

——**发展高质量。**树牢抓经济促全局理念，深入落实“七以七为”思路举措，“十四五”末地区生产总值突破1100亿元，高质量发展水平走在全省前列。突出工业主导，现代产业体系竞争力全面增强，高技术制造业增加值占规上工业增加值比重达21.5%。创新能级显著提升，同翔高新城、厦门科学城建设取得显著成效，全社会研发投入占地区生产总值比重达3.8%以上。

——**城市高能级。**城市能级和核心竞争力全面提升，同安新城、同翔高新城等重大片区辐射带动功能显著增强，老城区在有机更新中焕发新的生机与活力。建设乡村振兴厦门样板区，实现“业兴、家富、村美、人和”，城镇化率达77.5%。

——**生活高品质。**民生福祉更有质感，城乡居民收入稳步提高，现代教育强区、健康同安等建设取得重大进展，基本公共服务更加优质均衡，全覆盖可持续的社会保障体系更加健全。文化软实力大幅提升，千年古城魅力更加凸显，城市文明程度、公共文化服务水平显著提高。

——**生态高颜值。**生态优势更加彰显，“六个坚定不移”深入落实，生态文明治理体系持续完善，绿色低碳发展水平显著提高，“一屏一湾三廊”生态安全格局基本成形，生态环境质量居全市前列，建成国家生态文明建设示范区，“生态美”成为同安的靓丽名片。

——**治理高效能。**城市治理更加智慧精细，社会治理水平明显提高，努力实现“六个更加”。重点领域和关键环节改革取得决定性成果，平安同安、法治同安深入推进，防范化解重大风险体制机制不断健全，突发公共事件应急能力和自然灾害防御能力显著提升，发展安全更有保障。

各位代表！2022年是实施“十四五”规划承上启

下的关键一年，也是全方位推进高质量发展超越的关键一年。明年工作要稳字当头、稳中求进，主要预期目标是：地区生产总值增长8%以上，规模以上工业增加值增长9%，财政总收入、区级财政收入均增长8.5%，全社会固定资产投资增幅高于省市平均水平，社会消费品零售总额增长8%，城镇居民人均可支配收入增幅高于全省平均水平，农村居民人均可支配收入增长8.5%。重点抓好以下八个方面工作：

（一）聚焦实战能力提升，牢固构筑疫情防控安全防线

抓好常态化疫情防控。严格落实“外防输入、内防反弹”各项措施，推进“三级联防”、压实“四方责任”、落实“四早措施”。用好疫区旅居史个人申报二维码，发挥“以房管人”“以网看人”等基层哨点作用，强化疫区入同人员排查管控。落实冷链物流消杀监管，严格集中医学观察场所防疫管理，开展常态化核酸检测。努力实现疫苗接种全覆盖。

补齐疫情防控工作短板。发挥疫情防控专家组作用，为科学处置突发公共卫生事件提供决策支持。联合厦门大学做好本土疫情复盘。建强区、镇（街）常备流调队伍，按照每万人不少于20间标准建立集中隔离场所清单。启用区级核酸检测实验室，储备村（社区）核酸采样点和录入员，完善第三方合作机制，提升全员核酸检测能力。

健全疫情防控工作机制。完善常态化“1+3”工作组、紧急状态“1+8”应急工作组指挥体系，健全平急转换机制。运用“三公（工）”融合流调机制，抓好区域协查数据全流程闭环管理。优化多点触发监测预警系统，强化团队协同机制，深化应急处置实战化演练。扎实开展“三级联防”培训，深入推进“同安康”疫情防控主题实践活动，营造同心防疫的社会氛围。

（二）聚焦产业转型升级，加快建设现代化产业体系

发展壮大五大主导产业链群。食品与都市现代农业方面，着眼做精深加工和延伸产业链，支持农业龙头企业加快产品革新升级，形成特色融合产业。旅游文化产业方面，大力发展滨海文旅、生态研学等新业态，创建全域旅游示范区。家居智造产业方面，鼓励企业发展定制化应用场景模式，打响产业“健康牌”“智能牌”。科技服务产业方面，以大数据、云计算等为发展方向，大力引进新型研发机构，强化科技赋能。新材料新能源产业方面，加快石墨烯等产业布局，推动新能源产业形成集聚效应。

大力发展先进制造业。坚持工业强区，落实制造业高质量发展三年行动计划，推动传统优势产业转型升级，加力发展新一代信息技术、光电集成等高端制造业。紧盯32家重点工业企业、295家高技术制造业企业、15个在建增资扩产项目、29个实施技改项目企业，力促投产、稳产、增产。强化项目建设服务保障，加快华润啤酒等一批项目前期工作，力推厦门时代等6个项目开工建设，推动红牛功能饮料等12个项目建成投产。

提升发展现代服务业。大力发展高端商贸业，加快顺丰创新产业基地等项目建设，支持京东东和、华彬快消等企业发挥更大实效。深化“总部+基地”模式，力争引进一批高能级总部项目。依托区金融业联合会等平台，强化产业基金和金融科技招商，提升产融结合水平。推动厦门美术馆等项目落地，紧抓金鸡电影节契机发展文化影视经济，打造“文化+旅游+影视”产业区。

培育发展数字经济。加快推进产业数字化，深入实施“上云用数赋智”行动，支持水暖厨卫、运动器材等传统优势产业数字化转型，引导蒙发利、康乐佳等企业发展数字研发中心，鼓励建设更多工业信息应用场景，打造一批“智慧车间”。加快推进数字产业化，大力推动5G、数据中心等新型基础设施建设，加快网易厦门数据中心、腾讯云等项目建设，培育壮大人工智能、大数据、云计算等数字产业，打造环东海域数字产业集聚区。

（三）聚焦城市能级提升，全力服务和融入新发展格局

加快“岛外大发展”战略实施。以高于岛内的标准建设同安新城和同翔高新城，打造产城人融合的岛外大发展“扇面”。推进同翔高新城建设，推动龙泉片区、洪塘南片区成片开发，力促厦门时代、海辰锂电等项目发挥产业龙头带动效应。加快厦门科学城建设，以“美峰—西柯”片区为核心区，力争引进一批人工智能、生命健康、区块链等前沿科技和未来产业项目，打造产业技术创新高地和湾区科创中心。

持续扩大有效投资。紧盯“两新一重”，完善“五个一批”项目推进机制，加快审批、征拆等前期工作，强化用地用林等项目要素保障。深化项目攻坚，加快抽水蓄能电站、爱睿思隐形眼镜等省市重点项目建设，加快轨道6号线、同安进出岛通道等重大交通项目建设，加快西湖安置房等169个总投资82亿元的民生补短板项目建设，加快正本清源等94个总投资42.7亿元的市政配套项目建设，实现项目投资提量提质提效。

深入推进创新驱动。进一步提高研发投入占GDP

比重，完善科技惠企政策体系，推动创新要素加速向企业流动。强化企业创新主体地位，深化产学研结合。加码扶持高新技术企业，从资金贷款、技术改造、降耗减排等方面给予更大力度扶持奖补，力争新培育国家高新技术企业50家、省级以上专精特新“小巨人”企业10家。扎实推进“才聚银城”人才强区战略，引进培养一批高层次、高技能人才。

坚定不移“大招商、招大商”。坚持“三个一”招商机制，强化专业化招商团队建设。加快建设“三谷”等新产业载体，改造提升传统产业园区，探索盘活低效产业用地和闲置厂房，打造优质招商平台。聚焦主导产业链群开展精准招商，引进一批“数字经济”“海洋经济”“绿色经济”“文旅经济”项目。注重项目跟踪服务，推动宁德时代、灿星音乐城等54个签约项目转段落地，推动中交四公局、福华石墨烯等25个落地项目运营见效。

（四）聚焦降本减负增效，不断增强市场主体活力

持续优化营商环境。聚焦成本最低、效率最高、服务最优目标，持续深化“放管服”改革，推行“一网通办”，打造能办事、快办事、办成事的“便利同安”。全面实施市场准入负面清单制度，大力推行“证照分离”“照后减证”等工作。深入推进工程建设项目审批制度改革，完善全流程在线审批模式。健全信用信息归集和信用分级分类监管机制，营造良好诚信氛围。

支持民营企业发展。坚持扩总量与提质量并重，在技术改造、银企对接、人才引进等方面加大帮扶力度，促进企业接续成长、做强做大。扶持更多企业进入上市程序。落实各级减税降费政策，用足用活企业信贷风险补偿资金和融资增信基金，帮助企业轻装前进。举办同安企业家日等系列活动，深化企业联系挂钩服务机制，让更多投资者安心创业、放心投资。

全面促进消费扩容提质。加快建设宝龙商业综合体等新兴商圈，发展阳光小镇等现代商圈，升级钟楼等传统商圈，提升消费热度。筹划“活力同安湾”夜间经济IP，打造“直播带货”“线上超市”“云逛街”等新型消费增长点。持续培育新能源汽车、厨卫家装等消费热点。打造“同安小吃·乡厨”等特色消费品牌。支持波特曼七星湾等酒店承接高端会务展览，力促华强方特、璞嘉华等酒店投入运营，促进旅游消费快速增长。

（五）聚焦乡村振兴战略，全面焕发农村农业新气象

着力补齐基础设施短板。完善农村水、电、路、网等综合配套，推动基础设施提档升级。推进10条四好农村路建设，建成14条森林防火道。完善农业灌溉体系，力促蔡宅溪灌溉用水等项目投用。推动新一轮农村电网改造提升，加快五显变电站、卿朴变电站等项目竣工。推进光纤和5G网络向更多自然村延伸。

大力发展都市现代农业。加快闽台农业融合发展产业园、百利龙程子虾产业园等项目建设，发展园区农业和高科技种苗业。结合“一村一品”布局，建设一批蔬菜水果、苗木花卉等特色产业基地，打造汀溪三角梅花卉交易市场等平台。鼓励发展“农村电商”，实现农业高端化、高价值化。持续推进高标准农田建设。加快莲花—汀溪—五显—竹坝片区都市观光休闲农业建设，因地制宜发展观赏、采摘等休闲农庄，串点成链形成规模。

加快建设美丽宜居乡村。科学开展村庄规划编制，完善农村建设管理体制。实施农村人居环境整治提升五年行动，统筹抓好农村改厕、生活垃圾治理、农村污水治理等工作，推进“绿盈乡村”建设。继续推动4条乡村振兴示范动线、22个省市试点示范村、1个省级重点特色示范镇建设，加强传统村落保护。持续推进移风易俗，培育文明乡风家风民风。

着力促进农民增产增收。深化落实农村土地“三权分置”制度，促进农村土地经营权有序流转。探索多元化集体发展用地开发建设方式，推广“跨村连带”“订单式开发”“合作社三统一”等模式，推动村级集体经营性收入稳步增长。大力实施高素质农民培训计划，培育新型职业农民和新型经营主体，鼓励农村劳动力就业转移，多渠道增加农民收入。

（六）聚焦高质量发展赋能，坚定不移深化改革扩大开放

深化重点领域改革。以制度创新提升核心竞争力，推进金融体制、零基预算、国企国资等领域改革。探索多渠道投融资模式，激活财源培育和民间投资。深化区镇两级财政体制改革，增加镇级财力保障。加快农村集体产权制度改革和农村宅基地3个“1”试点改革。统筹推进医疗、医保、医药“三医联动”。加快综合执法改革，实现基层执法“一支队伍管到底”。

积极扩大对外开放。紧抓RCEP机遇，围绕智能制造、生物医药等领域与金砖国家开展合作，拓宽进出口贸易渠道。承办华裔青少年网上夏令营，增进海外新生代文化认同。依托世界同安联谊大会等平台，实施侨资侨智侨力引进工程。深度融入厦漳泉都市圈、闽西南协同发展区，推动晋同高速（同安段）落地实施。扎实做好诏安、泾源等地山海协作、对口帮扶工作。

持续促进对台融合。持续做好“产、惠、情”对台融合文章，打造台胞台企登陆第一家园“第一站”。深化产业经贸合作，支持百路达、群鑫机械等台资企业做大做强，与台湾在现代农业等优势产业领域互促共进。落深落实厦门“惠台60条”，吸引更多台湾优秀人才“登陆”同安。持续拓展两岸在寻根谒祖、社区治理、文化教育等领域的互动交流，厚植共同文化根基。

（七）聚焦生态文明建设，着力绘就青山绿水美丽画卷

加强生态保护与修复。持续推进中央生态环保督察反馈问题整改。健全生态保护红线和生态控制线监管，推广“互联网+统一指挥+综合执法”智能化监管模式，守牢生态安全底线。强化北部屏障山海廊道管控修复、生态敏感区整体修复和环同安湾岸线整治修复，持续提升自然修复功能，构建“山、海、城”相融共生的全域生态格局。

打好污染防治攻坚战。持续打好“蓝天、碧水、碧海、净土”四大攻坚战，让“清新的蓝”“怡人的绿”成为同安恒久的骄傲。实施30个流域治理项目，加快洪塘污水处理厂等项目建设，完成城乡污水高标准提升治理。深入推行“湾（滩）长制”，加强入海排放口溯源整治，提升海洋生态环境质量。加强扬尘污染防治，深化$PM_{2.5}$和臭氧协同治理，力争空气质量保持全市前列。强化建设用地和农用地土壤污染防控，确保土壤环境稳定。

健全生态文明制度体系。加快国家生态文明建设示范区建设，打造“两山”实践创新基地。开展生态产品市场化改革试点工作。深化环评审批制度改革，实行排污权核定网上办理。科学实施能耗双控，有序推进碳达峰碳中和工作。健全环境保护信用体系，提高环保执法效能。

（八）聚焦民生福祉改善，持续提高人民生活品质

兜住兜牢民生底线。完善被征地人员、海域退养渔民、高校毕业生等重点群体就业支持体系，实现再就业6000人以上。深入实施“幸福晚年”计划，做到城乡居民养老保险“应保尽保”。积极应对人口老龄化，推动泰康综合体投用，提升农村幸福院运营质量，完善幸福养老服务体系。深入开展扶老救孤、扶贫济困等慈善活动，深化困难群众救助帮扶“一站式”服务，强化残疾人、孤儿关爱服务，健全社会救助和社会福利体系。

提高公共服务优质共享水平。深入实施教育补短扩容，加快卿朴中小学等40个学校项目建设，新增学位1.2万个。大力推动“名校跨岛”“提质开放”，力争引进更多优质教育资源。落实“双减”政策，深化课后延时服务。建设乡村“温馨校园”，推动义务教育优质均衡。完善公共健康服务体系，加快莲花卫生院等项目建设，力促环东海域医院等项目建成投用，实现医疗资源高位嫁接、扩容下沉。大力引进医疗卫生高层次人才，新增一批“名医工作室”。完善三孩生育配套支持措施，深化普惠托育服务。新增安置房8757套、保障性住房4902套。

厚植更富魅力的城市文化。坚持文化兴区，强化守正创新，让更多人了解同安、融入同安、深爱同安。稳步推进老城有机更新，加快历史文化街区建设，提高千年古城美誉度和影响力。在城西社区试点建设完整社区。深化精神文明创建活动，推动志愿服务常态化、专业化、品牌化，打造新时代文明实践“同安样板”。争创省级文明示范城区。

推进社会治理体系和治理能力现代化。深化拓展近邻模式，落实“三级包保”“五包一”机制，提升“网格化+大数据”治理水平。加强网格员队伍建设，提高村（社区）干部待遇。深化市政综合管理信息平台和城市综合管理服务平台运用，构建“大城管”工作格局。加强社会矛盾纠纷多元化解，完善法律援助制度，拓宽人民调解渠道。深化信访“治重化积”，用心用情解决群众合理诉求。推动军民融合发展，争创省双拥模范城（区）六连冠。

深化“平安同安”建设。完善城市安全体系，实施“智慧政法”和大数据战略，提升风险防御能力。常态化开展扫黑除恶专项斗争，依法打击各类违法犯罪活动。严格落实粮食安全责任制，坚决遏制耕地“非农化”“非粮化”，抓好“米袋子”“菜篮子”工程。强化食品药品安全监管，争创国家级食品安全示范城。加快地灾点整村搬迁、就地安置工作。压实安全生产责任，加强森林防灭火、城市消防、道路交通等重点领域监管，完善应急救援和防灾救灾减灾机制，确保安全形势总体平稳。

三、全面加强政府自身建设

面对新形势、新任务，我们将坚持把党的全面领导贯穿到政府工作各方面、全过程，全力打造政治机关、效能政府、法治政府、服务政府、廉洁政府。

坚持党建引领、清正廉洁。始终把牢政治方向，深化拓展党史学习教育和“再学习、再调研、再落实”活动，不折不扣把上级和区委决策部署落到实处。严格落实全面从严治党主体责任，强化党风廉政建设，加强意识形态工作。对照“正负面清单”严格落实中央八项规定精神，持之以恒纠治“四风”问题。坚持过紧日子，把更多资金用于发展经济、改善民生。

坚持法治为基、依法行政。全面贯彻落实习近平法治思想，深化法治政府建设。认真执行区人大及其常委会的决议决定，依法接受人大法律监督和工作监督，主动接受政协民主监督。自觉接受审计、统计、监察和社会舆论监督，认真听取各民主党派、人民团体和社会各界意见。加快推进行政复议规范化、专业化、信息化建设。全面落实“八五”普法规划，提高全民法律素养。

坚持系统谋划、数字赋能。锚定区“十四五”发展目标，增强辩证思维和系统谋划能力，抓好“牵一发动全身”的重点工作和关键环节。深化政府数字化转型，推动“城市大脑”建设，加快打造智慧城市样本。抓好数据资源归集共享和目录长效梳理，完善社会管理大数据，持续推进公共数据管理和运用。

坚持实干担当、善作善成。持续深化政府系统作风建设，大力倡导“马上就办、真抓实干”的作风，做到只争朝夕、夙夜在公、案无积卷、事不过夜。认真贯彻中央、省委、市委经济工作会议精神，以更高标准、更新思路、更实措施，创造性推动工作落实，用干部的“辛苦指数”换取群众的“幸福指数”。

附件

《政府工作报告》注解

1.“三高”企业：2019年7月25日，厦门市《关于实施高技术高成长高附加值企业倍增计划的意见》提出此概念，指高技术、高成长、高附加值企业。

2.同翔高新城“五横五纵”骨干路网：五横指同新路、龙泉路、洪新路、旧324国道、新324国道。五纵指同安东路、城东中路、同翔大道、官山路、新曦大道。

3.正本清源：指通过对错接乱排的源头排水用户进行整改，不断完善建筑与小区的雨水管网、污水管网和市政管网，建立健全城市雨污两套管网系统，实现雨污分流。

4.邻长制：指以居住临近的10户左右居民为标准划分邻区，每个邻区从情况熟、威望高、责任心强的党员、村民代表等群体中选出1名邻长，协助村党组织做好乡村治理。

5.“1+3”工作组：防控办内设4个小组，“1”即综合协调组（防控办），“3”即信息工作组、社会防控组、应急处置组三个小组。

6.紧急状态“1+8”应急工作组指挥体系：指紧急状态下，防控办作为指挥中心，统筹溯源流调、核酸检测、人员转运、隔离场所、封控管控、消毒和环境监测、医疗救治与院感防控、全面动员等8个工作组的应急指挥体系。

7.RCEP：2020年11月15日，在15国领导人共同见证下，各国贸易部长签署了《区域全面经济伙伴关系协定》(RCEP)。这标志着当前世界上人口最多、经贸规模最大、最具发展潜力的自由贸易区正式启航。RCEP生效后，企业将以更低的成本进口先进技术、重要设备、关键零部件、日用消费品、医药和护理设备，以及进口设计研发、节能环保等生产性服务。

8.提质开放：2019年，全市教育大会提出实施“开放提质”行动。指支持非义务教育学校引进境内外优质教育资源，提升对台合作办项目层次，加快建设外籍人员子女学校，增加厦门对高层次国际性人才的吸引力。

9.完整社区：根据市建设局印发《厦门市完整社区建设试点工作实施方案》，完整社区指为群众日常生活提供基本服务和设施的生活单元，也是社区治理的基本单元，统筹配建幼儿园、老年服务站等设施，与“十五分钟生活圈”相衔接，为居民提供更加完善的公共服务。

中共同安区委办公室
同安区人民政府办公室
关于印发《同安区构建现代环境
治理体系行动方案》的通知

厦同委办发〔2021〕2号

（2021年3月26日）

同安区构建现代环境治理体系行动方案

为贯彻落实《中共中央办公厅、国务院办公厅印发〈关于构建现代环境治理体系的指导意见〉的通知》、《中共福建省委办公厅、福建省人民政府办公厅印发〈关于构建现代环境治理体系的实施方案〉的通知》、《中共厦门市委办公厅、厦门市人民政府办公厅关于印发〈厦门市构建现代环境治理体系行动方案〉的通知》，加快构建党委领导、政府主导、企业主体、社会组织和公众共同参与的现代环境治理体系，制定本行动方案。

一、总体要求

（一）指导思想。以习近平新时代中国特色社会主义思想为指导，全面贯彻落实党的十九大和十九届二中、三中、四中、五中全会精神，深入贯彻习近平总书记对福建、厦门工作的重要讲话重要批示精神，深学笃用习近平生态文明思想，牢固树立绿色发展理念，认真落实党中央、国务院、省委、省政府和市委、市政府决策部署，扎实做好“六稳”工作，全面落实“六保”任务，围绕深化国家生态文明试验区和国家生态文明建设示范区建设，以中央生态环保督察整改为新起点，突出精准治污、科学治污、依法治污，建立健全生态环境保护长效机制，努力建设高素质高颜值“富美新同安”。

（二）主要目标。到2022年，环境治理主体责任有效落实，市场主体和公众参与程度大幅提升，环境治理体系建设初见成效；到2025年，形成导向清晰、决策科学、执行有力、激励有效、多元参与、良性互动的环境治理体系，推动生态文明建设制度更加完善，促进生态环境质量持续向好。

二、健全环境治理领导责任体系

（三）完善现代环境治理体制。各镇（街）对本行政区域生态环境治理及生态环境质量负总责，每年向区委和区政府报告生态环境保护工作情况，主要负责人是第一责任人，其他有关领导成员在职责范围内承担相应责任。充分发挥区生态环境保护委员会的统筹协调作用，强化推进全区生态环境保护工作。制定实施区生态环境保护工作责任规定，压紧压实各级各部门生态环境保护责任。实行最严格的生态环境保护制度，实施河长制、湖长制和湾长制，评估自然资源资产变化状况，开展领导干部自然资源资产离任审计，落实生态环境损害责任终身追究制度。

（四）明确区镇（街）财政事权和支出责任。制定实施生态环境领域区镇（街）财政事权和支出责任划分改革方案，科学合理划分生态环境领域区镇（街）财政事权和支出责任，建立权责清晰、财力协调、区域均衡、科学持续的投入保障长效机制，形成稳定的区镇（街）两级政府事权、支出责任和财力相适应的制度。完善对承担重要生态功能区域的转移支付制度，根据财政与事权相匹配原则，适当加强在全区性、重点区域流域、跨镇（街）生态环境保护和治理等方面事权。

（五）健全目标评价考核机制。以改善环境质量为核心，合理设定约束性和预期性目标，纳入全区国民经济和社会发展、国土空间等相关规划。完善生态文明建设、生态环保目标和污染防治攻坚战成效“三合一”考核机制，健全考核督导机制，实行动态化管理和差异化考核。健全完善评价考核结果应用机制，考核结果作为党政领导班子和领导干部综合评价、选拔任用、管理监督的重要依据，纳入政绩和绩效考评体系。

（六）健全环保督察整改机制。建立健全区领导包案整改、挂账销号、责任链条实化、群众共治共享、第三方监督评估、问责问效、中央和省生态环境保护督察反馈意见整改常态化等工作机制，举一反三、标本兼治、对标对表，抓好中央和省生态环保督察整改工作。

三、健全环境治理企业责任体系

（七）实施排污许可制度。推行固定污染源排污许可“一证式”管理，固定污染源排污许可核发全覆盖，并与环境准入、排放标准、总量控制和排污权交易等相衔接，推进环评制度与排污许可管理制度有机融合。以企业排污许可执行情况作为环境信用评价的重要依据。严格落实企业持证排污要求，规范排污口设置，推进排污口清理整治，构建污染预防、治理、排放控制和结果应用的全过程监管体系。

（八）推进绿色生产生活。加快推动科技创新及产业、能源、运输结构调整，坚持依法依规推动落后产能退出，有序组织现有企业关停并转和改造升级。落实强制性清洁生产审核制度，鼓励企业开展自愿性清洁生产审核，逐步推动重点行业工艺升级、技术创新，加快实现生产方式绿色化。加强能耗、水耗、建设用地、主要污染物排放等总量和强度双控。创新建立碳排放补偿机制，开展碳汇教育实践基地和低碳城区示范点建设。积极开展节约型机关、绿色家庭、绿色学校、绿色社区、绿色出行、绿色商场等创建行动，加快形成简约适度、绿色低碳、文明健康的生活方式。构建绿色交通体系，加快公交纯电动化改造，完善新能源汽车推广。组织开展循环经济示范行动，推动工业园区循环化改造，促进生产、生活系统循环链接，构建覆盖全社会的资源循环利用体系。

（九）加强环境污染监管。建立完善企业污染治理主体责任落实督查检查制度，督促企业严格执行法律法规，建设、运行、维护污染治理设施，确保稳定达标排放。加强企业环境治理责任制度建设，根据排污企业特点，分类推广安装参数管控、视频监控等设备并实时联网。健全监测信息回流共享机制，做好自动监测系统运行维护和量值溯源，确保监测数据真实、完整、有效，杜绝治理效果和监测数据造假。逐步推行主要流域入河排放口、重点排污单位、重点区域安装在线或可视化监控系统制度，创新构建高效可信的全程质控智能化监管模式，有效发挥智慧环保一期作用，尽快启动智慧环保二期建设，加快推进环境治理能力现代化建设。

（十）公开环境治理信息。规范引导排污企业通过网站等途径依法公开主要污染物名称、排放方式、执行标准以及污染防治设施建设和运行情况，并对信息真实性负责。推动环境监测、城市污水处理、危险废物、VOCs 治理、流域治理等环保设施向公众开放。鼓励排污企业在确保安全生产前提下，通过设立企业开放日、建设教育体验场所等形式向社会公众开放，接受社会监督。

四、健全环境治理全民行动体系

（十一）推动共治共建共享。建立完善生态环境保护重大行政决策公众参与机制。完善公众监督、督促办理、举报反馈机制，持续畅通“12369”环保举报热线。深化生态环境领域信访投诉制度改革，进一步理顺各类生态环境问题归口受理部门及职责。实施生态环境质量信息和信访件办理情况等定期公开通报制度，完善环境污染违法行为有奖举报制度。坚持环境违法典型案例曝光制度，加强新闻舆论监督，鼓励新闻媒体公开曝光生态破坏问题、环境污染事件、环境违法行为。加强舆论监督，营造有利于建设良好生态环境体系的舆论氛围。

（十二）发挥社会团体作用。工会、共青团、妇联等群团组织要发挥带头作用，积极动员广大职工、青年、妇女参与环境治理。行业协会、商会要加强行业自律，发挥桥梁纽带作用，规范约束行业污染排放、污染治理。加强对社会组织的管理和指导，制定实施社会组织参与环境治理工作方案，引导具备资格的环保组织依法开展生态环境公益诉讼等活动。大力发挥环保志愿者作用，带动公众开展环保公益活动。

（十三）提升生态文明水平。把生态环境保护纳入国民教育体系和党政领导干部培训体系，广泛普及生态文明建设思想理念、法律法规、科学知识，推进环境保护宣传教育进机关、进学校、进家庭、进社区、进工厂，引导民众自觉履行生态环境保护责任。组织好世界地球日、环境日、海洋日等主题宣传活动，加大环境保护公益广告宣传力度，鼓励生态文化作品创作和环境教育基地创建，进一步保障公众对生态环境的知情权、参与权、监督权，提高全社会生态文明意识。

（十四）加强科研智库支持。依托在厦高校及各类科研院所，完善生态环境相关学科专业设置，提升生态环境科研能力，积极培养专业人才。加大生态环境科技创新投入，搭建环境科学技术产学研合作平台，配合成立生态环境技术评估专家库，建立健全生态环境科技成果转化评估体系。

五、健全环境治理监管体系

（十五）健全综合监管体制。配合做好深化生态环境机构监测监察执法垂直管理制度改革，规范加强生态环境部门党的建设，建立健全正向激励、容错纠错、尽职免责、职业风险保障等机制。深化生态环境保护综合行政执法改革，加强执法标准化能力建设。实行“双随机、一公开”环境执法监管模式，完善污染防治联防联控机制。推进跨区域、跨流域、跨部门联合执法检查。健全网格化环境监管体系，加强基层环保网格能力建设。

（十六）建立常态管控体系。建立以“空间＋准入”为核心、“评估＋督查”为抓手的生态环境源头管控体系。建立健全国土空间规划体系，配合完善“三线一单”管控制度及区域评估工作机制，严格生态保护红线监管，实行资源总量管理和全面节约制度，完善资源循环利用制度。优化产业空间布局，健全全区产业布局及区域、产业规划和项目生成机制。建立重点项目各部门事前沟通和联合评审机制，深化“多规合一”和环境准入清单制度。建立宜居宜业城市更新改造机制，制定实施工业区与居民区混杂区域产业梯次转移计划。建立产业规划动态评估机制，评估情况作为规划后续实施和项目落地的重要依据。

（十七）健全司法联动机制。完善环境执法联动联席会议制度，强化环境保护行政主管部门与司法机关的有效配合，实现行政执法与刑事司法的有效衔接。健全环境审判机构运行机制，探索建立“恢复性司法实践＋社会化综合治理”审判结果执行机制，持续完善补种复绿、海砂回填、削填引种等生态修复模式，加快建设多样化、专业化、立体化的生态修复体系。鼓励检察机关提前介入生态环境有关案件，加快生态环境损害赔偿与检察机关生态环境公益诉讼制度衔接，推动法院、检察院与生态环境部门联络工作机制建设，加大对破坏生态环境违法行为的打击力度。

（十八）强化智慧环保支撑。按照生态环境信息化建设标准规范要求，促进各级各部门自然资源和生态环境数据资源数据共享。推进区块链、大数据、云计算、人工智能、物联网等新一代数字化技术在污染防治、执法监管、环境监测领域的应用。提升智慧环保水平，拓展智慧环保应用领域，加强跨镇（街）、跨层级、跨部门业务协同，实现生态环境管理全方位转型。

（十九）加强监测质量管理。优化整合各领域、各层级监测资源，落实《厦门市生态环境监管能力建设三年行动方案（2020—2022年）》，加强重要河段、海域水质等自动监测能力建设，构建完善陆海统筹、天地一体、上下协同、信息共享的生态环境监测网络，加强生态质量监测基础设施建设，实现环境质量、污染源和生态状况监测全覆盖。拓展地下水、水土保持、自然灾害、农村环境等监测能力。建立完善"谁考核、谁监测"的监测管理体系，强化环境质量预警预报。完善测管协同工作机制，培育规范社会化监测机构，深化部门协同推进监测数据质量监督和责任追究工作机制。

（二十）完善海洋环境监管体系。压实海洋生态环境保护属地主体责任，创新体制机制，推进以滩面管理为主的滩长制向海洋综合管理为主的湾（滩）长制转变，加快构建"海陆统筹、上下联动、协同共治"的海洋生态环境治理保护新模式，协同治理改善河湖—海湾生态环境。健全近岸海域同安湾同安辖区生态综合治理机制，深化海漂垃圾综合治理责任机制。

（二十一）优化农村环境治理体系。深化农村环境整治提升，建立健全农村生活污水垃圾治理长效机制。实行农村环境治理"一村一档"，加大专业指导服务力度，帮助基层找准生态环境保护建设短板弱项，统筹项目资金，因地制宜谋划实施一批生态环境补短板项目，推进"绿盈乡村"建设。探索建立住户付费、财政补助、社会资本投资相结合的管护经费保障制度。推进农药、化肥使用减量化。

（二十二）健全环境安全监管体系。建立突发环境事件风险评估机制，健全各级政府、部门、企事业单位突发环境事件预防处置体系，完善应急演练及处理机制。强化环境应急能力及应急物资储备建设，推进危险废物、辐射等环境安全专项整治，提升防范和化解环境风险能力。落实环境安全责任体系，健全生态环境、应急、交通运输、消防等部门联动处置次生环境污染事故机制，实现信息联动、预案联动、队伍联动、物资联动。

六、健全环境治理市场体系

（二十三）规范环境治理市场。深化"放管服"改革，优化营商环境，全面落实国家市场准入负面清单制度。配合逐步完善厦门生态环境准入清单制度。平等对待各类市场主体，引导各类资本参与环境治理投资、建设、运行。完善公平竞争审查和公正监管制度，规范市场秩序，加快形成公开透明、规范有序的环境治理市场环境。

（二十四）强化环境治理支撑。制定完善鼓励企业开展环保科技创新相关政策，搭建环保技术、装备、生产辐射推广平台，推动环保产业聚集发展，支持环保企业技术研发和产业化示范，在人才培养、技术研发、供需对接、品牌建设、绿色金融等方面予以重点扶持。围绕打好污染防治攻坚战，聚焦生态保护修复，实施一批补短板、优供给的环境基础设施工程项目，加快构建协同配套、运行高效、支撑有力的环境基础设施体系。

（二十五）创新环境治理机制。在环境公用设施、工业园区、重点行业、流域整治等领域推行环境污染第三方治理，在环境公共配套设施、集中治理、重点行业治理等领域继续深化改革，探索建立一体化环境综合服务模式，鼓励采用"环境修复＋配套建设"的工业污染综合治理模式，激发市场污染治理活力。

（二十六）健全价格调节机制。严格落实"谁污染、谁付费"，健全"污染者付费＋第三方治理"机制，推动形成环境服务市场化价格形成机制。配合实施非居民用水超定额累进加价制度，推动制定鼓励中水回用的水价政策。按照补偿处理成本并合理盈利原则，配合完善节约化用水、差别化电价以及污水处理、固体废物处理、生活垃圾处理收费政策。综合考虑企业和居民承受能力，配合落实差别化电价政策。

（二十七）探索生态产品市场化改革。从"创建美丽"转向"经营美丽"，试点探索以市场化改革为主的"多元化"生态产品价值实现路径，设立绿色资源台账，聚焦流域治理、入河入海排放口管家、生态旅游等生态服务，实现社会、经济和生态效益的有机统一。

七、健全环境治理信用体系

（二十八）健全政务诚信体系。健全"政府承诺＋社会监督＋失信问责"机制，建立全区环境治理政务失信记录，规范政府机关在环境治理领域行为，形成各级政府和公职人员在生态环境保护工作中，因违法违规、失信违约被司法判决、行政处罚、纪律处分、问责处理等政务失信记录台账，依托"信用厦门"网站依法依规逐步公开。

（二十九）完善企业信用体系。完善企业环保信用评价制度，建立排污企业"红黑"名单，实施分级分类监管，推动环保失信企业惩戒工作。将环境违法企业依法依规纳入失信联合惩戒对象名单，违法信息记入信用记录并通过“信用厦门”网站等依法依规向社会公开。对失信企业，在政府采购、工程建设招投标、融资服务、评先评优等方面按规定予以联合惩戒。落实上市公司和发债企业强制性环境治理信息披露制度。建立第三方治理失信企业黑名单和联合惩戒机制。

八、健全环境治理法规规章政策体系

（三十）配合环保地方立法。配合修订《厦门市环境保护条例》等地方性法规规章。配合制定实施厦门市生态环境保护综合行政执法事项指导目录和生态环境领域监督执法正面清单，规范行政处罚自由裁量权，完善差别化生态环境监管机制，坚决杜绝“一刀切”。严格执法，对造成生态环境损害的，依法依规追究赔偿责任；涉嫌构成犯罪的，依法移送司法机关处理。

（三十一）落实地方环保标准。配合完善地方污染物排放标准和环境功能区划。严格落实产品环保强制性国家标准，健全标准实施信息反馈和评估机制。鼓励推行各类涉及环境治理的绿色认证制度。

（三十）健全财政激励机制。建立健全常态化、稳定的环境治理财政资金投入机制和生态文明建设示范创建激励机制，提高财政资源配置效率，进一步发挥好财政资金的激励、引导作用。用好政府专项债券，支持生态环保基础设施建设。健全市场化、多元化生态保护补偿机制，加大对重点生态功能区域的转移支付力度。制定落实有利于推进产业、能源、运输和用地结构调整优化的相关政策，严格执行环境保护税法，促进企业减少污染物排放。贯彻落实好现行促进环境保护和污染防治的财税优惠政策。

（三十二）加快绿色金融发展。鼓励符合条件的项目积极对接国家绿色发展基金和省、市各类投资基金。落实自然资源产权制度和自然资源资产有偿使用制度。配合完善资源环境权益交易制度，探索抵押质押等融资模式。推行绿色信贷、债券和保险，推动在环境高风险领域完善环境污染强制责任保险制度，积极支持符合条件的绿色产业项目。

九、强化组织实施

（三十三）加强组织实施。各级各部门要根据本行动方案要求，进一步细化目标任务和政策措施。区发改局要加强统筹协调和政策支持，同安生态环境局负责统筹谋划、调度推进、组织落实，区有关部门各负其责、密切配合，确保各项任务落到实处、取得实效，重大事项及时向区委和区政府报告。

中共同安区委办公室
同安区人民政府办公室
关于印发《深化近邻党建推进全区社会治理现代化建设的实施方案》的通知

厦同委办发〔2021〕3号

（2021年6月18日）

关于深化近邻党建推进全区社会治理现代化建设的实施方案

为切实加强党建引领，扎实推进我区社会治理现代化建设，根据中央和省委、市委有关要求，现提出如下方案。

一、总体要求

1. 指导思想。以习近平新时代中国特色社会主义思想为指导，深入学习贯彻习近平总书记关于社会治理的重要论述和在福建考察时的重要讲话精神，按照党中央和省委、市委关于加强基层治理体系和治理能力现代化建设的部署要求，坚持和加强党的全面领导，坚持以人民为中心，坚持以近邻党建为抓手，统筹谋划、系统协调，突出重点、整体提升，全面推进社会治理现代化，不断增进人民福祉，为更高水平建设高素质高颜值现代化国际化富美新同安提供坚强保障。

2. 基本原则。强化党的领导。把党对社会治理的全面领导贯穿基层治理全过程、各方面，高质量推进社会治理落实。

强化精准施策。有针对性地实施系统治理、依法治理、综合治理、源头治理，求取最大社会治理效益。

强化资源统筹。向基层聚焦资源，部门、社区协调联动、高效配合，建设人人有责、人人尽责、人人享有的社会治理共同体。

强化改革创新。顺应经济社会发展和基层党建规律，着力破解体制机制障碍，努力提高近邻党建引领社会治理水平。

3. 主要目标。通过努力，探索走出一条具有同安特色的近邻党建引领社会治理新路子，社会治理现代化水平全面提升。基层党组织统筹协调能力、改革创新能力、服务群众能力、共建共治能力全面提升，镇街、社区（村）、区直部门职责落实、联动顺畅、协同有力、解决问题及时高效，做到生活更加便利、社区更加有爱、邻里更加和谐、社会更加文明、管理更加有效、组织更加坚强有力，激励群众永远听党话、跟党走。

二、主要工作

（一）发挥战斗堡垒作用

4．扩大党建覆盖。2021 年底前，有物业管理和 3 名以上党员的小区全部组建党支部；无明确分界和物业管理，但有 3 名以上党员的老旧小区、街巷住宅等居民区，由镇街、社区合理划分网格，全部建立党支部。暂无法成立党支部的今后成熟一个组建一个。镇街、社区党组织要充分体现组织意图，优选在职或退休党员领导干部担任党支部书记，并强化业委会人选把关，通过法定程序将小区党支部书记推选为业委会主任、优秀党员推选为监事会主任。（责任单位：区委组织部，区建设与交通局，各镇街）

5．完善工作机制。镇街、社区党组织要加强对治理工作的领导，健全完善大党（工）委和联席会议制度，一般每季度研究一次治理工作，或视情随时研究解决问题。小区党支部统筹谋划小区治理，建立健全议事协调、服务评价、纠纷调处等机制，加强对业委会等各类组织的领导，推动其认真履职。接到社区、小区或群众诉求，镇街立即自行解决，无法解决的通过“吹哨”申请相关部门快速解决。各级要充分发动群众，加强教育引导，提高其参与治理的自觉性。（责任单位：各相关部门，各镇街）

6．坚持模范带头。全区党员、干部要以模范行动带领群众投身社会治理各项工作，并落实精准报到。社区、小区党组织要摸清群众急难愁盼问题，动态制定服务需求清单，由报到单位党组织主动认领，积极帮助解决；党员要亮明身份，带头宣传发动、遵守居（村）规民约、参与文明创建、法律援助、邻里互动等工作。（责任单位：各党委、党工委）

（二）推动治理全面提升

7．强化法治意识。认真落实“谁执法谁普法”，职能部门要定期深入基层了解社情民意，采取线上线下多种形式，广泛宣讲习近平法治思想、以宪法为核心的中国特色社会主义法律体系以及与经济社会发展和人民群众利益密切相关的民法典等法律法规，切实增强全民法治观念，打牢依法治理的思想根基。各社区（村）要制定居（村）规民约，引导群众自我约束、自我管理、自我规范。（责任单位：各相关部门、各镇街）

8．调解矛盾纠纷。坚持和发展新时代“枫桥经验”，相关部门、镇街、社区、小区要畅通和规范群众逐级表达诉求、利益协调、权益保障通道；结合实际搭建议理堂等调解平台，吸收“两代表一委员”、小区警察、小区律师、小区法官、离退休老党员、房东协会负责人等组成调解队伍，及时化解矛盾纠纷，实现“小事不出小区、大事不出社区（村）”。（责任单位：区委政法委，区法院、检察院、司法局、信访局、公安分局，各镇街）

9．创新治理方式。立足巡特警、派出所、交警等专业力量，加强网格员、平安志愿者等群防群治队伍，重点布局、全时防范，实现社会治理全覆盖。将物业整治纳入常态化开展扫黑除恶斗争内容，坚决打击物业黑恶势力。职能部门和镇街、社区要加强对小区公维金、场地出租费、广告收入等公共经费使用的监督和审计，涉嫌违纪违法者移送相关部门处理。完善“雪亮工程”、推进智慧安防小区建设，提升群众安全感。（责任单位：区纪委监委、区委政法委，区法院、检察院、审计局、公安分局，各镇街）

（三）提高服务群众质量

10．开展敬老扶幼。加强居家社区养老服务设施建设，确保城市社区每万人拥有服务设施达到 500 平方米。积极打造老年康养近邻服务示范点，引进精细化、智能化智慧养老服务系统，提供日间照料、健康护理等近邻便捷服务。实施基础教育扩容提质，推动教育优质均衡发展，依托社区设立“四点半”课堂、“儿童之家”解决课外看护教辅问题。（责任单位：区教育局、民政局、总工会、团区委、妇联，资源规划分局，各镇街）

11．深化济困助残。发挥村居干部、结对干部等人员作用，逐步充实基层社会救助力量，深化“大数据 + 网格化 + 铁脚板”社会救助机制的运用，实现精准帮扶。多渠道对零就业家庭人员、“4050”人员、残疾人、离校未就业高校毕业生等就业困难群体，提供就业援助。继续落实《同安区进一步完善无障碍设施建设 2020—2021 年行动方案》，每年度安排两个批次对残疾人家庭无障碍改造进行需求摸底、实施改造。（责任单位：区民政局、人社局、残联，各镇街）

12．完善医疗体系。每个镇街设置 1 所卫生院（社区卫生服务中心），距离卫生院步行超过 15 分钟的片区可视情增设卫生服务站。稳步扩大家庭医生签约服务覆盖面，推进乡村医生向执业医师转化，鼓励执业医师到村卫生所执业，做到大病去医院、小病在社区。提高基层医疗卫生机构的康复、护理服务能

力。完善基层医疗卫生机构中医药健康服务，促进优质中医药资源向社区、家庭延伸。（责任单位：区卫健局，各镇街）

（四）补齐社区建设短板

13. 整合服务资源。2021年底前摸清社区范围内存量土地、闲置用房、低效用房等情况，并通过拆除违建、产权置换、资产划转、移交使用权、腾退、收购、租赁等方式，挖掘整合片区土地及房屋等资源，为配建养老、托幼、助餐等公共服务设施提供用地、用房。推动连锁便民超市商业服务升级，打造“15分钟便民生活圈”。注重提升“一网通办”、“一趟不用跑”事项占比。（责任单位：区重大办、发改局、工信局、建设与交通局、机关事务管理局、审批管理局、资源规划分局，资产管理公司）

14. 营造宜居环境。结合区域实际，完善社区市政基础配套设施、公共服务设施和公共活动空间，营造美好社区。按照先民生后提升、先地下后地上、先功能后景观的原则，重点解决社区基础设施老化、防灾减灾功能不全等群众反映强烈的问题，包括供水供电供气、雨污分流、道路、消防、安防、生活垃圾分类等市政基础设施，以及路灯照明、架空线规整（入地）等，实现“路平、地净、灯亮、管通”。结合老旧小区改造，对建筑物屋面、外墙、楼梯等公共部位进行维修，确保居民住得安心、生活顺心。（责任单位：区建设与交通局、市政园林局，各镇街）

15. 强化资金保障。财政资金原则上按照“保基本”的原则，重点支持基础类改造提升项目，并积极争取上级财政补助资金。对于完善和提升类项目，通过居民合理出资、财政适当补助支持、管线单位出资、社会资本参与及金融服务支持等渠道多方筹措资金解决。（责任单位：区财政局、建设与交通局，各镇街）

（五）培育养成文明风尚

16. 做细城市管理。以垃圾分类、门前三包专项工作为重点，抓好大街小巷、老旧小区、居民楼栋特别是临街门店、背街小巷等区域环境卫生。深入开展美丽乡村达标创建行动，全力推进农村治污工作。保持“两违”治理高压势头，从严治理占道经营、违章搭盖等城市“顽疾”。持续加大对交通违法行为曝光处置力度，提升群众文明交通意识。（责任单位：区委文明办，区农业农村局、市政园林局、城市管理局、公安分局）

17. 营造崇德氛围。用好初心使命馆等红色资源，深入开展党史学习教育，加强未成年人思想道德教育，提升居民文明素养，培育一批先进典型。深化“银城文明引力波”、“920志愿联盟”等特色品牌。用好社区文化人才，提高社区文化活动品味，鼓励支持社区举办邻里文化节等活动，引导居民广泛参与。持续推进移风易俗，培育文明创建“同安新风尚”。（责任单位：区纪委监委、区委宣传部、文明办，区教育局）

18. 注重关心关爱。持续推进“爱心厦门·同安在行动”，常态化开展“银城微心愿”等爱心活动。做好社会特殊群体的管理服务工作，鼓励设立社区爱心驿站，为环卫、市政等长期在户外工作的一线工人提供饮用茶水、加热饭菜、遮风避雨等便利服务；设立以老人、双职工和幼儿为主要服务对象的社区食堂，解决社区居民就餐问题；设立小区便利超市、家政服务网点，提供保姆、理发、洗衣等生活服务。（责任单位：区工信局、民政局、人社局、爱心办、总工会、团区委、区妇联、残联）

（六）全面推行“邻长制”

19. 优化组织体系。在镇街、村党组织领导下，对乡村实施精细化治理，推动近邻党建向乡村延伸，实现乡村振兴治理有效。按照“邻里相近、区域相邻”的原则，以相邻10户左右村民为标准划设“邻区”，推选群众信得过、服务有本事、治理有办法的党员和优秀村民代表担任邻长，探索构建“村党组织—村民小组长—邻长—村民”的乡村治理体系。村党组织可实施逐级领导，也可视情实施扁平化领导，直接管理邻长。（责任单位：各镇街）

20. 明晰职责奖惩。坚持党组织引领与志愿服务相结合，推动邻长示范带头、服务群众、治理邻区，履行好“八大员”职责（政策规定的宣传员、遵规守法的监督员、村情民意的观察员、上报情况的信息员、沟通协调的联络员、矛盾纠纷的调解员、防火救灾的安全员、人居环境的检查员）。对表现突出的邻长重精神激励，在推荐表彰评优、确定为入党积极分子和发展对象、作为村级后备干部人选方面予以倾斜；对能力素质不高、担当精神不足、服务群众意识不强的，视情予以调整。（责任单位：各镇街）

21. 有效发挥作用。建立协商议事、邻里互动、信息公开、情况反馈等配套制度规定。在协商议事上，通过召开邻里议事会，实现“民事民议、民事民管”；在邻里互动上，不定期举办“邻里节”、“街坊日”等活动，推动邻里之间经常串门走动、互帮互助、纾难解困；在信息公开上，在各村设立邻区公示牌，制作邻长联系卡，利用村务通、村村响、微信工作群等平台，及时发布邻情民意。（责任单位：各镇街）

三、组织领导

22．压实工作责任。以近邻党建引领社会治理现代化建设是全区的一项重点工作，必须提高认识，迅速行动。各级党组织书记要切实担负起“第一责任人”职责。区委区政府成立近邻党建推进领导小组，由区委主要领导任组长，有关单位成员参加，办公室设在区委组织部。区直部门要按照群众所需、社区所愿、部门所能，向基层下沉力量和资源，支持和推动相关工作，提升部门和社区（村）联动的实效性。要梳理社区（村）职能清单，职能部门不得将未经批准的权责事项派交社区（村）。镇街要参照建立相应领导机构。社区（村）、小区要发挥主体作用，积极主动抓好工作落实。

23．强化考核督查。把抓近邻党建引领社会治理现代化建设情况纳入领导班子和领导干部实绩考核内容，纳入书记抓基层党建述职评议考核工作，纳入文明创建、平安建设（综治工作）考评体系。转变观念，精简方式，改变上级部门考核下级的传统做法，采取全部或抽样考评的方法，把评分权交给群众，让居民群众评价社区、让社区评价上级部门。要强化结果运用，对工作开展好的社区（村），从资源分配、评优评先等方面予以倾斜，对表现突出的社区（村）干部要加强使用。

24．突出分类指导。各级各部门各单位要根据不同社区（村）、小区党建工作、环境面貌、人员成份和治理现状，加强调查研究，不断总结提升，努力探索推进工作的有效方式和途径。镇街要立足实际，创新工作举措，打造特色品牌，2021 年培育创建 15 个近邻党建服务阵地和 3 个近邻服务省级试点单位，以点带面提升整体工作水平。强化能力建设，有计划分批开展近邻党建引领社会治理现代化建设相关培训，努力提高干部专业化水平。加强舆论引导，大力宣传近邻党建引领社会治理现代化建设工作中涌现的先进典型、创新经验，激励先进，鞭策后进，积极营造社会各方和党员群众大力支持参与的良好氛围。

25．有序分步推进。加强统筹谋划部署，有计划、有组织地推进近邻党建引领社会治理工作。2021 年重点是抓发动、抓试点、抓总结：分三个阶段进行，第一阶段为全面启动阶段，主要是制定方案，进行部署（6 月底前）；第二阶段为全面展开阶段，主要是试点先行，有序推进（10 月底前）；第三阶段为总结推广阶段，主要是全面推广试点经验，并组织考核验收（12 月底前）。2022 年起，主要是巩固推进，抓深化、抓规范、抓提升，形成具有同安特色的近邻党建引领社会治理新格局。

中共同安区委办公室
同安区人民政府办公室
关于印发《同安区贯彻落实〈福建省中小学教师减负清单〉实施方案》的通知

厦同委办发〔2021〕4 号

（2021 年 6 月 24 日）

同安区贯彻落实《福建省中小学教师减负清单》实施方案

为贯彻落实《中共中央办公厅、国务院办公厅印发〈关于减轻中小学教师负担进一步营造教育教学良好环境的若干意见〉的通知》等系列文件精神，切实减轻中小学教师负担，进一步营造尊师重教良好氛围，结合我区实际，制定如下实施方案。

一、指导思想

以习近平新时代中国特色社会主义思想为指导，遵循教育规律，树牢立德树人根本任务，聚焦教师教书育人主责主业，严格落实《中共福建省委办公厅、福建省人民政府办公厅关于印发〈福建省中小学教师减负清单〉的通知》和《中共厦门市委办公厅、厦门市人民政府办公厅印发〈厦门市贯彻落实《福建省中小学教师减负清单》实施方案〉的通知》要求，涉及中小学校和师生的督查检查评比考核、进校园活动、报表材料等事项，能合并的尽量合并，能取消的坚决取消，切实减轻中小学校和教师负担，为广大教师营造潜心教书育人的良好环境。

二、主要内容

（一）从严把控对校督查检查评比考核。除教育部门外，其他各部门（包括下属单位、内设机构，以及领导小组及其办公室、联席会议、专项工作小组、中心等临时机构，下同）不得自行设置以中小学校和教师为对象的督查检查评比考核事项（包括以教育部门为对象并涉及学校及教师的事项），不得以调研、指导、验收等名义变相开展。确需开展的督查检查评比考核实行审批报备和清单管理制度，按照归口管理原则，报同级党委办公室、政府办公室，会同教育部门研究审核，由党委办公室统一报党委审批后，形成《同安区涉及中小学师生督查检查评比考核事项清单》

（附件1），在同级区域范围内公布，未列入清单的不得开展。

（二）进一步减少社会事务进校园。建立社会事务进校园统筹制度，党委和政府统一安排部署的维护稳定、扫黑除恶、防灾减灾、安全生产、禁毒等专项工作原则上每学年不超过2次，文明、卫生、绿色、宜居、旅游等城市创优评先活动原则上每学年不超过1次，杜绝摊派与教育教学无关事务进入校园。

未经教育部门同意，不得强制要求或通过与考核挂钩等方式要求中小学校和教师关注微信公众号、下载安装与教育教学无关的政务APP（应用程序）等形式进行点赞投票、人物评选、问卷调查、网络答题，除国家有明确规定外，不得提出参与率、达标率等硬性要求。

（三）实行进校园教育活动申报制度。面向中小学生开展主题宣传教育活动，由同级教育部门把关审核，按要求依程序统筹安排。除本级党委政府或上级部门明文规定开展的活动之外，其他进校园活动项目的主管部门或主办单位应提前填写《同安区中小学校进校园活动申报表》（附件2），于每年1月、7月向同安区教育局申报下学期的进校园活动，区教育局汇总申报材料后进行集中认定，并发布年度（学期）进校园活动清单。

（四）精简各类报表、材料。严格规范涉及中小学学校和教师的报表填写。除教育部门外，其他各部门要求教育部门和学校上报各种数据及填表格、报材料，需提请同级党委办公室、政府办公室审核同意。杜绝重复上报各种数据及多头填表格、报材料现象。

提升数据采集信息化水平，建立健全各类教育信息数据库，进一步规范基本信息管理和使用，努力做到一次采集多次使用。充分利用现代信息技术特别是人工智能技术，提升教育管理工作的信息化、科学化水平，切实做到让信息多跑路、让教师少跑腿。

严格规范涉及中小学校和教师的教育统计工作，除政府统计部门外，其他部门开展须提请同级统计部门审批备案。未经同级教育部门同意并部署，不得开展针对中小学校和教师的调研活动，坚决避免不同部门多头重复调研。

（五）严格规范抽调借用中小学教师行为。严格限制和规范抽调借用中小学教师行为，除贯彻落实党和国家重大决策部署任务，并经教育部门同意报同级组织部门审批备案外，不得抽调借用中小学教师，借用期限原则上不超过半年。原则上不得在城市创优评先活动中安排中小学教师上街执勤等与教师职责无关的工作。

切实避免安排中小学教师参加无关培训活动。教育部门统筹安排中小学教师培训活动，注重采取多种方式做好对教师的教研指导。对于非教育教学方面的培训，教育部门要严格把关，除人力资源社会保障部门依法依规开展的培训外，能取消的取消，能合并的合并，不得拉教师拼凑充数，把无关培训摊派给教师。

三、切实落实保障

各镇（街）、各相关部门要高度重视，切实将教师减负作为基层减负的重要内容，纳入重要议事日程，坚持综合施策，统筹推进教师减负工作。区委教育工作领导小组要加强统筹协调、宣传引导、督促落实。要依法保障学校办学自主权和中小学教师各项权益，合理核定工作量，激励教师肯干能干做出成绩。严禁挤占、挪用、截留编制和有编不补，事业编制要优先保障农村学校教师需求。

四、积极宣传引导

宣传部门、教育部门要加大宣传力度，广泛宣传党的教育方针以及各级党委、政府关于教师队伍建设改革的决策部署，广泛宣传教师教书育人、培养社会主义建设者和接班人的神圣使命，及时宣传教师减负政策，大力倡导尊师重教，共同营造良好的教育环境。

五、强化教育督导

区政府教育督导委员会要将各相关部门贯彻落实《福建省中小学教师减负清单》《厦门市贯彻落实〈福建省中小学教师减负清单〉实施方案》、减轻中小学教师负担工作情况纳入政府履行教育职责考核内容，列入对区对部门年度绩效考核指标，定期开展督导，督导结果要定期向社会公布。要坚持定期督导与长期监管相结合，将结果作为有关领导干部综合考核评价、奖惩任免的重要参考，对于执行不力、落实不到位的要严肃问责。教育行政部门要加强对列入清单的进校项目进行指导、管理和监督，切实提升进校项目和活动取得实效。

中共同安区委办公室 同安区人民政府办公室 关于印发《厦门市同安区湾（滩）长制实施方案》的通知

厦同委办发〔2021〕9号

（2021年11月1日）

厦门市同安区湾（滩）长制实施方案

根据《中共厦门市委办公厅、厦门市人民政府办公厅关于印发〈厦门市湾（滩）长制实施方案〉的通知》（厦委办发〔2021〕12号）要求，为进一步落实落细海湾生态环境保护工作，切实提高近岸海域生态环境质量，构建以党政领导负责制为核心的海洋生态环境保护长效管理机制，全面推行湾（滩）长制，结合我区实际情况制定本实施方案。

一、总体要求

（一）工作思路

以习近平新时代中国特色社会主义思想为指导，深入践行习近平生态文明思想，树牢“绿水青山就是金山银山”理念，围绕深入打好污染防治攻坚战，以逐级压实党委政府海洋生态环境保护主体责任为核心，以构建海洋生态环境保护长效管理机制为主线，以改善海洋生态环境质量、维护海洋生态安全为目标，加快推行陆海统筹、河海兼顾、上下联动、协同共治的湾（滩）长制治理模式，为实现“美丽海湾”建设及海湾资源可持续利用提供制度保障。

（二）基本原则

——坚持生态优先、绿色发展。牢固树立尊重自然、顺应自然、保护自然的理念，处理好海湾管理保护与开发利用的关系，强化规划约束，维护海湾生态功能。

——坚持党政领导、属地管理。建立健全以党政领导负责制为核心的责任体系，积极发挥各级党委和政府的主体作用，明确各级湾（滩）长职责，强化工作措施，协调各方力量，形成一级抓一级、层层抓落实的工作格局。

——坚持陆海统筹、河海联动。坚持环境治理与生态修复并重，推进海、陆、河系统治理，逐步消减陆源污染，切实增强海湾自净及修复能力。建立与河湖长制联动机制和信息共享制度，实现流域和海域环境质量的同步改善。

——坚持问题导向、因湾制宜。致力于改善近岸海域生态环境质量，加快推进“一湾一策”精准治理，以切实解决影响生态安全和民生福祉的突出环境问题为重点，有效提升人民群众亲海临海的获得感、幸福感。

（三）工作目标

2021年建立我区湾（滩）长制组织体系，推行湾（滩）长制；到2022年，湾（滩）长制工作机制健全完善，管理保障能力显著提升，海湾生态环境稳中向好，海湾自然生态系统更加协调，建设“水清滩净、鱼鸥翔集、人海和谐”的美丽海湾。

（四）区域及范围

综合考虑海湾、岸滩等行政单元和基础地理单元管理实际，实现管理海域海滩全覆盖。根据“十四五”海洋生态环境保护规划，同安辖区内为同安湾海域。其中，属同安区湾（滩）长制管控海湾面积27.19平方公里、岸线长15.08公里。

二、组织形式

（一）组织体系

全面建立区、镇二级湾（滩）长体系，分别设立湾（滩）长、副湾（滩）长。

区级湾（滩）长由区委、区政府主要领导担任，副湾（滩）长由区政府分管领导担任；镇级湾（滩）长由西柯镇、洪塘镇党委、政府主要领导担任，副湾（滩）长由西柯镇、洪塘镇分管领导担任。

设置相应的湾（滩）长制办公室。区级湾（滩）长制办公室挂靠同安生态环境局，成员由区委办公室、区政府办公室、区发改局、区财政局、自然资源和规划局同安分局、同安生态环境局、区建设与交通局、区农业农村局、区文旅局、区市政园林局、区城市管理局组成。

区、镇可结合网格化管理，根据辖区内海湾面积和任务轻重等实际情况，招募并管理湾滩专管员，负责日常巡查与信息反馈等工作。

（二）职责分工

区级党委和政府主要负责监督、指导湾（滩）长制工作；西柯镇、洪塘镇党委和政府履行属地管理职责，全面负责开展湾（滩）长制各项工作；各成员单位按照职责分工，共同推进湾（滩）长制工作。

1．湾（滩）长职责

区级湾（滩）长，负责组织领导所管辖海湾的管理保护和湾（滩）长制工作，协调解决突出问题。对镇间跨区域的海湾明晰管理责任，协调组织实施联管联控，并负责协调和衔接湾（滩）长制与河湖长制各项工作。负责组织开展辖区内沿岸、沙滩的常态化清理保洁，推进入海排放口排查整治和入河溪流稳定达标，推进海湾污染防治、生态修复、资源保护利用及执法监管等海洋生态环境保护工作，统筹谋划同安湾区岸线休闲步道建设与管理。对镇级湾（滩）长及区级办公室成员单位履职情况进行督导，对目标任务完成情况进行考核。

镇级湾（滩）长职责按照海湾属地管理原则，负责推进辖区内入海排放口溯源整治工作，岸线、沙滩海漂垃圾常态化清理保洁等工作（海面海漂垃圾由市市政园林局“海上环卫队”负责）。对湾滩专管员履职情况进行督导，对目标任务完成情况进行考核。

2. 湾（滩）长制办公室职责

各级湾（滩）长制办公室负责落实实施湾（滩）长制的具体工作，开展综合协调、政策研究、海洋生态保护宣传工作，督导考核等日常工作，协调组织执法检查、水质监测和相关突出问题的督促整改等工作。对下级湾（滩）长办和同级成员单位湾（滩）长制工作落实情况进行督查、检查。

3. 区级湾（滩）长制办公室成员单位职责

区级湾（滩）长制各成员单位按照职责分工，加强协调配合，形成工作合力，共同推进湾（滩）长制工作（详见附件2）。

4. 湾滩专管员职责

对入海排放口（污水感官、水量、来源等）、海洋垃圾（岸滩垃圾、渔港码头垃圾等）、海面油污、采挖海砂、垃圾倾倒、围填海活动、非法捕捞、岸线“三乱”等进行日常巡查与信息反馈，及时上报发现的违法和异常情况，配合相关部门现场执法和涉海纠纷调处，引导沿途群众自觉参与生态环境保护。

三、主要工作任务

（一）加强陆海污染物排放管控

落实《厦门市同安区近岸海域污染防治专项整改工作方案》（同环委办〔2021〕1号），全面推进入海排放口溯源排查工作，对不合理入海排放口实施整治，逐步推动集中排放、达标排放、深远海排放。加强源头治理，落实污染物减排，确保入海河流水质符合海湾环境质量改善目标的要求。深化水产养殖污染防治，控制海水养殖污染，加大规划外海域养殖设施清退和巡查管控力度，防止海域养殖回潮反弹。清理非法和不合理设置的海水养殖和滩涂养殖。控制陆源垃圾输入，禁止养殖捕捞等生产生活垃圾倾倒入海，落实《厦门市海漂垃圾整治三年行动方案（2020—2022年）》，开展海滩垃圾、海漂垃圾监视监测和清理，构建陆海和谐的同安湾区岸线休闲景观步道，提升广大群众的获得感、幸福感。

（二）强化海洋空间资源管控

落实国土空间规划和生态保护红线的管控要求，统筹陆海空间开发和保护，完善海岸带保护与利用总体布局。严格控制围填海，严守自然岸线保有率底线，清理整治沿岸“三乱”现象，恢复岸线自然风貌。落实国家用海政策，注重区域统筹、统一规划，推进海岸带空间资源优化配置和集约使用。

（三）加强海洋生态保护修复

强化海洋保护区和生态保护红线区管控，开展保护区、红线区违法违规开发利用活动清理整治工作。落实海洋生态环境修复主体责任，因湾制宜开展生态整治修复工程，通过退养还滩（湿）、清淤扩容、岸滩整治、海岸水产养殖、垃圾和污水处理等方式，进一步强化近岸海域、岸滩的治理和修复。

（四）防范海洋灾害风险

加快海洋生态环境灾害和突发事件应急监测体系能力建设，建立健全近岸海域重大环境污染事故应急协调联动响应机制。完善源头管控和海上环境突发事件防范工作，定期开展溢油、危险化学品泄漏、放射性污染等风险源排查，及时发现和处置生态环境灾害和突发环境事件。加强应急设备、物资、船舶和人员配置，事故现场应急监测、污染处理和事后环境影响评估工作。

（五）强化海洋生态环境执法监管

完善海湾监管体制机制，加快推进日常监管体系建设，建立健全海湾联合执法机制，完善行政执法与刑事司法衔接机制。强化跨部门综合执法力度，健全问题发现机制，加强日常执法巡查，重点整治乱捕乱养、乱排乱放、乱倒乱采、乱填乱建等行为，提升近岸海域环境保护监督执法效率，依法严厉打击各类海洋违法行为。

四、组织保障

（一）加强组织领导

区、镇党委、政府要把实施湾（滩）长制作为推动海洋生态文明建设的重要工作，切实加强组织领导，西柯镇、洪塘镇要细化工作措施。湾（滩）长要切实履行海湾海滩管理保护的职责，真正落实各项工作。湾（滩）长制办公室要充分发挥好牵头抓总、组织协调作用，定期组织督导检查，确保将湾（滩）长确定事项真正落到实处。各湾（滩）长制办公室成员单位要各司其职，加强沟通，密切配合，协调联动，共同推进厦门海湾生态环境保护工作。

（二）建立健全工作机制

建立巡湾（滩）机制，落实常态化巡查工作，形成巡查问题清单，移交相关职能部门组织开展问题整改；建立集中统一的协调机制，加强湾（滩）长与河湖长间的沟通协调；建立全海湾治理的责任机制，落实海湾整治的责任主体，明确治理任务及进度安排；建立齐抓共管的督导机制，定期开展责任落实情况的督导检查，对发现的重大问题进行重点督办；湾（滩）长制履职情况纳入党政领导生态环保目标责任制考核。

（三）保障资金投入

应将湾（滩）长制所需经费纳入本区预算，保障湾（滩）长制各项工作制度的落实。加大入海排放口"查、测、溯、治、管"、海漂垃圾清理保洁和收集转运处置、海域生态保护和修复等项目资金投入。

（四）加强宣传教育

充分运用网络、广播、报刊等多种媒体，大力宣传海湾治理的重要性，加强舆论宣传，褒奖先进典型，曝光违法违规行为。拓展公众参与渠道，营造全社会共同关心和保护海湾的良好氛围。

厦门市同安区实施标准化战略奖励办法

厦同政办规〔2021〕1号

（2021年2月20日）

第一条　为促进本区标准化战略的实施，提高企业产品质量和标准水平，提升企业自主创新能力和市场竞争力，根据有关规定，结合我区实际，制定本办法。

第二条　区政府鼓励本区企事业单位及社会团体积极参与实施标准化战略工作，设立标准化工作资助与奖励资金，纳入区工业和信息化局年度部门预算，并接受财政、审计、监察等部门的监督检查。

第三条　本规定所称的标准化工作资助与奖励资金（以下简称标准化资金）是指用于扶持我区推进实施标准化战略，对我区从事标准研制、承担国内或国际标准化组织秘书处工作、标准化示范建设项目等予以资助和奖励的资金。

第四条　申请标准化资金扶持的企事业单位及社会团体，其工商登记注册和税收归属应均在同安区。

第五条　标准化资金的具体资助或奖励额度，按照以下规定执行。

（一）对本区企事业单位及社会团体作为起草单位（排名前五）制定的国际标准、国家标准、行业标准项目给予资助。项目资助总额度为国际标准100万元、国家标准50万元、行业标准40万元。具体资助标准如下：

只有排名第一的起草单位为本区企事业单位及社会团体的，按总额度100%资助；

只有排名第二至第五的起草单位为本区企事业单位及社会团体的，按总额度30%资助（本市有多家单位的，参照市级资助金额进行资助）。

同时存在排名第一和排名第二至第五的起草单位为本区企事业单位及社会团体的，按总额度7：3比例分配（本市有多家单位的，参照市级资助金额进行资助）。

对第一起草单位为本区企事业单位及社会团体的地方标准制定项目，一次性给予5万元资助（第一起草单位为行政单位的，资助对象顺延至排名最靠前的本区企事业单位及社会团体）。

修订的标准项目按照制定项目的标准减半资助。

（二）对参加国内外专业标准化技术组织活动进行资助，具体标准如下：

对承担国际标准化组织（ISO）、国际电工委员会（IEC）设立的专业标准化技术委员会（TC）秘书处工作的单位，一次性给予50万元的资助；对承担ISO、IEC设立的专业标准化分技术委员会（SC）秘书处工作的单位，一次性给予30万元的资助；对承担ISO、IEC国际标准工作组（WG）召集人的所在工作单位，一次性给予15万元的资助。

对承担全国专业标准化技术委员会（TC）秘书处工作的单位，一次性给予40万元的资助；对承担全国专业标准化分技术委员会（SC）秘书处工作的单位，一次性给予25万元的资助；对承担全国TC、SC设立的标准工作组（WG）工作的单位一次性给予10万元的资助；对承担福建省或厦门市专业标准化技术委员会秘书处工作的单位，一次性给予5万元的资助。

对担任ISO、IEC专业标准化技术组织主席（或副主席）、注册专家的所在工作单位，分别一次性给予10万元、3万元的资助。对担任全国专业标准化技术组织（TC或SC）主任委员、副主任委员的所在单位，分别一次性给予5万元、2万元的资助。

（三）对本区企事业单位及社会团体作为第一起草单位获得"中国标准创新贡献奖"一等奖、二等奖、三等奖的标准项目，分别一次性给予25万元、10万元、5万元的奖励；对本区企事业单位及社会团体作为第一起草单位获得"福建省标准贡献奖"一等奖、二等奖、三等奖的标准项目，分别一次性给予15万元、5万元、3万元的奖励。

（四）对承担国家级、省（市）级标准化试点（示范）项目的单位，项目完成并通过验收，每项分别给予15万元、10万元的一次性奖励；项目验收后被确定为国家、省（市）级推广示范的项目，按示范年度分别给予每年5万元、3万元的资助。

（五）对被确定为企业标准“领跑者”的企业，一次性给予5万元的资助；对企业开展标准对标达标工作的，一次性给予0.5万元/项的资助（每家企业总资助不超过3万元）。

第六条 厦门市同安区市场监督管理局负责对符合条件的标准化资金扶持单位的申请进行受理和汇总，同安区工业和信息化局负责具体项目标准化资金的发放，资金从企业扶持资金里列支。

第七条 企业向厦门市同安区市场监督管理局申报标准化扶持资金时，需提供以下材料（均需加盖公章）：

（一）《厦门市同安区标准化工作资助与奖励资金申请表》（见附表）。

（二）营业执照、法人登记证或主管部门批准成立的文件（有效复印件）。

（三）税务部门出具的上年度企业完税证明原件。

（四）相关项目有效证明文件（原件或有效复印件）。

（五）企业应提供的其他相关资料。

第八条 申请标准化资金的企业应无重大违法违规行为（未被列入联合惩戒）；提交虚假材料骗取资金的，一经发现，追回已拨付资金，并依法由有关机关追究其法律责任。

企业对其扶持资金的支出要单独进行核算。

第九条 本办法由区市场监督管理局负责解释，自颁布之日起施行，有效期5年。2020年4月1日至本办法实施前符合条件的标准化项目可参照本办法执行。

厦门市同安区国有土地上危险房屋私人住宅翻修改造建设管理细则

厦同政办规〔2021〕2号

（2021年4月24日）

第一章 总 则

第一条 为进一步规范我区国有土地上危险房屋私人住宅翻修改造建设管理，依据《中华人民共和国土地管理法》《中华人民共和国城乡规划法》《厦门市城乡规划条例》《厦门市房屋安全管理规定》《厦门经济特区历史风貌保护条例》《厦门市国有土地上危险房屋私人住宅翻修改造建设管理规定》等有关规定，结合本区实际，制定本细则。

第二条 本细则所称国有土地上危险房屋私人住宅（以下简称“危私住房”），系指本区国有土地上，未经规划改造的片区内，享有独立用地且已取得不动产权证书（或其他可以证明不动产权利归属的证明材料），经房屋安全鉴定机构鉴定危险等级为C级和D级并依法备案的私人所有（含公房与私房混合所有，下同）的4层（含）以下住房。但不包括以下3类范围的住房：

（一）已发布征收公告（或拆迁公告）区域内和根据相关规定不予批准翻修改造建设（以下简称“翻改建”）区域内的；

（二）国有农场内的；

（三）虽为国有土地但未实质完成集体土地房屋征收的村改居范围内的。

属于文物保护单位、历史风貌建筑、涉台文物的危私住房翻改建按照有关法律、法规等规定执行。

第三条 区建设与交通局负责办理国有土地上危私住房翻改建的审批工作。

辖区街道办事处负责辖区范围内危私住房翻改建申请前期资料审核、批后监督管理。

市测绘与基础地理信息中心同安站负责审查由具备相应资质的测绘单位出具的危私住房翻改建前的现状测量报告。

区城市管理局负责依法查处违法占地违法建房行为。

第二章 审批管理

第四条 危私住房翻改建项目经不动产现状测绘与权属范围比对后，原则上按照“五原”标准（原使用性质、原建筑基底、原产权登记建筑面积、原建筑层数、原建筑高度）给予审批。

位于城市风貌重点管控街区范围（具体由市资源规划局另行划定）内的危私住房翻改建项目，建筑总高度及各层层高均不得调整；位于城市风貌重点管控街区范围外的危私房翻改建项目，建筑总高度不得调整，建筑各层层高原则上不得调整，确需调整的，调整后的各层层高应满足本市城乡规划管理技术要求。

因防涝需要的危私住房翻改建工程可适当增加建筑室内外高差，但应当充分考虑相邻建筑通风、采光需要。原则上翻改建后的建筑室内外高差不宜大于0.45米。

对危私住房翻改建申请不予以审批的，在权利人同意的前提下，可采取提前收储、危房置换和货币化安置等救济途径予以解决，具体按照属地管理原则和相关规定，由辖区街道办事处报相关部门按程序组织实施。

第五条　在文物保护单位的建设控制地带内进行建设工程，不得破坏文物保护单位的历史风貌；工程设计方案应当根据文物保护单位的级别，经相应的文物行政部门同意后，方可报送区建设与交通局办理相关手续。

第六条　历史风貌建筑的保护责任人拟对历史风貌建筑进行修缮、改建、重建的，依照《厦门经济特区历史风貌保护条例》的规定办理。

第七条　危私住房权利人或者其委托代理人申请危私住房翻改建应当提交下列材料（复印件应由辖区街道办事处验核原件）：

（一）申请翻改建的申请表；

（二）权利人或者委托代理人的身份证、户口簿（复印件），委托代理人还应当按照国家有关规定提供经公证的委托书；

（三）土地房屋（不动产）权属证书或者其他可以证明不动产权利归属具备法定证明效力的证明材料；

（四）依法备案的房屋安全鉴定机构出具的房屋危险性鉴定为C级或D级危房的《房屋安全鉴定书》；

（五）房屋现状测量报告（应由具备相应资质的测绘单位出具，成果需注明测绘时间，并加盖测绘单位图章及市测绘与基础地理信息中心图章）；

（六）房屋外立面（含第五立面）及危险部位现状照片（照片上要能体现该房屋与周边建筑相邻的关系）；

（七）房屋建筑设计方案图纸（应由有资质的设计单位或者具备注册执业资格的设计人员出具）；

（八）在拆除、翻改建过程中确保安全施工及翻改建后不降低周边建筑的通风采光和日照条件的承诺书；

（九）有存在同一宗地内有多栋建筑物、共同共有性质的需提供房屋产籍调查资料；

（十）对周边住户通风采光和日照条件有影响的、调整建筑基底的，需提供和周边住户协商一致的书面材料。

若因防涝原因需要增加室内外高差的，需提供相邻权利人或利害关系人同意的书面材料。存在共有墙体关系的，需有与共墙另一方权利人或利害关系人的书面协议或申请人自愿退线并保留共有墙体的书面承诺；共有墙体双方无法达成协议，但符合危私住房翻改建申请条件的，申请人需有保证共墙的完整性和安全性的书面承诺（若要求保留原建筑外墙的，需提供有相关资质单位出具的外墙保护加固施工方案）。

第八条　危私住房存在危及居住人、相邻人人身财产安全或者公共安全等重大安全隐患需要立即治理，但暂时无法以产权人名义申请危私住房翻改建的，不动产登记中的产权人之一、原产权人的法定继承人之一、危私住房的使用人、受委托管理人（或其继承人）均可以作为申请人申请危私住房翻改建。申请人除按照本细则第七条提供相应材料以外还需提供下列材料：

（一）申请人如为不动产登记的权利人之一的，需提供其无法取得其他共有权利人同意危私住房翻改建确认文件的原因说明；

（二）申请人如为权利人的法定继承人之一的，需提供由户籍管理部门出具的其与权利人关系的相关佐证材料或经依法公证的其他佐证材料，以及其无法办理继承手续的原因说明；

（三）申请人如为危私住房的使用人、受委托管理人（或其继承人）的，需提供其合法使用该房屋的书面证明或者原权利人授权委托的佐证材料（受委托管理人的继承人还应提供其与委托管理人的关系证明）；

（四）危私住房已进行房产价值评估、房屋现状证据保全，且已在本市公开发行的报纸上刊登公告满10天以上无异议的书面材料；

（五）申请人保证所提供的说明、信息、资料均真实有效，愿意承担因申请翻改建而引起的一切法律责任的书面承诺；

（六）申请人对危私住房翻改建后，不改变该不动产权利状况及共有状况的书面承诺；

（七）申请人对危私住房若不立即采取解危措施会严重危及使用人、相邻人的人身财产安全或者危及公共安全的书面说明及有关房屋安全鉴定机构出具的相关材料。

第九条　危私住房翻改建审批工作按下列程序办理：

（一）初审

申请人向所在辖区居委会提出危私住房翻改建申请和提交相关材料。居委会接到申请后，对申请人提交的相关材料进行审查，并在公告栏公示三十日，公示期满无异议或异议不成立的，且材料齐全并符合申请条件的，居委会在申请表中签署意见，然后报送辖区街道办事处复审。

（二）复审

辖区街道办事处接到危私住房翻改建申请后，组织辖区自然资源所、居委会等进行现场勘察，核对危私住房现状、通风、采光、日照等相关信息，若有存在共墙关系，还应现场了解相邻权利人或利害关系人的意见。对符合要求的，由区建设与交通局、辖区街道办事处联合核查设计方案是否符合“五原”标准要求。辖区街道办事处审核申请人提交的申请材料，对提交的复印件验核原件，验核一致的签署验核人员姓名、验核时间、与原件一致字样，并加盖街道办事处公章。对申请材料齐备并且设计方案符合要求的在申请表上签署意见后，报送区建设与交通局审核。

（三）审核

区建设与交通局对街道办事处报送的材料和电子文件进行审查，材料齐备的予以受理并进行审核。对符合要求的危私住房翻改建申请，予以核发《建设工程规划许可证》；对不符合要求的，依法作出不予许可决定，并予以退件，同时告知相应救济途径。

（四）竣工验收

项目竣工后，申请人向辖区街道办事处、区建设与交通局申请竣工规划条件核实。区建设与交通局根据申请人的书面申请，组织区城市管理局、辖区街道办事处等对各项审批控制指标进行核实，并在验收报告上签署意见。符合规划控制指标的，由区建设与交通局制发规划条件核实意见书；不符合规划控制指标的，区城市管理局依法进行查处。

对于实测面积、层高、建筑间距和建筑退线与原批准规划条件不符的，在相关技术规范允许误差范围内的，予以验收通过。对于竣工验收实测建筑面积超出相关技术规范允许误差范围的，应按本市竣工验收相关要求整改到位后方可办理竣工验收。

相关技术规范所允许的误差范围主要包括：实测建筑各层层高与规划审批层高误差值小于等于 0.05 米且总建筑高度误差值小于等于 0.1 米的；实测建筑间距和建筑退线与规划审批误差值小于等于 0.05 米且未超出原用地权属范围的；实测建筑面积不超过规划许可建筑面积 1% 的。

对实测建筑面积超过批准建筑面积的，按如下规则计收地价差：对竣工验收实测建筑面积超出批准建筑面积部分小于等于 1 平方米的，不再结算地价差；对竣工验收实测建筑面积超出批准建筑面积超过 1 平方米且在相关技术规范允许误差范围内的，在办理竣工规划条件核实后，应按本市相关规定补缴超出部分相关费用后方可按程序申请办理权属登记。

第十条 《建设工程规划许可证》有效期为一年，确需延期的，申请人可以在规定期限届满前三十日内向区建设与交通局申请延期一次，延长期限不得超过一年。未在规定的期限内办理相关手续，又未申请延期的，原《建设工程规划许可证》自行失效。

第十一条 申请危私住房翻改建时应当提交不动产权证书或其他证明文件原件，区建设与交通局对申请翻改建的项目应在其原权属证书或其他证明文件上加盖“已批准翻改建”字样印章，并将审批结果抄告市不动产登记机构，告知已批准翻改建房屋的权属人、坐落及不动产权属证书（证明）编号等内容。

市不动产登记机构接到告知单后，在登记信息系统中对该不动产标记为“该不动产已批准翻改建，暂不受理转移、变更、抵押、登记申请”，并停止办理该房屋的转移、变更、抵押等相关登记。

危私住房翻改建项目通过竣工验收的，申请人可向市不动产登记机构申请不动产变更登记。登记机构应在完成登记时解除登记信息系统中相应的标记。

第三章　监督管理

第十二条 危私住房翻改建必须严格按照规划控制指标和经审核同意的设计图纸进行施工，擅自改变建设位置、高度、面积的，由区城市管理局依法进行查处。

第十三条 危私住房翻改建的建房现场必须设置项目信息牌，公示建设工程规划许可文件及图纸。

第十四条 严格实施居民建房“四到场”制度，辖区街道办事处牵头组织辖区执法中队、辖区自然资源所严格落实建筑放样到场、基槽验收到场、施工过程到场（须逐层进行监督核查）、竣工验收到场，并建立相应台账，与建房资料一并存档。

第十五条 区城市管理局及各相关单位部门实行危私住房翻改建项目信息共享，建立联合监管机制。建设过程中，区建设与交通局、区城市管理局、辖区街道办事处应加强对项目建设情况的日常巡查。一旦发现违法建设行为，区城市管理局按规定及时查处。

第四章　附　则

第十六条 4 层（不含）以上的国有土地上危私住房翻改建由市自然资源和规划局按相关规定办理。

第十七条 本细则由厦门市自然资源和规划局同安分局、同安区建设与交通局负责解释。

第十八条 本细则自 2021 年 6 月 1 日起实施，有效期五年。

厦门市同安区人民政府关于印发加快推进企业上市若干意见的通知

厦同政规〔2021〕1 号

（2021 年 4 月 30 日）

一、明确上市目标

为更好落实全市上市公司培育和质量提升三年行动计划，本着“企业自愿、市场主导、政府推动”的原则，按照“储备一批、培育一批、改制一批、申报一批、上市一批”的工作思路，鼓励企业改制上市，强化企业市场竞争力，实现产业结构优化升级与促进建立现代企业制度相结合，努力实现 2025 年上市公司倍增目标。

二、完善服务保障机制

（一）完善工作制度

强化企业上市工作领导小组职能，不定期组织领导小组成员单位采取联席会议的方式，研究解决加快企业上市、推动上市企业壮大发展等工作遇到的矛盾问题，督促相关职能部门为企业上市提供高效、畅通、快捷的服务。

（二）强化区级上市企业资源库建设

鼓励企业根据厦门市上市后备企业筛选标准加入我区上市后备企业库，纳新采取企业申报、部门举荐、上市办审核的方式；各相关部门（含镇街）要积极服务企业，相关工作将列入部门（含镇街）经济工作绩效考核。

（三）增强第三方监管力度

鼓励各中介服务机构在我区开展业务，享受相关政策奖励，并实行中介机构报备制度，中介机构与我区拟上市企业签订上市或挂牌等直接融资服务合同，应当在合同签署后十个工作日内向同安区上市办报备有关情况。各中介机构要归位尽责，严格履行核查验收、专业把关等法定职责，同安区上市办负责跟踪中介机构在同安区执业情况。

三、实施政策扶持

（一）重点上市后备企业补助

1. 支持“三高”“专精特新”“小巨人”“双百计划”等企业加入我区上市后备企业库（参照厦门市上市后备企业筛选标准），区政府给予一次性 10 万元补助。

2. 企业进入厦门市区域性股权交易市场完成股改挂牌，区政府给予一次性 5 万元补助。

3. 符合厦门市上市后备企业筛选标准且将注册地迁移到我区的市域外拟上市企业，区政府给予 100 万元补助。对企业的补助分两阶段兑现：注册地迁移我区并纳入上市后备企业库后兑现补助金额的 30%，上市完成后兑现余下的 70% 补助金额。

4. 企业在全国中小企业股份转让系统（新三板）精选层挂牌的，区政府给予一次性 100 万元补助；已享受过新三板补助的企业转精选层，可在原先补助的基础上补足至 100 万元。转主板上市后可按照本《意见》补足扶持补助。

（二）上市工作经费补助

1. 境内上市

（1）企业在我区完成股改，与券商等中介机构签订上市服务协议，在支付服务费用后，区政府给予一次性 100 万元补助。

（2）企业报厦门证监局辅导备案，辅导期满并通过厦门证监局验收，区政府给予一次性 100 万元补助。

（3）企业向中国证监会或深、沪交易所提出 A 股发行上市申请并经正式受理的，区政府给予一次性 200 万元补助。

2. 境外上市

在美国、香港资本市场成功上市且实际出资人为注册在我区的法人企业，区政府给予一次性 200 万元补助。

（三）投融资、高管奖励

1. 鼓励企业高管（含注册地在我区的域外上市公司子公司）积极优化公司股权结构，推动企业到厦门两岸股权交易中心、深交所、沪交所等国内外资本市场进行股权融资、股权质押融资、发行可转债融资、股票首发融资、股票再融资等。按照实际投资于我区固定资产项目金额的 1% 给予高管人员专项奖励，单个企业奖励金额最高不超过 500 万元。奖励资金统一支付给企业，再由企业分配。

2. 对在厦门注册的企业依法在境内外证券市场上市后，按照融资金额（包括首次融资、再融资扣除发行费用后的金额，下同）给予奖励。奖励标准为：融资金额在 10 亿元（含）人民币以上或等值外币的，一次性奖励 150 万元；融资金额在 5 亿元（含）～10 亿元人民币或等值外币的，一次性奖励 100 万元；融资金额在 2 亿元（含）～5 亿元人民币或等值外币的，一次性奖励 50 万元；融资金额在 5000 万元（含）～2 亿元人民币或等值外币的，一次性奖励 25 万元。

3. 企业将新募集资金的 50% 以上（含 50%）用于投资我区实体经济的，按照实际投资金额给予 1%

的奖励，奖励金额最高不超过800万元。其中在境外上市的，以境外上市监管机构的批准材料为依据。对企业的奖励分两阶段兑现：明确募集资金投向本区时（项目开工）按照相应的奖励金额的50%予以兑现，投资完成后（项目竣工）兑现余下的50%奖励金额。

（四）其他扶持措施

上市后备企业申请上市募集资金投资项目用地，除国家规定的属于公开招标拍卖挂牌用地之外，优先办理报批手续。企业上市募集资金投资项目，凡符合国家和省市产业政策导向的，优先纳入或者上报纳入重点项目盘子。

四、监督管理

对改制上市专项资金使用中违反法律法规的行为，依据《中华人民共和国预算法》《中华人民共和国会计法》和《财政违法处罚处分条例》等相关规定进行处理。对于弄虚作假骗取改制上市扶持资金的申报单位，除按以上规定处罚外，同时追回已拨付资金，并不再受理相关政策支持资金的申请。

五、其他事项

（一）本《意见》涉及的奖励补贴等资金列入区发改局部门预算，专项报批，据实列支。企业应当在符合条件的当年或次年提出书面申请，经区上市办初审，再报区上市办领导小组审核后，由区发改局拨付资金。

（二）企业申请的本《意见》各项奖励（补助除外），不超过企业发起申请的前一年度缴纳的区级税收留成，如有超过，递延到下一年度兑现，最多递延一年。

（三）享受本《意见》扶持的企业，注册地和税收归属10年内不得迁出我区，否则企业应全额退回所有扶持和奖励资金。

（四）进入上市企业后备库的企业，应积极配合上市办开展的相关数据收集工作，保证信息真实有效。

（五）旧政策有效期内申请的奖励，按旧政策兑现，未申请的可按新政策兑现，本《意见》自发布之日起实施，有效期五年。

（六）本《意见》实施期间，如遇国家资本市场和上级政策发生重大变化，将及时进行修改调整。

（七）本《意见》由区发改局（上市办）负责解释。

厦门市同安区人民政府关于推动金融业发展的若干措施

厦同政规〔2021〕2号

（2021年4月29日）

为贯彻落实省、市加快发展金融业精神，深化民营和小微企业金融服务试点工作，积极推进金融城建设发展，进一步完善金融支持政策体系，促进金融企业集聚，依据《厦门市人民政府关于印发促进股权投资行业发展若干措施的通知》（厦府〔2019〕279号）、《厦门市人民政府关于印发扶持金融业发展若干措施的通知》（厦府〔2019〕280号）等文件，结合同安区实际，提出如下措施：

一、鼓励各类金融企业总部落户

（一）做强做优现代金融机构服务体系，发展壮大金融机构总部经济。

在同安区新注册设立的金融企业总部：实收资本5000万元（含）至1亿元的，奖励50万元；实收资本1亿元（含）至2亿元的，奖励100万元；实收资本达到2亿元（含）以上的，超过部分每增加1亿元增加50万元奖励，单个企业一次性落户奖励最高不超过500万元。

从厦门市域外新迁入同安区的金融企业总部，除一次性落户奖励外，区政府参照其一次性落户奖励标准，给予搬迁费用补贴，单个企业一次性落户奖励与搬迁费用补贴合计不超过1000万元。

（二）支持金融企业总部在同安区设立分支机构，在同安区新注册设立的银行、保险公司、证券公司、信托公司一级分支机构，给予50万元一次性落户奖励。

（三）支持金融企业总部在同安设立金融业务专业子公司，发挥比较优势，实现金融服务特色化、精细化、品牌化。

经国家金融监管部门批准或备案，在同安区新设或迁入商业银行专业机构，包括理财子公司、资管公司、租赁公司、信托公司等，给予100万元一次性落户奖励。

经国家金融监管部门批准或备案，在同安区新设或迁入证券公司资产管理、自营业务、经纪业务、承销保荐、另类投资等专业子公司，给予50万元一次性落户奖励。

二、鼓励金融科技企业落户

（四）大力引进金融科技业务板块，对国内金融科技领域100强企业迁入或在同安区直接设立金融科技子公司的、注册地和经营地迁入同安新经济产业园区，且在本区缴纳税收的，经认定后，按实际到资金额的2%给予一次性奖励，单家企业最高不超过200万元。

（五）金融科技高端人才扶持。对满足第（四）条要求入驻同安区的金融科技企业，个人所得税达到4万元（含）以上的员工，可按个人所得税区级留存部分的一定比例给予补助。其中：年个人所得税8万元（含）以内的部分补助比例50%，年个人所得税8万元（不含）至25万元（含）的部分补助比例75%，年个人所得税超过25万元的部分补助比例100%。符合条件的相关人员领取补助时需为该金融科技企业的在职员工，单家企业最多不超过5个名额，补助期限最长不超过5年。

三、支持引进项目发展及金融招商

（六）在同安区注册设立或市域外迁入同安区的，且在中国证券投资基金业协会备案的股权投资管理企业，从注册设立之日起，前2年每年按照管理费收入的4%给予奖励，后3年每年按照管理费收入的2%给予奖励。

（七）在同安区新注册设立或从市域外新迁入的股权投资企业投资于同安区中小微创新型企业，因投资失败导致清算或减值退出而形成项目投资损失的，按其实际投资损失金额10%给予风险补助，单个项目补助最高额为100万元，同一股权投资企业申请风险补助金额年度累计不超过100万元。

（八）鼓励股权投资企业引导其投资的软件和信息服务业、文化创意与旅游产业、现代物流业、现代农业、新材料产业等重点支持的产业项目入驻同安区。对于被投资的厦门市域外企业将工商注册地和税收管户迁至同安区的，经区委区政府研究通过，可按迁入企业股权投资金额的1%对股权投资管理企业给予奖励，奖励金额不超过其引进企业年度对同安区的区级税收留成，单个股权投资管理企业年度奖励上限为200万元。对于同安区政府产业基金参与的子基金，应首先满足完成与地方政府约定的返投比例，超过返投比例以上的投资部分，按本条款给予奖励。

（九）股权投资类税源引荐奖励：2020年度起，对引荐股权投资类税源在同安区落地并产生税收的，给予引荐人奖励。

1. 对券商引进税源的，按以下比例给予奖励：年度引进项目纳税3000万元以上至1亿元（含）的，按照纳税区级留成的1.5%给予奖励；1亿元至3亿元（含）的，按照纳税区级留成的2%给予奖励；超过3亿元的，按照纳税区级留成的2.5%给予奖励。同一券商年度奖励最高不超过300万元。

2. 对引荐人引进市域外机构大宗股权转让税源的，按以下比例给予奖励：年度内累计引进项目纳税1亿元以上至3亿元（含）的，按照纳税区级留成的2%给予奖励；3亿元至5亿元（含）的，按照纳税区级留成的3.5%给予奖励；超过5亿元的，按照纳税区级留成的5%给予奖励。同一引荐人年度奖励最高不超过600万元。

项目引荐人指向同安区政府提供项目投资信息，引荐厦门市域外的投资者来同安区投资并最终促成项目落户的关键个人或机构。项目引荐人应在项目落地前将项目信息向区财政部门报备，当年度结算引进项目税收奖励资金。

四、实施金融产业、股权投资产业落户安居保障

（十）在同安区新注册设立或从市域外新迁入的各类金融机构总部或一级分支机构、金融机构总部下设专业子公司、金融科技企业、股权投资类企业，因业务发展需要购租自用办公用房的（不含新经济产业园），经认定符合条件的，按以下标准给予购租房补助：

1. 购房补助：在同安区首次购买自用办公用房的，补助标准为：（1）金融机构总部或其一级分支机构、金融机构总部下设专业子公司、金融科技企业，按购房合同价格的2%给予补助，最高不超过400万元；（2）股权投资类企业，按购房合同价格的1%给予补助，最高不超过100万元。上述购房补助分五年平均支付，获得补助的办公用房10年内不得对外租售。

2. 租房补助：在同安区首次租赁自用办公用房（含本部配套经营用房）的，补助标准为：（1）金融机构总部或其一级分支机构、金融机构总部下设专业子公司、金融科技企业，注册后5年内给予租房补助，其中前3年每年按房屋租金市场指导价的40%给予补助，后2年每年按房屋租金市场指导价的20%给予补助，累计补助金额不超过200万元；（2）股权投资类企业，根据企业实际募集资金规模连续三年给予一定面积的租金扶持。实际募集资金规模1亿元（含）以下的，每年给予20平方米的全额租金补助；1亿元至5亿元（含）的，每年给予35平方米的全额

租金补助；5亿元至10亿元（含）的，每年给予70平方米的全额租金补助；10亿元以上至30亿元（含）的，每年给予100平方米的全额租金补助；超过30亿元的，每年给予150平方米的全额租金补助。租金补助采取先缴后补的形式，补助面积最高不得超过合同租赁面积，实际租金低于补助标准的，按实际租金补助。租金补助金额每年每家最高不超过15万元。

五、其他事项

（十一）本政策除第（八）（九）条款以外，企业当年度享受的各项区级扶持政策奖励规模，不得超过该企业年度区级实际税收贡献，如超过，可延至以后年度兑现，延迟兑现期限最长不超过符合补助条件当年起三年。

（十二）本政策可与市级股权投资政策（厦府〔2019〕279号文件）和市级金融业扶持政策（厦府〔2019〕280号文件）的同类条款叠加申请享受；金融机构、企业或个人同时符合本政策及市、区出台的其他优惠政策条款的，可按就高不重复原则申请享受。申请扶持政策的股权投资企业应在中国证券投资基金业协会备案（金融机构设立的直投类子公司、员工持股投资平台企业除外）。对于市、区级财政资金参股或认缴出资的股权投资类企业，享受扶持政策时需相应扣除折算财政出资的部分，同时应符合政府产业引导基金的相关规定。相关单位获得区级优惠政策支持的，应当承诺持续在同安区进行金融业经营活动，10年内不迁离同安区。

（十三）对符合入驻环东海域现代服务业基地、环东海域新经济产业园入园条件的金融机构，可参照《厦门市同安区人民政府办公室关于印发推进厦门现代服务业基地产业扶持引导实施办法的通知》（厦同政办〔2019〕18号）、《厦门市同安区人民政府　厦门市环东海域新城暨现代服务业基地片区指挥部关于印发支持环东海域新城新经济产业园发展若干政策的通知》（厦同政〔2019〕149号）等文件，按照就高不重复原则享受购房租房补助、人才补助等扶持政策。

（十四）享受本措施奖励或补助的机构及个人不履行承诺义务的或者采取弄虚作假等手段骗取优惠政策的，除责令限期纠正外，取消享受扶持政策资格，并按有关规定收回已享受的奖励或补助。

（十五）金融机构或其法定代表人、实际控制人等责任主体在企业经营过程中存在严重失信行为被相关部门列入违规失信联合惩戒黑名单的，不得享受本若干措施所提各项资金补助和扶持措施。

（十六）本措施所称金融企业，包括金融企业总部、金融企业一级分支机构、金融企业设立的各类专业子公司（含商业银行持牌专业机构）、股权投资企业和股权投资管理企业等。

本措施所称金融企业总部，是指经国家金融监管部门批准，在同安区注册并具有独立法人资格，对一定区域内的企业行使投资控股、运营决策、集中销售、财务结算等管理服务职能的总机构，主要为银行、信托公司、证券公司、保险公司四类金融企业。

本措施所称金融企业一级分支机构，是指隶属于银行、信托公司、证券公司、保险公司等金融企业总部的厦门市级分行（分公司，仅限一家）；由已在同安区注册的营业部变更为一级分支机构的，可按照一级分支机构享受相关优惠政策。

本措施所称股权投资企业，是指依法设立并以股权投资为主要经营业务的企业。股权投资管理企业是指受股权投资企业委托，以股权投资管理为主要经营业务的企业。

（十七）本措施涉及奖补资金纳入区工信部门年度部门预算。

（十八）本措施由区财政局会同相关责任单位负责解释，自发文之日起施行，有效期2年。除本文中已明确规定扶持期限的第（五）（六）（八）（九）（十）条款以外，其他措施中的落户奖励、风险补偿等一次性扶持，支持年度为2021年至2022年。今后，如省和市调整相关政策，按调整后的政策执行。

统计资料

2021 年同安区国民经济主要指标一览表

表 30

项目	单位	2020 年	2021 年	2021 年比 2020 年增长（%）
生产总值（GDP 当年价）	万元	5912127	6403614	
三次产业比例（第一：第二：第三）		1.9：52.4：45.7	1.7：53.2：45.1	
生产总值（GDP 可比价）				6.8
规模以上工业总产值	万元	9817526	11752055	4.6
农业总产值	万元	232758	229182	-1.5
财政总收入	万元	1042595	1120889	7.5
区级财政收入	万元	262568	306625	16.8
中央级财政收入	万元	449594	445039	-1.0
预算内财政支出	万元	717475	832287	16.0
教育	万元	201438	222144	10.3
社会保障和就业	万元	57294	82943	44.8
合同外资	亿元	35	25.44	-27
实际使用外资	亿元	19	22.82	21
全社会固定资产投资（不含农户）	万元	—	—	13.1
房地产完成投资额	万元	1287990	1379111	7.1
商品房销售面积	平方米	973706	1002544	3.0
商品房销售额	万元	1593382	1599453	0.4
住宅	万元	1348951	1434729	6.4
社会消费品零售总额	万元	3946416	3948427	0.1
旅游总收入（按 237 元 / 人计）	万元	456600	822200	80.1

说明：1. 表中生产总值、社会消费品零售总额等总量指标绝对数为当年价，相对数则以可比价计算

2. 生产总值 2021 年数据采用的为快报数

2021 年同安区主要指标人均情况一览表

表 31

项目	单位	2020 年	2021 年	2021 年为 2020 年（%）
*人均生产总值（人均 GDP，当年价）	元	69107	73226	106.0
万元规模以上工业增加值能耗	吨标准煤 / 万元	0.152	0.153	100.8
农村居民人均可支配收入	元	24619	27564	112.0
城镇居民人均可支配收入	元	51775	56461	109.1
*每万人拥有中、小学生在校数	人	1255.70	1194.89	95.2
中学生	人	426.34	323.97	76.0
*每万人拥有卫生技术人员数	人	42.02	42.47	101.1
*每万人拥有病床位数	张	19.81	19.50	98.4

说明：标有 * 指标均按常住人口计算

2003—2021 年同安区 GDP 及三次产业比重

表 32

年份	GDP			第一产业			第二产业			第三产业		
	数额（万元）	与上年对比增长（%）	比重（%）	数额（万元）	与上年对比增长（%）	比重（%）	数额（万元）	与上年对比增长（%）	比重（%）	数额（万元）	与上年对比增长（%）	比重（%）
2003 年	524076	—	100	64420	—	12.3	261686	—	49.9	197970	—	37.8
2004 年	616159	15.1	100	68303	–0.3	11.1	354269	40.0	57.5	193587	–8.2	31.4
2005 年	702482	20.4	100	71729	0.3	10.2	374608	17.7	53.3	256145	32.9	36.5
2006 年	738918	12.3	100	57822	–11.6	7.8	409553	17.4	55.4	271543	11.7	36.8
2007 年	975080	24.8	100	66670	0.4	6.8	551896	29.4	56.6	356514	23.3	36.6
2008 年	1251944	11.5	100	75570	–4.1	6.0	691886	0.9	55.3	484488	33.2	38.7
2009 年	1357596	8.1	100	74254	4.2	5.5	756517	8.2	55.7	526825	8.5	38.8
2010 年	1595938	14.3	100	81719	0.5	5.1	1316176	14.0	82.5	198043	15.6	12.4
2011 年	1858167	11.3	100	101902	10.3	5.5	1028243	6.2	55.3	728021	45.3	39.2
2012 年	2049431	7.8	100	109568	6.0	5.3	1128523	8.5	55.1	811340	4.8	39.6
2013 年	2357765	7.0	100	108270	–3.3	4.6	1312416	4.7	55.7	937079	21.8	39.7
2014 年	2561205	7.4	100	108857	8.4	4.2	1436247	5.9	56.1	1016102	13.6	39.7
2015 年	3481046	5.0	100	102989	–8.1	3.0	2081539	7.9	59.8	1296518	–3.6	37.2
2016 年	3691451	8.1	100	105082	–6.2	2.8	2324014	7.9	63.0	1262355	9.8	34.2
2017 年	4278881	8.1	100	97799	–2.8	2.3	2767432	9.0	64.7	1413649	7.3	33.0
2018 年	5051647	9.2	100	96674	1.5	1.9	2819739	7.1	55.8	2135234	13.1	42.3
2019 年	5477850	8.1	100	105720	1.3	1.9	2896839	4.7	52.9	2475291	13.7	45.2
2020 年	5912127	7.9	100	114206	0.9	1.9	3094076	8.9	52.4	2703845	6.9	45.7
2021 年	6403614	6.8	100	111084	7.2	1.7	3406172	4.2	53.2	2886358	10.1	45.1

说明：2020 年，市统计局重新修订 2010 年至 2019 年 GDP 及三产数据；2021 年的数据为快报数

2003 年同安分区（拆分为同安、翔安）后至 2021 年主要经济指标完成情况表（一）

表 33

项目	单位	2003 年	2004 年	2005 年	2006 年	2007 年	2008 年	2009 年	2010 年	2011 年
户籍人口数	万人	29.40	29.63	29.91	30.34	30.83	31.51	32.01	32.26	32.80
常住人口数	万人					36.52	38.30	38.89	49.9	55.30
生产总值（GDP 当年价）	亿元	52.41	61.62	70.25	73.89	97.51	125.19	135.76	159.59	185.82
工业产值	亿元	93.04	139.11	154.46	189.18	248.25	280.30	291.84	345.32	397.86
规模以上工业产值	亿元	74.74	120.11	144.81	174.59	227.65	257.33	270.77	327.57	380.83
农业产值	亿元	9.39	10.56	12.09	11.16	12.23	13.52	13.25	14.50	18.00
财政总收入	亿元	7.10	5.04	6.94	10.09	13.87	18.05	20.02	26.37	32.08
区级财政收入	亿元	4.01	2.52	3.48	4.95	6.71	9.05	9.74	13.32	15.88
预算内财政支出	亿元	6.73	5.43	6.43	7.92	10.00	13.11	14.78	17.39	23.16
实际使用外资	亿美元	0.33	0.67	0.80	1.15	1.40	1.87	1.89	2.10	1.95
实际使用外资	亿元									
全社会固定资产投资	亿元	16.80	20.39	29.54	70.61	89.88	96.06	96.56	125.61	145.48
商品房屋销售面积	万平方米	24.13	22.26	25.06	25.76	30.80	11.59	63.20	60.07	57.68
商品房屋销售额	亿元	3.99	6.01	6.20	9.73	16.59	7.22	28.87	32.09	36.23
社会消费品零售总额	亿元	9.98	11.28	13.95	21.19	25.71	32.28	36.01	41.99	48.00
在岗职工人均工资	元	15145	15976	17291	18993	22133	24910	27061	31237	37255
农民人均纯收入	元	4350	4763	5240	5790	6462	7210	7830	8690	10052
农村居民人均可支配收入	元									
城镇居民人均可支配收入	元	10985	12428	14363	16041	18441	21637	24015	27110	30559

说明：1. 根据市统计局核定数据编制
2. 2003 年财政数据含同安、翔安两区
3. 2014 年城镇居民人均可支配收入、农村居民人均可支配收入均为新口径计算
4. 市统计局调整 2017 年农业产值数据
5. 市统计局调整 2003 年以来 GDP 数据
6. 实际使用外资 2019 年开始反馈的单位为人民币亿元
7. 市统计局调整 2010—2020 年末常住人口数据

2003 年同安分区（拆分为同安、翔安）后至 2021 年主要经济指标完成情况表（二）

表 34

项目	单位	2012 年	2013 年	2014 年	2015 年	2016 年	2017 年	2018 年	2019 年	2020 年	2021 年
户籍人口数	万人	33.46	34.21	35.07	35.83	36.80	37.91	39.06	40.54	41.91	43.25
常住人口数	万人	59.40	62.3	67.40	70.40	73.10	77.40	81.60	85.20	85.90	89
生产总值（GDP 当年价）	亿元	204.94	235.78	256.12	348.10	369.15	427.89	505.16	547.79	591.21	640.36
工业产值	亿元	421.98	472.58	517.38	580.37	774.07					
规模以上工业产值	亿元	384.58	417.98	458.67	496.33	677.26	765.19	877.25	938.24	981.75	1175.21
农业产值	亿元	19.39	19.80	19.88	19.16	18.83	18.16	18.51	21.32	23.28	22.92
财政总收入	亿元	34.31	38.85	48.82	50.03	60.86	74.67	90.42	100.96	104.26	112.09
区级财政收入	亿元	16.33	19.29	12.74	14.05	16.64	20.03	23.00	25.67	26.26	30.66
预算内财政支出	亿元	23.27	27.63	31.30	36.18	47.85	54.89	56.92	64.62	71.75	83.23
实际使用外资	亿美元	3.27	4.00	2.61	3.61	3.27	2.31	2.26			
实际使用外资	亿元								16.32	18.90	22.82
全社会固定资产投资	亿元	167.80	159.92	161.03	226.92	271.76	334.29				
商品房屋销售面积	万平方米	46.06	76.99	105.51	75.80	75.26	92.11	84.03	106.48	97.37	100.25
商品房屋销售额	亿元	30.81	65.25	114.29	95.34	121.48	194.56	164.27	249.93	159.34	159.95
社会消费品零售总额	亿元	60.53	62.49	67.04	77.01	101.50	209.94	245.54	264.93	394.64	394.84
在岗职工人均工资	元	42475	46862	52378	56249	61058					
农民人均纯收入	元	11378	12756								
农村居民人均可支配收入	元			15029	16270	17439	18935	20715	22942	24619	27564
城镇居民人均可支配收入	元	33936	36344	33355	35719	38688	42330	45911	49818	51775	56461

说明：1. 根据市统计局核定数据编制

2. 2003 年财政数据含同安、翔安两区

3. 2014 年城镇居民人均可支配收入、农村居民人均可支配收入均为新口径计算

4. 市统计局调整 2017 年农业产值数据

5. 市统计局调整 2003 年以来 GDP 数据

6. 实际使用外资 2019 年开始反馈的单位为人民币亿元

7. 市统计局调整 2010—2020 年末常住人口数据

索　引

说　明

本索引为条目索引，按主题词首字音序排列，首字相同按第二个字音序排列，若第二字音序相同，则按码先后排序，主题词后的数字为页码，字母 a、b、c 分别代表左栏、中栏、右栏。分目的主题词用粗体表示，部分相同的主题词增加关键词提示。专记、大事记、附录、表格不做索引。

G

H

R

S

T

W

X

Y

Z

弟子規聖人訓首孝弟次謹信泛愛衆而親仁有餘力則學文父母呼應勿緩父母命行勿懶父母教須敬聽父母責
須順承冬則溫夏則清晨則省昏則定出必告反必面居有常業無變事雖小勿擅爲苟擅爲子道虧物雖小勿私藏
苟私藏親心傷親所好力爲具親所惡謹爲去身有傷
德有傷貽親羞親愛我孝何難親憎我孝方賢親有過
諫使更怡吾色柔吾聲諫不入悅復諫號泣
侍不離床喪三年常悲咽居處變酒肉絕
喪盡禮祭盡誠事死者如事生兄道友弟道恭兄
忿自泯或飲食或坐走長者先
幼者後長呼人即代叫人不在己即到稱尊長勿呼
拜長無言退恭立騎下馬乘下車
過猶待百步餘長者立幼勿坐長者坐命乃坐尊長
非宜近必趨退必遲問起對視勿移事諸父
如事父事諸兄如事兄朝起早夜眠遲老易至惜此
使溺回輒淨手冠必正紐必結襪與履俱緊切

【尽心·竞作·精品】

友情提示

以真心周到服务
以实力精心制作
以精美完现创意

精装书籍前后均夹有衬纸，一年内不要扔掉，以防止封面中的水分渗透到内页，引起内页皱褶。新出厂的精装书籍，不要竖放，请平放，并在上方叠加其它书籍，以防止精装本外壳的变形。

本书如有质量问题，请致电：13905926296